中华传世藏书

【图文珍藏版】

中国大百科

马博⊙主编

线装书局

目　录

科技百科

社会百科

中国大百科

科技百科

马博⊙主编

导　读

　　科技是一个国家发展的脊梁,是一个社会立足的根本,也是一个时代前进的保证。科技创造历史,科技改变历史,科学技术是第一生产力。英国哲学家、近代实验科学的始祖培根曾指出:印刷术、火药和指南针"已经改变了世界的面貌","没有一个帝国,没有一个教派,没有一个赫赫有名的人物,能比这三种发明在人类的事业中产生更大的力量和影响。"

　　"中国是发明的国度",在漫漫五千年的历史长河中,勤劳智慧的中国人民创造了灿烂的科技文明,留下了许多举世瞩目的科技成果。在很长的一段时期里都居于世界领先地位,中国历史上的科技成就,为世界文明的发展做出了很大贡献。

　　当今西方科技史家认为,15世纪之前中国科学技术遥遥领先于世界,对欧洲社会产生过"震天撼地的影响",为人类文明做出了巨大贡献。当今行世的许多科学和技术的始祖、源头、根基皆发祥于古代中国。天文学中众多的发现与丰富的记载;农学中对作物的驯化与培育;建筑学、医学的独特体系;数学与历法的卓越成就;火药、指南针、造纸术、印刷术;造船、航海;缫丝、织绸;烧瓷、制茶、酿酒等等,许多科学技术的发现、发明领先于西方几百年甚至千余年。这些辉煌是我们祖先的功业,智慧的结晶。

　　中国五千年文明史,灿若群星的科学技术发现、发明是其最大亮点,集中体现了中华民族祖先的智慧。伟大的哲人告诉我们,"知识就是力量","要用人类所创造的一切知识丰富自己的头脑"。了解中国科技发展史,是为了更好地继承与创造。我们的祖先在古代所取得的伟大成就已经证明,中华民族是一个具有创造力的民族,我们完全可以继承祖先们勇于创新、积极开拓的精神,开创中华民族伟大的复兴之路。要真正实现这个理想,就需要我们现代人更好地了解中国古代的科技创造,从中汲取更多的营养,再登科技创造的顶峰。

　　《科技百科》通过全新的体例和合理的安排,把中国五千年的科技发展分门别类展现在你面前,把一部中华科技文明史浓缩在薄薄一卷书内。本部分"美味可口"又"营养丰富",图文并茂,知识性与趣味性相融合,为读者展现了一幅中国科技文明的灿烂画卷。人们会欣然地说:"这是一本开卷有益的好书。"将此书读罢合卷,一股激情从心底油然而生:崇尚科学,做智慧人;追求卓越,做创新人。祝愿和平、智慧的中国永远屹立于世界民族之林。

科技成就

天文历法

最早的历书——《夏小正》

　　《夏小正》是我国最早的记载物候的著作,也是中国现存最早的一部农事历书,对古代天象与先秦历法研究有相当重要的参考价值。

　　《夏小正》是我国现存最早的文献之一,也是现存采用夏时最早的历书。这部书文辞古朴简练,用字不多,但内容却相当丰富,它按一年十二个月分别记载了物候、气象、天象和重要的政事,特别是有关说明我国古代以农立国方面的政事。

　　书中反映当时的农业生产的内容包括谷物、纤维植物、染料、园艺作物的种植,蚕桑、畜牧和采集、渔猎。蚕桑和养马颇受重视;马的阉割,染料中的蓝,园艺作物桃、杏等的栽培,均为首次见于记载。

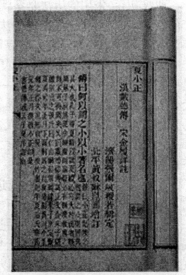

《夏小正》书影

　　《夏小正》最突出的部分是物候。由于农业生产上的需要,书中注意收集物候资料,并且按月记载下来,作为适时安排农业生产的依据。它主要是各月的物候和农事活动的记载,大多数是二字、三字或四字为一完整句子。其指时标志以动植物变化为主,用以指时的标准星象都是一些比较容易看到的亮星,如辰、参、织女等。书中缺少十一月、十二月和二月的星象记载,还没有出现四季和节气的概念。《夏小正》记载的生产事项无一字提到"百工之事",这是社会分工还不发达的反映。所有这些表明《夏小正》历法的原始和时代的古老。

　　《夏小正》的成稿年代争论很大,但一般认为最迟成书在春秋时期。隋代以前,它只是西汉戴德汇编的《大戴礼记》中的一篇。后来出现了单行本,在《隋书·经籍志》中第一次被单独著录。从北宋至清代,研究者有十余家。

相传夏禹曾"颁夏时于邦国"。《礼记·礼运》载："孔子曰：我欲观夏道，是故之杞，而不足征也；吾得夏时焉。"郑玄笺："得夏四时之书也，其书存者有《小正》。"《史记·夏本纪》也说："太史公曰：孔子正夏时，学者多传《夏小正》云。"这些记载表明，《夏小正》在春秋时代以前已经出现，春秋时代的杞国还在使用它。

学者夏纬瑛、范楚玉认为，《夏小正》的经文成书年代可能是商代或商周之际，最迟也是春秋以前居住在淮海地区沿用夏时的杞人整理记录而成的。《夏小正》的内容则保留了许多夏代的东西，为我们研究中国上古的农业和农业科学技术提供了宝贵的资料。《夏小正》的《传》则是战国时期的人作的。关于《夏小正》所反映的地域，夏纬瑛认为，经文中有明显的反应淮海地区物候的记载，表明它是淮海地区的产物。对此观点其他学者也有不同意见。

现存最早最完整的历法——《太初历》

《太初历》的制定，是中国古代历法史上的一项伟大壮举，也是中国古代宇宙理论发展史上的巨大突破。《太初历》是中国第一部有完整文字记载的历法，也是当时世界上最先进的历法。

西汉初年，采用的历法是秦朝的《颛顼历》。但《颛顼历》有一定的误差，随着农业生产的发展，人们渐渐觉得这种历法与习惯通用的春夏秋冬不合。公元前 104 年(元封六年)，汉武帝采纳司马迁等人的提议，下令改定历法。

公元前 104 年(元封七年)农历十一月初一恰好是甲子日，又恰交冬至节气，是一个千载难逢的好机会。五月，汉武帝命公孙卿、壶遂、司马迁等人议造汉历，并征募民间天文学家 20 余人参加，其中包括治历邓平、长乐司马可、酒泉郡侯宜君、方士唐都和巴郡落下闳等人。

他们或作仪器进行实测，或进行推考计算，共提出了 18 种方案。对这 18 种改历方案，专家们进行了一番辩论、比较和实测检验，最后选定了邓平、落下闳提出的八十一分律历。把元封七年改为太初元年，并规定以十二月底为太初元年终，以后每年都从孟春正月开始，到季冬十二月年终。

这种历法叫《太初历》，是我国最早根据一定规制而颁行的历法。《太初历》规定一年等于 365.2502 日，一月等于 29.53086 日；将原来以十月为岁首改为以正月为岁首；开始采用有利于农时的二十四节气；

落下闳青铜像

以没有中气的月份为闰月，调整了太阳周天与阴历纪月不相合的矛盾。这是我国历法上一个划时代的进步。

《太初历》不仅是我国第一部比较完整的历法，也是当时世界上最先进的历法，它问世以后，一共行用了 189 年。

落下闳系统

《太初历》在天文观测数据的基础上，进行推算，形成了一个完整的系统。这个系统是以地球为中心的宇宙周期系统，是定性与定量相统一的系统，称为"落下闳系统"。共有 10 个基本的周期：回归年周期；置闰周期；日食周期；干支年周期；干支日周期；木星会合周期；火星会合周期；土星会合周期；金星会合周期；水星会合周期。

时间周期的创新

《太初历》确定了"以孟春正月为岁首"的历法制度，使国家历史、政治上的年度与人民生产、生活的年度，协调统一起来，改变秦和汉初"以冬十月到次年九月作为一个政治年度"的历法制度；《太初历》科学地规定了"以没有中气的月份为闰月"，使二十四节气这一周期的变化与春夏秋冬四个季节的变化协调配合起来。这一规定，从汉太初年一直用到明末，应用了近两千年。二十四节气这一有关农业气象的周期系统与日月星辰运行的天文周期系统统一起来，从历法中可较准确地预先告之季节，以便安排农业生产。

空间周期的制定

"落下闳系统"包括了日月及五大行星运行的"空间恒星背景"，即"二十八宿"。中国在公元前 8 世纪至公元前 5 世纪的《书经·尧典》中就写道："日中星鸟，以殷仲春。日永星火，以正仲夏。宵中星虚，以殷仲秋。日短星昴，以正仲冬。"这就是以日与二十八宿的恒星来判定春夏秋冬四季。

《太初历》是我国第一部有完整文字和数字记载的历法，展现了中国古代关于宇宙图像的"代数结构"，意义远非通常理解的"历法"。它比之中国古代的"古六历"——黄帝历、颛顼历、夏历、殷历、周历、鲁历，有划时代的巨大进步。

汉代天文学家数学家——张衡

张衡

汉代是中国历史上科技与文化非常辉煌的一个时期，张衡就诞生在这个时代。他集文学家、天文学家、数学家、地震学家、制图学家、官员等多种头衔于一身，对中国古代天文学、机械技术、地震学的发展，贡献尤多。

张衡（78~139），字平子，南阳西鄂（今河南南阳市石桥镇）人，汉代著名的天文学家、数学家。他出生在一个破落的官僚家庭，自小刻苦向学，很有文采。

公元 94 年，16 岁的张衡就离开家乡到外地游学，进过当时的最高学府——太学。当时南阳郡太守鲍德非常钦佩张衡的才华，邀请他出任南阳郡主簿，帮助自己办理郡政。张衡辅佐鲍德治理南阳，政绩斐然。8 年后鲍德调任京师，张衡即辞官居家。在南阳期间他致力于探讨天文、阴阳、历算等学问,并反复研究西汉扬雄著的《太玄经》。111年,张衡被征召进京,拜为郎中。

118年,张衡被任命为尚书郎。第二年,升为太史令。张衡在太史令这个职位上做了14年,他的许多重大的科学研究工作都是在这一阶段里完成的。133年,张衡升为侍中。但不久就受到宦官的排挤和中伤,三年之后,张衡被调到京外,任河间王刘政的丞相。但刘政是个骄横奢侈、不守中央法典的人。张衡到任后严整法纪,打击豪强,使得上下肃然。三年后,他向顺帝上书请求退休,但朝廷却征拜他为尚书。就在这一年(139年)他与世长辞。

张衡的一生在天文学、地震学、机械技术、数学乃至文学艺术等许多领域都做出了杰出的贡献,是一位不可多得的具有多方面才能的科学家。

发明浑天仪

浑天仪是张衡发明的一种演示天球星象运动的仪器。它的外部轮廓像一个圆球,这与张衡所主张的浑天说相吻合,因此命名为浑天仪。张衡的浑天仪,主体与今天的天球仪相仿,浑天仪的黄、赤道上都画上了二十四节气,浑天仪上还有日、月、五星。贯穿浑天仪的南、北极,有一根可转动的极轴。浑天仪转动时,球上星体有的露出地平环之上,就是星出;有的正过子午线,就是星中;而没入地平环之下的星就是星没。

浑天仪

多级刻漏的发明

刻漏是我国古代最重要的计时仪器。目前传世的三件西汉时代的刻漏,都是所谓"泄水型沉箭式单漏"。这种刻漏只有一只圆柱形盛水容器,器底部伸出一根小管,向外滴水,容器内水面不断降低,浮在水面的箭舟所托着的刻箭也逐渐下降,刻箭穿过容器盖上的孔,向外伸出,从孔沿即可读得时刻读数。但随着水的滴失,容器内水面不断降低,水的滴出速度也会越来越慢。为了提高刻漏运行的均匀性和准确性,张衡发明了多级刻漏。他先把泄水型沉箭式改为蓄水型浮箭式,即把刻漏滴出的水收到另一个圆柱形容器内,把箭舟和刻箭都放在这个蓄水容器内,积水逐渐增多,箭舟托着刻箭逐渐上升,由此来求得时刻读数。然后在滴水器之上再加一具滴水器,上面的滴水器滴出的水补充下面滴失的水,从而使下面的滴水器出水速度的稳定性得到提高。这样一来,刻漏计时的准确性就大大提高了。

月食的解说

在张衡之前,人们对月食产生的原因就有所认识,但并没有明晰的解释。张衡在《灵宪》中对月食产生的原因进行了专门的论述,他说:月亮本身是不发光的,太阳光照到月亮上才产生了月光。月亮之所以出现有亏缺的部分,就是因为这一部分照不到日光。所以,当月和日正相对时,就出现满月。当月向日靠近时,月亮亏缺就越来越大,终至完全不见。张衡对月食原因的阐述是很科学的。

最早测量地震的仪器——候风地动仪

东汉时期,我国各地地震灾害频发,引起地裂山崩、江河泛滥、房屋倒塌,造成了巨大的损失。为了掌握全国地震动态,经过长期的研究,张衡发明了世界上第一架地动仪——候风地动仪。

东汉时期,经常发生地震。有时候一年一次,也有一年两次。发生了一次大地震,就影响到好几十个郡,城墙、房屋倒塌,还死伤了许多人畜。当时的封建帝王和一般人都把地震看作是不吉利的征兆,有的还趁机宣传迷信、欺骗人民。但是,张衡却不信神,不信邪,他对记录下来的地震现象经过细心的考察和反复试验,发明了一个测报地震的仪器,叫作"地动仪"。

地动仪用精铜制成,圆径八尺,合盖隆起,形似酒樽。表面作金黄色,上部铸有八条金龙,分别伏在东、西、南、北及东北、东南、西北、西南八个方向。龙倒伏,龙首向下,龙嘴各衔一颗小铜球,与地上仰蹲张嘴的蟾蜍相对。地动仪空腔中央立一根铜柱,上粗下细。铜柱周围有八根横杆,称为"八道",各与一龙头相连。铜柱是震摆装置,八道用来控制和传导铜柱运动的方向。在地动仪受到地震波冲击时,铜柱就倒向发生地震的方向,推动同一方向的横杆和龙头,使龙嘴张开,铜球下落到蟾蜍嘴中,并发出响声,以提示人们注意发生了地震及地震的时间和方向。

候风地功仪模型

一颗珠子放在平台上,如果将哪方稍微往下一按,珠子就向哪方滚动。又如我们点亮一支蜡烛,将它放在一张不平的桌子上,它总会向低的一方倒。地动仪就是根据这些简单的原理设计的。地动可以传到很远的地方,只不过太远了人就感觉不到了,但地动仪能准确地测到。

138 年 2 月的一天,张衡的地动仪正对西方的龙嘴突然张开来,吐出了铜球。按照张衡的设计,这就是报告西部发生了地震。可是,那一天洛阳一点也没有地震的迹象,也没有听说附近有哪儿发生了地震。因此,大伙儿议论纷纷,都说张衡的地动仪是骗人的玩意儿,甚至有人说他有意造谣生事。过了几天,有人骑着快马来向朝廷报告,离洛阳一千多里的金城、陇西一带发生了大地震,连山都有崩塌下来的。陇西距洛阳有一千多里,地

帕米里地动仪

动仪标示无误,说明它的测震灵敏度是比较高的。同时张衡对地震波的传播和方向性也有一定了解,这些成就在当时来说是十分了不起的,而欧洲直到 1880 年,才制成与地动仪类似的仪器,比起张衡的发明足足晚了 1700 多年。

天文学发展的新阶段——张子信的三大发现

张子信的三大发现具有划时代的意义,为天文历法体系的完善增添了全新的内容。他对这三大发现具体的,定量的描述方法,把我国古代对于交食以及太阳与五星运动的认识推进到一个新阶段,为一系列历法问题计算的突破性进展开拓了道路。

张子信,生卒年不详,清河(今河北清河县)人,北魏、北齐间著名的天文学家。

526 年至 528 年间,在华北一带曾发生过一次以鲜于修礼和葛荣为首的农民起义,这次起义声势浩大,震动朝野,为了躲避这次农民起义的影响,张子信跑到了一个海岛上隐居了起来。在海岛上,他制作了一架浑仪,专心致志地测量日、月、五星的运动,探索其运动的规律。在这一相对安定的环境中,他孜孜不倦地工作了 30 多年。在取得大量第一手观测资料

的基础上,张子信还结合他所能得到的前人的观测成果,进行了综合的分析研究。

565年前后,张子信敏锐地发现了关于太阳运动不均匀性、五星运动不均匀性和月亮视差对日食的影响的现象,同时提出了相应的计算方法,它们在中国古代天文学史上是具有划时代意义的事件。

太阳运动不均习性的发现

据后人猜测,张子信大约是通过两个不同的途径发现太阳运动不均匀现象的。其一,我们知道太阳视运动从平春分到平秋分(时经半年)所历的黄道度数,要比从平秋分到平春分(亦时经半年)所历度数少若干度,于是,前半年太阳视运动的速度自然要比后半年来得慢,即张子信所说的"日行春分后则迟,秋分后则速"(《隋书·天文志》)。

其二,张子信发现,如果仅仅考虑月亮运动不均匀性的影响,所推算的交食时刻往往

天体仪

不够准确,还必须加上另一修正值,才能使预推结果与由观测而得实际交食时刻更好地吻合。该值的正负、大小与二十四节气有密切和稳定的关系。更重要的是,张子信由此升华出太阳视运动不均匀性的结论,给予"入气差"以合理的解释。他还推算出了二十四节气"入气差"的具体数值,这是我国古代对太阳视运动不均匀性现象所做的最早的明确的定量描述。

五星运动不均匀性的发现

经过长期的观测,张子信发现,依据传统的方法推算得出的五星晨见东方的时刻,往往与实际天象不相符,常有应见而不见,或不应见而见的情况发生。由进一步的考察,他确认五星晨见东方时刻的这种超前或滞后及其时间的长短,也与二十四节气有紧密的、稳定的关系。张子信认为,这正是五星运动不均匀性的具体反映。同样,他也推算出了五星二十四节气"入气加减"的明确数值,从而实现了五星运动不均匀性的初始的定量描述。

食差的发现

食差的发现,是关于交食研究的一大限只是发生日食的必要条件,还不是充分条件。他指出,只有当这时月亮位于太阳之北时,才发生日食;若这时月亮位于太阳之进展。张

子信认识到对于日食而言，并不是日月合朔入食限就一定发生日食现象，入食南，就不发生日食，即所谓"合朔月在日道里则日食，若在日道外，虽交不亏"（《隋书·天文志中》）。这就是张子信关于食差的发现的真实天文含义。

古代历法体系成熟——一行的科技成就

一行是我国唐代著名的天文学家，他在制造天文仪器、观测天象和主持天文实地测量方面都有卓越的贡献。一行主持修订的《大衍历》是我国唐代最精密的历法，比较准确地反映了太阳运行的规律，标志着中国古代历法体系的成熟。

一行（673~727），本名张遂，河北巨鹿人，唐代著名的天文学家。

一行自幼聪颖过人，有过目不忘的本领。他去元都观拜见博学多闻的道士尹崇，尹崇借了一部西汉扬雄所做的《太玄经》给他看。《太玄经》是一部文辞艰涩、内容隐晦的书，一般人很难看得懂。隔了几天，一行便把这部书交还尹崇。尹崇以为一行是觉得这部书实在太玄了，看不懂，所以就赶快还书。但当一行拿出他的读书笔记请教尹崇时，尹崇惊讶不已，他对一行的聪明才智赞不绝口，并向外宣扬一行的学问，从此一行就以学识渊博而闻名于长安。

一行

唐玄宗时，一行受命编写新的历法。他准备开始观测天象的时候，发觉当时所用的天文仪器都已经陈旧腐蚀，不堪使用。他便立刻重新设计，制造了大批天文仪器，还在世界上第一次组织了大规模的子午线长度测量工作。

制造浑天铜仪和黄道游仪

在修订历法的实践中，为了测量日、月、星辰在其轨道上的位置和掌握其运动规律，一行与梁令瓒共同制造了观测天象的"浑天铜仪"和"黄道游仪"。浑天铜仪是在汉代张衡的"浑天仪"的基础上制造的，上面画着星宿，仪器用水力运转，每昼夜运转一周，与天象相符。还装了两个木人，一个每刻敲鼓，一个每辰敲钟，其精密程度超过了张衡的"浑天仪"。"黄道游仪"的用处，是观测天象时可以直接测量出日、月、星辰在轨道的坐标位置。一行使用这两个仪器，有效地进行了对天文学的研究。

测量子午线

724 年（开元十二年），一行修改旧历法的准备工作已经完成了许多，于是开始着手测量子午线的长度。一行的测量工作以河南为中心，北至内蒙古，南至广州以南，广泛收集数据，以求测出当地北极星的高度和冬至、夏至、春分、秋分四天正午时日影的长度。河南周边的那些测量点，由太史监南宫说带队测量，测量的重点是滑县、浚仪、扶沟、上蔡四处的数据。

这次测量跨度大，时间长，一直到两年之后，各种测量数据才陆续汇集齐。一行和南宫说立即投入了复杂的计算。他们终于算出了：北极星高度相差一度，南北间的距离就相差351里80步，折合成现在的距离就是129.22千米，这正是子午线一度的长度。

一行测量子午线，是一项规模宏大的系统工程，为后来的实地测量和天文学奠定了基础。世界上所有的科学史研究者都认为，这确实是一次富有创新精神的科学活动，给予它极高的评价。

制定《大衍历》

725年（开元十三年），一行开始编历。经过两年时间，写成草稿，定名为《大衍历》。《大衍历》是一部具有创新精神的历法，最突出的表现是它比较正确地掌握了太阳在黄道上运动的速度与变化规律。自汉代以来，历代天文学家都认为太阳在黄道上运行的速度是均匀不变的。一行采用了"不等间距二次内插法"推算出每两个节气之间，黄经差相同而时间距却不同。这种算法基本符合天文实际，在天文学上是一个巨大的进步。

不仅如此，一行还应用内插法中三次差来计算月行去支黄道的度数，还提出了月行黄道一周并不返回原处，要比原处退回一度多的科学结论。《大衍历》对中国天文学的影响是很大的，直到明末的天文学家们都采用这种计算方法，并取得了好的效果。

自动化的天文台——水运仪象台

苏颂发明的水运仪象台是我国古代的一种综合性观测仪器，它集观测天象的浑仪、演示天象的浑象、计量时间的漏刻和报告时刻的机械装置于一体，充分体现了我国古代人民的聪明才智和富于创造的精神，是一部自动化的天文台。

苏颂（1020～1101），字子容，厦门同安人，北宋天文学家、药物学家。

苏颂出生在一个书香仕宦之家，他的祖父、伯父、堂叔、兄长都是宋朝的进士，他的父亲苏绅担任过大理寺丞、尚书员外郎、直史馆、翰林学士等官职。在如此的家庭环境下，苏颂自幼便勤奋好学、博览群书，22岁那年便与王安石同榜考中进士。从那时开始，苏颂步入仕途，从地方到中央，担任了一系列重要的官职，最后位至宰相，为官50多年，政绩颇丰。

苏颂

实际上，苏颂在处理宋朝政府事务时，已经显示出作为一个科学家严谨治学的行事风格。苏颂曾在宋朝的文史馆和集贤院任职九年。工作的便利，让他每天能接触到皇家收藏的许多重要典籍和资料，其中有不少是稀世珍本。苏颂对这些资料很感兴趣，每天背诵两千字文章，回家后再将它默写记录保存下来。经过长期的积累，苏颂的学识变得更加渊博。在这九年里，苏颂还与掌禹锡、林亿等编辑补注了《嘉佑补注神农本草》，校正出版了《急备千金方》等书。又主持编著了《本草图经》21卷。明代著名医学家李时珍对《本草图经》的科学价值亦予以极高的评价。

苏颂一生标志性的贡献，在于他制成了水运仪象台。1085年（元丰八年），苏颂组织了一批科学家，并运用自己丰富的天文、数学、机械学知识开始设计制作水运仪象台，历时3年终于告成。仪象台以水力运转，集天象观察、演示和报时三种功能于一体，是世界上最早的天文钟。其后，苏颂又写了《新仪象法要》3卷，详细介绍了水运仪象台的设计及使用方法。

根据《新仪象法要》记载，水运仪象台是一座底为正方形、下宽上窄略有收分的木结构建筑，高大约有十二米，底宽大约有七米，共分为三层。上层是一个露天的平台，设有浑仪一座，用龙柱支持，下面有水槽以定水平。浑仪上面覆盖有遮蔽日晒雨淋的木板屋顶，为了便于观测，屋顶可以随意开闭，构思比较巧妙。露台到仪象台的台基有七米多高。中层是一间没有窗户的"密室"，里面放置浑象。天球的一半隐没在"地平"之下，另一半露在"地平"的上面，靠机轮带动旋转，一昼夜转动一圈，真实地再现了星辰的起落等天象的变化。下层包括报时装置和全台的动力机构等。设有向南打开的大门，门里装置有五层木阁，木阁后面是机械传动系统。

水运仪象台的构思广泛吸收了以前各家仪器的优点，尤其是吸取了北宋初年天文学家张思训所改进的自动报时装置的长处；在机械结构方面，采用了民间使用的水车、筒车、桔槔、凸轮和天平秤杆等机械原理，把观测、演示和报时设备集中起来，组成了一个整体，成为一部自动化的天文台。

因此，英国科学家李约瑟等人认为水运仪象台"可能是欧洲中世纪天文钟的直接祖先"，并称赞苏颂是中国古代甚至是中世纪世界范围内最伟大的博物学家和科学家之一。

水运仪象台

元代著名科学家——王恂

王恂精通数学、天文和历法，奉元世祖诏命改革历法，和郭守敬一道组织太史局，任太史令，负责天文观测和推算方面的工作，在《授时历》的编制工作中，其贡献与郭守敬齐名。王恂为我国天文、历法、数学科学事业的发展，做出了一定的贡献。

王恂(1235～1281),字敬甫,中山唐县(今河北唐县)人,我国元代著名数学家、文学家。王恂生于金朝末年,父亲王良曾任金朝中山府吏,因故辞职回乡,潜心研究数学和伊洛之学(即程朱理学),尤其对数学的研究颇有造诣。良好的家教环境,加上王恂自幼聪颖好学,为他后来的成就打下了坚实的基础。

观星台

王恂三岁时,其母授以《千字文》,王恂过目成诵,十三岁学“九数”(即方田、粟米、衰分、少广、均输、盈不足、方程、勾股、商功)。当时其父与元朝太保刘秉忠交往甚密,秉忠拜会王良时,发现王恂聪明绝顶,才思过人,堪称神童。征得其父母同意,遂将王恂带到磁州(今磁县)天文台培育深造,这年王恂十四岁。

浑仪

王恂到磁州后,在刘秉忠精心培育下,十八岁时被推荐给元世祖忽必烈任太子伴读。元中统二年(1261年)任太子赞善。翌年裕宗被封为燕王、中枢令兼领枢密院事,他对王恂非常器重,口令两府大臣,凡有咨禀,必须要王恂得知。此时王恂已兼管太子起居,常为裕宗讲解尧舜善政、治国安邦之道,并将辽金兴亡之事编成故事讲给裕宗听,让其区别善恶。王恂深得太子赞赏，说王恂学识渊博，是难得的良师益友，召令大臣子弟随王恂学习。后来王恂拜为国子祭酒，掌管国子监所属各学校。

当初，刘秉忠在世，根据天文学的发展，认为《大明历》承用了两百多年，渐渐暴露出它的不周密性，企图加以修正。刘秉忠死后，皇帝根据他的设想，命王恂创制新历。于是王恂举荐了已经告老的许衡，同杨恭懿、郭守敬等遍考四十多家历书，从汉代的《三统历》，到宋代的《大明历》，他们昼夜测验，参考古制，创立新法，推算极为精密准确，研究总结了1182年、70次改历经验，考察了13家历律推算方法，前后三年派专人分赴全国四方，定点做日晷实地测量，精心计算，大胆创新，计算出一年为365.2425天，一月为29.530593天，一年的1/24作为一个节气，以没有中气的月份为闰月。明朝实行的《大统历》基本上就是《授时历》。如果把这两部历法看成一部，《授时历》是中国历史上实行年代最久的历法，历时长达三百六十四年。

王恂在《授时历》中，提出了招差法（即三次内插公式），并运用招差法推算太阳、月球和行星的运行度数；又创造了"弧矢割圆术"即球面直角三角形解法，来处理黄经和赤经、赤纬之间的换算，准确率大大提高。这些成就在世界上都处于领先地位，其贡献与郭守敬齐名。王恂自己没有著作流传，但世人对他的评价甚高，称他为"算术冠一时"的数学家。

至元十六年（1279年），王恂升为嘉议大夫、太史令，主管太史院，负责推算历法，观测天象。次年新历法完成，根据古语"敬授人时"的说法，赐名《授时历》，当年冬天就颁行天下。

郭守敬的成就——仰仪和《授时历》

郭守敬是元代著名的天文学家、数学家、水利专家和仪器制造专家。他与王恂、许衡等人共同编制出中国古代最先进、施行最久的历法《授时历》。为了编历，他创制和改进了简仪、高表、候极仪、浑天象、玲珑仪、仰仪、立运仪、证理仪、景符、窥几、日月食仪以及星晷定时仪12种天文仪器仪表，为中国天文学的发展做出了不可磨灭的贡献。

郭守敬（1231~1316），字若思，顺德邢台（今河北邢台）人。我国元代著名的天文学家、数学家、水利专家和仪器制造专家。

郭守敬的祖父郭荣是金元之际一位颇有名望的学者，他精通五经，熟知天文、算学，擅长水利技术。郭守敬就是在祖父的教养下成长起来的。祖父一面教郭守敬读书，一面领着他去观察自然现象，体验实际生活。郭守敬自小就喜欢自己动手制作各种器具，在十五六岁的时候就显露出了科学才能。

修水利显身手

1264年，郭守敬在老师张文谦的带领下赴西夏兴修水利。那时，西夏沿着黄河两岸已经修筑了不少水渠，但在成吉思汗征服西夏的时候，大部分的水闸水坝都遭到了破坏，渠道也都填塞了。郭守敬到了那里，立即着手整顿。有的地方疏通旧渠，有的地方开辟新渠，又重新修建起许多水闸、水坝。在郭守敬的带领下，百姓一起动手，这些工程竟然在几个月之内就完工了。郭守敬充分展示了自己在水利工程方面的卓越才干，回到上都后就被任命为都水少监。

发明仰仪

仰仪是郭守敬的独创，这件仪器是一个铜制的中空半球面，形状像一口仰天放着的锅，所以命名为"仰仪"。半球的口上刻着东西南北的方向，用一纵一横的两根竿子架着一块小板，板上开一个小孔，孔的位置正好在半球面的球心上。太阳光通过小孔，在球面上投下一个圆形的象，映照在所刻的线格网上，立刻可读出太阳在天球上的位置。人们可以避免用眼睛逼视那光度极强的太阳本身，就看明白太阳的位置，这是很巧妙的。更妙的是，在发生日食时，仰仪面上的日象也相应地发生亏缺现象。这样，从仰仪上可以直接观测出日食的方向，亏缺部分的多少，以及发生各种食象的时刻等等。

郭守敬

修订《授时历》

1276 年，元朝政府决定改订旧历，颁行元朝自己的历法，下令组织历局，调动了全国各地的天文学者，另修新历。应老同学王恂的邀请，郭守敬参加了新历的修订工作，他奉命制造仪器，进行实际观测。

为了修订新历，郭守敬共设计和监制了简仪、高表、候极仪、浑天象、玲珑仪、仰仪、立运仪、证理仪、景符、窥几、日月食仪、星晷定时仪等 12 种天文仪器，这些仪器设备推动了郭守敬的科学研究工作，也为我国天文事业的发展做出了巨大的贡献。

经过王恂、郭守敬等人的集体努力，到 1280 年春天，一部新的历法终于宣告完成了，元世祖将它命名为《授时历》。同年冬天，正式颁发了根据《授时历》推算出来的下一年的日历。

《授时历》是中国古代最先进、施行最久的一部精良历法。它采用至元十七年（1279年）的冬至时刻作为计算的出发点，以至元十八年（1280 年）为"元"，即开始之年。所用的数据，个位数以下一律以 100 为进位单位，即用百进位式的小数制，取消日法的分数表达式。它以 365.2425 天为一年，比地球绕太阳一周的实际时间只差二十六秒，与现在国际上通行的格里历的周期相同，但是格里历比《授时历》晚了整整三百年。

《授时历》这部优秀的新历法，节气的推算比较准确，对农业生产的帮助很大，在中国实际行用了 364 年，并且还传到朝鲜、日本和越南等国家。元代科学家郭守敬在天文、水利、测绘、仪器制造等方面成就辉煌，有多项发明遥遥走在世界的前端。郭守敬以毕生精力从事科学活动，服务社会，恢复经济，发展经济，造福民众，以至于在元朝当代就有人赞叹"天佑我元，似此人世岂易得，呜呼，其可谓度越千古矣"。他的科学思想与科学思维方式是我国宝贵的历史文化财富。

明清之际的民间天文学家——王锡阐

王锡阐是我国著名的民间天文学家,他在吸收欧洲天文学优点的基础上,发展了中国天文学,曾独立发明计算金星、水星凌日的方法,并提出精确计算日月食的方法。王锡阐所著《晓庵新法》《历说》和《五星行度解》等,为中国近代天文学和数学的发展做出了卓著贡献。

王锡阐(1628～1682),字寅旭,号晓庵,江苏吴江人,我国明清之际的民间天文学家。王锡阐与天文数学家梅文鼎同时而又齐名,王锡阐号晓庵,梅文鼎号勿庵,遂被后人并称为"二庵"。两人都娴于天文历算,然而王锡阐精核,梅文鼎博大,各造其极,不分高下。

王锡阐

1644 年,李自成的农民起义军进入北京,明朝覆亡;随即清军入关南下,弘光小朝廷覆灭。在急风暴雨的时代大变迁中,由于难以忍受"留发不留头,留头不留发"的民族高压政策,江南各地纷纷起兵抗清。

王锡阐当时年仅十七岁,却具有强烈的民族自尊,为了表示忠于明朝,他奋身投河自尽,但是意外地被人救了起来。此后,王锡阐放弃了科举考试之路,他隐居在乡间,以教书为业,致力于学术研究,甘心做一个故国遗民而终其一生。

王锡阐性格孤僻,对于天文历算特别爱好,在参加惊隐诗社活动和写作《明史记》的同时,一直不停地进行天文研究。王锡阐热衷于实际测算,每当遇到天色晴朗,他就爬到屋顶上,仰卧着观察天空中的星象,整夜不睡觉。然后他对历算书籍进行精心研究,验证实际测算的结果。经过长期的实际测算,王锡阐对于中、西历法有了相当深度的了解,他曾作《西历启蒙》和《大统历法启蒙》来讨论中、西历法的优劣。王锡阐基于一贯倡导的探求数理之本的主张,在当时作的《历说》《晓庵新法序》以及以后的著作中,对中、西历法的交食、回归年、刻度划分、节气闰法、行星理论等主要问题作了评论。

王锡阐生活在耶稣会士东来,欧洲天文数学知识开始传入中国的时期。这些天文方法有较高的精确度,其中运用了对中国来说还是全新的三角几何学知识、明确的地球观及度量概念,因而产生了巨大影响。对于应否接受欧洲天文学,当时中国学者有三种不同态度:一种是顽固拒绝,一种是盲目吸收,只有他能持批判吸收的态度。他从当时集欧洲天文学大成的《崇祯历书》入手,对其前后矛盾、互相抵触之处予以揭露,对其不足之处予以批评,进而在吸收欧洲天文学优点的基础上,发展了中国天文学。他在对中西历法有了较深了解的基础上,兼采中西,参与己意,写成《晓庵新法》和《五星行度解》。

《晓庵新法》共六卷,运用刚传到中国的球面三角学,首创准确计算日月食的初亏和复圆方位的演算法,以及金星、水星凌日和五星凌犯的演算法,后来都被清政府编入《历象考成》,成为编算历法的重要手段。

《五星行度解》是在第谷体系的基础上建立的一套行星运动理论。第谷为丹麦天文学家,曾提出一种介乎托勒密的地心体系和哥白尼的"日心体系"之间的宇宙体系。王锡阐认为五大行星皆绕太阳运行,土星、木星、火星在自己的轨道上左旋,金星、水星在自己的轨道上右旋,各有各的平均行度;太阳在自己的轨道上绕地球运行,这轨道在恒星天上的投影即为黄道。他据此推导出一组公式,能预告行星的位置,这种探讨使他成为中国较早注意引力现象的学者之一。

数学成就

数学史上的伟大创造——算筹

算筹是中国古代的计算工具,它是世界数学史上的一个伟大创造。算筹记数法十分明确地体现了十进位值记数法,以其为基础发展出一整套筹算算法,开成了中国传统数学的独特风格,取得了许多辉煌的数学成就。

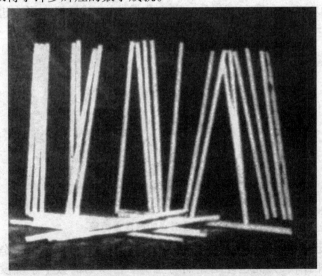

西安出土的西汉金属算筹

根据史书的记载和考古材料的发现,古代的算筹是一根根同样长短和粗细的小棍子,一般长为 13~14cm,径粗 0.2~0.3cm,多用竹子制成,也有用木头、兽骨、象牙、金属等材料制成的,大约 270 多枚为一束,放在一个布袋里,系在腰部随身携带。需要计数和计算的时候,就把它们取出来,放在桌上、炕上或地上都能摆弄。别看这些都是一根根不起眼的小棍子,在中国数学史上它们却是立有大功的。而它们的发明,也同样经历了一个漫长的历史发展过程。

古时候,有一个卖米商人去城里运货。天刚蒙蒙亮,人们都还在睡觉,他就急匆匆地出发了。走着走着,就到中午了,商人坐下来,休息了一会儿。这时,他忽然想起了一个问题,他的马车最多能运七十五袋米,现在马车上已经有三十四袋米了,最多还能运几袋米呢?商人想来想去,都不知道该运多少。

这时,有两根树枝从树上掉了下来,让商人有了一点启发:用五根树枝表示五袋米,在用七根稍长一点的树枝表示七十袋,并在下面摆三根大的树枝,四根小的树枝,再从五根树枝中拿出四根,七根树枝中拿出三根,就是四十一了!原来最多能运四十一袋。商人知道了最多能运几袋,坐起身来,骑上马,继续向县城行驶。

这就是有关算筹发明的故事。在算筹计数法中,以纵横两种排列方式来表示单位数目的,其中1~5均分别以纵横方式排列相应数目的算筹来表示,6~9则以上面的算筹再加下面相应的算筹来表示。表示多位数时,个位用纵式,十位用横式,百位用纵式,千位用横式,以此类推,遇零则置空。

为什么又要有纵式和横式两种不同的摆法呢?这就是因为十进位制的需要了。所谓十进位制,又称十进位值制,包含有两方面的含义。其一是"十进制",即每满十数进一个单位,十个一进为十,十个十进为百,十个百进为千……其二是"位值制",即每个数码所表示的数值,不仅取决于这个数码本身,而且取决于它在记数中所处的位置。如同样是一个数码"2",放在个位上表示2,放在十位上就表示20,放在百位上就表示200,放在千位上就表示2000了。在我国商代的文字记数系统中,就已经有了十进位值制的萌芽,到了算筹记数和运算时,就更是标准的十进位值制了。

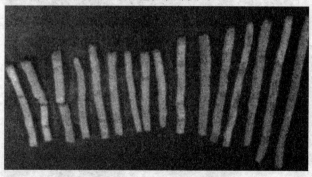

陕西千阳县出土的西汉骨算筹

中国古代十进位制的算筹记数法在世界数学史上是一个伟大的创造,与世界其他古老民族的记数法相比较,其优越性是显而易见的。古罗马的数字系统没有位值制,只有七个基本符号,如要记稍大一点的数目就相当繁难。古美洲玛雅人虽然懂得位值制,但用的是20进位;古巴比伦人也知道位值制,但用的是60进位。20进位至少需要19个数码,60进位则需要59个数码,这就使记数和运算变得十分繁复,远不如只用9个数码便可表示任意自然数的十进位制来得简捷方便。

中国古代数学之所以在计算方面取得许多卓越的成就,在一定程度上应该归功于这一符合十进位制的算筹记数法。马克思在他的《数学手稿》一书中称十进位记数法为"最妙的发明之一",确实是一点也不过分的。

世界上第一个最精密的圆周率

祖冲之不但精通天文、历法,他在数学方面的贡献,特别对"圆周率"研究的杰出成就,更是超越前代。祖冲之算出的圆周率精确到小数点以后 7 位,成为当时最先进的成就,他创造的世界纪录到 15 世纪才由阿拉伯数学家卡西打破。

求算圆周率的值是数学中一个非常重要也是非常困难的研究课题。中国古代许多数学家都致力于圆周率的计算,而公元 5 世纪祖冲之所取得的成就可以说是圆周率计算的一个跃进。要做出这样精密的计算,是一项极为细致而艰巨的脑力劳动,祖冲之为此付出了艰苦卓绝的努力。

有一天,祖冲之正在翻阅刘徽给《九章算术》做的注解,他被刘徽用高度的抽象概括力建立的"割圆术"与极限观念所折服,不禁拍案叫绝。连连称赞:"真了不起! 真了不起!"在一边专心致志看书的儿子祖暅被这突如其来的声音所震动,忙问:"父亲,谁了不起了?""我说刘徽了不起。"祖冲之的眼睛仍然停留在竹简上。"刘徽是谁?"当时只有十一、二岁的祖暅还不知道刘徽是个什么样的人。"三国时代的科学家。""他有什么地方了不起呢?""他用极限观念建立了割圆术。""割圆术?"祖暅茫茫然地望着父亲。

"你看!"祖冲之指着手中拿着的竹简,滔滔不绝的给儿子讲着。"刘徽提出:在圆内做一个正六边形,每边和半径相等。然后把六边所对的六段弧线一一平分。做出一个正十二边形。这个十二边形的边长总加起来比六边形的边长的总和要大,比较接近圆周,但仍比圆周短。刘徽认为,用同样方法,做出二十四边形。那周长总和又增加了,又接近圆周了。这样一直把圆周分割下去,割得越细,和圆周相差越少,割而又割,直到不可再割的时候,这个无限边形就和圆周密合为一,完全相等了。刘徽用割圆术计算了六边、十

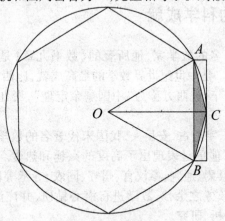

割圆术示意图

二边、二十四边、四十八边,一直计算到九十六边形的边长之和,得出圆周是直径的 3.14。"

祖冲之把刘徽计算圆周率的"割圆术"讲给儿子听,祖暅虽然似懂非懂,但也引起了他无限的兴趣。"刘徽真了不起! 真行!"祖冲之听着孩子的话,沉思片刻说:"我告诉你

吧,刘徽算出的圆周率,其实他自己也不满意。他声明:实际的圆周率应该比 3.14 稍大。如果他继续'割了又割'地割下去。就会算得更精确。""那我们来继续'割而又割',行吗?"祖晅问了一句。"行呀,我们可以算出更精确的圆周率!这就需要我们付出更为艰巨的劳动!"

这一夜,父子俩久久未能入睡。枯燥无味的数学却引来了儿子无限的兴趣,丰富的幻想;祖冲之则盘算着如何去消化前人的成果,开拓数学研究的新路。

461 年,祖冲之被派在刘子鸾手下做一个小官。他始终没放松对科学技术的钻研,每天早上都得进宫办事,下午一回来,就一头钻进了他的书房,有时甚至忘了吃晚饭 忘了休息。年幼的儿子,被他父亲的这种孜孜不倦,废寝忘食的刻苦攻关精神所感动。

一天,祖冲之早上进宫办完杂事,就匆匆赶回了家,在书房的地板上画了一个直径一丈的大圆,运用"割圆术"的计算方法,在圆内先做了一个正六边形。他们的工作就这样开始了。日复一日,不论是酷暑,还是严寒,从不间断地辛勤地计算着……

祖冲之为了求出最精密的圆周率,对九位数进行包括加减乘除及开方等运算一百三十次以上。这样艰巨复杂的计算,在当时没有算盘,只靠一些被称作"算筹"的小竹棍,摆成纵横不同的形状,用来表示各种数目,然后进行计算,这不仅需要掌握纯熟的理论和技巧,更需具备踏踏实实、一丝不苟的严谨态度,不惜付出艰巨的劳动代价,才能取得杰出的成就。经过艰苦的计算,祖冲之终于得出较精确的圆周如直径为 1,圆周大于 3.1415926,小于 3.1415927。

祖冲之经过刻苦钻研,继承和发展了前辈科学家的优秀成果。祖冲之求出的圆周率,精确到小数点后七位,这在当时全世界上只有他一人。祖冲之对圆周率数值的精确推算值,用他的名字命名为"祖冲之圆周率",简称"祖率"。

数学家秦九韶的科学成就

秦九韶是我国宋代著名的数学家,他所著的《数书九章》是一部划时代的巨著。另外,秦九韶的"大衍求一术"是中世纪世界数学的最高成就,比西方 1801 年著名数学家高斯建立的同余理论早 554 年,被西方称为"中国剩余定理",秦九韶也因此被康托尔称为"最幸运的天才"。

秦九韶(1202~1261),字道古,安岳人,我国宋代著名的数学家。秦九韶自幼聪敏好学,尤其是在数学学科上,他更是表现出了高度的兴趣和热爱。宋绍定四年(1231 年),秦九韶考中进士,曾担任县尉、通判、参议官、州守、同农、寺丞等职,先后在湖北、安徽、江苏、浙江等地做官。他在政务之余,对数学进行潜心钻研,并广泛搜集历学、数学、星象、音律、营造等资料,进行分析、研究。

宋淳祐四至七年(1244~1247),他在为母亲守孝时,把长期积累的数学知识和研究所得加以编辑,写成了《数书九章》一书,并创造了"大衍求一术"。这不仅在当时处于世界领先地位,在近代数学和现代电子计算设计中,也起到了重要作用,被称为"中国剩余定理"。他所论的"正负开方术",被称为"秦九韶程序"。现在,世界各国从小学、中学到大学的数学课程,几乎都要接触到他的定理、定律和解题原则。

秦九韶

划时代巨著《数书九章》

《数学九章》共9章18卷，九章即九类："大衍类""天时类""田域类""测望类""赋役类""钱谷类""营建类""军旅类""市物类"，每类9题共计81题。该书内容丰富之极，上至天文、星象、历律、测候，下至河道、水利、建筑、运输，各种几何图形和体积，钱谷、赋役、市场、牙厘的计算和互易。许多计算方法和经验常数直到现在仍有很高的参考价值和实践意义，被誉为"算中宝典"。

此书不仅代表着当时中国数学的先进水平，也是中世纪世界数学的最高水平。我国数学史家梁宗巨评价道："秦九韶的《数书九章》是一部划时代的巨著，内容丰富，精湛绝伦。特别是大衍求一术及高次代数方程的数值解法，在世界数学史上占有崇高的地位。那时欧洲漫长的黑夜犹未结束，中国人的创造却像旭日一般在东方发出万丈光芒。"

中国剩余定理——大衍求一术

秦九韶所发明的"大衍求一术"，即现代数论中一次同余式组解法，是中世纪世界数学的最高成就，比西方1801年著名数学家高斯建立的同余理论早554年，被西方称为"中国剩余定理"。秦九韶不仅为中国赢得无上荣誉，也为世界数学做出了杰出贡献。

任意次方程的数值解

秦九韶在《数书九章》中除"大衍求一术"外，还创拟了正负开方术，即任意高次方程的数值解法，也是中世纪世界数学的最高成就，秦九韶所发明的此项成果比1819年英国人霍纳的同样解法早572年。秦九韶的正负开方术，列算式时，提出"商常为正，实常为负，从常为正，益常为负"的原则，纯用代数加法，给出统一的运算规律，并且扩充到任何高次方程中去。

此外，秦九韶还改进了一次方程组的解法，用互乘对减法消元，与现今的加减消元法完全一致；同时秦九韶又给出了筹算的草式，可使它扩充到一般线性方程中的解法。秦九韶还创用了"三斜求积术"等，给出了已知三角形三边求三角形面积公式，与海伦公式完全一致。

南宋杰出的数学家——杨辉

杨辉是世界上第一个排出丰富的纵横图和讨论其构成规律的数学家,他给出的纵横图的编造方法,打破了幻方的神秘性,也是世界上对幻方最早的系统研究和记录。杨辉的数学成就极大地丰富了我国古代数学宝库,为数学科学的发展做出了卓越的贡献,不愧为"宋元四大家"之一。

杨辉

杨辉,生卒年不详,字谦光,浙江钱塘(今杭州)人,南宋时期杰出的数学家和数学教育家。杨辉担任过南宋地方行政官员,为政清廉,足迹遍及苏杭一带,杨辉一生留下了大量的著述,它们是:《详解九章算法》12卷、《日用算法》2卷、《乘除通变本末》3卷、《田亩比类乘除捷法》2卷、《续古摘奇算法》2卷,其中后三种为杨辉后期所著,一般称之为《杨辉算法》。杨辉的数学研究与教育工作的重点是在计算技术方面,他对筹算乘除捷算法进行总结和发展,有的还编成了歌诀,如九归口决。

杨辉一生最杰出的成就是排出了丰富的纵横图并讨论了它的构成规律。说起杨辉的这一成就,还得从偶然的一件小事说起。

一天,台州府的地方官杨辉出外巡游,路上,前面铜锣开道,后面衙役殿后,中间,大轿抬起,好不威风。走着走着,只见开道的镗锣停了下来,前面传来孩童的大声喊叫声,接着是衙役恶狠狠的训斥声。杨辉忙问怎么回事,差人来报:"孩童不让过,说等他把题目算完后才让走,要不就绕道。"

杨辉一看来了兴趣,连忙下轿抬步,来到前面。衙役急忙说:"是不是把这孩童哄走?"

杨辉摸着孩童头说:"为何不让本官从此处经过?"

孩童答道:"不是不让经过,我是怕你们把我的算式踩掉,我又想不起来了。"

"什么算式?"

"就是把1到9的数字分三行排列,不论直着加,横着加,还是斜着加,结果都是等于15。我们先生让下午一定要把这道题做好,我正算到关键之处。"

杨辉连忙蹲下身,仔细地看那孩童的算式,觉得这个数字,从哪见过,仔细一想,原来是西汉学者戴德编纂的《大戴礼记》中提及的。杨辉和孩童俩人连忙一起算了起来,直到天已过午,俩人才舒了一口气,结果出来了,他们又验算了一下,结果全是15,这才站了起来。

杨辉回到家中,反复琢磨,一有空闲就在桌上摆弄着这些数字,终于发现一条规律。一开始将九个数字从大到小斜排三行,然后将9和1对换,左边7和右边3对换,最后将位于四角的4、2、6、8分别向外移动,排成纵横三行,就构成了九宫图。后来,杨辉又将散见于前人著作和流传于民间的有关这类问题加以整理,得到了"五五图""六六图""衍数

华罗庚著《从杨辉三角谈起》书影

图""易数图""九九图""百子图"等许多类似的图。杨辉把这些图总称为纵横图,并于1275年写进自己的数学著作《续古摘奇算法》一书中,流传后世。他是世界上第一个给出了如此丰富的纵横图和讨论了其构成规律的数学家。

杨辉不仅是一位著述甚丰的数学家,而且还是一位杰出的数学教育家。他一生致力于数学教育和数学普及,其著述有很多是为了数学教育和普及而写。《算法通变本末》中载有杨辉专门为初学者制订的"习算纲目",它集中体现了杨辉的数学教育思想和方法。

朱世杰和他的《四元玉鉴》

朱世杰是我国元代杰出的数学家,他全面继承了秦九韶、李冶、杨辉的数学成就,并给予创造性的发展,写出了《算学启蒙》《四元玉鉴》等著名作品,把我国古代数学推向更高的境界,形成了宋元时期中国数学的最高峰。

朱世杰,生平不详,字汉卿,号松庭,燕山(今北京)人,元朝杰出的数学家。他长期从事数学研究和教育事业,主要著作有《四元玉鉴》和《算学启蒙》。

13世纪末,中国为元朝所统一,遭到破坏的经济和文化又很快繁荣起来。蒙古统治者为了兴邦安国,开始尊重知识,大量选拔人才,把各科学的发展推向了新的高峰。

当时忽必烈网罗了一大批汉族知识分子组成智囊团,其中就有王恂、郭守敬、李冶等人,这个智囊团中的人物,对数学和历法都很精通。

这时的朱世杰也继承了北方数学的主要成就——天元术,并将其由二元、三元推广至四元方程组的解法。朱世杰除了接受北方的数学成就之外,他还吸收了南方的数学成就,尤其是各种日用算法、商用算术和通俗化的歌诀等等。

在元灭南宋以前,南北之间的交往,特别是学术上的交往几乎是断绝的。南方的数学家对北方的天元术毫无所知，而北方的数学家也很少受到南方的影响。朱世杰曾"周游四方"，经过 20 多年的游学、讲学等活动，他终于在 1299 年和 1303 年，在扬州刊刻了他的两部数学杰作——《算学启蒙》和《四元玉鉴》。

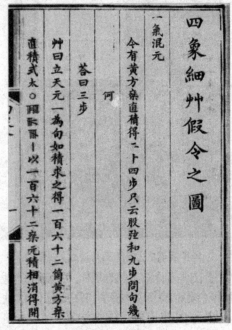

《四元玉鉴》书影

　　《算学启蒙》包括了从乘除法运算及其捷算法到开方、天元术、方程术等当时数学各方面的内容，由浅入深，形成了一个较完整的体系。正文前，列出了九九歌诀、归除歌诀、斤两化零歌、筹算识位制度、大小数进位法、度量衡制度、圆周诸率、正负数加减乘法法则、开方法则等 18 条作为总括，作为全书的预备知识，其中正负数乘法法则不仅在中国数学著作中，在世界上也是首次出现。许多歌诀比杨辉的更加完整准确，有的已与现代珠算口诀几乎完全一致。

　　《四元玉鉴》是朱世杰最杰出的作品，在这部书中记载了他对多元高次方程组解法、高阶等差级数求和、高次内插法等问题的见解，受到近代数学史研究者的高度评价，认为是中国古代数学科学著作中最重要的、最有贡献的一部数学名著。

　　朱世杰的另一重大贡献是对于"垛积术"的研究。他对于一系列新的垛形的级数求和问题做了研究，从中归纳出"三角垛"的公式，实际上得到了这一类任意高阶等差级数求和问题的系统、普遍的解法。朱世杰还把三角垛公式引用到"招差术"中，指出招差公式中的系数恰好依次是各三角垛的积，这样就得到了包含有四次差的招差公式。他还把这个招差公式推广为包含任意高次差的招差公式，这在世界数学史上是第一次。

　　在中国数学史上，朱世杰第一次正式提出了正负数乘法的正确法则；他对球体表面积的计算问题做了探讨，这是我国古代数学典籍中唯一的一次讨论，结论虽不正确，但创新精神是可贵的。在《算学启蒙》中，他记载了完整的"九归除法"口诀，和现在流传的珠

《算学启蒙》书影，记载了九归除法。

算归除口诀几乎完全一致。

总之，朱世杰继承和发展了前人的数学成就，为推进我国古代数学科学的发展做出了不可磨灭的贡献。朱世杰不愧是我国乃至世界数学史上负有盛名的数学家。

近代数学教育的鼻祖——李善兰

李善兰是将解析几何、微积分、哥白尼日心说、牛顿力学、近代植物学传入中国的第一人，为近代科学在中国的传播和发展做出了开创性的贡献。在任北京同文馆天文算学总教习期间，审定了《同文馆算学课艺》《同文馆珠算金鍼》等数学教材，培养了一大批数学人才，是中国近代数学教育的鼻祖。

李善兰（1811~1882），字壬叔，号秋纫，又名心兰，清代浙江海宁硖石镇人，我国清代数学家、天文学家、力学家、植物学家，曾任户部郎中、广东司行走、总理各国事务衙门章京等职。李善兰出身于书香世家，自幼就读于私塾，受到了良好的家庭教育。他资禀颖异，勤奋好学，于所读之诗书，过目即能成诵。9岁时，李善兰发现父亲的书架上有一本中国古代数学名著《九章算术》，感到十分新奇有趣，从此迷上了数学。

14岁时，李善兰又靠自学读懂了欧几里得《几何原本》前六卷，这是明末徐光启与意大利传教士利玛窦合译的古希腊数学名著。欧氏几何严密的逻辑体系，清晰的数学推理，与偏重实用解法和计算技巧的中国古代传统数学思路迥异。李善兰在《九章算术》的基础上，又吸取了《几何原本》的新思想，这使他的数学造诣日趋精深。

几年后，作为州县的生员，李善兰到省府杭州参加乡试。因为他"于辞章训诂之学，虽皆涉猎，然好之总不及算学，故于算学用心极深"，结果八股文章做得不好，落第。但他

却毫不介意,而是利用在杭州的机会,留意搜寻各种数学书籍,买回了李冶的《测圆海镜》

李善兰在同文馆与他的学生们合影

和戴震的《勾股割圆记》,仔细研读,使他的数学水平有了更大提高。1845 年前后就发表了具有解析几何思想和微积分方法的数学研究成果——"尖锥术"。

咸丰二年(1852 年),李善兰到上海,参加墨海书馆的编辑工作,与英国人伟烈亚力、艾约瑟等交游,共同研讨科学问题,并与伟烈亚力一起翻译了欧几里得《几何原本》后七卷。同时又与艾约瑟合作,翻译英国力学家胡威立的《重学》。李善兰的翻译工作是有独创性的,他创译了许多科学名词,如"代数""函数""方程式""微分""积分""级数""植物""细胞"等,匠心独运,切贴恰当,不仅在中国流传,而且东渡日本,沿用至今。

继梅文鼎之后,李善兰成为清代数学史上的又一杰出代表。他一生翻译西方科技书籍甚多,将近代科学最主要的几门知识从天文学到植物细胞学的最新成果介绍传入中国,对促进近代科学的发展做出卓越贡献。

1868 年,李善兰被推荐到北京同文馆任天文算学总教习,从事数学教育十余年,其间审定了《同文馆算学课艺》《同文馆珠算金鍼》等数学教材,培养了一大批数学人才,是中国近代数学教育的鼻祖。

世界著名的数学家——华罗庚

华罗庚是世界著名的数学家,他是中国解析数论、典型群、矩阵几何学、自守函数论与多复变函数论等很多方面研究的创始人与开拓者,为中国数学的发展做出了举世瞩目的贡献,被誉为"人民科学家"。

华罗庚(1910~1985 年),江苏金坛人,中国杰出的数学科学家。华罗庚出生于一个小商人家庭,他 12 岁从县城仁劬小学毕业后,进入金坛县立初级中学学习。

1925 年,华罗庚初中毕业,因家境贫寒,无力进入高中学习,只好到黄炎培在上海创办的中华职业学校学习会计。不到一年,由于生活费用昂贵,华罗庚被迫中途辍学,回到金坛帮助父亲经营一间杂货铺。在单调的站柜台生活中,他一面帮助父亲干活、记账,一面继续钻研数学。有时入了迷,他竟忘了接待顾客,甚至把算题结果当作顾客应付的货款。因为经常发生类似的事情,时间久了,街坊邻居都传为笑谈,大家给他起了个绰号,叫"罗呆子"。每逢遇到怠慢顾客的事情发生,父亲就说他念"天书"念呆了,要强行把书烧掉。争执发生时,华罗庚总是死死地抱着书不放。当时,他的数学书仅有一本《代数》、一本《几何》和一本缺页的《微积分》。

有志者事竟成。1930 年春,华罗庚的论文《苏家驹之代数的五次方程式解法不能成立的理由》在上海《科学》杂志上发表,得到了清华大学数学系主任熊庆来教授的高度赞扬,华罗庚也因此获得了在清华学习的机会并被派往英国剑桥大学留学。

新中国成立后,华罗庚回到了清华大学,担任数学系主任,在数学领域取得了辉煌的成就。他的论文《典型域上的多元复变函数论》于 1957 年 1 月获国家发明一等奖,并先后出版了中、俄、英文版;1957 年出版《数论导引》;1959 年首先用德文出版了《指数和的估计及其在数论中的应用》,又先后出版了俄文版和中文版;1963 年他和他的学生万哲先合写的《典型群》一书出版。他还写了一系列数学通俗读物,在青少年中影响极大。他主张在科学研究中要培养学术空气,开展学术讨论。他发起创建了我国的计算机技术研究所,也是我国最早主张研制电子计算机的科学家之一。

1958 年,华罗庚被任命为中国科技大学副校长兼应用数学系主任。在继续从事数学理论研究的同时,他努力尝试寻找一条数学和工农业实践相结合的道路。他发现数学中的统筹法和优选法是在工农业生产中能够比较普遍应用的方法,可以提高工作效率,改变工作管理面貌。于是,他一面在科技大学讲课,一面带领学生到工农业实践中去推广优选法、统筹法,取得了很大的经济效益和社会效益。

华罗庚一生在数学上的成就是巨大的,他在数论、矩阵几何学、典型群、自守函数论、多个复变函数论、偏微分方程及高维数值积分等很多领域都做出了卓越的贡献。他之所以有这样大的成就,主要在于他有一颗赤诚的爱国报国之心和坚忍不拔的创新精神。正因为如此,他才能够毅然放弃美国终身教授的优厚待遇,迎接祖国的黎明;他才能够顶住非议和打击,奋发有为,成为蜚声中外的杰出科学家。

当代杰出的数学科学家——陈景润

陈景润是我国当代杰出的数学科学家,他打开了两百多年来一直无人能够打开的"哥德巴赫猜想"的奥秘之门,被称为攻克"哥德巴赫猜想"的第一人,受到世界数学界的高度重视和称赞,是中国人民的骄傲。

陈景润(1933~1996),福建省闽侯人,世界著名数学家。陈景润自幼家境贫寒,学习刻苦,他在小学读书时,就对数学情有独钟。一有时间就演算习题,在学校里成了个"小数学迷"。

陈景润在福州英华中学读书时，有幸聆听了清华大学调来的一名很有学问的数学教师沈元讲课。他给同学们讲了一道世界数学难题："大约在 200 年前，一位名叫哥德巴赫的德国数学家提出'任何一个偶数均可表示为两个素数之和'，简称 1+1。他一生也没证明出来，便给俄国圣彼得堡的数学家欧拉写信，请他帮助证明这道难题。欧拉接到信后，就着手计算。他费尽了脑筋，直到离开人世，也没有证明出来。之后，哥德巴赫带着一生的遗憾也离开了人世，却留下了这道数学难题。200 多年来，这个哥德巴赫猜想之谜吸引了众多的数学家，从而使它成为世界数学界一大悬案。"老师讲到这里还打了一个有趣的比喻，数学是自然科学的皇后，"哥德巴赫猜想"则是皇后王冠上的明珠！这则引人入胜的故事给陈景润留下了深刻的印象，"哥德巴赫猜想"像磁石一般吸引着陈景润。从此，陈景润开始了摘取数学"王冠上的明珠"的艰辛历程。

陈景润

1953 年，陈景润毕业于厦门大学数学系，留校当了一名图书馆的资料员，除整理图书资料外，还担负着为数学系学生批改作业的工作。尽管工作繁忙，他仍然坚持不懈地钻研数学科学。陈景润对数学论有浓厚的兴趣，利用一切可以利用的时间系统地阅读了数学家华罗庚的专著。陈景润为了能直接阅读外国资料，掌握最新信息，在学习英语的同时又攻读了俄语、德语、法语、日语、意大利语和西班牙语。学习这些外语对一个数学家来说已是一个惊人突破，但对陈景润来说只是万里长征迈出的第一步。

为了使自己梦想成真，陈景润不管是酷暑还是严冬，在那不足 6 平方米的斗室里，食不知味，夜不能眠，潜心钻研，光是计算的草纸就足足装了几麻袋。1957 年，陈景润被调到中国科学院数学研究所工作，他更加刻苦钻研。经过 10 多年的推算，1966 年 5 月陈景润发表了《大偶数为一个素数及一个不超过两个素数的乘积之和》（简称"1+2"）。论文的发表，受到世界数学界和国际知名数学家的高度重视和称赞，成为哥德巴赫猜想研究上的里程碑。陈景润也因此被称为"攻克'哥德巴赫猜想'的第一人"，英国数学家哈伯斯坦和德国数学家黎希特把陈景润的论文写进数学书中，称为"陈氏定理"。

此外，陈景润曾任中国科学院数学研究所研究员、所学术委员会委员兼贵阳民族学院、河南大学、青岛大学、华中工学院、福建师范大学等校教授，国家科委数学学科组成员，《数学季刊》主编等职。共发表研究论文 70 余篇，并有《数学趣味谈》《组合数学》等著作。

2009 年 9 月 14 日，他被评为 100 位新中国成立以来感动中国人物之一。

农学农具

古代机械大师——马钧

马钧是我国古代的机械大师,他发明的新式织绫机大大加快了我国古代丝织工业的发展速度,为我国家庭手工业织布机奠定了基础:而他创制的龙骨水车一直被我国农村历代沿用,在农业生产上发挥着巨大的作用。

马钧(220~265),字德衡,三国时期魏国扶风(今陕西省兴平市)人,伟大的机械制造家。马钧从小口吃,不善言谈。但是他很喜欢思索,善于动脑,同时注重实践,勤于动手,尤其喜欢钻研机械方面的问题。他一生致力于机械的发明、改造和制造,为生产技术的发展起到了巨大的作用,曾获"天下之名巧"的誉称。

发明新式织绫机

我国是世界上生产丝织品最早的国家,劳动人民在生产实践中发明了简单的织绫机。这种织绫机有一百二十个蹑(踏具),人们用脚踏蹑管理它,织一匹花绫得用两个月左右的时间。为了提花,要把经线分成60综,而每一综必须用一个蹑操纵,工作起来手忙脚乱,速度很慢,而且容易出错。

马钧塑像

马钧看到工人在这种织绫机上操作,累得满身流汗,生产效率还很低,就下决心改良这种织绫机。于是,他深入到生产过程中,对旧式织绫机进行了认真研究,重新设计了一种新式织绫机,简化了踏具,改造了桄运动机件(即开口运动机件)。马钧把原来六十根经线的六十蹑改成了十二蹑,这样一来,新织绫机不仅更精致,更简单适用,而且生产效率也比原来的提高了四、五倍,织出的提花绫锦,花纹图案奇特,花型变化多端,受到了广大丝织工人的欢迎。

龙骨水车的创制

马钧曾在魏国做过一个小官,经常住在京城洛阳。当时在洛阳城里,有一大块坡地非常适合种蔬菜,老百姓很想把这块土地开辟成菜园,可惜因无法引水浇地,一直空闲着。马钧经过反复研究、试验,终于创造出一种翻车,把河里的水引上了土坡,实现了老百姓的愿望。马钧创造的这种翻车,使用极其轻便,连小孩也能转动。它不但能提水,而且还能在雨涝的时候向外排水。这就是龙骨水车,是当时世界上最先进的生产工具之一,从那时起,一直被我国乡村历代所沿用,直至实现电动机械提水以前,它一直发挥着巨大的作用。

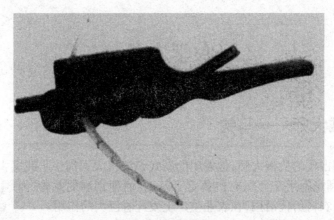

三国连弩复原模型

"水转百戏"的研制

一次,有人进献给魏明帝一种木偶百戏,造型相当精美,可那些木偶只能摆在那里,不能动作,明帝觉得很遗憾。就问马钧:"你能使这些木偶活动起来吗?"马钧肯定地回答道:"能!"没过多久,马钧久成功地创造了"水转百戏"。他用木头制成原动轮,以水力推动,使其旋转,这样,上层的所有陈设的木人都动起来了。有的击鼓,有的吹箫,有的跳舞,有的耍剑,有的骑马,有的在绳上倒立,还有百官行署,真是变化无穷。"水转百戏"的研制成功,说明马钧已经熟练掌握了水利和机械方面传动的原理。

马钧在手工业、农业、机械等方面有很多发明创造,是三国时代最优秀的机械制造家,就是在我国古代几千年的历史当中,也不多见,堪称一代机械大师。

农田耕作的进步——代田法

代田法是西汉赵过推行的一种适应北方旱作地区的耕作方法。这种耕作方法对于恢复汉武帝末年因征战、兴作而使用民力过甚,致使凋敝的农村经济起过一定的作用,而且对后世农业技术的发展也有深远的影响。

赵过,籍贯、生卒年不详,大约生活在汉武帝时期,我国著名的农学家。

汉武帝末年,为了增加农业生产,刘彻任赵过为搜粟都尉。赵过把关中农民创造的代田法加以总结推广,即把耕地分治成甽(田间小沟)和垄,甽垄相间,甽宽一尺,深一尺,垄宽也是一尺。一亩定制宽六尺,适可容纳三甽三垄。种子播在甽底不受风吹,可以保商,幼苗长在甽中,也能得到和保持较多的水分,生长健壮。在每次中耕锄草时,将垄上的土同草一起锄入甽中,培壅苗根,到了暑天,垄上的土削平,甽垄相齐,这就使作物的根能扎得深,既可耐旱,也可抗风,防止倒伏。第二年耕作时变更过来,以原来的甽为垄,原来的垄为甽,使同一地块的土地甽垄轮换利用,以恢复地力。

在代田法的推广过程中,赵过首先在离宫外墙内侧空地上试验,结果较常法耕种的土地每汉亩一般增产粟一石以上,好的可增产二石。可见,代田法是一种适合于我国北方旱地作物的耕作方法,它能达到"用力少而得谷多"的增产效果。

但赵过在推行代田法时遇到一个问题，就是由于没有与牛力相配套的农具，种代田的效率并不高。他决定发明一种适用于代田等行距条播的农具。西汉初期，我国已有了简单的播种机具——耧车。不过，起初的耧车是一腿耧或两腿耧，效率不高。赵过在前

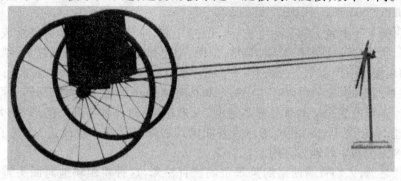

耧车

人的基础上，创制了三腿耧车。这种农具的图形在山西平陆出土的汉墓壁画中得到了展现，根据壁画复原的耧车模型现陈列在中国历史博物馆。

赵过发明的耧车是由种子箱、排种箱、输种管、开沟器、机架和牵引装置组成的。它的中央有一个盛放种子的耧斗，耧斗下有 3 条中空的耧腿，下面装着开沟用的小铁铧。播种时，一人在前牵引架着耧辕的牲畜前进，另一人在后控制耧柄高低来调节耧腿入土的深浅，同时摇动耧柄，使种子均匀地从耧腿下方播入所开的沟内。耧车后面用两条绳子横向拖拉着一根方形木头，能在耧车前进时把犁出的土刮入沟内，使种子及时得到覆盖。这种耧车将开沟、下种、覆盖三道工序结合在一起完成，大大提高了播种效率和质量。东汉崔在《政论》中说它"日种一顷"，也就是一天耕种 100 亩。

三腿耧车发明后，最先使用于"三辅"地区；即长安附近的关中平原，后来推广到边远地区。三腿耧车是一项杰出的发明，它的原理和功能同现代播种机差不多，在构造上也有许多相似之处。可以说，我国两千多年前发明的三腿耧车是西方人直到 1600 年才发明的播种机的始祖。

另外，在推广过程中，赵过发现有些农民因缺牛而无法趁雨水及时耕种，于是赵过让农民以换工或付工值的办法组织起来用人力挽犁。采用这样的办法，人多的组一天可耕三十亩，人少的一天也可耕十三亩，较旧法用耒耜翻地，效率大有提高，使更多的土地得到垦辟。

农具发展的重大突破——曲辕犁

耕犁在农业生产中是最重要的整地农具，曲辕犁的出现在我国农具史上具有非常重大的意义，它是耕犁发展到唐代的一次重大突破，从此以后，曲辕犁就成为我国耕犁的主流。历经宋、元、明、清各代，耕犁的结构都没有明显的变化。

曲辕犁，也称东江犁，它是江南农民在长期的生产实践中创造出来的，最早出现于唐代后期的东江地区。自古以来，我国就是一个农业大国，历代统治者都很重视农业的发

展和农具的创造更新。犁是人类早期耕地的农具,中国人大约自商代起使用耕牛拉犁,木身石铧。随着冶铁技术的广泛运用,战国时出现了铁犁铧,使农业发展进入了一个新的阶段。唐代曲辕犁的广泛推广,使中国在耕地农具方面达到了鼎盛时期,在技术上足足领先欧洲近2000年。

根据唐朝末年著名文学家陆龟蒙《耒耜经》记载,曲辕犁由十一个部件组成,即犁铧、犁壁、犁底、压镵、策额、犁箭、犁辕、犁梢、犁评、犁建和犁盘。犁铧用以起土;犁壁用于翻土;犁底和压镵用以固定犁头;策额保护犁壁;犁箭和犁评用以调节耕地深浅;犁梢控制宽窄;犁辕短而弯曲;犁盘可以转动。整个犁具有结构合理、使用轻便、回转灵活等特点,它的出现标志着传统的中国犁已基本定型。《耒耜经》对各种零部件的形状、大小、尺寸有详细记述,十分便于仿制和流传。后来曲辕犁的犁盘被进一步改进,出现了"二牛抬扛",直到今天仍被一些地方运用。

在唐代之前,人们普遍使用的是笨重的长直辕犁,这种耕犁耕地时回头转弯不够灵活,起土费力,效率也不高。曲辕犁和以前的耕犁相比,有几处重大改进。

二牛耕地画像砖

首先是将直辕、长辕改为曲辕、短辕,旧式犁长一般为今9尺左右,前及牛肩,曲辕犁长合今6尺左右,只及牛后。在辕头安装可以自由转动的犁盘,这样不仅使犁架变小变轻,而且便于调头和转弯,操作灵活,节省人力和畜力。由旧式犁的二牛抬杠变为一牛牵引。而且,由于占地面积小,这种犁特别适合在南方水田耕作,所以在江东地区得到推广。

其次是增加了犁评和犁建,如推进犁评,可使犁箭向下,犁铧入土则深。若提起犁评,使犁箭向上,犁铧入土则浅。将曲辕犁的犁评、犁箭和犁建三者有机地结合使用,便可适应深耕或浅耕的不同要求,并能使调节耕地深浅规范化,便于精耕细作。

曲辕犁还改进了犁壁。唐时犁壁呈圆形,因此又称犁镜。犁壁不仅能碎土,还可将翻起的土推到一旁,以减少前进阻力,而且能翻覆土块,以断绝草根的生长。曲辕犁结构完备,轻便省力,出现后很快就逐渐推广到了全国的各个地区,成为当时最先进的耕具。

唐代曲辕犁的设计较以前的直辕犁更加人性化,符合人机工程学要求。材料选用自然的木材,农民对木材特有的感情会使其在使用时有亲切感。设计上符合人机工程学的要求,主要体现在:通过犁梢的加长,使扶犁的人不必过于弯身;加大犁架的体积,便于控制曲辕犁的平衡，使其稳定。

另外，从经济性来说，唐代曲辕犁的设计，更经济实用，适合普通老百姓的购买和使用。用材主要是木材和铁，木材价格低廉，随处可取；当时铁已广泛用于各种器物上，冶炼的技术被人普遍掌握；从结构上看，既简单又连接牢固。整体经济性好，便于普遍推广利用。

唐代曲辕犁在我国古代农具发展史上有着重要的意义，影响深远。它不仅技术上在当时处于领先地位，而且设计精巧，造型优美。在当代农具的设计中，曲辕犁仍有着很好的借鉴意义。

纺织技术的传播——黄道婆的发明

黄道婆对棉纺织技术的革新，促进了棉纺织业生产力的提高，推动了松江地区纺织业的发展，同时也间接地推动了棉花种植业的发展，松江一度成为全国的棉纺织业中心。

黄道婆

黄道婆（1245～1330年），又名黄婆，松江府乌泥泾镇（今上海市华泾镇）人，元代棉纺织家。她出身贫苦，生性刚强，因无法忍受公婆和丈夫的羞辱虐待而离家出走，远赴少数民族聚居的崖州。在黎族人民那里，黄道婆学会了先进的纺织技术。勤劳聪明的黄道婆很快成为当地有名的纺织能手，还和黎族姐妹一起改进纺织工具和纺织工艺，创造了许多新的花色。

在崖州生活了20多年后，由于思念故土，黄道婆告别黎乡，返回了阔别多年的故土。黄道婆重返故乡时，植棉业已经在长江流域大大普及，但纺织技术仍然很落后。她回来后，就致力于改革家乡落后的棉纺织生产工具。她毫无保留地把自己精湛的织造技术传授给故乡人民，以帮助他们摆脱贫困，过上幸福的生活。

制造轧棉机

黄道婆首先改革了擀籽工序。她先去了解之前人们是怎样去籽净棉的，妇女们苦恼地告诉她，还是用手指一个一个地剥。黄道婆说，从现在起，咱们改用新的擀籽法吧，便教大家一人持一根光滑的小铁棍儿，把籽棉放在硬而平的捶石上，用铁棍擀挤棉籽，试验以后，妇女们乐不可支地嚷着："一下子可以擀出七八个籽儿呀，再也不用手指头挨个儿数了！"

黄道婆见大伙高兴，也感到十分快活，但并不满足。她觉得，用手按着铁棍儿擀，还是比较费力的，便继续寻求新办法。忽然，她想到了黎族脚踏车的原理，心里豁然一亮，马上和伙伴商量试用这一原理制造轧棉机，白天黑夜都琢磨。最后，用四块木板装成木框，上面树立两根木柱，柱头镶在一根方木下面，柱中央装着带有曲柄的木铁二轴；铁轴

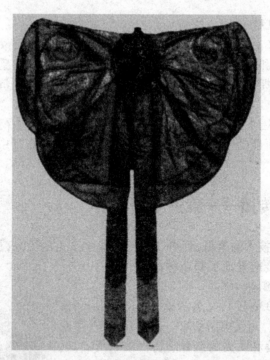

元代双带衣饰

比木轴直径小，两轴粗细不等，转动起来速度不同。黄道婆同两个姐妹，一个人向铁木二轴之间缝隙喂籽棉，两个人摇曲柄，结果，棉絮棉籽迅速分落两轴内外两侧。

创造三锭脚纺车

在纺纱工序上，黄道婆创造出三锭脚纺车，代替过去单锭手摇纺车。脚踏的力量大，还腾出了双手握棉抽纱，同时能纺三根纱，速度快、产量多，这在当时世界上是最先进的纺车，是一个了不起的技术革命。

改良织布机

在织布工序上，黄道婆对织布机也有一定的改革。她借鉴我国传统的丝织技术，汲取黎族人民织"崖州被"的方式，与乡亲们共同研究错纱配色、综线挈花等棉织技术，织成的被、褥、带、帨（手巾）等，上面有折枝、团凤、棋局、字样等花纹，鲜艳如画，"乌泥径被"名驰全国。

从黄道婆传授了新工具、新技术后，棉织业得到了迅速发展。到元末时，当地从事棉织业的居民有 1000 多家，到了明代，乌泥泾所在的松江，成了全国的棉织业中心，赢得了"衣被天下"的声誉。

杂交水稻之父——袁隆平

袁隆平是中国杂交水稻研究的创始人，他成功地将水稻亩产从 300 公斤提高到了

800 公斤。产生了巨大的经济和社会效益，缓解了全世界的粮食危机，给人类带来了福音。袁隆平被誉为"当代神农氏""当今中国最著名的科学家"。

袁隆平（1930～），江西省德安县人，中国杂交水稻育种专家，中国工程院院士。现任中国国家杂交水稻工作技术中心主任暨湖南杂交水稻研究中心主任、湖南农业大学教授、中国农业大学客座教授、联合国粮农组织首席顾问、世界华人健康饮食协会荣誉主席、湖南省科协副主席和湖南省政协副主席。2006 年 4 月当选美国科学院外籍院士，被誉为"杂交水稻之父"。

1953 年，袁隆平毕业于西南农学院。毕业后，一直从事农业教育及杂交水稻研究。

1960 年 7 月的一天，袁隆平像往常一样来到校园外的早稻试验田观察，偶然发现了一株特殊的稻子：共有 10 余穗，每穗有 160～170 粒。第二年，他适时将这独特的种子播到试验田里，结果分离变异现象十分严重，原有的优势没有发挥出来。面对这一结果，袁隆平马上想到孟德尔、摩尔根的遗传理论，顿悟到：那是一株"天然杂交稻"！当时，杂交水稻研究是世界上公认的难题，并且全世界都流传着"水稻是自花授粉作物，不良基因早已淘汰，既然自交不退化，那么杂交就没有优势"的观点。但袁隆平并没有因这些固有的说法而退缩，他坚信杂交优势是生物界的普遍规律。

袁隆平

从此，袁隆平开始了他的漫长的探索过程。夏季骄阳似火，正是南方水稻的扬花季节。袁隆平头顶烈日，脚踏烂泥，手拿放大镜，像猎手搜寻猎物一样，在安江农校农场的稻田里寻找水稻雄性不育植株。第一天、第二天、第三天都无所收获，两手空空。直到第 14 天，袁隆平才发现了第一株雄蕊退化的水稻不育株。在九个月时间里，他前后检查了 14000 余个稻穗，找到了六株雄性不育株，并对它们的杂交第一代和第二代进行了研究，向世界吹响了"绿色革命"的号角。

1975 年，由袁隆平任技术总顾问的杂交水稻试验田第一次获得成功，为 1976 年在全国大面积试种推广杂交水稻培育了大量的种子。到 2000 年，全国累计推广 38 亿亩，增产 3600 亿公斤，并引起世界范围的关注，三系杂交水稻被誉为"东方魔稻"。

面对接踵而至的荣誉，袁隆平没有沉醉，依然探索不止。美国学者巴来伯格赞扬道："袁隆平赢得了中国可贵的时间，他增产的粮食实质上使人口增长率下降了。他在农业科学上的成就打败了饥饿的威胁，是他领导着人们走向丰衣足食的生活。"

水利工程

因势利导的防洪方略——大禹治水

在上古时代,由于生产力水平低下,人类在自然灾害的巨大威力面前束手无策。大禹治水开创了人类与大自然做斗争的先河,同时大禹还开创性地发明了因势利导的防洪方略,为开创我国第一个奴隶制国家——夏,奠定了坚实的基础。

大禹治水

大禹,又名文命,字高密。相传生于西羌(今甘肃、宁夏、内蒙古南部一带),后随父迁徙于崇(今河南登封附近)。尧时被封为夏伯,故又称夏禹或伯,大禹是中国第一个王朝——夏朝的建立者,同时也是奴隶社会的创建者。

据古文记载,大约在四千余年前,黄河流域发生了一次特大的洪水灾害。当时正处于原始社会末期,生产力极端低下,生活非常困难。面对到处是茫茫一片的洪水,人们只得逃到山上去躲避。部落联盟首领尧,为了解除水患,召开了部落联盟会议,推举了鲧去完成这个任务。由于鲧用的是"堙""障"等堵塞围截的方法,治水九年,劳民伤财,不但没有把洪水治住,反而水灾越来越大。尧死后,大家推举舜当了部落联盟的首领。舜巡视治水情况,看到鲧对洪水束手无策,耽误了大事,就将鲧治罪,处死在羽山。

部落联盟又推举鲧的儿子禹。禹是个精明能干、大公无私的人。他接受治水任务时,刚刚和涂山氏的一个姑娘结婚,他毅然决然地告别妻子,来到治水的工地。

大禹请来了过去治水的长者和曾同他父亲鲧一道治过水害的人,总结过去失败的原因,寻找根治洪水的办法。有人认为:"洪水泛滥是因为来势很猛,流不出去。"有人建议:"看样子,水是往低处流的。只要我们弄清楚地势的高低,顺着水流的方向,开挖河道,把水引出来,就好办了。"这些使大禹受到很大启发,他经过实地考察,制定了切实可行的方案:一方面要加固和继续修筑堤坝,另一方面,禹改变了他父亲的做法,用开渠排水、疏通河道的办法,把洪水引到大海中去。用"疏导"的办法来根治水患。

为了便于治水,大禹还把整个地域划分为九个大州,即冀、兖、青、徐、扬、荆、豫、梁、雍等州。从此,一场规模浩大的治水工程便展开了。

禹亲自率领 20 多万治水群众,浩浩荡荡地全面展开了疏导洪水的艰苦卓绝劳动。大禹除了指挥外,还亲自参加劳动,为群众做出了榜样。他手握木锸(形状近似于今天的铁锹),栉风沐雨,废寝忘食,夜以继日,不辞劳苦。由于辛勤工作,他手上长满老茧,小腿上的汗毛被磨光了,长期泡在水中,脚指甲也脱落了。

在治理洪水中,大禹曾三次路过自己家门口。第一次路过家门口,他的妻子刚刚生下儿子没几天,恰好从家里传来婴儿哇哇的哭声,他怕延误治水,没有进去;第二次路过家门,抱在妻子怀里的儿子已经会叫爸爸了,但工程正是紧张的时候,他还是没有进去;第三次过家门,儿子已长到 10 多岁了,使劲把他往家里拉。大禹深情地抚摸着儿子的头,告诉他,治水工作还是很忙,又匆忙离开,没进家门。

在大禹领导下,广大民众经过十多年的艰苦劳动,终于疏通了九条大河,使洪水沿着新开的河道,服服帖帖地流入大海。他们又回过头来,继续疏通各地的支流沟洫,排除原野上的积水深潭,让它流入支流。从而制服了水灾,完成了流芳千古的伟大业绩。

最早的大型水库——芍陂

在春秋战国时期,粮食生产能力的高低直接决定着一个国家的命运,兴修水利、发展农业是每个国家的重要战略。芍陂就是在这样的历史条件下修建成功的,它是我国最早的人工蓄水灌溉工程,迄今仍在发挥着重要作用。

芍陂位于历史文化名城安徽寿县城南三十公里处,是大别山的北麓余脉,东、南、西三面地势较高,北面地势低洼,向淮河倾斜。每逢夏秋雨季,山洪暴发,形成涝灾,雨少时又常常出现旱灾。当时这里是楚国的北疆农业区,粮食生产的好坏,对当地的军需民用关系极大。

芍陂是由孙叔敖修建的。孙叔敖(前 630~前 593),春秋时期杰出的政治家,楚国名相。他极为重视民生经济,制定、实施有关政策法令,尽力使农、工、贾各得其便。他在汉西利用沮水兴修水利,还在江陵境内修筑了大型平原水库"海子"。鼓励农民秋冬上山采矿,使青铜业大为发展。楚国出现了一个"家富人喜,优赡乐业,式序在朝,行无螟蜮,丰年蓄庶"的全盛时期。

孙叔敖自幼勤奋好学,尊敬长辈,孝敬母亲,很受邻里的喜爱。有一次,孙叔敖外出玩耍,忽然看到路上爬着一条双头蛇。他以前听老人们说过,谁要是看见两头蛇,谁就会死去。虽然心中极为惊慌,但为了避免让别人因看见双头蛇而死去,勇敢的孙叔敖还是捡起了路边的大石块,他打死了双头蛇,并埋了起来。

孙叔敖回到家里,想到自己马上就要死了,他心中很难过,伤心地扑在母亲怀里哭个不停。妈妈感到十分诧异,问道:"孩子,你到底出了什么事啊,哭得这么伤心?"孙叔敖边

孙叔敖塑像

哭边说:"今天我在外面看到了一条双头蛇。听人说,凡是看见这种蛇的人都会死,要是我死了,我就再也见不到您了……"

母亲边安慰他边问道:"那条蛇现在在哪里呢?"孙叔敖边擦眼泪边回答说:"我怕再有人看见它也会死去,就把它打死后,埋起来了。"听了孙叔敖的话,母亲很感动,她高兴地摸着孙叔敖的头说:"好孩子,你做得对。你的心肠这么好,你一定不会死的。好人总是有好报的。"孙叔敖半信半疑地看着母亲,点了点头。

后来,孙叔敖长大成人,果然成了一位才思敏捷、道德高尚的君子。楚庄王十五年(前599年)孙叔敖被拜为令尹。孙叔敖做了令尹之后,为楚国的水利建设做出了重要贡献。楚庄王十七年(前597年)左右,孙叔敖主持兴办了我国最早的蓄水灌溉工程芍陂,它宛如一颗晶莹的明珠,镶嵌在钟灵毓秀的江淮大地上。

孙叔敖根据当地的地形特点,组织当地人民修建工程,将东面的积石山、东南面龙池山和西面六安龙穴山流下来的溪水汇集于低洼的芍陂之中。修建五个水门,以石质闸门控制水量,"水涨则开门以疏之,水消则闭门以蓄之",不仅天旱有水灌田,又避免水多洪涝成灾。后来又在西南开了一道子午渠,上通淠河,扩大芍陂的灌溉水源,使芍陂达到"灌田万顷"的规模。

芍陂建成后,安丰一带每年都生产出大量的粮食,并很快成为楚国的经济要地。楚国更加强大起来,打败了当时实力雄厚的晋国军队,楚庄王也一跃成为"春秋五霸"之一。

芍陂经过历代的整治,一直发挥着巨大效益。1988年1月国务院确定安丰塘(芍陂)为全国重点文物保护单位。

水利史上的重要事件——引漳灌邺

战国时期，封建迷信思想严重，贪官污吏以祭神的借口搜刮民脂民膏的事情时有发生。西门豹治邺不仅是我国水利史上的一件大事，也为破除封建迷信思想做出了贡献。西门豹引漳灌邺后很快就使邺城民富兵强，成为战国时期魏国的东北重镇。

西门豹，生卒不详，战国时期魏国人，著名的政治家、军事家、水利家。魏文侯时期，西门豹任邺城县令。他初到邺城时，看到这里人烟稀少、田地荒芜，很是困惑，于是就到处打听出现这种状况的原因。原来都是"河伯娶媳妇"给闹的。

战国时期，邺城屡遭水患，女巫勾结郡丞造谣生事，说这是漳河的河神发怒了，要想平息水灾，就必须给河神献上钱财，还要献上童女给他做媳妇。这样过了一年多，大家都人心惶惶，不少人都拖儿带女搬家离开了这个地方。西门豹把一切情况都掌握得清清楚楚后正式上任了。

到了"河伯娶媳妇"那天，漳河两岸来了很多看热闹的人。靠近河边的一顶红色花轿里，坐着一个凤冠霞帔、泪流满面的小女孩。他的父母在旁边哭哭啼啼，伤心欲绝。打扮得妖里妖气的巫婆和她的几个女徒弟边忙活着边尖着嗓子对女孩和她的父母亲说："哭什么呀，给河神做媳妇是几辈子才遇上的好事情！"

西门豹与一大帮地方官员也来到了，他走到花轿前，掀起帘子，仔细端详新娘子许久，然后非常严肃地对巫婆和那些地方官员说道："漳河之神，那是何等的潇洒和帅气，这么丑陋的女子怎么可以配得上他呢？"然后转身对巫婆说道："麻烦大仙派人对河神说一声，过些日子给它挑个最最漂亮的过来，今天这个太差了！"说完，让士兵把巫婆的大徒弟抬起来，"扑通"一声，扔进滚滚的漳河水里。然后，他躬身站立，等候消息。

过了一个时辰，只见漳河的水盘旋流动，不见那大徒弟的影子。西门豹说："这大徒弟怎么还不回来？是不是被河神留在那里喝茶了，这不是误了大事吗？再派二徒弟去催催！"于是又抬起二徒弟，扑通一声也扔进了漳河。又过了一个时辰，二徒弟也没见回来。西门豹说道："唉，这二徒弟怎么也不回来呢？看来，只有麻烦大仙亲自走一遭了！"于是"扑通"一声，巫婆也被扔进了漳河。又过了一个时辰，巫婆也没见影子。西门豹威严地瞪着那些地方官说："你们谁愿意替下官走一趟啊？"那些官员吓得双腿直抖，连连求饶，个个都保证以后再也不敢做欺骗老百姓的事了。

西门豹接着就征发壮丁开挖了十二条渠道，把黄河水引来灌溉农田，田地都得到灌溉。在那时，老百姓对开渠稍微感到有些厌烦劳累，有些不情愿。西门豹说："老百姓可以和他们共同为成功而快乐，不可以和他们一起考虑事情的开始。现在父老子弟虽然认为因我而受害受苦，但可以预期百年以后父老子孙会想起我今天说过的话。"直到现在邺县都能得到水的便利，老百姓因此而家给户足，生活富裕。

中国古代水利史上的新纪元——都江堰

都江堰水利工程开创了中国古代水利史上的新纪元，它以不破坏自然资源，充分利用自然资源为人类服务为前提,变害为利,使人、地、水三者高度和谐统一,是全世界迄今为止仅存的一项最伟大的"生态工程",标志着中国水利史进入一个新阶段。

都江堰是战国时期李冰及其子率众修建的一座大型水利工程,坐落在四川省成都市城西,位于成都平原西部的岷江上。

秦昭襄王五十一年(前256年),秦国蜀郡太守李冰和他的儿子,吸取前人的治水经验,率领当地人民,开始主持修建都江堰水利工程。工程由鱼嘴分水堤、飞沙堰溢洪道、宝瓶口引水口三大主体工程和百丈堤、人字堤等附属工程构成。

开凿"宝瓶口"

李冰父子邀集了许多有治水经验的农民,对地形和水情作了实地勘察,决心凿穿玉垒山引水。但玉垒山山石坚硬,民工们用铁具凿、挖、撬,工程进度极其缓慢。后来,一个有经验的老民工建议,应当在岩石上开一些沟槽,然后放上柴草,点火燃烧,岩石在柴草的燃烧下就会爆裂,可以加快挖的速度。实践证明这个办法非常有效。

经过一段时间的努力,终于在玉垒山开凿了一个20米宽、40米高、80米长的口子,因形状很像瓶口,因此叫"宝瓶口"。奔流不息的岷江水通过宝瓶口源源不断地流向东部旱区,这样,东部的农田得到了灌溉。都江堰的第一大工程终于完成了。

修建"分水鱼嘴"

宝瓶口引水工程完成后,虽然起到了分流和灌溉的作用,但江东地势较高,江水难以

李冰父子塑像

流入宝瓶口。为了使岷江水能够顺利东流且保持一定的流量,并充分发挥宝瓶口的分洪和灌溉作用,李冰在开凿完宝瓶口以后,又决定在岷江中修筑分水堰,将江水分为两支:一支顺江而下,另一支被迫流入宝瓶口。但是江心修筑分水堰是一项很艰巨的工程,因

为江心水高浪大,水流急速,筑成的堰提要很坚固,否则随时都会被洪水冲走。

李冰请来许多竹工,让他们编成长 3 丈、宽 2 尺的大竹笼,再往里面装满鹅卵石,然后让民工将沉重的大竹笼一个一个地沉入江底。大竹笼在湍流的水中安然不动,稳稳地固定在那里,周围再用大石头加固,就这样分水大提终于建成。由于大提前端的形状好像一条鱼的头部,所以被称为"鱼嘴"。鱼嘴的建成将上游奔流的江水一分为二:西边称为外江,东边称为内江,江水经大大小小的渠道,形成一个纵横交错的灌溉网。

修建"飞沙堰"

为了进一步控制流入宝瓶口的水量,防止灌溉区的水量忽大忽小,李冰又在鱼嘴分水堤的尾部,靠近宝瓶口的地方,修建了分洪用的平水槽和"飞沙堰"溢洪道,用来调节内江和外江的水量。当内江水位过高的时候,洪水就经由平水槽漫过飞沙堰流入外江,使得进入宝瓶口的水量不致太大,保障内江灌溉区免遭水灾;同时,由于漫过飞沙堰流入外江的水流产生了漩涡,由于离心作用,泥沙甚至是巨石都会被抛过飞沙堰,还可以有效地减少泥沙在宝瓶口周围的沉积。

都江堰构思、设计、选址独具匠心;乘势利导,因时制宜,不与水为敌的治水方略自树一帜,它是自然生态、科学文化、人与自然紧密结合的伟大创举,使川西平原成为"水旱从人"的"天府之国",两千多年来,一直发挥着防洪灌溉作用。

古代著名大型水利工程——郑国渠

郑国渠开引泾灌溉之先河,是中国古代最大的一条灌溉渠道,为当时关中地区的农业发展做出了重要贡献,使秦国从经济上完成了统一中国的准备。

战国时期,一些强大的诸侯国都想以自己为中心,统一全国。在秦、齐、楚、燕、赵、魏、韩七国中,秦国国力蒸蒸日上,虎视眈眈。韩国是秦国的东邻,随时都有可能被秦并吞。

公元前 246 年,韩桓王在走投无路的情况下,采取了一个非常拙劣的所谓"疲秦"的策略。他以水利工程人员郑国为间谍,派其入秦,游说秦国在泾水和洛水(北洛水,渭水支流)间,穿凿一条大型灌溉渠道。表面上说是可以发展秦国农业,真实目的是要耗竭秦国实力。在韩国看来,这是危难之际疲乏秦国、救亡图存的好办法。在当时,各国没有常备军队,全民皆兵,而修建大型灌溉工程,秦国要动用所有青壮年劳力,耗费大量财力和精力,这必然要影响到秦国统一战争的进程。韩国想借此求得暂时的安宁。

郑国入秦之时,正是秦王嬴政刚刚登上王位的第一年,由于嬴政还未成年,秦国的军政大权实际掌握在以"仲父"地位辅政的丞相吕不韦手中。商人出身的政治家吕不韦敏锐地看到,在诸侯国之间日益激烈的兼并战争中,不仅仅是军队实力的博弈,更是国家经济实力特别是粮食供给能力的博弈,而兴修水利是提高粮食产量最为有效的途径。如果在关中修一条灌溉大渠,这岂不是为大秦再造一座"天下粮仓"!吕不韦见郑国精通水利,把修渠的事隋说得头头是道,认定他修渠引水的方案切实可行,便很快批准了郑国修渠的建议。

郑国渠首遗址

公元前246年，关中平原的泾水至洛水之间，成了当时中国最为热火朝天的建筑工地，修渠大军多达十万人，而郑国正是这项空前规模的水利工程建设的总指挥。郑国渠是以泾水为水源，灌溉渭水北面农田的水利工程。作为主持此项工程的筹划设计者，郑国在施工中表现出杰出的智慧和才能。他创造的"横绝"技术，使渠道跨过冶峪河、清河等大小河流，把常流量拦入渠中，增加了水源。他利用横向环流，巧妙地解决了粗沙入渠，堵塞渠道的问题，表明他拥有较高的河流水文知识。据现代测量，郑国渠平均坡降为0.64‰，也反映出郑国具有很高的测量技术水平，他是中国古代卓越的水利科学家。

郑国渠于公元前236年前后建成，至公元前221年秦始皇统一中国，在大约10年左右的关键时期，郑国渠灌溉的关中地区和都江堰灌溉的川西平原，南北呼应，共同构筑了秦国强大的经济长城。这条当初被韩国当作救命稻草的郑国渠，以疲秦之计始、以强秦之策终，恰恰成了帮助秦国扫平天下的标志性工程。

郑国渠建成15年后，秦灭六国，中华一统。嬴政感念郑国修渠有大功于秦国，下令将此渠命名为"郑国渠"，这是中国历史上第一个以人名命名的水利工程。

现存最完整的古代水利工程——灵渠

灵渠是与都江堰齐名的秦代水利工程，它不仅是桂林大旅游圈中的一块瑰宝，也是世界水利史上的一块丰碑。灵渠设计巧妙，工程宏伟，是现存世界上最完整的古代水利工程、最古老的运河之一，有着"世界古代水利建筑明珠"的美誉。

灵渠位于广西壮族自治区东北部兴安县境内，是现存世界上最完整的古代水利工程，与四川都江堰、陕西郑国渠齐名，并称为"秦朝三大水利工程"。

公元前211年，秦始皇对浙江、福建、广东、广西地区的百越发动了大规模的军事征服活动。秦军在战场上节节胜利，唯独在两广地区苦战三年，毫无建树，原来是因为广西的地形地貌导致运输补给供应不上。因此，为尽速征服岭南，秦始皇命令史禄开凿灵渠。

历经 3 年艰辛,这条体现我国古代劳动人民智慧和科学技术伟大成就的人工运河,终于凿成通航,奇迹般地把长江水系和珠江水系连接了起来。

灵渠全长 37 公里,又称湘桂运河或兴安陡河,于公元前 208 年凿成通航。灵渠工程主体包括铧堤、大小天平石堤、南渠、北渠、陡门和秦堤,完整精巧,设计巧妙,通三江、贯五岭,沟通南北水路运输,与长城南北呼应,同为世界奇观。

灵渠连接了长江和珠江两大水系,构成了遍布华东华南的水运网。自秦以来,对巩固国家的统一,加强南北政治、经济、文化的交流,密切各族人民的往来,都起到了积极作用。灵渠距今已 2200 多年了,依然发挥着重要作用。

史禄塑像

据史料记载,历史上灵渠是多事之渠,南渠和北渠沿岸农民为争用渠水而引发的大规模械斗之事曾不断发生。其中尤以宋元宝年间和明隆庆年间发生的两次械斗规模最大,双方共聚集数千人在渠边斗殴,人员伤亡巨大,地方官吏因制止不力而被撤职查办的不少。到了清乾隆年间,由于连年久旱,从海阳河流到灵渠的水日益减少,眼见水争又起,县令魏荣急忙筹谋解决。他先后到南北二渠沿途进行调查,发现古人修建南北二渠分水并不科学,且南北渠之间界限不分明,水量也不稳定。由此,他得出结论:由于分水不均,人们之间的争水事件才会一直频发。

针对上述弊病,魏荣试行了一种新的分水方案,即"派水"。他分别在南北二渠渠口上一丈许的地方,"铸铁柱十一根,分为十洞,南三北七",则渠面"广狭有准矣"。铁柱上下"横贯铁梁,使铁柱相连为一"。同时对铧嘴挡水石墙加高加固,使流人分水塘内之水彼此顺流,不至于水势陡断,升降铁栅栏高低"令水下如建瓴,(水)则缓急疾徐亦可调矣"。魏荣的派水方案,使得分水塘内之水无论多少,都能让大家亲眼看见均匀地分配,方案实施之后,南北二渠再也没有发生过因争水而引起的纠纷了。

中国第一条地下水渠——龙首渠

龙首渠是中国历史上第一条地下水渠,是一引洛渠道,在开发洛河水利的历史上是首创工程。龙首渠的井渠法是中国古代劳动人民高度智慧的结晶,为世界水利事业提供了宝贵的经验。

大约在汉武帝元朔到元狩年间(前120~前111),有一个叫庄熊罴的人向皇帝上书,建议开渠引洛水灌田。他说临晋的百姓愿意开挖一引洛水的渠道以灌溉重泉以东的土地,如果渠道修成了,就可以使一万多顷的盐碱地得以灌溉,收到亩产十石的效益。武帝采纳了这一建议,征调了一万多人开渠。

龙首坝,因建于龙首渠的渠首段而得名。

引洛水灌溉临晋平原,就必须在临晋上游的征县境内开渠。可是在临晋与征县间却横亘着一座东西狭长的商颜山(今铁镰山),渠道穿越商颜山,给施工带来了巨大的困难。

最初渠道穿山曾采用明挖的办法,但由于山高四十余丈,均为黄土覆盖,开挖深渠容易塌方,渠岸修一段、塌一段。渠道要穿越十余里的商颜山,如果只从两端相向开挖,施工面较少、洞内通风、照明也有困难。若在渠线中途多打几个竖井,这样既可增加施工工作面,又能加快施工进度,同时也改善了洞内通风和采光的条件。

于是,当时的工人便发明了"井渠法"。所谓"井渠法",即在洞线的山坡上,每隔300米打一眼竖井,使龙首渠从地下穿过七里宽的商颜山,开创了后代隧洞竖井施工法的先河。

龙首渠穿山隧洞是我国古代最著名的水工隧洞,"井渠法"无疑是隧洞施工方法的一个新创。同时,龙首渠的施工还表现了测量技术的高水平,它在两端不通视的情况下,准确地确定渠线方位和竖井位置,这也是难能可贵的。在龙首渠的施工过程中,人们挖掘出了恐龙的化石,于是这条渠道被人们称为"龙首渠"。

龙首渠的建成,使4万余公顷的盐碱地得到灌溉,并使其变成"亩产十石"的上等田,产量增加了10倍多。这段穿过商颜山的地下渠道长达5公里多,是中国历史上的第一条地下渠,在世界水利史上也是一个伟大的创造。

井渠法在当时就通过丝绸之路传到了西域,直到今天,新疆人民在沙漠地区仍然用这种井渠结合的办法修建灌溉渠道,叫作"坎儿井"。中亚和西南亚的干旱地带也用这种办法灌溉农田。西汉龙首渠的井渠法是中国古代劳动人民高度智慧的结晶，为世界水利事业提供了宝贵的经验。

至唐代，著名水利家姜师度在这一带重新兴建灌溉工程，姜师度不仅引洛，而且引黄河水灌溉，效益更加显著。此后引洛灌溉相沿不断，新中国成立后洛惠渠进一步扩展，灌溉面积增长至 60 余万亩。

独特的沙漠灌溉方式——坎儿井之谜

坎儿井与万里长城、京杭大运河并称为中国古代三大工程，是中华文明的产物。它的发明对发展当地农业生产和满足居民生活需要起着巨大作用。

新疆的气候非常干旱，降水稀少，河流经常断流，可是为什么在这种极端不适合作物生长的环境下，会奇迹般长出绿油油的瓜果蔬菜和庄稼呢？这一切都源于坎儿井的滋润。

如今吐鲁番哈密盆地里的生活和生产用水，有的来自地表的防渗、防冲引水渠道，有的来自机井，还有的就是来自古老的坎儿井。这三种引水方式中，历史最悠久、与当地人民生活水乳相融、甚至成了当地文化一部分的，就是坎儿井了。

坎儿井的结构，大体上是由竖井、地下渠道、地面渠道和"涝坝"（小型蓄水池）四部分组成。吐鲁番盆地北部的博格达山和西部的喀拉乌成山，春夏时节有大量融化的积雪和雨水流下山谷，潜入戈壁滩下。新疆人民利用山的坡度，巧妙地创造了坎儿井，引地下潜流灌溉农田。坎儿井不因炎热、狂风而使水分大量蒸发，因而流量稳定，保证了自流灌溉。

坎儿井地下水渠里的水是从地下含水层中引出来的地下水，当山上的白雪融化以后，清泉会向盆地汩汩地流下，由于这里的山地大多为裸露的岩石，所以山上的融雪水很快聚流成河，向山下的盆地流去。

坎儿井

然而好景不长，融雪水流到山下后又遇到了由粗砂和砾石组成的戈壁滩，水流迅速地渗入了地下，很多河流到了这里就消失了。消失了的融雪水全部汇入了地下潜水层。它们顺着缓缓倾斜的地下水渠自然流淌，一直流到地下水渠钻出地表的地方才"喷涌而出"。

新疆吐鲁番人民在漫长的历史年代中，在与严酷的自然环境做斗争、求生存的过程中之所以选择了坎儿井，不仅是因为它能够躲避日晒风吹对流水的侵蚀，更是因为它是在当时的条件下，唯一能够普遍施工的水利工程。吐鲁番盆地虽然埋藏着丰富的煤炭、石油等矿产能源，但气候恶劣、交通不便，这对开挖坎儿井的经济技术条件上有着很大的限制。而人们在掏挖泉水的生产实践中，逐步发现坎儿井形式的地下渠道，不但可以防止风沙侵袭,而且可以减少蒸发损失,工程材料应用不多,操作技术也简易,容易为当地群众所掌握。因此,远在古代经济技术条件较差的情况下,各族劳动人民群众采用坎儿井方式开采利用地下水,就更加显得经济合理了。

根据 1962 年统计资料,我国新疆共有坎儿井约 1700 多条,总流量约为 26.3 米,灌溉面积约 50 多万亩。其中大多数坎儿井分布在吐鲁番和哈密盆地,如吐鲁番盆地共有坎儿井约 1100 多条,总流量达 18.3 米,灌溉面积 47 万亩,占该盆地总耕地面积 70 万亩的67%,对发展当地农业生产和满足居民生活需要等都有很重要的意义。

世界上最古老的石拱桥——赵州桥

赵州桥是世界上最古老、保存最完善的石拱桥,是我国古代建筑工程中最杰出的成就之一,处处都体现着中国古代工匠们的聪明才智,1961 年被国务院列为第一批全国重点文物保护单位。

河北赵县洨河上的千年古桥——赵州桥

关于赵州桥,有一段美丽的传说。相传赵州桥是鲁班所造,大桥建成后,八仙之一的张果老倒骑着毛驴,带着柴荣,也兴冲冲地去赶热闹。他们来到桥头,正巧碰上鲁班,于是他们便问道:这座大桥是否经得起他俩走。鲁班心想:这座桥,骡马大车都能过,两个人算什么,于是就请他俩上桥。谁知,张果老带着装有太阳、月亮的褡裢,柴荣推着载有"五岳名山"的小车,所以他们上桥后,桥竟被压得摇晃起来。鲁班一见不好,急忙跳进水中,用手使劲撑住大桥东侧。因为鲁班使劲太大,大桥东拱圈下便留下了他的手印,桥上也因此留下了驴蹄印、车道沟、柴荣跌倒时留下的一个膝印和张果老斗笠掉在桥上时打出的圆坑。

其实,赵州桥建于隋代,是安济桥的俗称,位于今河北省赵县城南五里的洨河上,由著名匠师李春设计和建造,距今已有 1400 年的历史。隋朝统一中国后,结束了长期以来南北分裂、兵戈相见的局面，社会经济得到了良好的发展。当时，赵县是南北交通的必经之路，北上可抵涿郡，南下可达京都洛阳，交通十分繁忙。可是这一交通要道却被城外的洨河所阻断，每当洪水季节甚至不能通行。因此，隋朝大业元年（595年），政府决定在洨河上建设一座大型石桥，李春受命负责设计并管理大桥的施工。李春率领工匠对洨河及两岸地质等情况进行了实地考察，把桥台建筑在河床密实的粗沙层上，桥台由五层石料砌成。同时李春认真总结了前人的建桥经验，提出了独具匠心的设计方案，设计了单孔圆弧敞肩的大桥。经过精心细致的施工，李春出色地完成了建桥任务。

赵州桥横跨洨河南北两岸，是我国现存最早的大型石拱桥，也是世界上现存最古老、跨度最长的敞肩圆弧拱桥，被誉为"华北四宝之一"。大桥全长50.83米，宽9米，主孔净跨度为37.02米，是一座由28道相对独立的拱券组成的单孔弧形大桥。赵州桥最大的科学贡献就是它"敞肩拱"的创举，在大拱两肩，砌了四个并列小孔，既增大流水通道，减轻桥身重量，节省石料，又增强了桥身稳定性。这就有力地保证了赵州桥在1400年的历史中，经受住了多次洪水冲击，8次大地震摇撼，以及车辆重压，仍挺立在洨河之上。

赵州桥桥体全部用石块建成，共用石块1000多块，每块石头重达1吨，桥上装有精美的石雕栏杆，雄伟壮丽、灵巧精美。它首创的敞肩拱结构形式、精美的建筑艺术和施工技巧，充分代表了我国古代劳动人民在桥梁建造方面的丰富经验和高度智慧。

最古老的运河——京杭大运河

京杭大运河，是世界上里程最长、工程最大、最古老的运河之一，它凝聚了我国政治、经济、文化、社会诸多领域的庞大信息，显示了我国古代水利航运工程技术领先于世界的卓越成就。它和万里长城并称为我国古代的两项伟大工程，闻名于全世界。

京杭大运河

京杭大运河的开凿始于春秋时期，形成于隋代，发展于唐宋，最终在元代成为沟通海河、黄河、淮河、长江、钱塘江五大水系,纵贯南北的水上交通要道。在两千多年的历史进程中,大运河为我国经济发展、国家统一、社会进步和文化繁荣做出了重要贡献,至今仍在发挥着巨大作用。

大运河北起北京(涿郡),南到杭州(余杭),经北京、天津两市及河北、山东、江苏、浙江四省,全长约1794公里,开凿到现在已有2500多年的历史。京杭大运河的开凿与演变大致分为三期:

第一期运河

公元前494年,吴王夫差大破越国,一心要北进中原与齐国争霸。但长途跋涉最大的难题就是军粮和武器战备的运输问题,如果靠陆上运输,不仅花费巨大而且道路不畅通,很难达到目的。但吴国有一个优势就是舟师和先进的开河、造船、航运技术,利用江、淮间湖泊密布的自然条件,就地度量,局部开挖,把几个湖泊连接起来。公元前486年,吴王夫差开始在扬州开凿邗沟,把长江和淮河两道水系连接了起来。到战国时代又先后开凿了大沟(从今河南省原阳县北引黄河南下,注入今郑州市以东的圃田泽)和鸿沟,从而把江、淮、河、济四水沟通起来。

第二期运河

第二期运河主要是指隋代的运河系统。以东部洛阳为中心,于大业元年(605年)开凿通济渠,直接沟通黄河与淮河的交通,并改造邗沟和江南运河。三年又开凿永济渠,北通涿郡,连同584年开凿的广通渠,形成了多枝形运河系统。

关于隋炀帝开凿京淮段至长江以南的运河,还有一个有趣的故事:据说隋炀帝有一次夜间做梦,梦到一种非常漂亮的花,但是不知道这花叫什么名字,长在什么地方。醒来以后,隋炀帝就命人把他梦中的花画成图案,发布皇榜寻找认识这种花的人。当时在扬州见过琼花的王世充刚好在京城,看到这张黄榜,便揭榜进宫,对隋炀帝说,图上所画的花叫作琼花,长在扬州。隋炀帝听后,很想见一见,便开运河、造龙舟,与皇后和嫔妃下扬州看琼花。隋炀帝在扬州城内开凿的运河,使扬州成为南北交通枢纽,借漕运之利,富甲江南,是中国最繁荣的地区之一。

第三期运河

第三期运河主要是指元、明、清阶段。元代开凿的重点段是山东境内泗水至卫河段和大都至通州段,目的是避免绕道洛阳,裁弯取直,比隋朝运河缩短了900多公里的航程,这是今天京杭运河的前身。明、清两代维持元运河的基础,明时重新疏浚元末已淤废的山东境内河段,从明中叶到清前期,在山东微山湖的夏镇(今微山县)至清江浦(今淮阴)间,进行了黄运分离的开泇口运河、通济新河、中河等运河工程,并在江淮之间开挖月河,进行了湖漕分离的工程。

京杭大运河是我国古代劳动人民创造的一项伟大工程,是活着的、流动的重要人类遗产,对中国南北地区之间的经济、文化发展与交流,特别是对沿线地区工农业经济的发展和城镇的兴起起了巨大作用。

水电建设史上的里程碑——葛洲坝

葛洲坝水利枢纽工程是我国长江上建设的第一个大坝,是长江三峡水利枢纽的重要组成部分。它的设计水平和施工技术,体现了我国当前水电建设的最新成就,是我国水电建设史上的里程碑。

葛洲坝

葛洲坝水利枢纽工程位于湖北省宜昌市三峡出口南津关下游约 3 里处,是三峡水利枢纽工程完工前我国最大的一座水电工程。该工程 1974 年动工,1988 年完成。

长江出三峡峡谷后,水流由东急转向南,江面由 390 米突然扩宽到坝址处的 2200 米。由于泥沙沉积,在河面上形成葛洲坝、西坝两岛,把长江分为大江、二江和三江。大江为长江的主河道,二江和三江在枯水季节断流。葛洲坝水利枢纽工程横跨大江、葛洲坝、二江、西坝和三江。

葛洲坝工程主要由电站、船闸、泄水闸、冲沙闸等组成。大坝全长 2595 米,坝顶高 70 米,宽 30 米。控制流域面积 100 万平方千米,总库容量 15.8 万立方米。电站装机 21 台,年均发电量 141 亿度。建船闸 3 座,可通过万吨级大型船队。27 孔泄水闸和 15 孔冲沙闸全部开启后的最大泄洪量,为每秒 11 万立方米。

葛洲坝水利工程的船闸为单级船闸,一、二号两座船闸闸室有效长度为 280 米,净宽 34 米,一次可通过载重为 1.2 万至 1.6 万吨的船队。每次过闸时间约 50 至 57 分钟,其中充水或泄水约 8 至 12 分钟。三号船闸闸室的有效长度为 120 米,净宽为 18 米,可通过 3000 吨以下的客货轮。每次过闸时间约 40 分钟,其中充水或泄水约 5 至 8 分钟。上、下闸首工作门均采用人字门,其中一、二号船闸下闸首人字门每扇宽 9.7 米、高 34 米、厚 27 米,质量约 600 吨。为解决过船与坝顶过车的矛盾,在二号和三号船闸桥墩段建有铁路、公路、活动提升桥,大江船闸下闸首建有公路桥。

葛洲坝水利枢纽工程年发电量达 157 亿千瓦时,相当于每年节约原煤 1020 万吨,对改变华中地区能源结构,减轻煤炭、石油供应压力,提高华中、华东电网安全运行保证度都起了重要作用。葛洲坝水库回水 110 至 180 公里，由于提高了水位，淹没了三峡中的 21 处急流滩点、9 处险滩，因而取消了单行航道和绞滩站各 9 处，大大改善了航道，使巴东以下各种船只能够通行无阻，增加了长江客货运量。

烟波浩渺的万里长江

　　葛洲坝水利枢纽工程施工条件差、范围大，仅土石开挖回填就达 7 亿立方米，混凝土浇筑 1 亿立方米，金属结构安装 7.7 万吨。它的建成不仅发挥了巨大的经济和社会效益，同时提高了我国水电建设方面的科学技术水平，培养了一支高水平的进行水电建设的设计、施工和科研队伍，为我国的水电建设积累了宝贵的经验。这项工程的完成，再一次向全世界显示了中国人民的聪明才智和巨大力量。

世界上最大的水利枢纽——三峡工程

　　三峡工程是目前世界上综合效益最大的水利枢纽，在发挥巨大的防洪效益和航运效益外，其 1820 万千瓦的装机容量和 847 亿千瓦时的年发电量均居世界第一。

　　三峡水利工程位于西陵峡中段的湖北省宜昌市境内的三斗坪，距下游葛洲坝水利枢纽工程 38 公里。三峡大坝工程包括一座混凝重力式大坝、泄水闸、一座堤后式水电站、一座永久性通航船闸和一架升船机。大坝坝顶总长 3035 米，坝高 185 米，水电站左岸设 14 台，右岸 12 台，共装机 26 台，前排容量为 70 万千瓦的水轮发电机组，总装机容量为 1820 万千瓦时，年发电量 847 亿千瓦时。

　　工程施工总工期自 1993 年到 2009 年共 17 年，分三期进行，到 2009 年工程全部完工。一期工程（1992~1997）主要进行一期围堰填筑，导流明渠开挖。修筑混凝土纵向围堰，以及修建左岸临时船闸，并开始修建左岸永久船闸、升爬机及左岸部分石坝段的施工。二期工程(1998~2003)主要任务是修筑二期围堰,左岸大坝的电站设施建设及机组安装,同时继续进行并完成永久特级船闸、升船机的施工。三期工程(2003~2009)进行右岸大坝和电站的施工,并继续完成全部机组安装。完工后,三峡水库是一座长达600公里,最宽处达2000米,面积达10000平方公里,水面平静的峡谷型水库。

世界上效益最大的水利枢纽

三峡工程防洪效益大。三峡水库运行时预留的防洪库容为221.5亿立方米,水库调洪可削减洪峰流量达27000~33000立方米/秒,属世界水利工程之最。

巫峡

三峡工程水电站大。三峡水电站将安装26台单机容量为70万千瓦的水轮发电机组,总装机容量1820万千瓦,年平均发电量846.8亿度,是世界上最大的水电站。

三峡工程航运效益显著。三峡水库回水至西南重镇重庆市,它将改善航运里程660公里,使重庆至宜昌航道通行的船队吨位由现在的3000吨级提高至万吨级,年单向通航能力由1000万吨提高到5000万吨,称三峡工程为世界上改善航运条件最显著的第一枢纽工程当之无愧。

世界上工程规模最大的水利工程

三峡工程综合工程规模大。三峡水利枢纽主体建筑物施工总工程量包括:建筑物基础土石方开挖10283万立方米,混凝土基础2794万立方米,金属结构安装25.65万吨,水电站机电设备安装26台套。这些指标均属世界第一。

三峡工程单项建筑物大。三峡水利枢纽大坝为混凝土重力式,挡水前沿总长2345米,最大坝高181米,坝体总混凝土量为1486万立方米,大坝总方量居世界第一。

三峡工程金属结构居世界第一。三峡工程金属结构总量包括各类闸门386扇,各种启闭机139台,引水压力钢管26条,总工程量26.65万吨,其综合工程量为世界已建和在建工程之首。

三峡工程浓缩了中华民族艰辛与奋斗的历史,是中华民族走向复兴的历史见证,将为我国人民带来无可估量的福祉与实惠。

建筑设计

古代祠庙建筑的典范——曲阜孔庙

孔庙是中国现存规模仅次于故宫的古建筑群,堪称中国古代大型祠庙建筑的典范。孔庙是中国渊源最古、历史最长的一组建筑物,也是海内外数千座孔庙的先河与范本,和相邻的孔府、城北的孔林合称"三孔"。2006 年 05 月 25 日,孔庙被国务院批准列入第六批全国重点文物保护单位名单。

孔庙位于山东省曲阜市南门内,是第一座祭祀孔子的庙宇,初建于公元前478 年,以孔子的故居为庙,以皇宫的规格而建,是我国三大古建筑群之一,在世界建筑史上占有重要地位。

孔子是我国古代伟大的思想家和教育家,儒家学派创始人。在我国历史上,流传着很多孔子的故事。孔子不仅是一位伟大的教育家,还是一位音乐家,他既会唱歌,又会弹琴作曲。他在与人一同唱歌时,如果人家唱得好,他一定请人家再唱一遍,自己洗耳恭听,然后再和一遍。孔子曾跟师襄学琴,有一天师襄交给他一首曲子,让他自己练习,他足足练了十来天,仍然没有停下来的意思,师襄忍不住了,说:"你可以换个曲子练练了。"孔子答道:"我虽然已熟悉它的曲调,但还没有摸到它的规律"。过了一段时间,师襄又说:"你已摸到它的规律了,可以换个曲子练了。"不料孔子回答:"我还没有领悟到它的音乐形象哩。"如此又过了一段时间,师襄发现孔子神情庄重,四体通泰,好似变了人样。这次不待师襄发问,孔了就先说道:"我已经体会到音乐形象了,黑黝黝的,个儿高高的,目光深远,似有王者气概,此人非文王莫属也。"师襄听罢,大吃一惊,因为此曲正好名叫《文王操》。

孔庙就是为了纪念孔子而建的,孔庙建成后,经过历代帝王的不断加封和扩建,到清代雍正帝时扩建成目前的规模。庙内共有九进院落,以南北为中轴,分左、中、右三路,纵长 630 米,横宽 140 米,有殿、堂、坛、阁 460 多间,门坊 54 座,"御碑亭"13 座,拥有各种建筑 100 余座,460 余间,占地面积约 95000 平方米。孔庙内的圣迹殿、十三碑亭及大成殿东西两庑,陈列着大量碑碣石刻,特别是这里保存的汉碑,在全国是数量最多的,历代碑刻亦不乏珍品,其碑刻之多仅次西安碑林,所以它有我国第二碑林之称。

孔庙的总体设计是非常成功的。前为神道,两侧栽植桧柏,创造出庄严肃穆的气氛,培养谒庙者崇敬的情绪;庙的主体贯串在一条中轴线上,左右对称,布局严谨。前后九进院落,前三进是引导性庭院,只有一些尺度较小的门坊,院内遍植成行的松柏,浓荫蔽日,创造出使人清心涤念的环境,而高耸挺拔的苍桧古柏间辟出一条幽深的甬道,既使人感到孔庙历史的悠久,又烘托了孔子思想的深奥。座座门坊高揭的额匾,极力赞颂孔子的

孔庙

功绩,给人以强烈的印象,敬仰之情不觉油然而生。第四进以后庭院,建筑雄伟,黄瓦、红墙、绿树,交相辉映,既喻示出孔子思想的博大高深,也喻示了孔子的丰功伟绩,而供奉儒家贤达的东西两面,分别长166米,又喻示了儒家思想的源远流长。

两千多年来,曲阜孔庙旋毁旋修,从未废弃,在国家的保护下,由孔子的一座私人住宅发展成为规模形制与帝王宫殿相埒的庞大建筑群,是人类建筑史上的伟大壮举。曲阜孔庙以其规模之宏大、气魄之雄伟、年代之久远、保存之完整,被我国著名的建筑学家梁思成称为世界建筑史上的"孤例"。

中国的象征——长城

长城是我国古代劳动人民创造的伟大奇迹,是中国悠久历史的见证。它与北京天安门、秦陵兵马俑一起被视为中国的象征,是中华民族的宝贵遗产。1987年长城作为人类历史的奇迹被列入《世界遗产名录》。

春秋战国时期,各诸侯国为了防御别国入侵,修筑烽火台,用城墙连接起来,形成了最早的长城。后来,历代君王大都对长城进行过加固和增修。长城东起辽宁山海关,西至甘肃嘉峪关,遗址分布在今天的北京、甘肃、宁夏、陕西、山西、内蒙古、河北、新疆、天津、辽宁、黑龙江、河南、湖北、湖南和山东等10多个省、市、自治区。

孟姜女哭长城

孟姜女的故事最早见于《左传》。孟姜为齐将杞梁之妻,公元前549年杞梁在莒战死,齐庄公在郊外见孟姜对她表示吊慰。孟姜认为郊野不是吊丧之处就拒绝接受,齐庄公于是专门到孟姜家里进行了吊唁。西汉刘向《列女传》里记载孟姜"乃枕其夫之尸于城下而哭之,……十日而城为之崩。"可见,孟姜女哭崩的城墙是齐长城,而不是秦长城。大约到了唐代,这一题材演变成了孟姜女千里寻夫、哭崩万里长城的故事。

长城的防御体系

无论是秦皇汉武，还是明代帝王，修筑长城既是积极防御，又是积蓄力量、继续进取。长城作为防御工程，主要由关隘、城墙、烽火台组成。

关隘是长城沿线的重要驻兵据点。关隘多选择在出入长城的咽喉要道上，整个构造由关口的城墙、城门、城门楼、瓮城组成，有的还有罗城和护城河。关隘的城墙是长城的主要工程，内外檐墙多用巨砖、条石等包砌，内填黄土、碎石，高度在 10 米左右，顶宽 4～5 米。城墙外檐上筑有供瞭望和射击的垛口，内檐墙上筑有防止人马从墙顶跌落的宇墙。城门上方均筑有城门楼，是战斗的观察所和指挥所，也是战斗据点。

城墙是联系雄关、隘口的纽带。城墙高约 7～8 米，山冈陡峭的地方城墙比较低。墙身是防御敌人的主体，墙基平均宽约 6.5 米，顶部宽 5.8 米。墙结构主要有版筑夯土墙、土坯垒砌墙、砖砌墙、砖石混合砌墙、石块垒砌墙和木板墙等。在城顶外侧的迎敌方向，修有一些高约 2 米的齿形垛口，上部有小口用来瞭望敌人，下部有小洞用来射击敌人。

烽火台是利用烽火、烟气以传递军情的建筑。烽火台通常设置在长城内外最易瞭望到的山顶上，一般是土筑或用石砌成一个独立的高台，台子上有守望房屋和燃烟放火的设备，如遇有敌情，白天燃烟或悬旗、敲梆、放炮，夜间燃火或点灯笼。

在长城防御工程系统中，还有一些与长城相联系的城、堡、障、堠等建筑物。这些建筑物大都建筑在长城内外，供兵卒居住和防守用。

长城的意义

巍然屹立的长城，显示中华民族悠久的历史，反映中国古代建筑工程技术的伟大成就，表现中国古代各族劳动人民的坚强毅力与聪明才智，体现中国自古以来形成的积极防御的战略思想，是中国古代文化的象征。山海关、八达岭和嘉峪关 3 处长城区段在1961 年被定为全国重点文物保护单位，已被联合国教科文组织列为世界文化遗产。

天下绝景——黄鹤楼

黄鹤楼是"江南三大名楼"之一，是古典与现代熔铸、诗化与美意构筑的精品，享有"天下绝景"的美称。它处在山川灵气动荡吐纳的交点，正好迎合了中华民族喜好登高的民风民俗、亲近自然的空间意识和崇尚宇宙的哲学观念。

黄鹤楼位于湖北省武汉市，始建于三国时期吴黄武二年（223 年），传说是为了军事目的而建，至唐朝逐渐演变为著名的名胜景点。黄鹤楼濒临万里长江，雄踞蛇山之巅，挺拔独秀，辉煌瑰丽，很自然就成了名传四海的游览胜地。登黄鹤楼，不仅能获得精神上的愉悦，更能使心灵与宇宙意象互渗互融，从而使心灵净化。这大约就是黄鹤楼的魅力经风雨而不衰、与日月共长存的原因之所在。

黄鹤楼名称由来

传说，从前有一位辛先生，平日以卖酒为业。有一天，店里来了一位衣衫褴褛，看起

黄鹤楼

来很贫穷的客人。他神色从容地问辛先生："店家，可以给我一杯酒喝吗？"辛先生没有怠慢他，连忙盛了一大杯酒奉上。如此过了半年，辛先生每天都请位客人喝酒。

有一天，这位客人告诉辛先生说："我欠了你很多酒钱，没有办法还你，今日我就替先生把酒钱挣回来。"那客人从篮子里拿出一块橘子皮，画了一只黄色的鹤在墙上，边用手打节拍边唱歌，墙上的黄鹤也随着歌声、合着节拍，蹁跹起舞。酒店里的其他客人看到这种妙事都付钱观赏。如此又过了十年，辛先生也因而累积了很多财富。

十年之后，那位衣着褴褛的客人，又飘然来到了酒店。辛先生连忙上前致谢，客人微微一笑，并不答话。接着便取出笛子吹了几首曲子，没多久，只见一朵朵白云从天而降，黄鹤也随着白云飞到了客人面前。客人跨上鹤背，黄鹤展翅腾空而去，慢慢就不见了身影。辛先生为了感谢及纪念这位客人，用十年来赚下的银两在黄鹄矶上修建了一座楼阁，这就是黄鹤楼。

黄鹤楼建筑特色

黄鹤楼共五层，高 50.4 米，攒尖顶，层层飞檐，整个建筑具有独特的民族风格。主楼周围还建有胜象宝塔、碑廊、山门等建筑。黄鹤楼内部，层层风格各不相同。底层为高大宽敞的大厅，正中藻井高达 10 多米，正面壁上是一幅表现"白云黄鹤"为主题的巨大陶瓷壁画。四周空间陈列历代有关黄鹤楼的重要文献、著名诗词的影印本，以及历代黄鹤楼绘画的复制品。二至五层的大厅都有不同的主题，在布局、装饰、陈列上各具特色。二楼大厅正面墙上，有用大理石镌刻的唐代阎伯理撰写的《黄鹤楼记》；三楼大厅的壁画为唐宋名人的"绣像画"，如崔颢、李白、白居易等，也摘录了他们吟咏黄鹤楼的名句。四楼大

中华传世藏书

中国大百科

科技百科

五五

厅用屏风分割成几个小厅，内置当代名人字画，供游客欣赏、选购。顶层大厅有《长江万里图》等长卷壁画。

重建黄鹤楼

1957年建武汉长江大桥武昌引桥时，占用了黄鹤楼旧址，如今重建的黄鹤楼在距旧址约1千米左右的蛇山峰岭上。1981年10月，黄鹤楼重修工程破土开工，1985年6月落成，主楼以清同治楼为蓝本，但更高大雄伟。运用现代建筑技术施工，钢筋混凝土框架仿木结构。飞檐5层，攒尖楼顶，金色琉璃瓦屋面，通高51.4米，底层边宽30米，顶层边宽18米，全楼各层布置有大型壁画、楹联、文物等。楼外铸铜黄鹤造型、胜像宝塔、牌坊、轩廊、亭阁等一批辅助建筑，将主楼烘托得更加壮丽。登楼远眺，"极目楚天舒"，不尽长江滚滚来，三镇风光尽收眼底。

海拔最高的宫殿式建筑群——布达拉宫

布达拉宫是藏式建筑的杰出代表，也是中华民族古建筑的精华之作。它是拉萨城的标志，也是藏族人民巨大创造力的象征，是西藏建筑艺术的珍贵财富，也是独一无二的雪域高原上的人类文化遗产。

布达拉宫坐落在中国西藏自治区拉萨市中心的红山上，同山体融合在一起，高高耸立，壮观巍峨。宫墙红白相间，宫顶金碧辉煌，具有强烈的艺术感染力，是西藏人民巨大创造力的象征，是西藏建筑艺术的珍贵财富。

布达拉宫的兴建

公元7世纪，吐蕃国王松赞干布勤政爱民，王朝日益强大。为了与中原的唐朝建立友好关系，引进中原先进技术和文化，松赞干布决定向唐朝求婚。唐太宗答应了松赞干布的求婚，将文成公主许配给他。松赞干布就在红山上建九层楼宫殿一千间，取名布达拉宫迎娶文成公主。9世纪时，布达拉宫因吐蕃内乱遭到破坏，仅存法王洞。洞内供着据传为松赞干布生前所造的他自己和文成公主等人并列的塑像。

1642年，五世达赖喇嘛建立了噶丹颇章政权。1645年，五世达赖开始重建布达拉宫，三年后竣工，是为白宫。1653年，五世达赖入住宫中。从这时起，历代达赖喇嘛都居住在这里，重大的宗教和政治仪式也都在这里举行，布达拉宫由此成为西藏政教合一的统治中心。五世达赖去世后，为安放灵塔，1690年继续扩建宫殿，1693年竣工，形成红宫。

布达拉宫建筑群

布达拉宫依山垒砌，群楼重叠，自山脚向上，直至山顶，主要建筑由白宫和红宫组成，是当今世界上海拔最高、规模最大的宫殿式建筑群。

白宫位于布达拉宫东部，外墙为白色，共有七层，最顶层是达赖的寝宫日光殿。日光殿分东西两部分，分别是十三世和十四世达赖的寝宫，也是他们处理政务的地方。殿内

布达拉宫

包括朝拜堂、经堂、习经室和卧室等，陈设均十分豪华。

红宫位于布达拉宫的中央位置，外墙为红色。围绕着历代达赖的灵塔殿建造了许多经堂、佛殿，从而与白宫连为一体。红宫最主要的建筑是历代达赖喇嘛的灵塔殿，共有五座，分别是五世、七世、八世、九世和十三世。红宫中还有一些很重要宫殿，三界兴盛殿是红宫最高的殿堂，藏有大量经书和清朝皇帝的画像；坛城殿有三个巨大的铜制坛城，供奉密宗三佛；持明殿主供密宗宁玛派祖师莲花生及其化身像；世系殿供金质的释迦牟尼十二岁像和银质五世达赖像，十世达赖的灵塔也在此殿。

布达拉宫建筑艺术

布达拉宫的壁画、唐卡（卷轴画）和其他装饰彩绘，是其建筑艺术的一颗璀璨明珠。布达拉宫的大小殿堂、门厅、回廊等墙面无不绘有壁画，取材涉及历史人物、宗教神话、佛经故事等，还有民俗、体育、建筑等方面，有的以单幅表现，有的以横卷形式将画面相连缀。

布达拉宫的雕塑非常精美，宫内集中了大量珍品，有泥塑重彩、木雕、石刻，金、银、铜、铁等金属塑像数量最多，大的达十余米，小的仅几厘米。宫内还保存着大量具有浓厚宗教色彩和藏族艺术风格的工艺品，如藏毯、卡垫、经幡、华盖和幔帐等刺绣贴缀织物。

布达拉宫是中国首批被列为国家重点文物保护单位，也是世界十大土木建筑之一。它集中西藏宗教、政治、历史和艺术诸方面于一身，是"西藏历史的博物馆"。

古城西安的象征——大雁塔

大雁塔是中国唐朝佛教建筑艺术杰作，它是西安市的标志性建筑和著名古迹，是古城西安的象征，西安市徽中央所绘制的便是这座著名古塔。1961 年，大雁塔被国务院颁布为第一批全国重点文物保护单位。

大雁塔又名大慈恩寺塔，位于陕西省西安市南郊大慈恩寺内。大雁塔始建于 652 年（唐高宗永徽三年）。当时，玄奘法师为了供奉从印度带回的佛像、舍利和梵文经典，在慈恩寺的西塔院建起一座五层砖塔。在武则天长安年间重建，后来又经过多次修整。大雁

大雁塔

塔在唐代就是著名的游览胜地，因而留有大量文人雅士的题记，仅明、清朝时期的题名碑就有二百余通。

大雁塔名称由来

在古印度，摩揭陀国有一座寺院，当时大乘佛教派和小乘佛教派并立，都非常有势力，并不像现在的大乘佛教一统天下。小乘佛教是可以吃肉，不忌腥荤的。有一天，是菩萨的布施日，和尚们到了中午还没有饭吃，有一个小和尚就感慨地说：如果菩萨显灵的话，他应该知道这个时候应该给我们施舍一点肉了。他话音刚落，此时天上飞过来一群大雁，领头的头雁就坠地而亡了。和尚们马上醒悟过来：这是菩萨显灵在点悟我们。于是，他们就在大雁落下的地方将大雁埋葬了，并修起了一座塔，取名叫雁塔，而且从此改信大乘佛教，不食荤腥了。玄奘去西天取经的时候，亲自瞻仰了这个圣迹，知道这个地方叫雁塔，回来之后，就把自己在大慈恩寺存放经卷和舍利的地方也取名叫雁塔。五十年之后，武则天为她的丈夫李治祈福，也修了一个塔，这个塔小一点，所以叫小雁塔，而大慈恩寺塔就叫大雁塔。

大雁塔的建筑构造

大雁塔是仿木结构的四方形楼阁式砖塔，由塔基、塔身、塔刹组成，现通高为64.517米。塔基高4.2米，南北约48.7米，东西45.7米；塔体呈方锥形，平面呈正方形，底边长为25.5米，塔身高59.9米，塔刹高4.87米。塔体各层均以青砖模仿唐代建筑砌檐柱、斗拱、栏额、檀枋、檐椽、飞椽等仿木结构，磨砖对缝砌成，结构严整，磨砖对缝坚固异常。塔身各层壁面都用砖砌扁柱和阑额，柱的上部施有大斗，在每层四面的正中各开辟一个砖拱券门洞。塔内的平面也呈方形，各层均有楼板，设置扶梯，可盘旋而上至塔顶。塔上陈列有佛舍利子、佛足石刻、唐僧取经足迹石刻等。

塔的底层四面皆有石门，门楣上均有精美的线刻佛像，西门楣为阿弥陀佛说法图，图中刻有富丽堂皇的殿堂。画面布局严谨，线条遒劲流畅，传为唐代画家阎立本的手笔。

底层南门洞两侧镶嵌着唐代书法家褚遂良所书、唐太宗李世民所撰《大唐三藏圣教序》和唐高宗李治所撰《述三藏圣教序记》两通石碑，具有很高艺术价值，人称"二圣三绝碑"。

对大雁塔的保护

大雁塔由于人为破坏，加上自身结构等问题，在1719年就发现塔身倾斜。到1985年古塔已倾斜了998毫米，至1996年，古塔向西北方向倾斜达1010.5毫米，平均每年倾斜1毫米。1983年西安市政府将《大雁塔倾斜问题及其加固研究》列为重大科研项目，并成立了课题组。后经有关部门20多年的探查、保护、排水、防渗等方面综合整治，大雁塔的倾斜状况已明显趋于缓和和稳定，2005年倾斜量为1001.9毫米。

古老的木构塔式建筑——山西应县木塔

山西应县木塔设计科学严密、构造完美，是一座既有民族风格，又符合宗教要求的建筑，在我国古代建筑艺术中达到了极高的水平，是我国现存最高最古的一座木构塔式建筑，也是唯一一座木结构楼阁式塔。

应县木塔全称为应县佛宫寺释迦塔，建于辽清宁二年（1056年），位于山西省朔州市应县城内西北佛宫寺内，塔高67.31米，底层直径30.27米，呈平面八角形。

佛宫寺释迦塔

应县木塔的设计，大胆继承了汉、唐以来富有民族特点的重楼形式，充分利用传统建筑技巧，建筑宏伟、艺术精巧，外形稳重庄严，是建筑结构与使用功能设计合理的典范。它那巍峨擎天的身躯、严谨精巧的结构、交错默契的斗拱，均令人赞叹叫绝。这些特点，表现了我国古代匠师们的聪明才智，反映了中华民族在古代建筑工程技术上的伟大成就。

木塔的建筑结构

应县木塔位于佛宫寺南北中轴线上的山门与大殿之间，属于"前塔后殿"的布局。塔建造在四米高的台基上，塔高67.31米，底层直径30.27米，呈平面八角形。第一层立面重檐，以上各层均为单檐，共五层六檐，各层间夹设暗层，实为九层。因底层为重檐并有回廊，故塔的外观为六层屋檐。各层均用内、外两圈木柱支撑，每层外有 24 根柱子，内有八根，木柱之间使用了许多斜撑、梁、枋和短柱，组成不同方向的复梁式木架。整个木塔用红松木料构建，整体比例适当、建筑宏伟、艺术精巧、外形稳重庄严。

木塔的建筑艺术

应县木塔的设计，广泛采用斗拱结构，每个斗拱都有一定的组合形式，有的将梁、坊、柱结成一个整体，每层都形成了一个八边形中空结构层。木塔各层塔檐基本平直，角翘十分平缓。平座以其水平方向与各层塔檐协调，又以其材料、色彩和处理手法与塔檐对比，与塔身协调，是塔檐和塔身的必要过渡。平座、塔身、塔檐重叠而上，区隔分明，交代清晰，强调了节奏，丰富了轮廓线，也增加了横向线条。底层的重檐处理更加强了全塔的稳定感。

木塔建在 4 米高的两层石砌台基上，内外两槽立柱，构成双层套筒式结构，柱头间有栏额和普柏枋，柱脚间有地伏等水平构件，内外槽之间有梁枋相连接，使双层套筒紧密结合。暗层中用大量斜撑，结构上起圈梁作用，加强木塔结构的整体性。塔建成三百多年至元顺帝时，曾经历大地震七日，仍岿然不动。

应县木塔设计科学严密、构造完美、巧夺天工，是一座既有民族风格、民族特点，又符合宗教要求的建筑，在中国古代建筑艺术中可以说达到了最高水平，即使现在也有较高的研究价值。

木塔内的佛物

应县木塔内供奉着两颗为全世界佛教界尊宗的圣物佛牙舍利，盛装在两座七宝供奉的银廓里，经考证确认为是释迦牟尼灵牙遗骨。塔内各层均塑佛像，一层为释迦牟尼，高 11 米，面目端庄，神态怡然，顶部有精美华丽的藻井，内槽墙壁上画有六幅如来佛像，门洞两侧壁上也绘有金刚、天王、弟子等，壁画色泽鲜艳，人物栩栩如生；二层坛座方形，上塑一佛二菩萨和二胁侍；三层坛座八角形，上塑四方佛；四层塑佛和阿傩、迦叶、文殊、普贤像；五层塑毗卢舍那如来佛和八大菩萨。各佛像雕塑精细，各具情态，有较高的艺术价值。塔内还发现了一批极为珍贵的辽代文物，其中以经卷为数较多，有手抄本，有辽代木版印刷本，有的经卷长达 30 多米，实属罕见，是研究中国辽代政治、经济和文化最宝贵的实物资料。

比萨斜塔位于意大利托斯卡纳省比萨城北面的奇迹广场上，在比萨大教堂的后面，始建于 1173 年，由意大利著名建筑师那诺·皮萨诺主持修建。比萨斜塔是比萨城的标志，1987 年它和相邻的大教堂、洗礼堂、墓园一起因其对 11 世纪至 14 世纪意大利建筑艺术的巨大影响，而被联合国教科文组织评选为世界遗产。

世界五大宫之首——故宫

故宫是世界现存最大、最完整的木质结构的古代皇宫建筑群，它是无与伦比的古代

故宫

建筑杰作,被誉为世界五大宫之首。故宫历经了明、清两个朝代二十四位皇帝,是明清两朝最高统治核心的代名词。1961 年,国务院宣布故宫为第一批"全国重点文物保护单位"。

故宫位于北京市中心,旧称紫禁城,是明、清两代的皇宫。故宫始建于明永乐 4 年(1406 年),1420 年基本竣工。故宫南北长 961 米,东西宽 753 米,面积约为 725000 平方米,建筑面积 15.5 万平方米。相传故宫一共有 9999.5 个房间,实际据 1973 年专家现场测量,故宫有房间 8704 间。有人做过形象比喻,说一个人从出生就开始住,每一天住一间房,不重复,要住到 27 岁才可以出来。

故宫周围环绕着高 12 米、长 3400 米的宫墙,形式为一长方形城池,墙外有 52 米宽的护城河环绕,形成一个壁垒森严的城堡。故宫宫殿建筑均是木结构、黄琉璃瓦顶、青白石底座,饰以金碧辉煌的彩画。故宫有 4 个门,正门名午门,东门名东华门,西门名西华门,北门名神武门。面对北门神武门,有用土、石筑成的景山,满山松柏成林。在整体布局上,景山可说是故宫建筑群的屏障。

故宫的建筑依据其布局与功用分为"外朝"与"内廷"两大部分。"外朝"与"内廷"以乾清门为界,乾清门以南为外朝,以北为内廷。故宫外朝、内廷的建筑气氛迥然不同。外朝以太和、中和、保和三大殿为中心,是皇帝举行朝会的地方,也称为"前朝",是封建皇帝行使权力、举行盛典的地方。此外两翼东有文华殿、文渊阁、上驷院、南三所;西有武英殿、内务府等建筑。内廷以乾清宫、交泰殿、坤宁宫后三宫为中心,两翼为养心殿、东西六宫、斋宫、毓庆宫,后有御花园,是封建帝王与后妃居住之所。内廷东部的宁寿宫是当年乾隆皇帝退位后为养老而修建。内廷西部有慈宁宫、寿安宫等。此外还有重华宫、北五所等建筑。

故宫严格地按《周礼·考工记》中"前朝后寝,左祖右社"的帝都营建原则建造。整个故宫,在建筑布置上,用形体变化、高低起伏的手法,组合成一个整体。在功能上符合封建社会的等级制度,同时又达到了左右均衡和形体变化的艺术效果。故宫前部宫殿,建筑造型宏伟壮丽,庭院明朗开阔,象征封建政权至高无上。因此,太和殿坐落在紫禁城对角线的中心,四角上各有十只吉祥瑞兽,生动形象,栩栩如生。后部内廷庭院深邃,建筑紧凑,因此东西六宫都自成一体,各有宫门宫墙,相对排列,秩序井然,再配以宫灯联对、绣榻几床,都是体现适应豪华生活需要的布置。

故宫是几百年前劳动人民智慧和血汗的结晶。在当时社会生产条件下,能建造这样宏伟高大的建筑群,充分反映了中国古代劳动人民的高度智慧和创造才能。建筑学家们认为故宫的设计与建筑,实在是一个无与伦比的杰作,它的平面布局、立体效果,以及形式上的雄伟、堂皇、庄严、和谐,堪称中国古代建筑艺术的精华。

中国园林之母——拙政园

拙政园是江南园林的代表,也是苏州园林中面积最大的古典山水园林,被誉为"中国园林之母",充分展现了江南园林在千年悠悠岁月中美的历程和旖旎风采。

拙政园位于苏州市中心,初为唐代诗人陆龟蒙的住宅,元朝时为大弘寺。明正德四年(1509年),明代弘治进士、明嘉靖年间御史王献臣仕途失意归隐苏州后买下拙政园,聘请著名画家、吴门画派的代表人物文徵明参与设计蓝图,历时16年建成。400多年来,拙政园屡换园主,曾一分为三,园名各异,或为私园,或为官府,或散为民居,直到上个世纪50年代,才完璧合一,恢复初名"拙政园"。

现在的拙政园全园占地52000平方米,建筑大多是清咸丰九年(1850年)拙政园成为太平天国忠王府花园时重建,至清末形成东、中、西三个相对独立的小园。

拙政园东园

拙政园东园明快开朗,以平冈远山、松林草坪、竹坞曲水为主,主要景点有兰雪堂、缀云峰、芙蓉榭、天泉亭、秫香馆等。

兰雪堂是东园的主要厅堂,堂名取意于李白"独立天地间,清风洒兰雪"诗句。兰雪堂为五楹草堂,堂前两棵白皮松苍劲古拙,墙边修竹苍翠欲滴,湖石玲珑,绿草夹径,东西院墙相连。堂坐北朝南三开间,"兰雪堂"匾额高挂,长窗落地,堂正中有屏门相隔,屏门南面为一幅漆雕《拙政园全景图》,屏门北面为《翠竹图》,全部采用苏州传统的漆雕工艺,屏门两边的隔扇裙板上刻有人物山水。芙蓉榭体现了中国古代建筑之优,屋顶为卷棚歇山顶,四角飞翘,一半建在岸上,一半伸向水面,灵空架于水波上,伫立水边、池水清清,秀美倩巧,是夏日赏荷的好地方。

拙政园中园

拙政园中园为拙政园精华所在,总体布局以水池为中心,亭台楼榭皆临水而建,有的亭榭则直出水中,池广树茂,景色自然,临水布置了形体不一、高低错落、主次分明的建筑,保持了明代园林浑厚、质朴、疏朗的艺术风格,主要景点有远香堂、香洲、荷风四面亭、见山楼、小飞虹、枇杷园等。

拙政园

远香堂以荷香喻人品,为拙政园中园的主体建筑,位于水池南岸,隔池与东西两山岛相望,池水清澈广阔,遍植荷花,山岛上林荫匝地,水岸藤萝粉披,两山溪谷间架有小桥,山岛上各建一亭,西为雪香云蔚亭,东为待霜亭,四季景色因时而异。

远香堂之西,倚玉轩与香洲遥遥相对,与其北面的荷风四面亭成三足鼎立之势,都可随势赏荷。倚玉轩之西有一曲水湾深入南部居宅,有三间水阁小沧浪,它以北面的廊桥小飞虹分隔空间,构成一个幽静的水院。

拙政园西园

拙政园西园台馆分峙、回廊起伏,水波倒影,别有情趣,装饰华丽精美,主要景点有卅六鸳鸯馆、倒影楼、与谁同坐轩、水廊等。

卅六鸳鸯馆是西园的主体建筑,精美华丽,大厅分为两部,南部为十八曼陀罗花馆,北部为卅六鸳鸯馆。十八曼陀罗花馆宜于冬、春居处,厅南向阳,小院围墙既挡风又聚暖,并使室内有适量的阳光照射;北厅(后厅)临清池,夏、秋时推窗可见荷池中芙蕖浮动,鸳鸯戏水。

总之,拙政园的布局疏密自然,以水为主,水面广阔,景色平淡天真、疏朗自然。它以池水为中心,楼阁轩榭建在池周围,其间有漏窗、回廊相连,园内的山石、古木、绿竹、花卉,构成了一幅幽远宁静的画面,代表了明代园林建筑风格,为江南园林的典型代表。

"四大名园"之——苏州留园

留园是我国"四大名园"之一,它在空间上的处理充分体现了古代造园家的高超技艺、卓越智慧和江南园林建筑的艺术风格和特色,它千姿百态、赏心悦目的园林景观,呈现出诗情画意的无穷境界。

苏州留园和北京颐和园、承德避暑山庄、苏州拙政园合称为中国四大名园。留园始建于明朝万历二十一年(1593年),距今已经有400多年历史,以其精湛的造园艺术、独特的建筑风格和深厚的文化底蕴,成为中国历代私家园林的典型代表。

留园位于苏州古城之西的阊门外,占地约30000平方米,明代为太仆寺少卿徐泰时的私家园林,时称东园。清代归刘蓉峰所有,改称寒碧山庄,俗称刘园。清光绪二年

（1876年）又为盛旭人所据，始称留园。

留园的建筑布局

现在的留园分为中、东、北、西四部分，其间以曲廊相连，迂回连绵，达700余米，通幽度壑，秀色迭出。

中部以山水为主，是全园的精华所在。中部又分东、西两区，东区以建筑为主，西区以山水见长。西区南北为山，中央为池，东南为建筑。主厅为涵碧山房，由此往东是明瑟楼，向南为绿荫轩，远翠阁位于中部东北角，闻木樨香处在中部西北隅。另外还有可亭、小蓬莱、濠濮亭、曲溪楼、清风池馆等处。山上古木参天，显出一派山林森郁的气氛。山曲之间水涧蜿蜒，仿佛池水之源。

东部的中心是五峰仙馆，五峰仙馆四周环绕着还我读书处、揖峰轩、汲古得绠处。揖峰轩以东的林泉耆硕之馆设计精妙、陈设富丽。

北面是冠云沼、冠云亭、冠云楼以及著名的冠云峰、岫云峰和端云峰。三峰为明代旧物，冠云峰高约9米，玲珑剔透，有"江南园林峰石之冠"的美誉。周围有贮云庵，佳晴喜雨快雪之亭。西部以假山为奇，取其自然景色，土石相间，浑然天成。山上枫树、香樟郁然成林，盛夏绿荫蔽口，深秋红霞似锦。至乐亭、舒啸亭隐现于林木之中。山左云墙如游龙起伏，山前曲溪婉转，流水淙淙。北面桃园，俗称"小桃坞"。东麓有水阁"活泼泼地"，横卧于溪涧之上，令人有水流不尽之感。

留园的空间布局

留园的建筑虽多但虚实相间，景致复杂但层次分明，平面变化生动，立体看来自然多姿。留园在空间上用欲扬先抑和渐入佳境的布局手法，给每位入园者一个期待和新奇的感觉，充分体现了古代造园家的高超技艺、卓越智慧和江南园林建筑的艺术风格。

留园雪景

留园布局紧凑，结构严谨，以建筑结构见长，善于运用大小、曲直、明暗、高低、收放等变化，组合景观、高低布置恰到好处，营造了一组组层次丰富、错落有致、有节奏、有色彩、有对比的空间体系，建筑与园境相映成趣。

留园入口部分采用空间对比的手法，曲折狭长又十分封闭的空间与园内主要空间有着强烈的对比，人们穿越它进入主要空间时，顿觉豁然开朗。走进留园，使人领略到忽张忽弛、忽开忽合的韵律节奏感。此外，留园在运用空间渗透的手法方面亦是十分卓越的。

1961年，留园被国务院首批列入全国重点文物保护单位，1997年12月，经联合国教科文组织批准，留园列入《世界遗产名录》。

现存最大的皇家园林——承德避暑山庄

承德避暑山庄是我国著名的园林建筑，它以朴素淡雅的山村野趣为格调，取自然山水之本色，吸收江南塞北之风光，成为中国现存最大的古代皇家园林。避暑山庄不仅具有极高的美学研究价值，而且还保留着中国封建社会发展末期的历史遗迹。

避暑山庄

承德避暑山庄是由皇帝宫室、皇家园林和宏伟壮观的寺庙群所组成的大型古建筑群，始建于康熙四十二年（1703年），建成于乾隆五十五年（1790年），占地564万平方米，环绕山庄蜿蜒起伏的宫墙长达万米，是中国现存最大的古典皇家园林。

清朝第二个政治中心

康熙二十年（1681年），清政府为加强对蒙古地方的管理，巩固北部边防，在距北京350多公里的蒙古草原建立了木兰围场。每年秋季，皇帝带领王公大臣、八旗军队、后宫妃嫔、皇族子孙等前往木兰围场行围狩猎，以达到训练军队、固边守防之目的。为了解决皇帝沿途的吃住，朝廷在北京至木兰围场之间相继修建21座行宫，热河行宫——避暑山庄就是其中之一。避暑山庄是清代皇帝夏天避暑和理军政要事、接见外国使节和边疆少数民族政教首领的场所，也是清朝的第二个政治中心。

避暑山庄的布局

避暑山庄的建筑布局分为宫殿区和苑景区，苑景区又分成湖区、平原区和山区，内有康熙乾隆钦定的 72 景，拥有殿、堂、楼、馆、亭、榭、阁、轩、斋、寺等多组建筑。

南端的宫殿区，东北接平原区和湖区，西北连山区，是皇帝行使极力、居住、读书和娱乐的场所。宫殿区的主体建筑居中，附属建筑置于两侧，基本均衡对称，充分利用自然环境而又加以改造，使自然景观与人文景观巧妙结合，显示出皇家园林的气派。

宫殿区由正宫、松鹤斋、东宫和万壑松风四组建筑组成。正宫是宫殿区的主体建筑，占地 1 万平方米，包括九进院落，由丽正门、午门、阅射门、澹泊敬诚殿、四知书屋、十九间照房、烟波致爽殿、云山胜地楼、岫云门以及一些朝房、配殿和回廊等组成。正宫分为前朝、后寝两部分，前朝是皇帝处理军机政务的办公区，后寝是皇帝和后妃们日常起居的生活区。主殿澹泊敬诚殿是皇帝治理朝政的地方。正宫东面一组八进院落的建筑是松鹤斋，以供皇太后居住。在松鹤斋的东面是东宫，1945 年东宫失火被烧毁，现仅存基址。

湖区的洲岛错落有致，共有 5 个湖，各湖之间又有桥相通，两岸绿树成荫，秀丽多姿。湖区的总体结构以山环水、以水绕岛，布局运用中国传统造园手法，多组建筑巧妙地营构在洲岛、堤岸和水面之中，展示出一片水乡景色。湖区的风景建筑大多仿照江南名胜建造，烟雨楼模仿浙江嘉兴南湖烟雨楼的形状修建，金山岛的布局仿自江苏镇江金山。

平原区主要是一片片草地和树林。山峦之中，古松参天，林木茂盛，原建有四十多组轩斋亭舍、佛寺道观等建筑，但多已只存基址。

避暑山庄的建筑风格

避暑山庄取自然山水之本色，吸收江南塞北之风光，山中有园，园中有山。园林建造实现了宫与苑形式上的完美结合，继承和发展了中国古典园林"以人为之美入自然，符合自然而又超越自然"的传统造园思想，并创造性地运用各种建筑技艺，撷取中国南北名园名寺的精华，仿中有创，表达了"移天缩地在君怀"的建筑主题，把中国古典哲学、美学、文学等多方面文化的内涵融注其中，使其成为中围传统文化的缩影。

皇家园林博物馆——颐和园

颐和园是中国封建社会修建的最后一座超大型的皇家园林，为中国四大名园之一。颐和园园林艺术构思巧妙，是集中国园林建筑艺术之大成的杰作，在中外园林艺术史上地位显赫，被誉为皇家园林博物馆。

颐和园位于北京市西北近郊，距北京城区 15 公里。原是清朝帝王的行宫和花园，前身清漪园，是三山五园中（万寿山、玉泉山、香山；颐和园、静明园、静宜园、畅春园、圆明园）最后兴建的一座园林，始建于 1750 年，1764 年建成。颐和园是利用昆明湖、万寿山为基址，以杭州西湖风景为蓝本，汲取江南园林的某些设计手法和意境而建成的一座大型天然山水园，也是保存得最完整的一座皇家行宫御苑，占地约 290 公顷。

颐和园集传统造园艺术之大成，万寿山、昆明湖构成其基本框架，借景周围的山水环

颐和园

境,饱含中国皇家园林的恢弘富丽气势,又充满自然之趣,高度体现了"虽由人作,宛自天开"的造园准则。颐和园亭台、长廊、殿堂、庙宇和小桥等人工景观与自然山峦和开阔的湖面相互和谐、艺术地融为一体,整个园林艺术构思巧妙,在中外园林艺术史上地位显赫。

在万寿山和昆明湖交界的岸边有一条长长的游廊,据说是乾隆皇帝为了让他的母亲在游园之时不受雨雪日晒之苦而修建的。乾隆皇帝的母亲喜欢听故事,经常一边在长廊中游览,一边让宫女给她讲各式各样的故事听。有些她特别喜欢的故事,就让宫女们反复地讲。时间一长,宫女们肚子里的故事讲完了,以前讲过的故事也记不清了,这可难坏了宫女们。后来,她们想出了一个好办法:将故事的内容画在长廊两侧的梁枋上。故事越讲越多,梁枋上的人物故事彩画也越来越丰富。从此,宫女们再也不愁没有故事给太后讲了。而太后也因为年迈眼拙,看不清梁枋上的彩画,对此竟毫无察觉。据说,这就是颐和园长廊人物故事彩画最初的来历。

园中主要景点大致分为三个区域:以庄重威严的仁寿殿为代表的政治活动区,是清朝末期慈禧与光绪从事内政、外交政治活动的主要场所。以乐寿堂、玉澜堂、宜芸馆等庭院为代表的生活区,是慈禧、光绪及后妃居住的地方。以长廊沿线、后山、西区组成的广大区域,是供帝后们澄怀散志、休闲娱乐的苑囿游览区。前山以佛香阁为中心,组成巨大的主体建筑群。

在1860年的第二次鸦片战争中,颐和园被英法联军烧毁;1886年,清政府挪用海军军费等款项重修,并于两年后改名颐和园(此前叫清漪园),作为慈禧太后晚年的颐养之地。从此,颐和园成为晚清最高统治者在紫禁城之外最重要的政治和外交活动中心,是中国近代历史的重要见证与诸多重大历史事件的发生地。

1900年,八国联军侵入北京,颐和园再遭洗劫,1902年清政府又予重修;清朝末年,颐和园成为中国最高统治者的主要居住地,慈禧和光绪在这里坐朝听政、颁发谕旨、接见外宾。

1998 年 12 月 2 日,颐和园以其丰厚的历史文化积淀,优美的自然环境景观,卓越的保护管理工作被联合国教科文组织列入《世界遗产名录》。

地理探索

航海史上的重大突破——指南针

指南针的发明是我国古代科学技术发展史上的重大进步。指南针及磁偏角理论在远洋航行中发挥了巨大的作用,使人们第一次获得了全天候航行的能力,人类第一次得到了在茫茫大海中航行的自由。

相传在 4000 多年以前,在中国北方的中原地区,黄帝和蚩尤在涿鹿进行过好几次大规模的战争。战斗持续了半年的时间,但仍没有分出胜负。按道理说,黄帝在这场战斗中应该能够取胜,因为他的部落相对比较强大,而且也代表着正义。但是,每当战斗即将胜利的时候,总会出现突来的大雾,迷漫山野,让人辨不出方向,所以每次都是前功尽弃。黄帝认为这大雾降得蹊跷,就派人上山侦查蚩尤部落的动静,发现这些大雾都是蚩尤施妖术弄出来的。黄帝回到营地后,在仙女的帮助之下,制造出了指南车,借助于指南车,黄帝率领军队冲出了重重迷雾的阻挡,最终打败了蚩尤,取得了战争的胜利。

与指南车有相同功能的是指南针。指南针是用以判别方位的一种简单仪器,它的前身是中国古代四大发明之一的司南。指南针的主要组成部分是一根装在轴上可以自由转动的磁针,磁针在地磁场作用下能保持在磁子午线的切线方向上。磁针的北极指向地理的北极,利用这一性能可以辨别方向。

指南针一经发明很快就被应用到军事、生产、日常生活、地形测量等方面,特别是航海上。在《萍洲可谈》中有记载:"舟师识地理,夜则观星,昼则观日,阴晦则观指南针。"这是世界航海史上最早使用指南针的记载。12 世纪以后,指南针传到了阿拉伯国家和欧洲,又大大推动了世界航海事业的发展和中西文化交流。指南针的发明,是中华民族对世界文明的一项伟大贡献。马克思曾把指南针和印刷术、火药的发明称作"是资产阶级发展的必要前提"。

指南针的始祖

指南针的始祖"司南"出现在战国时期。它是用天然磁石制成的,样子像一把汤勺,可以放在平滑的"地盘"上并保持平衡,且可以自由旋转。当它静止的时候,勺柄就会指向南方,所以古人称它为"司南"。

司南的出现是人们对磁体指极性认识的实际应用,但司南也有许多缺陷。首先是天然磁石很难找到,加工时又容易失磁,所以司南的磁性比较弱。它与地盘接触处要非常光滑,否则会很难旋转起来,达不到预期的指南效果。而且司南有一定的体积和重量,携带很不方便,这也是司南长期未得到广泛应用的主要原因。

人工磁化的发明

指南针是磁铁做成的,但天然磁石又很难找到,于是中国古人便发明了一种人工磁化的方法,利用地球磁场使铁片磁化,即把烧红的铁片放置在子午线的方向上。铁片烧红后,铁片中的磁畴便瓦解而成为顺磁体,蘸水淬火后,磁畴又形成,但在地磁场作用下磁畴排列变得具有方向性,所以能指示南北。人工磁化方法的发明,对指南针的应用和发展起了巨大的作用。

司南

指南针的发明是我国劳动人民,在长期的实践中对物体磁性认识的结果。由于生产劳动,人们接触了磁铁矿,开始了对磁性质的了解。人们首先发现了磁石引铁的性质,后来又发现了磁石的指向性。经过多方的实验和研究,终于发明了极具实用价值的指南针。

航海史上的壮举——郑和下西洋

郑和下西洋不仅是我国航海史上的著名大事,也是世界航海史上的空前创举,在展示中国高超航海技术的同时,还传达了世界和平的美好理念。

郑和(1371~1433),本姓马,小字三保,云南昆阳(今晋宁昆阳镇)宝山乡知代村人,明代航海家、外交家、武术家。洪武十三年(1380年)冬,明朝军队进攻云南。马三保被掳入明营,被阉割成太监,又称三宝太监。因跟随朱棣参与靖难之役有功,赐姓郑,始名郑和。从永乐三年(1405年)至宣德八年(1433年),郑和奉命率船队七下西洋,访问了亚非沿岸30多个国家和地区,最远到了非洲东海岸之麻林地(今属肯尼亚),为世界航海史上的创举。

在郑和远航的过程中,也曾遭遇到很多的困难。有一次,郑和的船队到达旧港(今苏门答腊岛的巨港)的时候,突然遭到海盗的拦截袭击。这群海盗的头子叫陈祖义,他见郑和船队船多兵众,不敢贸然下手,就假意向郑和投降,暗地里却准备打劫船队。郑和及时发现了陈祖义的阴谋,立即部署对策。等陈祖义率众人来抢劫时,他指挥将士们把海盗

郑和塑像

打败,杀死了五千多人,烧毁了海盗船只十艘,俘获七艘,还活捉了陈祖义。

据《明史·郑和传》记载,郑和航海宝船共63艘,最大的长四十四丈四尺,宽十八丈,是当时世界上最大的海船,折合现今长度为151.18米,宽61.6米。船有4层,船上9桅可挂12张帆,锚重有几千斤,要动用两百人才能启航,一艘船可容纳有千人。可以说,郑和的船队是一支以宝船为主体,配合以协助船"马船""粮船""坐船""战船"组成的规模宏大的航海舰队。郑和的船队完全是按照海上航行和军事组织进行编成的,在当时世界上堪称一支实力雄厚的海上机动编队。英国的李约瑟博士在全面分析了这一时期的世界历史之后,说:"明代海军在历史上可能比任何亚洲国家都出色,甚至同时代的任何欧洲国家,以致所有欧洲国家联合起来,都无法与明代海军匹敌。"

郑和曾到达过爪哇、苏门答腊、苏禄、彭享、真蜡、古里、暹罗、阿丹、天方、左法尔、忽鲁谟斯、木骨都束等三十多个国家,最远曾达非洲东岸,红海、麦加,并有可能到过澳大利亚。这些记载都代表了中国航海探险的高峰,比西方探险家达伽马、哥伦布等人早八十多年。当时明朝在航海技术,船队规模、航程之远、持续时间、涉及领域等均领先于西方。

郑和下西洋是一种国家行为,它的历史意义还有许多超出于航海之外的解读。在稳定东南亚国际秩序、维护国家安全、发展海外贸易、传播中华文明等方面都有着积极作用。"郑和时代的中国,则是真正承担了一个文明大国的责任:强大却不称霸,播仁爱于友邦,宣昭颁赏,厚往薄来。"

著名地理学家杨守敬及其成就

在清末民初的学术界，杨守敬是一位经历不凡、成就突出的大学者。他用毕生的精力研究《水经》《水经注》，集我国几百年水经研究之大成，写成了《水经注疏》《历代舆地沿革图》等伟大著作，享誉世界。

杨守敬（1839～1915），字惺吾、号邻苏，晚年自号邻苏老人，湖北省宜都市陆城镇人，清末民初杰出的历史地理学家、书法艺术家、藏书家。杨守敬出生于一个商人家庭，八岁的时候，母亲为他请了一位老师覃先生。

一天，母亲准备好酒席，请覃先生吃饭，开席后覃先生夹了一块鸡腿一咬，鸡骨头把牙齿"顶"了一下，覃先生就对杨守敬说："香鸡稀烂棒硬。"此时，杨守敬正从厨房捧着一碗绿豆汤出来，随口就应声道："豆汤翻滚热烫。"覃先生听后大吃一惊，想他小小年纪就出口不凡，于是就高高兴兴地收下了这位学生。

著名地理学家杨守敬

第二天是正月十五元宵节，宜都陆城家家户户门口都挂大红灯笼，覃先生的夫人做了一个鲤鱼跃龙门的大灯笼，覃先生就在灯笼的右面写了上联：龙变鱼，鱼变龙，龙鱼变化。写好后叫杨守敬来对下联。杨守敬说："老师，我若对上了，你奖给我什么呢？"覃先生说："我书案上的文房四宝任你挑一件。"

杨守敬马上对出了下联：老携幼，幼携老，老幼欢欣。覃先生听后，大加赞赏，连说："好，好，好！"杨守敬随即机敏地爬上覃先生的书案，抱上一块端砚跑回家去了。

杨守敬一生专心致志，刻苦学习，一丝不苟，严谨治学，这既是他的成功之道，也是他留给后人的宝贵精神财富。他十一岁时，由于生计而辍读，开始习商，但仍不废学业，白天站柜台，晚间在灯下苦读，常至鸡鸣才就寝。十八岁时参加府试，因答卷书法较差而落榜，于是他发愤练字。十九岁再次参加府试时，五场皆第一。

杨守敬一生具有多方面的成就，尤以舆地学的成就最为突出，代表作是与门人熊会贞历时数十年写成的《水经注疏》。他对我国正史地理志和其他地理著作，都曾深入研究，撰写、绘制了十余种历史地理著作和 72 幅历代沿革舆地图。为写《水经注疏》，他对《水经》和《水经注》做了深入研究和考订，总结前人的得失，比前人的研究更为周详。《水经注疏》吸取历代《水经注》的研究成果，以朱谋㙔《水经注笺》为正文，考证精详，疏之有据。

《水经注疏》是明清以来郦学研究的一次全面总结和发展，代表了郦学地理学派的最高水平，备受学术界重视。近代学者汪辟疆评价它："抉择精审，包孕宏富。前修是者，片长必录，非者必严加绳正，至于期当；其引而未申者，稽考不厌其详。故精语络绎，神智焕

《水经注疏》书影

发，真集向来治郦《注》之大成也。"

2006 年 5 月 25 日，杨守敬故居和墓被国务院批准列入第六批全国重点文物保护单位名单。

著名科学家和地质学家——李四光

李四光是世界著名的科学家和地质学家，他的最大贡献是创立了地质力学，并以力学的观点研究地壳运动现象，探索地质运动与矿产分布规律，从理论上推翻了中国贫油的结论，为我国的地质、石油勘探和建设事业做出了巨大贡献。

李四光(1889~1971)，字仲拱，原名李仲揆，湖北省黄冈人，我国卓越的科学家、地质力学的创立人。

李四光出生于黄冈市一个贫寒人家，幼年就读于其父李卓侯执教的私塾，14 岁那年告别父母，独自一人来到武昌高等小学堂学习。

1905 年，李四光因学习成绩优异被选派到日本留学。他在日本接受了反满革命思想的影响，成为孙中山领导的同盟会中年龄最小的会员，以"驱逐鞑虏、恢复中华"为己任。孙中山赞赏李四光的志向："你年纪这样小就要革命，很好，有志气。"还送给他八个字："努力向学，蔚为国

李四光

用。"李四光先去日本学造船,后又去英国学采矿,最后确定以地质学为终身事业,在地质力学方面做出了巨大的贡献。

摘掉"中国贫油"的帽子

解放初期,大规模的经济建设开始后就遇到石油短缺的困难,当时全国所需石油80%至90%都依靠进口。顶着"中国贫油论"的压力,李四光根据自己几十年来对地质力学的研究,分析了我国的地质条件,肯定地说:"中国的陆地一定有石油。"1954年,在毛泽东、周恩来的支持下,他亲自组织队伍,在松辽平原和华北平原开展石油普查,经过几年的艰苦努力,相继发现了大庆油田、胜利油田、大港油田……在国家建设急需能源的时候,使滚滚石油冒了出来,中国终于摘掉了"贫油"的帽子。

第四纪冰川的发现

从19世纪以来,就不断有德国、美国、法国、瑞典等国的地质学家到中国来勘探矿产,考察地质。但是,他们都没有在中国发现过冰川现象。因此,在地质学界,"中国不存在第四纪冰川"已经成为一个定论。可是,李四光在研究蜓科化石期间,就在太行山东麓发现了一些很像冰川条痕石的石头。他继续在大同盆地进行考察,越来越相信自己的判断,于是,他在中国地质学会第三次全体会员大会上大胆地提出了中国存在第四纪冰川的看法。

为了让人们能接受这一事实,他继续寻找更多的冰川遗迹。1936年,李四光又到黄山考察,写了"安徽黄山之第四纪冰川现象"的论文,此文和几幅冰川现象的照片,引起了一些中外学者的注意,德国地质学教授费斯曼到黄山看罢回来赞叹道:"这是一个翻天覆地的发现。"李四光十多年的艰苦努力,第一次得到外国科学家的公开承认。

地震是可以预测的

李四光在地震地质领域建树极高。1966年邢台大地震后,李四光提出要注意河北河间、沧州;要注意渤海;要注意云南通海;要注意四川炉霍;要注意云南的彝良大关;要注意松潘;要注意唐山……这一路走来,都被李四光言中。

李四光坚持地震可以预报的理念,认为地震本身就是地壳在地应力作用下发生的现象,是可以预测的,到了晚年他仍积极地关注地震研究。

手工制造

工匠的革命——土木工具的改造与发明

鲁班生活的时代是一个社会转型和技术革命的时期,当时的工匠只能凭双手的感觉来制作,而鲁班和他的同行们则用手工制品带来了工匠地位的变化。

鲁班(约前507~前444),姓公输,名般,生活在春秋末期到战国初期。因是鲁国人,"般"和"班"同音,古时通用,故人们常称他为鲁班。鲁班出身于工匠世家,从小就跟随家里人参加过许多土木建筑工程劳动,逐渐掌握了生产劳动的技能,积累了丰富的实践经验。

鲁班非常注意对客观事物的观察、研究,他受自然现象的启发,致力于创造发明。一次攀山时,手指被一棵小草划破,他摘下小草仔细察看,发现草叶两边全是排列均匀的小齿,于是就模仿草叶制成伐木的锯。他看到各种小鸟在天空自由自在地飞翔,就用竹木削成飞鹊,借助风力在空中试飞。开始飞的时间较短,经过反复研究,不断改进,竟能在空中飞行很长时间。

鲁班一生注重实践,善于动脑,在建筑、机械等方面做出了很大贡献。他能建造"宫室台榭";曾制作出攻城用的"云梯",舟战用的"勾强";创制了"机关备制"的木马车;发明了曲尺、墨斗、刨子、凿子等各种木作工具,还发明了磨、碾、锁等。

刨的发明

在鲁班以前,木匠仅用斧子和刀来弄平其建造用的木料,结果即使干得很好,也难令人满意。后来鲁班通过长时期的实践发现,他使用的刀片越薄,所制造出来的表面越平,干起来也越容易。这样,这种刨逐渐地从鲁班的实践中加以演变,最初用较薄的斧刀片,后来用一个刀片固定到一块木头上再横穿以手柄,最后刀片固定到木槽中,这就是我们今天所熟悉的刨。

墨斗的发明

鲁班发明的另外一个非常重要的工具是工匠用的墨斗,这项发明可能是受其母亲的启发。当时其母正在剪裁和缝制衣服,鲁班注视着这一切,见她是用一个小粉末袋和一根线先打印出所要的裁制的形状。鲁班把这种做法转到一个墨斗中,通过一根线(用墨斗浸湿的线)捏住其两端放到即将制作的材料之上印出所需的线条。最初需由鲁班和他母亲握住线的两端。后来他的母亲建议他做一个小钩系在此线的一端,这样就把她从这种杂活中解脱出来,使之可由一个人来进行。为了纪念鲁班的母亲,工匠们至今仍称这种墨斗为班母。

鲁班

尺子的发明

鲁班的另一发明是能正确画出直角的三角板,也被称为班尺,它能告知工匠哪些尺寸是不规则的,以及根据占卜的规则(风水)哪些是不吉的。这些尺子现在有些地方仍能买到。

鲁班发明的攻城工具云梯

石磨的发明

据《世本》上记载,石磨也是鲁班发明的。传说鲁班用两块比较坚硬的圆石,各凿成密布的浅槽,合在一起,用人力或畜力使它转动,就把米面磨成粉了,这就是我们所说的磨。磨的发明大大减轻了劳动强度,提高了生产效率,这是古代粮食加工工具的一大进步。

鲁班不愧是我国古代最优秀的土木建筑工匠。二千四百多年来,一直被土木工匠尊奉为"祖师",受到人们的尊敬和纪念。

最早的飞行器——风筝

风筝是飞机的最早雏形,对后世科学技术的发展产生了深远的影响。英国著名学者李约瑟把风筝列为中华民族的重大科学发明之一。

在我国,每当春回大地、暖风吹拂的时候,人们都喜欢在阳光明媚的日子里到野外去放风筝。风筝在我国已有两千年以上的历史了。古时候,人们把风筝叫作"风鸢""纸鸢"或"鸢子",这是因为风筝像鸢鹰那样平伸翅膀,在天空盘旋。到五代时,有人别出心裁地在纸鸢上安装上竹哨,风吹竹哨,嗡嗡作响,声如筝响,因此得名"风筝"。

中国是风筝的故乡。相传墨翟以木头制木鸟,研制三年而成,是人类最早的风筝。后来鲁班用竹子改进墨翟的风筝材质,更而演进成为今日多线风筝。到南北朝,风筝开始成为传递信息的工具。由于风筝具有"越险阻而飞远,越川泽而空递"和"辅舆马之不能,补舟楫之不逮"之功,所以首先用于军事。

楚汉争霸时期,张良围困项羽于垓下(今安徽灵璧东南),以放飞的风筝为信号,指挥各路军队协同进攻。项羽的大军被刘邦团团围住,这时,刘邦命手下人制作了许多大风筝,放在空中,让其发出箫的声音,并号召士兵唱起楚歌。连年征战而又远离故土的楚国士兵,听得这凄惨的箫声和悲凉的歌声,勾起一缕缕思乡之情,再加上汉兵大军压境,结果人心涣散,溃不成军。这就是历史上有名的"四面楚歌"。

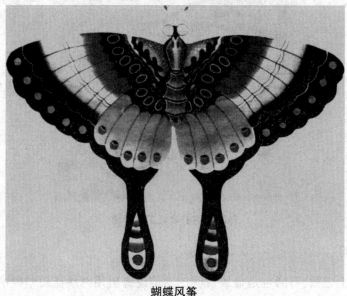

蝴蝶风筝

隋唐时期，风筝开始逐渐脱离军事用途，变成娱乐品。品种花样繁多，千姿百态，有彩蝶、凤凰、蝙蝠、螃蟹、美人等多种式样；有的还装上琴弦、竹笛，有的装上明亮的灯笼。及至明、清两代，放风筝则达到了鼎盛时期。明代才子徐渭常以风筝作为绘画、写诗的题材，留下 37 首咏风筝的题画诗，形象地反映了明代民间放风筝的盛况，足见那时风筝的技艺已经达到了多么高的水平。

我国古代还发明了一种由普通风筝演化而来的弓形翼式风筝，这种风筝能较好地运用空气流体力学的原理，飞得更高、更快、更稳。而这种风筝的翼，顶部弯曲凸起，底部呈凹面或水平，同现代的飞机机翼形状相差无几。根据风筝原理，世界最早的飞行器设计师和空气动力学创立者乔治·凯利，在 1804 年制作了第一架现代滑翔机的模型。1882年，俄国的莫查伊斯基仿照风筝，制成了世界上第一架用蒸汽发动机和螺旋桨推动的飞机。本世纪初，早期的优秀飞行员们甚至把他们驾驶的飞机称作"中国风筝"。

直到今日，风筝在测量风力、风向，进行气象科学研究方面，仍然发挥着不可忽视的作用。同时，越来越多的人发现，风筝还具有医疗和体育健身作用。一线在握，目送风筝直上云天，或缓步慢行，或嬉戏奔跑，对老人、青年人或儿童来说，都有增强体质，提高抗病和防病能力的功效。近年来，国外不少风筝医院、风筝疗养院应运生生。"风筝疗法"已用于神经衰弱、精神抑郁症、视力减退、小儿智力不足等症的治疗，并取得了可喜的功效。

千年寿纸——宣纸

宣纸是目前是我国境内唯一保留传统手工造纸工艺的书画专用纸，它具有质地柔韧、洁白平滑、细腻匀整、色泽耐久、墨韵清晰、固墨长久、不蛀不腐等特质，故有"纸中之王""千年寿纸"之美誉。

宣纸是中国古代用于书写和绘画的纸，因原产于宣州府（今安徽宣城）而得名，现主要产于安徽泾县。对宣纸的记载最早见于《历代名画记》《新唐书》，我国历代关于宣纸有很多动人的传说。

相传东汉安帝建光元年（121 年）蔡伦死后，他的弟子孔丹在皖南造纸。他很想造出一种洁白的纸，好为老师画像，以表缅怀之情。他在一峡谷溪边，偶见一棵古老的青檀树，横卧溪上，由于经流水终年冲洗，树皮腐烂变白，露出缕缕长而洁白的纤维，孔丹欣喜若狂，取以造纸，经反复试验，终于成功，这就是后来的宣纸。

制作宣纸的原料，明代以前一律用纯一的青檀树枝韧皮，配方单一；以檀皮为原料制成的宣纸，韧力、拉力强，润墨性好，用它来创作泼墨山水，可以任意涂抹，而绝无穿通的忧虑。明代之后为青檀皮和沙田稻草两种原料互相搭配使用。

青檀树为中国特产，是生长在长江中下游山丘地区的一种多年生植物，其树皮纤维细长并强韧，是造纸的最佳原料。青檀树又以二年生的枝条皮为最佳，并于春末夏初剥取为宜。沙田稻草为皖南山区山脚田出产的稻草，因山脚田肥力不足，其生长的稻草纤维拉力强，有机质少，叶少杆多，制料时容易漂白加工，适宜于造纸。

人们将上述两种各具特点的木类植物长纤维和草类植物短纤维以适当的比例混合后，纤维之间就能自然而然地紧密聚合而成纸，不需胶合粘连。所造之纸强度和挺度好，

现代宣纸制作

所以千百年来宣纸始终以青檀皮和沙田稻草为原料。

宣纸的制作过程极其繁杂，其原料需经过浸泡、灰腌、蒸煮、漂白、水捞、加胶、贴烘等18道流程和近百个操作工序，历时一年方可制成。有人把其制作过程浓缩为"日月光华，水火济济"八个字，足见其制作之难。自古民间就有"一张书纸，千滴血汗"之说。

正因为原料之难取、工艺之复杂、时间之长久、劳动之艰辛，所以宣纸产量有限，价格也相当高，历代都被列为贡品。宣纸具有"韧而能润、光而不滑、洁白稠密、纹理纯净、搓折无损、润墨性强"等特点，并有独特的渗透、润滑性能。写字则骨神兼备，作画则神采飞扬，成为最能体现中国艺术风格的书画纸。

中国画技法有"墨分五色"，即一笔落成，深浅浓淡，纹理可见，墨韵清晰，层次分明，这是书画家利用宣纸的润墨性，控制了水墨比例，运笔疾徐有致而达到的一种艺术效果。手工抄造的宣纸最适宜表达中国书画艺术的韵味，所以，历代文人墨客、书画名家无不以在宣纸上挥毫泼墨为人生一大快事，或题词称颂赞誉，或留下墨宝丹青。

2002年，宣纸被国家质检总局批准为中华人民共和国原产地域产品，明确规定只有在泾县境内以青檀皮、沙田稻草为原料，采用传统工艺生产的书画纸才能被称为宣纸。

四大名绣之首——苏绣

文化古城苏州，素有"人间天堂"之称，在这优美环境里孕育出的苏州刺绣艺术，以其图案秀丽、构思巧妙、绣工细致、针法活泼、色彩清雅的独特风格名满天下，被誉为我国"四大名绣"之首。

历史文化名城苏州是苏绣的故乡，在小桥流水人家的江南美景中，坐拥2500年历史的苏州文明熠熠生辉。苏绣，是江南女子一生中最美丽的情结。

刺绣，古称针绣，是用绣针引彩线，按设计的花纹在纺织品上刺绣运针，以绣迹构成花纹图案的一种工艺。苏绣的发源地在苏州吴县一带，现已遍衍江苏省的无锡、常州、扬州、宿迁、东台等地。江苏土地肥沃，气候温和，蚕桑发达，盛产丝绸，自古以来就是锦绣之乡。优越的地理环境，绚丽丰富的锦缎，五光十色的花线，为苏绣发展创造了有利条件。

据西汉刘向《说苑》记载，早在两千多年前的春秋时期，吴国已将苏绣用于服饰。三国时代，吴王孙权曾命赵达丞相之妹手绣《列国图》。据《清秘藏》叙述苏绣"宋人之绣，针线细密，用线一、二丝，用针如发细者为之。设色精妙，光彩射目"。可见在宋代苏绣艺术已具有相当高的水平。自宋代以后，苏州刺绣之技十分兴盛，工艺也日臻成熟。农村"家家养蚕，户户刺绣"，城内还出现了绣线巷、滚绣坊、锦绣坊、绣花弄等坊巷，可见苏州刺绣之兴盛。

到了明代，在绘画艺术方面出现了以唐伯虎、沈周为代表的吴门画派，大大推动了刺绣的发展。刺绣艺人结合绘画作品进行再制作，所绣佳作栩栩如生，笔墨韵味淋漓尽致，有"以针作画""巧夺天工"之称。自此，刺绣艺术在针法、色彩图案诸方面已形成独自的艺术风格，在艺苑中吐芳挺秀，与书画艺术媲美争艳。

光绪三十年（1904年），慈禧七十寿辰，苏绣艺人沈云芝绣了《八仙上寿图》和《无量寿佛》等8幅作品祝寿。慈禧倍加赞赏，书写"寿""福"两字，分赐给沈云芝和她的丈夫余觉。从此沈云芝改名沈寿，她的作品《意大利皇后爱丽娜像》，曾作为国家礼品赠送给意大利，轰动了意国朝野。《耶稣像》1915年在美国举办的"巴拿马—太平洋国际博览会"上获一等奖，售价达13000美元。

苏绣具有浓郁的地方特色，在苏绣中，江南水乡的美景一览无余。苏绣的仿画绣、写真绣其逼真的艺术效果更是名满天下，主要艺术特点有山水能分远近之趣；楼阁具现深邃之体；人物能有瞻眺生动之情；花鸟能报绰约亲昵之态。从人物、花鸟到山水、动物，从静如处子到动如脱兔，苏绣呈现着江南细腻绵长的精神内涵。在上千年的历史间，一代代绣娘巧手穿引，心手相传，创造出上百种技法，逐渐使苏绣成为一门丰富深邃的学问，吸引后来者在其中忘我穿行。

人类发展史上的新纪元——陶器的发明

陶器工艺品是我国最古老的工艺美术品，是人类留传下来的所有远古文化遗迹中最显著的标志，标志着新石器时代的开端。陶器的出现，也大大改善了人类的生活条件，开辟了人类发展史上的新纪元。

我国陶器的制造和使用大致始于距今1万年左右的原始社会时期。人们将具有可塑性的粘土，用水湿润后，经过手捏、轮制、模塑等方法加工成型后，在阴凉通风处风干，干燥后在800～1000℃高温下用火烧造而成坚固的制品，这就是陶器。陶器的主要成分是硅和铝的无机盐类，它们无毒、无味，是制作生活用具的良好原料。

在陶器发明以前，人们为了取得熟食，有时把食物架在篝火上烤熟；或者是用石头砌成一个大坑，把猎物去皮，放进坑内，盖上热灰，直到焖熟；还有的就是用灼热的石块将兽肉烫熟；或把兽肉放入网中，泡入高温的泉水中，泡熟后食用。经过百万年的狩猎与采集生活，在原始的农耕作业的生产过程中，人们对于泥土的性质和状态有了更加深刻的认识。而居住环境的相对固定和生活资料的积累，使得人们开始研究储存生活资料的用具

彩陶人首瓶（仰韶文化）

器物，在石质品、骨质品以及其他自然物之外去寻找一种新材料，用以煮熟、储存食物，于是以水、火、泥的合成方式生产的陶器就应运而生了。

陶器的发明，是人类文明发展的重要标志，是人类第一次利用天然物，按照自己的意志，创造出来的一种崭新的东西。它揭开了人类利用自然、改造自然的新篇章，具有划时代的意义。陶器的发明，也大大改善了人类的生活条件，在人类发展史上开辟了新纪元。

浙江余姚河姆渡遗址出土的黑陶，造型简单，早期盛行刻画花纹。河南渑池县仰韶村新石器时代遗址和陕西省西安市郊半坡遗址出土的彩陶，做工精美，设计精巧。这两个新石器时代遗址都属于母系社会遗址，有 6000 年以上的历史。

到了商代和周代，已经出现了专门从事陶器生产的工种。在战国时期，陶器上已经出现了各种优雅的纹饰和花鸟。这时的陶器也开始应用铅釉，使得陶器的表面更为光滑，也有了一定的色泽。

到了秦代，前期后期都处于全国战争的动荡之中，一般的生活用陶器、建筑陶器均无多少特征，与战国陶器基本一致。秦代最为杰出的制陶成就是秦始皇陪葬坑的兵马俑。从已发掘的俑坑情况可以看到，陶制兵马俑数量巨大，仅仅一个角落就有千万之巨；制作精湛，神态各异，造型生动，工艺成熟。

汉代历时 400 余年，陶器制作取得了很大成就，是中国陶瓷历史上的一个重要转折点。所制器物的表面被广泛施釉。汉代陶器整体造型风格比较端庄，腰腹多用几条弦纹装饰，陶俑以表现生活为主，造型与制作上不受拘束，神态准确，表情丰富。

唐代时，人们制陶时在色釉中加入不同的金属氧化物，经过低温焙烧，形成浅黄、赭黄、浅绿、深绿、天蓝、褐红、茄紫等多种色彩，但多以黄、褐、绿三色为主，后来人们习惯地把这类陶器称为"唐三彩"。唐三彩的出现标志着陶器的种类和色彩已经开始更加丰富

唐三彩骑驼乐舞俑

多彩。

民族文化的瑰宝——漆器的发明

漆器工艺是华夏文化宝库中一颗璀璨夺目的明珠,是中国古代在化学工艺及工艺美术方面的重要发明,有着悠久的历史和卓越的成就。像陶瓷、丝绸一样,漆器是民族文化的瑰宝,是中国对世界文明的一项重大贡献。

中国是世界上最早发明漆器的文明古国,先秦漆器,特别是战国、秦汉漆器上的绘画,在中国绘画史上熠熠生辉。

漆是原产我国的漆科木本植物漆树的一种分泌物,生漆是从漆树割取的天然液汁,主要由漆酚、漆酶、树胶质及水分构成。从漆树中分泌出来的漆液含有漆酚,在日光作用下会变成黑色发光的漆膜。

人们从观察到漆树的自然分泌液形成黑色漆膜的现象受到启示,而有意识地利用漆液来装饰器物。后来,人们又发现漆膜美观精致,经久耐用,用它作涂料,有耐潮、耐高温、耐腐蚀等特殊功能,又可以配制出不同颜色,光彩照人,能对器物起保护作用,于是开始制造漆器。

战国至西汉,是漆业的鼎盛时期。战国时漆器生产规模已经很大,成为国家重要的经济收入,并设专人管理。据记载,庄子年轻时曾经做过管理漆业的小官。漆器生产工序复杂,耗工耗时,品种又特别繁多,不仅用于装饰家具、器皿、文具和艺术品,而且还应用于乐器、丧葬用具、兵器等。这时的漆器很昂贵,但新兴的诸侯不再热衷于青铜器,而把兴趣转向光亮洁净、易洗、体轻、隔热、耐腐、嵌饰彩绘、五光十色的漆器。于是,漆器在一定程度上取代了青铜器。

制作漆器先制作胎体。胎为木制,偶尔也用陶瓷、铜或其他材料,也有用固化的漆直

彩漆木雕座屏（战国中期）

接刻制而不用胎。胎体完成，漆器艺人运用多种技法对表面进行装饰。漆器一般髹朱饰黑，或髹黑饰朱，以优美的图案在器物表面构成一个绮丽的彩色世界。在湖北曾侯乙墓出土的漆器有220多件。这些漆器是楚墓中年代最早也是最为精彩的，而且品类全，器型大，风格古朴，体现了楚文化的神韵。

汉代是漆器的鼎盛时期，漆器的品种又增加了盒、盘、匣案、耳环、碟碗、筐、箱、尺、唾壶、面罩、棋盘、凳子、危、几等，漆器也是以黑红为主色。同时，还开创了新的工艺技法，如多彩、针刻、铜扣、贴金片、玳瑁片、镶嵌、堆漆等多种装饰手法。

漆器图案根据不同的器物，以粗率简练的线条或繁缛复杂的构图表现，增强人或动物的动感与力度。黑红互置的色彩产生光亮、优美的特殊效果。在红与黑交织的画面上，形成富有音乐感的瑰丽多彩的艺术风格，展现了一个人神共在、绮玮谲诡、流动飞扬、变幻神奇的神话般的世界。

漆器初步制作好后，要放置在潮湿条件下干燥，固化后的漆器具有坚硬、耐酸、耐碱、耐磨的特性。要想让漆器固化后不产生裂纹或褶皱，需要建造专门的阴室，创造阴湿无尘的环境，以供漆器阴干之用。

《史记·滑稽列传》中记载：秦二世胡亥登基之后，想要用漆来漆绘城郭。由于胡亥暴虐、专横，没有人敢去谏止。当时有一个聪慧的侏儒名叫优旃，他对胡亥说："主上如果不提出这件事情，臣也一定会向主上提议的。漆城虽然会使老百姓感到发愁和增加经济负担，但这是一件大好事。漆城光滑无比，敌人来了无法上城。涂漆是很容易的，但是要建造荫室却非常困难了，得建一个比都城更宏大的城郭才行啊。"这番话让胡亥认识到了自己的错误，于是就停止了这次劳民伤财的工程。由此可见，阴室在当时已成为漆器制造的重用设施，这种阴干方法后来一直沿用。

秦汉以后，由于瓷器的发展，漆器日用品如杯、壶、盘等渐为瓷器所代替，漆器作为生活用品减少了，但是作为工艺品，仍深受人们的喜爱，传统工艺一直沿袭，并不断有所创新，并先后传到日本、朝鲜、东南亚，以及中亚、西亚、欧洲各国，受到了世界各国人民的欢迎。

古老文明的载体——青铜器的发明

青铜器是中华民族古老灿烂文明的载体，它是世界冶金铸造史上最早的合金，是人类历史上的一项伟大发明。中国古代铜器，是我们的祖先对人类物质文明的巨大贡献，在世界艺术史上占有独特地位。

大禾方鼎（商代）

青铜器是以青铜为基本原料加工而制成的器皿。青铜，古称金或吉金，是红铜与其他化学元素（锡、镍、铅、磷等）的合金，其铜锈呈青绿色，因而得名。史学上所称的"青铜时代"是指大量使用青铜工具及青铜礼器的时期。这一时期在中国主要是从夏商周直至秦汉，时间跨度约为两千年左右，这也是青铜器从发展、成熟乃至鼎盛的辉煌期。由于青铜器以其独特的器形、精美的纹饰、典雅的铭文向人们揭示了先秦时期的铸造工艺、文化水平和历史源流，因此被史学家们称为"一部活生生的史书"。中国上古文明悠久而又深远，青铜器则是其缩影与再现。

中国古代的青铜文化十分发达，并以制作精良、气魄雄伟、技术高超而著称于世。贵族把青铜器作为宴享和放在宗庙里祭祀祖先的礼器。青铜器不是一般人可以拥有的，它作为一种权力和地位的象征，一种记事耀功的礼器而流传于世。

大约二千年以前，自夏代开始中国进入了青铜时代，开始有青铜容器和兵器。到商代中期，青铜器的品种已经很丰富了，并出现了铭文和精细的花纹。商代晚期至西周早期，是青铜器发展的鼎盛时期，各种青铜器物造型多种多样，浑厚凝重，铭文逐渐加长，花纹繁缛富丽。随后，青铜器胎体开始变薄，纹饰逐渐简化。春秋晚期至战国，由于铁器的推广使用，铜制工具越来越少。

虽然从目前的考古资料来看，中国铜器的出现，晚于世界上其他一些地方，但是就铜器的使用规模、铸造工艺、造型艺术及品种而言，世界上没有一个地方的铜器可以与中国古代铜器相比拟。这也是中国古代铜器在世界艺术史上占有独特地位并引起普遍重视的原因之一。

青铜礼器十分发达是中国古代青铜文化区别于其他国家古代青铜文化的一个显著特点之一，这也是中国古代青铜文化的本质特点。礼器的发达是由中国古代社会异常强大的"宗法血缘"关系决定的。人们对祖先、对神灵的崇拜远远超越了对于自身的认同。夏代已出现了青铜礼器，到了商代，特别是商代晚期青铜礼器已十分成熟，主要的器类都已具备,主要有食器、酒器、水器和乐器。鼎是青铜礼器中的主要食器,在古代社会中,它被当作统治阶级等级制度和权力的标志。

中国青铜器不但数量多,而且造型丰富、品种繁多。每一器种在每个时代都呈现不同的风采,同一时代的同一器种的式样也多姿多彩,而不同地区的青铜器也有所差异,犹如百花齐放,五彩缤纷,因而使青铜器具有很高的观赏价值。自从有了青铜器,我国农业和手工业的生产力水平不断提高,物质生活条件也逐渐丰富。中国人民所创造的灿烂的青铜文化,在世界文化遗产中占有独特的地位。

"文明时代"的重要标志——瓷器的发明

中国是瓷器的故乡,瓷器的发明是中华民族对世界文明的伟大贡献,为人类历史写下了光辉的一页。它在技术和艺术上的成就,传播到世界各国,并深刻影响了陶瓷和文化的发展,为我国赢得"瓷器之国"的盛誉。

瓷器脱胎于陶器,它的发明是中国古代汉族先民在烧制白陶器和印纹硬陶器的经验中逐步探索出来的。原始瓷器起源于3000多年前,作为陶器向瓷器过渡时期的产物,与各种陶器相比,具有胎质致密、经久耐用、便于清洗、外观华美等特点。原始瓷烧造工艺水平和产量的不断提高,为后来瓷器逐渐取代陶器成为中国人日常生活的主要用器奠定了基础。

白瓷龙口注壶(北宋)

中国真正的瓷器出现是在东汉三国时期。首先是在南方地区开始出现的,浙江绍兴上虞市上浦小仙坛发现东汉晚期瓷窑址和青瓷等。瓷片质地细腻,釉面有光泽,胎釉结合紧密牢固。从显微照相可见,青瓷残片釉下已无残留石英。这种釉无论在外貌上,或是显微结构上,都已摆脱了原始青瓷的原始性,已符合真正的瓷器标准了。

北方瓷器生产晚于南方数百年,但它一旦掌握了青瓷生产之后,便迅速改进生产技术,提高工艺水平,并结合北方的人文特点,创造了白瓷。白瓷是由青瓷发展而来的,两者的区别仅在于胎、釉中含铁量的不同。瓷土含铁量少则胎呈白色,含铁量多则胎色较暗,呈灰、浅灰或深灰色。就瓷器本身的发展而言,是从单釉瓷向彩瓷发展的,无论是褐绿彩、白地黑花、青花、釉里红,还是斗彩、五彩、粉彩或珐琅彩,都是以白色为衬托,来展现各种色彩的艳丽与美妙的。所以,白瓷的产生,对瓷器的发展有及深远的影响,至唐代已形成"南青北白"的格局。

宋代瓷器在胎质、釉料和制作技术等方面又有了新的提高,烧瓷技术完全成熟,艺技术上有了明确的分工。宋代名窑很多,耀州窑、磁州窑、景德镇窑、龙泉窑、越窑、建窑,以及被称为宋代五大名窑的汝窑、官窑、窑哥、钧窑、定窑等产品都有自己独特的风格。

元代时景德镇窑异军突起,所产青花、高温蓝釉、高温铜红釉、高温卵白釉、釉里红、釉上彩及孔雀绿釉等品种,给人耳目一新之感,为明、清时期景德镇成为全国的制瓷中心奠定了基础。

明代瓷器丰富多彩,加釉方法多样化,制瓷技术不断提高。成化年间创烧出在釉下青花轮廓线内添加釉上彩的斗彩,嘉靖、万历年间烧制成不用青花勾边而直接用多种彩色描绘的五彩,这些都是著名的珍品。

清代的瓷器是在明代取得卓越成就的基础上进一步发展起来的,制瓷技术达到了辉煌的境界。康熙时的素三彩、五彩,雍正、乾隆时的粉彩、珐琅彩都是闻名中外的精品。

瓷器取代陶器,不仅方便了人们的日常生活,丰富了人们的审美情趣,也证明了中华民族是具有伟大创造力的民族。其在每一个工艺过程中凝聚的古代先民的智能和辛勤汗水,更是蕴含了重要的历史价值和艺术价值。

瓷器在汉唐以后源源不断地输出到世界各地,促进了当时中国与外界的经济、文化交流,并且对其他国家人民的传统文化和生活方式产生了深远的影响,使中国为世界人民所认识,获得"瓷国"的美誉。同时,瓷器还是人类从"野蛮时代"进入"文明时代"的重要标志,它是中国对世界历史、文化、艺术、科技等方面做出的一项重大且不可磨灭的贡献。所以说,一部中国陶瓷史,就是一部形象的中国历史,也是一部生动的中国民族文化史。

"钟王"——永乐大钟

在中国历史上,钟具有独特的地位和作用,它的历史甚至比文字的历史更古老。永乐大钟在世界古钟史上占有重要地位,从其存世历史之悠久、钟体之博大美观、钟声之悦耳远播、悬挂结构之巧妙以及铸造工艺之高超等方面而言,都堪称"世界之最"。

永乐大钟是在明代永乐年间由北京德胜门铸造厂铸造的,现存北京大钟寺古钟博物馆。永乐大钟是采用泥范法(中国的三大传统铸造工艺——泥范法、铁范法和失蜡法)铸造。先在地上挖一个大坑,用草木和三合土做好内壁,上面涂上细泥,把写好经的宣纸反贴在细泥上,刻好阴字,加热烧成陶范,然后再一圈圈做好外范。铸时,几十座熔炉同时开炉,炉火纯青,火焰冲天,金花飞溅,铜汁涌流,金属液沿泥作的槽注入陶范,一次铸成。

这是天衣无缝的操作,纤毫之隙,分厘之差便会引起"跑火",招致全盘失败。为了承受浇铸的压力并确保足够的强度,外范四周无疑是用泥土填满并层层夯实的。钟钮旁边四处不易觉察的疤痕,泄露了四个浇铸口的准确位置。我们看到了最典型的雨淋式浇铸

永乐大钟

法:几十座熔炉沿四条槽道排开,炉内大火流金、铜汁鼎沸;地坑里内外模范同时高温预热。当蓄满炉膛的万斛金汤相率奔泻而出后,这口万钧大钟便一气呵成了。回望此情此景,五百年前的手工作坊式生产,分明已经透出了近代大工业的规模和气概。

冷却是一道致命的工序。坑内是一团没有熄灭的地火和流焰,必须控制冷却速度防止钟体炸裂。世界著名的俄罗斯大钟就因冷却过程中的闪失出现裂纹,结果沦为一口哑钟。而孕育永乐大钟的地坑此时是一个天然的自动冷却系统。可以想象当年劳苦的工匠们付出了多少精心呵护,才能确保永乐大钟在平安降温中顺利降生。

最为举世罕见和引人惊叹的奇迹,莫过于将 23 万多字的佛教经文和咒语上上下下、里里外外铸满了大钟的每一寸表面了。也许是对夺取皇位中杀伐过多生出了悔意,也许因战胜所有敌手后反倒厌倦了人间的纷争而皈依佛门,明成祖晚年潜心撰写《诸佛世尊如来菩萨尊者神僧名经》凡四十卷,二十万言。其中前二十卷十万字便刊登在永乐大钟不朽的版面上。钟上的铸字还有许多其他汉文佛经和梵文佛咒。有学者猜测,明成祖铸钟的初始动机便是为了给自己的呕心沥血之作寻找一个永恒的载体,以教化众生和流传百世。

据专家们概括,永乐大钟有"五绝"。第一绝是形大量重、历史悠久。第二绝,永乐大钟是世界上铭文字数最多的一口大钟。大钟奇妙优美的音响是第三绝,有位声学界的权威人士给永乐大钟的钟声下了八个字的评语:"幽雅感人、益寿延年"。科学的力学结构是永乐大钟的第四绝。永乐大钟的悬挂纽是靠一根与钟体相比显得很小的铜穿钉连接的。别看穿钉很小,却恰恰在它所能承受四十多吨的剪应力范围之内。永乐大钟第五绝就是高超的铸造工艺。

物理化学

光影迷离的魔镜——透光镜

透光镜是西汉中晚期制作的具有特殊效果的铜镜。透光镜的发明,是我国古代物理学方面的伟大成就,反映了两千年前我国劳动人民的智慧。

透光镜是西汉时出现的一种独特的神奇铜镜,镜的外形与一般青铜镜无异,但当光线照射镜面时,会显现出镜子背面的花纹,仿佛光从镜子背后透出一样,由此被称为"透光镜"。隋唐之际王度的《古镜记》、宋周密的《云烟过眼录》等,都有关手透光镜的记载。明明是一面没有镂空,不透明的铜镜,为什么能透光呢?

为了研究铜镜透光的原理,历代学者对"透光镜"投入了极大的关注。宋代科学家沈括对"透光镜"进行了深入的考察,指出透光镜之所以可以透光,关键原因在于"文虽在背,而鉴面隐然有迹",这个解释是十分正确的。因为镜背面有花纹,致使镜面也呈现出相对应的微观曲率,肉眼虽然容易觉察,但当镜子反射光线时,由于长光程放大效应,就能在屏上反映出来。清代的物理学家郑复光对透光镜的原理进行了进一步的说明,他还利用水面纹波的道理对透光镜进行了生动的解释,平静的水面所反射的光线,投到墙壁上,也能看到有点动荡,这就是因为水面实际上有微小的起伏的波纹,和透光镜的原理是一样的。

1975 年,复旦大学光学系和上海博物馆的研究人员还用实验证明了沈括的解释的正确性。他们用淬火冷缩法仿制了一面透光镜,效果和古镜一样。上海交通大学铸工教研组的研究认为:铜镜在铸造过程中,镜背的花纹凹凸处凝固收缩,产生铸造应力;研磨时又产生压应力,因而形成弹性形变。研磨到一定程度时,这些因素叠加地发生作用,使镜

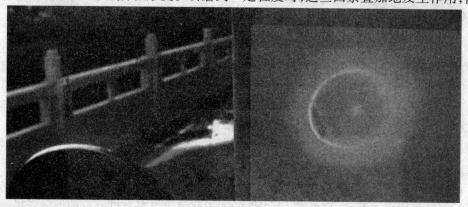

现代仿制透光镜

面产生与镜背花纹相应而肉眼不易觉察的曲率,引起"透光"效应。因此这种镜子的效应

实际不是透光而是映象。

在河北省衡水市饶阳县五公镇，村民李兰捆，凭着一本《中国古代冶金简史》，经过无数次的钻研和摸索，在自己盘的土打铁炉上，成功复制了传说中的"透光镜"。2009年国庆前夕，李兰捆在自己的打铁炉上又造出一枚透光镜，上面有"新中国六十华诞纪念"字样，他说，作为共和国的同龄人，他要造出一枚透光镜迎接新中国成立60周年。

在造这枚透光镜的时候，李兰捆将两个镜面背对着镶嵌在一起，用铜条严密地箍着，还加了些装饰性的花纹，但是这样一来，铜镜背面的内容就看不到了。于是李兰捆又特意制作了一个铜质包装盒，铜镜背面的花纹和"祖国万岁"字样就印在上面。把这枚铜镜镜面对准阳光，向一个白木板上反光时，铜镜后面的图案果然呈现在了光影里，果然是花纹的图案和"祖国万岁"四字。

机械工程史上的壮举——水排的发明

水排的发明是我国古代冶铁史上的重大技术革新，它不仅节省人力、畜力，而且推动冶铁炉向大型发展，是机械工程史上的一大壮举。这一重大科技发明与运用，比欧洲人早约1100年。

杜诗(？~38)，字君公，河内汲县人，东汉官员及发明家。杜诗青年时期就才能出

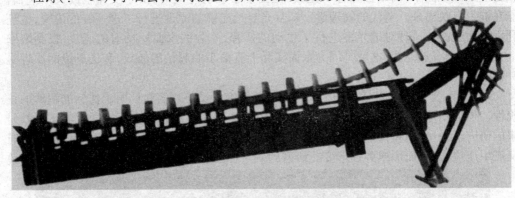

三国水排模型

众，在河内郡(今河南武陟西南)任吏员时，人们赞扬他处事公平。光武帝初年，为侍御史。当时将军萧广放纵士兵，在洛阳民间为非作歹，老百姓惶恐不安。杜诗通告萧广约束部下，萧广不予理睬。杜诗下令按法诛萧广，并将经过情形向上汇报，得到表扬。建武七年(31年)，杜诗迁升为南阳郡太守。当时南阳是全国冶铁中心，冶铁业的发展促进了水利事业的兴盛，杜诗在这方面也做出了很大成绩，促进了当地农业生产的发展。杜诗最大的贡献就是创造了利用水力鼓风铸铁的机械水排。

最初的鼓风设备叫人排，用人力鼓动；继而用畜力鼓动，因多用马，所以也叫马排。直到杜诗时改用水力鼓动，称水排。所谓"水排"，就是应用水力机械轮轴带动鼓风囊，使皮囊不断伸缩、给冶金高炉加氧的一种器具。这种装置，用力少、见功多，是我国冶金史上的一大改革，也是中国对世界冶金技术的杰出贡献。用水排代替人排、马排，大大提高

至今仍在使用的水车

了劳动生产率。古代每一熟石合一百二十斤。马排用马一百匹冶铁一百二十斤；改用水排，在同样的时间内，可以冶铁三百六十斤，提高功效三倍。水排的发明对于生铁冶业铸的发展有着极重要的意义，不但节省了人力、畜力，而且鼓风能力比较强，因此促进了冶铁业的发展。水排在我国沿用了很长一个时期，直到 20 世纪 70 年代，一些地方还在使用。

由同一时期的水碓和翻车结构推测，东汉时的水排应该是一种轮轴拉杆传动装置，我国古代水排构造的详细技术最早见于元代的《王祯农书》，依水轮放置方式的差别，分为立轮式和卧轮式两种，并绘有图形。都是通过轮轴、拉杆及绳索把圆周运动变成直线往复运动的，以此达到起闭风扇和鼓风的目的。因为水轮转动一次，风扇可以起闭多次，所以鼓风效能大大提高。

水排的发明是中国古代机械工程史上的伟大创举，对冶铁业的发展起到了巨大的推动作用，杜诗作为水排的发明者名留千古。

书写史上的革命——造纸术

西汉初年，政治稳定，思想文化十分活跃，对传播工具的需求旺盛，纸作为新的书写材料应运而生。自从蔡伦革新了造纸术之后，纸张便以新的姿态进入社会文化生活之中，并逐步在中华大地传播开来，之后又传播到世界各地。

蔡伦（61~121），字敬仲，东汉桂阳郡（今湖南耒阳市）人。蔡伦从小到皇宫里做太监，担任职位较低的职务小黄门，后来得到汉和帝信任，被提升为中常侍，参与国家的机密大事。他还做过管理宫廷用品的尚方令，监督工匠为皇室制造宝剑和其他各种器械，得以经常和工匠们接触。

中国是世界上最早养蚕织丝的国家，古人以上等蚕茧抽丝织绸，剩下的恶茧、病茧等则用漂絮法制成丝绵。漂絮完毕，篾席上会遗留一些残絮。当漂絮的次数多了，篾席上的残絮便积成一层纤维薄片，经晾干之后剥离下来，可用于书写。但这种漂絮的副产物数量不多，在古书上称它为赫蹏或方絮。

蔡伦总结了前人造纸的经验，开始潜心研究改进造纸术的方法。他认为扩大造纸原料的来源，改进造纸技术，提高纸张质量，就可以使纸张为人们所接受。蔡伦首先使用树皮造纸，树皮是比麻类丰富得多的原料，这样就使纸的产量有了大幅度的提高。但树皮中所含的木素、果胶、蛋白质麻类高很多，脱胶、制浆都比较困难。蔡伦发现，草木灰水有较大的碱性，用草木灰水制造纸浆造出来的纸张光滑、平实、易书写。

蔡伦

东汉元兴元年（105 年）蔡伦把他制造出来的一批优质纸张献给汉和帝，汉和帝通令天下采用。从此，蔡伦改进的造纸方法得以广泛推广。造纸术的发明，是中国在人类文化传播和发展史上做出的一项十分宝贵的贡献。

随着人们对造纸术研究的逐步深入，对造纸术的发明者产生了很多争议。

持否定造纸术是蔡伦发明的专家们认为，在史籍里，早在蔡伦以前，就有了关于纸的记载。《三辅旧事》上曾说：卫太子刘据鼻子很大，汉武帝不喜欢他。江充给他出了个主意，教他再去见武帝时"当持纸蔽其鼻"。太子听从了江充的话，用纸将鼻子掩盖住，进宫去见武帝，汉武帝大怒。此事发生在公元前 91 年。又如《汉书·赵皇后传》记载：汉成帝的宠妃赵飞燕的妹妹赵昭仪要害死后宫女曹伟能，就派人送去毒药和一封"赫蹏书"，逼曹伟能自杀。据东汉人应劭解释，"赫蹏"即"薄小纸也"。

一种意见坚持认为，蔡伦是我国造纸术的发明者。理由是根据汉代许慎《说文解字》中有关纸的解释，在蔡伦之前古代文献中所提到的纸，都是丝质纤维所造的，实际上不是纸，只是漂丝的副产品，自古至今要造成一张中国式的植物纤维纸，一般都要经过剪切、沤煮、打浆、悬浮、抄造、定型干燥等基本操作。所谓西汉古纸，充其量不过是纸的雏形。蔡伦及其工匠们在前人漂絮和制造雏形纸的基础上总结提高，从原料和工艺上把纸的生产抽调到一个独立行业的阶段，用于书写，这才是真正的纸。

火药发明之谜

火药的发明大大推进了世界历史的进程，标志着人类改造大自然的能力进一步增强，对军事武器的进步也有着重要意义。火药是我国古代四大发明之一，在化学史上占有重要的地位。

炼丹术产生于战国到西汉这段时期。当时,一些达官显贵最害怕生老病死,做梦都想长生不老。有些人就试着把冶金技术用到了炼制药物方面,希望能炼出仙丹妙药。那些矿物硝和硫在一起加热后,还真的炼成了一粒粒闪闪发光的金丹,遗憾的是,这金晃晃的小丸子,不是什么仙丹,它不过是一种最普通不过的化学反应罢了。

虽然没有一个人靠仙丹得以长寿,但这并不能动摇炼丹家们的炼丹信念,他们认为仙丹是肯定可以炼成的。于是,他们把自己关在深山老林中,一门心思地为炼丹忙碌着。当然,炼制仙丹是件永远也不可能完成的任务。但是在炼丹过程中,炼丹家发现了两个有趣的现象:一是硫磺的可燃性非常高,二是硝石具有化金石的功能。硫磺和硝石都是制造火药的重要原料,正是这两项的发现,为将来火药的发明奠定了基础。

《太平广记》中记载了一个故事,说的是隋朝初年,有一个叫杜春子的人去拜访一位炼丹老人。半夜杜春子梦中惊醒,看见炼丹炉内有"紫烟穿屋上",顿时屋子燃烧起来。还有一本名叫《真元妙道要略》的炼丹书也谈到用硫磺、硝石、雄黄和蜜一起炼丹失火的事,火把人的脸和手烧坏了,还直冲屋顶,把房子也烧了。书中告诫炼丹者要防止这类事

炼丹炉(明)

故发生,这说明唐代的炼丹者已经掌握了一个很重要的经验,就是硫、硝、碳三种物质可以构成一种极易燃烧的药,这种药被称为"着火的药",即火药。

火药发明后,首先被古代军事家所利用,制造出火药武器,用于战争。火药发明之前,火攻是军事家常用的一种进攻手段,那时在火攻中,用了一种叫作火箭的武器,它是在箭头上绑一些像油脂、松香、硫磺之类的易燃物质,点燃后用弓射出去,用以烧毁敌人的阵地。如果用火药代替一般易燃物,效果要好得多。有了火药,军事家们开始利用抛石机抛掷火药包以代替石头和油脂火球,战斗力倍增。

红夷炮复原图

到了两宋时期,火药武器发展很快。人们越来越认识到火药的重要性,于是在 13 世纪的南宋时期,新式的管形火器问世了。这时候,人们已经对火药的性能了如指掌,任何烈性火药都能控制自如。等到了宋末元初,管形火器开始用铜和铁等材料铸制,大的叫火铳,小的叫手铳,模样同近代的武器大同小异。

今天,火药不仅仅用于制造枪炮,开山筑路、挖矿修渠都离不开它,所以一些外国科学家说:火药的发明,加快了人类历史演变的进程。

印刷术的革命——活字印刷术

自从汉朝发明纸以后,书写材料比过去用的甲骨、简牍、金石和缣帛要轻便、经济多了,但是抄写书籍还是非常费工的,远远不能适应社会的需要。于是,人们开始寻找一种便捷高效的方法,活字印刷术就应运而生了。

活字印刷术是北宋平民发明家毕昇发明的。他总结了历代雕版印刷的丰富实践经验,经过反复试验,在宋仁宗庆历年间(1041 ~ 1048)制成了胶泥活字,实行排版印刷,完成了印刷史上的一项重大革命。

毕昇发明活字印刷术的灵感来自两个儿子玩的"过家家"游戏。有一年清明节,毕昇带着妻儿回到家乡祭拜祖先。在乡下,两个儿子玩得不亦乐乎,他们从田间挖来泥巴,做成了锅、碗、桌、椅、猪、人等泥雕,随心所欲地摆来摆去。当时,毕昇正为了改良印刷术而发愁,儿子们捏的泥雕让毕昇眼前一亮。当时他就想,我何不也来玩过家家:用泥刻成单字印章,不就可以随意排列,排成文章了吗?这个发现让毕昇兴奋不已。回到家中,毕昇就开始

毕昇

了活字印刷术的第一场实验。

　　毕昇的方法是这样的：他先用胶泥做成一个个规格一致的毛坯，在一端刻上反体单字，字划突起的高度像铜钱边缘的厚度一样，用火烧硬，做成单个的胶泥活字。为了适应排版的需要，一般常用字都备有几个甚至几十个，以备同一版内重复的时候使用。遇到不常用的冷僻字，如果事前没有准备，可以随制随用。为便于拣字，把胶泥活字按韵分类放在木格子里，贴上纸条标明。排字的时候，用一块带框的铁板作底托，上面敷一层用松

王祯盘

脂、蜡和纸灰混合制成的药剂，然后把需要的胶泥活字拣出来一个个排进框内。排满一框就成为一版，再用火烘烤，等药剂稍微熔化，用一块平板把字面压平，药剂冷却凝固后，就成为版型。印刷的时候，只要在版型上刷上墨，覆上纸，加一定的压力就行了。为了可以连续印刷，就用两块铁板，一版加刷，另一版排字，两版交替使用。印完以后，用火把药剂烤化，用手轻轻一抖，活字就可以从铁板上脱落下来，再按韵放回原来木格里，以备下次再用。

　　在毕昇发明活字印刷术之前，人们普遍使用的印刷方法是雕版印刷。即在一定厚度的平滑木板上，粘贴上抄写工整的书稿，稿纸正面和木板相贴。雕刻工人用刻刀把版面没有字迹的部分削去，就成了字体凸出的阳文，和字体凹入的碑石阴文截然不同。印刷的时候，在凸起的字体上涂上墨汁，然后把纸覆在上面，轻轻拂拭纸背，字迹就留在纸上了。雕版印刷对文化的传播起到了重大作用，但是它也存在明显缺点：第一，刻版费时费工费料；第二，大批书版存放不便；第三，有错字不容易更正。

　　毕昇发明的活字制版正好避免了雕版的不足。只要事先准备好足够的单个活字，就可随时拼版，大大地加快了制版的速度。活字版印完后，可以拆版，活字可重复使用，且活字比雕版占有的空间小，容易存储和保管，有错字也很容易改正。这样活字印刷术的优越性就表现出来了。

　　活字印刷术不仅能够节约大量的人力物力，还能够大大提高印刷的速度和质量。现代的凸版铅印，虽然在设备和技术条件上是毕昇的活字印刷术所无法比拟的，但是基本原理和方法是完全相同的。活字印刷术的发明，为人类文化做出了重大贡献。

船舶发展史上的伟大发明——水密隔舱

水密隔舱是我国船舶发展史上一项伟大的发明创造，它的发明大大提高了船舶的抗沉性和远洋航行的安全性，奠定了我国在世界航海上的领先地位。今天，水密隔舱技术仍然在现代船舶设计中占有十分重要的地位。

宋元时期，海上交通异常繁荣，东来西往的船只不断穿梭于茫茫大海上。说来奇怪，同是海船，在触礁后船体破裂的情况下，外国船舶很快就进水沉没，唯独中国船舶虽也进水，但不多，仍能继续航行。到达口岸卸货后，加以修复，就能继续下海航行。

其中的奥妙在哪里呢？这就在于中国的船舶中设置了水密隔舱。所谓水密隔舱，就是用水密隔舱板把船体分隔成互不相通的一个一个舱区，舱数有 13 个的，也有 8 个的。这是中国古代造船工艺上的一项重大发明。

中国船舶设置水密隔舱的传统，最早可上溯到殷商的甲骨时代。专家们解释说，甲骨文的象形文字"舟"字，就是用横舱壁将船体分隔成几个舱，它足以证明当时人们对船这一交通工具已有一定的了解。到了晋代，则有水师用的"八槽舰"。人们将船体沿长向分隔成 8 个舱。从出土的唐代占船上也可看到唐代水密隔舱的技术。宋代出土的泉州古船，水密隔舱工艺又前进了一步：船上的横舱壁，由在底部和两舷的肋骨以及甲板下的横梁予以环围，这样既有利于水密性，又增加了结构的强度，一举两得。隔舱舱板与船壳板用扁铁和钩钉钉联，隙缝用桐油灰填实，具有严密的隔水作用。1982 年，在泉州又发现一艘南宋海船，也是采用水密隔舱结构，它的隔舱舱板同船壳板之间用铁方钉和木钩钉钉合在一起。

南宋斗舰

水密隔舱的设置具有多方面的优越性。首先，由于舱同舱之间是严密分隔开的，在航行中，特别是远洋航行中，即使有一两个船舱破损进水，水也不会流到其他船舱。从船的整体来看，仍然保持有相当的浮力，不致沉没。如果进水太多，船支撑不住，只要抛弃货物,减轻载重量,也不至于很快沉入海底。如果船舶破损不严重,进水不多,只要把进水舱区里的货物搬走,就可以修复破损的地方,不会影响船舶继续航行。如果进水较严重,也可以驶到就近的港口或陆地进行修补。对于没有设置水密隔舱的船舶,情况就完全不一样了,只要船底外壳撞破了一个洞,水就会涌进船舶并漫流到全船。因此,水密隔舱的设置提高了船舶的抗沉性能,增强了人员和货物在远洋航行中的安全性。

其次,船上分舱,对货物的装卸和管理比较方便。不同的货物都可以分别放装到各个不同的货舱内,不至于将不同货主的不同货物放混,即便于装卸货物,又便于管理。

第三,由于舱板跟船壳板紧密联结,起着加固船体的作用,不但增加了船舶整体的横向强度,而且取代了加设肋骨的工艺,使造船工艺简化。

由于水密隔舱具有上述的优越性,因此问世以后不但在国内长期推广,而且还流传到国外。英国的本瑟姆曾经考察过中国的船舶结构,并且对欧洲的造船工艺进行了改进,引进了中国的水密隔舱结构。1795 年,他受英国皇家海军的委托,设计并且制造了 6 艘新型的船只。从此,中国先进的水密隔舱结构,逐渐被欧洲乃至世界各地的造船工艺吸取,至今仍是船舶设计中重要的结构形式。

中国铁路之父——詹天佑

詹天佑是我国首位铁路工程师,他负责修建的京张铁路是我国的第一条铁路,也是中国人自己修建的第一条铁路。

詹天佑(1861~1919),号眷诚,字达朝,广东南海人,他是中国首位铁路工程师,负责修建了京张铁路等铁路工程,有"中国铁路之父""中国近代工程之父"之称。

詹天佑雕像

詹天佑出生在一个普通的茶商家庭,少年时制作各种机器模型。有时,他还偷偷地把家里的自鸣钟拆开,摆弄和琢磨里面的构件,提出一些连大人也无法解答的问题。1872 年,年仅十二岁的詹天佑到香港报考清政府筹办"幼童出洋预习班"。父亲在一张写明"倘有疾病生死,各安天命"的出洋证明书上画了押。从此,他辞别父母,怀着学习西方"技艺"的理想,前往美国。1877年,詹天佑以优异的成绩毕业于纽海文中学。同年五月考入耶鲁大学土木工程系,专攻铁路工程。

1881年,詹天佑学成归国。但是,清政府洋务派官员却过分迷信外国,在修筑铁路时一味依靠洋人,竟不顾詹天佑的专业特长,把他派遣到福建水师学堂学驾驶海船。后来几经周折,詹天佑终于转入了中国铁路公司,担任工程师,这正是他献身中国铁路事业的开始。

詹天佑刚上任不久,就遇到了一次考验。当时从天津到山海关的津榆铁路修到滦河,要造一座横跨滦河的铁路桥。滦河河床泥沙很深,又遇到水涨急流。铁路桥开始由号称世界第一流的英国工程师担任设计,但失败了;后来请日本工程师实行包工,也不顶用,最后让德国工程师出马,不久也败下阵来。詹天佑要求由中国人自己来搞,负责工程的英国人在走投无路的情况下,只得同意詹天佑来试试,最终詹天佑成功建成了滦河大桥。

1905年,清政府决定兴建我国第一条铁路京张铁路(北京—张家口)。詹天佑担任总办兼总工程师,全权负责京张铁路的修筑。詹天佑顶着压力,坚持不任用一个外国工程师,对全线工程提出了"花钱少,质量好,完工快"三项要求。京张铁路工程难度最大的就是关沟段,铁路要在这里越过八达岭,南口和八达岭高度差近60米。詹天佑运用折返线原理修建了一条"人"字形线路,使线路坡度降低到33‰以下,并且为火车前后各挂一个火车头,以提升爬坡能力。经过几年奋斗,京张铁路在1909年9月全线通车。原计划六年完成,结果只用了四年就提前完工,工程费用只及外国人估价的五分之一。

京张铁路的建成,不仅为詹天佑赢得了世界声誉,更为整个中国工程技术界在世界上赢得了相应地位。当时,有人把京张铁路与万里长城并列为中国的伟大工程。

1919年,詹天佑因积劳成疾不幸病逝。中国工程师学会基于他在铁路建设上所做出的重大贡献,特地在青龙桥建立了一尊铜像,来纪念这位杰出的爱国铁路工程师。

化学家侯德榜的成就

侯德榜是我国化学工业史上杰出的科学家,他为祖国的化学工业事业奋斗终生,并以独创的制碱工艺闻名世界。侯德榜发明的侯氏制碱法,对我国民族工业的发展也起到了重要作用。

侯德榜(1890~1974),字致本,名启荣,福建省闽侯县人,著名化学家,侯氏制碱法的创始人。侯德榜出生于一个普通农家,自幼半耕半读,勤奋好学。少年时,得到姑妈的资助,侯德榜得以在福州英华书院学习。期间他目睹了外国工头蛮横欺凌我码头工人,耳闻美国旧金山种族主义者大规模迫害华侨、驱逐华工等令人发指的消息,使侯德榜产生了强烈的爱国心,曾积极参加反帝爱国的罢课示威。

化学家侯德榜

1907 年,侯德榜考上了上海闽皖铁路学院。毕业后,在英资津浦铁路当实习生。这期间,侯德榜进一步感受到帝国主义者凭技术经济优势对贫穷落后的中国和人民进行残酷剥削与压迫,立志要掌握科学技术,用科学和工业来拯救苦难的中国。后来,侯德榜被保送到美国麻省理工学院化工科学习,后又转到哥伦比亚大学攻读博士。侯德榜的博士论文《铁盐鞣革》,围绕铁盐的特性以大量数据深入论述了铁盐鞣制品易出现不耐温、粗糙、粒面发脆、易腐、易吸潮和起盐斑等缺点的主要原因和改良对策,很有创见。《美国制革化学师协会会刊》特予连载,全文发表,成为制革界至今仍在广为引用的经典文献之一。

1921 年,侯德榜在哥伦比亚大学获博士学位后,怀着工业救国的远大抱负,毅然放弃自己热爱的制革专业。回到祖国。同年,侯德榜应范旭东之聘,任塘沽永利制碱公司技

侯德榜(前排右一)

师长。当时索尔维法的生产技术为索尔维集团垄断,对外保密。为了实现中国人自己制碱的梦想,揭开苏尔维法生产的秘密,打破洋人的封锁,侯德榜全部身心投入到研究和改进制碱工艺,经过 5 年艰苦的摸索,终于在 1926 年生产出合格的纯碱。其后不久,被命名为"红三角"牌的中国纯碱在美国费城举办的万国博览会上获得金质奖章,并被誉为"中国工业进步的象征",在 1930 年瑞士举办的国际商品展览会上,"红三角"再获金奖,享誉世界。

1937 年,抗日战争爆发,永利碱厂被迫迁往四川,由于当时内地盐价昂贵,用传统的苏尔维法制碱成本太高,无法维持生产,为寻找适应内地条件的制碱工艺,永利公司准备向德国购买新的工艺——察安法的专利,但德国与日本暗中勾结,除了向侯德榜一行高价勒索外,还提出了种种对中国人来说是丧权辱国的条件,范旭东毅然决定不再与德国人谈判。侯德榜与永利的工程技术人员一道,认真剖析了察安法流程,终于确定了具有自己独立特点的新式制碱工艺,1941 年,这种新工艺被命名为"侯氏制碱法"。

1957 年,为发展小化肥工业,侯德榜倡议用碳化法制取碳酸氢铵,他亲自带队到上海

化工研究院,与技术人员一道,使碳化法氮肥生产新流程获得成功,侯德榜是首席发明人。当时的这种小氮肥厂,对我国农业生产曾做出不可磨灭的贡献。

侯德榜为世界化学工业事业所做的杰出贡献受到各国人民的尊敬和爱戴,英国皇家学会聘他为名誉会员(当时其国外会员仅12人,亚洲仅中国、日本两国各一名),美国化学工程师学会和美国机械工程师学会,也先后聘他为荣誉会员。历史的风云随着星辰的移转而逝去,而这位科技界名流却在人类历史的年轮上留下了璀璨光芒。侯德榜勤奋、创新和爱国的一生,一直在激励后人开拓进取,共创祖国的美好未来。

著名物理科学家——钱学森

20世纪中叶,新生的中华人民共和国百废待兴,落后就要挨打的教训让每一个中国人都铭记于心。尽管当时的国家经济状况非常困难,但发展科学技术、巩固国防的信念却没有一丝动摇,钱学森就在这个时候回到了他阔别20年的祖国,为祖国的腾飞做出了杰出的贡献。

钱学森(1911~2009),浙江杭州人,我国伟大的物理科学家、工程控制论的创始人。

1923年9月,钱学森进入北京师范大学附中学习;1929年,他考入交通大学机械工程系;1934年他考取清华大学公费留学生,次年9月进入美国麻省理工学院航空系学习。1936年9月,钱学森转入美国加州理工学院航空系,师从世界著名力学大师冯·卡门教授,先后获航空工程硕士学位和航空、数学博士学位。1955年10月,钱学森历经重重困难,回到了祖国的怀抱。他为建设新中国做出了卓越的贡献,被誉为"中国航天之父""中国导弹之父""火箭之王""中国自动化控制之父"。

钱学森是人类航天科技的重要开创者和主要奠基人之一,是航空领域的世界级权威、空气动力学学科的第三代掌门人,工程控制论的创始人,是20世纪应用数学和应用力学领域的领袖人物——堪称20世纪应用科学领域最为杰出的科学家。他长期担任中国火箭和航天计划的技术领导人,对航天技术、系统科学和系统工程做出了巨大的开拓性贡献;共发表专著7部,论文300余篇。

在应用力学方面

钱学森在空气动力学及固体力学方面做了开拓性研究,揭示了可压缩边界层的一些温度变化情况,创立了卡门—钱学森方法,并最早在跨声速流动问题中引入上下临界马赫数的概念。

在喷气推进与航天技术方面

20世纪40年代到60年代初期,钱学森在火箭与航天领域提出了若干重要的概念:他在40年代提出并实现了火箭助推起飞装置(JATO),使飞机跑道距离缩短;在1949年提出了火箭旅客飞机概念和关于核火箭的设想;在1953年研究了行星际飞行理论的可能性;在1962年出版的《星际航行概论》中,提出了用一架装有喷气发动机的大飞机作为第一级运载工具,用一架装有火箭发动机的飞机作为第二级运载工具的天地往返运输系统概念。

在物理力学方面

钱学森在 1946 年将稀薄气体的物理、化学和力学特性结合起来研究，这是先驱性的工作。1953 年，他正式提出物理力学概念，主张从物质的微观规律确定其宏观力学特性，改变过去只靠实验测定力学性质的方法，大大节约了人力物力，并开拓了高温高压的新领域。1961 年他编著的《物理力学讲义》正式出版。此外，钱学森在系统工程、思维科学领域、马克思主义哲学等方面也有很重要的贡献和创新。

中国原子能科学之父——钱三强

钱三强是中国原子能事业的主要奠基人，由他领导建成的我国第一个重水型原子反应堆和回旋加速器开创了我国原子能研究的新纪元。同时，钱三强还成功地研制了我国第一台大型通用计算机，并承担了第一颗原子弹内爆分析和计算工作，为我国原子能科学事业的发展立下了不朽的功勋。

钱三强（1913～1992），浙江湖州人，中国原子能事业的主要奠基人，杰出科学家。钱三强的父亲钱玄同是中国近代著名的语言文字学家，他少年时代就跟随父亲在北京生活，曾就读于蔡元培任校长的孔德中学。

上中学时，钱三强读到了孙中山的《三民主义》《建国方略》，书中构建的中国未来蓝图，激发了他对理工学科的兴趣："要使祖国不受屈辱，摆脱贫穷，走向富强，非建立强大的工业不可。" 1930 年秋，17 岁的钱三强以优异的成绩被北大

钱三强

理学院录取为预科生。入学后他把所有课余时间都用来学习，短短半年之后便通过了英语考试，连他的父亲钱玄同也不禁暗叹："属牛的孩子，还真有一股牛劲。"

在北大，每周都有各种学术报告会。钱三强都带着浓厚的兴趣去听，有一次听清华大学的吴有训讲授近代物理学。吴有训与众不同的讲法、生动的课堂实验，在轻松愉快中向学生传授了难懂的概念，使钱三强渐渐产生了对物理学的热爱，最后萌发报考清华物理系的念头。1932 年秋，钱三强在北大预科毕业后，考取了清华物理系，师从叶企孙、吴有训、赵忠尧等教授。父亲钱玄同欣然题写了"从牛到爱"四个大字送给他。这成为钱三强人生的转折点。

1936 年，钱三强以优异成绩从清华大学毕业，担任了北平研究院物理研究所严济慈所长的助理。在严济慈的推荐之下，钱三强通过了公费留学生考试，进入巴黎大学居里实验室做研究生，导师是居里夫人的女儿、诺贝尔奖获得者伊莱娜·居里及其丈夫约里

奥·居里,正是他们开启了钱三强探索微观世界的大门。钱三强每天很早起床乘地铁去实验室,工作一天后回到宿舍还要整理资料、写实验报告。生活平淡,但他却乐在其中。他的聪慧和实干,深得居里夫妇的赏赏。

1946年底,钱三强荣获法国科学院亨利·德巴微物理学奖,历经辗转终于在新中国成立前夕回到了阔别多年的祖国,开始为祖国科技的腾飞效力。从此,钱三强全身心地投入到原子能事业的开创之中。1955年,中央决定发展中国核力量后,他成为规划的制定人,并汇聚了邓稼先、彭桓武、王淦昌等一大批核科学家。当1959年苏联撤走全部专家后,钱三强担任了总设计师。在这场艰苦的攻坚战中,他凭借自己过人的领导能力,协调这项极为复杂的系统工程,用4年时间研制成功原子弹,两年8个月后氢弹又试爆成功,创造了世界奇迹,为共和国铸就了不朽的功勋。

钱三强以自己一生的脚踏实地、艰苦攀登,实践了父亲临终前的嘱托:"学以致用,报效祖国。"

"两弹"元勋邓稼先

邓稼先是中国核武器研制与发展的主要组织者、领导者,是核武器理论研究工作的奠基者之一,从原子弹、氢弹原理的突破和试验成功及其武器化,到新的核武器的重大原理突破和研制试验,均做出了重大贡献,被称为"中国原子弹之父"。

邓稼先(1924~1986),安徽省怀宁县人,我国杰出的物理科学家。邓稼先出身于书香门第,祖父是清代著名书法家和篆刻家,父亲邓以蛰是我国著名的美学家和美术史家,曾担任清华大学、北京大学哲学教授。1925年,母亲带他来到北京,与父亲生活在一起。他5岁入小学,在父亲指点下打下了很好的中西文化基础。1935年,他考入崇德中学,与比他高两班、且是清华大学院内邻居的杨振宁结为最好的朋友。

邓稼先

1947年,邓稼先通过了赴美研究生考试,于翌年秋进入美国印第安那州的普渡大学研究生院。由于他学习成绩突出,不到两年便读满学分,并通过博士论文答辩。此时他只有26岁,人称"娃娃博士"。这位取得学位刚9天的"娃娃博士"毅然放弃了在美国优越的生活和工作条件,回到了一穷二白的祖国。

1958年8月的一天,中国科学院原子能研究所的一位领导对邓稼先说:"钱三强同志极力推荐你参加一项秘密工程——搞原子弹。"邓稼先听到这番话,兴奋得几乎要跳起来。

邓稼先被调到第二机械工业部核武器研究所任理论部主任,他是被选来的第一位高级研究人员。筹建队伍是当务之急,他挑选了一批刚从大学分配来的毕业生,在十分艰

我国第一颗原子弹爆炸成功

苦的条件下,学习爆轰物理、流体力学、状态方程、中子输运等基础知识。

邓稼先带领理论队伍开始对原子弹的物理过程进行大量的模拟计算和分析,在当时"中国式的计算机"上模拟原子弹爆炸的全过程。所谓"中国式的计算机",不过是几台手动、电动计算器,外加几把算盘而已。

然而他们就是凭着这样的"武器"在打攻坚战。邓稼先边学习、边钻研、边教学。有时,从夜里搞到凌晨三四点钟,就在办公室的长椅上躺下休息,天亮又继续投入工作。别人劝他要注意休息,他说:"在这个关键时刻,有人卡我们的脖子,想让我们低头。我们要争口气,把腰杆挺起来。"

一年之内,他们进行了九次模拟计算,考察了各种物理因素对计算结果的影响,取得了研制原子弹的许多关键参数。周光召则用最大功原理论证了计算结果的合理性,打消了一些人对计算结果的怀疑。

1964 年 10 月 16 日下午 3 点 30 分,美丽的蘑菇云从沙漠中升起。原子弹爆炸成功,理论设计方案圆满地通过了检验。之后,他又同于敏等人投入对氢弹的研究,最后终于制成了氢弹,并于原子弹爆炸后的两年零 8 个月试验成功。这同法国用 8 年、美国用 7 年、苏联用 4 年的时间相比,创造了世界上最快的速度。

1972 年,邓稼先担任核武器研究院副院长,1979 年又任院长。1984 年,他又在大漠深处指挥中国第二代新式核武器试验成功。

邓稼先是中国知识分子的优秀代表,为了祖国的强盛,为了国防科研事业的发展,他甘当无名英雄,默默无闻地奋斗了数十年。他常常在关键时刻,不顾个人安危,出现在最危险的岗位上,是我国科技工作者的典范与骄傲,被称为"中国原子弹之父"。

当代毕昇——王选

王选是汉字激光照排系统的创始人,他发明的"精密汉字照排系统"彻底改变了中国印刷行业的命运,使中文印刷业告别了"铅与火",大步跨进了"光与电"的时代。他对中国印刷出版业现代化做出了巨大贡献,被人们赞誉为"当代毕昇"和"汉字激光照排之父"。

王选(1937~2006),江苏无锡人,我国著名计算机科学家,汉字激光照排系统的创始人。王选出生于上海一个知识分子家庭,在轻松自然的学习气氛中,他以优异的成绩读完了小学。1954年在上海南洋模范中学毕业后,考进北京大学数学力学系。他选择了计算数学专业,尽管这是一门新兴学科,但他认为越是新的领域,留给人们的创造空间就越大,而且计算机在今后社会发展中会有不可估量的作用。"专业的选定,成了我一生中最重要的转折点。"王选后来感慨地说。

王选

1958年,王选毕业留校任教,当时我国正掀起研制计算机热潮。由于计算机人才奇缺,王选才没有受到"右派"父亲的株连,参加到我国第一台红旗计算机的研制。长年累月的忘我工作,使他重病缠身,不得已返回上海养病。但他仍以强烈的事业心自学电脑软件理论,成长为当时国内研究高级语言编译系统的著名专家之一。

1975年11月,北京召开汉字精密照排系统论证会,王选抱病参加了会议。由于身体虚弱,说话困难,由他的妻子代他发言并用计算机展示了模拟实验的结果。王选的方案对多数人就像听"天方夜谭",有人甚至说这是王选的数学"畅想曲",是玩数学游戏。回家后,王选夫人开玩笑说道:"咱们还是算了吧。"王选却认真地回答:"干!不到长城非好汉。"

就在王选紧张地投入研制时,全球著名的英国蒙纳公司,凭借着雄厚资金和先进技术,也正在加紧研制汉字激光照排机,想一举占领中国市场。面对双重压力,王选只是默默地加快自己的工作进度,带领着一帮年轻人夜以继日地勤奋工作。他们创造性地采用了许多令世界瞩目的新方法,照排控制机上的电路板,那些由密密麻麻的集成电路组成的尖端高科技设备,大多是王选他们自己动手做出。

1979年7月27日,精密汉字照排系统的第一台样机调试完毕。大家围在样机旁,紧张地注视着它的动作,机房里只有敲击计算机键盘发出的嗒嗒声。转眼之间,从激光照排机上输出了第一张八开报纸的胶片,王选怀着兴奋紧张的心情接过这张可以直接印刷的胶片,各种精美的字形、字体、花边、图案美不胜收。1980 年,支持这套系统的电脑软件,包括具有编辑、校对功能的软件也先后研制成功,并排印出第一本样书。

"王选新闻科学技术奖"一等奖奖章

精密汉字激光照排系统的发明开创了汉字印刷的一个崭新时代,引发了我国报业和印刷出版业"告别铅与火,迈入光与电"的技术革命,彻底改造了我国沿用上百年的铅字印刷技术。国产激光照排系统使我国传统出版印刷行业仅用了短短数年时间,就从铅字排版直接跨越到激光照排,走完了西方几十年才完成的技术改造道路,被公认为毕昇发明活字印刷术后中国印刷技术的第二次革命。王选两度获中国十大科技成就奖和国家技术进步一等奖,并获 1987 年我国首次设立的印刷界个人最高荣誉奖——毕昇奖,被誉为"当代毕昇"。

医学药物

古老的医疗手段——针灸

针灸是一门古老而神奇的科学,也是我国特有的一种民族医疗方法,具有鲜明的汉民族文化与地域特征。千百年来,针灸对保卫人民健康有着卓越的贡献,直到今天仍发挥着重要作用。

远古时期,人们发生某些病痛或不适的时候,偶然被一些尖硬物体,如石头、荆棘等碰撞了身体表面的某个疼痛部位,会出现意想不到的症状减轻或消失的现象。于是,古人便开始有意识地用一些尖利的石块来刺身体的某些部位或人为地刺破身体使之出血,以减轻疼痛。

大约在距今八千至四千年前的新石器时代，相当于氏族公社制度的后期，人们已掌握了挖制、磨制技术，能够制作出一些比较精致的、适合于刺入身体以治疗疾病的石器，这种石器就是最古老的医疗工具砭石。人们就用"砭石"刺入身体的某一部位治疗疾病。《山海经》中的："有石如玉，可以为针"，是关于砭石的早期记载。可以说，砭石是后世刀针工具的基础和前身。随着古人智慧和社会生产力的不断发展，针具逐渐发展成青铜针、铁针、金针、银针，直到现在用的不锈钢针。

金医针

针灸法产生于火的发现和使用之后。在用火的过程中，人们发现身体某部位的病痛经火的烧灼、烘烤而得以缓解或解除，继而学会用兽皮或树皮包裹烧热的石块、砂土进行局部热熨，逐步发展以点燃树枝或干草烘烤来治疗疾病。经过长期的摸索，选择了易燃而具有温通经脉作用的艾叶作为灸治的主要材料，于体表局部进行温热刺激，从而使灸法和针刺一样，成为防病治病的重要方法。由于艾叶具有易于燃烧、气味芳香、资源丰富、易于加工贮藏等特点，因而后来成了最主要的灸治原料。

针灸是针法和灸法的合称，是一种中国特有的治疗疾病的手段。它是一种"从外治内"的治疗方法，是通过经络、腧穴的作用，以及应用一定的手法，来治疗全身疾病的。在临床上按中医的诊疗方法诊断出病因，找出疾病的关键，辨别疾病的性质，确定病变属于哪一经脉，哪一脏腑，辨明它是属于表里、寒热、虚实中的哪一类型。然后进行相应的配穴处方，进行治疗。以通经脉，调气血，使阴阳归于相对平衡，使脏腑功能能趋于调和，从而达到防治疾病的目的。

作为一门古老而神奇的科学，早在公元6世纪，中国的针灸学术便开始传播到国外。目前，在亚洲、西欧、东欧、拉美等已有120余个国家和地区应用针灸术为本国人民治病，不少国家还先后成立了针灸学术团体、针灸教育机构和研究机构，著名的巴黎大学医学院就开设有针灸课。1980年，联合国世界卫生组织提出了43种推荐针灸治疗的适应病症。1987年，世界针灸联合会在北京正式成立，针灸作为世界通行医学的地位在世界医林中得以确立。

中国自然疗法——推拿按摩

推拿按摩是中国古老的医治伤病的方法，属于现在所崇尚的自然疗法的一种。由于它的方法简便无副作用，治疗效果良好，所以几千年来在我国不断得到发展、充实和提高。

南宋大诗人陆游是个长寿诗人，在"人生七十古来稀"的古代社会，一直活到86岁的高龄。他在《木山》诗中说："摩挲朝暮真千回。"在《病减》诗中又说："病减停汤熨，身衰赖按摩。"从这几句诗看来，陆游认为年老有病的人如果要身体健康有精神，按摩的作用是不可忽视的。

陆游诗中所说的"摩挲""按摩"，也就是推拿。推拿一词是由摩挲、按矫、按摩逐渐演变而来的,此外,推拿还叫"按跷""跷引""案杌",它是依据中医理论,在体表特定部位施以各种手法,或配合某些肢体活动,来恢复或改善身体机能的方法。

推拿按摩作为我国医疗保健的一种方法,可能起源于先人们在劳动时身体扭伤不适,总会不由自主地用手在伤痛之处来回按压,以求减轻病痛。天长日久发现这种方法还是挺管用的。随着经验的积累,便渐渐地摸索出了一系列行之有效的推拿按摩方法。早在《黄帝内经》中,推拿按摩就被列为中医治病的疗法之一了。《灵枢·九针篇》说:"形数惊恐,筋脉不通,病生于不仁,治之以按摩醪药。"

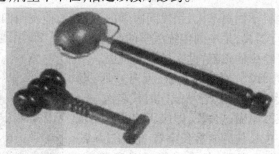

按摩器

西汉时,推拿按摩方法得到了进一步发展,1973年长沙马王堆三号汉墓出土的《五十二病方》中载有"止血出者,燔发,以安其痏",已把按摩作为配合治疗创伤出血的方法。真正标志推拿按摩正式成熟并形成体系的,则是我国推拿按摩史上的第一部专著《黄帝岐伯按摩》的推行于世。《黄帝岐伯按摩》全书10卷,可惜后来佚失不传,只有书目可供参考,这不能不说是我国按摩发展史上的一大损失。

由于推拿按摩在医疗实践中的作用,引起了封建统治者的重视,自隋朝开始,太医署设医科、按摩科、咒禁科等,后来唐承隋制,于太医署分科中也设有按摩科。唐朝太医署规定,按摩科设博士,师4人,工16人,学生15人。从此,按摩不仅完全独立成科,并且在教学上形成了一套传授制度。

推拿按摩在宋元明清几代,还有所发展,尤其到了清代,还出现了用器械模仿按摩手法,制成的按摩器。今天,故宫的御药房里还藏有乾隆、光绪期间的两件按摩器,一件是由三颗蜜蜡朝珠做成的,一件是由金星石雕成瓜棱形的按摩器,这个革新创造为祖国医学宝库增添了新内容。

推拿按摩作为一种物理治疗方法,它的作用主要表现在以下几个方面:(1)疏通经络。《黄帝内经》说:"经络不通;病生于不仁,治之以按摩",说明按摩有疏通经络的作用。如按揉足三里,推脾经可增加消化液的分泌功能等。(2)调和气血。明代养生家罗洪在《万寿仙书》里说:"按摩法能疏通毛窍,能运旋营卫"。这里的"运旋营卫",就是调和气血之意。用现代医学来解释,就是推拿按摩手法的机械刺激,通过将机械能转化为热能的综合作用,以提高局部组织的温度,促使毛细血管扩张,改善血液和淋巴循环,使血液粘滞性减低,降低周围血管阻力,减轻心脏负担,故可防治心血管疾病。(3)提高机体免疫能力。通过按摩可以使白细胞的数量增加,并能增强白细胞的噬菌能力,也就是加强了人体的抗病能力。

推拿按摩手法因历代医家的研究发现而出现了很多种,但归纳起来,常用的不外乎按法、摩法、推法、拿法、揉法、捏法、颤法、打法八种。推拿按摩手法由于具有简单易学、便于操作、疗效显著、费用低廉、无毒副反应等优点而备受人们的喜爱。近年来,按摩疗法被公认为非药物疗法的代表,深受国内外各界人士的推崇。

神医扁鹊的医学贡献

扁鹊是我国医学科学的奠基人,是民间医学的开创者,他发明四诊,最早实施外科手术和麻醉术,革新医疗器具,是中国传统医学的鼻祖,对中医药学的发展有着特殊的贡献,世人敬他为神医。

扁鹊(前407~前310),原名秦越人,又号卢医,渤海郡郑(今河南郑州新郑市)人,春秋战国时代名医。

扁鹊少年时期在故里做过舍长,即旅店的主人。当时在他的旅舍里有一位长住的旅客长桑君,他俩过从甚密,感情融洽。长期交往以后,长桑君终于对扁鹊说:"我掌握着一些秘方验方,现在我已年老,想把这些医术及秘方传授予你,你要保守秘密,不可外传。"扁鹊当即拜长桑君为师,并继承其医术,成为一代名医。

神医扁鹊雕像

扁鹊成名后,周游各国,为君侯看病,也为百姓除疾。他的技术十分全面,无所不通。在邯郸听说当地尊重妇女,他便做妇科医生。在洛阳,因为那里很尊重老人,他就做了专治老年病的医生。秦国人最爱儿童,他又在那里做了儿科大夫,不论在哪里,都是声名大振。

根据史料记载,魏文王曾求教于扁鹊:"你们家兄弟三人,都精于医术,谁是医术最好的呢?"扁鹊:"大哥最好,二哥差些,我是三人中最差的一个。"

魏王不解地说:"请你介绍的详细些。"

扁鹊解释说:"大哥治病,是在病情发作之前,那时候病人自己还不觉得有病,但大哥就下药铲除了病根,使他的医术难以被人认可,所以没有名气,只是在我们家中被推崇备至。我二哥治病,是在病初起之时,症状尚不十分明显,病人也没有觉得痛苦,二哥就能药到病除,使乡里人都认为二哥只是治小病很灵。我治病,都是在病情十分严重之时,病人痛苦万分,病人家属心急如焚。此时,他们看到我在经脉上穿刺,用针放血,或在患处敷以毒药以毒攻毒,或动大手术直指病灶,使重病人病情得到缓解或很快治愈,所以我名闻天下。"

扁鹊发明四诊

扁鹊在诊视疾病中,已经应用了中医全面的诊断技术,即后来中医总结的四诊:望诊、闻诊、问诊和切诊,当时扁鹊称它们为望色、听声、写影和切脉。他精于望色,通过望色判断病症及病症演变的结果。如扁鹊晋见蔡桓公时,通过望诊判断出桓侯有病,但是病情尚浅。他劝蔡桓公接受治疗，但桓侯因自我感觉良好，拒绝治疗。不久，扁鹊再度晋见桓公，指出他病情已加重，病位已进展到血脉，再次劝说他接受治疗。但蔡桓公不听，认为扁鹊在炫耀自己，并以此牟利。当扁鹊第三次晋见他时，蔡桓公的病情已恶化，病位进入到内部肠胃。但蔡桓公仍不听从扁鹊的劝解，拒绝治疗。最后一次，扁鹊判断出桓侯病情危重，已进入到骨髓深处，病入膏肓，无法救治。果然不出所料，蔡桓公不久即发病，不治而死。

扁鹊的预防思想

扁鹊十分重视疾病的预防。他认为对疾病只要预先采取措施，把疾病消灭在初起阶段，是完全可以治好的。他曾颇有感触地指出：客观存在的疾病种类很多，但医生却苦于治疗疾病的方法太少。因此，他很注重疾病的预防。

外科鼻祖华佗的医学成就

中国的医学到汉代已经有了很多辉煌的成就，华佗批判地继承了前人的优秀学术成果，在总结前人经验的基础上，创立新的学说。华佗是我国医学史上为数不多的杰出外科医生之一，他首创用全身麻醉法施行外科手术，被后世尊为"外科鼻祖"。

华佗（约145~208），字元化，一名旉，沛国谯（今安徽省亳州市谯城区）人，东汉末年医学家，与董奉、张仲景被并称为"建安三神医"。

华氏家族本是一个望族，其后裔中有一支定居于谯县以北十余里处风景秀丽的小华庄（今安徽省亳州市谯城区华佗镇）。至华佗时家族已衰微，但家族中对华佗寄托了很大的期望。从其名、字来看，名"佗"，乃负载之意，"元化"是化育之意。华佗自幼刻苦攻读，习诵《尚书》《诗经》《周易》《礼记》《春秋》等古籍，逐渐具有了较高的文化素养。

外科鼻祖华佗

华佗行医，并无师传，主要是精研前代医学典籍，在实践中不断钻研、进取。当时我国医学已取得了一定成就，《黄帝内经》《黄帝八十一难经》《神农本草经》等医学典籍相继问世，望、闻、问、切四诊原则和导引、针灸、药物等诊治手段已基本确立和广泛运用；而古代医家，如战国时的扁鹊，西汉的仓公，东汉的涪翁、程高等，所留下的不慕荣利富贵、终生以医济世的动人事迹，所有这些不仅为华佗精研医学提供了可能，而且陶冶了他的情操。华佗精通内、外、儿、妇、针灸各科，特别擅长外科，是世界上最早使用麻醉法施行外科手术的医生，比西方采用麻醉术早1600多年。

华佗制麻沸散

从东汉末年到三国时期,兵荒马乱,战祸连年,受伤的士兵不计其数。动手术时,那些伤兵痛苦的哀号让人毛骨悚然。作为外科手术医生,华佗一直在思考减轻患者痛苦的方法。

一天傍晚,华佗家里来了一位病人。病人的家属说,这位年轻人喝醉了酒,在家门口酒性大发,跌得头破血流,请医生赶快救救他。

华佗察看了伤势,额头上有道创口,血流得吓人。华佗赶快给他洗了伤口,用药线给他缝合并敷了药。病人家属千恩万谢地抬走了依旧醉得不省人事的年轻人。

华佗却陷入了沉思:别人缝创口时,鬼哭狼嚎;这个醉酒的病人却连一丝痛苦的表情都没有。看来应该是酒能迷性,迷性之后,就不觉疼痛。这个发现让华佗欣喜不已。经过再三斟酌,他决定用曼陀罗花做主药,配上其他中药,制成一帖让人麻醉的药,这就是世界史最早的麻醉剂——麻沸散。

五禽戏

在医疗体育方面,华佗也有着重要贡献。他创立了著名的五禽戏,就是模仿五种动物的形态、动作和神态,来舒展筋骨,畅通经脉。五禽,分别为虎、鹿、熊、猿、鸟,常做五禽戏可以使手足灵活,血脉通畅,还能防病祛病。他的学生吴普桑用这种方法强身,活到了90岁还是耳聪目明,齿发坚固。

应用心理疗法

华佗还是一名能运用心理疗法治疗疾病的专家。一次,一位太守请他看病,华佗认为经过一次大怒之后,他的病就会好。于是他接受了许多财物,却不给他好好看病,不久又弃他而去,并留下了一封书信骂他。太守大怒,让人去追,他的儿子知道事隋的真相,便悄悄拦住了去追赶他的人。太守在极度愤恨之下,吐出了几升的黑血,病很快就好了。

"药王"孙思邈

孙思邈是中国古代医德医术都堪称一流的医学名家,也是世界史上著名的医学家和药物学家,他的著作《千金要方》和《千金翼方》是中国医药学宝库中的重要组成部分,继承和发扬了我国古代医学的精华。

孙思邈(约581~682),京兆华原(今陕西耀州区)人,我国唐代著名医学家。他自幼勤奋好学,尤其喜欢研究医学,青年时代就已经成为远近闻名的医生。

在长期的医疗实践中,他感到过去的一些方药医

"药王"孙思邈

书,浩博庞杂,分类也不妥当,查找很难,等找到药方已来不及医治了。于是,他一方面认真学习前人的经验,一方面广泛搜集民间的药方,着手编著新的医书。经过长期的努力,大约在 652 年,他 70 多岁时,写成了第一部医书《备急千金要方》30 卷,简称《千金要方》。后来,他又在 101 岁的高龄,写成了第二部医书《千金翼方》30 卷,作为对前书的补充。

对针灸学的贡献

孙思邈的医术非常高明,在针灸和医治一些疑难病症方面都很有成就。有一次,一个腿疼的病人前来就诊,孙思邈便给他针灸。他按照传统的疗法,扎了几针,都未能止疼。他想,难道除了古人发现的 365 个穴位之外,再没有别的穴位了吗? 他认真仔细地寻找新的穴位,一面用大拇指轻轻按掐,一面问病人按掐的部位是不是疼,病人一直都摇头。当孙思邈手指按掐住一个新的部位时,病人立即感到腿疼的症状减轻了好多。孙思邈就在这一点扎了一针,病人的腿立刻不疼了。这种随疼点而定的穴位,叫作“阿是穴”,又名“天应穴”或“不定穴”。这是孙思邈对针灸学的一大贡献。

重视养生保健

孙思邈很重视妇婴保健。他在《千金要方》中首先列《妇人方》三卷,其次为《少小婴孺方》二卷。对于妇科病的特殊性,小儿护理的重要性,论述尤为详细,很有实际意义。对于孕妇,他提出住处要清洁安静,心情要保持舒畅,临产时不要紧张;对于婴儿,提出喂奶要定时定量,平时要多见风日,衣服不可穿得过多等等。这些主张在今天看来,仍然有一定的现实意义,为后来妇科和儿科的形成和发展奠定了良好的基础。

孙思邈崇尚养生并身体力行,正由于他通晓养生之术,才能年过百岁而视听不衰。他将儒家、道家以及外来古印度佛家的养生思想与中医学的养生理论相结合,提出的许多切实可行的养生方法。时至今日,这些养生方法还在指导着人们的日常生活,如心态要保持平衡,不要一味追求名利;饮食应有所节制,不要过于暴饮暴食;气血应注意流通,不要懒惰呆滞不动;生活要起居有常,不要违反自然规律等等。

导尿术的发明

有一次,一个病人得了尿潴留病,撒不出尿来。孙思邈看到病人憋得难受的样子,他想:吃药已经来不及了,如果想办法用根管子插进尿道,尿或许会流出来。他看见邻居的孩子拿一根葱管在吹着玩儿,葱管尖尖的,又细又软,孙思邈决定用葱管来试一试,于是他挑选出一根适宜的葱管,在火上轻轻烤一下,切去尖的一头,然后小心翼翼地插进病人的尿道里,再用力一吹,不一会儿尿果然顺着葱管流了出来,病人的小肚子慢慢瘪了下去,病也就好了。

大脖子病的治疗

孙思邈不仅刻苦钻研医术,他还经常不畏艰险,背着药篓亲自上山采药。孙思邈在山地采集药材的过程中,还随时随地给山区老百姓看病。久住山区的人,因为缺碘很容易得大脖子病,脖子前面长出一个大瘤子。孙思邈想:人们常说,吃心补心,吃肝补肝,能不能用羊靥(山羊或绵羊的甲状腺体)治疗大脖子病呢?他试治了几个病人,果然见效。

孙思邈重视医德,强调为人治病,应不分高低贵贱,一视同仁,曾系统论述医德规范。

孙思邈死后,人们将他隐居过的"五台山"改名为"药王山",并在山上为他建庙塑像,树碑立传。

医学成就最高的王爷朱橚

朱橚对我国中医药学做出了重要贡献,他先后组织编写了《袖珍方》《保生余录》《普济方》《救荒本草》,保存了明朝以前的大量医学文献,为中医药学和中医药历史的研究,提供了宝贵的资料。

朱橚(1361~1425),濠州钟离(今安徽凤阳)人,明太祖朱元璋的第五子,明成祖朱棣的胞弟,封周王,谥定,故称周定王,我国方剂学家、植物学家。

洪武三年(1370年),朱橚被封为吴王,驻守凤阳。洪武十一年(1378年),改封为周王。洪武十四年(1381年),朱橚到开封任职。朱橚多材,有远大的抱负,常想着傲一番轰轰烈烈的事业,以传名后世。他到开封以后,执行恢复农业生产的经济政策,兴修水利,减租减税,发放种子。他还对各类药品、药方进行了深入细致的研究,并且组织大批学者,编写了一部名为《保生余录》的方书。

洪武二十二年(1389年),朱橚因私自前往凤阳,触怒明太祖,被流放到云南。那时的云南是蛮荒之地,朱橚看到当地居民生活艰难、缺医少药的情况非常严重,就组织本府的良医李佰等编写了方便实用、家传应效的《袖珍方》一书。《袖珍方》全书四卷,共3000多方,总结历代医家用方经验、条方类别、详切明备、便于应用。刊行后,促进了云南贵州一带的医药事业发展。

洪武二十四年(1391年),朱橚回到开封。他在开封组织了一批学有专长的学者,如刘醇、滕硕、李恒、瞿佑等,作为研究工作的骨干;召集了一些技法高明的画工和其他方面的辅助人员,组成一个集体,大量收集各种图书资料。又设立了专门的植物园,种植从民间调查得知的各种野生可食植物,进行观察实验。

永乐四年(1406年),由朱橚亲自订定,教授滕硕、长史刘醇等人执笔汇编而成《普济方》刊行,同年《救荒本草》一书也刊行。《普济方》是我国古代最大的中医方剂专著,共168卷,分为1600论,全书载图239幅,收载药方61738济,内容包括总论、脏腑身形、伤寒杂病、外科、妇科、儿科、针灸等。该书集明朝以前方书之大成,是一本十分实用的方书,它在所列的每一病证之下都有一些方子,学者或医生只要依病查方,再在各个方子之间选择一下即可。《普济方》搜罗广泛,保存了明朝以前的大量医学文献,记录了大量的中药方剂,为我国的中医药学和中医药历史的研究,提供了宝贵的历史资料。

朱橚所有著作中,《救荒本草》是成就最突出的,以开拓新领域见长。《救荒本草》的编撰仅以食用植物为限,这一点与传统本草有所区别,是一种记载食用野生植物的专书,是从传统本草学中分化出来的产物,同时也是我国本草学从药物学向应用植物学发展的一个标志。

《救荒本草》全书两卷，共记述植物 414 种，其中近三分之二是以前的本草书中所没有记载过的。由于作者有实验植物园，可以随时对植物进行细致的观察。书中用简洁通俗的语言将植物形态等表述出来，一种植物附一插图，图文配合相当紧凑，对植物学的发展有重要作用。《救荒本草》在救荒方面起了巨大的作用，由于开创了野生食用植物的研究，在国内外产生了深远的影响。这部书在明代翻刻了几次，对明清时代的学术界产生巨大的影响。

《救荒本草》以自己出色的植物学成就，还赢得了国际学术界的重视和高度评价。17 世纪末，《救荒本草》传到了日本，博得日本学者的青睐和强烈关注，并多次刻印刊行。19 世纪 80 年代俄国植物学家 E·贝勒，20 世纪 30 年代美国学者 W·T·施温高，20 世纪 40 年代英国药物学家伊博恩，英国的中国科技史专家李约瑟，都给予朱橚和《救荒本草》很高的评价。

吴有性创立瘟疫学说

吴有性创立的瘟疫学说，形成了一个比较系统的温病辨证论治纲领，充实了中医温热病学的内容。他著有《温疫论》，将瘟疫与伤寒病分开，为瘟病学说的形成与发展做出了贡献。

吴有性（约 1582~1652），字又可，江苏震泽人，我国明代医学家。吴有性的生活时代正值明末战乱，饥荒流行，致使疫病蔓延。据史料记载，崇祯十四年（1641 年），山东、河南、河北、浙江等地瘟疫流行，患者甚多。由于当时的医生用治疗外感病的方法或伤寒的方法治疗，不仅对遏制瘟疫无效，反而导致病情迁延，进一步向危重阶段发展，枉死者不可胜数。鉴于以上情况，吴有性潜心钻研，认真总结，提出了一套新的认识，强调这种病属瘟疫，非风非寒，非暑非湿，非六淫之邪外侵，而是由于天地间存在有一种异气感人而至，与伤寒病决然不同。感受疫疬之气之后，可使老少俱病。这就从病因学方面将瘟疫与一般外感病区别开来，并与伤寒病加以区分。吴氏突破了六气致病的传统观点，提出了新的传染病病原观点。这些，已被现在的医学、微生物学所证实，这是吴氏对温病学的一大贡献。

吴有性通过大量的临床观察发现，瘟疫邪气侵犯人体的途径是从口鼻而入，停留在半表半里之间。他指出瘟疫之病所以用治外感病的方法治疗不得痊愈，就是因为此病邪的部位不同于一般外感病的在表或在里，而是在于半表半里的膜原，这个部位是一般药物所不能到达的。由于其既连表又连里，邪气盛时则可出表或入里，这时才可根据邪气溃散的趋势，因势利导予以治疗。吴氏将瘟疫病的传变从表里两大方面进行总结、归纳出九种传变方式，称为"九传"。即但表不里、表而再表、但里不表、里而再里、表里分传、表里分传再分传、表胜于里、里胜于表、先表后里、先里后表。

吴有性经过潜心钻研，创立了达原饮一方以治疗瘟疫，达到使邪气尽快从膜原溃散，以利于表里分消的目的。方中槟榔能消能磨，为疏理气机之品，可以除伏邪，又可治岭南瘴气；厚朴也属于疏理气机之品，可以破戾气之所结；草果辛烈气雄，可以辛散以除伏邪蟠踞。三味药物相合协力，以使气机疏利，直达巢穴，促使邪气溃散，速离膜原。

如果瘟疫之邪已经散漫,则又要根据邪气所在部位予以不同治疗。如果见脉长而洪散,大汗大渴,周身发热,则说明邪气已离膜原,而里热散漫,其病机已与伤寒病阳明气分证一致,故仍可用白虎汤辛凉解散。如果邪气透于胸膈,而见满闷心烦喜呕,欲吐不吐,虽吐而不得大吐,腹中不满,欲饮不能饮,欲食不能食,说明膜原之邪已外溃于胸膈,邪气在上,可选用瓜蒂散涌吐疫邪。

吴有性创立了瘟疫学说,著有《温疫论》。《温疫论》是在《伤寒论》成书 1400 年之后医学史上又一部具有划时代意义的有关外感病的论著。它第一次认识到瘟疫感染于戾气、具有传染性,充实了中医温热病学的内容,开温病学说之先河,后世许多温病论著皆受此书的影响和启发。

科学典籍

天文

　　天文学是我国古代最早产生的学科之一,它同数学、医学、农学一道构成我国古代科技史中最有成就的四门主要学科。传说自黄帝时起,我国就开始观察日月星辰的变化、制定历法,以指导人们的农牧业生产。历代统治者都对天文学的发展十分重视,尤其是进入封建社会以后,观测天象、"敬授民时"、颁告正朔,更成为皇权的象征。因此,天文学在我国古代一直处于唯我独尊的地位,所取得的成就之大也就可想而知了。

　　我国古代天文学的成就可概括为四个方面,即历法、天文仪器、天文观测记录和宇宙理论。当然,这四个方面并不是截然分开的,而是互相联系,互相促进。我国古代的天文学著作十分丰富,大致有如下几类:(1)丰富的天象观测记录;(2)具有中国传统特色的各种天文星图;(3)占星术著作;(4)历法推算和天文测量著作;(5)天文仪器著作。特别要指出的是,从《史记》开始,我国的史书不但记载历代史实,而且还有大量的天文学内容。著名的二十四史中有十七史专门著有天文、律历、五行、天象诸志,全面记载了各个历史时代的天文观测、历法推算、仪器制作和有关的天文学理论等情况,甚至有的天文学著作被整部收入到有关篇章中。在官修正史中,长期、连续和全面地记载天文学的发展,在世界上是罕见的。它是研究中国古代天文学史的一个珍贵的资料来源。

(一)宇宙理论

《周髀算经》

　　关于天地关系、宇宙的结构,以及日月星辰的运动规律,自古就引起了人们的思考。在我国古代,从"天高地厚"的原始观念开始,我们的祖先展开了丰富的想象。有的说在一个叫汤谷的地方长着一棵叫扶桑的参天大树,10个太阳在上面居住,每日一个太阳在上面,9个太阳在下面;又传说上古时共工和颛顼为争夺帝位发生大战,战败了的共工一怒之下将撑天的巨柱——不周山撞折了,因此天向西北倾斜,日月星辰发生移动,大地变得西北高、东南低,水向东流。这些虽然都是古籍中记载的上古神话,但我们却可以从中窥视到上古朴素的宇宙观念。

随着天文观测技术的进步，天文观测资料的日益丰富，人们对天地关系、宇宙结构的认识也越来越深入。到了西汉时期，逐渐形成了以盖天说、浑天说和宣夜说为主的几种宇宙理论。这几种宇宙理论的渊源都可以上溯到春秋战国。在汉代，持不同见解的各家各派之间发生了激烈的辩论，其中浑天说和盖天说的争论，被视为我国天文学史上的一个重大事件。争论的同时，各派学者还纷纷著书立说，阐发自己的观点。宣夜说认为，天是没有形体的无限空间，日月众星依赖气的作用悬浮在宇宙中，各天体运动状态不同，速度各异。但是，关于宣夜说的著作在东汉就失传了，我们了解它的唯一资料，是《晋书·天文志》中保存的一段汉代郗萌（1世纪）对宣夜说所做的总结。浑天说的代表作是张衡

《周髀算经》二卷书影

（78～139）的《浑天仪注》和《灵宪》。在《浑天仪注》中，张衡将浑天比喻为一个鸡蛋，天球像蛋壳一样包围着大地，大地则像蛋黄一样漂在水面上，天球一半在地上，一半在地下，所有天体在天球上运动，又随天球旋转。在《灵宪》中，张衡又系统地论述了宇宙的生成和演化，并指出浑圆的天并不是宇宙的边界，从而表达了宇宙无限的观念。可惜的是，张衡的著作也没有完整地传下来，只在一些古代文献中保留了《灵宪》的序文以及其他一些资料。在几种宇宙学说中，盖天说无疑是最古老的。早期的盖天说认为天像一个撑开的圆盖，地像一个平正的棋盘。我国天文学史上称之为第一次盖天说。这种说法有明显的欠缺，如公元前6世纪的曾参就感到圆形的天盖和方形的大地是合不拢的。于是学说进一步改进，在春秋战国时形成了第二次盖天说。二次盖天说认为天像盖笠，地则像倒扣的盘子。二次盖天说的经典著作是《周髀算经》。该书是我国最早的有体系的天文学理论著作，在中国天文学史上占有突出的地位。

《周髀算经》成书于公元前1世纪，原名《周髀》。按照书中的解释，"髀"就是测量用的表杆，并认为用8尺长的表杆进行测量的方法起自周代，所以称为《周髀》。在唐代，该书经李淳风作注后，被作为数学教科书收入算经十书，才加上"算经"两字，一直沿用至今。

《周髀算经》的内容大体可分为以下层次：开头部分以周公与商高问答的形式说明勾股定理及用该定理进行测量可以得到天地之间各种度数的道理，相当于一篇引言。随后

以荣方问陈子的形式具体阐明如何用立表测望的方法确定太阳高度、日道径、光照范围、人目所能望见的远近，以及从周地到四极的南极、北极的里数和周地的东西里数等等。最后一部分是与历法有关的内容，论述了二十四节气影长、日月行度的求法、回归年、朔望月、一年月份的安排等。

《周髀算经》的作者曾借周公之口发出"大哉言数"的感叹，对数学十分推崇，并力图用数学方法为盖天说建立一个数理化的宇宙模型。这在中国古代宇宙论中是极为少见的。书中盖天模型的具体内容为：天以北极为中心，地以正对北极的极下之地为中心，天地都是中心高，四周逐渐变低的突起面，并且相互平行，之间的距离同为8万里。天体附在天盖上，天盖每天以北极与极下地的连线为中心旋转不息，带动天体东升西落。太阳在天盖的位置时高时低，冬天在天盖低处，绕一个大圈子，以冬至日的日道直径最大，有47.6万里；夏天在天顶附近，绕的圈子较小，夏至日最小，只有23.8万里；春秋日道则在两者之间。画出各主要节气的日道，就得到一系列以北极为中心的同心圆，即"七衡六间图"，其中最外第一衡为冬至日道，中间第四衡为春分、秋分日道，最内为夏至日道。人居

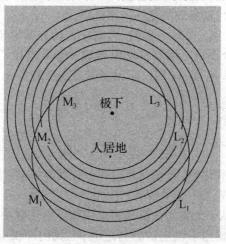

七衡六间图

住之处在极下之南10.3万里，人眼所能见到及太阳所能照到的距离为16.7万里（以人居地为中心，16.7万里为半径的范围为一个与七衡相交的圆），再远就看不见了。当太阳离人小于这个距离时，便可见到白昼，反之便是黑夜。冬至、春分、秋分及夏至时的日出点分别为L_1、L_2、L_3，日落点分别为M_1、M_2、M_3，由此可以解释四季太阳起落方位的变化。同时，由于L_1M_1只占冬至日道的小部分，而L_3M_3却占夏至日道的大部分，所以冬至白昼最短，夏至白昼最长。

虽然《周髀》中的盖天模型已被今天的科学证明是错的，但2000多年前的古人却用它巧妙地对一些自然现象做出了解释。如书中提到北极附近"夏有不释（化）之冰"（常在日照距离以外，即夏季离日中心也远），中衡左右的地方"冬有不死之草"；"日运行处极北，北方日中，南方夜半"等，这些猜想惊人地准确。

在星图发展史上，《周髀算经》也有重要地位。这是因为书中提到"青图画"和"黄图画"两样东西。其中"黄图画"上有冬至、夏至和春分、秋分的日道，又画有二十八宿和其

他星相。这实际上是一幅以北极为中心的全天星图。后人称这种形式的星图为"盖图"，流传的时间很长也很普遍。另外，《周髀算经》中的历法数据与春秋后期我国产生的四分历是相同的，与秦汉时使用的历法有所不同，因此是关于先秦历法的重要史料。

《周髀算经》包含着大量的数学知识。由于该书是在前人资料基础上加以总结而写成的，因此其中的数学知识反映了先秦以至西汉我国数学发展所达到的水平。

《周髀算经》在篇首就指出"数之法出于圆方"，第一次明确地把数和图形联系起来。沿着这一思路，书中最早记叙了勾股定理。它称直角三角形的两直角边为勾、股，斜边为弦，先给出了勾三股四弦五的特例，又进一步说明了勾、股平方和为弦之平方的一般关系。《周髀算经》非常重视勾股学的应用，不仅解释了三角、矩形和圆之间的关系，而且给出了测量高、远、深的一般方法。书中就是用这些方法测量天地，给盖天说以数量化的概念。如在不同的地方各立一个表杆，假定影子千里差1寸，根据相似比例关系，就可求出当日太阳的高度。这是《周髀算经》中测量日高的方法。显然，这是把大地当作平面计算的，结果也可想而知是错误的。但是，用这种方法去测量地面上的高远目标则是可行的。后来，这种方法在中国古代发展成测量中的重差理论。

分数的四则运算，在今天是很平常的，然而在古代并非易事。西方直至18世纪，对于分数的运算还感到十分畏惧。我国古代很早就对分数进行了研究。《左传》记载天子给诸侯分封土地，《管子·地员》讲到乐律，《考工记》介绍各种手工业产品的规格等，都有不少分数知识。《周髀算经》中则有更复杂的分数运算。如：已知 1 月 $= 29\frac{499}{940}$ 日，月行每日 $13\frac{7}{19}$ 度，周天 $365\frac{1}{4}$ 度，求12个月后，月所及度数。答数是 $354\frac{6612}{17860}$ 度。由于《周髀算经》还没有把约分工作做好，因而计算过程十分繁复，但在当时能做如此复杂的分数运算，确实显示了我们祖先了不起的智慧。

《周髀算经》的作者认为天文历法都是可以用数学方法解决的，因此全书虽以论述天文现象为主，著作年代又正当宗教迷信盛行之时，但我们却没有发现片言只语涉及神学观念。这种朴素的唯物主义观点在当时是难能可贵的。

《周髀算经》的盖天模型有着自身的严重缺陷。如宇宙模型天地都是中间高的凸起面，而在计算上却是以地平为基础，还有影差千里差一寸的假设，以及一些数据也有生凑之嫌，等等。盖天学说在解释具体天象上也有许多困难。如太阳绕北极旋转，离我们远了看不见，那么日出、日落时太阳应该呈竖半圆的形状，而实际上我们看到的却是横半圆；又如太阳转到北极以北，我们就看不见，而恒星比太阳暗，为什么绕到北极以北我们却又能看见？等等。在具体解释天象上，浑天说要比盖天说更为便利，因此盖天说在汉武帝时就失去了在天文学实践中的地位，隋唐以后更少有人讨论，浑天说成了我国关于宇宙结构的权威学说。明末以及清代，西方天文学传入我国，许多学者才又对《周髀算经》中的宇宙理论进行研究，并用来和西方天文学相比较。如认为"七衡六间图"和地球五带说相吻合，并认为《周髀算经》中已有地圆思想等。这些研究的方法和结论虽然是错误的，但是这一研究热潮也引起了人们对《周髀算经》的兴趣，促进了对该书具体内容的深入研究。

（二）天文观测与天象记录

《开元占经》

古代中国以农立国。观测天象，掌握季节变化，对农业生产有着极其重要的作用。传说在颛顼时就有了"火正"的官，专门负责观察"大火"（心宿二）的出没来指导农业成为探讨宋代恒星观测水平不可缺少的文献。然而最著名、保存资料最丰富的星占著作要数《开元占经》了。

《开元占经》，全称为《大唐开元占经》，共 120 卷，是印度裔天文学家瞿昙悉达奉命在唐朝开元年间领导太史监的工作人员集体编写的。书成后，作为皇家秘本，一直深锁宫闱，很少流传。其后历经沧桑，几乎到了失传的地步。明神宗万历四十四年（1616），安徽歙县一个叫程明善的人，在整修一尊佛像时，意外地在佛像腹中发现了《开元占经》的抄本。一时人们纷纷传抄，该书才得以流传。现在传世最广的刊本是清朝道光年间的恒德堂刻本。《开元占经》也曾东渡日本，在日本有此书的古抄本。

对现代学者来说，《开元占经》相当于一座巨大的历史文献宝库。该书在撰写过程中，采用的古代文献达 300 多种，其中许多都已失传。据统计，书中辑录和摘引现已失传的古代天文和星占著作 77 种，纬书 82 种。《开元占经》虽然是一部占星术的著作，但它所包括的内容却大大超出了星占所需要的范围，其丰富程度远胜于其他同类古籍。

《开元占经》在头两卷"天地名体"篇中，集中辑录了自汉代以来，各家对天地结构问题的讨论。其中有些内容，如后秦姜岌的《浑天论答难》、梁武帝在长春殿召集群臣讨论天地结构问题的记录、南朝祖暅对姜岌的批判等，均仅见于此书。而祖暅的《浑天论》、陆绩的《浑天象说》等，也比《晋书·天文志》《隋书·天文志》中的记载更详细。另外，卷二关于地动说的一段讨论也为我们了解传统的以地动解释某些天象的地动说的内容、流传及发展情况提供了重要线索。

除卷一〇三至一一〇之外，《开元占经》自卷三后都是星占内容，集中汇编了汉代以来的各家星占著作，依天占、地占、日占、月占、五星占、恒星占、流客彗孛占、云气占、气候占、草木鸟兽及人鬼器物占等项分类叙述。这不仅为我们探讨星占这一古老文化现象提供了丰富的素材，也为我们了解古人对各种天象的观测情况提供了必要的帮助。例如，书中卷九中就有汉代京房用水盆法观测日食的记录，还提到他所描述的在日全食时看到的白云从日面边缘向四外"冲出"的现象，这实际上是射线状日冕的观测记录。

《甘石星经》是我国最早的星占著作，但早已失传。然而在《开元占经》中我们可以见到大量的引文和辑录，其中包括一份《石氏星表》。这份星表记录了 121 颗恒星的位置，是世界上最早的星表之一，比古希腊的依巴谷星表和古罗马托勒密星表都要早。《石氏星表》对恒星位置的描述，采用了赤道坐标，这说明我国至迟在战国时代就已经在天文观测上应用了比较先进的赤道坐标系统。书中卷二十三摘有甘德对木星的一段论述，说木星"有小赤星附于其侧，是谓同盟"。据科学工作者研究认定，这颗附在木星边上的小赤星，正是木星卫星中最亮的一颗——木卫二。在欧洲，直到伽利略发明望远镜之后，才观测到这颗木星卫星，比中国晚了将近 2000 年。

与全书大部分内容相异，在《开元占经》卷一〇三至一一〇中，几乎没有星占内容。其中卷一〇三介绍了唐初天文学家李淳风编定的《麟德历》。这部历法继承了隋朝天文学家刘焯《皇极历》的成就，并在天文数据和有关的数学计算方面又有许多进步，是我国历法史上的一部重要作品。关于《麟德历》《旧唐书》《新唐书》中都有记述，但是错误很多且互有差异。《开元占经》编撰时，《麟德历》正在行用，因此它的记载对于研究《麟德历》自然有更大的参考价值。

唐代是一个气魄宏大的时代，中外文化交流十分频繁，《开元占经》就为我们保留了中印天文学交流的一些史料。书中的卷一〇四辑录了瞿昙悉达编译的印度历法《九执历》。印度天文学曾经受到希腊天文学的影响，其系统与我国古代天文学有很大差异。从历法中的天文数据来看，《九执历》比我国当时的历法略显粗疏，但有的天文学的概念和计算方法却是比较先进的，很值得我们借鉴。书中关于《九执历》的内容，不但为研究古代中印文化交流提供了珍贵资料，同时也为研究印度天文学史提供了一份难得的历史文献。

星官，是中国古代的一种恒星命名形式，一个星官是一个恒星组合，其中星数多寡不等。中国古代的天文学家分为许多流派，许多流派都有自己的星官体系，它们之间有同也有异。三国时，吴太史令陈卓把古代主要的三家星官体系——甘氏（甘德）、石氏（石申）、巫咸，并同存异，综合为由 283 个星官组成，包含 1464 颗星的完整体系。这个体系被后世接受，成为中国传统的恒星命名系统。但是，由于陈卓的综合成功，反倒使三家星官的原貌逐渐不为世人所知。在《开元占经》的卷一〇六至卷一一〇中，有"二十八宿星座古今同异""石氏中官星座古今同异""甘氏中官古今同异""甘氏外官""巫咸中官"等内容，依次列出了二十八宿距度的古今同异以及三家星官位置的古今异同。这样，联系前面卷六十九到卷七十一中甘氏及巫咸中、外官星占的有关内容，使我们对三家星官的原貌有了一个大致的了解。中国古代大量的天象记录常以星官作为天文事件发生地点的参照坐标，因此，对星名和星官演变的研究，不仅有史学上的价值，而且也为有关的现代天文学家所关注。

（三）天文仪器

《新仪象法要》

在我国历史上，天文仪器的种类很多，有测角的，有测时的，有演示性的，有的还将几种仪器联在一起使用。其中圭表、漏刻、浑仪和浑象是最为常用的。我国最早使用的天文仪器大概是表，也就是《周髀算经》中的"髀"，通过测量表杆影子的变化，可以确定方位、时刻和节令。后来为了提高精度，在表下又加了一个平正的标准尺，这就是《周礼》一书中多次出现的"土圭之法"，所以这种测影仪器又叫圭表。由圭表又发展出多种多样的测影仪器，如下面装有罗盘或时间刻度盘等，它们又统称日晷。秦汉时期就已有了专论日晷的著作，《汉书·艺文志》中记有《大岁谋日晷》29 卷、《日晷书》34 卷。

漏刻的起源也很早,传说是黄帝发明的,考古研究认为在公元前三四千年我国就开始使用漏刻计时了。早期的漏刻只有贮水和受水两个壶,由于结构简单,所以要许多人轮流看守。《周礼》是我国最早提到漏刻的文献,上面记载掌管漏刻的人员,自挈壶氏以下,有 20 人之多。后来,人们又在贮水壶上加一个能够飘浮的小箭,上有刻度,随水位降低而显示不同的时间。秦汉时,已有浮箭式漏刻,也就是将有刻度的小箭放在受水壶中,随着水量增多而逐渐上升。这样改革,便于在贮水壶中添水,以保持水位和流速的稳定,也为发明多级补偿式漏刻创造了条件。多级漏壶,就是用上一级漏壶漏出的水来补充下一级漏壶的水位,使其保持基本稳定,补偿壶越多,最下面的漏壶的水位就越稳定,计时也就越准确。东汉张衡《浑天仪图注》中记"漏水转浑天仪"里用的是二级漏壶,是我国这项发明的最早记载。汉代专论漏刻的著作还有《常符漏品》和霍融的《漏刻经》等。魏晋南北朝时,漏刻又有重大发展,有许多改进和发明,漏刻专著就有十几种。晋代孙绰的《漏刻铭》最早记载了三级补偿式浮箭漏;梁代陆倕的《新漏刻铭》记载了祖暅用龙口承接吐水,避免了水波激荡,不易读刻数的发明。公元 5 世纪,北魏道士李兰发明了秤漏,即用中国秤称量流入受水壶中水的重量的变化来计量时间,其详细结构都记载于李兰所著的《漏刻法》中。该书中还记有一种称为"马上奔驰"的漏刻,顾名思义,这是一种便携式的漏刻,可以在骑马出行时计量时间。

浑仪和浑象,前者是观测仪器,后者是演示天象的仪器,两者的理论根据都是浑天说,因为它们都是以圆形的天球作为观测和演示对象。浑仪约创制于公元前 4 世纪至公元前 1 世纪之间,据西汉末杨雄《法言》中的记载,汉武帝时落下闳曾制造过一架浑仪,另一位天文学家鲜于妄人用它来观测。一般认为原始的浑仪可能由两个圆环组成,一个是赤道环,其平面和赤道面平行,上面刻有周天度数;一个是四游环,也叫赤经环,能够绕着极轴旋转,上面也刻有周天度数。在四游环上附有窥管,可以绕着环的中心旋转。旋动四游环和窥管,当窥管指向某待测天体时,它在各读数环中的位置就是该天体的坐标。为了便于测定太阳的位置,东汉的傅安和贾逵在前人浑仪的基础上又增设一个黄道环。张衡时又增加了一个地平环和一个子午环,至此,我国古代创制的浑仪就基本定型了。东晋时期前赵孔挺制造的一架浑仪,在浑仪发展中有着重要的地位。这架浑仪去掉了黄道环,使浑仪外重变成由地平、赤道、子午 3 个相交的大圆环组成的固定骨架;内重的四游环则变成直径 8 尺的双环,双环直径中间夹着可以转动的望筒。孔挺的浑仪是我国最早有详细结构记载的浑仪。

和浑仪一样,浑象的发明也是一个谜,我们只知道西汉宣帝时耿寿昌曾制造过浑象。浑象的基本结构是在一个象征地平的圈或框中,架着一个可以转动的象征天球的大圆球;大圆球上布满星辰,画有南北极、黄赤道、恒显圈、恒隐圈、二十八宿、银河等。由于大圆球的转动带动星辰也转,在地平以上的部分就是可以见到的天象了。东汉时期张衡曾发明了用漏壶中的流水推动浑象与实际天象同步运转的水运浑象,并且附有一个叫瑞萊的机构,是一个自动的机械日历。《浑天仪注》实际上就是这架仪器的说明书。张衡的发明开创了后代制造自动运转仪器的先声。魏晋南北朝时,又造过多架浑象,刘宋元嘉十七年(440)钱乐之造的小浑象,以白、黑、黄三色珠为星,以区别甘德、石申、巫咸三家星官。当陈卓的著作散失后,这是后世记载三家星官的主要依据。

浑仪

　　由前面的叙述我们可以看出,至南北朝时期为止,我国的天文仪器有了很大发展,并且出现了许多专著,可惜除了极少部分外,大多都没能流传至今。像北朝信都芳写的《器准图》,全面介绍了浑仪、候风地动仪、漏刻等天文仪器,且图文并茂,十分珍贵,也没有流传下来。我们今天之所以能了解南北朝以前天文仪器的发展情况,不能不感谢唐代的李淳风,他为我们留下了《晋书·天文志》和《隋书·天文志》两部重要著作。在两书《天文志》中,李淳风对前代仪象的发展情况进行了考证和追述,并做了简要总结。像前赵孔挺的浑仪的详细记载就见于《晋书·天文志》。由此开始,历代史书《天文志》都将天文仪器的制造和发展列为重要内容。

　　唐代是我国天文学发展的一个重要时期,在天文仪器的制作上也谱写了新篇章。在这方面,李淳风也是一个承前启后的重要人物。他所制造的浑仪又加了黄道圈、白道环,而且根据实际天象,二环位置可以转换。从李淳风开始,中国传统浑仪的三重圈结构(即六合仪、三辰仪、四游环)已基本固定下来,成为后代浑仪的定式。李淳风著的《法象志》是一本天文仪器著作,记载了他的研究成果。开元年间,僧一行和梁令瓒又造了一架浑仪。这架浑仪在外重的六合仪上去掉赤道而增加了卯酉圈,因而外重为子午、卯酉、地平三圈交合,中间的三辰仪,也由3个大圆构成,赤道上每隔一度打一圆孔,表示赤道与黄道的交点。黄道环根据实际天象放到相应的一对圆孔中固定。这样的装置可使黄道在赤道内游动,故名黄道游仪。一行等人的浑仪达到了完善阶段,但其结构的复杂性也达到了高峰。为了实现唐玄宗要求制作更精巧的天文仪器的愿望,一行和梁令瓒又研制了"开元水运浑天俯视图"。这是继张衡和隋朝耿询之后的第三架水运浑象。这架浑象在天球外又增套了两个环,一个环上运行太阳,一个环上运行月亮,并有木人击鼓敲钟报时。一些研究人员认为这架水运浑象已使用了擒纵装置。关于一行等人的工作,《新唐书·天文志》和《旧唐书·天文志》都有记载。

浑象

宋元时代是我国天文仪器发展的高峰。宋代从太平兴国四年（979）至元祐七年（1092）不到百年内，创制了五大浑仪，每架用铜都达两万斤左右，在数量和规模上为历代王朝之冠。据《宋史》记载，燕肃在公元1031年发明了莲花漏壶，首次使用了漫流系统，也就是在漏壶上部开孔，使多余的水由此溢出，以保持水位的恒定。燕肃的发明最终取代了唐宋以来普遍使用的秤漏。宋代对天文仪器的改革是全方位的。1074年沈括向朝廷连上三道奏本——《浑仪议》《浮漏议》《景表议》，后人合称《浑仪浮漏景表三议》。这是中国古代重要的天文仪器专著。在三篇奏本中，沈括回顾了历代天文仪器制作的历史及其优缺点，提出了改革建议。如在漏刻上考虑到水流量、水粘滞性、漏管的长度和半径对计时精确度的影响；在测影时建议把圭表放在密室中，让阳光从狭缝中穿入，以减少灰尘对阳光的散射。特别是他在浑仪制作上省去了白道环，将黄道环和赤道环固定，减少了多环对天空的遮挡。沈括的这项改革是浑仪由简至繁，再由繁至简的一个转折点。在宋代，曾两次制造水运仪象，一次是太平兴国四年张思训的"太平浑仪"，用水银代替水作为浑仪的动力是他的一大革新。另一次就是苏颂等人制造的著名的水运仪象台，这是天文仪器史上的一个杰作，其结构苏颂在《新仪象法要》中有详细的说明。宋代的天文仪器专著还有许多，光漏刻专著就有近20种，其中南宋颜颐仲的《铜壶漏箭制度》是中国古代流传至今的所有漏刻著作中最为完整的一部。

元代是我国天文仪器制作的鼎盛时期。在这一时期对天文仪器的研制做出巨大贡献的功臣当首推郭守敬。他先后设计制造出简仪、高表、窥几、仰仪、正方案、玲珑仪等十几种新天文仪器，其中最重要、最有独到之处的是简仪和高表。为了避免多环遮掩星区，妨碍观测的弊病,他将传统的浑仪分解为赤道经纬仪和立运仪两大部分,并在窥管两端加上十字丝,创造了结构简单奇巧,便于观测,精度更高的简仪,最终完成了我国浑仪发展史上由繁至简的改革。高表是郭守敬在前人基础上的又一大革新。元之前的圭表一般高8尺,而郭守敬大胆地把表高增到4丈,并在表上增一水平横梁,在圭面上设一利用小孔成像原理制成的景符。当太阳、横梁和景符小孔连成一线时,圭面上形成的太阳和横梁的倒影,清晰可见,大大提高了观测精度。郭守敬创制的天文仪器在当时世界上是领先的,《元史·天文志》中为我们保存了较详细的资料。

明代在天文仪器上没有多大发展,所造的仪器也大多是仿制前代的。明末清初,西方天文学传入我国,像南怀仁的《灵台仪象志》《崇祯历书》等,都大量介绍了西方天文仪器。因此,在天文仪器制造上出现了中西合流的趋势。

《新仪象法要》是北宋科学家苏颂撰写的介绍中国传统天文仪器制作的专门性著作,由于图文并重,也可称是一本古代天文仪器的专门设计书。该书是中国古代最重要的天文仪器专著之一。

苏颂(1020~1101),字子容,泉州同安(今福建同安)人,出生于官宦家庭,受过良好的教育。仁宗庆历二年(1042)中进士,曾担任过馆阁校勘、集贤校理、尚书左丞和尚书右仆射等官职。苏颂博学多才,对"图纬、律吕、星官、算法、山经、本草"等无所不通,曾组织医官增补《开宝本草》,并著有《嘉祐补注本草》和《图经本草》等。苏颂于元祐元年(1086)奉诏"定夺新旧浑仪"。他在前人水运浑象设计的基础上,提出将浑仪、浑象、报时装置结合在一起用漏水来运转的设想,并找到了能实现这一设想的吏部令史韩公廉。韩公廉天性机巧,知晓天文,精于算术,在水运仪象台的建造中起过重要作用。水运仪象台建成后,苏颂就水运仪象台的各部分的形制写成一部技术专著——《新仪象法要》。该书于绍圣初年完成,呈进宫廷,一直藏于宫廷秘阁,所以极少流传。宋室南迁后,为重建水运仪象台,曾两次访求本书。南宋乾道八年(1172)吴兴施元之将此书刻印,方使此书流传于世。

《新仪象法要》一书分上、中、下三卷。卷上主要包括两部分内容,一是苏颂所做的"进仪象状",二是对仪象台上所用浑仪结构的详细介绍。在"进仪象状"中,苏颂首先叙述了他奉命对当时太史局和天文院所用浑仪进行考察的结果,以及水运仪象台制作的始末。随后,苏颂又简单回顾了自张衡以来的仪象发展史,重点介绍了一行、梁令瓒的开元水运浑天俯视图和宋初张思训的太平浑仪。他把古代仪象分作三类,即单纯用于观测的铜候仪,能自动演示恒星中天等天象的浑天仪,以及用以描绘周天星官分布的浑象(天球仪),指出新制的水运仪象台汲取了各家仪象之长,以自动装置连接浑仪和浑象,达到了"制备二器而通三用"的效果。

在介绍台上所用浑仪结构时,苏颂先介绍了该仪的总体结构和六合仪、三辰仪、四游仪三个主要组成部分,然后又对三个主要部分的零件一一详细描述,包括零件的名称、尺寸与作用等。全部文字共配图17幅,是现存最详细、最直观的一部古代浑仪资料。据苏颂的介绍,这架浑仪上增加了一个"天运环",它实际上是平行于赤道环的一个齿轮,口径比赤道环小。天运环由恒定转速的"枢轮"经过齿轮系统的换向和变速等一系列调节,可以带动浑仪中的四游环的窥管追随天体运动,进行跟踪观测。天运环的功能与现代天文

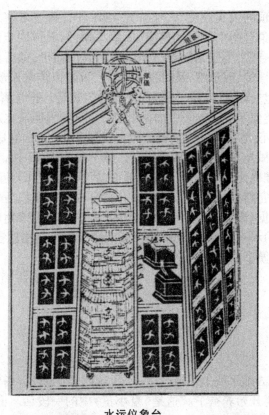

水运仪象台

望远镜上的转仪钟的功能大体相似，但它的诞生却比四方出现的转仪钟早好几个世纪。

该书卷中介绍台上所用的浑象，包括三部分内容。首先是浑象结构，有图3幅，仍是按总体到部分一一说明。其次是浑象上的星图，共计5幅。这5幅星图可分为两套全天星图。一套由一幅圆图及两幅连续的横图组成，圆图画的是以北极为中心的拱极的紫微垣星官，横图则以赤道为对称轴，标画出恒显圈到恒隐圈之间的星官。另一套是由两幅分别以南、北极为中心，以天赤道为边界的圆图组成，分别叫作浑象南极星图和浑象北极星图。这5幅星图上共有283官和1464星，是目前我国古代流传下来的最古老、最完整的星图之一。经学者们研究计算，认为这些星图是根据北宋元丰五年（1082）在开封实际测量后绘制的，各星座的相对位置准确无误，是当时世界上最完备的科学星图。另外在绘图技术上，它采用正圆柱投影法和天顶等距投影法，都比西方早4个世纪以上。

卷中的第三部分是介绍四季（春、秋二分，冬、夏二至）昏旦中星，资料分别取自《礼记·月令》的记载、僧一行的观测和宋代元丰年间的观测结果，共绘有9幅中星图。

《新仪象法要》的卷下主要介绍仪象台的机械结构和工作原理。机械结构也是从整体到局部，从驱动、传动及控制装置，到演示、报时机构一一剖析，分述其构造、形状、尺寸和功用，并配有插图25幅。依靠苏颂的描述，我们知道：这架仪器高约12米，宽约7米，是一座上狭下宽的呈四方台形的木结构建筑。它分上、中、下三层。最高层为平台，安放着一台浑仪，浑仪上面还覆盖着一个"摘脱板屋"，可以根据观测需要自由启闭。这是世界上最早具有活动屋顶的天文观测室,比公元 1561 年普鲁士卡塞尔天文台的活动屋顶要早 4 个多世纪。仪象台的中层是间密室,放置浑象,与天体同步运转。下层是报时系统,有 5 层木阁,层层有门,层层木阁都有木人可以开门而出,随着浑仪、浑象的运转,它们或敲钟,或击鼓,或摇铃,或示牌,及时报时。整台仪器以流水作动力,漏壶和机械传动装置在木阁后面,通过"天衡"控制,使整台仪器均匀运转。据学者研究,这个叫"天衡"的装置是一组杠杆,类似于现代钟表中的擒纵装置。这项发明又比欧洲早了 600 多年。

《新仪象法要》不仅是一本极为重要的天文仪器著作,同时也是一本机械工程著作,对研究北宋时期的机械技术水平有重要意义。该书中有图 57 幅,其中机械插图采用透视和示意两种画法,准确无误地反映了各种部件的尺寸比例和相互关系,可以说是我国保存下来的最古老的完整机械图纸。这些图和文字说明为我们后人研究这一巨大发明提供了宝贵史料。根据《新仪象法要》一书,1958 年中国历史博物馆成功地复原了一架木制的、为原大 1/5 的水运仪象台模型,1989 年北京天文馆与福建省同安县科委合作,再次复制成原大 1/8 的模型。

（四）历法

《授时历》

"三月,参星在西方地平线上快要落下去了,这时桑叶萌发,杨柳抽枝,蝼蛄鸣叫,冰已融化,……妇女们要开始养蚕了。"这是《夏小正》中的一段话。由于文字古奥,我们把它译成白话。在天文学史上,称这种通过观测天象和物候来安排一年季节与月份的方法为"观象授时"。"野人无历日,鸟啼知四时"。在历法知识尚不完备的条件下,"观象授时"活动曾持续了相当漫长的一段历史时期。《夏小正》据说就是夏代的历法,虽然现在研究认为该书成书于春秋战国,但书中无疑保存了很久以前人们积累的观象授时资料。除《夏小正》外,《礼记·月令》《淮南子·天文训》和《逸周书·时则解》等早期月令著作中都有观象授时的内容。

大约在春秋中晚期,我国产生了一种以 $365\frac{1}{4}$ 日为回归年长度,取 19 年 7 闰为闰周的历法,我们称之为四分历。四分历的两个基本数据在当时世界上是十分先进的,比古希腊人默冬的同样发现要早 100 年左右,它的出现标志着我国历法已经进入比较成熟的时期。

在中国古代,历法关系着国计民生的各个方面,因此,颁布历法是一件极为重要的事。战国时期,列国争霸,许多诸侯国都颁布了自己的历法,主要有黄帝、颛顼、夏、殷、周、鲁 6 种。6 种历法都是四分历,只是所规定的历法起算年份(历元)和每年开始的月份(岁首)有所不同。秦国使用的是颛顼历,因此当秦扫灭六国,一统江山后,颛顼历就成为秦始皇颁发全国的历法,直到汉初仍在继续沿用。到了汉武帝时,颛顼历已日渐疏漏,影响了农业生产,所以汉武帝组织一批天文人才颁布了新的历法《太初历》。汉武帝的改历,奠定了中国改朝换代时更换历法的传统,而《太初历》的出现则标志着中国古代历法体系的形成。《太初历》首次提出了以没有中气（雨水、春分、谷雨等十二节气）的月份为闰月的原则。这个方法在农历（或夏历）中一直沿用到现在。《太初历》还第一次明确提出了135个朔望月中有23个食季的食周概念，并且依据五星在一个会合周期内动态的认识，建立了一套推算五星位置的方法。可以看出，《太初历》并不是一个单纯的日历，而是综合了气朔、闰法、五星、交食等多项内容，类似于现在天文年历的综合性工具书。它成为后来编撰各种历法的模式依据。

由于中国古代历法有着丰富的内容，因此，历法的改革也是多方面的，它包括新理论的提出和运用，精密数据的测定，计算方法的改进等。历法的改革带动了整个古代天文学的发展，因此有人认为我国古代天文学史，从一定意义上来讲，就是一部历法改革史。在中国古代，先后出现的历法就达100多种。

东汉一代，月亮运动及交食问题是改历活动的一个争论焦点。汉和帝时贾逵用自己造的黄道铜浑仪进行观测时就已经发现月亮的运动是不均匀的。随后相继出现了《九道术》《月食术》《月食注》等专门讨论月行和月食的著作。到了东汉末年，刘洪在《乾象历》中第一次将月行迟疾引进历法，定出了比较精确的近点月日数和一个近点月内每天的月亮实际所行度数，由此可以更准确地推算日食和月食。《乾象历》还第一次定出了交食食限的数值，这在交食预报上是个重要的发明。另外，《乾象历》在交点月、回归年长度、黄白道距离等研究上也均有突破，从而开辟了中国古代历法发展的新纪元。

三国两晋南北朝时期，是个社会大动荡的时期，各个民族、各个地区的局部政权更迭迅速，因而也出现了许多新历法。这时的历法进步主要表现在三个方面：首先是三国时魏国杨伟在《景初历》中提出了食分和日食亏始方位的计算方法，促进了交食理论的发展。其次是刘宋时祖冲之在《大明历》中首次把东晋虞喜发现的岁差现象引入历法计算中，提高了冬至点推算的准确性。第三是北齐民间天文学家张子信在一个海岛上利用自制仪器进行观测，发现了太阳、五星也和月亮一样，它们在天空的视运动速度是不均匀的。它告诉人们一个节气和另一个节气的日数可能是不相等的，而计算日月交食不仅要考虑月亮运动的不均匀，还需考虑太阳运动的不均匀性。这一发现预示着历法史上又一次大变革的到来。

隋唐时期的历法在前代成果积累的基础上产生了新的飞跃。首先是隋代刘焯在《皇极历》中采用了定朔的方法，代替平朔，并创立了二次等间距内插法，用以推定五星位置和日月食起讫（初亏和复圆）时刻及食分等，还采用定气的方法来计算日行度数和交令时刻。到了唐初李淳风的《麟德历》，定朔法得到肯定，从此代替了平朔法。唐代最著名的历法是一行的《大衍历》。一行为了编制新历，曾进行过大量的实际观测，最为人熟知的是他主持的世界上用科学方法进行的第一次子午线实测。一行的《大衍历》对太阳运动的规律做了比张子信、刘焯等人更合乎实际的描述。他认为冬至时日行最急，夏至时日行最慢；他的太阳运动表［日躔表］是根据定气编的。由于太阳运动的不均匀性，所以两个定气之间所需的时间是各不相同。为了从数学上解决这个问题，一行创立了不等间距二次内插法。《大衍历》在日月食和五星运动计算方面也有较大进步，如考虑到视差对交食的影响，创立了一套计算视差影响的经验公式。《大衍历》共分7篇，内容和结构都很系统，表明我国古代的历法体系已经完全成熟。之后的各次修历，一般都仿效《大衍历》

的结构。中唐以后，曹士芳首先在《符天历》中以一个二次函数式描述太阳周年运动的不均匀性；之后边冈在《崇玄历》中也把二次函数式引入了黄赤道坐标的换算以及月亮黄纬与食差的计算，又在影长计算中应用了三次函数，在太阳赤纬及昼夜漏刻的计算中使用了四次函数。这些工作使高次函数法成为中国古代历法计算的又一重要方法，开创了各种天文数表及其算法公式化的新传统。

宋代，历法计算上又有所发展。周琮《明天历》中的各项计算均使用了高次函数式，并且用到了五次函数。这部历法是中国古代公式化程度最高的历法。以后，姚舜辅在《纪元历》又前进一步，许多经验计算公式，都比以前的历法简便、精密。宋代历法中，最

郭守敬塑像

富有创造性的是杨忠辅的《统天历》。该历中的回归年长度为 365.2425 日，和欧洲于公元 1582 年以后采用的格里高利历完全一致，但却要早近 400 年。不仅如此，杨忠辅还提出回归年长度不是固定不变的，它的数值古大今小，这是天文学史上的一个重要发现。

中国古代历法发展的顶峰是元代郭守敬等人编撰的《授时历》。《授时历》吸收了以前历代历法的长处，并有所发展、创新，成为我国古代历法史上划时代的产物。

《授时历》是中国古代最优秀的一部历法，由元代王恂、郭守敬等人编撰。历法初稿完成于元世祖至元十七年（1280），并于第二年颁行天下。而历法的最后定稿则要到至元二十三年（1286）。

早在元世祖忽必烈初登皇位的时候，他的谋臣刘秉忠就曾建议改革历法。1276 年忽必烈攻占江南后，下令改革历法，设太史局，任命张文谦、张易为主要领导，而以王恂为实际负责人，郭守敬为副手。王恂（1235～1281），字敬甫，河北唐县人。郭守敬（1231～1316），字若思，河北邢台人。王、郭二人都在少年时代就精通天文、数学，又都是刘秉忠在邢台西南紫金山隐居时的学生。在改历中，王恂主管推算，郭守敬负责制造仪器和观测。后来又先后聘请了南方著名学者许衡、杨恭懿等，从事阐述历理的工作。当时参加改历的南北天文工作人员有数十人之多。经过 4 年的艰苦努力，新历完成初稿，元世祖赐名《授时历》，取义于"敬授民时"的古语，1281 年新历颁行。也就在这一年，王恂病故，

而张文谦、张易、许衡也在此前后去世,杨恭懿告老辞归。郭守敬在以后的几年里,独立完成了新历的全部整理定稿工作。后人往往因此认为郭守敬是《授时历》的作者,而实际上《授时历》的完成是当时一批优秀人才集体智慧的结晶。

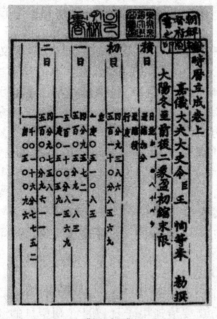

《授时历》

《授时历》现今只是狭义地指保存在《元史·历志》里的《授时历经》2卷7篇。这7篇分别是:(1)步气朔,介绍推算节气、朔、弦、望所在时刻的方法;(2)步发敛,推算卦、候、土王及五行用事等项;(3)步日躔,求太阳每日在黄道上运行的速度和位置。介绍太阳黄、赤道经度的互推;(4)步月离,求月亮的运行和月道与赤道的交点等;(5)步中星,计算昼夜长短时刻、影长和昏旦中星的度数;(6)步交会,即日、月食的推算方法;(7)步五星,推算五大行星的运动和位置。《授时历经》的篇章结构和内容基本上沿用了自《大衍历》以来的历法传统。然而,从广义上说,《授时历》还应包括同授时历法有关的历法理论、天文观测成果等内容,也就是郭守敬整理新历时得到的成果:《推步》7卷、《立成》2卷、《历议拟稿》3卷、《转神选择》1卷、《上中下三历注式》12卷。1286年,郭守敬升任太史令,又写成《时候笺注》2卷、《修改源流》1卷、《仪象法式》2卷、《二至晷影考》10卷、《五星细行考》50卷、《古今交食考》1卷、《新测二十八宿杂坐诸星入宿去极》1卷、《新测无名诸星》1卷、《月离考》1卷等。可惜这些书大部分没有流传下来。朝鲜等国保存着《立成》。近年人们又从北京图书馆的明抄本《天文汇钞》中发现了《三垣列舍入宿去极集》,认为是郭守敬《新测二十八宿杂坐诸星入宿去极》一书的改抄本。此外,《元史·历志》保存有李谦奉元世祖之命所撰的《授时历议》,当是根据《历议拟稿》和其他有关材料写成。而《元史·天文志》中记载郭守敬所创制仪器的资料,也有可能是根据《仪象法式》一书改写的。所有这些,都可视为《授时历》的组成部分。

《授时历》是在总结前人历法经验,认真观测推算的基础上创造出来的一部精良的历法。它在天文观测数据的精确度和历法推算的数学方法上都取得了辉煌的成就，一般统称之为"考正七事"和"创法五事"。

郭守敬很重视天文观测在历法改革中的作用。他认为："历之本在于测验，而测验之器莫先于仪表。"真正抓住了修历的关键所在。为了得到精确的天文数据，郭守敬等人进行了空前规模的天文观测。他们在北京、太原、成都、雷州等27处设立了观测所，比唐代多了一倍。郭守敬还改造和创新了许多天文仪器，如圭表、简仪、仰仪、七宝灯漏、星晷定时仪等，有十几种。这些工作，使《授时历》中天文数据的精密程度大大超越了前人。如《授时历》中的岁实（回归年）取365.2425日，这是郭守敬等人历时近4年的精细测量，并结合前代历法中的可靠资料，加以考证推算而成。它与南宋杨忠辅《统天历》的岁实一样，与现在世界通用的公历回归年数值相同。又如，《授时历》中的朔策（即朔望月）取29.530593日，现代朔望月的精密值为29.530589日，二者之差为0.000004日，精确度确实很高。另外该历中的近点月为27.554608日，交点月为27.212224日，精确度也很高。

自汉代以来，黄赤交角（即黄道面与赤道面的交角）一直被认为是24度，经过1000多年，始终无人更正。其实黄赤交角在逐年减小。在《授时历》中，郭守敬根据精密的天文测量，归算出的黄赤交角为23°90′30″（古度）折合成今天的360度制为23°33′33″9，而精确值为23°31′58″，误差仅为1.6′。另外，《授时历》中二十八宿距度的测量平均误差才4.5′，也达到了当时世界最先进水平。

《授时历》中还彻底废除了沿用已久的上元积年。旧历法家推算上元积年，是寻求一个所谓的"祥瑞"的计时起点，要恰逢甲子日、朔旦（朔望月的开始时刻，即夏历初一）和冬至同在一天的夜半发生，还要"日月合璧""五星联珠"，即日月五星并见于一方。这些条件全部会齐，作为计时起点，就是上元。积年是从制历这一年上推到上元那一年累积的年数。由此可见这项工作是多么繁重。《授时历》抛弃了这种传统算法，而是以实际观测数据为基础，以至元十八年（1281）辛巳岁冬至为历元，使计算方法更为简便、合理。这种方法和近代采用的截元法是一致的。这是对我国古代历法的一次重大改革。

除了根据实测考证天文数据外，《授时历》还把当时最先进的数学知识应用于天文计算。郭守敬等人经过刻苦研究，在《授时历》中创立了天文学上5项新的推算方法，即用招差法计算日月运动，推算太阳每日在黄道上运行的速度，推算月亮每日绕地球运行的速度等；用弧矢割圆法互推太阳黄、赤道经纬度，计算月道和赤道的交点。《授时历》中的招差术相当于3次或更高次的内插法，它的天文基础是考虑了日月五星的不等速运动。这个问题隋代刘焯和唐代一行曾分别用等间距二次内插法和不等间距二次内插法来解决，但不彻底。《授时历》采用三次差分的内插法原理，成为历法中的一大创举。弧矢割圆法类似两个球面三角公式，是我国独特的球面三角学，是数学方法在天文学中应用的一大创新。

在《授时历》中，还废除了用复杂分数表示数据的方法。我国古代历法一般用分数来表示天文数据的整数后的奇零部分，运算十分繁琐。唐代南宫说的《神龙历》和曹士芳的《符天历》中虽然已经引进了十进制的小数概念，但没有被一般天文学家所重视。直到500年后，王恂和郭守敬等人才在《授时历》中采用。《授时历》以一日为100刻，一刻为100分，一分为100秒，秒以下的单位也一律百进位，因此一日的数据可以精确到小数点后面第六位,精度高而且比分数表示法简单明了得多。

《授时历》是我国古代行用最久、最精密的一部历法,从 1281 年到明末,行用了 360 余年,在明代时改名为《大统历》。《授时历》还传到海外,元朝时朝鲜高丽王朝就原封不动地搬用了《授时历》,日本 1684 年采用的《贞享历》也利用了《授时历》的原理和方法。

数学

直到明中叶以前,在数学的许多分支领域内,中国在世界上一直处于遥遥领先的地位。传说早在黄帝时代,隶首就创造了数字符号和计算方法。《史记》中记载大禹治水时已使用了规、矩、准绳。从出土文物看,公元前三四千年的西安半坡遗址和公元前 2000 年的河南偃师二里头遗址出土的陶文中就有了数字;而通过对商代甲骨文中数字的研究,我们发现其中已具有了位置值制的萌芽,形成了十进制的数字系统。十进制记数法是我国古代人民对世界人民的一项不可磨灭的贡献。

在我国的上古及夏商周时代,一些专门技能和知识往往掌握在少部分人手中,并且世代相传。那时数学和天文的专门人才被称为“畴人”。到了春秋时代,周室衰微,政权下移,畴人子弟四散,私学开始兴起,数学知识逐渐普及。同时生产的发展,也促进了数学知识和计算技能的提高。从古代文献中我们得知,九九乘法表在当时是人们的常识,分数概念和分数运算也已形成,特别是像营造都城这样的大型土木工程,无疑需要更为复杂的数学运算。可见,春秋时代我国的数学已有了较高的水平,只是没有专门的数学著作传世而已。

战国至西汉,是我国以《九章算术》为代表的古代数学体系确立的时期。在春秋战国之交,我国社会完成了生产关系的转变,人们的生产积极性大为提高,兴修水利,开垦土地,改进耕作技术,同时手工业和商业也得到进一步发展。在这些活动中,数学知识得到普遍应用,为数学的发展提供了新的动力。如《考工记》中就有许多表示直角、钝角、锐角和分数等的专门术语。这时的思想界也异常活跃,诸子兴起,百家争鸣,不仅在社会文化方面取得了丰硕的成果,而且促进了思维规律方面的研究。其中的墨家和名家尤为重视逻辑推理和理性思辨,他们提出的一些命题具有深刻的数学内涵。像《墨经》中关于圆、平、端(点)等数学概念的定义就已十分严谨。应该说这时已具备了对数学知识进行总结整理的条件。据《周礼》记载,当时“士”阶层所受的数学教育有“九数”之称,“九数”指的是数学分为九个细目。东汉郑玄注《周礼》时引郑众之说:九数是“方田、粟米、差分、少广、商功、均输、方程、赢不足、旁要。”这与现传《九章算术》的篇目基本相同,只是第九为旁要而不是勾股。《周礼》一般认为成书于战国,因此,至迟在战国时代,由九数发展起来的数学著作可能就存在了。1983 年底在湖北江陵张家山西汉墓中出土的《算数书》,是我国目前所见最早的数学著作,其中有许多内容与《九章算术》相似,有些标题和算题甚至完全一致。由于该书文字古朴,一般认为很可能是先秦著作或录自先秦著作。

汉代成书的《九章算术》,是先秦至西汉数学知识的总结和升华,在数学的许多方面取得了在当时世界领先的成就,确立了中国古代以计算为中心的数学体系。另外,我们前面谈到的《周髀算经》，由于其中的数学内容，也被后世视为重要的数学著作。

《九章算术》产生以后，我国古代数学研究有过两次高潮，第一次是在魏晋南北朝时期。这一时期数学著作的一大特点是为《九章算术》《周髀算经》作注。据《隋书·经籍志》记载，仅注《九章算术》的著作就有8种。魏晋南北朝时期，由于战乱不断，政治斗争严酷，致使一些人采取以静制动的方针周旋于纷乱复杂的社会之中，于是清谈之风盛行。在思想领域，儒家的统治地位被削弱，取而代之的是以《周易》《老子》《庄子》为主的玄学。玄学力图通过抽象的思辨来论证现实世界的后面有一个产生和支配现象世界的本体，即世界的本原和根本规律。与之相适应，数学家们也开始重视数学理论的研究，试图把以前积累的数学知识建立在必然性的基础之上，三国赵爽的《周髀算经注》和晋代刘徽的《九章算术注》就是典型代表。在这一时期，还出现了一些新的数学著作，弥补了《九章算术》所未涉及的内容，开创了数学研究的新的分支。其中即有刘徽的《海岛算经》。该书原本附于《九章算术注》之后，后人将它独立成书。书中讨论了由《周髀算经》测日高法发展而来的重差术，并因书中首题是测量一海岛的高远而得名。《孙子算经》，约成书于公元400年前后，记述了筹算记数制度和乘除法则、分数和开方等。其中最著名的是"物不知数"题，书中提示的解法被后世推广成一次同余式组解法，由于是本书中首先提出这一课题，因此被史家称为"孙子定理"。《张丘建算经》，公元5世纪张丘建所著，主要成就是最大公约数与最小公倍数的应用、等差级数、开带从平方和不定方程等，著名的"百鸡问题"就是出于此书。北周甄鸾著有《五曹算经》《五经算术》《数术记遗》3种数学著作。《五曹算经》是一部为地方行政官员编写的应用算术书，其中有十进制小数的萌芽；《五经算术》对儒家经典中需要数学知识的部分做了注释；《数术记遗》介绍了3种大数进位制及14种算法，反映了当时改进计算工具的历史情况。这一时期还有许多数学著作没能流传到今天，比较著名的有《夏侯阳算经》、祖冲之的《缀术》、董泉的《三等数》，前2种被收入唐代的"算经十书"，后一种在唐代也是教科书。《缀术》在数学上的成就极高，书中将圆周率精确到3.1415926到3.1415927之间，同时在球体积问题、二三次方程正负系数的开方问题等方面都有重大突破。

隋唐统治者在国子监设算学馆，在科举考试中设明算科，唐代还将汉唐间的10部重要数学著作加以整理注释，作为算学馆的教科书。这10部著作是《周髀算经》《九章算术》《海岛算经》《孙子算经》《夏侯阳算经》《张丘建算经》《五曹算经》《五经算术》《缀术》《缉古算经》。其中《缉古算经》是唐初王孝通所著，书中20个问题大部分用高次方程求解，是现存最早的介绍开带从立方（即求三次方程的正根）的数学著作。中唐以后，由于工商业有较大发展，人们对简化筹算计算过程的要求较为迫切，于是出现了不少有关实用数学的著作，如龙受益的《算法》、江本的《一位算法》、陈从运的《得一算经》等。但是这些著作都没能传到今天，只有韩延的一部算书因原来的《夏侯阳算经》失传，被冠以《夏侯阳算经》之名补入"算经十书"，才流传下来。该书中记载了相当多的捷算方法，并对十进小数进行了推广。总的来说，唐代数学研究的成就不高。除了一行等人的二次内插法外，没有什么重大突破。究其原因，是唐代统治者对数学的重视不够，学习数学的人社会地位非常低，远不如以儒家经典和诗词歌赋中举的人地位高。但是，唐代对古代算书的整理以及算学知识的普及却为宋元数学的发展奠定了基础。

宋元时期，社会相对稳定，经济稳步发展，特别是工商贸易的发达，对实用数学知识的渴求，为数学发展创造了条件。当时出现了许多"捷法"和"歌诀"等，以帮助人们迅速掌握各种计算方法。另外，在这一时期，印刷术已得到广泛应用，并且发明了活字印刷，促进了数学著作的刊印。宋元丰七年(1084)，秘书省刊刻了十部算经，作为学校的课本，这是印刷本算书在我国首次出现。当时数学家撰写的数学著作大都能在成书不久就刊印行世。数学著作凭借印刷术得以空前广泛地流传。在这种背景下，宋元数学研究掀起了又一次高潮，特别是在13世纪下半叶，涌现出了秦九韶、李冶、杨辉、朱世杰等一批杰出的数学家，一时间群星闪烁，成就辉煌，可以说是中国古代数学发展中一个登峰造极的阶段。11世纪上半叶贾宪《黄帝九章算经细草》的问世，标志着我国算法系统在代数学上的飞跃，书中创造的求高次方程系数的"开方作法本源图"(贾宪三角)和增乘开方法超越其他民族几个世纪。差不多同时期的沈括在《梦溪笔谈》中首创隙积术，开创了高阶等差级数求和这一新的分支，还提出了弓形弧长的近似公式。蒋周著的《益古集》用二次方程解决圆的各种关系问题，对天元术的发展也做出了贡献。12世纪刘益的《议古根源》再次引入负系数方程，并创造了益积开方术和减从开方术，南宋杨辉称之为"实冠前古"。南宋时期，由于宋辽、宋金、宋元在政治上长期南北对峙，因此数学研究也形成了南北两个中心。南方中心以秦九韶、杨辉为代表，以高次方程数值解法、同余式解法及改进乘除捷法为主要研究对象。秦九韶的著作是《数书九章》，其中有两项举世瞩目的重要成就，一个是首次系统解决了一次同余式组的解法，一个是提出了求高次方程正根的完整方法。杨辉的著作很多，主要的有《详解九章算法》《乘除通变本末》《田亩比类乘除捷法》《续古摘奇算法》。后3部是杨辉晚期作品，后世合称《杨辉算法》。在杨辉的著作中，收录了不少现已失传的各种数学著作中的算题和算法，如贾宪的"增乘开方法"和"开方作法本源图"等，并且在二阶等差级数和乘除简捷算法上都取得了很高的成就。北方数学中心以李冶为代表，以列高次方程的天元术及其解法为主要研究对象。李冶在前人的基础上，系统地总结了天元术。他的《益古演段》和《测圆海镜》是现存最早讲述天元术的著作，前者是为初学天元术的人写的入门著作；后者则借助勾股、方圆等几何关系建立高次方程，从而全面系统地介绍天元术的理论和算法，其中丰富的几何内容和演绎推理的倾向为古代数学著作中罕见。元统一中国后，南北数学的交流就成了顺理成章的事。朱世杰就生活在这一环境下。他有两部著作，《算学启蒙》是一部数学启蒙读本，包括了从乘除捷法到增乘开方、天元术、高阶等差级数求和等当时数学各方面的内容；《四元玉鉴》是朱世杰的成名作，其中介绍了二、三、四元高次方程的布列和解法，并在高阶等差级数求和问题上有重大突破，两项成就都早于西方数百年，成为宋元数学高峰的代表作。

从明代开始，中国古典数学开始衰落，当时的数学著作也不少，但在创造性上远不及宋元算书。不过，这一时期的数学仍有两件影响深远的大事。一件是1408年编修《永乐大典》，将明代以前的数学著作分类抄入，许多数学著作都赖此才得以流传到今天。另一件是随着筹算简捷算法的日臻完备，珠算法也得到了发展和普及。如吴敬的《九章算法比类大全》、王文素的《通证古今算学宝鉴》、朱载堉的《算学新书》等，除了介绍筹算方法外，都提到了珠算。特别是程大位于公元1592年写成的《算法统宗》，系统地介绍了算盘的使用方法,曾风行一时,流传甚广。

明朝末年,西方数学传入,开始了中西数学融会贯通的新阶段。清代的数学著作非常多,据有人初步统计,中算家有 600 多人,著作在 1000 种以上。但是,从总体水平上看,已经落后于西方。

(一)《九章算术》及《九章算术注》

《九章算术》唐宋间又称《九章算经》《黄帝九章算经》,是中国古代最重要的数学经典。据魏、晋间刘徽《九章算术注》序载,西汉时数学家张苍、耿寿昌在秦始皇焚书劫余残篇的基础上,对该书进行了增订、删补。现代研究者认为,《九章算术》并非出自一人一世之手,而是数代人辛勤努力的结晶,最后成书当在西汉末到东汉初年。在中国,该书在千余年间被直接用作数学教育的教科书;它还影响到国外,朝鲜和日本都曾用它当过教科书。

《九章算术》共收集 246 个应用题,按问题的性质类别分为九章。各章的次序和内容是:(1)方田,是关于土地面积的计算,包括矩形、三角形、梯形、圆形、环形、弓形、截球体的表面积的计算。由于计算面积要用到分数,因此这一章还系统讲述了分数的运算。(2)粟米,讲的是比例问题,特别是如何按比例交换各种谷物等。(3)衰分,是按等级分配物资或按等级摊派税收的比例分配问题。(4)少广,是由已知面积和体积,求几何体一边的长,讲的是由田亩计算引出的开平方和开立方的方法。(5)商功,包括了各种工程中体积的计算,以及人工的合理安排问题。(6)均输,是计算如何按人口多少、物价高低、路途远近等条件,按比例合理摊派税收和派出民工的问题。(7)盈不足,是关于算术中盈亏问题的解决,称"盈不足术"。此章中也涉及比例问题。(8)方程,主要是关于线性方程组的问题。(9)勾股,是关于各种测量和几何计算中勾股定理的应用。

《九章算术》的主要部分采取了以算法统率应用题的形式,即或先列出几个例题,再给出抽象性的术文,此时例题一般只有题目、答案;或先给出抽象性的术文,再列出例题,此时例题一般有题目、答案和具体术文。在九章中,有近 100 个普遍性公式和解法,已包括现在中小学数学的相当大的一部分内容。如在分数的四则运算、比例、面积和体积、开平方、开立方、正负数、一次方程组、二次方程、勾股定理等方面,书中都有较完备和详细的叙述。

对于分数的运算,我国很早就进行了深入的研究。《周髀算经》的天文计算中就已经有相当复杂的分数运算,但由于没有把约分工作做好,所以算草比较繁复。而在《九章算术》中则给出了包括约分、通分、四则运算等在内的一整套分数运算法则。如书中用"更相减损"术求最大公约数,指出如果分子、分母可以被 2 整除,就都先除以 2。不能被 2 整除的,则以分母和分子相减,一直减到减数和被减数相等,此数即为最大公约数。这种方法和现代算术中的辗转相除法基本一致。而当时,除了我们的祖先,只有希腊人知道这个方法。《九章算术》是世界上最早系统叙述分数运算法则的著作,类似的著作,印度迟至公元 7 世纪才出现,而欧洲则在 15 世纪以后才逐渐形成现代分数的算法。

《九章算术》方程章中的方程术,也就是线性方程组的解法,可以说是这部经典中最杰出的成就。由于中国古代使用算筹表示各项数字,因而书中采用了分离系数法表示方程,相当于现在的矩阵。在解方程中,它所使用的方法叫"直除法",和现在通用的加减消元法基本一致,是世界上最早的完整的线性方程组的解法。在欧洲,到17世纪莱布尼兹才提出线性方程组的完整解法,比我国要晚15个世纪还多。在列方程移项、合并同类项(损益术)和消元过程中会出现负数。《九章算术》在这部分中首次引入了负数概念,并提出了正负数的加减法则,而且在实际运算中进行了正负数的乘除。在世界数学史上,这是第一次突破了正数范围,扩充了数系的概念。

"今有(数人)共买物,(每)人出(钱)八,盈三;(每人)出(钱)七,不足四。问人数、物价各几何?"这是《九章算术》盈不足章的一个应用题。书中创造性地应用了两次假设法,来解决这类问题。设人数为 x,物价为 y;每人出钱为 a_1,盈为 b_1;每人出钱为 a_2,不足为 b_2,则有下列等式:

$$x = \frac{b_1 + b_2}{a_1 - a_2} \quad y = \frac{a_2 b_1 + a_1 b_2}{a_1 - a_2}$$

这种方法被称为"盈不足术",书中用它解决盈亏问题和一些数学杂题。"盈不足术"在大约公元9世纪传到阿拉伯,被称为"中国算法",相同的方法西方直到13世纪才首次在意大利数学家斐波拿契的著作中出现。

形与数密切结合,是《九章算术》的一个重要特色。在勾股章中,几何问题都依据勾股定理来解决,提出了几何图形的面积、体积和测量"高、深、广、远"等问题的解法,反映了当时测量数学的发达以及地图测绘的水平。在计算面积和体积问题时,要遇到许多开方计算。在《九章算术》少广章中,给出了开平方、开立方的方法,它们和现今的开方法基本一致,是世界上最早的开方程序。需要指出的是,用算筹列出几层来进行开平方和开立方的运算,相当于列出一个二次或三次的数字方程,即用上下不同的各层表示一个方程各次项的系数。勾股章有一测望问题就归结到开带从平方,即解二次方程。后来,求解高次方程的正根都称为"开方",成为中国古代数学中最发达的领域。

《九章算术》取得的数学成就是全面的、杰出的,奠定了它在中国古代数学中的崇高地位,称它为中国算经之首是毫不过分的。该书对以后的数学著作产生了极其深远的影响。从内容上讲,《九章算术》的九部分内容确定了中国古代数学的基本框架,形成了中国古代数学以计算为中心的特点;九章246个问题,大都来自人们生产、生活的实际需要,开创了数学理论密切联系实际的风格;全书没有任何数字神秘主义的内容,体现了朴素的唯物主义观点,并为以后的数学著作树立了榜样。从全书结构上讲,《九章算术》一般有"题""答""术"三个部分,这种以术统题的方法,逐渐形成了中国古代数学著作的一种基本形式。《九章算术》以后,中国古代数学著作主要采取两种模式,一种是以该书为楷模编写新的著作,一种是为该书作注。

提到为《九章算术》作注,就不能不提到刘徽。刘徽是我国古代一位非常杰出的数学家,生活在公元3世纪。由于《九章算术》产生年代较早,又非出自一人一世之手,所以也有着自身的缺欠。如文字简奥、部分内容抽象程度不高,还有对问题只给出解法和答案,缺乏必要的解释和证明等。刘徽从幼年开始,就反复研究《九章算术》,后来他采集前人研究成果,并融入自己的数学心得,写成了《九章算术注》一书,对《九章算术》进行了全面的解释和论证。

刘徽是我国古代数学理论的奠基者。他在《九章算术注》的序中说："事类相推,各有攸(所)归,故枝条虽分而同本干者,知发其一端而已。"意思是说有许多数学问题,表面上看不相同,但在理论上却有着共同的根源。这种逻辑推理思想,在中国古代数学发展中极为重要。在解释和论证数学问题时,他认为要"析理以辞,解体用图",既要有语言论述,也要结合图形进行直观的证明。这种数与图结合的方法是中国古代数学证明的一种独特的方法。

刘徽注在数学史上的另一大贡献是用"割圆术"求得圆周率 π 值。中国古代很长一段时间 π 值取的是 3。刘徽认为这只是圆内接正六边形周长与直径的比率,是不正确的。他首先肯定圆内接正多边形的面积小于圆面积,而将边数屡次加倍后,面积也相应增大,边数越多,那么圆内接正多边形的面积就越接近圆面积。他写道:"割之弥细,所失弥少。割之又割,以至于不可割,则与圆合体而无所失矣。"这句话反映了刘徽的极限思想。从计算圆内接正六边形面积开始,刘徽依次计算圆内接正十二、二十四、四十八……一百九十二边形的面积,得到圆周率近似于 3.14。据说他还不满意,又继续推算出 $\pi=\frac{3927}{1250}$(相当于 3.1416)的数值,这是当时世界上圆周率的最佳数值。从理论上讲,利用刘徽注中的方法可以将圆周率计算得非常准确。研究者们一般认为,南朝祖冲之在《缀术》中将圆周率精确到 8 位有效数字,即 3.1415926 和 3.1415927 之间,就用了刘徽的方法。刘徽的方法奠定了我国圆周率计算在世界上领先千年的基础。

刘徽注对数学的贡献还有许多方面。如它发展了《九章算术》的率概念,定义率为"凡数相与者谓之率",即数与数相互关联为率,并讨论了率的性质,用率理论论述了《九章算术》的大部分内容。书中认为今有术是普遍方法,九章中的许多问题的解法都可以归结到此术。今有术即比例方法,已知比例式中的三项求第四项。例如 a:b=c:d,已知 a、c、b,则 $d=\frac{bc}{a}$。这种方法古代印度也有(三率法),但有关记载要晚于《九章算术》,16世纪该法由阿拉伯人传入欧洲,在商业上得到广泛应用,被誉为黄金法则。另外,刘徽注中对求弧田面积、圆锥体积、球体积、十进分数、解方程等问题,以及对分数性质的论述、正负数的定义等,都有独到的见解。

刘徽的注,修正了《九章算术》中的错误,发展了其中的数学理论,充实和完善了《九章算术》的数学体系,是所有为《九章算术》作注的著作中最重要的一部。

(二)《数书九章》

南宋秦九韶撰写的《数书九章》是中国古代重要的数学著作,宋元数学高潮的代表作之一。

秦九韶(约 1202~1261)字道古,自称为鲁郡(今山东曲阜、兖州一带)人,生于普州安岳县(今四川安岳县),是南宋著名的数学家、天文学家。他 18 岁就当过义兵的首领,但后来在仕途上却历经曲折。秦九韶自幼聪明好学,而且兴趣广泛。他对于天文、音律、算术、营造等都有深入的研究,至于游戏、弓马、踢毽、剑术等,对他来讲也是驾轻就熟的。可以说秦九韶是一个不可多得的通才,这对于他以后博采众长、触类旁通,在数学上取得巨大成就,不能说没有影响。公元1247年,秦九韶总结了自己多年数学研究的心得,写成《数书九章》。

《数书九章》,又名《数术》《数术大略》《数学大略》《数学九章》等,《数书九章》的书名是明代后期才出现的。至于原来的书名到现在还不能确定。该书写成后没有马上刊印,仅有抄本流传,明代将它分类辑入《永乐大典》,清代又从《永乐大典》中抄出,收入《四库全书》。另有一部自明文渊阁辗转传抄出的本子,经沈钦裴、宋景昌汇集各家注释并进行校勘,于清道光二十二年(1842)由上海郁松年刻入《宜稼堂丛书》,是最为流行的版本。

《数书九章》全书81问,分为九大类,每类各九问。九大类分别是:(1)大衍类,叙述"大衍求一术"并用之解决各种实际问题;(2)天时类,有关历法制定、天象测算、计算降雨降雪量等的数学问题,其中的天池盆是世界最早的雨量器;(3)田域类,是关于各种形状的田地面积的计算,反映了江南人民围海、围湖造田等活动;(4)测望类,讨论勾股测量,涉及测望山、水、城、塔和敌军的远近以及古迹的修复等问题;(5)赋役类,是关于田赋、户税问题的计算,反映了南宋赋税的实际情况;(6)钱谷类,是关于粮食转运和仓库容积问题,设计了由于南宋各地加大量器、增加田租造成器量混乱而带来的数学计算问题,还记载了南宋发行世界上最早的纸币会子及新旧会子的兑换情况;(7)营建类,解决的是工程施工中的数学计算,其中计造清台问是世界上现存最早的天文台设计图;(8)军旅类,是关于营盘布置、测算敌方人数,以及军需供应等方面的问题,这和当时宋金、宋元战事激烈有关,有为战争服务的目的,在古代算书中比较少见;(9)市易类,处理商业贸易和利息计算等问题,保存了许多南宋商品交易和相关政策的史料。

从《数书九章》的分类和内容上看,很明显,它受《九章算术》的影响是深刻的,与现实生活有着紧密的联系,反映了当时社会经济、文化、政治、科学技术等各种活动的一个侧面。秦九韶在本书的自序中曾说:数学"大则可以通神明,顺性命,小则可以经世务,类万物",将数学提到了极高的地位。但是,他将数学与世界本源联系起来,认为"数与道非二本也",又说明他受到了当时理学思想和象数学的影响。

"大衍求一术"是秦九韶最得意的杰作,也是中国古代数学的一项伟大成就,因此秦九韶将它放在该书的首位是非常合适的。早在公元4世纪前,《孙子算经》中提出过这样一个问题,用现在的话说就是:有一个数,用3除它余2,用5除它余3,用7除它余2,求这个数。这就是著名的"孙子问题",也是一个一次同余式组的问题。在中国古代历法中推算上元积年,也遇到了解同余式组的问题。对于这类问题,《孙子算经》给出的解法过于简略,而历法中也没有形成系统的算法,甚至误认为是线性方程组的解法。直到秦九韶的《数书九章》才首次比较系统地解决了这类问题。秦九韶方法的关键是用"奇数"和"定数"辗转相除及一整套计算程序,求出满足要求的"乘率"。因为计算"乘率"的辗转相除要直到最后余数为1时止,所以秦九韶把它称为"求一术"。在秦九韶的问题中,数据可以是整数,也可以是分数、小数,他都给出了相应的化解程序。总之,秦九韶在世界上第一次系统地解决了一次同余式组问题,而且计算步骤相当严密。过了500多年,欧洲的尤拉和高斯等人才对联立一次同余式进行了较为深入的研究。"大衍求一术"被介绍到西方后，引起了欧洲学者的高度重视。西方数学史家称这一定理为"中国剩余定理"，德国著名数学史家康托称赞发现这一算法的中国数学家是"最幸运的天才"。

在该书的第二至九类，秦九韶使用了《九章算术》以来的许多数学方法，并有创造性发展，其中最重要的是求高次方程正根的正负开方术。在我国古代，解一般高次数字方程叫作"开方"，《九章算术》中就已经记载了开平方和开立方的方法，后来一般的二次方程和三次方程的数值解法，分别被称为"开带从平方"和"开带从立方"，就是因为它们都是从开平方和开立方的方法中推衍出来的。开方术在宋代取得了重大发展。首先是贾宪创造了"增乘开方法"，通过随乘随加的方法，可以求出高次方程的正根。12世纪刘益又引入负系数开方，方程的系数可正可负，取消了方程系数只允许为正整数的限制。到了南宋，秦九韶在《数书九章》中提出了"正负开方术"，也就是利用随乘随加逐步求出高次方程正根的一套完整的程序。在秦九韶的方法中，除因运算需要规定"实"（常数项）常为负之外，没有任何限制，是任意高次方程的一般解法，和现在求高次数字方程正根的方法基本一样。而现代算法是意大利人鲁斐尼在1804年和英国人霍纳在1819年提出的，也就是人们熟知的鲁斐尼—霍纳方法，比秦九韶晚了600多年。秦九韶还发挥了刘徽创造的继续开方计算"微数"的思想，开方到无理根时，用十进小数作无理根的近似值，这也是世界数学史上最早的贡献。

《数书九章》的数学成就还表现在更多方面。在方程术上，也就是线性方程组的解法上，它使用了互乘相消法，即让两个方程的x项系数互乘各方程，用一次相减就可以达到消去x项的目的。这种方法免去了直除法连续相减的麻烦，和今天人们普遍应用的方法完全一样。该书中还将《九章算术》和《海岛算经》中的测望之术发扬光大，对勾股、重差问题有许多创造发明。特别值得一提的是"三斜求积公式"，即用三角形三边求面积的公式，它和西方的海伦公式是各自独立发明的，却又不谋而合。另外，《数书九章》中对自然数、分数、小数、负数都有专条论述，并有所发展，是研究中国古代记数法的重要资料。

《数书九章》的数学成就远远超过了在此之前的数学著作，仅就一次同余式组解法和高次方程数值解法两项来说，已代表了中世纪世界数学发展的主流与最高水平，是中国数学史上光彩夺目的一页。

（三）《四元玉鉴》

元代朱世杰著的《四元玉鉴》是宋元数学高潮的又一部代表作，在中国古代数学史上有着重要地位。朱世杰（生卒年不详），字汉卿，自号松庭，家住燕山，也就是今天的北京附近。元朝统一中国后，结束了南北对峙的局面。朱世杰曾在全国各地周游20多年，一面进行数学研究，一面从事数学教育活动。通过长期和广泛的游历，他对南北数学研究所取得的成就都有深入的了解，成为身兼两个数学中心之长的著名学者。当朱世杰游至扬州时，四面八方来向他学习的人日益增多。为了满足学员的要求，他便开始著书，以供学员们使用。公元1299年，他写成《算学启蒙》，由赵元镇刊刻印行。1303年，《四元玉鉴》完成，也由赵元镇刊印。

《四元玉鉴》全书3卷,共24门,288问。书首先给出4种图:古今开方会要之图,给

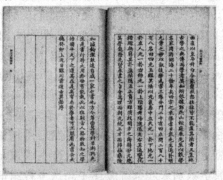

《四元玉鉴》书影

出了增乘开方法的图示和九层八次方的贾宪三角;四元自乘演段之图、五和自乘演段之图、五较自乘演段之图则是图示处理几何问题时立方程的各个步骤。四图之后是假令四草,给出了一气混元、两仪化元、三才运元、四象会元4个例题,分别阐述天元术、二元术、三元术、四元术的解题模式。这些图和例题都是为了举例发凡,是统御全书的纲纪。在全书其他各问中,朱世杰没有再记出任何一题的算草。这种写作形式在中国古代数学著作中是一种独特的创造。之后是各卷内容。上卷6门:(1)直段求源,关于勾、股、弦的计算问题;(2)混积问元,田亩面积问题;(3)端匹互隐,有关绫、罗等纺织品的各种计算;(4)廪粟回求,谷物容积问题;(5)商功修筑,工程建筑问题;(6)和分索引,关于分数的各种运算。中卷10门:(1)如意混和,把性质不同的问题混和以增加问题难度;(2)方圆交错,有关方、圆的混合问题;(3)三率究圆,以古率 $\pi = 3$、微率 $\frac{157}{50}$、密率 $\frac{22}{7}$ 等计算有关圆与球的问题;(4)明积演段,与勾股形(直角三角形)有关的各种计算;(5)勾股测望,用勾股定理及相似勾股形测算距离;(6)或问歌象,以诗歌形式给出的问题;(7)茭草形段,垛积问题;(8)箭积交参,关于方箭、圆箭的垛积问题;(9)拨换截田,截割田亩的面积问题;(10)如象招数,招差术问题。下卷8门:(1)果垛叠藏,垛积问题;(2)锁套吞容,相互交错的图形的面积计算;(3)方程正负,线性方程问题;(4)杂范类会,是各种杂题;(5)两仪合辙,关于勾股及面积的二元二次方程组;(6)左右逢元,关于勾股及面积的二元高次(三次以上)方程组;(7)三才变通,关于勾股问题的三元方程组;(8)四象朝元,关于勾股问题的四元方程组。

在《四元玉鉴》中,几乎所有问题都与方程或方程组有关,其中主要记载了朱世杰的伟大创造——四元术。我们知道,用解方程的方法解决实际问题,一般来说都需要两个步骤。首先是列出含有未知数的方程,然后才是解方程求出它的根来。列方程,古代称"造术",这对于今天具备初等数学知识的人来说是轻车熟路,然而在天元术未出现以前,却并不简单。当时数学家们列方程只有借助文字叙述,非常复杂。金元之际,北方出现了一批有关天元术的著作,李冶的《测圆海镜》是现存最早系统论述天元术的著作。所谓"天元术",实际上是列方程的一种代数方法。天元术中"列天元为某某",就是"设 x 为某某"的意思,方法是在筹算的一次项旁写上"元"字,或在常数项旁写上"太"字。天元

术的出现解决了一元高次方程的列方程问题。据记载,李德载的《两仪群英集臻》和刘大鉴的《乾坤括囊》分别对二元术和三元术做了研究,但他们的著作都没有流传下来。流传至今并将其发展成四元术的是朱世杰的《四元玉鉴》。四元术用天、地、人、物四元表示四元高次方程组。它是在常数项右侧记一"太"字,天、地、人、物四元和它们的乘幂的系数分别列在"太"字的下、左、右、上,相邻二未知数和它们的乘幂的积的系数,记入相应的两行相交的位置上,不相邻的几个未知数的积的系数,记入相应的夹缝中。这实际上是多元高次方程组的分离系数表示法。朱世杰还创造出一套完整的消未知数方法,称为四元消法。通过逐次消元,最后得到只含一元的方程式,然后用增乘开方法求正根。虽然由于受到筹算的局限,朱世杰只达到四元高次方程,但这一成果却在世界上长期处于领先地位。直到18世纪法国数学家别朱才系统叙述了高次方程组消元法问题。

垛积招差术,即高阶等差级数求和,是《四元玉鉴》中的另一项重大成就。它们主要被记载于茭草形段、如象招差、果垛叠藏3门中。关于垛积的研究,最早的要算是沈括,在《梦溪笔谈》中,他为计算用酒坛堆积的长方台的酒坛数,提出了一个新的计算公式——隙积术,其后杨辉又给出了三角垛、方垛、果子垛等公式,但这些公式实际上可以看成沈括隙积术的特例。到了朱世杰,垛积术的研究出现了全新的局面。《四元玉鉴》中的垛积公式共有三大类:(1)三角形,包括茭草垛、三角垛(或称茭草落一形垛)、三角撒星形垛(或称三角落一形垛)、三角撒星更落一形垛;(2)岚峰形,包括四角垛、岚峰形垛、三角岚峰形垛(或称岚峰更落一形垛);(3)值钱形(垛积物的价格逐层递增或递减),包括茭草值钱正垛、茭草值钱反垛、三角值钱正垛、三角值钱反垛、四角值钱正垛、四角值钱反垛。三类中,三角形垛积公式是最基本的。由于朱世杰在书前的贾宪三角中增加了平行于两斜边的连线,再加上他用"落一""更落一"表示几种三角垛积的关系,所以,人们认为朱世杰已掌握了一般三角形垛的求和公式。同样道理,朱世杰也掌握一般岚峰形垛的求和公式,而第三类公式可以从前两类公式推导而出。

《四元玉鉴》中的招差问题和垛积问题互为表里,也是该书最精彩的部分之一。在朱世杰以前,招差问题是独立发展的一门知识,它和我国古代历法中计算天体运行有着密切关系。公元206年,刘洪在《乾象历》中首次提出用一次内插法计算月亮的变速运动,隋初刘焯《皇极历》中使用了二次内插法,到元代郭守敬等人已采用三次差分的内插法原理计算日月五星的运动。而朱世杰则将垛积和招差联系起来,在世界上第一次给出了包括四次差的内插公式。书中明确指出,公式中的各项系数是三角垛的积。由于朱世杰已经掌握了三角形垛的构造规律,所以一般认为他已得到任意高次的内插法公式。在欧洲,直到17世纪格列高里、牛顿等人才取得同样的结果。

除了上述成就外,朱世杰的创造性工作还表现在几乎全书的每一门中。例如,他突破了有理式的限制,开始讨论无理方程。又如,在几何学上,他在传统的勾股和体积、面积计算的基础上,进一步研究了勾股形和圆形内各几何元素的关系,使得几何研究的对象由图形整体深入到图形内部,体现了数学思想的进步。

《四元玉鉴》写成的时候,社会上对算学十分尊崇,所以受到重视。明代以后,该书被人们所忽视,到了几乎失传的地步。清朝嘉庆年间,阮元在浙江访得《四元玉鉴》抄本,送交四库馆,后来何元锡将抄本刊印。该书重新刊印后,许多数学家对它进行过研究,其中以罗士琳的《四元玉鉴细草》影响最大，以后的许多版本都源于此书。

农学

中国是世界农业的重要起源地之一。古史中关于神农氏始播百谷、发明耒耜等农具的传说，实际上告诉我们：在过去一个非常遥远的年代，我国的农业就产生和确立了。这个年代的确很早，河北磁山和河南新郑裴里岗等新石器时代遗址中发掘出的农业工具和谷物遗存向我们证明，我国的农业有近万年的发展史。

中国古代一直以农立国，古语常说"民以食为天"，因此历代对农业生产的发展都是十分重视的。商代甲骨文中，就有许多关于农事的卜辞，内容涉及农作物的生长、天气的晴雨、收成如何、粮食储藏等。其中出现了稻、禾、稷、粟、麦、来（大麦）等农作物名称，还有畴、疆、甽（圳）、井、圃等土地整治的文字，说明当时的农业已经达到相当高的水平了。周人的祖先后稷，传说是夏代的农官。他们很早就是一个经营农业的部落。从金文、《尚书》《诗经》等古文献中的零星记载，我们知道周代在耕地整治、土壤改良、作物布局、良种选育、农时掌握、除虫除草等农业技术方面都有了初步发展，精耕细作技术已在其中萌芽。

春秋战国时期，铁犁和牛耕的出现，以及农田水利事业的发达，标志着我国传统农业的真正到来。当时的耕作制度已从休闲制向连种制过渡，深耕、熟耘技术逐渐普及，田间施肥日益受到重视，人们更加强调良种的选育并提出了良种选育的标准；另外，当时对"农时""地宜"以及病虫害防治的认识也越来越深入。所有这些，说明我国传统农业的精耕细作的生产技术体系在这一时期已开始形成。随着农业生产技术的进步，我国的农学研究也开展起来。到战国时期，重农思想已经形成，并且深入人心。在诸子百家的著作中几乎都可以找到重农言论以及相关的农学知识的记述。当时形成的众多学派中，有一个学派被称为"农家"，是一个专门研究农业政策和农学知识的学术团体。我国最早的农学著作《神农》《野老》等就是他们的作品。但是，这一时期的农学著作现在都已失传，我们所能见到的只有《吕氏春秋》中的《上农》《任地》《辩土》《审时》4篇。《上农》专讲怎样以政治措施保证农民及时地从事农业生产操作，强调农业是政治安定的首要因素。《任地》指出了利用土地的原则。内容涉及水旱地利用、盐碱土改良、耕作保墒、防除杂草、株行距、植株健壮、产量和出米率、子粒品质等，至今仍是人们所关心的农业生产中最基本的问题；还讨论了正确处理土壤坚硬与柔和、休闲与连种、贫瘠与肥沃、紧密与疏松、潮湿与干燥等矛盾关系的原则，以及及时耕种的重要性。《辩土》和《审时》实际上是对《任地》所提出的问题做了具体回答，前者阐述了针对性质不同的土壤，如何在耕种时间上做不同安排，以及耕作不良、不及时和整地不得法的弊害，还谈到庄稼的合理布局对生长的影响；后者则论述了操作及时与不及时对作物各方面的影响，做了一个总结性的比较。《吕氏春秋》中的这4篇合起来，已经是一套完整的农学论文，它们中的农本思想和相关政策，以及从天时、地利、人力几方面论述的一整套具体农业生产技术，已经形成了一个体系，成为中国传统农学的奠基石。

秦、汉、魏、晋、南北朝时期，黄河流域的农业生产虽然时常遭到战争的破坏，但仍在继续向前发展，是当时全国农业的先进地区。农业生产除粮食作物外，经济作物、园圃业、林业、畜牧业、蚕桑和渔业都获得了长足的进步，牛耕在西汉中期以后已普遍使用，并逐步推向全国；我国传统农具的许多重大发明，如耦犁、耢、耙、耧车、风扇、转磨、翻车等，都在这时出现了。到魏、晋、南北朝时期，北方旱地农业精耕细作技术体系已经形成，其具体表现是：在种植制度上形成了丰富多样的轮作倒茬方式；在耕作技术上则以抗旱保墒为中心，形成耕—耙—耢—压—锄相结合的耕作系统，并出现了"代田法"和"区田法"等特殊抗旱丰产方法；施肥改土更受重视，出现了穗选法和类似现代混合选种法等选种技术，并培育出许多适应不同栽培条件的品种。与农业发展相对应，这一时期，中国农学也进入了成熟阶段。据《汉书·艺文志》"农家类"载，西汉的农书有《董安国》《氾胜之书》《蔡葵》等。除此以外还有一些在当时不被视作农书的著作，如《相六畜》《神农教田相土耕种》《种树藏果相蚕》等，也应算作农书。整个汉代约有十几种农书，但大部分失传了，只有《氾胜之书》和东汉崔寔的《四民月令》的一些零星残篇通过后世文献的引用保存到了今天。《氾胜之书》已具有完整的农学思想体系。书中总结了农业生产上及时耕作、土地的利用和改良、施肥、保墒灌溉、及时中耕除草、及时收获6个基本环节的理论和技术问题，将农作物栽培的全过程当作一个有机的整体加以研究；同时，又对粟、麦、大小豆等十几种农作物从选种、播种、田间管理、收获和贮藏等方面分别加以论述。这两方面相当于后世农书的农作物栽培的总论和分论。《氾胜之书》对农学的论述要比《吕氏春秋》中的4篇更为准确、深刻和丰富，它的出现是我国农学进入成熟阶段的一个重要标志。《四民月令》是按每年的12个月和节气的先后，安排应该进行的农事操作以及手工业和商业经营等事项。该书在农学上的贡献主要是开创了农书写作的一种比较好的新体裁，后世农家月令类型的农书都源于它。在《四民月令》完成近400年后，出现了《齐民要术》。其间也有一些关于畜牧和种植方面的著作，留传下来的有《竹谱》和《南方草木状》，但这些著作对于农学来说，远不及《齐民要术》重要。北魏贾思勰的《齐民要术》是我国现存最早和最完整的农学名著，是农学发展史上的一个里程碑。该书对公元6世纪以前北方旱地农业生产技术的总结和阐发全面、精到，对后世农书的写作有极大影响，因此为中外农史研究者所推崇。

此后的唐、宋、元时期，我国的农学得到了全面发展。这一时期的一个显著变化是南方农业的发展和全国经济重心的南移。从唐代中期开始，南方农业已表现出迅猛发展的势头。唐代晚期南方水田已普遍使用先进的曲辕犁（又叫江东犁），元代又发明了中耕用的耘荡，于是形成了耕—耙—耖—耘—耥相结合的水田耕作体系；还有秧田移栽、烤田、排灌、水旱轮作稻麦两熟复种制的逐渐普及，以及讲究的积肥和用肥、作物地方品种的大量涌现。这些技术成就，标志着南方水田精耕细作技术体系的形成和成熟。唐、宋、元时期农业发展的另一表现是农作物品种极大丰富。当时棉花已传入长江流域，油料作物更加多样化，种蔗和种茶已发展成农业生产的重要部门，蔬菜和果树种类大大增加，作为园艺业分支的花卉栽培也十分兴盛。另外，畜牧和渔业也有了巨大发展，如青、草、鲢、鳙"四大家鱼"的养殖以及将野生金鲫鱼培育成观赏的金鱼都出现于这一时期。这一时期的农学著作有以下几个特点：（1）著作的种类空前增多。据统计，从战国至唐以前的近

1400年中的农书总计为30多种，而这一时期近800年中的农书总计则有170多种，增加了4倍半还多。(2)除了综合性农书继续发展外，专业性农书大量涌现，涉及蚕桑、茶、花卉、果树、蔬菜、农具、作物品种等各方面，占当时农书总数的一大半，反映了农学分科研究在这一时期，特别是宋、元时期十分发达。其中不少专业农书具有开创性和较高的学术价值。(3)出现了反映江南农业生产知识和南北兼顾的综合性农书，不少专业性农书也记述了南方作物。在唐代的农书中，武则天时撰写的《兆人本业》(686)是我国第一部官修农书(已佚)；陆羽的《茶经》是我国也是世界上最早的茶叶专著；晚唐韩鄂的《四时纂要》兼采字书、综合性农书和农家月令书之所长，重视对农业生产技术的记述，如种茶树、种菌子、养蜂以及多种药用植物栽培的技术都是中国最早的记载；唐末陆龟蒙的《耒耜经》既是一部最早专论农具的书，也是首次涉及江南农事的著作；另外，唐代的《司牧安骥集》是我国现存最古老的兽医专著。宋代的统治者对农业生产相当重视，真宗年间曾令朝臣编撰了《授时要录》。类似的官修农书还有《大农孝经》《本书》等，但都已散失。南宋陈旉的《陈旉农书》是现存最早反映江南农业生产的一部典型的地方性农书。该书从农业生产全局出发，农业经营和生产技术并重，突破了以前农书侧重耕作栽培技术的传统形式。另外，书中还第一次用专篇记述土地的利用、耕牛的饲养管理，并首次把蚕桑作为农书的重要部分来处理。南宋时还出现过一种描绘农业生产过程的《耕织图》，包括耕图21幅，织图24幅，每幅图附诗一首。该图虽已失传，但它以图配文的形式却对后来王祯《农书》和《天工开物》等著作有启发作用。除了以上几部农书外，宋代种类最多的是专业性农书，如蔡襄的《荔枝谱》、秦观的《蚕经》、陈玉仁的《茼谱》等，都是有关方面现存最早的专著；又如，韩彦直的《桔录》是中国也是世界上第一部系统总结柑橘栽培技术的专著，陈翥的《桐谱》也是中国和世界上最早的泡桐专著，二书都有着很高的学术价值。另外，宋代的花卉专著也很多，有20多种，著名的有欧阳修《洛阳牡丹记》、王观《扬州芍药谱》、陈景沂《全芳备祖》、刘蒙《菊谱》、王贵学《兰谱》等，它们反映了宋代在花卉栽培上取得的重大成就。元朝虽然建国不足百年，但由于统治者大力提倡农业，并设置司农司推广和奖励农业生产，所以在短时间内却留下了三部较好的农书。第一部是《农桑辑要》，是我国现存最早的官修农书，是司农司所编。该书的特点是体系完备、资料丰富、规模较大、注重实用；蚕桑部分受到特别重视，约占全书1/3；书中大力提倡向黄河中下游地区推广苎麻、棉花，除详述相关技术外，还对阻碍作物传播的唯风土论进行了批驳。《王祯农书》是元代第二部重要农书，它第一次兼论南北水旱田的农业生产技术知识，比以往农书更具有整体性和系统性。元代的第三部重要农书是维吾尔族鲁明善撰写的《农桑衣食撮要》，这是现存农家月令式农书中最好的一部。

明清时期，社会长期统一安定，有利于农业生产的发展。然而农业的发展大大促进了人口的增长，所以人多地少成为明代、特别是清代社会的一个重要问题。当时解决的办法主要有三个：一是千方百计开垦新地；二是引进推广新作物和高产作物；三是依靠精耕细作传统，提高土地利用率和单位面积产量。这些促使我国传统农业继续深入发展。意义特别深远的是在长江三角洲和珠江三角洲地区出现了堤塘综合利用的生产方式，它是现今"立体农业"或"生态农业"的先河。明、清时期，中国农书的种类和数量是历史上最多的，又因为距离今天时间比较近，也是现存农书最多的。《中国农学书录》著录历代农书总计为541种，而明清时期就有329种，占60%，即相当于以前1000多年农书总数的一倍半。明清时期有两部大型的综合性农书，一部是明末徐光启的《农政全书》；另一部《授时通考》，是乾隆皇帝下令编写的中国历史上最后一部大型综合性官修农书，但该书除了大规模汇辑前人资料外，并无新颖之处。明清时期的专业农书向着种类更多、内容更专更细的方向发展，如《龙眼谱》《水蜜桃谱》《桑志》《鸡谱》等，都是专记某一种动植物；又如专门讨论区田的著作就有《区田编》《教稼书》等10多种。一些专业农书在学术史上有重要价值，如明代《元亨疗马集》为兽医经典；明黄省曾《养鱼经》是现存最早的养鱼专书；明朱橚《救荒本草》是最早的救荒植物专著；另外，《治蝗考》《治蝗全书》等治蝗专书，在当时也有着重要的实用价值。这一时期地区性农书也很多，如《沈氏农书》（湖州）、《梭山农书》（江西奉新）、《齐民四术》（江淮）、《三农记》（四川）、《浦泖农咨》（江苏）、《马首农言》（山西新阳）等，这些农书对当时、当地的农业生产都有参考、指导的作用。

（一）《齐民要术》

北魏贾思勰撰写的《齐民要术》是中国现存最古、最完整的大型综合性农书，也是世界上第一部涉及多方面知识而被完整保存下来的农学巨著。贾思勰是山东益都人，曾做过高阳郡（今山东临淄县西北）太守。他是一位具有我国传统"农本思想"的地方官员，这一点从他写的这部农书的书名中就可以看出来。中国古代，统治者为了加强封建统治，将老百姓按与封建国家的关系编定户籍，叫"编户齐民"。《齐民要术》的意思就是老百姓谋生的主要方法。

《齐民要术》全书10卷，共92篇。书首有贾思勰的自序。在序中，他首先列举了经史中许多教训和故事，说明农业生产的重要性，并指出他写本书的目的就是教育大众和家人务农的道理。其次，指出本书的资料来源，"采捃经传，爰及歌谣，询之老成，验之行事"，即摘录古今书籍，搜集口头传说、民谣、谚语，访问有经验的老农，并亲身实验。现代研究证明，本书确实搜集了大量资料，其中谚语和歌谣有30多条，征引古代和当代著作160种。像《氾胜之书》《四民月令》等北魏以前的农业科技资料都赖此书得以保存。按照贾思勰的设计，该书的内容从耕种操作起，到制造醋和酱，凡与农家生活有关的都要包括。因此全书内容为：卷一，垦荒、整地1篇，收种1篇，种谷1篇；卷二，各种粮食、纤维、油料作物的栽培种植13篇；卷三，蔬菜作物的栽培14篇，其中"杂说"1篇；卷四，木本植物栽培总论2篇，各种果树栽培共14篇；卷五，材用树木和染料植物等11篇；卷六，家畜、家禽和养鱼共6篇；卷七和卷八上半，酿造酒、酱、醋、豉等共11篇；卷八下半和卷九，食品加工、保存和烹调共17篇，另有制胶和制墨2篇；卷十，"五谷、果蓏、菜茹非中国物产者"1篇。

《齐民要术》在学术上的成就和贡献在于系统总结了公元6世纪北方旱地农业科技知识，特别着重总结了《氾胜之书》后北方关于精耕细作的新经验、新成就。因此，该书的出现实际上标志着北方旱地精耕细作体系的成熟。

贾思勰继承了我国农学注重天时、地利、人力三要素的传统。他在《齐民要术》中指出:"顺天时,量地利,则用力少而成功多。任情返性,劳而无获。"清楚地论述了我国古代因时制宜、因地制宜的先进农业生产思想。根据这一思想,书中把农业操作的时间,按照不同作物分为上、中、下三时,又将土地所宜分为上、中、下三等,认为同一种作物因地方的不同和时间的不同,播种也应有所不同。这是符合科学实际的。

《齐民要术》总结的主要是北方旱地耕作的经验。而北方干旱少雨,如何平整土地,恰当地保持土壤的水分,也就是保墒,是保证农作物生长的重要一环。《齐民要术》提出了一系列精耕细作的技术原则。如强调秋耕的重要性,并认为初次耕地要深,再次耕地时要浅,耕地时要选择土壤湿度适当的时机等。又如耕地后把地糖平,中耕除草,可以防旱保墒,以及抢墒播种等经验,也是由贾思勰总结出来的。

贾思勰塑像

为了合理地利用土地和改良土壤,达到"用地养地"的目的,我国很早就出现了换茬轮作、复种等耕作方法。轮作、复种,就是依据作物的不同特性,在同一块田中每年换种不同的作物。如种谷用瓜茬,是因为瓜地施肥多,尚有余力可资利用。麦接黍茬,或小豆接麦茬,可以充分利用两种作物生长期的前后衔接。《齐民要术》对这些方法进行了总结,指出哪些作物可以轮作,哪些不能,完善了一整套轮作法。在讨论轮作换种时,《齐民要术》提出了绿肥的运用。每年的五六月间,在田间密种绿豆、小豆、胡麻等,七八月时犁耕,将这些作物埋在土下,到来年春播时,这些作物就变成了肥料。轮作制是我们祖先的发明,公元6世纪西欧还只知道用轮换休耕的办法来恢复地力,而到18世纪20年代,英国才开始推行绿肥轮作制。

《齐民要术》对作物种子的选育非常重视,仅《种谷篇》中介绍的谷子的品种就有80多种。书中对各品种的品质和特点进行了细致的分析,如作物的成熟期、植株高度、产量、质量等。这些都是以前农书没有的。书中还介绍了浸种、晒种和用药物拌种防治病虫害等选种和育种技术,有些技术在现代农业生产中仍在使用。

除了农业生产技术外,《齐民要术》还记录了许多其他方面的科学成果。在畜养方面,总结了相畜法(外形鉴定)和饲养管理、选种、育种等宝贵经验,是我国现存最早而且比较系统的畜牧科学文献。在兽医方面,收集了阉割法、直肠掏结术、兽医辩证论等,这些经验是我国及世界兽医学上的最早成就。由于贾思勰亲自观察农作物的生长情况和农副产品的加工过程,因此他的许多发现在生物学史上也是非常重要的。该书中介绍了雄麻和雌麻的不同特性,指出了花粉与结实之间的关系。在"制酱法"中,则明确了"黄衣"(即黄曲霉孢子)在制酱中的作用。他还发现了不同地理环境下作物产生的变异现象。如山西某地无大蒜,从河北引种后,蒜瓣细小而且多,不同于原种地的瓣大而少。贾思勰指出产生这种变化的原因是"土地之异"。

《齐民要术》内容丰富、资料多,记述详细。有人说它是"中国古代的农业百科全书"。在《齐民要术》产生后的 1000 多年,我国北方旱地农业生产技术的发展,基本上没有超出该书所指出的方向和范围。因此,它在我国农业发展史上具有里程碑的意义。

(二)《王祯农书》

《王祯农书》是继《齐民要术》之后的又一部重要的大型综合性农书。王祯,字伯善,元代东平(今山东东平)人,曾在宣州旌德(今安徽旌德县)和信州永丰(今江西广丰)当县官。王祯同样有着浓厚的农本思想,认为地方官有"劝导农桑"的责任。在任职期间,他对农业生产十分关心,广泛搜集和阅读历代农书和有关文献,还经常深入乡村进行实地观察,细心总结当地农民的生产经验。《王祯农书》就是在他做地方官时写成的。

《王祯农书》是中国农业科学技术史上第一部兼论南北,从全国范围总结农业生产经验的农书。分"农桑通诀""百谷谱""农器图谱"3 部分,约 11 万字。"农桑通诀",可以看作是农业科学的总论,从农业的起源,天时、地利和人力的应用,一直到农业生产的整个过程,以及蚕桑、畜牧等各个方面,每一个细节、每一个方面都有详细的论述。"百谷谱",相当于农业各论,记载了各种作物的栽培、管理、收获、利用等技术和方法。王祯把栽种的植物先列出谷属、蓏属、蔬属、果属及竹木、杂类、饮食等类,属(类)下再分细目,具

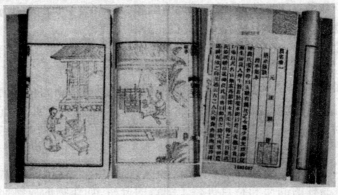

《王祯农书》书影

体叙述某种或几种栽培植物。这种写作方法对科学的农学分类体系的建立,做出了贡献。王祯还将被人们久已遗忘了的《齐民要术》中的"救荒"内容,扩充成一个专题——"救荒论"。这在古代天灾人祸、饥荒不断的年代,意义是十分重大的。"农器图谱"包括 20 门 261 目,展示了古代农业生产工具的卓越成就。以往的农书,除了《齐民要术》有"耕田""收种"两篇外,都是就各种农作物分论栽培种植各环节,而没有概括的总论;至于详细的分类方法,就更没有了;而把农具列为综合性农书的重要组成部分,也是《王祯农书》的首创。因此,建立了较为完整的农学体系,是《王祯农书》超越前人的一大成就。

注重天时、地利、人力的综合运用,是我国农业发展的光荣传统,在《王祯农书》中更加突出了这一点。为了便于人们掌握农时,王祯绘制了一幅"授时指掌活法之图",把星象、季节、节气、物候、农业生产程序,灵活巧妙地联成一体,指导人们合理安排农事活动。

王祯特别说明，按月授时只是取"天地南北之中气"作标准，由于地理距离的远近、天气寒暖的差别，人们应根据当地的实际情况做出调整。王祯很注意在我国广大地域中各地区适宜的作物不同的特点，认为"九州之内，风气不同。凡物之种，各有所宜。"他曾编绘了一幅"地域图"，标注出各地土壤的差异和适宜种植的作物。王祯希望人们能根据这幅图安排全国各地的种植。可惜该图后来失传了。用图标示农时、作业、土宜等，是王祯在农书中首开的范例。

棉花，我国古代称"木棉"，原来只在边远地区有少量种植。宋末元初，棉花开始向内地传播。王祯对棉花种植极为重视，他高度评价了棉花的推广种植以及在纺织加工方面的作用。"百谷谱"的"木棉"条中说：棉花有"不蚕而棉""不麻而布""又兼毡毯之用"的特点，可以弥补桑麻的不足。他曾用棉花从海南传到福建、陕西等地生长良好的事实，对"风土决定"说加以批驳，为棉花种植的推广做出了贡献。

《王祯农书》对农田水利的认识是比较全面、系统的。书中主张农田灌溉和航运、水力利用、水产等综合考虑，合理利用，并提出了兴修水利的条件和一些设想。在"农器图谱·灌溉门"中，介绍了多种灌溉工具的设计，并绘有图样。

"农器图谱"是《王祯农书》中的重点，也是这部书最具特色的部分。它的篇幅约占全书的80%。书中附图300余幅，其中绝大多数是农器。每件农器后附有图说和铭赞诗赋，说明该农器的构造和用途。"农器图谱"不仅包括了当时南北通行的农业生产工具，还描绘了当时处于世界先进水平的纺织机械、灌溉机械，甚至古代早已失传的机械，经过王祯的多方搜访、精心研究，也绘出了复原图。如西晋时发明的一牛转八磨，应用杠杆和齿轮传动，用力少而见功多，但久已失传。王祯通过研究复原，绘出了"连磨图"。又如东汉南阳太守杜诗，发明过一种用于冶炼的鼓风机械——水排，元代已不知它的制造方法。王祯不仅复原了"水排"，还用当时的"木扇"（简单的风箱）代替原来的皮袋，作鼓风装置，在技术上更为先进。同时也为我国"木扇"出现的年代提供了佐证。

水转连磬剧

"农器图谱"中还记载了王祯设计的一种称为"水转连磨"的机械。它用一个立式大水轮带动3个齿轮，每个齿轮又各带动3个盘磨，"三轮之力，互拨九磨"。轮下还可兼装几个水碓,用来舂米。这样,一套机械可以同时进行碾米、舂米、磨面 3 项工作,据说 1 天加工的粮食,可供 1000 户人家食用。干旱时节,只要在主轮上安上水筒,它就可以起到引水灌溉的作用。王祯这种一机多用的设计思想,具有相当高的科学技术价值。

"农器图谱"无论是在数量上还是在质量上都是空前的,它是我国现存最古、最全的农器图谱。明朝的《农政全书》、清代的《授时通考》,以及大型类书《古今图书集成》中的农器图,大部分取自《王祯农书》。

王祯的创造才华不仅表现在农业方面,而且体现在他对印刷术的贡献上。《王祯农书》中有篇杂录"造活字印书法",记载了王祯发明的木活字和转轮排字架,是我国活字印刷术的宝贵文献之一。沈括《梦溪笔谈》记述毕昇发明泥活字时,曾说过之所以不使用木活字,是因为木材质地疏密不一致,沾上水膨胀后高低不平,而且排版后沾在字上的松脂、蜡、纸灰等不容易去掉。王祯克服了这些困难,大规模地使用了木活字。王祯以后,木活字印书一直在我国流行。转轮排字架是一架可以转动的轮盘,将活字按音韵分类排布在轮盘上。排版时,人只需坐着转动轮盘,就可以找到要找的字。

(三)《农政全书》

明末徐光启撰写的《农政全书》是中国古代最大的一部农业百科全书。徐光启(1562~1633),字子先,号玄扈,明代松江(今上海)人。他一生中多次担任高官,官至尚书、内阁大学士。徐光启是我国古代第一流的科学家,对农学、天文、历法、数学、测量、水利等方面都有突出贡献。他又是一位沟通中西文化的先行者,曾向意大利人利玛窦学习西方科学技术,并且最先翻译外国著作,如《几何原本》等。作为一个政治家,中国传统的重农思想深深地影响着他,在他的科学研究活动中,农学是他用力最勤的学科之一。他曾经在上海开辟小型试验园地,进行甘薯的引种和栽培实验,后来又两次利用病休的机会在天津试办水利和经营农事,有着丰富的农业经验。1621 年,他开始专心研究总结古代农业文献,并进行各种栽培试验,写作《农政全书》。可惜直到他去世,这部农学巨著都还没有定稿。后来,江南名士陈子龙邀请一些人对这部书进行整理,于 1639 年刻印成书。

《农政全书》共 60 卷,约 70 万字。全书分 12 个项目,包括:农本(经史典故、各家杂论等)、田制、农事、水利、农器、树艺(谷物、蔬菜、果树)、蚕桑、蚕桑广(木棉、苎麻)、种植(经济作物)、牧养、制造(食品加工、房屋建造等)、荒政(备荒)。《农政全书》引用了古代农业文献达 200 多种,比《齐民要术》《王祯农书》都要多,约占全书的 90%。但徐光启并不是照搬前人著作,而是经过精心挑选、剪裁,把它们归纳到一个完整的体系之中。在许多地方,他还写了夹注、旁注、评语或加了圈点,以表达自己的观点。同时他自己的许多农学著述也收入了这部著作中。

作为一个身居要职的政治家兼农学家,徐光启写作农书的角度和方法自然和前人有所差别。他的农书并不只是从农业生产技术方面进行一般性的总结,还就发展农业生产的政策、制度、实施措施等方面进行了论述。书名的"农政"一词,就表现了徐光启的深刻用心。屯垦、大规模的水利工程、备荒三项,不是一般的农业生产措施,但却是保证农业生产和农业劳动者生活安定必备的基础,而这些又不是无组织的农民自己可以办得到的事情。以前的大小农书,除《王祯农书》中曾小规模地谈过备荒外,从没有集中和系统地叙述过这三件事。徐光启把这三项突出地提了出来,成为《农政全书》的显著特色。

明朝末年,朝政衰败,军队腐朽,人民流离失所。徐光启看到这些现象,在《农政全书》中辑录了前人关于垦田的具体方法和实际经验,也介绍了自己的垦田实践,意图是针对当时严重存在的弃耕撂荒现象开列药方。尽管他提出的一些技术措施是合理的、可行的,但这些主张也只能是一些细枝末节的改良。当时的根本问题是大地主激烈的土地兼并,劳动人民极度贫困,不解决这个主要矛盾,单是建议开垦荒地,是解决不了问题的。

徐光启十分重视水利方面的工作,认为兴修水利可防止旱灾和水灾,是充分发挥土地功能和粮食丰收的保证。在《农政全书》中,他系统总结了前人和自己的农田水利理论,其中尤其以他提出的用水五法最为重要。这五法是:(1)用水之源,就是利用泉水,分别说明了水源高于田地、低于田地、近于田地、远离田地等情况下,应采取什么方法加以利用;(2)用水之流,就是怎样利用河、塘、浦、泾、浜的各种水流的方法;(3)用水之潴,就是利用湖泊等积聚的水源;(4)用水之委,就是利用大海潮汐,以及岛屿、沙洲等地方对水的利用;(5)作原作潴以用水,就是凿井、挖塘、修水库等方法。《泰西水法》是徐光启和传教士共同翻译的一本介绍西方水利工程的书,在翻译的同时,他还请工匠制作器械,进行实验。这部译著也被收入《农政全书》,丰富了农田水利的内容。

徐光启非常注意备荒、救荒的问题,认为有备无患,人定胜天。该书中辑录了历代备荒、救荒的具体措施,并记入了他自己的研究成果。明初朱橚的《救荒本草》是我国最早的救荒专著,也是古代植物学的重要著作。徐光启将它全部收入《农政全书》。他曾亲自尝过《救荒本草》中的一些野菜、野果。

《农政全书》重视"农政",但并没有因此而忽视具体的农业生产技术。书中不但收集了前人著作中的农业技术,而且总结了当时农业生产的新经验。明代,棉花的生产和纺织技术已经有了很大发展。徐光启全面研究了棉花的品种、选种、种子贮藏和播种前处理、播种时期、间作套种、施肥技术,以及"摘心"等田间管理技术,提出了比较完整的棉花栽培技术理论。他将这些理论通俗地概括成14个字:"精拣核,早下种,深根短干,稀料肥壅"。他看到当时北方盛产棉花,却要运到南方去织布,认为很不合理,认为北方应当发展棉纺织业。为了解决北方天气干燥,纺织中容易断线的问题,在书中他介绍了肃宁(在今河北省内)人在地窖内纺织,以保持空气湿度的方法,供人们参考。

徐光启非常热心推广高产作物和优良品种。甘薯当时传入我国不久,他亲自在田间种植,仔细观察,写成了《甘薯疏》,收入《农政全书》,提倡人们大量种植,用来备荒。《农政全书》中对许多新引入、新驯化的作物,都做了详细的记录。徐光启认为,"风土不宜"的说法是传播新品种、新技术的极大障碍。我国古代农书里的"风土说",本来有因地制宜种植农作物的含义,是有一定科学道理的。但是如果把它作为教条,认为某种植物只能生长在某地,而没有种过的地方绝对不能种,就妨碍了农业生产的发展。他列举了棉花、颇棱(菠菜)等一批引种作物,并结合自己的实践,对"风土说"的保守思想进行了批驳。

为了消灭蝗灾,徐光启统计了我国历史上记载的蝗灾发生的时间和地点,总结规律,认为蝗灾多发生在谷物成熟的五、六、七月,地点一般是湖泊沼泽、旱涝无常的地区。他还访问老农，研究蝗虫的产卵、变蛹、成虫和群集飞行的规律，成为我国古代详细描述蝗虫生活史的第一人。《农政全书》不但说明了蝗虫的危害和捕捉方法，而且指出，治蝗一定要发动群众，才能收到良好的效果。

《农政全书》全面总结了中国 2000 多年来农业科学的成果，还吸收了西方农业科学知识，是中国古代农学集大成之作，其科学性和实践意义都远超以前的同类著作，在农学史上占有重要地位。

中医药学

　　中国医药学具有悠久的历史,它是我国人民几千年来与疾病斗争的智慧结晶。传说中,神农、黄帝被认为是我国医药的创始人。据说神农尝百草,了解药性,一天就中毒70多次。一天中毒70多次而不死,的确是个神话,但在神话的背后,反映的却是我们祖先认识药物的艰辛历程。这个神话中有一点是符合历史事实的,即先民们早期所使用的药物,确实是以草类居多,以至于我国整个古代一直将药物学叫作"本草学"。黄帝,今天被奉为我们中华民族的远祖。传说他和他的大臣岐伯、伯高、少俞、雷公等,都是医学高手,并且经常在一起讨论、研究医学问题,为中医的发展做出了贡献。神话传说虽然未必真有其事,但神农、黄帝所代表的,是我们祖先由蒙昧进入到文明的一个重要时代。所以,我国早期的医学著作,如《黄帝内经》《神农本草经》等,多托名于黄帝、神农,其中就有着一份对祖先开创之功的仰慕之情。

　　在我国,关于医药的记载是从商代的甲骨文开始的。殷墟出土的10余万片甲骨文中,有323片与疾病有关,包括内、外、妇、儿等20多种疾病。西周至春秋,古文献中关于医药的记载逐渐增多。如《诗经》中就记有后世入药的植物80余种;《山海经》虽成书于战国,但其中的资料却由来已久,该书不仅所记的药物数量扩大到了120多种,而且一般都和主治的疾病相联系,说明其功效和使用方法。在远古时代,医和巫是不分家的,即巫师不仅从事鬼神活动,而且兼管人间疾病的治疗。到西周时,巫与医已开始分立,出现了专职医生,并有了简单的分科,还建立了一套医疗制度。当时,"医师"总管医药事务,他不仅负责对医生的年终考评,而且有收集病例记录和报告的责任。专职医生的出现和医事制度的建立,为医学经验的积累和医疗水平的提高创造了条件。

　　春秋战国至两汉时期,我国古代医学得到了巨大发展,特别是对中医基础理论的建立来说,这是一个黄金时代。早在春秋晚期,一些著名的医学家就开始了对古代医学经验和知识进行系统整理和总结的工作。据《左传》记载,秦国的医和曾把致病的原因归结为阴、阳、风、雨、晦、明六气。六气致病说是我国最早的病因理论。稍后的名医扁鹊(秦越人)在医疗活动中已使用望、闻、问、切的"四诊法",这是后世中医诊断疾病的基本方法和手段。伴随着医学经验和知识的总结和整理,医学专著也开始出现。1973年,在长沙马王堆三号墓出土了大批竹简帛书,其中就有医书14种,包括经络、脉法、医方、养生、胎产各个方面的内容。这些医书产生的年代大致在春秋末期到秦汉之间。其中《足臂十一脉灸经》《阴阳十一脉灸经》《五十二病方》等,都是迄今发现最早的医学专著。除马王堆出土的医书外,这一时期产生的医学著作还有很多。据《汉书·艺文志》记载,在汉成帝河平三年(前26)侍医李柱国校订政府收藏的医书时,就已有医经七家,216卷,医方11家,274卷。在众多的医书中,《黄帝内经》《难经》《神农本草经》《伤寒杂病论》四部医书的产生,在中医药发展史上具有重要意义。《黄帝内经》成书于战国时代,该书引进了气、阴阳、五行学说,系统总结了古代的医学理论和治疗经验,奠定了中医学的理论基础,至今中医许多根本性的医学观点和理论原则仍以该书为依据。《难经》全称《黄帝八十一难经》,是西汉后期至东汉时的作品。该书以设难解疑的形式,从脉学、经络、脏腑、疾病、针灸、腧穴等方面,补充了《黄帝内经》的不足,完善了《黄帝内经》中的中医理论;特别是第一难中提出的"独取寸口"的诊脉法,千年以来,临床一直沿用,意义深远。《神农本草经》大约成书于西汉后期至东汉前期,是我国现存最早的药物学专著。书中共载药物365种,并根据药物的作用分为上、中、下三品,还提出了许多药物学的重要理论,如药物的君、臣、佐、使,药物的配和关系,以及药物的采集时间、炮制和贮藏等,从而为后世药物学的发展奠定了基础。《伤寒杂病论》为东汉张仲景所作,是我国现存最早的临床医学的巨著。该书论述了外感热病及其他杂病的辨证治疗方法,将理、法、方、药有机地结合起来,确立了辨证论治的理论原则,成为后世临床辨证论治的鼻祖。上述四部医学著作,被后世称为四大医学经典,它们的出现,标志着中医药学理论体系的形成。

两晋、南北朝至隋、唐、五代的700年间,中医药学以前所未有的速度发展起来,具体表现是临床医学的各个学科以及药物学、方剂学等方面的研究出现了繁荣局面。之所以出现上述现象,主要原因是经常的战争和自然灾害,造成了大量的伤病人员,社会对医药的需求十分迫切,社会的需要又迫使各个政权的统治者不得不重视医药学的整理、总结和研究。从南北朝开始,医药官员的设置就不断增加,刘宋政权又设置了太医署和医学,开创了官办的医学教育;北魏政权还组织人员编写医药书籍,并向全国各地乃至乡村推广普及医药知识。另外,这一时期道教兴盛,炼丹服石之术在社会上风行,从另一个侧面推动了医药学的发展。医药学的发展,带来了医学著作的大量涌现。仅《隋书·经籍志》所载医书就达256部,合4510卷。晋代的重要医书主要有3部,即王叔和的《脉经》、皇甫谧的《黄帝针灸甲乙经》和葛洪的《肘后备急方》。《脉经》是我国现存最早的比较完整的脉学专著,书中总结了汉代以前脉诊的经验,将脉象分为24种,并论述了脉形、诊脉方法、脉象与脏腑关系、脉象阴阳的分辨以及妇人、小儿脉的辨识等。该书奠定了中医脉学诊断的基础,后世脉学虽有所发展,但基本上是在《脉经》基础上的发挥和演化。《黄帝针灸甲乙经》(简称《甲乙经》)是现存最早的针灸学专著,也是针灸学的经典著作,该书纠正了晋以前经穴混乱的现象,将穴位统一为单穴49个,双穴300个,共计349个穴位,并具体指明了针刺深度、留针时间和艾灸时间,以及针灸的适应证和禁忌证等,对后世的针灸学产生了极大的影响。《肘后备急方》是东汉以来盛行的方书中最著名的一部,相当于现在的"急救手册",因此书中选方务求简便、灵验,用药也多是易得、廉价之物,极适合穷乡贫户急病所用。该书首次记载了恙虫病和天花病,其用狂犬脑防治狂犬病的方法是中医免疫思想的萌芽。晋代及以后的南北朝时期,中医外科也很有发展。其原因,一是战争创伤极多,二是炼丹服石造成痈疽、背疮等多发症。当时关于这方面的医书很多,有近20种,但只有南齐龚庆宣的《刘涓子鬼遗方》留传下来,成为目前所见最早的外科专著。南北朝时期,在药物学的研究上取得了很大成就。首先是梁代陶弘景撰写了《神农本草经集注》,该书摒弃了《神农本草经》以上、中、下三品分类的方法,创立了以药物的来源和自然属性进行分类的新方法,全书药物730种,分为玉石、草木、虫兽、果、菜、米食和有名未用7类,后世的本草著作都是在此基础上发展起来的。刘宋时期,雷敩编著了我国最早的药物炮制技术专著——《炮炙论》。原书已散佚,从后代所引的内容来看,其炮制方法和技术非常广泛,基本包括了中药炮制的主要方法。隋朝医家比较重视对病因、症候的研究,在这方面取得了很大成就。隋大业六年(610)太医博士巢元方等人奉命编撰的《诸病源候论》,是我国历史上第一部系统论述病因症候的专著。书中列症候1700余条,包括了内、外、妇、儿、五官等各科疾病的病因、病理和症状,其中有不少创见,如发现疥疮是由疥虫引起的,比欧洲要早1000多年,又如缝合断肠和结扎血管的方法,也比欧洲分别早500至800年等。该书是我国历史上内容最丰富的探讨病因、病机的专著,反映了我国医学理论的发展和临症实践的提高。唐王朝对医学非常重视,中医药学由此得到进一步发展。公元659年官修的《新修本草》收药844种,且图文并茂,是我国也是世界上由国家颁行的最早的一部药典。在此之后,又出现了《本草拾遗》《食疗本草》《海药本草》等本草著作,反映了唐代本草学研究的繁荣。唐代在临症医学上也取得了显著的成绩,出现了大量的方书,代表作是孙思邈的《千金方》和王焘的《外台秘要》。《千金方》是《千金要方》和《千金翼方》的简称,前者内容包括中医基础理论和临症各科的诊断、治疗、针灸、食治、预防、卫生等,并把妇科病和小儿护理放在重要地位;后者是前者的补充,内容包括本草、伤寒、中风、杂病等。该书以医方主治为纲,收载药方共计6500多个,成为唐以前医方学的集大成者。另外,在药物学上,该书也取得了巨大成就,《千金方》收载当时药物800多种,对其中200多种药物的采集和炮制作了详细描述,还补充了许多治疗方法和外来医药知识。孙思邈也因为在药物方面的成就而被后人尊称"药王"。唐代还有一部重要的医学著作,那就是宇陀·元丹贡布编写的《四部医典》。该书内容丰富,既吸取了汉族的医学经验,又吸取了邻国印度的医学经验,从而形成了独特的藏医学体系,是中国传统医学中的一枝奇葩。

宋、辽、金、元时期,印刷术和造纸术的发展有力地促进了医学的著述和传播。宋代的统治者也很重视医学,曾下令搜集民间所藏的医学典籍,还颁布了许多方书和本草药典。从宋代开始,文人开始加入医学研究的行列中来,范仲淹有一句名言,即"不为良相,愿为良医",所以文人懂医,成为一时风尚,这使得医学研究队伍的水平大大提高。由于上述原因,宋元时期的医学得到了全面发展。首先是本草学著作大量出现。宋政府下令编修的《开宝本草》收药物983种,其后的《嘉祐本草》所收药物已增至1082种,后来苏颂又根据各地呈送的药草图,整理成《图经本草》。大约在哲宗元祐年间(1086~1094),四川成都一个医生唐慎微编写了一部《经史证类本草》,此书在本草学发展史中占有重要地位。该书收药物1700多种,每药附图,并有单方3000余首,方论1000余首,内容之丰富,超越了以前历代的本草著作。这部著作后经宋政府几次修订,由官方颁布,成为《本草纲目》出现以前最好的本草著作。宋代的方书也很多,其中官修的方书就有《太平圣惠方》《圣济总录》《太平惠民和剂局方》,至于像《苏沈良方》(苏颂、沈括合著)等私家方书更多达100多种。宋元时期临床医学成就也很突出,特别是分科很细。如儿科专著有钱乙《小儿药证直诀》、陈文中的《小儿痘疹方论》等,妇科专著有陈自明的《妇人大全良方》等,外科专著有陈自明的《外科精义》等,五官科专著有《亡名氏经验眼药方》《亡名氏咽喉口齿方论》等,解剖学专著有《五脏图》和《存真图》,法医学方面则有世界第一部法医学专著——《洗冤集录》。在临床各科中,针灸学的发展值得注意。宋代王唯一的《铜人腧穴针灸图经》和元代滑寿的《十四经发挥》统一了以前各家对腧穴的不同说法,定周身腧穴为651个,成为后世针灸取穴的标准。宋元时期在医学理论上的重大成就是产生了金元四大医学流派。医学流派和医学争鸣的出现,反映了医学理论在历代经验积累的基础上,有了重大突破。如金朝刘完素通过研究"运气"学说,得出"火热"是导致疾病的主要病因,治疗上主张用寒凉药物,人称"寒凉派",主要著作为《素问玄机原病式》《素问病机气宜保命集》《宣明论方》等;金代张从正则认为邪气是一切疾病产生的根源,非人身所固有,主张用汗、吐、下三法攻邪祛病,人称"攻邪派",主要著作为《儒门事亲》;金元医家李杲提出脾胃是元气之源,"内伤脾胃,百病由生",主张治病应以升举中气、温补脾胃为主,人称"补土派"(脾胃五行属土),著有《内外伤辨惑论》《脾胃论》等;元代朱震亨认为人体是"阳常有余,阴常不足",湿热相火耗伤真阴为病最多,治疗上主张用滋阴降火的方法,人称"滋阴派",著作有《格致余论》《局方发挥》等。金元四大家从不同的侧面继承并发展了《黄帝内经》的医学理论,使我国的医药学体系发展到新的高度。

明中叶资本主义萌芽,一批知识分子转向实学,再加上清初一些知识分子不愿仕清,由儒转医,大大加强了明清时期医学研究的力量,因而医学著作的数量急剧增加。明清医家在个人著作中,更多地体现了理论和实践相结合的特点,如李时珍、王清任,以及温病学派的著作,都是在大量实践的基础上写出的。明清时期在医药学上有两大重要成就,一是药物学的大规模总结,一是温病学派的形成。明清两代不像宋代政府那样对本草书籍重视,只有明孝宗年间太医院编过一部《本草品汇精要》,收药物1815种,但当时没有刊印,影响不大。然而民间对本草的研究却取得了巨大成就,其中李时珍的《本草纲目》收药物1892种,分类合理,叙述详尽,资料丰富,是明末以前本草学研究的总结性著作,在国内外都产生了巨大影响。在《本草纲目》产生的前后,还有几部重要的本草著作,如明代兰茂的《滇南本草》是一部专门总结我国云南滇池地区药物和用药经验的地方性药物著作;清代赵学敏的《本草纲目拾遗》载药921种,其中《本草纲目》未收或记述不详者716种。温病,主要指急性发热性传染病,以及一些流行病、时令病等。张仲景以来的医家多以外感风寒(伤寒)诊治。明清两代,传染性疾病流行,临床实践中对温病有了更深刻的认识。此时兴起的温病学派认为急性热病是由于感受四时不同的温邪引起的,并逐步在病因、病理和治疗原则方面形成了一套独立于伤寒学说的比较完整的理论。早在洪武元年(1368)王履的《医经溯洄集》中就从病理学上明确指出温病与伤寒不同,从而开拓了认识传染病的新道路。明末的吴有性则在《温疫论》中对温病的病因、传染途径及相应的治疗方法进行了详细的讨论,特别是他将诱发传染病和疔疮、痈疽、丹毒、发斑、痘疹等疾病的原因归结为"戾气",并说明"戾气"是"从口鼻而入",有着很高的科学价值。该书的出现,反映了我国传染病学的革新,为温病学说的形成奠定了基础。清中叶,温病学说又有发展,出现了治疗温病四大家——叶桂、薛雪、吴瑭、王士雄。叶桂被认为是温病学派的创始人,著有《温热论》,从理论上概括了外感温病的发病途径和传变,提出了"卫、气、营、血"四个病变发展阶段,以便更好地辨证论治。《温热论》后来被奉为温病学派的经典之作。在此之后,薛雪的《温热条辨》、吴瑭的《温病条辨》、王士雄的《温热经纬》分别总结和发展了温病学说,并使之达到成熟阶段。明清时期在医学的其他方面也取得了很高的成就，留下了一些重要的医学著作，如《痘科金镜赋集解》《种痘心法》等记载了我国人痘接种术的发明；《名医类案》集医家医案之大成，是医疗经验的宝库；《普济方》是网罗了明代以前各家处方的医方巨著；《针灸大全》《针灸大成》是针灸学的总结性著作；《医林改错》是研究人体脏腑的重要的解剖学著作等。

大约在明末清初，西方医学开始传入我国，鸦片战争后，西方医学的传播更为广泛。当时一些人既通晓中医，又对西洋医学有着浓厚的兴趣，并将两者进行比较，试图将中西医结合起来。如罗定昌的《脏腑图说证治合璧》，唐容川的《中西汇通医经精义》，朱沛文的《华洋脏象约纂》等。可以说中西医相结合的道路从那时就开始了。

（一）《黄帝内经》

《黄帝内经》简称《内经》，是我国现存最早的医学理论著作。全书并非一人一时之作，而是经许多年代由许多医学家的经验、心得和理论概括而成。一般认为，该书的主要内容完成于战国时期，后来传抄中又补充了一些后人的内容。

《内经》全书18卷，分为《素问》（9卷）和《灵枢》（9卷）两部分，每个部分各81篇。书中内容是以黄帝同臣子岐伯、伯高、少俞、雷公等人问答讨论的形式进行论述。由于并非出于一人之手，所以各篇的编次比较散乱，字句文风不太一致，内容也有重复甚至矛盾

《黄帝内经》书影

的地方。总的说来，《素问》内容偏重中医人体生理病理学、药物治疗学基本理论，论述了人体的发育规律、人与自然的相应关系、养生原则和方法、早期预防和治疗思想、阴阳五行学说、脏腑学说、各种疾病的治疗原则和方法等；《灵枢》则偏重于针灸理论、经络学说和人体解剖，论述了九针形质、用法、禁忌和人体经络循行、穴位，以及人体体表与内脏解剖、针灸方法与原则、体质类型等。《内经》对先秦的医学经验和知识进行了系统的总结和提高，形成了一整套中医学基础理论。

阴阳和五行学说，是产生于春秋战国时的哲学思想。它用阴阳两个方面的对立统一和金、木、水、火、土五行的相生相克关系来说明自然界的运动规律和存在的普遍联系，是古代自发的唯物观和朴素的辩证思想。《内经》吸收、运用和发挥了这些学说，将它们与医学实践结合起来，建立了中医的整体观念。《内经》认为，人体阴阳的相对平衡和协调

是维持正常生理活动的必备条件,如果失去这种相对的平衡和协调,人就会产生疾病。例如人体体表为阳,体内为阴;心、肝、脾、肺、肾五脏为阴,胃、大肠、小肠、膀胱、胆、三焦六腑为阳;那么对于疾病来说,热为阳盛,寒为阴盛。在脏腑方面,除了辨别阴阳外,还将其与五行对应起来,肺属金、肝属木、肾属水、心属火、脾属土,通过五行的生克关系,不难知道脏腑各器官的"利害"关系。《内经》还认为,外部世界也存在着阴阳和五行关系,而"人与天地相应",因此四时季节的变化、地理环境、生活方式和心理情绪都对人体的状况产生影响。这样,在《内经》中,人体各器官之间,乃至人与自然之间,构成了一个既相互区别,又相互联系和作用的有机整体。那么,与之相对应,在医疗实践中则必须全面把握疾病与种种因素之间的复杂、微妙关系,采用不同的治疗方法和原则。整体观念是中医诊疗和分析病症的主要思想方法之一,它贯穿《内经》的脏腑、经络、解剖和治疗等各个方面。

脏腑、经络学说是中医用来说明生理和病理的重要理论。《内经》中对这一理论的叙述已经比较系统和全面。五脏,指心、肝、脾、肺、肾;六腑,指胃、小肠、大肠、膀胱、胆和三焦。《内经》中的五脏六腑与现代医学的解剖概念不完全相同,它更着重于机体的功能。它认为五脏的功能是容纳人体精气,六腑的功能则是消化运行。经络,是人体气血运行的道路,干线叫经,分支叫络。《内经》把人体经络分为十二经脉,另有奇经八脉等运行通道。经络将人体的各个部分,从表里上下脏腑器官联系沟通为一个统一的整体。《内经》叙述时提到,饮食经过胃和消化系统的吸收,其中水谷的精微之气,散之于肝,精气的浓浊部分,上至于心。《内经》还指出,"心主身之血脉","经脉流行不止,环周不休","经脉者,所以行血气而营阴阳","内溉五脏,外濡(滋润)腠(cou)理(肌肤)"。这些叙述表达了《内经》对人体生理活动的整体认识,其中心脏和血脉的关系,以及血液循环的描述,在世界上都是较早的。公元前4世纪希腊的希波克拉底还不知道血液是流动的,而西方血液循环理论的提出则要晚至17世纪。

《内经》中已经有了许多解剖知识。《灵枢》中指出,人体体表的解剖部位,可以通过度量予以确定,而内脏的解剖,就要在死后切开胸腹进行观察。《内经》中记载的人体骨骼,血脉长度,内脏器官的大小、容量等,虽然不很准确,但基本上是符合实际情况的。解剖实践加深了人们对人体结构、功能及其联系的了解,为医学理论的建立提供了依据。

关于致病因素和病理变化的机制,《内经》中有丰富的论述。《内经》把引起疾病的风、热、燥、湿、寒等外来因素称为"邪气",认为人体正气旺盛,邪气不容易伤害人体,而当人体相当虚弱的时候,邪气才能引起疾病。《内经》中还提出身心统一的观点,认为精神因素和身体状况是相互影响的,喜、怒、悲、恐、思等情绪变化的根源在于脏腑功能,反过来又影响脏腑功能的发挥。《内经》中还论述了地理环境、气候等自然条件对疾病发生所起的作用,认为不同的地理环境,人们的生活习惯不同,所患的疾病也各有特点。《内经》中已开始按五脏、六腑、筋、肉、经脉、骨、肌等对疾病进行分类。书中记载和分析了44类311种临床病症,包括许多常见病。对疾病进行分类是医学科学的基础工作,《内经》的记叙,为后世深入研究病症,提供了极有价值的临床参考资料。

对于疾病的诊断,早在公元前5世纪,扁鹊已开始运用切脉结合望诊诊断疾病。到了《内经》时代,又予以归纳、总结,并有所补充和发展。《内经》称搏动的血管为"动脉",

它谈切脉，除了目前仍然沿用的两手腕部的桡动脉外，还记载了头面部的颞颥动脉和下肢的胫前动脉，作为人体体表的 3 个切脉部位。脉诊是我国古代医学家长期实践的总结。脉学后来传到日本、朝鲜、阿拉伯、欧洲，对世界医学做出了贡献。至于望诊，《内经》中经验更丰富，内容也趋于完善。书中还特别强调切脉和望诊等方法的互相结合运用，以防止诊断的片面性。

在疾病的治疗上，《内经》中精辟地分析了"治病必求于本"的道理，并论述了在临床上如何掌握治标、治本的问题。在具体治疗中，《内经》运用了内服、外治、针灸、按摩、导引等多种治法。其中对针刺疗法的记载最多，如器材的准备、穴道的分布、持针的法则、泻补的技巧、针刺的剂量和禁忌等，都有较详细的论述，直到今天仍有重大意义。值得一提的是，《内经》中有腹腔穿刺术治疗腹水病症的详细记录，反映了我国古代医家的聪明才智和医疗水平。

《内经》中特别强调了"治未病"，也就是以防病为主的医疗思想。书中指出，如果一个人病乱已成，再吃药治疗，就像口渴了才想起打一口井，不是晚了吗？《内经》认为一位高明的医师必须预防疾病于未发生之前，或至少应当在疾病刚刚形成之时就能加以控制，不使发展到难治的地步。为了预防疾病，书中提出了适应四时气候变化、保持饮食起居卫生、节制色欲、培养健康的精神状态等方法，都是切实可行的，为养生学的发展做出了贡献。

《黄帝内经》在医学理论方面取得的成就，奠定了中医学理论的基础，其影响是深远的。历史上许多人对这本书进行了大量的研究和注释工作，到今天仍是我们学习和研究中医理论的必读之书。该书的部分内容还被翻译成日、德、英、法等多种文字，是欧美各国研究中国医学的重要文献。

（二）《伤寒杂病论》

东汉张仲景所著的《伤寒杂病论》是我国第一部临床辨证论治的专著。张仲景名机，仲景是他的字，今河南南阳人。东汉末年，政治极端黑暗，军阀混战，灾荒不断，再加上疫病流行，给人民带来了深重的苦难。"白骨露于野，千里无鸡鸣"，就是当时凄凉景象的写照。张仲景就生活在这样一个年代里。据说他的家族 200 多人，10 年中染疫而死的竟达 2/3，其中患"伤寒"死的又占了 7/10。张仲景目睹人民的贫病交加，又为亲人的去世感到万分悲痛，于是立志研究医学。张仲景对当时庸医误人和迷信鬼神巫术的现象十分痛恨。他认为，要战胜疾病，只有给人们提供有效的治疗方法。为了实现这一目的，他一方面"勤求古训"，刻苦攻读《素问》《九卷》《难经》《阴阳大论》等医学典籍，吸取前人的宝贵遗产；同时"博采众方"，向当时的名医学习，广泛搜集民间流传的经验药方，并在临床实践中加以检验。经过几十年的艰苦努力，终于在他晚年完成了《伤寒杂病论》这一医学巨著。

《伤寒杂病论》分"伤寒论"和"杂病论"两部分，但由于战乱不休，成书后不久就散失了。晋代医学家王叔和对该书曾进行过收集整理，《伤寒论》就是他整理的，但这部书没有杂病部分，可能是由于散失不传。北宋时期，翰林学士王洙在皇家藏书阁中发现一部分蠹简，考订其主要内容是《伤寒杂病论》。稍后，校正医书局的孙奇、林亿等将其重新整理编校，因论伤寒部分已有王叔和整理的《伤寒论》行世，故只选取了论杂病为主的内容，称为《金匮玉函要略方》，简称《金匮要略》。于是，《伤寒杂病论》被正式分为《伤寒论》和《金匮要略》两部著作。

张仲景画像

《伤寒论》10卷，22篇，397法，113方，专门论述伤寒的辩证与治疗。"伤寒"一词不同于现代医学病名中由伤寒杆菌引起的"伤寒"，它泛指一切受外来"寒邪"侵袭而引发的热病，包括一些急性传染病等。张仲景运用望、闻、问、切四种诊断方法对伤寒病症进行了分析、研究。在《伤寒论》中，他根据伤寒病的各种症状、人身体的强弱和疾病发展的不同阶段，将其归纳为太阳、阳明、少阳三阳病和太阴、少阴、厥阴三阴病共六大类。书中指出了每一类病候的基本症状和脉象，作为辨证的依据，并从疾病的发展过程中辨别病理变化，掌握病症的实质。这就是"六经辨证"。《伤寒论》中还提出阴、阳、表、里、寒、热、虚、实八种辨证方法，后世称为"八纲"，它是辨证论治的具体应用的法则。八纲中阴、阳作为总纲。因为我国古代医学认为，一切疾病都是因为阴阳偏盛或偏衰所致，所以诊病必须分清疾病的阴阳，以及判断它属三阴、三阳的哪一种类型。在此基础上，还要分清疾病部位的深浅（表里）、疾病性质的寒热、邪正的消长盛衰（虚实），然后才能做出诊断。八纲和六经辩证的关系十分密切，是临床辨证论治的基础理论。这一理论使许多复杂疾病的分析和归纳都非常系统、清晰，让人容易掌握。

《伤寒论》还总结出一套治疗原则和治疗方法，也就是在辨证基础上的"论治"。书中把治疗原则分为驱邪和扶正两大方面，认为一些发病急剧、人体还消耗不大的疾病，如三阳病，应当以驱邪为主，迅速消除病灶；而对一些发病缓慢或病程长久、体力消耗比较大的疾病，如三阴病，就要采用扶正的方法，恢复病人的抗病能力，调动人体本身的积极因素。除此以外，书中又提出了"随证施治"的原则，主张"缓则治其本，急则治其标"，把严格的规律性和必要的灵活性结合起来。在治疗方法上，《伤寒论》使用了汗、吐、下、和等方法。汗法是用药物使人发汗，排出体内病邪；吐法是使病人呕吐，将胸腹中的毒物和宿食清除；下法是用药使病人把肠胃中的病毒排泄出来；和法是用药物和解体内病毒。书中指出，这些方法要根据病人的具体情况慎重选用，不能乱来。对于在什么情况下选用什么方法，《伤寒论》中都做了详细说明。

《金匮要略》共3卷，25篇，262方。其首篇"脏腑经络先后病脉证篇"为全书总纲，论述病因、诊断、治疗和预防的一般理论和原则，以下各篇分述内科、外科、妇科、杂疗、食物禁忌等。该书与《伤寒论》的主要不同处在于它主要是论述内科杂病，因此以脏腑病机指导辩证。但两书在辨证论治的总精神上是一致的。

张仲景在中医方剂学上也取得了很高的成就。《伤寒论》和《金匮要略》共载药方300多个，使用药物200多种。张仲景大胆创新，调制了不少新的复合方剂，大大发展了方剂学。《伤寒杂病论》中的药方,大都有用药灵活和疗效显著的特点;对每一味药的应用都比较明确、谨慎,并指出了药物相互配合和增减的基本原则;对药物的煎法、服法、禁忌也都做了详细的规定。为了使药物便于吸收,充分发挥作用,张仲景使用了多种剂型,并对一些传统剂型进行了改造。《伤寒杂病论》所载的药物剂型就有汤剂、丸剂、散剂、酒剂、洗剂、浴剂、薰剂、滴耳剂、灌鼻剂、膏剂、栓剂、灌肠剂等,扩大了药物的使用范围。后世许多医家称《伤寒杂病论》中的药方为"众方之祖",或称它们为"经方"。现在中医临床上不少常用方剂都是由它们加减变化而来的。

《伤寒杂病论》系统总结了汉代以前的医学理论和临床经验,奠定了中医辨证施治的基本原则,创制了众多疗效可靠的方剂,成为中国传统医学最重要的经典著作之一。而它的作者张仲景也由于在医学上的杰出成就,被后世尊为"医圣"。1700多年来,《伤寒杂病论》不仅为中国历代医家所推崇,而且还流传到日本、朝鲜,产生了很大影响。直到今天,人们还在对它进行研究。

(三)《本草纲目》

明末李时珍所著的《本草纲目》是我国古代药物学的集大成者,被誉为"东方医学巨典",对我国乃至世界医药学的发展都有着巨大贡献。李时珍(1518~1593)字东璧,晚年号濒湖山人,湖北蕲春县人。他的祖父和父亲都是医生。李时珍幼时常随父兄一起到山中采药,听父亲讲解草药,因此获得了许多药物学知识。他在三次参加举人考试失败后,决心放弃科举的途径,立志研究医学。由于李时珍的医名遍及大江南北,于是在1551年楚王府聘他掌管良医所,后又被推荐任太医院院判。但是,他认为在太医院工作,难以达到济世救人的目的。于是任职一年后,李时珍便托病回家了。

在长期的医疗实践和大量阅读古代医学文献的过程中,李时珍发现前人的本草著作存在的问题很多,如分类不详、名目错乱,以及新发现的药物没有著录等。由此,他萌发了重修本草的决心。从1552年开始,他经常头戴斗笠,身背竹筐,亲自到许多产药的地方访问,采集标本,描绘图像。他还查阅了800多种有关图书。经过30多年的呕心沥血,三次大的修改,李时珍终于完成了《本草纲目》这部药物学巨著。这部书在李时珍晚年开始雕版,但没有等到出版,他便去世了。

李时珍

《本草纲目》共52卷,190多万字,是一部鸿篇巨制。李时珍分析了前人撰写本草著作的得失经验和古今药物利用的兴废规律,提出了"不厌详悉"的编写原则。他汇集了历代本草著作,对其中的药物重新加以整理,去粗取精,删除重复,合并种类,收入《本草纲目》的有1518种。同时他又深入民间,采访四方,增补了374种前人没有收录的药物。《本草纲目》共收药物1892种,成为历代本草中载药最多的一家。该书还继承了《新修本草》

首创的描绘药图的成功经验,绘有药图 1160 幅,同时注意了描绘药图特征的准确性,为后人认识、采集和鉴别药物提供了方便。李时珍还非常重视药方的收集工作。《本草纲

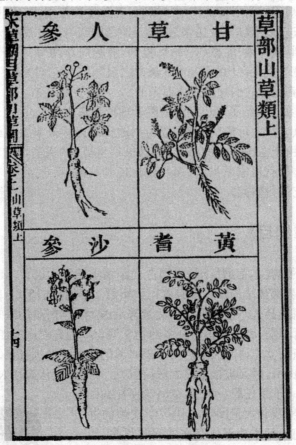

《本草纲目》草部山草图

目》附录药方 11096 首,几乎包括了所有医学典籍中的经验良方。因此,本书不仅集本草之大成,也是医方的全书。这种以药带方,以方附药的方式,既证实了药物的功效,又加深了对药物的认识,集中了临床经验,大大提高了本草的实用价值。另外,经史子集各种古书中有关医药的资料,《本草纲目》也在考证、分析的基础上加以采纳,使本草的内容更为丰富。

《本草纲目》虽然内容极为丰富,但并不杂乱,这要归功于它的分类体系和编排体例。《本草纲目》中将药物分为水、火、土、金石、草、谷、菜、果、木、服器、虫、鳞、介、兽、人等 16 部。可以看出,这 16 部明显地将自然界分成了无机物界、植物界和动物界三大层次,它的次序体现了自然从无机到有机、从低级向高级、从简单到复杂的发展规律。各部之下,李时珍又进行分类,如草部下分山草、芳草、隰草、蔓草、毒草、水草、石草、苔草、杂草等。各部总共又分 60 类。《本草纲目》分类的科学性在当时世界上是领先的,许多方面与现代科学分类相吻合。它比西方生物学家林奈在 1735 年出版的《自然系统》要早一个半世纪,内容也更为丰富,有的分类也更详明。

在解说药物时,《本草纲目》在每种药物下标一个总名,作为该种药物的纲,下面又分列栏目,其中:

　　释名　列举该药通常的名称和别名,并说明其由来等。

　　集解　说明该药的产地、形状、性质、特点,以及对类似药物的鉴别等。

　　气味　指出其甘、苦、寒、热、温、凉、平、咸、淡、辛、酸、有毒、无毒等特性。

　　正误　对该药进行辨释,如有错误则予以纠正。

　　修治　介绍把原料加工成药物的方法。

　　主治　列举该药的主治功能及所根据的药书出处。

　　发明　叙述该药使用的源流并进行理论上的探讨。

　　附方　附录使用该药的新、旧药方。这种结构和体例条理分明,便于检索,切合实用。

《本草纲目》从文献考证和实际调查入手,对前人本草中的疑难问题和错误,进行了大量的辨别和订正工作。如《神农本草经》中说穿山甲以蚂蚁为食。李时珍亲自做了解剖,在穿山甲胃里发现了大量蚂蚁,证明它确是食蚁动物。又如,以往的本草书中,对萍、苹、莼、荇四种水生植物的具体区别都没有讲清楚。李时珍通过向农夫请教,终于弄清了它们的区别。在《本草纲目》中,李时珍还对炼丹服石以求长生不老的神仙术进行了坚决的批判,指出它们不足信,是"邪说"。这些证明李时珍的医药学研究态度严谨,思想进步。他还对许多不能解决的问题存疑,不盲目下结论。

《本草纲目》对医学研究也做出了贡献,书中记载了一些宝贵的医学史料。如首次记录了铅中毒、汞中毒、一氧化碳中毒、肝吸虫等病症;首次记录的医疗技术有冰块冷敷退热、蒸汽消毒等。李时珍还创造性地提出了"脑为元神之府"的观点,认为脑是精神意识的聚集之处,与现代医学基本一致。

《本草纲目》对现代医药学的研究有很大参考价值。书中所载的药物和药方,许多至今仍在广泛使用,而且已被科学证明是正确的。现代中药研究工作者,常从《本草纲目》中得到启迪,发掘出新药。例如,治夜盲症的羊肠、胡桃,治哮喘的麻黄,治杆菌性痢疾的马齿苋等的药理和疗效的发现,都是从《本草纲目》中得到线索的。

《本草纲目》不仅对医药学的研究有重要价值,而且对化学、生物学、矿物学、冶金、地质和物候学等多种学科也具有重要的价值和作用。如在制药中,记载了蒸馏、蒸发、升华、风化、沉淀、干燥等化学反应和方法。又如书中记载了大量关于动物的习性、变异、遗传特征、人工方法改变动物习性等生物学资料,对生物学研究有启发作用。达尔文在研究动物变异等现象时,曾直接和间接引用过《本草纲目》的内容,并称赞它是"中国古代的百科全书"。

《本草纲目》是一本划时代的巨著,它一出版,就引起了巨大反响。国内重版达二三十次,成为其后本草著作的楷模。后世对它的研究也为数众多。《本草纲目》还流传到国外,先后被译成拉丁、日、法、德、英、朝、俄等国文字,成为国际科学界的重要文献之一。

工艺技术

中国古代,在工程技术和工艺技术方面的成就极为辉煌,对我国乃至世界文明的发展起着重要作用。早在原始社会阶段,我国的一些部落、氏族就以擅长某种技艺著称。如原居今河南濮阳一带的昆吾族就善于制陶和冶铸,原居于河南辉县的共工氏善于治水等。进入阶级社会后,一些部落和氏族被征服,处于臣服的地位,负有制作和进贡特定制品的义务;后来又演变为王室服务的工奴和匠师,这即是官府手工业的开始。当时为王室服务的工匠很多,被统称为"百工"。

到了春秋战国时期,由于社会变革和生产发展的需要,促使工程技术和工艺技术有了突飞猛进的提高。当时私营手工业者也已在社会上出现,他们有着高度的生产和创造的热情。著名的墨子和巧匠鲁班(公输般)比斗攻城技术的故事就反映了当时技术发展的一个侧面。当时的技术已达到很高的水平,像著名的越王勾践剑,埋在地下 2000 多年,至今依然表面花纹清晰、光彩照人。随着手工业生产的发展,人们积累了丰富的经验,而为了生产更多更好的产品,手工业生产内部分工的细密化和技术的规范化与科学化,就成了这一时期手工业发展的突出特点。《考工记》一书的出现,就反映了这一趋势。《考工记》记载了近 30 个工种的产品形制和工艺规范,几乎包括了当时所有的手工业部门,堪称"百工技艺之书"。该书科学技术内涵十分丰富,在我国和世界上都占有重要地位。除了《考工记》外,这一时期的其他文献及诸子书中有不少技术内容,如《管子·度地》就是现存最早的水利工程技术理论著作,其中论述了土壤含水量的季节变化对施工质量的影响等有关的力学知识,提出了渠道坡降的计算方法,介绍了当时水利施工的组织方式等。又如《墨子》中的《备城门》等篇记载了攻、守城的器械和制作,以及使用技术,反映了当时军事工程技术的发展情况。

秦汉以后,我国的封建制度开始确立,中央集权得到加强,实行了重视农业、轻视甚至抑制工商业的政策。特别是汉武帝之后,儒家学说占据统治地位,更加强了这一政策的思想基础。以至于在整个封建社会,工程技术和工艺技巧被视为下等人所从事的微末之技,工匠、手艺人的社会地位卑微,其中许多人身在匠籍,处于半奴隶的地位。这种传统观念和社会关系,极大地损害了技术的流传和记录。也正因如此,和其他学科众多的专著相比,技术方面的专著就显得寥若晨星了。就目前所见,秦汉至唐之间还没有一部技术方面的专著。

唐代由于经济繁荣、文化发达,思想上也比较开放,再加上印刷术的发明,有利于书籍的刊行与传播,因此技术专著开始少量出现。从隋朝到唐朝,水利工程的修建日益普遍,工程规模大,水车、高转筒车等水力机械已广为使用。这时出现的《水部式》《敦煌水渠》等著作是我国现存最早的水利专业法规。此二书都是在敦煌残卷中发现的,其中详细记载了郑白渠和关中、沙州等渠的管理规则。唐代陈廷章的《水轮赋》是关于水轮筒车的形制、运转和功用的专著,反映了当时农业灌溉机械的发展。唐代的军事技术也有了长足的进步。《太白阴经》是一部兵书,其中大量内容和军事工程技术有关,包括平陆筑城的规范和攻守器械；水军战船的形制构造和性能，以及大量的济渡器材；士兵配备的兵器数量、形制和尺寸等。另外，唐代的《工艺六法》和五代的《漆经》也是技术方面的专著，但现在已失传了。

宋元两代是我国科学技术繁荣昌盛的时期，工程技术和工艺技术的专著相应也比较多。宋代李诫主编的《营造法式》是我国现存最早的官修建筑专书，也是我国建筑工程技术的划时代著作。该书分为释名、各作制度、功限、料例和图样五大部分，内容涉及各类官式建筑及其具体结构，而且图文并茂。这部著作说明我国古代木结构建筑的构架体系已经达到纯熟的程度，并向标准和定型方向发展，对元、明、清的建筑有重大影响。元初薛景石的《梓人遗制》是我国古代著名的木工技术专著，其中"车制"和"织具"有很高的历史价值和学术价值。如"华机子"（提花机）、"立机子"（竖式织机）、"罗机子"（织罗的专用织机）等，是我们现在研究古代纺织机械的重要史料。宋元时期在其他技术方面也有专著出现。如北宋朱肱的《北山酒经》是我国现存第一部关于酿酒工艺的专著；南宋王灼的《糖霜谱》是古代关于制糖工艺的重要专著；元代陈椿的《熬波图》是记录宋元时代海盐生产技术的重要专著；南宋蒋祈的《陶记》，是古代记述景德镇陶瓷业情况的第一篇专文，也是世界上最早的瓷器专著。宋元水利发达，成书于北宋并经金、元两代陆续补充的《河防通议》是我国现存最早的一部河工技术规范书，其中对黄河的水文特征和治河工程的每一个环节的技术要求和计算方法都有详细记载。这时还出现了特定水利工程的专志，如《李渠志》记江西宜春李渠工程；南宋魏岘的《四明它山水利备览》详记始建于唐代，位于浙江鄞县，具有多种功能的坝工枢纽它山堰，其中对历代修建和岁修制度、水文测验、泥沙处理以及当时水土流失加剧的分析等，都有重要的历史价值。

明清时期，我国经济发展稳定，特别是明中叶以后，资本主义萌芽、工商业发达，尤以纺织业、矿冶业最为明显。这一时期是我国工程技术和工艺技术典籍编著的鼎盛时期，在数量上要超过以前历代同类典籍的总和。在这些著作中，占有突出地位的是宋应星的《天工开物》。这是一部百科全书式的著作，其中对于工业技术的记载，表明当时的中国许多方面的技艺在世界是具有领先地位的。明初郑和下西洋的航海活动，促进了造船业的发展，《漕船志》《龙江船厂志》和《南船记》，分别是记述明代船厂和造船技术规范的专著，是研究明代造船技术的重要资料。在明代，还出现了《多能鄙事》这样的日用百科大全式专著，署名是刘基。内容包括农牧技术和家庭手工业、日用生活知识及技能等，而以后几方面为主，反映了市民社会的技术发展。明初民间还流传着一部木工专书——《鲁班经》，内容是建筑、家具、日常生活用品和木制农具的制作。该书是一部"带有行会的规矩准绳性质的职业专书"，对研究我国民间工艺技术的发展有相当重要的参考价值。类似的著作还有《髹饰录》，是明代著名漆工黄成编写的我国现存的唯一一部漆工技术专著。明代后期由于军事需要，武器研制技术发展较为突出，《火龙经》《神器谱》《西法神机》《火攻挈要》等火器专著问世，其中后两种为译作或编译之作。受西方影响并有所创造的著作还有明末王徵的《新制奇器图说》等。另外，明代计成的《园冶》是我国最古的造园学著作。到了清代，政府加强了对手工业行业的管理，制定了一系列技术规范，《清代匠作则例》就是关于清代各手工业行业技术规范的总称，范围包括产品名称、尺寸、做法、用料、工时等。据统计，这些则例有近百部，有官修的，有民修的，长的有几十万字，短的则只有几款。清代还有一部官式建筑规范的专书,叫《工程做法》,统一了清代官式建筑的标准,是古代建筑模式在封建社会末期的最后一次确立,也是当时建筑向程式化发展的集中体现。清代其他手工业和工业的著作也很多,如《苏州织造局志》是清初皇家企业苏州织造局的专志;《南窑笔记》《陶说》《景德镇陶录》《陶冶图编次》等,都是陶瓷技术专著,其中唐英的《陶冶图编次》对陶瓷技术项目和技术细节的记录最为详尽,是我国最早的全面系统地介绍陶瓷工艺的专著,也是世界上最早的陶瓷工艺学专著;吴鼎立的《自流井风物名实说》和丁宝桢编的《四川盐法志》是关于四川盐业生产技术和经营管理的专著;吴其濬的《滇南矿厂图略》是一部详细介绍清代云南矿厂分布及其采矿冶炼技术的图文并茂的专著。明、清两代水利工程更为发达,因而专著也更多。例如,论述太湖水利设施的就有明归有光的《三吴水利录》、张国维的《吴中水利全书》等;论述畿辅地区水利的有明徐贞明的《潞水客谈》、王履泰的《畿辅安澜志》等;记述特定水利工程的专书有明李熊的《木兰陂集》、清程鸣九的《三江闸务全书》、项棣孙的《通济堰志》、黄世杰的《云南省城六河图说》等。明清在黄河治理上也取得了重要成就,出现了许多专著,如万恭《治水筌蹄》首先提出"束水攻沙"治黄理论,《河防一览》《河防述言》等发展了这一思想。此外,像《漕河图志》《海塘录》之类的关于运河和海塘治理的专著还有数十种。

(一)《考工记》

《考工记》是春秋战国时期有关手工业生产的科学技术著作,也是手工业制度和技术规范的汇集。它本来是一本单独的著作。但由于《周礼》"天""地""春""夏""秋""冬"六官中,"冬官"一篇缺失,后人把《考工记》补入,因此,它又成了《周礼》的一部分。在儒家学说盛行的年代,《考工记》身居儒家经典之中,无疑身价倍增,也使得它广为流传。

《考工记》大致可以分成两部分。第一部分为总叙,篇幅较短。它首先强调"百工"在国家"六职"(六种基本的社会分工,包括王公、士大夫、百工、商旅、农夫、妇功)中的职责和所占的重要地位,又论述了各地的工艺特产和获得优质产品必须遵循的四个基本原则——天时、地气、材美、工巧。在这一部分中,还罗列了后面要加以论述的 6 类 30 个工种。其中木工包括轮、舆、弓、庐、匠、车、梓 7 个工种;金工包括筑、冶、凫、栗、段、桃 6 个工种;皮工包括函、鲍、韗、韦、裘 5 个工种;色工包括画、缋、钟、筐、㡛 5 个工种;刮摩工包括玉、榔、雕、矢、磬 5 个工种;抟埴工包括陶、瓬两个工种。第二部分是全书的主体,分别记叙了各工种的职能和技术规范,但段、韦、裘、筐、榔、雕 6 个工种的文字已阙。《考工记》的技术内容包括了车辆制造、兵器、乐器、容器、玉器、皮革、练丝与染色、陶瓷、建筑和水利工程等,几乎涉及了当时官府手工业的各个部门。该书记录了当时生产过程中详细的技术分工。如车辆制造,除"车人"外,还有专门制造轮子的"轮人",专门制造车厢的"舆人",专门制造车辕的"𫐄人"等。这样手工艺专门化与分工精细的倾向是当时手工业生产技术高度发达的标志。

《考工记》不仅在中国,而且在世界上也是一部最早、最详细的科学技术文献。书中除论述了各种手工业的设计要求和制作工艺外,还力图阐明其中的科学道理。我国先秦的许多科技成就,都是依靠它得以最早记载下来。

我国进入青铜时代虽比西亚要晚，但冶铸技术的发展速度很快，后来居上，在商代已达到了一个高峰，著名的司母戊大方鼎等出土文物就是这个历史时期的见证。在《考工记》中，青铜冶铸已发展成拥有 6 个工种的手工业部门，而且有着先进的技术经验。如"金有六齐"（青铜器的 6 种合金比例）的记载，是世界上最早对合金规律的认识，第一次向人们指出了合金性能和合金成分之间的关系。《考工记》中还说，在冶铸加热过程中，先是冒黑浊之气，然后是黄白之气、青白之气，等到炉火变成纯青之色时，火候正好，可以开始浇铸了。这是世界上依据烟气和火焰颜色来判断冶炼进程的最早记载。

纺织印染工艺在我国历史悠久，尤其是丝织品的印染加工更是领先世界。高贵的丝和丝织品在染色之前，还要经过"暴练"处理（相当于现在的精炼工艺）。也就是利用富含碱性的植物灰汁或贝壳锻炼出的碱性更强的石灰对丝和丝织品进行处理，并在日光下曝晒，以达到除去纤维外面的丝胶，便于染色的目的。《考工记》记录了这种工艺的整个操作过程，是我国关于灰水脱胶、日光脱胶漂白的最早记载。《考工记》记叙染色工艺时说："三入为纁，五入为緅，七入为缁。"这是说用某种染料染色的时候，被染物每浸染一次，颜色便加深一些，反复浸染后，可以得到不同的颜色。这种工艺也是《考工记》中首次加以记录的。

《考工记》中记载了许多物理知识。如用水的浮力测量箭杆的质量分布；指出箭羽是箭飞行的稳定装置。又如在车辆制造中提到了滚动摩擦力和轮径大小的关系等。这些都是力学知识的较早记载。钟、磬、鼓是我国古代重要的乐器。《考工记》中对它们的大小、厚薄等因素对音质的影响都进行了较详细的论述，表现了丰富的声学知识，特别是"凫氏为钟"一节，简直是一篇层次分明、逻辑严谨的制钟论文，叙述制钟的规范、音响等情况简洁、周详，比欧洲同种内容的文献要早 1500 多年。

《考工记》保存了丰富的实用数学知识。在""节中谈到的"矩""宣""欘""柯"、"磬折"，是我国古代最早的一套角度概念，曾在春秋战国时期广泛使用。《考工记》中常用简单的分数来表示手工业产品各部分尺寸的比。如"十分寸之一谓之枚"，"枚"就是后来的"分"，"十分寸之一"的表示法被后世的算术用语所继承。该书中还有不少先秦度量衡方面的史料，值得我们深入研究。

中国古代建筑与世界其他文明的建筑不同，它主要采用木结构，最大限度地利用了木结构的特点和可能，空间规模巨大，平面展开，讲究建筑群体之间的相互连接和配合。重视各个建筑的整体安排。《考工记》"匠人建国""匠人营国"节中就体现了这一建筑思想的萌芽。在具体建筑实践中，已经使用了水平器、线坠等测量仪器，并用观测太阳和北极星的方法来确定方向。研究中国古代建筑史，就不能不提到《考工记》。

《考工记》是我国第一部工艺技术规范专著，因此在标准化管理方面取得的成就更为巨大，几乎涉及全书的各部分内容。它规定了严格的技术分工，统一产品的部件名称，制定产品和建筑设计的标准与规格，从选材、用料到生产程序的各个环节都有严格的制度。产品出来后，又规定了相应的检验方法和标准。如在制造车辆中，光车轮的质量检查就有 6 种方法。又如，在"庐人"节中为了检验兵器的质量，规定了 3 种科学的测试方法，即通过分别固定一端、两端、中点，进行摇动振荡，查看兵器的结实程度。如今材料力学实验中，测试棒状体的机械性能，也基本上是用这 3 种方式。从一定意义上说，《考工记》是世界上最早的一部质量管理、标准化管理的专著。

《考工记》在中国历史上曾有过长久而巨大的影响。历代宫廷器具的制作，以及都城的修建，往往都要以《考工记》的记载为参照。元、明、清三代对《考工记》的研究更多，甚至细致到对某一篇目或某一工种的讨论和考订。进入现代，对《考工记》的研究达到了崭新的阶段，涉及的学科也更广泛。特别是考古文物的大量出土，与《考工记》的记载配合研究，因而有了更高的认识水平。

（二）《天工开物》

明末宋应星所著的《天工开物》是中国古代有代表性的科技经典著作，被誉为"工艺百科全书"。宋应星（1587~？）字长庚，江西奉新人。29岁时，宋应星考中举人，以后他曾多次赴京参加进士考试，但都落第而归。多次进京的长途旅行，使宋应星开阔了眼界，增长了社会见闻，对当时政治的腐朽黑暗有了进一步的认识，也促使他下决心放弃科举途径，转而钻研生产实践中的学问。宋应星47岁时出任江西分宜县教谕（县学的教官），后来又担任过福建汀州（今长汀县）的推官、亳州（今安徽阜阳地区）知府。在分宜任教谕的时候，宋应星把长期积累的生产技术知识加以总结整理，编写了《天工开物》。

《天工开物》全书3卷，又分18章，各章的内容是：（1）乃粒，农作物的生产；（2）乃服，纺织技术；（3）彰施，染色技术；（4）粹精，谷物的加工；（5）作咸，制盐；（6）甘嗜，制糖；（7）陶埏，砖瓦的烧制和陶器、瓷器的制作；（8）冶铸，铸造技术；（9）舟车，车船的制造和运输方法；（10）锤锻，金属锻造技术；（11）燔石，采煤和烧矿技术；（12）膏液，榨油；（13）杀青，造纸；（14）五金，各种金属的开采冶炼技术；（15）佳兵，武器制造；（16）丹青，颜料和墨的生产；（17）曲蘖酿酒技术；（18）珠玉，珠宝玉石的采集和加工。《天工开物》几乎包括了当时社会上的各个生产领域。书中各章的先后顺序安排，是根据"贵五谷而贱金玉"的原则做出的。把与人民衣食有关的农副业放在全书之首，其次是手工业，而把珠玉放在最后，体现了宋应星重农重工、轻视金玉的思想。全书详细介绍了各种农作物和手工业原料的种类、产地、生产技术和工艺，以及一些生产管理的经验，尤其注重收集当时最新技术项目。书中既有大量确切的数据，又有120多幅描绘生动的插图，具有重要的科学价值。

明朝时，农作物的品种和产量都比以往有显著增加，广大农民在选育和推广良种、精耕细作、水利灌溉、土壤改良和防治病虫害等方面积累了丰富的经验。《天工开物》对这些经验进行了系统的总结。宋应星考察了当时各种作物种植情况和在大众食物比例中的变化，指出"今天下育民人者，稻居十七"。说明当时稻已成为重要的农作物。因此，《天工开物》对水稻的栽培和耕作技术的记载尤为详细，其中有许多以前农书从没提到的新技术。如谈到用浸种法育秧时说，秧苗生长30天就要拔起来分栽，否则就会减产。又说1亩秧苗可以供移栽25亩。这个1∶25的关系，是个具有指导意义的重要数据，在江西近代还是如此。书中还提到对于带"冷浆"的田地，也就是排水不良、土温较低的酸性土壤，可以用动物骨灰蘸稻根，或用石灰洒在秧苗根部，而向阳的田地则不可用这种方法。撒石灰便于中和土壤酸性，促使土壤团粒结构的形成，而用骨灰蘸苗根，则是施用磷

宋应星塑像

肥的有效措施。《天工开物》记载了用砒石（砒霜）拌种和蘸根，以防病虫鼠害的方法，并且介绍说明代湖南衡阳工场中一处就年产砒石达万斤。用砒石作为农药，是中国农业技术中的一大发明，《天工开物》首次将这一技术记录下来。

生物因周围环境变化而引起变异，是生物进化论的一个重要议题。我国古代很早就观察到这一现象，并加以运用。《天工开物》提到有些水稻因为干旱缺水而变得具有抗旱性，通过人工选育，可以得到变异的旱稻种，即使在高山缺水的条件下也可种植。《天工开物》还有利用生物变异原理，改良蚕种的记载。如用"早雄"（一化性蚕的雄蛾）和"晚雌"（二化性蚕的雌蛾）杂交，育出良种；或用"黄雄"（黄茧蚕的雄蛾）和"白雌"（白茧蚕的雌蛾）杂交，得到下一代褐茧蚕。这种人工杂交育种的技术是我国古代生物学的一项重要成就。书中还提到在蚕种留种前要用石灰水或盐卤水进行"蚕浴"，再经风雨雷电雪，淘汰弱质，留下的便是强健的蚕种。这是应用人工选择的又一个例子。达尔文在《动物和植物在家养下的变异》中就把中国古代养蚕技术措施作为人工选择和人工变异的例证之一。

在古代，金属制品是提高社会生产力的重要杠杆，所以，冶金和金属加工是古代重要的工业部门。宋应星在《天工开物》中用"冶铸""锤锻""五金"等3卷专门记述这方面的内容，补充了我国古代一项重要的技术文献空白。

早在春秋中期，我国就发明了生铁冶铸技术，战国、秦汉以来，炼钢技术也有很高水平，明代在技术上又有不少革新。根据《天工开物》的记载，生铁炼成后，如要再造熟铁，则在冶铁炉旁设一方塘，趁热使铁流入塘内，加入泥粉为溶剂，并由数人用柳棍快速猛搅。泥粉中含有硅酸盐和氧化铁，能加速生铁中的碳等成分的氧化作用，使生铁变成熟铁。这种将冶铁炉和炒铁塘串联使用的连续作业方法，省掉了炒铁时再熔化过程，减少了时间,降低了成本,提高了生产效率。冶铁时使用的鼓风装置,则是当时世界上最先进的活塞式风箱,可以连续鼓风。

灌钢是炼钢方法中的一项重要技术,是把生铁和熟铁一起放入炉中加热,利用生铁含碳高,熟铁含碳低的特点,合炼成一种优质钢。我国自南北朝时期就已广泛使用这种方法。北宋沈括《梦溪笔谈》中对它的操作过程有过记叙。《天工开物》记载的灌钢法与宋代比,优点是生铁放在熟铁上,而不是陷于熟铁中间;熟铁作成薄片状,而不是条状;这样熔化后可以向下淋渗,增加了接触反应的机会。明代的炼钢炉结构也更合理,操作更简便。灌钢法是古代世界制钢术中的一项杰出创造,在古代欧洲是没有的。

《天工开物》中的炼铁图

中国是世界上最早制成含锌合金并提炼出金属锌的国家。金属锌过去称为"水锡""白锡""倭铅"。宋元时已能炼出较纯的锌,明清时还向外国出口。关于锌的提炼技术,以《天工开物》的记载最早、最详细。书中还有一幅最早的用炉甘石提炼锌的生产过程图。《天工开物》指出了锌在高温下易挥发为气体的性质,并研究了按不同比例配比炼制铜锌合金(黄铜)的工艺,同样是冶金史的可贵记载。

我国在世界上最早使用煤。汉代冶铁遗址中就发掘出了煤块。到了明代,煤的使用已经非常普遍,采煤技术也达到了很高水平。《天工开物》第一次系统记述了煤的采矿过程。书中介绍了用粗竹管把矿井中有毒的瓦斯气体引出地面的方法,还介绍了设置"支板"(巷道支护)防止塌井事故,解决了井下采煤的两个重要的安全问题,在当时是非常先进、合理的。《天工开物》中将煤按物理性状和用途分为明煤(大块、易燃、耐烧)、碎煤、末煤三类,在当时是较为先进的分类。

宋应星在记述生产过程和生产设备时,都尽量给出详细的数据,如单位面积产量、油料作物的出油率、秧田的移栽比、各种合金的配合比例等。对实验数据的重视,使《天工开物》在科学性方面占有突出地位。

宋应星在他的著作中不仅广泛地总结和记录了我国的生产经验和工艺技术,而且注意从一些现象中发现本质,在自然科学理论上也取得了一些成就。如在讨论生物性状的变异中,他认为是环境影响的结果,指出"土脉历时代而异,种性随水土而分"。就是说土壤的各种因素在不同的时间是变化的,而具有不同遗传性的植物能够适应土壤环境的变化。这种见解为人工培育新品种提供了理论依据。又如,他在用水银和硫磺制造朱砂的工艺中,指出水银1斤(16两)可得朱砂十七两五钱,那多出的部分是"借硫质而生"。这不仅表明他已经认识到朱砂是汞和硫的化合物,而且有了"质量守恒"思想的萌芽。

《天工开物》内容丰富新颖,是我国古代人民生产知识和工艺技巧的全面总结。该书问世后,曾屡次被明清学者所引用,许多内容被收入官修的《古今图书集成》《授时通考》等大型图书中。然而由于书中有反清思想,因此没有收入《四库全书》。此后,该书逐渐湮没无闻了。到20世纪20年代,丁文江等自然科学工作者注意到《天工开物》的重要性,但已难于找到原本,只好以从日本传回的刻本为底本刊印。丁文江认为《天工开物》"要算国故中最值得赞许的一部科学典籍",并率先对宋应星及《天工开物》进行了研究。从此,自18世纪以来,不被广泛注意的明代学者宋应星和他的《天工开物》,引起了国内学者的注意。1949年后,《天工开物》的研究受到极大重视,发表了许多专著和论文。1952年,北京图书馆从宁波李氏墨海楼捐献的藏书中得到了《天工开物》的初刻本,为最完善的古本,中华书局于1959年影印出版。《天工开物》在国外也产生了广泛的影响。该书在17世纪后流入日本,成为各界广为重视的优秀读物,刺激了"开物"之学的兴起。日本明和八年(1771)出版了《天工开物》的菅生堂本,这是该书最早在国外刊刻的版本。18至19世纪,《天工开物》传入朝鲜,又成为朝鲜实学派学者参引的著作。19世纪《天工开物》的许多内容被介绍到欧洲后,更引起了西方学者的重视。法国学者儒莲称该书为"技术百科全书",达尔文将它称为"权威著作"。

地理学

可以想象,远在最古老的地理文献形成以前,地理知识的发生和发展必然早已经历了一个长期的过程。然而,文字的出现和广泛使用,无疑促进了地理知识的发展。据研究,商代的甲骨文中有大量与地理有关的文字,包括不少城市、河流、聚居地和狩猎区的地名,丰富的气象、气候记录,以及许多野生动物的名称和分类知识等,反映了当时地理知识的日渐丰富。

一般来讲,地理知识的增长与人们活动的区域范围、经济的发展、交通是否发达有着密切的关系。我国从夏、商、周三代开始,势力范围日益扩大,人们接触的地理知识越来越多。传说大禹治水后,曾铸九鼎,将全国各地的山川草木、奇禽异兽分门别类地铸在九鼎之上,表示了丰富的自然地理内容。《夏小正》虽然成书于春秋战国,但其中的资料却十分古老,里面的物候知识已形成系统,反映了夏代前后物候知识的发展。历史研究证明,商代的势力范围已达长江以南,而且商的都城曾多次迁移,其地理知识的增长不言而喻。西周时期,人们的地理知识更为丰富,如《诗经》305篇中,有大量的文字描写当时的地理环境面貌,还记录了丰富的物候、气象、地形与植物的关系等知识。其中《十月之交》"烨烨震电,不宁不令。百川沸腾,山冢崒崩。高岸为谷,深谷为陵",记录的是周幽王二年(前780)所发生的大地震,已有地壳变动的思想萌芽。除了《诗经》,《左传》《易经》《尚书》等早期文献中也有许多地理内容。

春秋战国时期,我国的疆土更加广大,各民族间的来往日益频繁。由于生产的发展,交通、贸易亦随之发达,人们对地理知识的了解不论在广度上和深度上都得到空前的提高,并开始对地理知识进行系统的整理和综述,以服务于生产和政治需要。如《周易·系辞上》"仰以观于天文,俯以察于地理,是故知幽明之故"一句,不仅提出了"地理"这一概念,而且指出了它的重要性。基于这种背景,《禹贡》《山海经》《管子·地员》等地理专著和专篇便应运而生了。《禹贡》大约成书于战国时期,书中以自然条件将我国分为九州,并描述了我国的山脉和河流情况。该书是我国第一部系统的地理著作。《山海经》中的《五藏山经》(又称《山经》)部分成于战国时代,它将全国山脉分为中、南、西、北、东5个大区,每区又分若干行列,然后从每列首山开始,依次叙述各山的位置、水文、动植物、矿产和神话等内容。本书记载的山川比《禹贡》更为丰富、详细,描述的地理范围也更广阔,已有山脉、水系概念的雏形,但其中掺杂了一些离奇怪诞的内容,各山的方向和距离也不完全可信。《管子》一书是假托春秋齐国管仲所编,实际成书于战国时期。《地员》篇前半部分将土地分为五大类20多个小类,分述其地貌、土壤、植物的特点,是世界上第一个土地类型等级系统;后半部专论土壤,将土壤分为上、中、下三等,每等又分6类,每类又分5种品色,共计90种品色,分别论述其土色、土质、所宜的谷种等,反映了当时土壤知识的丰富和提高。这一时期,地图的绘制也有重大发展。《周礼》中记载了掌管地图的职官、各种地图的名称和用途等。《管子·地图》更指出"审知地图",了解地形地貌在军事上的重要性。1978年河北平山古中山国中山王墓(约前310)出土的《兆域图》(墓区规划平面图)和甘肃天水放马滩秦墓出土的7幅战国末期地图,是我国现存最早的地图。这些地图已按一定的方向、距离和比例绘制,说明当时制图技术已有相当高的水平。

秦汉迄至南北朝,是我国地理学发展的一个重要时期。先是秦始皇在公元前221年统一六国,建立郡县制,实行中央集权,并大修驰道以通达全国;之后是汉承秦制,废除了秦的苛政,使经济、文化、科技高度繁荣,国力日强,向边疆进行了强有力的扩张;至南北朝时期,虽然社会处于分裂和动荡的局面,但中原人口的南迁和中外及水陆交通的兴盛,大大开阔了各民族的地理视野。这些都是地理学发展的有利因素,因而促使中国传统地理学在这一时期逐渐形成,产生了一些具有开创性的著作。首先是《史记》《汉书》设地理专篇,开拓了地理研究的新领域。司马迁的《史记·货殖列传》是我国最早的经济地理学著作,它主要叙述了汉初及以前农业、手工业、商业的分布以及在各主要区域(划分了10个经济区)的发展概况。司马迁在《史记》中设置该篇,是一个创举,对以后正史"食货志"的编纂有深远影响。班固的《汉书·地理志》是我国第一部用"地理"命名的地理学著作,是我国最早以疆域政区为主体的地理著作,也是我国沿革地理的最早著作。该书的主要部分以汉平帝元始二年,疆域政区为纲,依次叙述各郡、县的建制沿革,郡下记有户口以及某些重要的自然和经济情况,县下则根据地区特点,记有山、川、水利、特产、官营工矿和著名的关塞、祠庙、古迹等。《汉书·地理志》对我国地理学的发展有极大影响,如二十四史中有16部设有"地理志",它们都是以《汉书·地理志》为典范写成的;我国后来出现的地理总志和地方志等地理著作,也无不受其影响。由于历代编修的疆域政区地理志是我国古代地理著述中最基本、最重要的一部分,具有传统特色,因此,《汉书·地理志》在我国古代地理学体系的形成上有重要地位。这一时期,我国陆地水文的研究也有所创新和发展。三国时桑钦的《水经》是我国第一部记述河道水系的专著,其中共记载了137条河流的发源、流经地区、最后归宿,并涉及流经地区的山川文物等。该书开创了水志的记述体裁,确立了以水证地的方法,但内容简单,其中错误也多。晋代以后,为《水经》作注的主要有两家:一为晋代郭璞,一为北魏郦道元。唐以后郭书失传,唯有郦书传世。郦道元的《水经注》,名为注释《水经》,其实自成巨著,是我国6世纪前最全面系统的综合性地理著作。这一时期,由于张骞通西域、三国东吴对南方的开发和水上交通发达,以及佛教传入,不少僧人西行取经等,人们的地理视野极为开阔。当时描述各地州郡及山川地理的"地记"和描述沿途见闻的旅行记都开始兴盛。据《隋书·经籍志》记载,记海内外山川地理的著作达139种、1432卷之多。"地记"方面除了上述专记水道的《水经》和《水经注》外,还有专记各地区的《三巴记》《娄地记》《湘州记》,专记名山的《庐山记》《幕阜山记》以及综述全国各地的《畿服经》《地理书》《地记》等;游记方面则有《佛国记》《游行外国传》《慧生行记》等。可惜这些著作基本上已散失殆尽。现存最早的以真实地理为对象的游记是《佛国记》,书中记述了东晋法显西行取经的沿途见闻,关于阿富汗、尼泊尔、巴基斯坦、印度、斯里兰卡等地以及南海航行的情况都是本书首次记录。该书开创了地理著作中游记式的新体裁。这一时期地图学也有重大发展,湖南长沙马王堆汉墓出土的地形图、驻军图等地图,已具有山脉、河流、居民点和道路等现代地图的基本要素,形成了较系统的图例,有一定的比例尺,证明汉代勘测地图的精度已达到较高水平。晋代裴秀在总结前人经验的基础上,结合自己的制图实践,建立起一套地图制作的理论原则——"制图六体",即分率(比例尺)、准望(方向)、道里(路程)以及高下、方邪、迂直(三者是用来求复杂地形的水平直线距离)。"制图六体"的提出,是我国地图学史上具有划时代意义的大事,使我国地图的绘制向更精确的方向迈进了一步。

唐、宋、元三朝,全国统一,国势强盛,经济文化昌盛,边疆地区得到开发,中外交通更是空前发达,因此地理学研究也呈现出繁荣景象。由于行政管理的需要,统治者对了解和掌握全国土地、物产、风俗以及其他地理情况十分重视,这就促使方志形式地理著作的蓬勃发展并趋于规范化。方志记述的是各级行政区的历史沿革、地理面貌及人文经济等情况,是我国古代地理著作中的主要组成部分。仅《中国地方志联合目录》(1985)著录的就达8000种以上。正因为如此,历史上常把地理学称为方舆之学。现存最早的地方志是唐代开元、天宝年间的《沙州(今甘肃敦煌地区)都督府图经》,现存最早的古都志是北宋宋敏求的《长安志》。另外,南宋范成大的《吴郡志》因记述全面、详略得当、体例完备,而被称为"地志中之善本"。值得注意的是,唐和北宋的地方志以"图经"的形式为主,即由地图和文字两部分组成,南宋以后,大多数地方志就有文无图了。在地方志的基础上,地理总志的编纂也繁荣起来。唐代李吉甫的《元和郡县图志》是现存最早的一部全国性的地理总志,书中以当时的镇、府、州为纲,以县为目,分别记述沿革、州境、四至和八到(该府州四方界限和到邻近州府及都城的距离)、户口、贡赋、物产、山川、道里、古迹等,而且按图识志,使人一目了然。该书的体例为后世地理志和地方志所采用。宋初乐史编著的《太平寰宇记》是一部大型的全国地理总志,该书在体例上因袭《元和郡县图志》,同时另增风俗、姓氏、艺文、土产和四夷等门类,使方志的内容更趋于史传化,地理内容相对变少。这一倾向直接影响了元代官修的《大元一统志》,对明、清《一统志》及地方志的影响也很大。在这种倾向中,北宋王存奉命编撰的《元丰九域志》却别具一格,该书的特点是注重"当世之务",因而对沿革、人物、古迹、风俗等少有记述,而对四至八到、各地里数、城镇名数、山泽之利等情况记述详备,开创了重视地理记述的新体例。在这一时期,我国的沿革地理学趋于成熟。沿革地理是记述、考证历史疆域和政区等沿革与变革的一门学问,是我国古代地理学的重要组成部分、现代历史地理学的前身。北宋税安礼的《历代地理指掌图》是现存最早的一部历史地图集,宋代王应麟的《通鉴地理通释》是我国第一部系统的沿革地理专著。这一时期,由于边疆的开拓和交通的发达,我国的边疆和域外地理著作十分兴盛。唐玄奘西天取经家喻户晓,他的《大唐西域记》是了解7世纪以前中国新疆及中亚、南亚诸国历史、地理的珍贵文献。记述西域地区的著作还有唐代杜环的《经行记》,元代耶律楚材的《西游录》和丘处机的《长春真人西游记》等。记述南海及南海各国的重要地理著作有:唐代义净的《南海寄归内法传》,宋代赵汝适的《诸蕃志》,元代周达观的《真腊(柬埔寨)风土记》和汪大渊的《岛夷志略》等。另外,唐代樊绰的《蛮书》是现存最早系统记录西南边疆及东南半岛的综合地理专著,也是一部区域地理的典型著作。这一时期,我国的地图测绘技术非常发达,其水平在世界上处于领先地位。唐代一行和元代郭守敬主持的两次大规模的大地测量,充分说明了其时测量技术已具有非常高的水平。唐代的贾耽是我国地图绘制史上一个著名的人物。他积几十年工夫绘制了著名的全国地图——《海内华夷图》,该图图幅大(广3丈,纵3丈3尺)、有统一比例尺(寸折百里),而且古今地名并注。可惜这幅地图没有留传下来。宋代地图测绘水平又有提高,其中沈括不仅对制图六体提出了改进,而且发明了立体地图——木图。宋代留传下来的地图有:《禹迹图》《华夷图》《九域守令图》《平江图》《静江府城图》等,这些地图都是刻在石碑上而得到保存的。

明、清两代,我国传统科技在整体上处于低潮,然而作为一门为现实服务的地理学,因受统治者的重视,以及明中叶资本主义萌芽的影响,却发展到了鼎盛时期,取得了累累硕果。明代郑和率领庞大的船队"七下西洋",在东南亚、印度洋地区进行的大规模、长达30年的航海活动,不仅是我国海上探险事业的空前成就,也是世界地理发展史上的壮举。这次活动带来了地理学上的新知识、新认识。《郑和航海图》是我国现存最早的亚非航海图。随行人员撰写的见闻录,如《瀛涯胜览》《星槎胜览》《西洋番国志》等,都是地理学的珍贵资料。明代的一部重要的地理著作是著名的《徐霞客游记》。这部著作是徐霞客数十年野外考察的日记汇编,其中对岩溶地貌和山脉、水系的科学考察,已具有近代地理学思想的萌芽,开拓了我国地理学研究的新方向,在世界上也处于领先地位。明代的杨慎、王嘉谟也都致力于对大自然面貌的探索。杨慎的《山名考》《温泉志》《滇南月令词》等分别在山名与山形、温泉的分布与利用、物候与人类活动关系等方面有突出成就;而王嘉谟的《北山游记》则系统描述了当时北京西北山区的自然环境,是现存地理著作中有开创性的一篇。这一时期,我国传统地理学继续发展,其中方志的编撰规模大、种类全、数量多、分布广。明代曾5次修总志,清政府曾3次编修《大清一统志》,其中《嘉庆重修一统志》内容丰富,体例完善,是历代《一统志》中最好的一部。其他有代表性的方志有:《(顺治)

河南通志》是门类齐全、撰写规范的通志类方志的典型代表,《西域水道记》是以湖泊为纲的水道专志,《西陲要略》是西北地区的地区专志,《西藏志》是第一部正规的西藏地方志,《朔方备乘》是关于北部边疆的地理专志,等等。据统计,明代修志 3000 种左右,现存900 多种,而清代现存方志就有 5000 多种。方志是我国古代地理著作的重要组成部分。它的繁荣,是我国传统地理学走向成熟和顶峰的标志之一。明清时期沿革地理研究也空前发达,既有以表格形式说明政区、疆域变化的,在体裁上有所创新的著作,如《历代地理沿革表》《历代疆域沿革表》等,还有像《历代地理志韵编今释》那样的历史地名辞典,以及《历代舆地图》《历代地理沿革图》之类的历史地图集。清初,一批具有启蒙思想的学者编出了一批能够通达古今之变,为政治、军事和国计民生服务的沿革地理著作,如顾炎武的《肇域志》《天下郡国利病书》,顾祖禹的《读史方舆纪要》等。其中《读史方舆纪要》是我国史料最翔实、内容最丰富、结构最严密的沿革地理著作,直到今天,仍是研究历史地理不可缺少的参考书之一。

(一)《禹贡》

《禹贡》是我国最古老的地理文献,是关于先秦地理环境的重要著作。《禹贡》收于儒家经典《尚书》中。过去旧史家认为该书是大禹治水和重新制定贡法的记录,作者是夏代史官或大禹本人。其实,这是一部托名大禹治水而记载古代地理情况的著作,与大禹治水本身并无多大联系。《禹贡》的著作年代,多年以来一直存在争论。比较普遍的看法,认为《禹贡》是公元前 300 年左右,也就是战国时代的作品。

《禹贡》全篇不足 1200 字,内容却相当丰富,主要有九州、导山、导水、五服四个部分。

九州是《禹贡》全篇的主要部分。“九州”是以名山大川为标志的自然地理区域。它以岱、华、荆、衡四山和河(黄河)、济、淮、黑四水,以及海洋等为分界标志,将全国分为冀、兖、青、徐、扬、荆、豫、梁、雍九州。九州部分分别记述了各州的山川、湖泊、土壤、物产、植被、田赋等级、贡品名目、水陆运输路线和少数民族等情况。这些记载很有研究价值。

《禹贡》书影

《禹贡》在记述各州的自然景观时,运用了区域比较的方法。如根据不同土质将其分为壤、坟、埴、垆和涂泥几种;又根据土色,把土壤辨别为白、赤、黑、青、黄几类;书中综合这两大因素,描述了各州的土壤情况。《禹贡》中的兖、徐、扬三州,都在我国的东部平原地区,自北向南,连成一片。《禹贡》记载三州的植被情况是:北部的兖州,草木抽发为长条,分布疏朗;中部的徐州,草木逐渐茂盛,覆盖大地;南部的扬州则是草木极繁盛、树木极高大的地区。这是我国地理文献对植物分布呈地带性变化的最早描述。

《禹贡》的九州划分和分区对比方法的使用,是自然区划思想的萌芽,对我国的地理观念产生了深远的影响。九州的划分方法在我国历史上经常被采用。

导山部分叙述了九州范围内山岳的名称和分布特点。按照《禹贡》的写作方式,导山是为了治水,只有察明山脉的高低走向,才能引导和治理洪水。《禹贡》将黄河中下游及汉水、淮河之间的20多座山归纳成4条东西延伸的"山列"。第一条在渭水、黄河以北;第二条在黄河南岸;第三条在汉水流域,自陕西的嶓冢山到湖北、河南交界的大别山;第四条从岷山起经衡山至江西北部的敷浅原。在对山列的记述中,表明作者已有山系概念的萌芽,并且掌握了我国山岳分布西高东低、西部集中东部分散的两大特征。

导水部分叙述了弱水、黑水、黄河、漾水、长江、济水、淮河、渭水和洛水9条河流的水源、流向、流经地区和支流、河口等情况。叙述的次序先北方后南方、先上游后下游、先主流后支流,条理清晰,使人对九州内河流水系的分布情况一目了然。这是我国有关河流水系的最早记录。

导山和导水两部分,文字虽然不多,但却是我国古代地理学分区域、分部门进行研究的开始,对于后世的影响是很大的。

最后一部分是五服。它以500里为距离,由王都向四面等距离扩张,依次分为甸、侯、绥、要、荒五服,并规定了相应的管理方法和交纳赋役的等级。这是一种理想化的中央行政制度,表达了作者大一统的政治见解。这种大一统的思想实际上反映了战国时期人民要求结束诸侯割据,实现国家统一的愿望,在当时是有进步意义的。

《禹贡》是我国古代一部综合性的地理名著,在我国地理学发展史中占有极为重要的地位。它在研究方法和地理观念上都对以后的学者有很大启发。历代对它进行注释、考证的著作很多,成为中国沿革地理和经学地理的一大支柱。《禹贡》中的不少地理概念和词语,如冀、豫、渭水、汉水、泰山、华山、衡山等,直到现在仍在使用,可见其影响的深远。

(二)《水经注》

北魏郦道元所著的《水经注》,是一部以记载河道水系为主的综合性地理著作,是我国6世纪以前地理学的代表作之一。郦道元字善长,北魏涿州郦亭(今河北涿县南)人,杰出的地理学家。郦道元的父亲做过青州刺史,因此,在他少年时就随父亲游历了山东的名山大川,培养了探索山川名胜奥秘的兴趣。成年后,他利用做官的机会,周游了今天的河北、河南、江苏、安徽、山西、陕西、内蒙古等广大地区。每到一处,他都留心察看水道形势,探溯源头河口,并游览名胜古迹。郦道元不仅喜欢旅游,而且酷爱读书,尤其是地理著作。在读书的过程中,他感到当时的地理书籍,不是过于杂乱,就是过于简略,并且有不少错误。他认为,桑钦的《水经》专门记述水道虽然是一种开创,但却太粗略了,而且所记大多是前人旧闻,有必要进一步搞清各条河流的来龙去脉。于是,他决心以《水经》作基础,写一部更为详备的水道专著。这就是后世广为流传的《水经注》。

《水经注》全书40卷,30多万字。其体裁是以许多水道的干流或大支流为主题,主题下大小不同的段落都有一句或几句纲领性的说明作为"经",随后详细引用有关资料作为"注"。这种以水道为纲记述地理情况的体例,不同于以往的地理著作,是郦道元在《水

郦道元塑像

经》的基础上发展和创造出来的古代综合性地理著作的一种新形式。《水经注》名义上是为《水经》作注,实际上却是自成体系。仅以字数来说,就比《水经》增加近20倍。在写作中,郦道元吸收和采纳了大量前人的地理学成果,引用了430多种书籍,以及许多金石碑刻、地图、民歌、民谣等。这些古代文献有许多没能流传到今天,因此,《水经注》中这些片断,成为研究在此之前地理学发展的重要资料。

《水经注》所记地理范围之广、内容之丰富,是空前的,这也是这部书的一个突出特点。郦道元生活在南北对峙时期的北魏王朝,可贵的是,他在写作《水经注》的时候,却突破了北魏的疆域界限,将视线投向了我国的各个地区。在记述坝水(即流经朝鲜的大同江)、印度河等水系的源头、流经地域和归宿时,甚至记载了部分边疆邻国的地理情况。《水经注》所记水道达1252条,比《水经》多出1000多条。在记载水道的同时,书中对河流流经地区的山川景物、城市、关津亭障、古迹、水利设施、物产,以及有关的历史事件、神话传说等,都做了详细的描述。据统计,《水经注》记载的峡谷近300处,瀑布60处,湖泊500多处,泉水和地下水300多处,古都180座,城邑2800座,桥梁约100座,津渡近100个,涉及的地名约20000个。《水经注》还介绍了13个民族的语言、风俗习惯,有些还指明了地理分布及与其他民族的关系和影响。

《水经注》不但内容丰富,而且在叙述事物时也十分确切细致。为了写好《水经注》,郦道元在他足迹可能到达的地区,都进行了详细的实地考察。有一次,他发现《水经》和

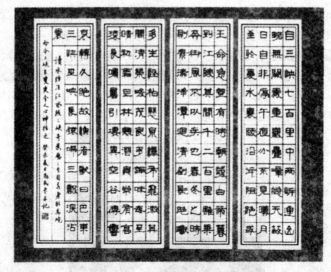

《水经注》书影

《汉书》对泗水的源头记载有问题,于是他不辞辛苦,亲自去探寻源头,最后终于在卞县故城(今山东泗水县东)东南桃墟附近找到了泗水的发源地。郦道元还极为重视地形地貌的方向、数值、位置的记载。如《汾水注》中说:"山即汾山也,其山特立,周七十里,高三十里。文颖言:在皮氏县东南,则可十里,乃非也,今准此山,可高十余里。"书中对高山峡谷、岩溶地貌、西北干燥地区的地貌都有许多精彩的描述。

《水经注》在地理学方面取得了许多前人没有的成就。例如该书中记载的植物种类不下140种,动物种类超过100种。郦道元对生物的性状和习性进行过细致的观察研究,书中记载的淡水鱼类的洄游现象,在世界上是最早的。书中对生物的地理分布和变迁都有所描述。《涟水注》中还写道:湘乡县石鱼山,有一种黑色石头,纹理与云母相似,常显出鱼形,敲剥一层后,鳞、鳍、头尾非常逼真。这是我国最早记载鱼类化石的文献之一。

《水经注》中记载了大量农田水利设施。都江堰、郑国渠、灵渠、芍陂等,都是先秦著名的水利工程。郦道元对这些工程的兴建过程、地理位置和范围结构等,都做了比前人更为详细的记录。以农田水利建设和河流、湖泊的综合利用为中心,书中涉及了种植业、畜牧业、林业、渔业等农业生产的多个侧面。除此之外,《水经注》中还记载了温泉、地下水、天然气、锡矿、盐业等矿产资源,还有许多关于采矿、冶金、纺织、造纸、食品等工业部门的资料,对我们研究古代的经济情况有重要价值。

《水经注》是一部包罗万象的地理著作。在它问世不久,人们就开始了对这部书的不断研究。历代的地理著作大量引用该书中的内容。还有人仿照《水经注》的体例撰写水道地理著作,如清代齐召南的《水道提纲》、徐松的《西域水道记》等,形成我国古代地理学著作的一种独特的体裁。当代的历史地理学者,也仍以它为重要根据,复原古代地理情况。今天,国内外学者对这部书更加重视,对它的研究已形成一门"郦学",研究的专题就有沿革地理、经济地理、城市地理、兵要地理等,而且新的利用价值还在被不断地挖掘出来。

（三）《徐霞客游记》

明代的《徐霞客游记》是一部日记体裁的地理著作，也是我国及世界上最早系统记述和研究岩溶地貌的科学文献。徐霞客（1586～1641）名弘祖，字振之，霞客是他的别号，江苏江阴人，出生于世代书香门第。徐霞客从小就读了很多书，最使他感兴趣的是记载山川、名胜和旅游的书籍。徐霞客很早就决心挣脱科举枷锁，立志游遍祖国的山山水水。在父母的支持下，他从22岁起至56岁的30多年中，几乎年年外出游历。他"不避风雨，不惮虎狼，不计程期，不求伴侣，以性灵游，以躯命游"（《徐霞客游记·潘耒序》），足迹遍及我国现在的江苏、上海、浙江、山东、河北、天津、北京、山西、陕西、河南、安徽、江西、福建、广东、湖南、湖北、广西、贵州、云南等19个省、市，行程达10万余里。

徐霞客的身体很好，了解他的人都称他"健如牛，捷如猿"。跋山涉水，日行百里之后，他还能在夜间把当天的观察所得记录下来。多年的游历生活，徐霞客积累了大量的考察日记。在他最后一次出游归来后，身染重病，一直到去世，没来得及对这些日记进行整理。后来才由季梦良加以整理成书。《徐霞客游记》早先只有抄本，由于辗转传抄和战乱不断，内容缺失很多。清乾隆四十一年（1776），徐霞客的族孙徐镇首次将此书刊印，使这部著名的地理游记，也是我国最早的野外考察记录得以广泛流传。

《徐霞客游记》共10卷，约80余万字，日记体裁，按时间顺序记载作者的游踪和研究心得。卷一是游天台山（两次）、雁荡山（两次）、白岳山、黄山、武夷山、庐山、九鲤湖、嵩山、太华山、太和山、游闽、五台山、恒山的日记；卷二是浙游、江南游、楚游日记；卷三是粤西游日记；卷四是黔游日记；卷五一十是滇游日记及附编（卷十下）。该书涉及的内容极其广泛，包括地貌、地质、水文、气候、动植物、历史地理、社会政治、经济文化、民族风俗等多方面。和我国以往的地理文献相比，该书不但在内容的丰富上大大超越前人，更重要的是它对自然地理现象进行了细致的观察和研究，尤其注重对自然地理现象成因的探讨，把感性认识提高到某种程度的理性认识，更具有科学性，开辟了我国古代自然地理研究的新方向。

《徐霞客游记》最大的科学价值是关于岩溶地貌的广泛而深入的考察。岩溶地貌，又称喀斯特地貌，在我国南方分布很广。东起杭州飞来峰，西至云南西部保山地区，其中自湖南南部到云南东部，面积就有55万平方公里。我国记载岩溶地貌有悠久历史，西汉长沙马王堆地形图上描绘的峰丛石山，就是世界上最早的地表岩溶地貌图。此后记载岩溶地貌的文献更多，如南北朝王韶之《始兴记》、郦道元的《水经注》、盛弘之的《荆州记》和宋朝范成大的《桂海虞衡志》，等等。但是，没有一部能够像《徐霞客游记》那样系统科学地研究岩溶地貌。徐霞客将岩溶地貌的许多地形，进行了分类命名。如称落水洞地形为"督 yuan 井"，漏斗地形为"盘洼"或"环洼"，干谷地形为"枯涧"等。而且以"石山""石峰"统一命名峰林地形。这种归类和命名，是科学的研究方法。《徐霞客游记》对每一类地形都有生动、形象的描绘。如记述落水洞时说："岭头多漩涡成潭，如釜之仰，釜底俱有穴直下为井，或深或浅，或不见底……"徐霞客还首次明确记述了我国西南地区峰林的分布和特征，认为峰林范围东起湖南道州（今湖南道县），西至云南罗平，南入广西境内。徐霞客每经过一个地区,都十分注意总结当地岩溶地貌的特点,并和其他地区相比较,力求找出它们的分布规律和发育特征。如在论述峰林发育的地区差别时说:

粤西之山,有纯石者,有间石者,各自分行独挺,不相混杂。滇南之山,皆土峰缭绕,间有缀石,亦十不一二,故环洼为多。黔南之山,则介于二者之间,独以逼笋见奇。滇山惟多土,故多壅流成海,而流多浑浊,惟抚州湖最清。粤山惟石,故多穿穴之流,而水悉澄清。而黔流亦介于二者之间。

这些论述说明徐霞客对西南岩溶地貌发育的区域特征有比较清楚的认识。

岩洞,是地下水对岩石长期溶蚀而形成的,洞内石笋、石钟乳、石柱,千奇百怪,别是一番天地。对溶岩洞穴奥秘的探索,徐霞客有着极大的兴趣。《徐霞客游记》中记载岩溶洞穴 288 个,他亲自入洞考察的有 250 个,占 87%。他对这些洞穴的形态、方位、大小、结构都做了详细的记录,有的还做了测量,数据准确。他对桂林七星岩洞穴系统的描述就和 20 世纪 50 年代科学测绘的七星岩平面图基本一致。徐霞客还根据水文、气候、成因、结构将这些洞穴划分为不同类型。如按洞穴的形态结构分:藤瓜式,指的是以溶洞通道将大小洞穴联系起来的洞穴系统;楼阁式,是指洞穴的上下、前后都有分层,像一幢有许多房间的楼阁;此外还有蹲虎式、深井式、厅堂式、海螺式等。

对于岩溶地貌的成因,《徐霞客游记》中的许多地方都进行了探索和研究。如认为落水洞的成因是"上透一窍,辄水捣成井"。又如认为石钟乳是"石膏日久凝结而成"等。这方面的研究,徐霞客比前人更广泛、更深入。

徐霞客对我国河流探源工作也做出了贡献。例如,为了弄清南北盘江的源流,他曾 5 次进行实地考察,写出了《盘江考》一文。关于长江的源头,从《禹贡》出现"岷山导江"4 个字开始,人们一直认为长江的源头是岷江。虽然早在汉、唐时就有人表示怀疑,但没有人敢于站出来否定它。徐霞客在《江源考》中明确提出:"推江源者,必以金沙",即金沙江是长江的源头。这在我国地理学上意义十分重大。

《徐霞客游记》中一个使人叹服的地方是:当时地理学的各个学科都还处于萌芽状态,又没有任何科学仪器设备,而徐霞客根据自己观察所得出的结论,竟大多和现在的科学原理相符合。他在游历中发现,高山上的草木稀疏、植物生长缓慢,他推断其原因是高山顶部海拔高、气温低、风速大,阻碍了植物的生长。当他由云南姚安北行到达丽江后,写道:"其地杏花始残,桃犹初放,盖愈北而寒也。"说明他初步认识到了植物生长的不同状况和地理纬度的不同有关。徐霞客还有很多关于植物的分布和生长受地理环境影响的论述,都和现代的科学原理一致。

1639 年,徐霞客到了云南腾冲,当地人告诉他 30 年前打鹰山顶上发生怪事的传闻。他立刻到那里进行考察,看到山顶上的石头都是赭红色,质地轻浮,状如蜂房,便断定"为浮沫结成",是"劫灰之余"。这种现象正是火山爆发的证据,徐霞客的结论是正确的。

科技综合

众所周知,在上古时代,自然科学和技术是和宗教、神学紧密结合在一起的,没有自己独立的位置。那时,管理文书事务的"史"和负责宗教事务的"巫""祝""卜"是知识的占有者,当然也包括科技知识。例如,商代甲骨文本是商贵族占卜留下的记录,但我们却可以从中了解到当时科学技术的水平。当人们逐渐摆脱宗教神学束缚,开始重新认识自然界和人本身的时候,尽管科学技术知识在这一转变的过程中起着重要的推动作用,但它仍没有自己独立的位置。在西方,科学和技术是自然哲学的一部分,而在我国,由于更重视社会伦理、统治思想的研究,因此,科学技术多见于相关的理论学说中。这一点在中国古代有深远的影响。其表现是:即使在科学技术专著出现以后,我国的科技知识仍大量保存于经、史、哲及其他文献中。例如,我国古代关于技术的著作很少,像四大发明这样对世界的发展有重大影响的技术成就,其最早记载都是在其他历史文献中。在我国古代的文化典籍中,有许多著作,科学技术内容占很大比重,而且往往不分学科掺杂在一起。这些著作也应算在科技著作之列。另外,还有一些著作的内容和理论对科技发展产生了巨大的影响,我们也应有所了解。

《诗经》和《尚书》是我国最早的文献之一,里面就有许多科技内容。《诗经》是我国最早的诗歌总集,收有西周至春秋时的民歌和一些商、周庙堂的乐章。其中许多诗篇有农业知识、动植物名称、天文现象、地学知识的记载和描述。如"既溥既长,既景乃冈,相其阴阳,观其流泉"(《大雅·公刘》),指的是选择阳光充足、水利条件好的土地进行耕种;"五月斯螽动股,六月莎鸡振羽……"(《豳风·七月》)描述的是物候;"十月之交,朔日辛卯,日有食之"(《小雅·十月之交》)是世界最早的日食记录等。这些内容反映了当时社会各个层面的科技知识水平。《尚书》是上古史书的汇编,其中地理专篇《禹贡》前面已做介绍,另外在《洛诰》中记载周公在洛邑选建城址并绘有地图,是我国传世文献中记载最早的地图;《尧典》中还有观测四仲星的记载。特别是《洪范》中最早提出了五行思想,对我国古代的科学技术发展产生了极大的影响。

春秋战国时期,社会变革,诸子兴起,文化荟萃。在诸子著作中,有大量的科技内容。如《荀子》中提出了对动植物资源合理保护和利用的思想;《庄子》中讨论了宇宙起源、时间有限无限、物种可变和生物链等问题,并对盖天说提出了质疑;《尸子》中定义宇宙为"上下四方曰宇,往古来今曰宙",并有了地球自转的思想萌芽。《管子》在科技方面取得的成就更大,其中提出了"水者,万物之本原"的思想,还提出了"精气"化生万物的思想,并在《地员》篇中对植物生态和土壤进行了深入的研究。诸子百家中,尤以墨家在科技领域的研究最深入,取得的成就最高。《墨经》是墨家子弟的理论经典,其中自然科学知识论述严密、立论准确,在数学、光学、力学等方面提出了一些基本概念和原理,是一部优秀的科技著作。除了诸子著作外,当时的其他文献中也有很多科技内容。《易传》是对《易经》最古的注解,在《系辞》篇中提出了"太极"化生世界万物的学说,指出万物都处在日新月异的变化中,并将变化概括为阴阳两种事物的对立统一关系;该篇中还对古人的发明创造做了总结,提出了"观象制器"的科学观,即观察自然现象,进行模拟创造。《易传》的科学思想对后世科技发展影响极为巨大。《周礼》是儒家的经典,汇集了自西周至战国的政治制度,其中有一套完整系统的科技管理制度,包括官员的设置、职责、下级人员数量以及有关的政策法令。此后历代相关的制度和政策都是在此基础上发展起来的。另外,在这部书中,记载了天文历法、气象、地理、农学、医学、生物、食品、冶金、纺织等方面的科技知识,如"眠裰掌十煇之法",十煇所描绘的现象大部分是太阳周围的云气或日晕。《吕氏春秋》是吕不韦召集门客编著的诸家学说集成,除了前面谈到的 4 篇农学论文外,突出的地方是它以十二纪为首,叙述每月的物候和应当操作的事宜,是后世月令的前身。战国末年,还出现了一部我国最早的训诂著作——《尔雅》,其中释虫、释鱼、释鸟、释兽、释畜 5 篇反映了先秦时代的动物分类系统,很接近现代动物学的分类;释草和释木下面又分细类,且相似的植物排在一起,其分类思想已有很高水平;释地、释山、释丘、释水 4 篇反映的地形分类知识也很丰富。以后历代不少人对《尔雅》进行注释;推动了古代科技知识,尤其是博物学的发展。

秦汉迄至隋唐,我国古代科学技术不断丰富、发展,综合性的科技文献也体现了这一特点。《淮南子》是西汉淮南王刘安及其门客所编,在《天文训》中作者借用前人气、阴阳、五行学说,描绘了一个宇宙创生的完整过程,《精神训》中也有类似的描写,可称是中国古代最有系统的宇宙创生理论;《天文训》中记载了悬土炭观测湿度的方法和月亮每日运行平均度数,是秦汉科技发展的新成果。《太玄经》是汉代杨雄仿《周易》之作,在当时历法和天文学的基础上构造了一个包罗万象的宇宙系统,该书创造性地发展了《周易》的符号系统,即将《周易》的阴(——)、阳(—)二元系统发展为奇(—)、偶(——)、和(———)三元系统,其排列方式从数学观点看是三进制数列。东汉王充的《论衡》是科学史上的一部重要著作,在书中,他以科学知识为武器批判"天人感应"说和谶纬迷信,指出云雨产生的自然机制,猜测雷电是由阴阳之气相激而成,分析了潮汐与月亮盈亏的关系等。书中涉及的科学知识包括天文、物理、生物、医学、冶金等领域,反映了当时科学发展的新水平。西晋崔豹的《古今注》是考释古今名物的早期著作,记载了关于车辆、服饰、城市、音乐、鸟、兽、鱼虫、草木等方面的许多科技知识,如指南车、记鼓里车、阳燧(凹面镜)的制作材料等都是此书首次记录。汉魏六朝时笔记小说式著作兴起,对科技发明和创造以及科技知识的记载都具有重要意义。如晋代葛洪的《西京杂记》,记载了巧匠丁缓等人发明"常满灯""被中香炉"的经过,书中对汉代宫殿和上林苑名果异木的记载是研究建筑史和植物学史的重要史料;唐代段成式的《酉阳杂俎》记载了大量药物和名医佚事,以及珍禽异兽、草木虫鱼的知识,其中如乌贼放墨避敌、螺蛤共生等动物行为的细致观察,是生物学史的重要史料。唐代开始,编纂类书的活动风行,许多科技知识和文献被收入相关的类别中,起到了保存科技文献的作用,唐徐坚等人编的《初学记》是较好的类书,其中几乎涉及了各个学科的科技内容,如在"天部"下收录了大量关于漏刻的古代文献,其中就有张衡《浑天仪图注》的二级漏刻部分,又如唐初李泰的《括地志》是一部 500 多卷的地理书,原书早已不存,其《序略》就保存在《初学记》中等。唐代以后,历代几乎都有类书出现,大型的就有宋代的《太平御览》、清代的《古今图书集成》,我们现在研究科学史,往往都要到这些类书中去寻找珍贵资料。

宋元时期是我国科技发展的高峰时期,在综合性科技文献中也有反映,具体表现是科技内容增多,且具有研究性质。《物类相感志》《格物粗谈》可以说是博物学著作,它们的共同特点是汇集了大量日常生活中的经验知识编成,也大都以人事、天时、地理、草、木、花、虫、衣服、药品等进行分类,特别是一些工艺技术在这类书中得到记载。这一时期笔记体著作科技内容更多,如苏轼的《东坡志林》中关于科技的条目约占 1/5,涉及医药、地理、农业、水利、酿酒、饮食卫生、星占、炼丹服饵等，其中关于四川卓筒井的开凿方法和产盐过程是最早、最详细的记载。在笔记体著作中，沈括的《梦溪笔谈》是一部伟大的科技著作，全书共600余条，其中有近200条是关于科学技术内容的，涉及的学科也十分广泛，一些成就在当时世界上是处于领先地位的。宋代在科学思想上也有所发展，其中朱熹在《朱子语类》中提出的"格物致知"，继承了传统儒家博学多闻的优良传统。这一思想在明代发展成亲身实践取得真知的科学观，对科学技术的发展有深远影响。

明中叶以后，随着资本主义萌芽，部分知识分子开始转向务实的学问。明末黄道周在《榕坛问业》中对朱熹的"格物穷理"又有发展，他的"格物"具有明显的科学研究倾向。受这种"格致"思想影响的典型例子是明代曹昭的《新增格古要论》，该书主要是记述珍宝古玩、金石碑刻、漆器、奇木、异石等，属博古之士的著作，但他在自序中强调他是在实物的基础上，核实文献资料而写成，其中记载的金银检测方法是具有总结性的文献。在这一时期的科学发展中，方以智是一个重要人物。方以智是我国早期启蒙思想家之一，他在《通雅》和《物理小识》中，一方面把我国古代的科学知识做了一次综合的记录，一方面又吸收了当时西方的一些科学知识。由于他是一位科学家，又是一位哲学家，因此书中贯穿着唯物主义哲学和自然科学思想，取得了很高的成就。

入清以后，西方科学知识的传播日益广泛，许多综合性的科学著作吸收了西方科技知识，并且多集中于中西科学的对比研究，传统科学的研究日益衰落。

（一）《墨经》

《墨经》是先秦墨家的科学、逻辑学和哲学著作。墨家是春秋战国时代产生的诸子百家中的一个重要学派，它和儒家一起被称为"显学"。墨家的创始人是墨翟，相传他原是宋国人，后来长期住在鲁国。他是我国古代著名的思想家和政治家，也是一位卓有贡献的自然科学家。墨家学派著作的总汇《墨子》，是墨家弟子对墨翟言行的追述。《墨子》原书71篇，现存53篇，其中的《经上》《经下》《经说上》《经说下》4篇构成《墨经》。也有人认为《墨经》还要包括《大取》《小取》两篇。

《墨经》是《墨子》一书的主要组成部分，据说当时墨家弟子人人诵读，成为墨家学派的理论经典。该书内容丰富，结构严谨，涉及认识论、逻辑学、经济学、自然科学等各个领域。全书约180条，其中与自然科学有关的约50条左右。其体例是：《经》是定义性条文，《说》为释《经》之文。《说》文每条第一个字或第一、二两字是标牒字，它与同条《经》文的第一字或二、三两字相同，用以牒经标题，以易检索。

墨子画像

《墨经》中之所以有许多自然科学的条目，与墨家学者的社会地位和思想方法有着密切的关系。首先，墨家的社会主张是"兼爱""非攻""节用""节葬"，代表了手工业小生产者的利益。墨子本人做过工匠，他的弟子也大多是社会下层的能工巧匠，因此很自然地会在平日的劳动实践中积累和总结自然科学知识。其次，墨家十分重视自然科学知识在社会生产和社会生活中的应用，认为科学知识是实现自己主张和为大众造福的重要武器，也就是"利于民谓之巧，不利于民谓之拙"。第三，墨家掌握了比较正确的认识论和方法论。他们把知识的来源分成"闻知""说知"和"亲知"，认为在实践中得来的"亲知"是最可靠的。同时，他们还重视对实践中得到的感性认识进行抽象的比较和综合，形成理性认识。而在这一点上，墨家丰富的逻辑学知识又为解决问题提供了极为重要的工具。

《墨经》在物理学和数学方面的成就最为突出。

对人类繁衍生息于其中的自然界的探讨，是先秦诸子百家学术争鸣的一个重要侧面。在这个方面，墨家独树一帜，建立了自然观和宇宙论。在墨家看来，自然界是一个统一的整体，个体和局部都是整体中分出来的，是统一体的一个组成部分。部分不是孤立存在的，而是与整体有着紧密的必然联系。这一观点在《墨经》对时间和空间的精彩论述中得到运用。《墨经》中说："久，弥异时也"，"宇，弥异所也"。"久"是时间，"宇"是空间，"弥"意为充满、覆盖、包含。时间包含古往今来，是悠久无极的；空间则不论从任何地方看，上下四方，都是广漠无垠的。这是《墨经》给时间和空间下的定义，已包含了时空无限的思想。然而，时间的概念是从事物的变化过程中的先后次序体现的，空间的概念是从物体的运动过程中有位置移动而形成的，所以"异时""异所"实际上是一个有限的时间和空间。《墨经》用一个"弥"字表示了时间和空间的各部分由于密切联系而构成的整体概念。随后，《墨经》中又用"有穷"和"无穷"具体论述了时间和空间的有限和无限的关系。《墨经》中还认为时间和空间是密切相关的，并把它们和物体的运动联系起来加以说明。它认为，物体的移动，必然经过一定的时间和空间；穿越一定的空间，必然需要一定的时间；物体随时处在特定的位置；空间位置的变迁与时间流逝紧密结合在一起。在2000多年前，墨家学派能有这种关于时空机制的科学思想，确实令人惊叹。

现代物理学告诉我们，自然界的各种变化过程中，物质既不能被消灭，也不能创生，其总量是恒定的，这叫物质守恒原理。在《墨经》中已有了这种观念。它指出，已经存在的，不可能被消灭，某物体失去了一部分，对这个物体来说是"损"，但整个物体的总量并没有减少。差不多同时期的《管子》一书中也说道："天地莫之能损"，意思是宇宙万物的总量一丝一毫都不能被消灭。这说明我国古代很早就有了物质不灭的思想了。

《墨经》的力学知识是先秦著作中最丰富、最集中的。对于物体的运动，该书中给出了严格的定义，"动，或（域）徙也"。就是说运动是物体位置发生了移动，从一个地方到了另一个地方。这和现在机械运动的定义是一致的。《墨经》认为静止是物体在某一时间限上处于空间的同一位置。书中还进一步讨论了运动和静止的辩证关系，认为像射箭那样，在极短的时间前进了很大距离，这种运动是十分明显的；而像人过桥那样，一步一顿，每一步都有短时间的静止，但就过桥的整个过程来说，静止只是暂时的、相对的，通过每一步的相对静止，完成了整个过桥的运动。这种把静止放到运动中去研究的思想方法是十分深刻的。

《墨经》中关于力的定义是从人的体力概念引出的。《墨经》把人体叫作"刑"，也就是"形"，把人体通过举、持、掷、击等方式使运动转移变化的过程叫作"奋"。这样，它定义"力"是"刑之所以奋也"。这是说，"力"是人使运动发生转移和变化的原因。在解释这一定义时，书中明确指出"力"和"重"是相当的，举起重物就是一种"奋"的表现。16世纪以前，欧洲的学者认为"力"是维持物体运动的原因，比较而言，《墨经》中对"力"的认识则要先进得多。

杠杆的利用和衡器的使用，在春秋战国是很普遍的。《墨经》从科学的角度分析了杠杆平衡的原理，指出杠杆的平衡不仅取决于加在两端的重量，而且和"本"（重臂）、"标"（力臂）的长短有关，已经有了力矩的概念。墨家学者比阿基米德更早知道了距离和平衡是有关系的，可惜的是它没有给出明确的数量关系。

《墨经》中已朴素地认识到了浮力原理。它说，形体大的物体，在水中沉下的部分很浅，这是因为物体重量和水的浮力平衡的道理。另外，书中对于滑轮、斜面等简单机械，以及拉力、引力等，都进行了讨论。

《墨经》中还记载了丰富的几何光学知识。墨家学者做了世界上最早的小孔成像实验，解释了光的直线传播。在一间黑暗的小屋朝阳的墙上开一个小孔，人对着小孔站在屋外，屋里相对的墙上就出现了一个倒立的人影。为什么会出现这奇怪的现象呢？墨家解释说，光穿过小孔如射箭一样，是直线进行的，人的头部遮住了上面的光，成影在下面，人的脚部遮住了下面的光，成影在上面，就成了倒立的影。这是对光直线传播的第一次科学解释。利用光的这一特性，《墨经》还解释了运动的物体和影子之间的关系。书中说，运动中的物体的影子是不动的，为什么影子看起来在动呢？那是因为旧影消失，新影产生，连续不断地更替着，并且变动着位置。

《墨经》对平面镜、凹面镜和凸面镜都进行了研究。例如在讨论凹面镜成像的不同情况时指出，当物体放在球心之内，得到的是正立的像，距离球心近的像小，距离球心远的像大；当物体处于球心以外时，得到的是倒立的像，距离球心近的像大，远的像小；当物体在球心处，像和物重合。《墨经》中以球心来区分物体和成像的关系，没有说明凹面镜球心到焦点之间的成像情况，这是它的不足之处。但在光学知识的初始阶段，墨家的这些科学实验是有着重要意义的。

在数学方面，《墨经》中提出了一系列几何学概念的定义。如"圜，一中同长也。"这与近代数学中圆的定义"对中心一点等距离的点的轨迹"十分相符。又如，"直，相参也"，指的是三点共一线的直线定义；"平，同高也"，指相同高低就是平，等等。《墨经》中还提出了"端""尺""区""穴"的概念，大致相当于近代几何的点、线、面、体。《墨经》中的这些数学内容，说明在春秋战国时理论几何学已在我国开始萌芽。

《墨经》是当时生产实践和墨家特有的科学实验与理论思维相结合的产物，是我国科技史上非常宝贵的财富。但是，令人惋惜的是，墨家的科学传统没有能够延续下来，被历史湮没了。直到清代邹伯奇等人发现其中的科学内容时，它才日益受到人们的重视。

（二）《梦溪笔谈》

北宋沈括所著的《梦溪笔谈》是一部笔记体综合性的学术著作。沈括（1031～1095）

字存中,钱塘(今浙江杭州)人。他自幼喜欢学习,善于思考,14岁就读遍了家里的藏书。沈括曾在京师昭文馆编校图书,又做过集贤院校理,职务的便利,使他有机会读到许多皇家藏书,充实了自己的学识。他多才多艺,修水利、管财政、打仗、写诗、考古、搞科学研究,各方面都取得了显著的成就。王安石变法失败后,积极推行新法的沈括屡次被降职。58岁时,他定居润州(今江苏镇江)的梦溪园,一直到去世。沈括晚年在梦溪园认真总结自己一生的经历和科学活动,潜心著述。《梦溪笔谈》就是他在这段时间写成的。

《梦溪笔谈》全书共30卷,含《笔谈》(正编)26卷,《补笔谈》3卷,《续笔谈》1卷。分17门:故事、辩证、乐律、象数、人事、官政、机智、艺文、书画、技艺、器用、神奇、异事、谬误、讥谑、杂志、药议,共609条。其中自然科学和技术内容约200条,内容涉及数学、物理、化学、天文、地理、生物、农学、医学和工艺技术,既有对以往和当时科技成就的记录,也有沈括自己的研究成果。

沈括对劳动人民的实践经验和创造发明给予了高度评价,认为科学技术不可能都出自"圣人"。他在《梦溪笔谈》中记录了不少民间的科技人物和成就。如世界上第一个发明活字印刷术的"布衣"毕昇,平民历算家卫朴,巧合龙门的水工高超,手艺精湛的木工喻皓和他的《木经》等。这些都是官修史书上从来看不到的资料。

沈括塑像

沈括曾主持过司天监的工作,对天文历法有很深的造诣。他十分重视天文观测手段的改进,写过《浑仪议》《浮漏议》《景表议》3篇论文,详细说明了改革仪器的原理和他的天文见解,是我国天文学史的重要文献。《梦溪笔谈》中对这一活动做了记载,可以和《宋史·天文志》的记录对比研究。在《梦溪笔谈》中,沈括对五星运行的轨迹和陨石坠落的情景都做过翔实的描述,这是他认真观测的结果。他还第一次提出冬至日一天的长度要比夏至日一天的长度短的观点,在天文学史上有重要意义。在书中,沈括针对传统的阴阳合历在历日安排上的缺欠,主张使用与农业生产关系密切的十二气历。这一历法类似现今的太阳历,简便又科学。其后800余年,英国气象局就使用过与十二气历十分相似的萧伯纳历,用于农业气候的统计。

沈括在数学上也有精深的研究,《梦溪笔谈》记录了他的隙积术和会圆术两项重要成果。沈括通过对垒起的酒坛和棋子等有空隙的堆积体的研究,提出了求它们总数的正确方法。这就是"隙积术",也就是高阶等差级数求和的一种方法。这项成果实开南宋杨辉、元代朱世杰等人有关研究的先河。"会圆术"是一个已知弓形的圆径和矢高求弧长的问题。沈括推导出了求弓形弧长的近似公式。元代王恂、郭守敬等人《授时历》中的"弧矢割圆术"就利用了这一公式。

沈括在物理学上的成就是多方面的。《梦溪笔谈》记载,他曾对指南针的4种装置方法(放在水中、碗沿、指甲上和用线悬挂)进行了研究并比较它们的优劣,认为悬挂法最灵敏、准确。他还发现,磁针"常微偏东,不全南也"。这是世界上关于地磁偏角的最早记录。西方在公元1492年哥伦布第一次航行美洲的时候才发现了地磁偏角,比沈括晚了

400 年。

凹面镜,古代称"阳燧",在日光中可以取火。沈括在做凹面镜取火实验中,发现了它的焦点。在凹面镜的成像实验中,他称焦点为"此"或"碍",并说明物体的焦点之内时,得到正像,在焦点上不成像,而在焦点之外时得到的是倒像。《梦溪笔谈》记载的这一成果,比《墨经》的研究又前进了一步。

声学中的共振现象,我国在战国时就已发现。《梦溪笔谈》中记述了沈括所做的共振实验。剪一个纸人放在琴弦上,弹动发生共振的弦,纸人就会跳跃颤动,而弹动别的弦,纸人却不动。这个实验要比欧洲人所做的同样实验早好几个世纪。直到 17 世纪,牛津的诺布尔和皮戈特才用"纸游码"(相当于纸人一类的东西)实验进行共振研究。

《梦溪笔谈》中还记载了沈括在地学方面的许多卓越论断。当他察访浙江东部的时候,考察了雁荡山诸峰峭拔险怪、崖高谷深的地貌特点,明确指出这是水流侵蚀作用的结果。他又联系到西北高原深沟巨壑中的土峰,说明了它们的成因是一样的。书中,沈括根据太行山山崖间有许多螺蚌壳和卵形砾石呈带状分布的现象,推断这一带是远古时的海滨,这里的陆地是黄河等北方大河所携带的大量泥沙沉积而形成的。正确科学地说明了华北平原的形成过程。

沈括还根据对化石的观察,推断了古代气候的变迁。《梦溪笔谈》记载,延州(今陕西延安一带)黄河堤岸塌陷,从土下露出一片石笋。沈括将它与在别的地区发现的桃核、芦根、鱼、蟹等化石加以比较,认为别的地方的化石种类是当地就有的动植物,而这里的气候并不适合竹子的生长。因此,他判断此地远古时期必定"地卑气湿",适宜竹子生长。根据化石正确推断古气候变迁,欧洲直到 1763 年才有人提出类似的见解。

《梦溪笔谈》还记载了沈括在西北地区对石油矿产进行的考察和研究。沈括亲自收集石油,并制成了石油的烟墨。用石油制墨,是沈括在利用石油上的首创。他还指出,地下的石油资源是十分丰富的,并预料"此物后必大行于世"。另外,"石油"一词也是沈括首先使用的,比以前文献中的"石漆""石脂水""火油""石脑油"等,更简单贴切,并沿用至今。

在《梦溪笔谈》中,沈括对地图的测绘进行了深入的研究。他删去了裴秀制图六体(见地理章)中的"道里",而增加了"傍验"和"互融",也就是强调地图绘制后的校验和拼合地图的准确性。他还把原来地图的四面八方加以改进,更细分成 24 个方向,使地图的精度有了进一步提高。后来,人们所用的罗盘上都标示 24 个方向。沈括还曾经把北方靠近辽国地区的地形制成"木图"——地形模型图。这种立体地图的出现要比西欧早 700 余年。

沈括的《梦溪笔谈》是宋代科技资料的宝库,是中国科技史上的杰作,也是世界科技史上的一份珍贵遗产,被誉为"中国科学史的坐标"。

科技谜踪

汉代女尸怎能"独善其身"

2000 年前的中国女性是什么样子？这个问题随着 2002 年 7 月江苏连云港一具保存完好的汉代女尸的重见天日而得到了答案。但随着这具名为"凌惠平"的女尸出土的，还有许多不解的谜。凌惠平的具体身份是什么？她棺中的液体又是什么？与她一同发现的三个棺木中的尸体皆已腐烂，凌惠平究竟会"告诉"我们些什么……2003 年 6 月 6 日，连云港博物馆特邀国内著名专家聚会港城，在对女尸用 X 光和 CT 影像检查的基础上，对尸体实施解剖与取材，开始试图破解这些未解之谜……

凌惠平惊现花园路

6 月 11 日，记者在连云港博物馆的展厅内见到了解剖过后的"凌惠平"。这具极其珍贵的汉代女尸躺在专门为她定做的透明玻璃棺内，身体完全浸泡在福尔马林液面之下。出土近一年的时间，"凌惠平"虽然体态有些萎缩，但总的来说保存得还是相当好。连云港博物馆的周锦屏馆长向记者详细介绍了古尸的发现经过。在去探寻凌惠平身后秘密之前，大家不妨先把时钟拨回到去年 7 月 7 日，去一同经历一下"凌惠平"的发现过程。

连云港的海州区除了拥有孔望山、锦屏山等景点外，还有一座小山———石棚山，传说宋代大诗人苏东坡曾在此登临赋诗。为了开发这座小山，鼓励更多的游人前去游玩，政府决定修筑一条通往石棚山的公路，将其命名为"花园路"。

去年 7 月 7 日那天，天气很热，工人们轮班作业，因为工期很紧。由于新修的路与相接的路有 5 米的落差，所以工程要先开掘、做平路面。当班的姜茂东师傅负责操纵挖掘机挖掘。下午 2 点多时，姜师傅一铲下去，顿感吃劲，以为挖到了石头，上来一看是一块厚厚的木板，好像是个棺盖。再一挖，抓上来一口棺木，棺木很沉，在抓斗上吃力地倾斜着。吃惊的姜师傅赶忙把它放到地面上，让工地负责人赶紧报警。

接到报告后，连云港警方和市文物管理委员会的人来到现场，看到一个宽 20 米，南北长 30 米，深约 5 米的大土坑底部，有一座大型古墓葬，墓葬木椁已有两块被掀至大土坑上，一口棺木被挖土机挖出墓坑，倒置于一旁。被挖出的椁木有 40 公分厚，4 米长，全部楸木。棺木的上漆鲜亮。考古人员判定，这是一座夫妻合葬竖穴土坑木椁墓，时代应属西汉中晚期。

第二天上午，连云港市博物馆的考古部主任项剑云带人来到现场。经过对墓葬痕迹的检查,他们发现,已经发现的这个墓椁内有三口棺木,大家从左到右依次编为1、2、3号棺,前一天最早发现的棺木被定为3号棺。上午9点,挖掘开始,经过12个小时的工作,除了3号棺外,他们共清理了2个椁室3口棺木,确定这3口棺内尸骨为一男两女,其中地位最尊贵的男主人头颅骨完好无损,颅内脑组织完好。此外,还出土了佩有精美玉饰的铁剑、文字清晰的木牍等大量珍贵文物。

7月9日上午,项剑云带领工作人员开始清理3号棺。他用一根钢钎用力撬开棺盖,棺盖下露出一层密封的"天花板"。他用水冲一下,看看没有图案花纹,便继续撬。撬开一个5公分的缝后,项剑云发现了一截状似莲藕的白色物体。他很奇怪,想伸手摸一摸。这时,身边的同事叫起来:"腿!"项剑云马上把手缩回来,仔细一看,这次他看到了脚趾头。项剑云马上向馆长周锦屏报告,周锦屏不信。等他亲眼证实棺材里有未腐的尸骨后,整个博物馆沸腾了。

经过紧急的保护处理,当天下午3点钟左右,考古人员打开棺盖,揭开天花板,一具仰面漂浮在棕褐色棺液里的古尸完整地呈现在人们眼前。尸体皮肤新鲜,身长为1.58米。医生和考古人员将其放入用脚手架临时搭建、盛有10%福尔马林溶液的容器之中。经鉴定,古尸为女性,年龄在50岁左右。在其棺内的文物中,有一枚边长为1.3厘米的青铜印章,印钮是一只栩栩如生的龟钮印章上清晰地刻着"凌惠平",女尸的姓名确定无疑。从此,在地下沉睡两千多年的"凌惠平"得以"重见天日",成为我国继长沙马王堆辛追、湖北江陵汉墓之后发现的第三具湿尸。

凌惠平何许人也?

自"凌惠平"出土以来,关于其确切身份的猜测一直扑朔迷离。在同一个墓葬里同时出土的男主人棺里也有一枚正方形龟钮青铜印,略大于"凌惠平"的印,但字迹模糊不清,无法辨认。男棺的椁板内侧刻有"东公"二字。根据辞海中的解释,"东公"即为有名望的人。而从出土木牍的文字记载内容分析,当时"东海太守""河南太守"等地方官员都派官吏前来参加葬礼,不难看出,男主人是一个身份不低的地方官吏。

在汉代,只有年俸禄在2000石以上的官吏才能使用龟钮青铜印,俸禄2000石者大约相当于今天的地区专员。可当时的连云港所在地朐县县令只有800石的俸禄。因此,"凌"家至少在太守以上。但"凌惠平"为什么也会用龟钮青铜印?考古专家介绍说,在中国西汉时期有女性封侯的制度,吕后的妹妹、东海王刘强的3个女儿都被封了侯,那么"凌惠平"是否也被封了侯?随着考古研究的深入也许我们会慢慢地知道答案。

凌惠平何以"驻颜有术"?

"凌惠平"的遗体能如此完好地保存2000多年,可以说是一个极为罕见的奇迹。许多人都知道木乃伊、冰尸,但从医学研究和环境研究的角度来说,中国的保存十分完好的湿型古尸是不可替代的研究对象。与马王堆女尸相比,马王堆女尸墓葬的规模宏大,棺内积液不多,在棺外的六面,还包围着1万多斤的木炭,然后是成分为二氧化硅、三氧化二铝、氧化铁的白膏泥层,再加上厚厚的堆土,保存环境和条件都比连云港墓地好得多。而连云港墓葬非常简陋,椁板上只有一层白膏泥,并无木炭,不可避免地对土质有一定的影响,但棺内女尸为什么却能更好地保存至今?再者,同一个墓葬中,同样的环境和密闭条件,为什么其他3口棺内仅存零星遗骨,"凌惠平"却能"驻颜有术"?

"凌惠平"不腐是否与其棺中的棺液有关呢?但这次出土的4口棺内都盛满了液体。这些液体是入殓时注入的,还是天长日久渗入的地下水?目前尚无定论。据连云港市第一医院用大型全自动生化分析仪对棺液样本的分析,发现其 pH 值为 7.55,呈弱碱性,棺液中还含有血红蛋白,与 pH 值为 5.18 的长沙马王堆墓棺里的酸性棺液截然不同。"凌惠平"能在适于细菌生存的碱性棺液内保持不腐,又是一个谜。也许是这棺液暗藏玄机,对古尸保存起了决定性作用,现在还不得而知。

医学专家介绍说,尸体之所以会腐烂,是由于人的身体内外都有细菌,菌体有一种酶能消化蛋白质。人死后,细菌利用人体繁殖,消化人体组织。但低温和无氧环境能抑制细菌生长。福尔马林液的成分是 10% 的甲醛,在医学上被称为固定剂,合理的配置可以使蛋白质失去活性,达到防腐目的。目前负责古尸保护的是上海遗体防腐研究所的徐永庆教授。

凌惠平敞开"心扉"

为了破解古尸之谜,获取 2000 多年前人们的生存质量、生存体质、社会形态及习俗等方面的资料,今年 6 月,连云港博物馆特邀沪宁相关专家,对古尸运用 CT 扫描和尸体解剖进行多学科研究。期待着依靠科技的力量让凌惠平"讲出"在那个遥远的大汉王朝时代所发生的故事。

在 CT 检查中,为了更细致地检查女尸,医务人员将 CT 扫描的间隔缩小到了 3 毫米,仅其面部就扫描了 45 层。检查中发现,"凌惠平"的左眼球还比较完整,脑组织尽管缩小了,但仍清晰可见。在 X 光和 CT 影像检查的基础上,6 月 6 日下午,各方面的专家在连云港博物馆的展厅里对"凌惠平"进行了尸体解剖。

在巨幅白布围成的临时手术室里,放着长 2 米、高 0.8 米、宽 0.7 米的解剖台。下午 4 点钟,凌惠平被抬进手术室,置放于解剖台上。在我国古尸研究专家徐永庆教授的现场指导下,南京公安局刑科所法医中心的周盛斌、荣玉山,南京医科大学的吴建国、韩群颖等专家操起手术器械,首先以我国通常对古尸研究所采取的测点为准,对凌惠平身体外部形态、体重、身高等进行了全面的测量和记录。测量结果是身高 1.58 米,体重 25.5 公斤,毛发发根清晰,皮肤除局部有破损,大部分保存完好。肌肉牵拉有弹性和韧性,脊柱很直,足底纹路清晰。

晚上 8 点,尸体解剖正式开始。主刀的专家们轻巧地将女尸头皮组织切翻开,小心翼翼地打开颅骨。令专家们惊叹的是,脑组织尽管萎缩约 1/2,但保存完整,大脑额叶沟回清晰,小脑呈碎块状,三叉神经也保存得非常好。随后,专家又从女尸的大腿、臀部等部位截取了皮肤、肌肉、肌腱、坐骨神经等切块或切片,以备研究之用。

为了不影响古尸的展出,专家们精心地选择古尸解剖切口部位,轻轻地将皮肉组织从胸至脐翻开,打开胸腔、腹腔,发现内脏器官保存完整,虽然都连在一起,但心、肺、肝、肠都辨得清。

女尸的肺部呈灰色，似乎有炭类物质，专家初步分析可能与凌惠平生存的小环境即家庭有关，如家中常用取暖手壶之类或生炉子等造成室内污染所致。晚上11点左右，专家们将连在一起的脏器取出来，再次进行细致观察后，将切口用针线缝好。

专家们掰开女尸的嘴巴，发现了保存完好的28颗牙齿，但牙齿磨损程度要比现代人大，专家们分析可能与当时人们大多吃粗硬食物有关。最后，专家们从凌惠平口腔中拔取了两颗牙齿。

深夜11点45分，汉代女尸解剖工作全部顺利完成，专家们人人疲劳但个个兴奋。整个解剖工作比预想的要好，脏器保存得这么好简直是个奇迹。

解剖完毕后，专家们将分别对古尸的病理学、生态学、分子生物学、法医学及人类学等方面进行深入的研究，以获得2000多年前人们生产、生活等各方面的信息。那么关于古尸之谜地揭开，也许，就在不久的将来。

人能悬浮在空中吗？

央视十套的《走进科学》栏目曾经报道过河南人王富安在水中漂浮着睡觉的现象，观众觉得这足以为奇事，如今英国理论物理学家们提出人能像气球般飘浮在空中，使不少人浮想联翩，不禁憧憬起有一天如同鸟儿在天空中飞来飞去的场景，可是悬浮效应理论究竟能否实现人类漂浮于天空的梦想，还是一个科学的谜团。

悬浮有两种形式：利用空气向下喷气产生悬浮的方法叫气悬浮，用这种方式人们已经制造出了直升飞机和气垫船；利用磁性材料的相斥性和相吸性进行悬浮的方法叫磁悬浮。各种悬浮方法的目的是一样的，即产生一个可以平衡地球重力的力，使物体悬浮起来。只是各种悬浮方法所采用的物理原理不一样，从其名称可以看出，分别采用了声辐射力、磁场力、静电场力、气动力、电磁感应力、光辐射力等等。

海阔凭鱼跃，天高任鸟飞，看见鸟儿自由的飞翔，人类非常羡慕，于是制造了飞机、火箭甚至航天飞船，可这毕竟是凭借着容器装载人类，人们渴望能借助一种力量，拥有隐形的翅膀。各国科学曾经尝试利用各种力将不同的动物悬起，这些尝试似乎不断地在向人类悬浮于空中的理想靠近。

马王堆中的古代科技之谜

马王堆一号墓中，人们发现了一个竹编的箱子，其中两件非常轻薄的衣服引起了专家们的注意：这件衣服袖长1.9米，衣长1.28米，还有很厚的袖圆，重量却只有一两左右。专家给它们命名为素纱蝉衣。湖南省博物馆开放管理部主任、从事马王堆研究工作30余年的刘小豹介绍，丝绸是动物蛋白质的编织物，极易腐烂，像素纱蝉衣一样完整保存2000年的丝织品在世界上是绝无仅有的。它之所以能保存到今天，是因为马王堆一号墓的深埋密封效果十分神奇。对于研究者来说,面对这样的国宝级文物,除了把它很好地保护好之外,还有一个很重要的工作,就是要对它进行复制。复制的目的就是复原古代生产的过程和技术,这在当时是作为一个国家课题布置下去的。但很多单位不敢接。

在今天的丝纺业中,想要做出一件重量十分轻的丝织物有两种办法:一是降低丝绸的厚度,二是用最纤细的蚕丝织布。在素纱蝉衣的仿制中,为了做到轻与薄的极致,唯一的办法就是用纤细到极致的蚕丝进行纺织。但是,恰恰是在蚕丝的粗细上,今天的丝织业无法同西汉古人相比。原来,西汉时代的蚕种还保留着很多野生特性,个体较小,蚕丝也十分纤细。而今天的蚕种却是在两千年里不断杂交驯化,体型肥大,早已经不可能吐出西汉时代那样纤细的蚕丝了。

后来,国内一所著名的纺织单位——南京云锦研究所,接下了这个任务。他们组织起一个攻关的队伍,专门研究复制问题。南京云锦研究所采取了药物控制蚕生长的办法,而且为这些参加特殊任务的蚕培植了一批桑树,保证没有任何空气污染。在特聘的10名缫丝能手的帮助下,后来得到了最细的蚕丝。又经过一道道复杂的工序,终于在1990年成功制出类似素纱蝉衣的复制品。这个复制的过程竟然长达20年。这件复制品重49.5克,比汉代的还重0.5克。但是按照复制的工作人员说,已经达到极致了,已经没有办法再减量了。对于厂里来说,这都算是文物了。因为它标志了这20年,这个厂相关科研人员的心血,一个智慧的结晶。

这些发现可以从侧面说明一个问题,就是说,当时古人的科技水平,可以说,在某些方面,已经达到或者超过了现代水平。这么说可能有人不相信,但是后来,从马王堆那具千年不腐的女尸上,人们找到了证据。

1970年,来自全国的专家对女尸进行了解剖和研究。因为女尸肌体的良好保存状态,使专家们得以获得了许多珍贵的古代病理知识,而其中的许多发现,更是让现代人吃惊不已。在女尸身上,专家们发现了非常严重的冠心病。她的身体动脉血管,绝大部分已经有了粥样硬化。很显然,这个病自古以来就是人类的一大杀手。第二,专家们在她的肺部发现有肺结核的钙化。这就显示,19世纪人类社会的不治之症——肺结核,当时就已经有。而且,最重要的是,她的肺部还已经钙化了。肺部钙化,这是肺结核痊愈后的表现。那么,2000年前的汉代宫廷医生,莫非已经掌握了治愈肺结核的特效技术?

我们知道,要控制结核病,除了自身的抵抗力强之外,还要有好的营养条件。但是要想痊愈,恐怕相对来说要困难一点。不仅如此,专家们还找到了胆结石,而且非常严重,有两处,一处在胆总管,蚕豆那么大,把胆道堵得水泄不通。另外,更让人惊奇的是,医生们还在贵妇的身上找到了三种寄生虫,其中竟然有血吸虫。

血吸虫病,是上世纪三四十年代流行于南方地区的严重的流行病。但是,没有人想到,血吸虫病早在汉代就已经流行于中国南方地区。得了血吸虫病的人,应该是腹胀如鼓,四肢骨瘦如柴,可是在女尸身上,医生们没有找到这样的症状。她的皮下脂肪异常丰满,所以,显然血吸虫被有效地控制住了。

西汉贵妇生前病魔缠身,但是,从她的遗体上,医学专家们却并没有发现长期卧床养病的迹象。对于一个同时患有这么多疾病的人,能够长期稳定控制病情,在今天也可以算是奇迹,这说明汉代医术已经达到了相当的高度。对于这一点,考古学家在出土文物中也找到了相关的证据。

古学家们在帛书里面发现了一些医术，同时还发现了一个关于外科手术的记录。虽然只有几十个字，但是非常形象。书里说，这个人得了痔疮，而且是内痔，怎么办呢？首先，杀狗取其腹。就是杀掉一条狗，那个"腹"就是狗的膀胱，把狗的膀胱取出来。以穿月，月是什么东西，就是一根空心的竹管，用一个空心的竹管穿狗的膀胱。入直中，直中是人的肛门，那就是把它从人的肛门里面捅进去。接着在外面对着竹管开始吹气，狗膀胱就开始在人体内膨胀了。然后拖之，往外拖，拖着那根竹管和狗的膀胱引出。取刀去其巢，巢就是溃疡，割掉，用上一种消炎止疼中药糊上。这个时候出现一个问题，就是人的肛门拖出来回不去了，怎么办？古人也说了，倒悬其人，把这个人倒着吊起来，利用地心的引力，让人的肛门自动地往腹腔里坠。可是还回不去怎么办？以海水见其心腹，就是用一盆特凉的水，对着患者的胸口和腹部一泼，会产生一个什么效应，肌肉一收缩，入已。这段神奇的记录证明，不仅中医当时已经具备了操作简单外科手术的技术，而且对于医学的记录和积累，也是相当重视的。

这样不得不使我们对中医有一个重新的评估。在马王堆医术当中还有这么一个病例，关于诊断心脏病的。西方有一个德国医生叫克劳勃，他发现了人的心跳的规律，就像一匹马，以三连音律节奏在奔跑。如果这个人的心跳有杂音，就是得了很严重的心脏病。这个就被称为克劳勃奔马率，这是19世纪的事情。世界已经承认了，而且用他的名字命名了。同样的结果，专家们在马王堆医书中发现了，但是说法不一样：如果摸脉搏的时候，人的脉搏像三个人同时撑这个谷子的那种节奏，那么这个病人病得很厉害了，而且不过三天就会死。这个发现比西方学者足足早了1000多年。

马王堆的魅力散发30年，不仅仅是因为它展示出了许许多多的技术奇迹，描绘了2000年前的人们的生活。更多的是，它留下了很多难解的科学秘密，人们至今还找不到科学的解释。而它们作为那个时代的孤证，一旦解开，将会重写中国古代的科技发展史。

荷兰科学家：如何将活着的青蛙悬浮起来？

1997年，荷兰奈梅亨大学的物理学家安德烈·杰姆和英国布里斯托尔大学的麦克尔·贝利爵士，曾经使用磁石使青蛙飘浮起来。他们利用一块超导磁石将一只活着的青蛙飘浮在半空中，青蛙本身是一个非磁体，但是通过电磁石的磁场而变得有磁性。

我国科学家：鱼和蚂蚁为何能飘浮在半空中？

2006年，我国科学家首次研制了一种超声波装置，可以通过超声波将活的小动物漂在空中，而且不对它们造成明显伤害。西安的西北工艺大学的谢文军及其同事利用超声波发生器和反射器在两者之间产生的声场，当超声波运转正常后，他们用镊子将动物小心地放到发生器和反射器之间，结果发现，蚂蚁、甲虫、蜘蛛、瓢虫、蜜蜂、蝌蚪和鱼都可以漂浮在空中。当他们将鱼和蝌蚪漂浮在空中时，研究人员用注射器每分钟向超声波场加点水，让它们好好活着。事实上，这些轻微的压迫不足以对这些小动物构成任何的伤害。

日本：如何将相扑运动员悬起？

1996 年日本在磁场悬浮实验中，利用一个金属盘子将体重为 142 公斤的相扑运动员悬起。这验证了超导体会因为它们对磁场的排斥力而自动浮起。相同的原理也被用于研制磁悬浮列车，尽管现在使用的磁悬浮列车多用电磁场来实现，但它们的原理是一致的。

中国河南：王富安为什么能在水中睡觉？

河南奇人王富安能在水中漂浮着睡觉，这不禁令人发问：是因他本身就是奇人？还是有背后其他的原因？经过多方考证，最后研究人员发现，人们在水里的时候，会受到重力与水的浮力合力的作用，当浮力合力的中心与重心处于垂直直线上时，人就可以在水中保持平衡。因为人体的千差万别，不同的人在水中，这两点所处的点并不相同。王富安正是因为在水中特别的姿势，才能漂浮长达几个小时，并可安心地睡觉。

航天员：靠什么悬浮在太空？

普通物体和动物由于自身的重力作用，若不借助外力不可能自由飘浮在空中。但是有一种例外，宇航员在太空中体验过失重的感觉，可以悬浮在空中。宇航员搭乘的航天器，运动轨迹处在两个天体的引力平衡点上，比如地球和月球的引力互相抵消，这时航天器就处在失重环境中，重力为零，人自然就能飘起来了。

声波到达一定强度，人能飘浮起来吗？

既然声波能够让小动物悬浮，可否让人也飘浮起来？事实上，早在 2002 年，西北工艺大学的解文军和同事就曾经利用声波悬浮起了固体铱和液体汞。从 2003 年起，他们开始关注有生命物体的声悬浮。

那么，如果声波达到一定强度，是否有可能将人也悬浮起来呢？解文军说，实验证明，声悬浮原则上可以悬浮起一定体积的任何固体和液体，他们实验中悬浮的动物有地上爬的、水中游的以及天上飞的，但是小动物的尺寸都不超过 1 厘米。这是因为，声悬浮的原理决定了悬浮物体的尺寸必须小于半波长。对超声波段，可以悬浮的物体尺寸不超过 1 厘米。目前，还没有看到能够悬浮像人这么大尺寸的物体的声悬浮器。

人需要借用什么力量飘浮在空中？

人如同气球般浮在空中，平衡的力量究竟是来自哪里？苏格兰圣安德鲁斯大学的理论物理学家们近日发表的报告中指出，目前可能利用一种特殊镜片，使得自然界一种被称为"卡西米尔"的作用力支持"物体排斥"现象，从而进一步引起物体悬浮于空中。

那么"卡西米尔"是什么样的作用力？

1948 年，荷兰物理学家亨德里克·卡西米尔（HendrikCasimir，1909~2000）提出了一项检测这种能量存在的方案。从理论上看，真空能量以粒子的形态出现，并不断以微小的规模形成和消失。在正常情况下。真空中几乎充满着各种波长的粒子，但卡西米尔认为，如果使两个不带电的金属薄盘紧紧靠在一起，较长的波长就会被排除出去。接着，金属盘外的其他波就会产生一种往往使它们相互聚拢的力，金属盘越靠近，两者之间的吸引力就越强，这种现象就是所谓的卡西米尔效应。1996 年，物理学家首次对它进行了测定，实际测量结果与理论计算结果十分吻合。简单地说，卡西米尔效应就是在真空中两片平行的平坦金属板之间的吸引压力。

这一理论的特别之处是，"卡西米尔力"通常情况下只会导致物体间的"相互吸引"，而并非"相互排斥"。圣安德鲁斯大学的专家表示，一旦这一新提出的理论被成功付诸实际，将会有效地为纳米技术研究提供方便，"最开始可运用于阻止不同的微型装置粘成一团"。

理论有没有可能付诸实践？

苏格兰圣安德鲁斯大学的里昂哈德教授指出，目前要将该理论付诸实际尚比较困难，但从长远来看，"并非完全没有可能"，如果实验成功，则意味着即便物体间相隔很长一段距离，"悬浮效应"也可能产生。另外，里昂哈德还说："从理论上看，如同人一样大的物体也可能借助该作用力悬浮于空中。"

英国一组曾成功提出"隐形斗篷"理论的物理学家们，如今又一鸣惊人地提出"悬浮效应理论"，称"如同人一样大的物体也可能借助该作用力悬浮于空中"。这组来自苏格兰圣安德鲁斯大学的理论物理学家们近日在《新物理学报》中发表了一份报告，指出目前可能利用一种特殊的镜片，使自然界一种被称为"卡西米尔"的作用力支持"物体排斥"现象，从而进一步引起物体悬浮于空中。

漂浮研究由来已久

据俄罗斯真理报报道在传说中时常会提及一些人类超凡能力，诸如他们不借助任何外力便可飘飘欲仙，从地面上升起来。然而，在我们的现实生活中，这些被称为"漂浮者"的人也大有其在，依据一些历史真实记录和部分近年来的实例，漂浮者似乎具有一种超凡能力，可以克服地心引力理论将自己的身体慢慢地漂浮起来。据悉，在《英国大百科全书》中记录了许多懂得悬浮术的巫师和其他有超凡能力的实例，书中这些人漂浮能力被称为"拟等位反式"现象。

近年来，科学家一直尝试解开人体摆脱地心引力是如何漂浮在空中的，这种抵抗地心引力似乎看上去没有任何理论基础，但却在现实生活中的确存在着，一直让科学家万分困惑。目前,世界各地对反地心引力的研究仍在继续,俄罗斯大学心理系也在进行着这种研究,一位实验者在催眠状态下进入模拟轨道运行的太空船内,当他们调整相应条件时,催眠者竟然完全达到失重。

千年古寺闹鬼啦

入夏以来,蓟县城里很多人深夜从独乐寺附近经过,不时听到寺院里传出一种很奇怪的声音,城里的人都传言独乐寺闹鬼。寺院的看门人也坐不住了,硬着头皮去寻找声音的来源,发现怪声竟是从独乐寺的主体建筑观音阁里发出的。夜深人静时,那令人毛骨悚然的声音似乎让独乐寺周围的空气都窒息起来。这座千年古刹到底发生了什么?难道真的是出现幽灵了吗?

不同寻常的怪东西?

刘淑琴是独乐寺里一个普通的工作人员,她每天对观音阁进行日常的清洁和维护。这工作她已经干了快 20 年了。但从去年夏天开始,刘淑琴发现了一些不同寻常的现象:在打扫观音阁的时候,总是会清扫出一些奇怪的木屑和泥巴。刘淑琴觉得这不可能是自然力的侵蚀,因为观音阁并没有大面积的损坏。那会不会是虫蛀呢?可是每天扫出的碎屑又实在太多了,不像是虫蛀。

这究竟是怎么回事呢?塑像为了防虫蛀,在底座上有两个通气孔,刘淑琴每年都会往里熏香,要是往常,不出一会儿工夫就会有烟从佛像的腋下冒出来,可今年放香进去,上面却不冒烟了,这又是为什么呢?难道塑像内部的通道被什么东西堵住了?

观音阁出现小鱼的尸体?

除了怪声、怪东西,还有怪味,一进观音阁就能闻到一股腥臭的气味,好像是鱼虾烂掉的味道,工作人员还真的经常在观音阁里发现死掉的小鱼。会不会是沙燕把鱼叼进了观音阁?可是过去由于寺内发生过沙燕做窝的情况,工作人员已经在门窗上加装了很细密的铁丝网,不开门窗时,沙燕根本就飞不进观音阁。

这小鱼到底是怎么跑进寺院的呢,寺院里根本没有养鱼的地方,就是有,难道这鱼长了翅膀,能自己飞进观音阁。独乐寺里一会儿是怪声,一会儿是怪东西,一会儿又是怪味,难怪当地老百姓有各种各样的猜测。不过事情更严重,也更令人关注的是观音阁内的文物居然也出现了损坏。

有人故意在搞破坏?

在观音像处有一大片黄色的印迹,摸上去湿湿的,像是用什么液体洒上去的,印记的周围出现了好几条明显的裂缝。

观音阁内,元代绘制,明代重描的珍贵壁画也出现了问题,原本色彩艳丽,保存完好的画面上,从去年开始突然出现了一点一点地剥落,好像被人打了很多钉子眼。不会是有人在搞破坏吧？可独乐寺白天夜晚都有人看守，再说干吗要毁坏壁画？要是为了偷东西，独乐寺里并没有什么能轻易拿走的文物啊。

罪魁祸首原来是蝙蝠

到底是什么在破坏观音阁呢？独乐寺里恐怖的声音仍然让蓟县城里的老百姓们心神不宁，为了揭开谜团，寺里的几个年轻人决定夜访观音阁。

漆黑的夜晚，只能看到几束手电筒的光芒。格外清晰的脚步声和越来越大的怪声让几个小伙子都有些不寒而栗，观音阁里似乎有什么东西在飞来飞去。

几个人定下神来壮了壮胆，把几个手电筒的光汇聚在一起，朝声源照去，发现斗拱的缝隙里好像有一堆东西在不停地动着？怎么像是老鼠，不对，是蝙蝠，真的是蝙蝠。光听叫声，似乎有好几百只蝙蝠在观音阁中四处乱飞，哪里来的这样多的蝙蝠，它们这样飞来飞去会不会撞到观音像。

几个人想到的第一件事就是要保护塑像，他们拿来了木棍想把蝙蝠赶出观音阁，驱赶了几次，受惊的蝙蝠还真的飞了出去，没用太长时间，三个人把观音阁里的蝙蝠基本上赶了出去，大家急忙把门关严，可没想到第二天蝙蝠又都回来了。紧闭的门窗，根本关不住可以在很小的缝隙之间钻来钻去的蝙蝠。

古寺的幽灵原来是蝙蝠。蝙蝠为何钟情独乐寺？

冬天，蝙蝠在独乐寺附近的山洞栖息，天气一热就来到独乐寺产仔，天气一凉就又携家带眷地离开。独乐寺大门之外就是车水马龙的市区，那么这种原本应该在野外居住的动物怎么选上了独乐寺这块宝地的呢？

其实，由于环境的变化，栖息地的减少，到独乐寺产仔也可能是蝙蝠一个无奈的选择。我们人类活动对环境的破坏，已经基本影响到了地球上所有的生物。这也像因果报应，我们毁掉了蝙蝠居住的家园，蝙蝠损坏了我们人类创造的文明。

这些不速之客要不要请走？

不过蝙蝠可是把独乐寺里的工作人员愁坏了，他们简直是如临大敌。其实过去也发生过蝙蝠跑到寺庙里做窝的事，寺院是木结构的，吃虫子的蝙蝠可能还帮助寺院消灭蛀虫。可寺院里的工作人员却非常坚决地说，一定要把蝙蝠赶出独乐寺！原因是泥塑受蝙蝠尿液的侵蚀，很容易损坏，工作人员每天不得不用干净的塑料布把塑像围起来。蝙蝠排泄的粪便满地都是，工作人员在打扫时，粪便就落在他们身上。

为了赶走这些不速之客，独乐寺的工作人员想了很多办法了，拿扫帚哄，拿农药熏，还听游客建议用了可以驱赶老鼠的超声波发生器，可这些方法都没奏效，就在人们无计可施的时候有人提议，能不能去找个动物专家帮帮忙。

专家却不同意驱赶蝙蝠

中国科学院动物研究所研究员张树义，利用五一放假的时间，带着几个研究生，来到了独乐寺，进行现场的勘查。

经过鉴定发现，原来这种蝙蝠学名叫大足鼠耳蝠，是首次在亚洲发现的吃鱼的蝙蝠。独乐寺附近有一个水库，可能小鱼就是从那里被叼来的，这就可以解释人们经常在观音阁里发现小鱼尸体的事情了。

寺里的工作人员希望张教授帮助他们驱赶蝙蝠,没想到张教授却不同意,他告诉大家,蝙蝠大概有5%的个体携带狂犬病毒,如果驱赶的时候蝙蝠受惊,他们很可能会攻击人类。而且,蝙蝠应该说是人类的朋友,它是许多害虫的天敌,举个简单的例子:一只蝙蝠一天晚上可以吃掉一千多只蚊子。独乐寺里的这种蝙蝠还不是普通的蝙蝠,它是仅在我国才能发现的稀有物种。

动物保护和文物保护突然之间成了一个矛盾。

有没有一个两全其美的办法?

蝙蝠理应受到保护,寺院佛像又是千年的文物,不能被损坏。

动物专家想到可以在独乐寺附近为蝙蝠建一个新家。这个新家应该是针对蝙蝠习性打造的,比如应该能防雨,比较黑,还一定要有伏爪的地方,蝙蝠可以挂在那。

但蝙蝠在独乐寺住惯了,不一定愿意搬到蝙蝠屋。张教授建议把独乐寺里的环境变化一下,让蝙蝠觉得这里住得越来越不舒服。比如蝙蝠不喜欢光,那就适当加强独乐寺的光亮。

目前一切还只是个设想,独乐寺的文物保护工作还在继续。对于蝙蝠,这个在地球上已经生存几千万年的精灵,如果真的能够和独乐寺和谐相处,找到属于自己的家园,那将是每一个人希望看到的结果。

人真的能冬眠吗

据人民网转载《科技日报》报道,61岁的陈鹏程是土生土长的福建龙津村人,据老陈自己回忆,生平他没去过什么地方,最远到过漳州。一辈子没干什么特别的事情,做得最多的事情大概就是睡觉了,老陈每年一觉睡数月,已经持续十多年。除了睡觉,抽烟是老陈平常唯一的嗜好。

老陈至今孑然一身,不曾娶妻,无家眷,住在早些年间父母留下的几间破败老房子里。如今身边没有一个亲人陪伴左右,唯一的亲人就是住在15公里以外的哥哥。虽说是区区15公里,但由于山路弯曲,交通不便,老陈和哥哥也极少往来。

老陈一直在家种地,有时在村里打点零工,像现在这个时节,正逢村里芦柑丰收,他就帮人挑芦柑装车,一天能赚25元钱。

老陈依稀记得,第一次"冬眠"时,母亲还未过世,但具体是哪年已记不清了。"当时只觉得很累,浑身无力,很想睡觉,倒头便呼呼大睡。"没想到,他一觉醒来,母亲就告诉他,他这一觉睡得太长了,怎么叫也叫不醒。

他每回"冬眠"持续的时间,没什么规律,据他回忆,有时是十来天,有时是两三个月。2002年的"冬眠"发生在农历九月中旬,那时晚稻还没收割。陈鹏程回忆说,那个时候,他感觉很累,没力气再去劳作了,就呆在家里昏昏欲睡,困得不行了的时候,躺下就开始大睡,没想到这一睡,消磨了近四个月时间……

我们不禁要问:人到底能不能冬眠?

动物的冬眠本领

冬眠是某些动物抵御寒冷、维持生命的特有本领。冬眠时,它们可以几个月不吃不喝,也不会饿死。有冬眠习性的动物每年有 4~6 个月是处在接近死亡的状态下的。比如地松鼠在冬季开始时,选择弯曲的地方,挖一个和自己身体一样大小的"冬宫",然后身子缩成一团,体温从正常的 36℃ 慢慢降到 2℃ 左右,3~4 小时后,心跳由 350 跳/分钟减至 2~4 跳/分钟。

这些冬眠的动物都具有神秘的本能。例如有超级"冬眠家"之称的旱獭,冬眠时在土中挖出一个洞窟作为寝室,洞窟犹如一条长廊,能容纳十几头冬眠的旱獭。

"动物冬眠与它自身的特点以及生存环境有关,不是什么动物想冬眠就可以冬眠的。"乔慧理专家说,"比如某些鼠类,它们在冬眠过程中不吃不喝,代谢极其缓慢,可能是因为它们体内存在的某种物质起着生理调控作用。"

冬眠激素诱发动物冬眠

"现在已经发现一种叫作'冬眠激素'的物质,这种物质比蛋白质要小,是一种含有 9 个氨基酸的肽类,对冬眠起调控作用。"乔专家说。

国科学家道厄是在冬眠动物的血液里发现这种物质的,它能够诱发动物冬眠。在盛夏,如果把冬眠激素注入黄鼠和蝙蝠身上,这些动物就会有规律地长时间沉睡。后来又在不冬眠的猴子身上做试验,发现猴子竟然也出现典型的冬眠状态,脉搏跳动减少 50%,体温也降低了。当冬眠激素的作用减弱后,猴子又逐渐恢复正常。道厄的这项新发现,对人们了解冬眠的机理起着巨大的推动作用。

神奇的"冬眠药"

"如果把有着与冬眠激素相同作用的类似物质用于人体,那么人体可能产生类似冬眠的状态。"乔慧理专家说。

让人类冬眠,科学家们的方案之一是使用一种叫作"戴德勒"(DADLE)的物质。试验表明,即便是在夏天,给松鼠注射这种物质后,它们也会进入冬眠状态。在非冬眠类动物身上也能产生同样的效果。据此估计,这种物质能使细胞分裂的速度放慢,细胞其他生理活动的强度都将降低。这意味着,它很可能也会将人体细胞带入休眠状态。

"人要到太空冬眠,需要具备一定条件,比如,是否存在一种物质,或其他的自动机制,在一定的时间之后,可以重新启动代谢,使人苏醒,这些还都在研究中"乔专家说。

低温可以让人"冬眠"

1974 年 4 月,美国科学家在南极大陆的冰中发现至少冻结了 1 万年的细菌。他们在实验室中配制了营养液并提供适宜温度,经过精心操作,这些细菌复苏了。

在低温和冰冻条件下,细菌为什么没有被冻死而又复活了呢?科学家们在研究中发现：低温可使活组织的代谢能力显著降低。当外界温度降低到一定程度时，机体的细胞不会衰老，也不会退化，处于"生机停顿"状态。冷冻阻止了细胞的分解、衰老和死亡，因此生命得以永恒"封存"。

1967年1月19日，美国物理学家詹姆斯·贝德福身患癌症，濒临死亡。医生根据他的请求，把他的身体迅速冷却到摄氏零下196度，然后装进不锈钢棺材，长久放在摄氏零下200度的冰墓里。詹姆斯·贝德福希望将来有了治疗癌症的方法后，再把他解冻，治好他的病。

"冰冻和冬眠是不一样的，冰冻是完全把机体冻起来，基本是让生命停止在原来的状况，是完全被动的；而冬眠还有一个基本的代谢，具有一定的主动性。"张树义教授说。

人类冬眠是可能的

"让人冬眠实际上是一种生理仿生过程，这是一个非常大的学科交叉，应该从动物学、生理学、细胞生物学、分子生物学等各个角度同时研究。让人类冬眠，还需要与药理学联系起来，比如说我们注射什么样的药物，可以使人产生类似冬眠的特征。我想，这是一个可以实现的大工程，当然，它需要一个相当大的团队共同合作，共同努力。"张树义教授说。

张树义教授主要研究翼手目动物———蝙蝠。他介绍说，从代谢的角度讲，蝙蝠冬眠时的呼吸及代谢都比正常的时候低几十倍，甚至上百倍，体温也很低。冬眠醒来后，与冬眠前相比，除了体重下降和脂肪减少之外，蝙蝠的身体从本质上没有大的变化。

"冬眠人"的出现，或许能帮助科学家们找到一个让人冬眠的更有效的方法。

人脑五大未解之谜

据科学新知博览网站报道，当我们比较侦探专家和神经学家的大脑，我们会发现神经学家在揭开神秘的事物方面并不擅长。要知道，世界侦探小说女王阿加莎-克里斯蒂（Agatha Christie）仅仅用250页纸张就让她侦探小说里的名探赫丘里·波罗（Hercule Poirot）和乡村女侦探马普尔小姐（Miss Marple）解开了各自案件的谜底。在电视荧屏上，著名侦探小说作家杰西卡—弗莱彻（Jessica Fletcher，克里斯蒂在电影中饰演）和侦探科杰克（Kojak）也仅仅用了一个小时甚至更少的时间就找到了他们想要的答案。但为什么神经学家花了这么长的时间都还没有揭开人类大脑的神秘呢？我们可能忍不住会问难道我们的神经学家真的不如我们的侦探小说家？那么，到底是什么东西一直困扰着我们的神经学家呢？

其实我们的大脑远比那些侦探小说中的离奇案件复杂得多，但我们的大脑也就3磅重（合1.4公斤），听起来似乎是很小的一个东西，我们或许会怀疑是不是我们神经学家工作的时候在打盹。是的，一切的神秘就在这个三磅重的大脑上，直到科技如此发达的今天，科学家也缺乏足够精确的试验设备去更加精细的研究我们的大脑，随着大脑成像技术的发展，科学家们也可能慢慢地知道更多关于人脑的东西。人脑的工作方式决定了每个人不同的人格和特点，而对于这一点我们或许永远不会知道将发生什么。但这并不意味着我们不能够推测，我们可以通过了解关于我们大脑的哥哥未解之谜了解到更多关于我们大脑关于我们人类自身的东西，下面让我们了解一下科学家至今未解开的人脑五大未解之谜。

人脑五大未解之谜第一位：意识之谜

为什么人一生下来就有了意识

人们对于各种东西和事物有自己的看法和见解，对于酸甜苦辣都有感觉，比如说，清晨一觉醒来，你可能就已经意识到太阳刚刚升起，你意识到该去上班了。听到鸟儿在枝头欢快的歌唱，甚至清新的空气轻拂你的面颊，你会感到一阵幸福感。换句话说，你是有意识的。这个复杂的话题从一开始就困扰着科学界，对于意识，只有哲学家给出个一个详细的定义，但意识到底是什么东西，科学家现在也还解答不了。神经学家甚至把意识作为一门现实的研究课题来研究，在欧美的一些大学更有意识学的相关专业。

人脑五大未解之谜第二位：记忆的产生与消灭

侦探写下他们发现的线索确保他们不会忘记这些线索

何谓记忆，就是哪些你已经铭记的东西，你在某个特定的时刻通过某些特别的东西就会想起一些东西，这些都是记忆。但是人生下来为什么大脑就会记住那些生活的点滴，有的在你若干年之后都还记得，有的则随着时光的流逝渐渐被遗忘。这就是记忆的产生和消灭，但为什么会记忆产生后又会消灭呢？现在这还是一个谜题。科学家正在利用大脑成像技术设法弄清楚创造记忆和储存记忆的机械反映。他们发现大脑灰质内部的海马体能充当记忆储存箱的功能。但是这个储存区域的分辨能力并不强。对相同的大脑区域的刺激，可以让它产生真实的和虚假的记忆。为了把真实记忆从虚假记忆中脱离出来，研究人员提出根据背景回忆以加强记忆的方法，如果某些事情没有真正发生过，就很难通过这种方法加强人脑对它的记忆。

人脑五大未解之谜第三位：睡眠和做梦之谜

为什么小孩需要更多的睡眠？

上世纪八十年代，世界著名女歌手安妮·蓝妮克丝（Annie Lennox）的歌中有这样一句："甜蜜的梦就是这样"。你会发现安妮也不能具体地说出"这样"到底是什么。其实没有人知道梦到底是什么，更不知道我们为什么会做梦，还有梦中的东西离我们到底有多远，每个人做梦都有不同的答案和原因，科学家认为做梦的一种可能是做梦过程中通过刺激大脑分子间的信息神经键对大脑进行锻炼，另外一种解释是人们梦到白天不能顾及的任务和情感，这个过程可以帮助人们巩固思想和记忆。每天晚上我们都会花几个小时睡觉，然后到一定的时间就会醒来，科学界现在还不能解释人脑为什么会睡觉，人大约四分之一的时间都在睡觉,但科学家也理解睡觉对包括我们的重要性,如果我们长期睡眠不足就会导致精神恍惚,影响人们的日常活动,甚至还会引起死亡。现在科学界只能认为睡眠可以让疲惫的大脑休息重新恢复精力,为新一天的工作做准备。

人脑五大未解之谜第四位:大脑为何会停止运作

大脑也会停止工作

我们不知道大脑为何停止运作,是因为我们不知道大脑发生了什么,也不知道如何可以让大脑一直运作,因为大脑如果超过运作的时间,大脑的功能就会发生紊乱,人也就会生病。1990 年,原美国总统老布什声称 20 世纪的最后十年将是"人脑的十年",老布什当时的言论意味着接下来的十年对人脑的科学研究将进入一个快速发展的十年,更多关于人脑的科学论断将会得出,老布什总统发表这样的声明也是希望科学界尽快弄清楚阿尔茨海默病(老年痴呆症)、精神分裂症、孤独症和帕金森综合征这些危害人类健康的人脑诱致的疾病的发作原因,并希望医学能尽快拿出一个医治的办法。但现在快 20 年过去了,科学界对于这种疑难杂症还是一筹莫展。为了明白大脑为什么停止运转,研究人员需要在大脑怎样支配人体各器官工作上面做更多的工作,尤其是大脑的各个系统怎样在一起协调的工作,这些都是让我们科学家头疼的问题。

人脑五大未解之谜第五位:先天遗传和后天培养的关系

这两个孩子侦探试着找出他们的父母对他们产生了多达影响

当布拉德—皮特和安吉丽娜—朱莉结婚生下一对双胞胎的时候,他们的粉丝一片惊奇。世人在怀疑这两个孩子以后是否就像他们的父母一样星光璀璨。从最基本的意义上来说,生下多胞胎本身就是一种生命的奇迹,多胞胎同时也给解开先天遗传和后天培养的关系提供了线索。这个谜题关系着我们每个人的人格和各项特征和我们的先天遗传基因到底有多大关系,是否先天遗传基因就决定了我们在以后的生活中有多聪明? 是否先天遗传基因就决定了我们将会爱什么样的人? 是否先天遗传基因就决定了我们对食物的偏好? 还是当你刚来到这个世界的时候在你身上发生的事情将对你以后的人生造成很大的不同? 抑或是父母在后天的培养或者在后来生活中你遇到的朋友明星最终促成你成为什么样的人? 这些就是先天遗传和后天培养的关系。多胞胎给科学家提供了一种很好的途径可以研究先天遗传和后天培养的关系,因为双胞胎在先天遗传方面都来自同样的父母,将来他们成为怎样的人主要取决于后天培养。科学家一直试图通过研究双胞胎来解开先天遗传和后天培养的关系。但至今为止,只有一对双胞胎生下来就被分开在不同的环境中培养,科学家称最后的研究结果将在 2066 年揭晓。

古剑——越王剑之谜

1994 年 3 月 1 日,举世闻名的"世界第八大奇迹"——秦始皇兵马俑二号俑坑正式开始挖掘。这是 20 世纪以来巨大的考古发现之一。在二号俑坑内已出土有铜矛、铜弩机、铜镞、残剑等,中还发现了一批青铜剑,长度为 86 厘米,剑身上共有八个棱面。考古学家用游标卡尺测量,发现这八个棱面的误差不足一根头发丝,已经出土的 19 把青铜剑,剑剑如此。这批青铜剑内部组织致密,剑身光亮平滑,刃部磨纹细腻,纹理来去无交错,它们在黄土下沉睡了 2000 多年,出土时然光亮如新,锋利无比。科研人员测试后发现,剑的表面有一层 10 微米厚的铬盐化合物。这一发现立刻轰动了世界,因为这种铬盐氧化处理方法,只是近代才出现的先进工艺,德国在 1937 年,美国在 1950 年先后发明并申请了专利。

在清理一号坑的第一过洞时,考古工作者发现一把青铜剑被一尊重达 150 千克的陶俑压弯了,其弯曲的程度超过 45 度,当人们移开陶俑之后,令人惊诧的奇迹出现了:那又窄又薄的青铜剑,竟在一瞬间反弹平直,自然恢复。当代冶金学家梦想的"形态记忆合金",竟然出现在 2000 多年前的古代墓葬里。

事实上,关于铬盐氧化处理的方法,绝不是秦始皇时代的发明,早在春秋战国时期,中国人就掌握了这一先进的工艺。

春秋五霸时期,越王勾践"卧薪尝胆",一举击败了吴王夫差,演出了历史上春秋争霸的最后一幕。岁月的流逝,使这场惊心动魄的战争静静沉睡在历史的长卷里,忙忙碌碌的后人几乎把它遗忘了。

然而,一支考古队在挖掘春秋古墓时,却意外发现了一把沾满泥土的长剑,剑身上一行古篆———"越王勾践自用剑"跃入人们眼帘。这一重大的考古发现立即轰动了全国,但是,更加轰动的消息却来自对古剑的科学研究报告。最先引起研究人员注意的是:这柄古剑在地下埋藏了两千多年为什么没有生锈呢?为什么依然寒光四射、锋利无比呢?通过进一步的研究发现,"越王勾践剑"千年不锈的原因在于剑身上被镀上了一层含铬的金属。大家知道,铬是一种极耐腐蚀的稀有金属,地球岩石中含铬量很低,提取十分不易。再者,铬还是一种耐高温的金属,它的熔点大约在 4000℃。

中华文明中曾有过太多的秘密,谁能想象,20 世纪 50 年代的科学发明,竟然会出现在公元前二百多年以前?又有谁能想象,秦始皇的士兵手里挥舞的长剑,竟然是现代科学尚未发明的杰作?问题是在发现以后,我们用什么态度来解释这种超常规的科技早熟现象?我们真不希望看到有些人用"偶然"来解释,它应该有一个更加具体的说明。假如以上的事实是真实的话(至少铬盐氧化处理不是假的),那么我们就会问:他们的技术渊源是什么呢?

晋江古墓未解之谜

一座已经静静地沉睡了几百年的古墓,二座左为文臣右为武将的石像,三只栩栩如生的石马、石虎、石羊……在晋江紫帽镇铁灶山的深处,一座神秘的古墓疑团重重:它究竟建于何时,墓主是谁,其生平又有什么传奇故事?

就算是村中最年长的老人,也说不出个所以然。

近日,泉州博物馆的专家解开了这个谜团。

明代"石像生"寂寞深山中

在考古现场,记者看到,这座已经沉寂了数百年的古墓前一片荒草萋萋,只剩下几尊石人、石马、石虎、石羊静静地或蹲或站于草丛中,看山中花开花谢,天上云卷云舒。

在墓道的左侧,栩栩如生的文臣、石虎、石马、石羊、石望柱底座依次排成一列,仿佛在述说前墓主人生前的气派。在墓道的右侧,则只剩下了武将、石马底座各一个。

当地的一位村民告诉记者,墓道前左右两侧原本各有一排石翁仲、石马、石虎、石羊、石望柱等"石像生"。可惜的是,近年来已有部分石构件被人盗走。

记者看到,文臣是个慈祥老者的形象,其个头足有普通人的两倍高,肃穆中略带威严,其胡须长至前胸,双手互揖,面容和蔼。头上戴有官帽,身穿官袍,腰系官带,官袍垂至足底。官袍背后补丁绣有仙鹤形飞禽。

武将则是一个粗眉大眼的年轻人的形象,其双手互握置于前胸作揖状,面容威严。头戴一圆形官帽,肩围披肩,身穿官服,腰系官带,官袍垂到足底。官袍背后补丁上绣有麒麟状猛兽。

文臣谦和儒雅,武将威武勇猛;石马鼻唇微翕,似乎还在喘息;石虎通体圆雕,蹲伏昂首;石羊头部稍残,前屈低跪,表情温婉。在专家的眼中,这些"石像生"无不雕工精细,姿态逼真,并具有明代典型的服饰特征和雕刻风格。

神秘墓主疑为明代布政使

紫帽镇一位姓蔡的长者告诉记者,当地人把这座古墓叫作"布政墓"。由于墓穴背山依水,前有良田,形如一只凤凰展翼高飞,曾有会看地形的人认为这是块"飞凤下田"的风水宝地,只要葬在这,子孙三代内必出贵人。

要想知道墓主是谁,无疑只能寄希望于在墓室内找到墓志铭或其他有明确纪年的出土文物。可惜的是,由于这座墓葬早年曾被盗墓者盗掘过,如今不仅墓主尸骨早已荡然无存,也找不到任何有文字记载的实物。不过,专家认为,可以确定的是,它是一座规格较高的明代古墓,墓主有可能做过布政使一类的大官。

"从墓葬形制和出土文物等特征看,它具有明显的明代墓葬特征。"泉州博物馆的一位考古人员告诉记者。据专家判断,理由有二:一是从釉色、质地、形状、大小上看,从墓室中出土的陶烛台、香炉、罐、瓶,与以往闽南地区发现的明墓冥器都较为相似;二是石马、石虎腹部以下与石座连为一体,这和明代同期泉州古墓前的石马、石虎雕刻手法如出一辙。

"从石像生的种类和数量上看,墓中这位不知名的明代官员至少是二品官。"晋江博物馆业务科科长粘良图告诉记者,根据大明洪武三年制定的法令,三品以下的官员墓前是没有石人的,而这座古墓的墓前有着文臣武臣的石翁仲各一个。因此,墓主级别至少在二品之上。

墓主是泉州人史朝宜

这位神秘墓主究竟是谁? 线索并不是很多。只知道墓主可能做过布政使,为明代泉州人,埋葬在紫帽镇铁灶山。

好在,峰回路转、柳暗花明的一刻终于来到。现场考古结束后,泉州博物馆的专家们没有放弃,而是大量地翻阅了本地古文献资料,希望从中能发现对得上号的记载。

终于,专家们在《晋江县志》及《泉州府志》等志书中发现了这样一段记载:"史朝宜,字直之,朝宾从弟。嘉靖癸丑进士……升广东按察使,晋湖广右布政。"据介绍,布政使在明代属于正二品官,这就说明了史朝宜生活的年代和官职基本上都与这座墓主的身份相符。

更让专家兴奋的是,书中记载了这位右布政使史朝宜的墓就在"三十三都"的云台赤崎山的平原上,其墓志铭为明代尚书黄光升撰写。据介绍,铁灶山所在的村落在19世纪60年代之前,仍属于南安县,只是在此之后才划到晋江紫帽镇的。更重要的是,该地在明代属于"三十三都"。这一来,史朝宜墓的位置基本上也能对得上号了。

此外,在清代安溪人、李光地之孙李清馥所著的《闽中理学渊源考》中,记载了明代尚书黄光升为史朝宜撰写的墓志铭。从"嘉靖三十二年登进士第,授淮安山阳令"及"公阅历仕路二十四年……享年六十有八"的记载上分析,史朝宜生于明正德四年(公元1509年),卒于明万历五年(公元1509年),于明嘉靖三十二年(公元1553年)登进士第,开始了官宦生涯。

因此,初步可以判断此墓为明代做过布政使的泉州人史朝宜的墓,距今已有500年左右的历史。

从专家对墓志铭的解读中获悉,史朝宜的祖先从浙江宁波到福建泉州定居,世世代代都是读书人。史朝宜在做淮安山阳县令时,因田土多荒,当地农民交不起赋额而流离失所、饥荒盛行。史朝宜便从江南、湖北买入大量粮米,放粮赈灾,救活了不少百姓。当时,曾认严嵩为义父的奸臣赵文华在巡视东南防倭事宜时,向沿途的郡邑大肆索贿。可史朝宜却不买赵文华的账,不仅没有送礼,也没有迎来送往。赵文华为之怀恨在心,想罗织罪名加以陷害,可又知道史朝宜名声不错,一向是个清白的好官,便拿他没有办法。

后来,海南珠崖一带遭受倭寇入侵,民不聊生,史朝宜又被朝廷派往当地做官。他到任后,肃清吏治、杜绝陋习、安抚百姓、广兴文教,被评为海南设置知州以来政绩最好的一任。

3年任职期满,史朝宜改任广东按察使,其威信让人信服。其后,他又被升任湖广右布政,造福一方。终其一生,被称为清高而有名望、不贪图富贵的好官。

江阴奇碑出自何人之手

江苏江阴有一奇碑,上面阴刻着一部佛经—《般若波罗蜜多心经》。据序跋记载,该碑始制于唐,清初毁于火,嗣后由邑人按旧藏拓本重新勒石复原。现在此碑虽被列为江苏省省级重点保护单位,但长期仃立在江阴县城中山公园之内,鲜为人知。此奇碑可用三字概括:一曰奇,二曰雄,三曰狂。"奇":碑文似反书而实正笔,似满文而实汉字,镂刻则疑凸而凹,视阴为阳,使观者迷离惝恍,奇谈横生。"雄":碑高2米有零,宽5米,魏然壁立,且形体完整,字迹清晰。纵然是举世叹为观止的西安碑林,也难有与之比肩者。"狂":全文二百七十八言,走笔时放时收,飘忽不定,碑凡六方,每方都有一二笔像庐山瀑布一样的飞流,而缜密处又如走针引线,二者融为一体,书法笔力之遒劲,实世所罕见。此碑究竟属何人手笔,众说纷纭。愿识者能破此千古之谜。

安徽花山的岩洞之谜

在我国安徽屯溪花山,人们发现了巨大的地下石窟,石窟拥有的石洞之多,令人称奇。如果这些洞窟是人工开凿的,那么单单从里面运走的石料就有几十万立方米。如此浩大的工程,为什么在地方志等古籍史书中却没有任何记载? 那么,这些石窟究竟是怎么形成的? 古人为什么要耗费大量的人力、物力来开凿它? 留下来如此多的洞窟又起什么作用? 那些曾经在洞内的石头又运到哪里去了? 层层的谜团引发了各方的猜测和遐思。

因为花山环境优美,是个风水宝地,有人推测这些洞窟可能是一处凿就的皇家王陵。只是洞窟里的石洞杂乱无章,方向和大小都不统一,不像是皇陵中间一洞、不设旁系的格局,所以人们对此说很是怀疑。于是又有人提出了屯兵用的想法。本来屯溪这个地名就有典故可考,三国时期的孙权曾派人在此处的溪水屯兵,于是有了屯溪之名。人们想这些石窟会不会有军事之用呢? 只是石窟的布局让人对这个假设提出了质疑。这些洞窟都极为宽敞,不具有防御能力,加上所有的洞窟只有一个出口,也不适合大批人在此驻扎与生存。基于以上疑问,人们就想它会不会根本就不是有意的行为,而是大量采石后无意中留下的洞窟呢? 只是采石多半在露天,而且石窟中有很多没有支撑作用的薄墙,采了石头后也不方便运出。石窟壁上还有十分漂亮的花纹,如果仅是采石工人,又雕这些花纹干什么用呢?

泼水现竹的石壁之谜

在四川仁寿县黑龙滩水库的峭壁上有被称为蜀中奇观的"泼水现竹"的石壁画。900年来,无人能解开其中的原因。黑龙滩北端悬崖上镌刻着一米见方的"龙岩"二字。距其东南300多米的紫色石壁上,有一尊大佛坐在窟中。石窟上面左侧四进的平面石壁上,用净水泼洒后,出现"泼水现字"几行墨笔字,署名处清晰地现出"乾道五年"等遒劲字迹。在石窟上右侧石壁凸起的平面上,有些不规则处,经山泉泼洒就会出现这样的奇观:石壁条幅上,墨竹主干亭亭,枝叶潇洒;竹根临怪石处派生出一丛幼竹,婀娜可爱;顶部侧叶,长剑当空,刺向云天。据说这"怪石墨竹"的作者是文同,字与可,人称石室先生、文湖州,北宋梓州永泰县(四川省盐宁县永泰乡)人。他平生爱竹、种竹、写竹,开拓了"湖州竹派"。著名汉语成语"胸有成竹",就是他写竹经验的结晶。仁寿(古称陵州)县志记载:"文同北宋熙宁四年知陵州后,在龙岩写怪石墨竹,两壁摩岩隐隐有光,怪石墨竹既无墨迹,又无雕镂痕;用水涤石,画面犹新。"

"怪石墨竹"写于 1171 年至 1173 年之间,距今已逾 900 年。而这"怪石墨竹"至今经水涤石画面如故之谜仍未揭开。相传,这是写竹用的墨非凡。那墨是在其主要原料松烟、煤烟中,投入了珍稀的某种鱼的尿液,经铜炉炼制而成。当地百姓则说,是因为龙岩处于神秘莫测的古怪位置。先前,岩顶有参天古树荫蔽,岩下有从河水中不断蒸腾升起的某种地气,再加上龙洞中山泉孕育的结果。更有古稀老人说,是文同的表弟——宋代名人苏东坡在密州就任期间,从徽州买来一种"魔墨"相赠,并引举苏东坡有《送与可出奇陵州》那首七言律诗为证。根据化学原理解释,"怪石墨竹"处的紫色岩石,含化学元素钾,钾的化学性活泼,容易与水发生剧烈反应,可能生成氢氧化钾。龙岩泉水可能和指示剂石蕊有相似的化学成分,石蕊遇氢氧化钾显墨蓝色,看上去酷似黑色。然而,到底为何泼水才能现竹,仍然没有人能真正解开这个谜。

来去无踪的小岛之谜

在 1933 年 4 月,法国考察船"拉纳桑"号来到中国南海进行水文测量。他们在海上不停地来回航行,进行水下测量的作业。突然,船员们发现在上一回驶过的航道上竟矗立起一座无名小岛,岛上林木葱茏,水中树影婆娑。可在半个月后,当他们再来这里测量时,却又不见了这个小岛的踪影。对于这个时有时无、出没无常的神秘小岛,大家都莫名其妙,不解真相,只好在《航海日志》上注明:这是一次"集体幻觉"。

"联盟"号的遭遇

3 年后,即 1936 年 5 月的一个夜晚,一艘名叫"联盟"号的法国轮船航行在中国南海海域。这艘船准备驶往菲律宾装运椰子。"正前方,有一个岛!"在吊架上望的水手突然一声呼叫,顿时惊动了船上的所有船员。船长苏纳斯马上来到驾驶台,用望远镜进行观察。他清清楚楚地看到了一个小岛。他感到很纳闷,航船的航向是正确的,这里离海岸还有 250 海里,过去经过这里时从未见过这个小岛,难道它是从海底突然冒出来的吗?可是岛上密密的树影,又不像是刚冒出海面的火山岛。于是,船上航海部门的人员赶紧查阅航海图,进行计算,确定船的航向准确无误,罗盘、测速仪也工作正常,再查看《航海须知》,可那上面根本就没有有关这片海域有小岛的记载。而且每年都有几百、上千条船经过这里,可它们之中谁也没有发现过这个岛屿。

真的是集体幻觉吗

"联盟"号刚一抵达菲律宾,船长苏纳斯就向有关方面报告了他亲自经历的这次奇遇。当地水道测量局等有关单位的人员听后说:"在这片海域从来没有发现过岛屿。"其他船上的水手们也以怀疑的态度听着"联盟"号船员的叙述。显然,大家都认为这是"联盟"号船员的集体幻觉。船长苏纳斯不想与他们争辩。他决定在返回时再去寻找这个小岛,并记下它们的准确位置。开船两天后,理应见到那个小岛了,但他却什么也没有见到。他们在无边的大海上整整转了 6 个小时,还是一无所获。看来,那个小岛已经消失得无影无踪了。苏纳斯带着遗憾的心情,驶离了这片神秘的海区。

"鸡娃地"的鸡鸣声之谜

河南省登封市城以北一块长约 50 米左右的地段,被人称为"鸡娃地"。如果在这里用力鼓掌,就会听到小鸡"叽叽"的叫声,并且这种声音受掌声控制:掌声大,"叽"声也大;掌声紧凑,"叽"声也随之紧凑。更离奇的是,回声具有选择性:如果在这里喊叫,并不能听到回声,只有掌声才会有回声。当地一些年过古稀的老人说,他们小时就知道这块神奇的鸡娃地,不过那时是块空地。现在,鸡娃地的两侧已修起了房屋、院舍,但小鸡的"叽叽"之声仍然如故。鸡娃地的叫声是什么东西发出的呢? 人们还没有找到答案。

海滩古井为何清泉不绝

我国广东省南澳岛的前海滩有一口神秘的古井。古井用花岗岩条石砌成,口径约 1 米,深约 1.2 米。在这样一片连接滔滔大海的海滩上,怎么会有这样一口古井呢? 尤其令人不解的是,尽管古井常常被海浪、海沙淹没,一旦显露,井泉仍奔涌不息;尽管四周是又咸又苦的海水,涌出的水却质地纯净,清甜爽口。据《南澳志》记载,1277 年冬,元兵大举入侵南宋。南宋大臣陆秀夫、张世杰等护送年仅 11 岁的皇帝赵及其弟赵和杨太后等仓皇南逃。他们乘船登上南澳岛,修建行宫,挖掘了水井。但不知为什么,人们后来见到行宫遗址,却不见水井的影子。1962 年夏,当地一位青年在海滩上发现了一口水井,并在井石四角的石缝中捡到四枚宋代铜钱。经有关部门考察分析,发现古井所处的海滩原是滨海坡地,后因陆地下沉形成海滩。古井也就被海沙吞没了,难以被人发觉。但当特大海潮袭来,惊涛骇浪卷走大量沙层,古井便会显露。这种露井现象,自 1962 年后又出现过几次,并且都是在强台风掀起罕见的大海潮之后。

古井井水并非咸水或半咸水。即使将苦咸的海水倒入古井,一会儿之后,井水依然纯净甘甜,令人称奇。有人分析认为,当雨水降落在地表后,一部分渗入地下。由于古井所处的海滩地势较低,渗入到地下的水便向古井海滩汇集。一旦井露,地下水就有了出口,在水位差的压力作用下,就会在井底形成泉涌之势。同时,因为古井底质为沙,沙的孔隙中的水质点较为稳定,淡水和咸的海水混合得非常缓慢,海水比重大于淡水,所以淡水可以浮在海水表面。但古井水质异常纯净的问题仍给人们留下了疑谜。有人用水质纯度测量表测得古井水比当地的自来水还要纯净,贮藏数年而不腐,这实在令人难以理解。

具有显微功能的奇特古井

微镜是现代科技的一项重大发明,它能让我们清楚地看见肉眼所不能看见的种种细微之物,方便人们做那些针对细小物体的科学实验。如果说在我国古代就有人发明了这种技术,你一定不会相信吧。不管是奇迹还是巧合,今天的人们还真发现了这样一处奇特的古井。它具有显微镜般的奇特功能。如果把细小的东西扔进井里,在古井上面,人们仍能清楚地看见躺在井底的东西,包括它的轮廓及上面的纹路和字迹。这是不是非常神奇呢?

具有显微功能的古井位于业已发现了铜奔马的古凉州雷台汉墓。它位于距地下墓道入口两米的地方,它的全部基身都是由汉代古薄砖砌成的。不知道这些古薄砖具有什么独特之处,当人试图把手伸进井里,就会感觉到刺骨的寒气,让人无法忍受。这个古井以前究竟是作什么用的?难道古人真拿它当作显微镜用吗?这似乎太不可思议了。那么,如果显微功能不是刻意造成的,那么它就是一种自然的奇迹,而这又做何解释呢?有人认为是由于光的原因,古井里的灰尘在光的照射下可能形成某种折射,从而达到了放大的效果。也有人说奥秘就在那些汉代薄砖本身,它们的雕砌方法可能无意造成了这种奇特的效果。然而,这些解释都不能令人满意,人们仍期待着更为合理的解答。

农家自燃火灾为何接连发生

在1989年11月初,湖南省新邵县发生了一起怪事:该县花桥乡张家村农民何荣华家,三天内连续发生了12起自燃火灾。自燃之物有被褥、柴草等,不论干湿,大都从顶端燃起,且火苗有红有绿,实属罕见。11月5日下午4时30分左右,何家人全都在屋后一块地里挖红薯,突见家中冒出滚滚浓烟,他们立即赶回,踢开房门,发现堆在床上和床边靠背椅上的棉被、衣服、蚊帐等正在燃烧,绿红色火苗窜到2米多高。待扑灭后,自燃物品已化为灰烬,而床和靠背椅却完好无损。接着,6日上午9时至8日下午4时,又接连发生了11起自燃火,其中9起从燃到灭,均被何荣华家的人亲眼目睹。自燃的物品有猪栏旁的稻草、房门上的布帘、床上的枕头、小孩用的抱裙等。7日上午8时左右,天上还下着毛毛细雨,靠近屋旁露天的一捆灌木柴突然从顶端冒烟,瞬间燃起熊熊大火。8日早晨6时30分,垫在床上的稻草又冒烟起火。扑灭后发现稻草只烧掉了穗颈部分。事情发生后,邵阳市地震办及新邵县科委、环保局派出科技人员专程到现场考察,却无法查明起火原因。他们猜测,何家发生自燃火的原因有两种可能:其一,可能是磷化钙引起自燃;其二,可能是地壳发生变化前的预兆。但这两种可能都无法找到可靠的证据予以证实。

无独有偶。与张家村相邻的花桥乡石坑村,发生了一起更为奇怪的自燃事件。据新邵县科委介绍,当时石坑村一农户家中的东西无缘无故自燃起来,连寄放在别人家的东西也同时自燃,而别人家的与自燃物放在一起的东西却没有燃烧。这一怪事发生后,国家有关部门曾派出专家前往现场考察了近一个月,却没能找到确切的原因。

奇怪的额鼻人塑像

　　风景秀丽的苏州城外,坐落着一座唐代古刹—紫金庵。庵中十八罗汉的塑像造型清奇古怪,栩栩如生。其中第十三和第十六尊罗汉面貌尤为奇特,鼻梁从两眼之上直穿过额头,形成一道延伸到脑门的突起,因此被称为"额鼻人"。额鼻人引起学者们的关注,是因为在现实生活中没有这样的人种,而在远隔重洋的美洲玛雅文化遗址中,却发现了同样的额鼻人形象。持中华文明与玛雅文明同源论的学者提出:可能在上古之时,白令海峡尚未沉入海平面之下,亚洲和美洲是相连通的。有一支部落从中国出发来到美洲生息繁衍,他们的图腾正是额鼻人,后来额鼻人文化完全消失,只在唐代留下一点蛛丝马迹。图腾崇拜多以动植物为对象,且开始描绘的形象都有实物为基础,这个部落真的能凭空想象出"额鼻"的形象吗? 还是最初真有额鼻人作原型呢?

　　有人认为,额鼻人其实是天外来客的形象。中国古代相书中曾记一种贵人之相,与额鼻人如出一辙,可见古人确曾见过这种面相。传说我国东部是飞碟频繁出没之地,从宋代开始就有关于不明飞行物的记录。因此可能苏杭一带有人接触过外星人并视之为神人,于是将这种相貌作为神仙的"法相"记录了下来。而玛雅文明来自天外的说法更是早为世人所熟知。也有人不同意这样"玄"的说法,认为这些形象只不过是唐代对外交流发达的一种产物。种种说法,莫衷一是,真相究竟怎样呢?

中国大百科

社会百科

马博⊙主编

导　读

　　人类从一万年前就已经学会群体生活,并渐渐形成原始部落;在这个原始部落里,他们因为周遭的环境所影响,会迁居或是定居,并慢慢培养生活方式习惯,而演变成独特的文化。当这个文化变得比邻近的部落较为先进或强大,并互相影响,便形成了文化圈。当这个族体变得壮大或人数众多的时候,他们就会在一个地方定居并把一个聚居点建立起来,变成文明社会和城市文明。社会毕竟是一所包罗万象、喧嚣复杂的大学校,现代社会是一个开放性的社会,是一个充满规则的社会。

　　社会是你立体的,客观现实是立体的,我们必须从各个层面来认识它,从各个方面来分析它,从各个维度来认识它。只有把自我融入社会之中,才能更好地关注时代的发展,留心社会的走向,了解世界的变化,捕捉到人们关注的社会问题,提高自己思维的敏锐性,才能更好地生活。一卷书让您了解社会,一卷书告诉您如何了解社会。本部分对人们经常遇到的升学问题、法律问题、金融问题、低碳生活等多方面的知识做了全面而深入的介绍,历史的纵观,翔实的资料,对于社会大众学习了解社会知识,有着重要的实用价值和现实意义。

　　毋庸置疑,个人是社会的个人,个人的存在、成长、发展都离不开社会的支持和给予。你必须适应社会才有在社会中发展的可能。人类的一切教育、学习活动从本质上讲,是学会生存,即学会与大自然的和谐共存,学会在人类社会中健康生活。生活在这个现代社会的人来说,需要学习的东西很多,《社会百科》就是最好的老师,正所谓"三人行,必有我师",我们可以从中学习很多知识、道理。

文明礼仪

　　我国古代人有礼以节人的说法，孔老夫子也曾经这么说过，质胜文则野，文胜质则史。文质彬彬，然后君子。这里所说的"质"就是本质、人格、人的品德修养。这里所说的"文"就是仪表、举止和言谈。只是人品优良，而行为举止不合礼仪要求，就会使人感到粗俗、野蛮；只注重表面的礼节方式，而没有崇高的品德修养，就必定使人感到虚伪、浮华，甚至厌恶。只有把外表的礼仪修养与内在的品格修养二者紧密结合起来，融于一个人的一身，才会成为一个真正有礼貌、讲文明、处处受到人们欢迎的人。《礼记·曲礼上》中有这样的话："鹦鹉能言，不离飞鸟……人而无礼，虽能言，不亦禽兽之心乎！"《孔子家语·礼运》中说："礼之与人，犹酒之有蘖也。"都是说明同一道理。

　　怎样才能把内在品质的修养和外在礼仪的修养有机地结合起来呢？这就需要长期的学习、锻炼和提高。就拿学习来说吧，要成为一个高尚的人，讲礼仪的人，就要根据自己所处的环境、条件不断学习政治、学习文化、学习各种科学知识，从中汲取丰富的营养。此外，还要学习先辈的高尚情操，学习先进模范人物的高贵品质，学习各种著名人物的优秀思想和奋斗精神，在社会实践中学习，包括学习各种礼仪知识等。学习的内容是十分丰富的，只有不间断的学习，才能天天有所进步。在学习中注意培养自己的品质，有意识地塑造自己的高尚人格，全面提高自己的综合素质。

接待礼仪

　　有人曾经提出过这样一个问题：文化知识高的人是不是就是一个品德高尚、讲文明礼貌的人呢？我们说，文化知识与文明礼貌的关系是十分密切的，一般地来说，文化水平高的人，品德修养和礼仪规范都是比较好的。但是，二者并不能画等号，在现实生活中，有些人文化知识不算少，内心却装满了肮脏的东西，像争权夺利、阿谀奉承、吹牛拍马，无所不用其极，这种人是最令正直的人唾弃的。有些人由于所处时代的条件限制而没有学到多少文化知识，但却在丰富的实践过程中锻炼成了坚强的意志，培养成了优良的品格，也很讲究人际关系中的礼节和艺术。

　　我们这么说，千万不要引起误解，误认为学习就不重要了，可有可无了，绝对不是的，

尽管文化知识与人的品格修养和文明程度二者之间不能画等号,但是,学习是绝对需要的,尤其在现代社会,科学技术发展飞快,不学习就不能获得新的知识,没有知识的不断更新,就不会有大的进步,也就不能为社会做出大的贡献,人的价值就无从体现出来。因此,一定要根据自己的具体情况,不断地学习,刻苦地学习,创造性地学习,只有这样,才能不断提高自己,完善自己,不断实现自己的人生价值。

日常礼节

介绍的礼节

介绍包括自我介绍和介绍他人。

自我介绍首先应该注意的是把姓报清楚,因为在中国一般只知道姓就可以称呼,如"小马""张主任"等"自我介绍的礼仪"。

中国人的名字一般都有寓意,为了让对方记住自己的名字,可以按字面解释,如果用幽默、谐音来解释,会更显得生动、有趣,如"马千里,千里之马"等。

自我介绍时,要注视着对方,这表现了对对方的尊重,同时也表现了对自己的尊重。

自我介绍的礼仪

介绍他人时,应注意一定的介绍顺序。一般的把年幼的介绍给年长的,把地位低的介绍给地位高的,把男性介绍给女性。如:"张经理,这是我的同事李××。"若是介绍客人,则要把客人介绍给主人。客人之间,把后来的客人介绍给先到的客人。若是忽然想不起客人的名字,可让客人自我介绍。如:"来,你向大家自我介绍一下吧。"这样,就避免消除了可能出现的尴尬局面。

握手礼

握手在人类社会中起源较早,据说原始人表示友好时,首先亮出自己的手掌,并让对方摸一摸,表示自己手中没有武器。后来逐渐演化,成为现在的握手礼。现在的握手礼已没有最初的用意,只是一种交往礼节。比如老同学、老朋友见面握手表示亲热,初次见面握手表示欢迎等。

1.握手的次序

两人见面,谁先伸手握手,也是对人的尊敬问题,一般的次序是:

年龄较大、身份较高的人先伸手。年龄较小,身份较低的人不宜先伸手,而要等对方伸出手后,立即上前回握。

女方首先伸手。男女之间,当女方伸出手后,男方再伸手轻轻地握。如果女方不伸手,或无握手之意,男方可点头示意或鞠躬。不要贸然伸手,让女方有非握不可之感。

主人首先伸手。主人与客人之间,主人有先伸手的义务。当客人到来时,不管客人的身份如何,性别如何,主人都应首先伸出手表示欢迎,若是等客人伸手,则显得主人有怠慢之感。但无论是谁先伸出手,对方都应该毫不迟疑地回握,以避免一方一直伸着手,无所适从。

握手的礼仪

2.握手的方式

伸出右手,四指并拢,拇指伸开,掌心向内,手的高度大致与对方腰部上方齐平。同时,上身略微前倾,注视着对方,面带微笑。不可一边握手,一边左顾右盼。

如果两人比较熟悉且感情比较激动时,握手的力度可以大些,握手时间可以长些,并可双手加握。若对方是长辈或上级,则用力应稍小,否则给人一种强迫的感觉。与晚辈或下级握手可适当用力,只需象征性地轻轻一握即可。但无论对方是谁,都不可被动地让对方握,自己毫无反应,这样会给人一种应付的感觉。

男性不可戴着手套与他人握手,这是礼貌性的问题,当对方伸出手后,应迅速脱去手套上前相握。女性可戴着薄手套同他人相握,这不算失礼。

不要用湿手、脏手同他人握手。若你正在干活,对方热情地伸出手来,你可以一面点头致意,一面亮出双手,简单说明情况并表示歉意,以取得对方的谅解,同时,赶紧洗好手,热情接待。

3.握手语

在握手时,常伴有一定的问话,称为握手语。常见的握手语有以下几种:

问候型。这是最常见的一种握手语。一般的接待关系可用这种形式。如:"你好!""最近怎么样?""工作还那么忙吗?还在那个单位吧?"等。

祝贺型。当对方有突出成绩,受到表彰或遇到喜事,在接待时可用这种形式。如:"恭喜你!""祝贺你!"等。

关心型。这种形式特别适用于长辈对晚辈,上级对下级或主人对客人等。如"辛苦了！""一路很累吧？""天热吧？"等。

欢迎型。第一次来的客人、女士或公务接待，均可用欢迎语。如："欢迎光临！""欢迎你！"等。

致歉型。自己有地方做得不对或表示客气时可用此类握手语。如："照顾不周，请多包涵。""未能远迎，请原谅"等。

祝福型。送客时多用此握手语。如："祝你一路顺风！""祝你走运！"等等。

递名片的礼节

现在有很多人用名片代替了自我介绍，所以应掌握递名片的礼节。

名片一般都有一定的规格，长9厘米，宽5.5厘米，上面印着姓名、职位、地址、电话等。

"递名片的礼仪"

一般递名片的顺序应是地位低的先把名片交给地位高的，年轻的先把名片交给年老的。不过，假如是对方先拿出来，自己也不必谦让，应该大方收下，然后再拿出自己的名片来回报。

向对方递名片时，应该让文字正对着对方，用双手同时递出或用右手递出，千万不要用食指和中指夹着名片给人。在接到对方递过来的名片时，应双手去接，接过后仔细看一遍，有不认识的字应马上询问，不可拿着对方的名片玩弄。看完后应将名片放入名片夹或认真收好，不可随手扔到桌子上或随便放入口袋，这都是对他人的不尊重。

点头礼

微微地点头，以对人表示礼貌，这是点头礼适用于比较随意的场合。如在路上行走

点头礼

或在公共场合与熟人相遇,可行"点头礼",友好地点点头即可,忘记对方姓名或只觉得对方面熟时,可点头致意,但点头时要面带微笑,这是对人的礼貌。

分手的礼节

向他人提出告辞后,应立即从座位上站起来,不能虽然提出要走,而丝毫没有走的意思,当主人送行时,要让主人留步。作为主人,当他人提出告辞后,应诚心挽留,若对方没有要留下的意思,也应随同客人站起来相送。让客人走在前面,并送出房间,不可一只脚在房间里,另一只脚在房间外相送,也不可客人刚一出门,就砰地关门,或是不等客人走远就开始议论客人。客人走时,要说些"欢迎下次再来""慢走"之类的话,以示礼貌。

礼貌用语

俗话说:"良言一句三冬暖,恶语伤人六月寒。"礼貌用语就属于良言之列。礼貌用语在公关活动中起着非常重要的作用。

招呼用语

招呼用语表示的是打招呼人与被打招呼人之间的一种交往关系。如果遇到熟人不打招呼或者别人给你打招呼你装作没听见,都是不礼貌行为。打个招呼发生在瞬间,但却影响久远。下面分析几种招呼用语。

"吃饭了没有?"

这是中国历史上沿用比较长比较普遍的招呼语。"民以食为天",在中国漫长的封建社会中,大多数劳动者求的就是能够吃饱肚子。因此,问对方有没有吃饭便是对对方的一种关心。

随着我国人民生活水平的提高,吃饭问题已经得以解决,然而,"吃饭了没有"这句问候语却流传了下来。但是,现在的这句招呼语基本上没有了原来的意思。它只成为一种形式,不再包含原来的内容。问声"吃饭了没有?"也单单是一种招呼,表示"我看见你了,跟你打招呼呢!"至于对方真的吃饭没吃饭,都无关紧要。所以,在经济比较发达的地区,"吃饭了没有?"的问话逐渐被新的招呼语所代替。

"你干什么去?"

这也是一种比较原始的招呼语,与对方擦身而过,为了表示一下看见了对方,以此语代替一切语言。至于对方干什么都无关紧要,只是表示一种问候。在西方发达国家,基本上没有这种招呼语,因为"自己干什么"是属于私人的事情,他们不希望别人过多地干涉自己的私事。这句问候语出现在中国,也反映了国人的一种心态,随着经济的发展,这句话也将逐渐被新的招呼语代替。

"你在哪儿发财?"

这是中国近几年才时兴起来的问话。在中国漫长历史中,"君子重义不重利"的观念在人们的头脑中已根深蒂固,但随着中国改革开放的进行和深入,"利"越来越被人们看重,"允许一部分人先富起来"的政策促使全国人民奔富裕,并以"发财"相互祝福。所以,这句招呼语如实反映了近几年来从上到下以经济建设为中心奔富裕的文化心理,折射出初得温饱后人民的更高追求,是一种历史的进步。

"你好?"

这句招呼语简洁明了,通用性强,同时又是对他人的一种祝福,因此,这句话常出现在经济发达、不同社会群体交往频繁、而人际关系又比较松散的开放型社会中。特别是在一些城市,随着生活节奏的加快,每个人都来去匆匆,以前那种交谈型的招呼语已经不适用了,彼此见面时一声节奏明快的"你好",同时伴以微笑、点头等动作便是礼貌之极。所以,这是随时代发展应运而生的新型的招呼语。

此外,在一些特定的场合,如离得比较远不适于讲话,或者是关系比较一般的人之间,只要相互微笑,或者点一下头,也算是一种招呼语了。

告别语

在分别时常用告别语以示礼貌。告别语有以下几种类型:

1.主客之间的告别语

客人向主人告别时,常伴以"请回""请留步"等语言,主人则以"慢走""恕不相送"等语回应。如果客人是远行,可说"祝你一路顺风""一路平安""代问××好"等告别语。

2.熟人之间的告别语

如果两家距离较近,可说"有空再来""有时间来坐坐""有空来喝茶"等,也可说"代问家人好"以示礼貌。

3."再见"

这是当今比较时兴的告别语,适用于大部分场合的告别。类似的还有"Byebye""晚安"等。

请求、道歉、道谢用语

在社会交往中,难免有请人帮忙、麻烦别人或引起别人不快的情况,这就要讲关于请求、道歉、道谢的礼貌用语。

1.请求

表示请求的礼貌词使用频率最高的是"请"字。如当主人要客人进门时可单用一个"请"字,要客人入座时可单用一个"请"字,并且附加一些动作。"请"也可同其他语词同时使用。如"请进""请坐""请把手放下"等。另外,"麻烦你""劳驾"等也往往引导出表示请求的话语。

2.道歉

当自己的行动妨碍了别人要用道歉语。"对不起"是比较常用的道歉语。如在公共汽车上踩了别人的脚,无意碰了别人或自己的行为给别人带来了不好的后果,都可以道一句"对不起"。另外,"不好意思"也是比较随便的道歉语,当别人向你真诚地道歉时,你必须有所反应,应该原谅他、安慰他,可说"没关系""别介意""没什么"等。

3.道谢

道谢是对对方的好意或某种高尚的行为的一种回敬,由于对方的好意或得到对方的帮助时,要真诚地说一句"谢谢",即使只是一件微不足道的事。如在公共汽车上别人给你让了座、别人为你倒了一杯水,应说声"谢谢"。如:"谢谢你的帮助""谢谢你,这件事多亏了你"等等。当别人向你道谢时,一般可以说"没关系""别介意""别客气"等,也可以说诸如"这算不了什么,不要太客气了"等。如果听到对方的道谢而毫无反应,也是不礼貌的表现。

公关语言艺术

询问

在公关活动中,询问是不可避免的,询问要讲究一点艺术性。

在西方人看来,询问别人的年龄是不礼貌的,他们不希望别人知道自己的真实年龄。然而在中国,却常常询问对方的年龄,一般说来未成年人都希望自己成熟一点,所以他们希望对方估计自己的年龄时说得大一点。所以可以这样问:"看你办事情那么老练,今年有18岁吧?"一个六七岁的孩子,如果问他:"今年有5岁了吧?"他会很不高兴,他认为自己一定很矮,如果说:"今年有10岁了吧?"他会很高兴,认为你在夸奖他长得快。在询问老人的年龄则刚好相反,因为他们都希望自己年轻一些。如果对60岁的老人说:"你今年50刚出头吧?"他会很高兴,但如果问"您今年60多岁了吧?"他就会很不乐意。如果实在看不出对方的年龄,也可直接问:"您老贵庚?""您高寿?"等。

询问姓名,可以说:"贵姓?""请问尊姓大名?"应注意的是,有些人常问"您贵姓?"这是不恰当的,因为"贵"就是对对方尊称,本身就是"您"的意思,所以直接问"贵姓"即可。

如果对方自我介绍时没有听清,可以再问一遍,"对不起,刚才没有听清您的大名"。这样,对方会再重复一遍自己的名字。

在询问对方职业时,可以问:"现在您在何处任职?""您在哪儿工作?"对搞经济的人,也可以问:"近来在哪儿发财?"如果不知道对方有无职业,也可以问:"最近忙点什么?"这样,可以从谈话中搞清对方的职业。

在询问对方的文化程度时,一般顺序是从低向高说。假如对方是中专毕业,你开口就问是哪个大学毕业,这样会使对方尴尬,也可以模糊一点问,如:"你是哪个学校毕业的?"

在询问对方籍贯时,一般可以说:"您老家是哪儿的?""您府上是在山东吧?"对方一般会很痛快地告诉你他的籍贯,因为每个人对老家都怀有一种特殊的感情。假如对方和你籍贯相同,则可以以"老乡"相称,这样,双方容易产生一种亲近感。当对方告诉他的籍贯时,你可以提及他那个地方的特产、名胜古迹等。比如对方说老家在山东烟台,可以继续问:"是产山东苹果的地方吧?"这种询问会使对方很高兴。

在询问时要注意态度,不要让对方感觉你像是在查户口。当别人询问时,要认真耐心地回答。如果不希望对方知道,可以委婉地避开。

1.称呼

称呼有称呼对方和称呼自己之分,称呼对方用敬称,称自己用谦称。

敬称有以下几种:

(1)从辈分上尊称对方。例如"叔叔""伯伯""阿姨""哥哥""姐姐"等。有时称对方"兄""姐",自己未必比对方年龄小。如对方为女性,且比自己年龄大,可通称为"阿姨""大姐",这种称呼避免了对方是否结婚的问题。

(2)称对方的身份时加上"令""贤""尊""高"等字。例如称对方的侄子为"贤侄",称对方的父亲为"令尊""令严",称对方的母亲为"令慈",问对方的年龄称"高寿"等。

(3)以对方的职业相称。如"李老师""王大夫""张司机"等。

(4)以对方的职务相称。如"处长""校长""赵乡长""孙经理"等。

(5)以"老""大""小"等称呼对方。对长辈或比较熟悉的同辈之间,可在姓氏前加"老"。如"老张""老李",亦可在对方职务前加"大"或"老",如:"犬作家""老经理"等;而在对方姓氏后加"老"则更显尊敬,如"郭老""钱老"等;对小于自己的平辈或晚辈可在对方姓氏前加"小"以示亲切,如:"小王""小贾"等。

(6)直接称呼对方的姓名。一般年纪较大、职务较高、辈分较高的人对年龄较小、职务较低、辈分较低的人可直呼其姓名,也可以不带姓这样会更显得亲切。

2.谦称古时有以下几种,现多已不用

(1)用"自己不聪明"的说法来称呼。如"鄙人"等称呼自己,以"愚弟""愚兄"等称呼自己的亲属。

(2)用"辈分低"来称呼。如自称为"小弟""小侄"等。

(3)用"地位不高"的说法来称呼。如自称为"卑职",称自己的妻子为"内人",称自

己的孩子为"小女""犬子"，称自己住处为"寒舍""敝宅"等。

体态语的运用

体态语属于非言语交往，非言语交往有很重要的作用，充分运用好体态语是更好进行交往必不可少的条件。

面部表情

表情是人心理状态的外在表现，有时能起到言语所起不到的作用，人高兴时，手舞足蹈，喜笑颜开；人忧愁时，横眉紧锁，目光呆滞；发怒时，咬紧牙关，浑身发抖；悲哀时，声音细弱，无精打采；受惊时，目瞪口呆，惊慌失措。展眉表欢欣，皱眉表愁苦，扬眉表得意，竖眉表愤怒，低眉表慈悲等。

"眼睛是心灵的窗口"，人的内心世界有时可以通过眼睛来表达。目光的方向，眼球的转动，眨眼的频率，闭眼的久暂，都表示一种意思，流露一种感情。比如：正视表示尊重，斜视表示轻蔑，仰视表示思考，俯视表示害羞、胆怯或悔恨。在交谈过程中，目光自下而上注视对方，一般有询问的意味，表示"我愿意听您的下一句"。目光自上而下注视对方，一般表示"我在注意听您讲话"。头部微微倾斜，目光注视对方，一般表示"噢！原来是这样"。眼睛光彩熠熠，一般表示充满兴趣，而目光东移西转，对方就会感到你心不在焉。

另外，微笑也是一种令人愉悦的表情，是一种含义深广的体态语，在公关活动中有很重要的作用。

身姿动态

手势是表情达意的有效手段，有些时候能比面部表情表达更复杂的意思。先说手指，跷起大拇指表示"真棒""顶呱呱"；将拇指和食指圈成一个"O"型，表示"零"，若同时伸开其他三指，则表示"OK"（好）之意；竖起中指和食指且分开，组成英文字母"V"，表示胜利或和平。次说手掌，掌心向上是"升起"的意思，掌心向下则意味着"压抑"；掌心外摆，是"厌烦""赶人走"；掌心内摆，是"有请""过来"之意；如果双手摊开，掌心下压，表示"请坐""请安静"。再说领导者手臂，竖起单臂摆动，是向大家打招呼；抱起双臂在胸前是防御；双臂背头，身体后躺在沙发上，是权利和自信的表现。

空间距离

人与人之间有着看不见但实际存在的界限，这就是个人领域的意识。因此根据空间距离，也可以推断出人们之间的交往关系。一般来说，交际中空间距离可以分以下四种：

1.亲密距离

亲密距离在45厘米以内,属于私下情境,多用于情侣或夫妻间,也可以用于父母与子女之间或知心朋友间。两位成年男子间一般不采用此距离,但两位女性知己间往往喜欢以这种距离交往。亲密距离属于很敏感的领域,交往时要特别注意,不要轻易地采用亲密距离。

2.私人距离

私人距离一般在45厘米到120厘米之间,表现为伸手可以握到对方的手,但不易接触到对方的身体,这一距离对讨论个人问题是很合适的,一般的朋友交谈多采用这一距离。

3.社交距离

社交距离大约在120厘米到360厘米之间,属于礼节上较正式的交往关系。办公室里的工作人员多采用这种距离交谈,在小型招待会上,与没有过多交往的人打招呼可采用此距离。

4.公共距离

公共距离指大于360厘米的空间距离,一般适用于演讲者与听众,对人们极为生硬的交谈以及非正式的场合。

在公关活动中,根据公关活动的对象和目的,选择和保持合适的距离是极为重要的。

商务往来中的礼仪

在现代商品经济和市场经济中,商务往来是司空见惯的事情,所以,我们每一个人都应该了解和学习一些商务往来中的礼仪知识。但是,商务活动的内容极其丰富,涉及的范围也十分宽广,商务活动中的礼仪知识是非常多的,并且各个国家也还有各自的特殊礼仪要求。因此,我们不可能把所有的东西都一一讲到,这里只就一般性的、最常用的、国际通行的一些礼仪知识做些简要的介绍。

第一,在初次商务活动中,必须深入了解对方。这里所说的商务往来,不是指一般的商业零售活动,而是指商务活动中的批发商与销售商、商场、商店和商业公司与生产企业或公司间的买卖活动。了解对方的方式很多,如交谈、询问、调查、查找有关资料、实地考察、通过有关部门查询等。通过这些方式,掌握对方目前的经营状况、信誉程度、地理位置、交通状况、发展潜力、发展规则等。对商家来说,还要特别注意了解厂家的产品质量、花色品种、成本情况以及数量等。有人认为,商务活动就是一手交钱一手交货,没有什么礼仪可讲。这种认识是肤浅的,是因为对礼仪缺乏认识。事实上,大宗的商务活动,钱与货的易位不是同时进行的,中间还有一个很大的时间差,即使是钱与货的易位同时进行,

商品买卖实质上是人们行为的交换，是当事人的行为交换，是劳动的交换，所以必须体现出人们相互间的各种关系来，这样就必须做到相互了解，相互尊重，平等、互惠互利，这本质上就是礼仪的要求。

第二，商务洽谈中，必须按章办事，千万不可感情用事。有些人认为是认识的人、了解的人，或是老同事、老部下、老上级、老朋友、老相识，邻居、乡亲或者是经过熟悉人介绍、引荐来的，就有求必应，满口承诺，不好意思拒绝，也不好意思提出一些条件，更不好意思提出签订合约之类的事情，这些都是感情用事的表现。商务洽谈中所涉及的一切实质内容，必须从商业活动的实际出发，该怎么办，就怎么办，不能迁就，不能简单从事，更不能图省事而简化手续。洽谈之前要做好准备，有关的资料要预备齐全，在一些关键问题上，必须反复思考成熟，细节问题也不能忽略。在商务活动中，不要崇洋媚外，也不能轻信漂亮的言辞，一切以事实为根据按规律进行。

第三，商务进行过程中，必须按约办事，信守承诺。如果遇到重大突发事件，必须更改合约时，要事前与对方协商，取得对方的同意，最好要有书面材料或文字为据。信誉是商务活动的核心，也是商务往来中礼仪修养的关键点。无信誉的商务活动只能是一锤子买卖，而且仅这一锤子很可能就是致命的失败。要树立信誉高于一切的观念，宁可赔本，也要坚守信誉，只要信誉在，这次亏了本，下次就有可能赚回来，或许还会赚得更多。如果失去了信誉，在短时间里是无法再重新树立起来的。所以，商务活动中的信誉比赚钱更重要。

第四，商务活动中必须严格遵守时间。进行商务谈判时，按照事前约定的时间，必须准时到达洽谈地点。这可是分秒必争的事，千万不能马虎。在现实经济生活中，有很多这样的事例，就是由于耽误了几分钟时间，一大笔生意就被别人抢走了。在商务进行过程中，时间观念必须恪守不移，什么时间发货，什么时间付款，必须按照合同规定严格遵守，不得以任何理由拖延。万一出现特殊情况，货或款要拖延几天，就要主动要求按照合同规定接受罚款处理或赔偿。

第五，文明经商是商务活动中的又一个重要问题。当然，文明经商有广义和狭义之分，广义包括的内容很宽，这里主要指狭义而言，即举止文雅，行为文明，语言得体。前几年报端曾经披露过这样一条消息，说某一家乡镇企业的厂长与外商洽谈一笔生意，本来生意已经基本上谈妥了，但是，由于这位厂长在不经意的情况下，当着外商的面随便吐了一口痰，外商立即要求终止谈判，好端端的一笔生意最终因为一口痰而告吹。我们中国人的随地吐痰、随地丢弃废物的习惯很不好，有损于我们中华民族的形象，应该在商务活动中和日常生活中注意克服和改正。

打电话的礼仪知识

随着我国经济的快速发展，人民生活水平的不断提高，市场经济的信息量猛增，竞争也越来越激烈，人们的生活节奏加快，电话已经进入千家万户。充分利用这个现代化的通信设备，对发展经济，提高人们的生活质量都有极大的好处，所以应该人人学会熟练地使用电话,有礼貌地、文明地通过电话与各方面的人士取得联系,这就需要了解一般性打电话的礼仪知识和规矩。

第一,给某人打电话时,要事前做好准备,想好要说的事情。比如要谈一笔生意,从何处说起,用什么方式交谈,说到什么程度,还要估计对方的情况,考虑好应变的方法等,这样才能用尽可能短的时间达到预期目的,而不浪费对方的时间。

第二,在电话里说话和平时说话没有什么不同,就一般的电话设施来说,虽然打电话双方只能听到声音,而看不见形象,但是双方都能感觉得到,所以,打电话时,也要面带笑容,语气要温和、缓慢,口齿要清楚,语言要简洁,第一句话要说"您好",紧接着进入正题。如果是代表单位或公司打电话,就要说明白领导的意图和目的,或者厂长、经理、主任、书记有什么具体要求、

打电话的礼仪

希望。最后要把重要内容确认一下,或者必要时录下音来,然后再结束通话。

第三,持电话时要轻,一般情况下要等对方先放下电话机后,你再轻轻挂断电话。特别是与长辈、领导、女士通话后,一定要等他们挂断电话后,你再轻轻放下话筒。

第四,接电话时,要用温柔的语调先说"您好",再问是哪位?找谁?或某单位?如果被找的人正巧不在,就说明情况,问一下有什么重要事情,要不要传达或留一字条等。

第五,一般情况下,电话铃响三遍后立即接通,且在铃响的间隙拿起话筒。如果电话铃响了好几遍之后接通时,就要先说"久等了""对不起"之类的抱歉话。如果在接电话的过程中,有紧急事情插入时,要向对方说:"对不起!稍等",然后可以用手按住话筒,以免传到对方。电话不清楚时,不要大声吼叫,要把说话的速度放慢,口齿再清晰些。有些人打电话时,出现听不清楚或者有杂音时,就用手使劲拍打电话机,这个做法和习惯不好,如果电话机有毛病时,可以立即修理,等故障排除以后再打。通话结束时都要说"再见""谢谢"之类的礼貌语。

餐桌上的礼仪

第一,入座的礼仪。先请客人入座上席,再请长者入座客人旁,依次入座,最后自己坐在离门最近处的座位上。如果带孩子,在自己坐定后就把孩子安排在自己身旁。入座时,要从椅子左边进入,坐下以后要坐端正身子,不要低头,使餐桌与身体的距离保持在10~20公分。入座后不要动筷子,更不要弄出什么响声来,也不要起身走动,如果有什么事情,要向主人打个招呼。动筷子前,要向主人或掌勺者表示赞赏其手艺高超、安排周到、热情邀请等。

第二,进餐时,先请客人、长者动筷子,加菜时每次少一些,离自己远的菜就少吃一些,吃饭时不要出声音,喝汤时也不要发出声响,最好用汤匙一小口一小口地喝,不宜把

碗端到嘴边喝，汤太热时凉了以后再喝，不要一边吹一边喝。有的人吃饭时喜欢用劲咀嚼食物，特别是使劲咀嚼脆食物，发出很清晰的声音来，这种做法是不合礼仪要求的，特别是和众人一起进餐时，就要尽量防止出现这种现象。有的人喝汤时，也用嘴使劲吹，弄出嗦啰唆喽的声音来，这也是不合乎礼仪要求的。

餐桌上的礼仪

第三，进餐时不要打嗝，也不要出现其他声音，如果出现打喷嚏、肠鸣等不由自主的声响时，就要说一声"真不好意思""对不起""请原谅"之类的话，以示歉意。

第四，如果要给客人或长辈布菜，最好用公用筷子，也可以把离客人或长辈远的菜肴送到他们跟前。按我们中华民族的习惯，菜是一个一个往上端的，如果同桌有领导、老人、客人的话，每当上来一个新菜时，就请他们先动筷子，或者轮流请他们先动筷子，以表示对他们的尊敬和重视。

第五，吃到鱼头、鱼刺、骨头等物时，不要往外面吐，也不要往地上扔，要慢慢用手拿到自己的碟子里，或放在紧靠自己的餐桌边，或放在事先准备好的纸上。

第六，要适时地抽空和左右的人聊几句风趣的话，以调和气氛。不要光低着头吃饭，不管别人，也不要狼吞虎咽地大吃一顿，更不要贪杯。

第七，最好不要在餐桌上剔牙，如果要剔牙时，就要用餐巾挡住自己的嘴巴。

第八，要明确此次进餐的主要任务。现在商海如潮涌，很多生意都是在餐桌上谈成的，所以要明确以谈生意为主，还是以联络感情为主，或是以吃饭为主。如果是前者，在安排座位时就要注意，把主要谈判人的座位相互靠近便于交谈或疏通情感；如果是后者，只需要注意一下常识性的礼节就行了。把重点放在欣赏菜肴上。

第九，最后离席时，必须要向主人表示感谢，或者就在此时邀请主人以后到自己家做客，以示回谢。

总之，和客人、长辈等众人一起进餐时，要使他们感到轻松、愉快、气氛和谐。我国古代就有所谓的站有站相，坐有坐相，吃有吃相，睡有睡相。这里说的进餐礼仪就是指吃相，要使吃相优雅，既符合礼仪的要求，也有利于我国饮食文化的继承和发展。

男女交往的礼仪和艺术

男女异性间的交往，首要问题是要有一个正常的心态。和比自己年纪大些的异性交往，就如同是自己的师长、兄长、大姐；同自己年纪相当的异性交往，就如同是自己的同学、同事、战友、兄弟、姊妹；和比自己年纪小些的异性交往，就如同是自己的弟弟、妹妹。不论是与什么样的异性交往都要大方、自然、有礼貌和有分寸的热情。有些人与异性交往就表现出拘谨的样子，有些人与异性交往则表现出冷淡的样子，有些人与异性交往表现得过于热情，这些都是不恰当的，既不符合我们中华民族的文化传统和习惯，也不符合现代国际间通行的礼仪要求。应该怎么做？下面分两个方面简单加以叙述。

女士的礼仪修养

第一，女士要庄重、沉稳，切不可轻浮、随便。这是有教养、有知识的女性共有的特点，也是礼仪修养的要求。不管与什么样的男士交往，这一点是绝对需要的。有些女性见到男士后，说起话来滔滔不绝，手舞足蹈，眉飞色舞的样子，不论是出于什么目的，都是不可取的。

第二，女士与男士交往分寸感要强。这里所说的分寸感就是指要掌握一定的度，以合适为好，不要太热情，也不要太冷淡。即使是熟悉的人，或者关系亲密的人，但在公共场合交往时，也不要表现出亲密无间的样子，更不要给别人以亲昵的感觉，以免给别人造成错觉，留下难以挽回的不良印象。

第三，女士得到男士的照顾是很自然的事情，但是一定要明察秋毫，弄明白男士是出于礼仪还是有其他什么用意，然后根据具体情况恰当处理。

第四，女士要自尊自爱，要光明正大，自强不息，工作中不要挑肥拣瘦，拈轻怕重，随便把重活推给男士，使男士产生反感。女士也不要轻易给男士增添麻烦或造成额外的负担，也不要随便接受男士的邀请或约会，一般不要随便与男士一起进餐，更不要让男士掏钱请客，俗话说，好吃难消化，谨防出现不良后果。

第五，要公私分明，在办公室里，在工作时间就专心致志地办理公务，私人的事不要在工作时处理，特别是与男士有私事商量不要在公众面前进行。要不断提高自身的素养，培养事业心和责任感，与可信赖的男士多交往，在交往中相互学习，取长补短。

第六，青年女性，或大中专女学生与异性交往要保持自己的年龄特征，即纯朴、自然、大方、活泼的本性，切忌弄虚作假和装腔作势。有些女青年喜欢把自己打扮得艳丽出众，与异性交往就表现出矫揉造作，卖弄风情的样子，正直的男性是很讨厌这种做法的。有的女学生把自己打扮成贵妇人的样子，与自己的身份很不相称，给人以老练油滑的感觉，是不可取的。

男士的礼仪修养

第一，男性一定要正直、正派，使人感到你是一位一身充满正气的人，这样就会自然、大方地和女士交往，如果是照顾女士就必须从礼仪出发。当然具体做法还要根据当时当地的客观情况恰当处理，我国与外国不同，美国和阿拉伯国家也很不一样。就国内来说，大城市与小城市不同，城市与农村就更不相同了。因此，在原则上，要把国际通行的礼仪要求和中华民族的文化传统、风俗习惯结合起来，在具体实施上要区别对待，例如进出门，要把女士让在前面，上下车为女士打开车门，在使用体力的情况下把轻活让给女士等，都要根据当时的环境而恰当处理。

第二,男士要把信誉放在第一位,说话算数,办事负责,工作认真,与女士交往要谦虚、和气、有礼貌、有责任感,这样就会取得女士的信任。清朝的李子潜编写的《弟子规》一书中说:"凡出言,信为先,诈与妄,奚可焉";"凡道字,重且舒;勿急疾,勿模糊"。不仅说话必须讲信用,而且任何时候都不得有诈与妄的行为。交代事情必须说得清清楚楚,便于女士理解和帮忙。

第三,大度是男性最突出、最重要的特征之一,从大处着眼,目光远大,胸怀大志,不计较小是小非,宽厚待人,这样就很能赢得周围人们的好感,更会获得女性的赞赏和亲近。

第四,男性要刚柔相济,根据具体情况和环境,该刚则刚,该柔则柔,大事清楚,小事糊涂,尤其与女性交往和接触,必须善于体察其实际情况和需要,以礼相待,给予必要的关心、照顾。

约会的礼仪

第一,不论是什么性质的约会都要事先商定好,把约会的时间和地点确定下来,最后在约会前夕再互通电话确认一下时间和地点,并且问明白行走路线。

第二,如果是对方提出的约会要求,目的和内容不清楚时,就要问一下有什么事,要不要事先准备些什么东西。如果是自己主动提出来的约会要求,就要向对方说明白约会的用意,请对方事先做些什么准备,带些什么东西,使约会在充分准备的基础上进行,其效果必然是较好的。如果对方有拒绝之意,就不要勉强,为难对方,可以有礼貌地问问以后什么时候方便再进行约会,并表示歉意。

第三,赴约时,必须准时到达约会地点,最好能提前几分钟,如果有什么特殊情况迟到了,就要向对方说明原因并表示歉意,请对方谅解。

第四,赴约时,必须服饰整洁合体,根据当时的具体情况,如季节、早晚、约会场所、约会对象等进行简单的化妆和修饰。如果是男士,就需要刮胡子,理理发,剪剪指甲,擦擦皮鞋之类;如果是女性的话,除了把头发理好之外,还需要适当抹些口红、擦些粉之类。

总之,依据约会的具体情况,事先做好准备,把精神状态调整到最佳位置,使约会在有充分准备的基础上进行,不仅使约会双方都能在良好的气氛中进行,而且使约会效果达到预期的目的。

书信礼仪

第一,要按照书信规格写信,即抬头要顶格写尊称,另起一行空两格写问候语,下面一段才是正文,正文写完后,要写上期望或祝贺的话语,最后才是写信人的落款和时间。有些人写信易忘记写时间,这是不应该疏忽的。如果信写完以后又想起了什么事需要写在信里去的话,就在信的最后加一个附言,把要补充的话写上去。外文书信与中文书信的内容要求是完全一样的,格式上有所不同。如果要用外文写信,就要根据该国文字的常规要求和书信规格进行书写,不要随心所欲。

第二,一般书信内容要求把想要说的事情说清楚,把要想说的话都写上就可以了,只要收信人能读懂你写的全部意思就算达到了目的。如果是商务往来和其他经济业务性质的书信,在内容的叙述上就要讲究一些,把重要的因素必须全部包括在内容中,不得遗漏。例如商业往来方面的业务信函,就要说明商品名称、牌号、规格、数量、质量、价格、起运时间、出厂时间、合约签订情况或规定,交付款项的时间、地点、方式,运输过程中的保护、保险、到货时间、提取方式,万一发生意外之后如何赔偿等。并且商务和其他经济业务方面的往来信函要留下底稿,收到来函要妥善保存,以便将来查询,万一出现什么问题就有可靠的证据。

第三,如果是传达信息、联络感情等方面的书信,要做到及时、准确,感情表露要恰当,遣词造句要和缓,字要书写工整,不要出现错别字,以及造成收信人的误解和不悦。

第四,写信时禁忌用红笔或铅笔,私人的书信最好不用打印的字,如果是公函可以打印,但是末尾的签字必须用手亲笔书写。信不能开着口子发出去,如果是请人代信的话,就要开着口子当面交给代信人,以示信任。如果别人让你代信时,就要当面把开口信封好,以表示谨慎、认真。

第五,信写完以后,一定要检查一下,至少阅读一遍,看看有无遗漏、错别字等,如果有,就要纠正过来。遗漏的意思和话写在附语里,附语写多少都无关紧要。还有一点要特别注意,即在同时写几封信时,就要把信封和信纸(内容)一定弄正确,不要张冠李戴,把给老王的信寄给老张,而把老张的信又寄给老王,一错就必然是两个同时错,在现实生活里经常出现这样的马虎事,关键还是没有足够的警惕,注意不够所致。

第六,关于信封的书写,传统礼仪中收信人的名字后面要写"同志",因为这不仅是给邮递员看的。但是在现实生活里,人们不大愿意接受,尤其是给领导、长辈写信时,名字后面写"同志"二字感到难下笔。主张从礼仪的原则出发,应该灵活机动,不必强求一律。

与邻里相处和往来的礼仪

第一,从思想上要重视与邻里和睦相处与友好往来。不论生活在哪里,总是离不开邻里相处,常言道:远亲不如近邻。邻居相处一般时间较长,所以必须做到和睦共处。由于邻里靠近,免不了你来他往,这就需要以礼相待,以礼相交,相互关照,相互谦让,和善相处。

第二,邻里之间每次相遇都要亲切地打招呼,相互尊重生活习惯,防止互相干扰。特别是有上夜班的人,或者有什么特殊情况时,就需要保持安静、相互照应。邻居家的一草一木、小动物、小孩子等都要如同自己家的一样爱护。离家外出时要招呼一声,请邻居帮忙照看一下家庭,回来时可以买点纪念品作为礼物送上。

第三,借东西要及时归还,如有损坏要说明情况,最好不借贵重的东西。邻里有事要相互帮忙,如送病人去医院,搬运较重的东西,农村里的盖新房、婚丧嫁娶等,都要相互帮助、应酬、祝贺，多说些祝福和安慰的话。经常帮助邻居干些琐碎的杂活，像帮邻居把牲口赶到泉上去饮水，代邻居放羊、看小孩。

第四，不要说邻居的坏话，即使看到一些事情，也不能对其他人讲，只要不是什么原则性的大问题，就只当没看见。如有邻居家的孩子串门来玩，就像对待自己家的孩子一样，如果自己家的孩子吃东西、喝饮料时，也要给邻居家的孩子一份吃的或饮料；如果邻居家的孩子损坏了自己家的什么东西时，也不要生气，给予教育、指导和关照。

第五，邻居之间如果发生了什么事，产生了矛盾和冲突，一定要相互谦让。住楼房的要考虑到别人的安静，防止乱敲、乱蹭，发出很大的声音，弄得四邻都不得安宁。有的人放立体声收录机、电视机等，把声音调得很大，整栋楼房都能听得到；有的人安装空调，就紧贴在邻居家一边，又有热气，又有噪声，弄得邻居家夏天无法开窗户；有的人摆放东西就专爱挤占邻居家的门前等等。这些都是不顾别人，只图自己方便，有的甚至想占点便宜，而给别人带来不便，影响别人的生活。这是自私的表现，与礼仪的要求差之万里。礼仪的基本要求是：在自己说话、办事乃至一举一动之前，首先要考虑到别人，最低限度是要做到不妨碍别人。

日常人际交往的礼仪和艺术

俗话说，瞎子还有个跛朋友。人人都有相好的人，不过有的人多些，有的人少些，而交友的情况又是千差万别的，不过还是可以找到一些共同规律的。这里我们从礼仪的角度谈谈日常人际交往的方法和艺术。

第一，从思想上重视人际关系。有人说，头几年的工作是为事业成功打基础的阶段，这个基础就是建立自己的信誉和良好的人际关系，做到工作认真负责，能拿得起，能放得下，获得上司的信赖和群众的认可。人际关系在东方文化环境中表现得十分重要和突出，搞好了就大大有助于事业的成功。

第二，关心自己周围的人。包括自己的家人、亲戚、朋友、同事、同学等。要主动关心、主动帮助，有些还需要主动体贴关照。这样就可以形成良好人际关系的氛围，使你周围的人时刻在关怀着你，指导着你，这就会使你感到前进有方向，工作有劲头。

第三，时刻牢记别人对自己的恩典。我们常说滴水之恩，当以涌泉相报，在人际关系中，这一点要大力提倡，在礼仪修养中也是要必须遵守的。人生活在社会中，每一个人都时刻处在人际关系的包围之中，人们相互间以德报德，以恩报恩，关系必然是融洽的；如果人们相互间总是以怨报怨，以牙还牙，必然弄得人心四散，鸡犬不宁，还哪有心思搞工作，搞事业！

第四，求人帮忙时，要选好时机。当别人心情好、方便、闲暇时提出要求，如实说明情况，态度要谦和、礼貌，语言要恰当、周全，不要给别人造成麻烦，更不能使别人冒什么风险。如果条件不具备，没能帮上忙，也要理解别人，说些理解的话，礼貌的话，化解别人的失落感，等以后条件具备时再帮忙。

第五，当别人求助时，要热情对待。在具体做法上，应该了解清楚有关的情况以后再做决定，不要大包大揽，更不能违法乱纪，损公肥私，毁坏自己的形象。如果真实情况了解以后，有条件帮助，也不一定能帮成，所以说话时要留有余地，以免万一帮不成时，失了自己的面子，也失去别人对你的信任。如果条件不具备，就要如实说明白，只要是有诚实的心情和符合事实的言辞，会取得别人的谅解和理解的，当然也需要表示出自己的歉意。

第六，对于较熟悉的人和交往较频繁的人要十分注意自己的信誉，说话算数，办事可靠，答应了的事情就要认真办好，办不好的事情要核实说明情况。好友帮的忙要时刻记在心上，并表示感谢，以后有机会时再图回报。经常沟通感情，节假日互送纪念卡、贺卡等。

第七，每个人都是一个相对独立的个体，所以，再亲密的朋友也要相对保持一定的距离。这里所说的保持距离，不是说思想感情、理论认识、对某些事物的态度等，而是说在个人生活方面。事实上，没有完全一样的两个人，不论是个人爱好、秉性、品格、情操，还是家庭教育、为人处事等差异的存在总是绝对的，所以，从一定的意义上来说，能在某些方面保持一定的距离，防止相互影响，友好关系才能长久维持。

第八，与什么人相好、与什么人交朋友，要进行十分认真的选择，尤其是年纪轻、阅历浅的人更要十分注意。古语说：近墨者黑，近朱者赤。农村还有一句更通俗易懂的话是说：跟上好人学好人，跟上巫婆跳家神。孔子也曾经说过益者三友，损者三友的道理。人是具有社会性的，什么样的环境，什么样的社会氛围，造成什么样的人。所以，俗话说：学好三年，学坏三天。当然这是针对教育小孩子说的，但是也适合于用在重视人际交往和选择朋友的问题上。

第九，好友之间要真诚赞美优点，欣赏特长，相互学习，取长补短，共同进步。对于缺点要相互容忍，主动克服，求大同存小异。

第十，不论是对什么人，初次认识，既要热情、真诚，也要谨慎。人总是需要有个相互了解的过程，相互了解的过程也就是建立感情的过程，了解得越深，基础就越好。要真正了解一个人不是一件简单的事情，需要较长的时间，切不可轻信花言巧语。不是有一句古话叫路遥知马力，日久见人心吗？这是千真万确的。了解一个人除了需要较长时间之外，还要看他的行动。看行动不是看一两次行动，而是要看一贯的行动和实际表现，一贯的言行是否一致。历史和实践归根到底是检验事物的试金石。

总之，对待好友要真诚、热情，我们不是有个成语叫"倒履相迎"吗？说的是东汉时期的大学问家蔡邕，他是蔡文姬的父亲，文史、辞赋、音乐、天文无不精通，官任皇室右中郎将。人称"人学显著，贵重朝廷，常车骑填巷，宾客盈座"。但他从不摆架子，从不傲慢，很善于和人交往，好朋友很多。有一次，他的好友王粲来拜访，正逢蔡邕睡午觉。家人告诉他王粲来到门外，蔡邕听到后，迅速起身跳下床，急急忙忙踏上鞋子就往门外跑，由于太慌忙，把右脚的鞋子踏到了左脚上，把左脚的鞋子踏到了右脚上，而且两只鞋都倒踏着。当王粲看到蔡先生是这么个模样，便抿着嘴笑起来。倒履相迎这个典故就是这么来的，说明对待朋友的热情和一片诚意。

恋爱礼仪

第一，要牢记和遵守恋爱道德。这里所说的恋爱道德是指：一是恋爱双方必须是均无配偶者。中华民族最讲恋爱道德，如果某一方企图与有配偶的另一方谈恋爱，就被视为是不讲恋爱道德的人，是公众舆论攻击的对象，现在人们常叫作第三者插足。实际上这里面有两个问题：一个问题是第三者不讲恋爱道德，另一个问题是第二者不讲恋爱道德，两个都是不讲恋爱道德的人谈恋爱，便形成了恋爱中的畸形现象。有的人说，第三者插足不能算是不讲恋爱道德，外国人早就是这个样子了。外国人这样的事情比较多，但是，这并不等于是应该的，正常的。这种行为，是以损害别人的家庭幸福为前提的，所以，也是一种不讲道德的行为。改革开放以后，外国的很多东西传进了我国，人们的各种观念都在发生着很大的变化，人们的恋爱观也毫不例外地发生着变化。但是，还有一个继承和发扬中华民族的优良传统问题，在恋爱观上，严守这一条恋爱道德，即有利于社会安定，有利于个人安全，有利于家庭幸福，有利于对后代的教育和成长。二是不能搞三角恋爱。有的人不懂得爱情的真正含义，连起码的做人的道理都不懂，自以为聪明，玩世不恭，弃恋爱道德而不顾，甚至有的人怀有不轨甚至罪恶企图等等，但是，不论动机和目的如何，恋爱对象不专一，是不讲恋爱道德的恶劣表现。婚姻是人生中的一件大事，恋爱是两个人的私事，必须相互负责，从长计议，都不可轻举妄动，草率从事。

第二，恋爱目的明确，动机纯正。爱情是人类最美好的感情，爱情也是人类最崇高的感情。爱情的目的只有一个，就是结婚，一辈子生活在一起，生儿育女，白头偕老。可是有些人恋爱目的不明确，今天想和这个相好，明天又想和另外一个人相好。有的人只是想和异性在一起玩玩，并不想结婚，更不想一辈子在一起生活；有的人只是图一时的快乐，根本没有长远打算；有的人只是想解一时的闷儿；有的人只是想寻欢作乐；有的人想玩弄异性；有的人是贪图享受；有的人是追求金钱、名利、地位；有的人是追求城市生活等等。目的不明确、不正确，必然导致动机不纯，这是对爱情的亵渎和糟蹋，其恶果是不言自明的。当然，在现实社会里，一点物质利益不考虑是不现实的，不可能的，但是，恋爱必须以爱情为基础，以结婚为目的，没有爱情的婚姻在现代社会里是行不通的。因此，从恋爱一开始就要端正思想，明确目的，排除杂念，坚定不移地追求爱情的幸福和婚姻的美满。

第三，爱情的产生与建立要有一个循序渐进的过程。爱情是人类最纯真的感情，这种感情的产生需要相互了解，了解得越深入越全面，感情的基础也就越坚实越牢固。但是，现在有些人却一见如故，开口便是卿卿我我，一接触就是搂搂抱抱，亲嘴儿，甚至同吃同住在一起。这种所谓"火箭"式的恋爱，结局好的没有几个，吃亏上当的多为女方。轻浮、轻信、轻狂、轻举妄动者只能是自食恶果。

第四，真正的爱情必须经得起任何考验。地球上所有的物种里，人类是最聪明、最能干、最富于创造性的。但是，人类的弱点也是明显存在的。人类的最大弱点就是一个"私"字。不论地位多显赫的人，功劳有多大的人，也不论是什么样的英雄模范人物，其私心杂念总是存在的。有时候,他们的私心杂念比普通老百姓的还要重还要多,不过有的人把私字藏得很深很深,有的人把私字改头换面地表现出来,有的人私心杂念重一些,多一些,有的人私心杂念轻一些,少一些,但是,这只是形式和程度的不同,没有本质的区别。因此,真正的爱情没有彼此,两个人如同一个人一样,相互爱慕,相互关心,相互体贴,相互尊重,相互学习,相互帮助,相互谅解,共同前进。在我们的日常生活里,常常看到恋爱双方为了一点鸡毛蒜皮的小事而反目,夫妻之间为了几个小钱而闹得不可开交,这些表现都说明他们的爱情是多么的浮浅,多么的低俗。另外,时间也是检验爱情深浅的一个有效标志,能经得起时间考验的爱情,必然是牢固的爱情,真正的爱情。例如:宋朝的密州通判刘庭式,少年时和同乡的一位农家姑娘定了亲。后来,姑娘由于疾病而双目失明,这时刘庭式已经中了进士,由于农家姑娘很穷,现在又是两眼变瞎,如此悬殊的地位使她及其家人再也不敢提起婚姻的事,可是刘庭式却毫不犹豫地与瞎姑娘结了婚。同僚们纷纷议论,感到意外。做了回答:"我早已把心交给了她,怎么能轻易改变呢!如果只图美色,人总会老的,那时没有美色了,不也就没有爱情了吗!"

第五,爱情要不断创造和更新。这是我国伟大文学家鲁迅的著名思想。但是,不少人在理解上有偏差,认为爱情的创造和更新就是不断地换人,现在和这个人恋爱、结婚,过一段时间再换一个人。这不是创造,也不是更新,而是喜新厌旧。在爱情上的创造和更新,是指相爱的两个人不断进取,不断创造出爱情的新生活来,即在事业上追求不止,取得新的成绩,在生活上相互体贴、关照,并且在这整个爱情不断深化的过程中,两个人各自都在自己的灵魂深处重新塑造自己,使两个人各自的心灵更美好,精神更健康,思想更完美。因此,健康的爱情,真正的爱情,会使两个人变得越来越完善,因为爱情的力量能把两个人的弱点、缺点、恶习甚至错误都清洗得干干净净。我国有句众所皆知的成语叫"举案齐眉",据说后汉时,有个姑娘叫孟光,到出嫁的年龄了,提亲的媒人一个接着一个,但是她都让父母谢绝。有一天,她的母亲看见她很高兴,便谈起了她的婚事,孟光直截了当地把心里话告诉了她的母亲,说,"我要嫁一个像梁鸿那样品德高尚的人。"梁鸿从太学堂读书回来后,许多人都想把女儿嫁给他,但是他都拒绝。这次听到孟光的话以后,就主动上门求亲。不久两人便结婚了。婚后,孟光天天打扮得非常艳丽,梁鸿看到妻子这个样子就气得好多天不同她说话,孟光问丈夫为什么不跟她说话,梁鸿说,"我是想找个可以和我一同到深山里过苦日子的妻子,现在你整天这样怎么行呢?"孟光听后便说,"我是想试一试你的志向是不是像人们所说的那样。"从此以后,孟光穿起早已准备好的粗布衣服,勤劳操作,收拾家务,梁鸿很高兴。后来夫妻二人男耕女织,在霸陵一带及其他地方漂泊生活。每当梁鸿回到家里时,妻子都把准备好的饭菜放在盘子里举得高高的,送到丈夫面前,别人看到后都很羡慕,夫妻相敬相爱,白头到老。梁鸿写的《五噫歌》在中国文学史上还占有一席之地呢。

相互介绍和初次认识的礼仪

在商品经济大发展的今天,各种类型的企业和各种所有制的产业,都要竭尽全力开拓国内市场和国际市场，经济交往迅速增加，从而带动了大批人口的流动，城乡之间、沿海与内地之间、各省市之间、甚至国际间都有数量庞大的人口流动。这样，人们相互间介绍、引荐的情况就越来越多。随之而来的是人们初次相识的机会就增加了。所以，有关人们相互间介绍和被介绍的礼仪知识就大有用处了，人们的初次相识也需要一些常识性的礼仪知识，下面就讲述一些最常用和最一般的礼仪要求。

第一，态度上要主动、积极，还要善于抓住时机，见机行事。就是说，如果要想认识某人，或把某人介绍给谁，就要根据不同的地点、场合、时间等具体情况，选择良机，热情、积极、主动地促使他们接近和接触，以便及时相识或介绍。

第二，从次序上来说，一般情况下是把年龄小的介绍给年龄大的，把地位低的介绍给地位高的，把小辈介绍给长辈，把男人介绍给女人。例如，同学之间互相拜访或者领同学到家里来玩，碰到父母亲后，就要先把同学介绍给父母亲，说"这是我的同班同学张三，领他到咱家来玩玩"。然后再向张三同学介绍父母亲说"这是我爸爸，这是我妈妈"。这时张三同学就应该向二老鞠个躬，叫一声"大伯、大妈你们好"。当然，这个例子是最一般、最简单的介绍方式，但这很重要，不可缺少，缺少了就会造成尴尬局面。

第三，初次见面相识，一定要问候、行礼。不论是经人介绍，还是没有人介绍，初次相识都要问声好，拱拱手或点点头或微笑等。当然这是相互的，也要看具体情况。是否要鞠躬、敬礼这要根据对象来决定，如果是德高望重的学者、长辈、老师、领导等就要行礼。另外，在问好、行礼的同时和前后都要说些友好的敬语、祝贺、祝福的话。例如，"见到您真荣幸，早已听到您的大名了"，"您的某某方面我是很欣赏的，很羡慕的"，"您的某著作我拜读过了，很受启发"等。但是要注意的是，不要吹捧，不要夸张，更不要虚伪，以免引起对方的反感，所以，每一句赞扬的话都要实事求是，言之有据，言之有物，如果不了解情况，就只问好，寒暄几句就可以了。

慰问的礼仪

这里所说的慰问是指广义的慰问，包括对军属、烈属、劳模、英模、各种优秀奖章、奖励获得者的慰问；对孤寡、残疾、特困户的慰问；对病人、或因某些突发事件而致伤、致残者，或亲朋好友、邻里、同事遇到不幸事件时的慰问等。慰问礼仪的原则是要看具体对象说话，做到热情、诚恳。下面讲点具体的礼仪要求。

第一，慰问礼仪的针对性很强，不论是代表单位还是个人去慰问，都要针对具体的慰问对象说话、行事。例如去慰问军烈属，就要针对军人保卫祖国的功绩说话；如果是慰问勇敢保卫国家财产而被坏人伤害者，就要针对公而忘私、疾恶如仇、大义凛然的英勇气概说话。

第二，慰问时一定要带些东西，或钱、或物、或纪念品、或荣誉性的奖励品等。带什么东西，要看对象而定，如果是特困户，带些衣物、粮食都可以；如果是光荣负伤者，就应该以荣誉方面的奖励为主。

第三，慰问时，不论是若干人一起去还是一个人单独去，都要热情、主动、和颜悦色、说话谦和,语调温柔,给人一种春风暖意的感觉是最好的,这就从气氛上达到了慰问的目的。

与残疾人交往的礼仪

残疾人是属于特殊的人群。由于我国人口基数很大,所以,残疾人的数量不可小视,约有5000多万。在社会交往活动中,往往会遇到他们,如何正确、恰当地对待残疾人,就成为一个很现实的问题。

由于残疾人这个特殊群体的情况很复杂,残疾部位不同,形成的原因不同,每个人的经历差别就更大了,所以,有不少人在长期的实践中经过艰苦的磨炼,锻炼了他们的意志,培养了超过常人的心理承受能力,增强了信心和勇气,造就了吃苦耐劳、奋斗不息的品格,为社会做出了贡献,像我国的张海迪和美国的海伦·凯洛等就是突出的代表,她(他)们是国内外知名人物,也是我们正常人学习的好榜样。但是,就大多数人来说,或者就一般情况而言,由于身体的残疾,而造成了他们的心理状态与一般正常人是不同的,如自卑感强,性格内向的人多,有的残疾人还胆怯、害羞、怕与人交往,甚至形成了孤僻、古怪的性格特征。因此,对待残疾人要根据他们的心理特征和具体情况,在很多地方要有不同于对待正常人的礼仪要求。

第一,在称呼上一定要做到尊重、亲切。年龄小些的,就称呼小王、小李等;年龄大些的,就根据本人的具体情况,可以称呼李师傅、张大伯、王大妈等;年龄和自己差不多的,就称呼赵同志、宋女士、刘大姐等。在称呼的口气、语调上要亲切、亲近。千万不能叫李瞎子、张跛子之类,就是很熟悉的人,也最好不要这样称呼,即使开玩笑,在对他们的称呼上也要十分注意才好。

第二,和残疾人的相遇时目光很重要,必须要做到以下两点:一是要用正常的目光看待,千万不要一看见残疾人就显示出奇怪的样子或好奇的样子来;二是不能把目光停留在他们的残疾部位。如果事先不知道,一看见后就很快把目光移开去;如果事先知道的话,就根本不要看其残疾的部位。有的人见到陌生人以后,习惯于上下打量一番,这对健全人来说关系并不算大,但是绝对不能这样看待残疾人,因为他们就是由于身体的残疾而感到不如人,如果有人仔细上下打量,就等于给他们的伤口上撒一把盐,伤害了他们的心灵。

第三,和残疾人谈话,要特别注意回避与其生理缺陷有关的词语和内容。如果要谈及残疾人的事时,就多谈些残疾人的事业、奋斗精神,社会的助残活动,个人的助残行为,在社会主义市场经济中的残疾人服务的企事业单位和发展前景等。一般情况下,就不要涉及残疾人的事情,就像和正常人交往一样,谈话内容可以广泛一些,根据谈话对象的爱好,天文、地理、历史、经济、政治、文化、新闻、趣事、国际、国内都可以,使其感到人们并没有把他们另眼看待。

第四,帮助残疾人时要特别注意方式方法。在帮助他们之前,一定要征得他们的同意后再进行具体的帮助。例如,遇到了盲人正要横穿马路时,就应该恭恭敬敬地走到他旁边,说明自己的身份,然后再问"我领你过马路好不好?"如果他同意了就帮助他穿过马路。因为残疾人很好强,他们不喜欢甚至反感别人对他们的怜悯,如果不征得他们的同意,一上去就帮忙,可能会被他拒绝,或者说些不好听的话,反而会使你陷入尴尬局面。

总之,对待残疾人与对待一般正常人是不同的,要更多一些理解、关心和耐心,一定要用正常的心态和平等的态度与他们交往。

尊老敬老的礼仪

孝敬老人是我们中华民族的优良传统之一,过去有句古话说:人生在世,孝字当先。有的地方也这么说:作为人子,孝道当先。意思是相同的。实际上尊敬老年人是个世界性的问题,像美国对老年人就有许多优惠待遇,坐火车买车票时价格优惠许多。从老年

尊老敬老

人本身来说,他们的阅历丰富,经验很多,为社会做出了很多贡献,现在年纪大了,再不能像青壮年一样工作了,但是,他们的大量知识、丰富经验是整个社会的宝贵财富,应该毫不保留地传授给青壮年,作为社会不断发展、不断前进的推动力量。因此,老年人理应受到社会的尊敬和重视。事实上,社会越发展,文明程度越高,尊老敬老的风气就应该越浓;从另一个角度来说,对待老年人的态度就是社会文明程度和社会风气好坏的一个显著标志。对老年人越尊敬,越能激发老年人对社会的爱心和责任感,越能把自己多年积累的知识、经验、教训传授给后代人,也越能启迪青壮年人更加奋发图强,为社会多做贡献。尊敬老年人的一些具体礼仪知识有如下几点应该特别注意。

第一,见到老年人以后要说敬语。敬语的运用要根据当时当地的具体情况。像青少

年们见到了老年人,应该称呼大爷、奶奶,如说"李大爷您好","王奶奶身体还好吗";如果是壮年人,见了老年人后应该称呼您老或大伯、大婶,像说"您老好","刘大婶身体还硬朗吗","张大伯您早"等。现在有一些人见了老年人不使用敬语,经常连一个您字也没有,有的人就直呼老头儿、老太婆。这是很不礼貌的表现,表明这些人连起码的教养都没有,更不要说什么礼仪修养了。

第二,对待老年人必须从心底里要有一种尊敬的感情。例如在公共汽车上、地铁里主动让个座位,上下车时主动让老年人先上下,或帮助拿一下东西、扶一下等;遇到老年人时,根据当时的具体情况,或起立、或下车、或行礼、或问候、或谦让、或主动为其服务等。这些事情看起来虽然很微小,但是却能表现一个人的精神风貌和内在涵养。如果能这样对待外国客人,就表现了我们中华民族的优良传统和整个社会的文明进步。

第三,要不断向老年人学习。我们不仅要尊敬老年人,而且要虚心向老年人学习,学习他们的社会经验、科学知识、人生教训、做人的道理和方法、修身养性的秘诀。老年人的丰富阅历本身就是人生的无价之宝,如果是一位聪明的青壮年,就应该自觉向老年人学习,这样就如虎添翼,前途无量。任何一个正常的老年人,都有我们学习的很多东西,关键在于我们每个人自己的学习态度和学习方法。

教育子女的礼仪

由于每个家庭的经济状况、人员构成、文化层次、社会地位、追求目标、价值观念、周围环境、社会交往等的千差万别,体现在教育子女的方法、态度上也就各不相同。我们中华民族很重视教育子女,这也是我们的优良传统之一,代代相传的教子方法有成千上万。现在,由于我国实行计划生育政策,独生子女越来越多,教育子女的难度越来越大,这就需要我们更加重视这个问题。从教育子女的方法上来说,没有优劣之别,因为每个小孩因其家庭情况的不同,而各有各的秉性、特点、爱好等,关键是要有针对性,即针对不同的孩子,采取相适应的教育方法。因此,检验教育子女方法的好坏,只有效果这么一个标准,只要有好的效果,就是好的教育方法。下面从礼仪的角度谈谈教育子女的若干个极其重要的原则和方法。

第一,要正确理解和处理教与爱的关系。教子是为了爱子,爱子就必须进行严格的教子。这里说的爱子,不是溺爱子女,而是真正的爱子女,正确的爱子女。要真正的爱子女,就必须着眼于子女的未来、子女的前途。现在有不少的父母们,对自己的子女爱若掌上明珠,当作小皇帝侍奉着,事事依着小孩,这种怜惜性的爱是短视的爱。有人把教育完全放在了爱的对立方面。例如小孩子们打架,有的家长不问清原因,只是一个劲地庇护自己的孩子,如果打架的事就是由你的孩子引起的,这无异于纵容孩子的错误。孩子长大以后走入社会,是要为人民服务,为社会做贡献的,在社会主义市场经济环境里平等地竞争。古人说得好:安危在于是非,不在强弱;存亡在于虚实,不在众寡。如果把孩子教育成刁钻、蛮横、不讲道理的人,恐怕其前途是不言自明的。

第二,从小培养孩子的吃苦耐劳精神至关重要。俗话说,吃得苦中苦,方有甜中甜。

人的伟大就在于能创造财富,能创造世界。要创造就要劳动,要劳动就要吃苦耐劳。不论是脑力劳动,还是体力劳动,不吃苦是无法创造出卓越成绩的。吃苦精神就要从小培养。在吃的方面,只要小孩不是太小,尽可能和家人吃一样的饭菜,把给小孩的零吃、单吃、偏吃尽可能减少到最低限度;在穿的方面,平时一定要朴素一些,新衣服、好衣服最好在过节、走亲戚、参加集体活动等时穿;在平时的各种活动中,要鼓励孩子尽最大努力去参与,不要怕累、怕脏、怕流汗、怕出力;如果碰到什么困难的时候,就要启发孩子动脑筋、想办法去克服困难,战胜困难。

第三,重视培养孩子的独立人格和独立精神。从小时候起,就要让孩子学着干事情,从吃饭、穿衣、穿鞋袜开始。随着年龄的增长,逐渐让孩子学着做日常生活中的一切事情。如清洗衣被、收拾房屋、做饭、做简单的针线活、采购东西、帮助家人处理一些较复杂的事务等。现在不少家长怕耽误孩子的学习,不让孩子干家务活,这对孩子自立能力的培养是不利的。干家务活是利用茶余饭后的零星时间、课余时间,不是用大块时间。和大人一起干家务劳动的过程中,大人随时可以了解孩子的所想、所思、所作、所为,及时掌握孩子的思想动态和感情变化,便于针对性地进行教育。更重要的是在一点一滴的劳动过程中培养孩子的劳动观念、创造意识、动脑筋的习惯,久而久之就会形成独立的人格和独创精神。

第四,培养孩子的爱心是不可忽视的重要一环。培养孩子的爱心要从点点滴滴的小事做起,由小到大,循序渐进,即教会孩子爱惜一针一线到爱惜粮食、爱惜衣服、爱惜花草、爱惜飞鸟和益虫、爱惜财物、爱护别人、乐于帮助人等,从爱护一草一木到爱父母、爱祖国、爱人民、爱事业,逐步塑造出一种乐观向上的精神情操来。

第五,要重视孩子的习惯养成。俗话说:习惯成自然,古语中也有习惯之后如绳索的说法,这些都说明习惯对一个人的作用之大。如果一个小孩子能从小养成良好的生活习惯,他就不用大人操多少心,他自觉地该学习就学习,该玩耍就玩耍,该洗手脸就洗手脸,该吃饭就吃饭,该睡觉就睡觉。这样就养成了很强的自制能力,从而提高了孩子的自觉性,长大以后,必然是位严于律己、觉悟很高的出色人物。

第六,注意观察孩子,发现其特殊兴趣后,尊重孩子的兴趣,加大培养力度。但是千万不要拔苗助长,要循序渐进,在德、智、体、美、劳全面发展、提高孩子综合素质的基础上,特别发展其兴趣,按照人才成长的规律进行培育。

打招呼的礼仪与学问

首先,对打招呼要有正确的认识。有的人不重视打招呼,认为天天见面的人就用不着打招呼,有的人认为自己家里的人也用不着打招呼,有的人认为无关重要的人就用不着打招呼,有的人不愿意先向人打招呼,平时就听到有人说:"干吗我要先给他打招呼!"等等。这些认识都是不正确的。打招呼是联络感情的手段,沟通心灵的方式,增进友谊的纽带,所以,绝对不能轻视和小看。对自己周围的人,包括单位的同事、家庭的亲人、邻里、同学、亲朋好友等,不论其身份、地位、年长、年幼、是男、是女,都应该一视同仁,只要照面就要打招呼，表示亲切、友好，这也是一个人内在修养程度高低的重要标志。至于打招呼的先后是无关紧要的，有的人喜欢拉架子，不愿意先向人打招呼，其实，先打招呼是主动的表现，是热情的象征，获得了人际关系的主动权，有什么不好呢!?

第二，打招呼的方式可以灵活机动，多种多样，有的可以问好、问安，有的可以祝福，有的可以握手，有的甚至可以拥抱，有的点头，有的挥手、招手，有的微笑，有的喊一声，有的叹一声等等。打招呼的时候，要根据当时的具体情况，表示出对他人的尊敬和重视，如在行走的过程中，打招呼时，或是停下脚步，或是放慢行走速度；如骑自行车的时候，或是下车，或是放慢行驶速度；在室内或非行进过程中时，或是起立，或是欠欠身，点点头都可以。但是，不论在什么地方和什么时候，打招呼的时候，都要面带微笑，眼睛看着对方，表示诚心诚意地向别人奉上一个见面礼，不是敷衍了事，客套一番而已。

第三，要认真回谢对方。别人向你打招呼时，要向别人认真地、及时地、热情地回谢。把"谢谢"二字说得恰到好处也很有学问；口与眼要紧密配合，嘴里说"谢谢"时，眼神里一定要表现出出于真心，不是漫不经心地随便应付一句。否则，毫无表情，连看都不看一眼，就随便敷衍一句，别人立刻会感到你的虚伪，从而会从心底里泛起反感和不快，甚至产生厌烦情绪，回谢之意起到了相反的作用。人多的时候，要向大家致谢，或一一道谢，或一齐道谢，使每个人都感受到你的诚意。

见面礼仪

公关人员与公众见面

人与人交往的第一步就是见面。见面及见面时的礼节就是公关人员留给公众第一印象的重要部分。公共关系的过程实际上是一个组织与公众之间交流信息的过程，这种信息交流很大程度上又是依靠公关人员的直接参与而进行的。同时，传播的效果首先是通过公众对公共信息的注意而表现出来的。也就是说，人们往往凭自己的直觉去判断对方是否能够信任，是否可以继续交往、交流和沟通。心理学的研究成果表明：人们初次对他人知觉时形成的印象往往最为深刻，而且对以后的人际知觉起着指导性作用。也就是说，当不同的信息结合在一起时，人们往往重视前面的信息，而忽视后面的信息，即使人们同样注意到了后面的信息，也会倾向于认为后面的信息是"非本质性"的"偶然的"；当前后信息不一致时，会屈从于前面的信息，按照前面的信息来解释后面的信息，从而形成整体一致的印象。为此，公关人员对见面的礼节及其礼仪规范应予特别的重视。

其实，我国自古以来就十分重视初次见面礼节及礼节实施的规范。常见的有"揖"，即"拱手为礼"，其方法是身微俯，手与心齐，双手交合。这种礼仪始自先秦，至今偶尔还可看到；"拜"，包括跪地叩头，打躬作揖等，以表示敬意。自推翻帝制后，跪拜为鞠躬所替代，三鞠躬至今被视为重礼。随着社会的进步，日常社交场合中普遍为人们接受和使用的见面礼仪融进了更加文明、更加丰富的内容。因此，为了给别人留下一个良好的印象，取得公共活动的成效,不仅在一般普通人际交往中,而且在公共关系活动中尤其需要掌握和遵循见面礼仪。

致意礼仪

除握手礼外,在国内的社交场合人们使用的见面礼还有举手、点头、脱帽、欠身等等。它们主要适用于已经相识的友人之间在大庭广众中相互致意。

致意的基本规则是男士应先向女士致意,晚辈应先向长辈致意,未婚者应先向已婚者致意,职位低者应先向职位高者致意。一般而言,作为女士,唯有遇到长辈、上司以及自己特别敬佩的人时,才需要首先向对方致意。遇到别人首先向自己致意,不管自己心情如何,感觉如何,都必须马上用对方所采用的致意方式"投桃报李",回敬对方,绝不可视若不见,置之不理。

由于致意主要是在不宜多谈时以动作去表达对他人的问候,所以致意的动作不能马马虎虎,表情也不能过分呆板,或显得萎靡不振。

致意是一种不出声的问候,故向他人致意时一定要使对方看到,看清,才会使自己的友善之意被对方接受。致意时不要同对方相距太远,比如站在几十米之外,也不要站在对方的侧面或背面。假如对方由于看不到或看不清楚而对你的致意毫无反应,是令人难堪的。

举手向朋友们打招呼致意,通常不必做声。只要将自己的右臂抬起,向前方伸直,轻轻摆摆手即可,不需要反复的摇动。以举手致意作为见面礼,适用于同与自己距离较远的熟人相逢之际。

用点头作为见面礼,大多适用于与对方不宜交谈的场合。例如,会议或会谈正在进行,行进在人声嘈杂的街道上,或是置身于影剧院或歌舞厅之中。与仅有一面之交者在社交场合相逢,或是与相识者在同一场合中多次见面,点头也可以大派用场。在外交场合,遇到身份高领导人,应有礼貌地点头致意,表示欢迎,不要主动上前握手问候。只有在领导人主动伸手时,才可向前握手问候。

在国外,信奉伊斯兰教的女士按教规规定,不能与男士握手,但点头礼尚可。美国人在日常交往中大都不拘小节,因而两人初次见面时,点头礼用的也不少。

点头为礼的正规作法应是用头部向下稍许晃动一两下,同时目视被致意者。不应把头高高扬起,用鼻孔"看"人,或是头部晃动的幅度过大,点头不止。

点头礼多用于不宜高谈阔论的场合。但如果双方距离很近,并且有可能交谈,则不妨降低音量谈几句话,否则便显得不近人情。

微笑即面含笑容,是不显著、不出声、不露齿的笑。在社交场合中,它可以替代其他见面礼向友人"打招呼"致意。具体而言,它可以用于同不相识者初次会面之时,也可以用于向在同一场合反复见面的老朋友"打招呼"之际。微笑的要旨,是要求真诚、自然、朴实无华,否则会有悖于与人为善的初衷。

欠身,即全身或身体的上半部分在目视被致意者的同时,微微前倾一下。意在表示对他人的恭敬,适用的范围比较广泛,可以向一个人欠身致意,也可以向几个人欠身致意。欠身为礼时,双手不应拿着东西或插在裤袋里。

在一些场合,男士会向女士脱帽行见面礼。脱帽礼具体做法如下:戴着礼帽或其他各种有沿帽的男士,遇到友人特别是女士时,应微微欠身,用距对方较远的那只手摘下帽子,并将其置于与肩膀平行的位置。这样做显得姿势优雅,同时也便于同对方交流目光。离开对方时,脱帽者才可使帽子复位。

若是在室外行动时与友人相遇,可以其他见面礼向对方致意,也可以一言不发行脱帽礼。此刻行脱帽礼不用摘下帽子,只要用距离对方较远的那只手轻轻地向上掀掀就可以了。遇到男士行此礼,女士应当用适当的方式向对方致意,但女士是不行脱帽礼的。

上述各种致意方法,在同一时间里面对同一个人时,可以只选用一种,也可能数种并用。例如,点头、欠身、微笑等等,是可以一气呵成的。关键要看对方是谁,以及致意人想将自己对对方的友善之意表达到何种程度。

其他见面礼

除前面介绍的见面礼节以外,公关人员还有必要了解其他国家的一些见面礼节,以在一定场合见机行事,应付自如。

(一)拱手礼

拱手礼即中国旧时的作揖。亲朋好友聚会、聚餐或祝贺、登门拜访、开会发言等,见面时相互施以此礼。拱手礼的行法,是行礼者首先立正,两手合抱前伸,然后弯身,并将合抱的双手上下稍做晃动。行礼时,可向受礼者致以祝福或祈愿,如"恭喜发财""请多关照"等等。自己握住自己的手摇,代替握别人的一只手摇。来华的外国人认为这种礼东方气息浓厚,既文明又有趣。现在一般用在非正式场合或气氛比较融洽时,如春节拜会、宴会、晚会等。

(二)鞠躬礼

在朝鲜、韩国,特别是在日本,人们以鞠躬礼作为见面礼。鞠躬,意即弯身行礼,是对他人郑重其事地表示尊重与敬佩的一种方式。鞠躬礼源于中国,在先秦时代,两人相见,以弯曲身体待之,表示一个人谦逊恭谨的姿态,但还没有形成一种礼仪。而在西方所谓的骑士时代,鞠躬则象征了对敌手的屈膝投降。在今天,鞠躬已成为一种交际的礼仪,在下级对上级、同级之间,初识的朋友之间,为表示对对方的尊敬都可行此礼。

以日本为例,虽然人们见面时都行鞠躬礼,但不同的弯身程度表示的尊敬程度并不相同。对同事或平辈行鞠躬礼时,应立正站好,背部挺直,双手分别贴放在双腿两侧,随后弯身低头,对他人表示敬意。若是对长辈和上司行鞠躬礼时,弯身的幅度更要大一些,行礼者的双手应放在双腿正面,随着弯身将手指尖下垂到大腿中部。向名人、贵宾或有恩于己的人表示特别的敬意或感激时,鞠躬弯身的幅度最大,其双手的指尖应垂至双膝为止。

行鞠躬礼时,必须注目,不得斜视,以示一心不二,受礼者也同样,而且行礼时不可戴帽。需脱帽时,脱帽所用的手应与行礼的边相反,比如向右边的人行礼,则左手脱帽;向左边的人行礼,则用右手脱帽。此外,行礼时口中不能含着食物或香烟。上级或长者还礼时,可以欠身点头或同时伸出右手以答之,不鞠躬亦可。

(三) 拥抱与吻手礼

在欧美各国,人们在见面或告别之时,经常使用拥抱礼。在正式的场合和仪式中,礼节性的拥抱是两人相对而立,上身稍前倾,各自抬起右臂,将右手搭放在对方左肩之后。左臂下垂,左手扶住对方的右后腰,然后按自己的方位,双方均向各自的左侧拥抱对方,然后向右侧拥抱,最后再次向左侧拥抱。礼节性拥抱一般时间很短,拥抱时双方身体也并不贴得很近。这种做法对于正规,在普通场合,大可不必如此讲究,重要的是将自己的热情友好之意表达出来。西方人在商务往来中并不使用拥抱礼。

阿拉伯人是使用此礼的,但仅限于同性之间使用。在亲人、熟人的日常交往中使用较多,如夫妻间是拥抱亲吻;父母与子女之间是亲脸、亲额头;兄弟姐妹等平辈之间是贴面颊。

在公共场合,关系亲近的妇女之间是亲脸;男士之间是抱肩拥抱;男女之间是贴面颊;长辈对晚辈亲额头;男士对尊贵的女士则行吻手礼。

吻手礼是欧美男士在较为正规的社交场合以亲吻女士手背或手指的方式,表示敬意的一种隆重的见面礼。做法是:男士行至女士面前,首先立正欠身致敬,然后以右手或双手轻轻抬起女士的右手,同时俯首躬腰以自己的双唇靠近它,最后用微闭的嘴唇象征性地轻轻触及一下女士的手背或手指。行吻手礼仅限于室内,在街道上或是车站、商店等公共场合均不适用。对未婚少女是不行此礼的,它主要被男士用于向自己敬爱的已婚妇女表示崇高的敬意。

吻手礼的吻只是一种象征,故要求干净利索,不发声响,不留"遗迹",否则就显得无礼。

在波兰、法国和拉美的一些国家里,向已婚女士行吻手礼是男士有教养的一种标志。在一般情况下,中方女士遇到外方男士在社交场合向自己行吻手礼,是可以接受的。若推谢奔逃,或是面红耳赤地不知所措,会使对方感到丢面子。

(四) 合掌礼

此礼在东南亚和南亚信佛教的国家里十分流行。它的做法是:面对受礼者,两个手掌在胸前对合,五指并拢向上,手掌向外侧稍许有些倾斜,然后欠身低头,并口诵"佛祖保佑!"

通常合掌礼的双手举得越高,表示对对方的尊敬程度越高。向一般人行合掌礼,合掌的掌尖与胸部持平即可,若是掌尖高至鼻尖,那就意味着行礼者给予了对方特别的礼遇。唯有面对尊长者时,行礼者的掌尖才允许高至前额。

在以合掌礼为见面礼的国家里,人们认为合掌礼比握手礼高雅,而且要卫生得多。因此,当别人向我们施以这种礼时,应尊重对方习俗,以同样的礼节还礼。

除以上介绍的几种见面礼外,还有缅甸人常用的跪拜礼,在尼泊尔、斯里兰卡、也门及波利尼亚等地人们盛行的吻足礼,以及盛行于西亚与北非沙漠地区和新西兰毛利人的碰鼻礼。见面礼虽多种多样,且各自的讲究也不尽相同,但最重要的是行礼者要做到心中有底,真诚热情。用心专一。

介绍礼仪

一、为他人做介绍

属于社交场合的介绍基本上有两种,即为他人做介绍和自我介绍。

介绍,简单地说就是向有关人士说明有关情况,使双方相互认识,通过符合礼仪的介绍可以使互不认识的人之间解除陌生和畏惧,建立必要的了解和信任。这其中的奥妙不在于介绍本身,而在于介绍过程中应当循礼行事。

为他人做介绍,就是介绍不相识的人相互认识,或是把一个人引见给其他人。为他人做介绍时须注意以下几个方面的问题。

(一)掌握介绍的顺序

介绍时要坚持受到特别尊重的一方有了解对方的优先权的原则,即介绍有先后顺序。在社交活动中,为他人做介绍的先后顺序大体上有六种,即:

其一,把男士介绍给女士,即把男士引见给女士而不是相反。这是"女士优先"精神的具体体现,也是最常见的一种方式。唯有在女士面对尊贵人物时,才允许有例外。

其二,把晚辈介绍给长辈,即优先考虑被介绍人双方的年龄差异,通常适用于同性之间。

其三,是将客人介绍给主人,它适用于来宾众多的场合,尤其是主人未必与客人个个相识的时候。

其四,是把未婚者介绍给已婚者,它仅仅适用于对被介绍人非常知根知底的前提之下。要是拿不准,还是不要冒昧行事。

其五,是把职位低者介绍给职位高者,它适用于比较正式的场合,特别适用于职业相同的人士之间。

其六,是把个人介绍给团体,当新加入一个团体的人初次与该团体的其他成员见面时,负责人要是介绍他与众人一一相识太费时间,此刻往往会采取这种方式来避免麻烦。至于想认识每个成员的话,那么留待适当的时间相互作自我介绍好了。

以上几种方式,基本精神和共同特点是"尊者居后",即应把身份、地位较为低的一方介绍给相对而言身份、地位较为尊贵的一方,以表示对尊者的敬重之意。在口头表达时,得体的做法是,先称呼受尊敬的一方,再将介绍者介绍出来。介绍的顺序已为国际所公认,颠倒和错乱顺序的后果是不会令人愉快的。

在社交场合,究竟应当采用哪种方式,应具体问题具体分析。比如,有时可能会遇到一些难于按常规处理的情况,如需要介绍两位地位不相上下的经理先生或是两位经理夫人相识。对前者,不能按照"把职位低者介绍给职位高者"的惯例行事,因为两位经理先生的职位高低难分伯仲。对后者,恐怕也不能按照"把晚辈介绍给长辈"的规矩去做,因为女士的年龄属于个人秘密,更何况没有一位女士愿意承认自己"显得老"的。在这种职位难分高下,年龄大小不便明说的情况下,只有采取"先温后火",或"先亲后疏"的办法,才能"过关"。"先温后火"意即把脾气好的一方介绍给脾气欠佳的一方;先亲后疏,意即把与自己关系密切的一方介绍给自己较为生疏的一方。一般而言,脾气好的人,自己的熟人,总归好说话。而脾气欠佳的人、自己较为生疏的人,却喜欢挑礼,是不好得罪的。

还有一些时候,需要把一个人介绍给其他众多的在场者。此刻最好按照一定的次序,如顺时针方向或逆时针方向,自右至左或自左至右,依次进行。若没有地位非常尊贵的人在场,就不该破例,挑三拣四地"跳跃式"进行。那样做的话,弄不好会伤人的。

(二)明确介绍人的职责

为他人做介绍的介绍人,在不同场合由不同的人来担任。在公务活动中,公关人员是最适当的介绍人人选。若是接待贵宾,则介绍人应是本单位职位最高的人士。而在社交场合,例如参加舞会、出席宴会时,介绍个相识的来宾相互认识,是主人义不容辞的责任。在另外一些非正式场合,与被介绍人双方都相识的人也可以担任介绍人,介绍自己的朋友们相识。此外,如果想认识一个人,可主动要求另外一个与双方都比较熟悉的人来为引见人,根据礼节来讲,这是允许的。

介绍人为他人做介绍时,处于当事人之外,因此介绍前,必须充分考虑到被介绍人双方有无相识的必要或愿望,必要时,可询问被介绍人的意见,以防为他人做介绍时冷场。在为不同国籍人士做介绍时,宜先考虑两国之邦交。除此,作为介绍人要注意介绍时的陈述及介绍时的神态,这是介绍成功与否的主要因素。

介绍人的陈述,就是介绍人在为他人做介绍时应当说的话。介绍人陈述的时间宜短不宜长,内容宜简不宜繁。通常的做法是连姓带名加上尊称、敬语。较为正式的话,可以说:"尊敬的约翰·威尔逊先生,请允许我把杨华先生介绍给您。"比较随便一些的话,可以略去敬语与被介绍人的名字,如"张小姐,让我来给你介绍一下,这位是李先生。"或以手势辅助介绍,先指向一方,说"王先生",再指向另一方,说"刘先生"。只有对于儿童,才可以称其名,而略去其姓。

为他人做介绍时,要避免给任何一方厚此薄彼的感觉。不可以对一方介绍得面面俱到,而对另一方介绍得简略至极。也不可以对被介绍的一方冠以"这是我的好朋友",因为这似乎暗示另外一个人不是你的朋友,所以显得不友善,也不礼貌。要是介绍人能找出被介绍双方的某些共同点,会使初识的交谈更加顺利。必要时介绍人还可以说明被介绍者与自己的关系,便于新结识的人相互了解和信任。要是介绍人感到时间宽裕、气氛融洽,在为被介绍人做介绍时,除了介绍姓名、单位和所任职务外,还可以介绍双方的爱好、特长、个人学历、荣誉等,为双方提供交谈的机会。

介绍时的神态,主要涉及介绍人在做介绍时的动作表情与被介绍人届时的所作所为两个方面。作为介绍人,在为他人做介绍时,态度要热情友好、认认真真,不要给人以敷衍了事或油腔滑调的感觉。做介绍时,介绍人应起立,行至被介绍人之间。在介绍一方时,应微笑着用自己的视线把另一方的注意力引导过来。手的正确姿态应是手指并拢,掌心向上,胳膊略向外伸,指向被介绍者。但绝对不要用手指去对被介绍者指指点点。

作为被介绍者,在被介绍给他人时,应表现出结识对方的诚意。一旦介绍人开始介绍,除贵宾与长者外,被介绍者一律应起立,并以正面面向对方,不能只看介绍人,还要目光柔和但又专心致志看着对方的眼睛。随着介绍人的介绍,向对方点头致意,或用一些感叹词来呼应他的介绍。待介绍完毕后,应热情和对方握手,并互问"你好"。如在"你好"之后再重复一遍对方的姓名或称谓,则不失为一种亲切而礼貌的反应。对于长者或有名望的人,重复对其带有敬意的称谓无疑会使对方感到很愉快,同时将对方名字重复一遍还可以加深记忆。至于讲话时的语气则要看想表达感情的程度而定,可以用兴奋的口吻,也可以用不在意的腔调,即使不喜欢甚至厌恶某人,也不应妨对他们彬彬有礼。但也不要对尊敬的人过于殷勤,如"久仰久仰!""久闻大名,如雷贯耳,今日得见,幸甚幸甚"之类的客套话,最好还是免了。否则显得矫揉造作,缺少诚意。如果确实很高兴,可以说"很高兴认识你"。切记要注意自己的语气和腔调,它们往往比语句本身更能表明态度。

如果在会谈或宴会的进行中被介绍给他人,可不必起立,但仍应当面对对方,微笑着点头,或欠身致意。

无论从哪个角度讲,自己在介绍时的所作所为都直接关系到留在他人心目中的第一印象的好坏,因此必须慎重对待。

二、自我介绍

在许多社交场合,往往为了有意去接触某人,为了多结交一些朋友,需要主动趋前介绍自己给对方,这就是自我介绍。在一般情况下,要掌握好自我介绍的艺术,必须注意以下几个方面。

(一)自我介绍要寻找适当的机会

要想使自我介绍取得成功,即使自己能够给对方留下深刻的印象,并使其对自己产生好感,首先应考虑当时的特定场合是否适宜进行自我介绍。显然,若是对方正忙于工作,或是正与他人交谈,或是大家精力集中在某人或某件事情上的时候,作自我介绍有可能打断对方,效果一定不会太好。如发现对方心情欠佳,或疲惫不堪时,也不应上前打搅。如果对方一个人独处,或春风得意之时,他对你的自我介绍不仅洗耳恭听,而且肯定会有良好的反应。此外,在大家闲谈的时候,或出现冷场的时候,抓住时机进行自我介绍,这样,在场的人就不会觉得很唐突,而会很愉快、很乐意接受你的自我介绍。

(二)必须镇定而充满信心

自我介绍时,介绍者就是当事人,其基本程序是先向对方点头致意,得到回应后再向对方报出自己的姓名、身份、单位及其他有关情况,语调要热情友好,充满自信,眼睛要注视对方。如"您好,我是湖南湘潭迅达集团的业务员。"同时递上事先准备好的名片。要自然、大方,不要忸忸怩怩。一般人们对于自信的人会另眼相看的,如果你充满信心,对方会对你产生好感,如自我介绍时流露出羞怯心理,会使人感到你不能把握好自己,可能会使对方对你有所保留,彼此之间的沟通便有了障碍。

如见面双方一方是主人,一方是宾客,则作为主人的一方通常应主动打招呼,以示不但知道客人来访,而且表示高兴与欢迎。

(三)根据不同的交往目的,注意介绍内容的繁简

可以采取主动的自我介绍方式,例如说:"您好!我是湖南湘潭迅达集团公关部的刘容,很高兴见到您。"以此引起对方的呼应。也可采取被动的自我介绍方式,即首先婉转地询问对方:"先生您好!请问我该怎样称呼您呢?"待对方做完自我介绍,并表示要了解一下你的情况时,再顺水推舟地介绍自己。采用后一种方式,措辞要得体,尽可能用一些适用的谦辞或敬语。

在社交场合,自我介绍的内容大体由三个要素构成,即本人姓名的全称、本人供职的单位及本人的职业(职务)。自我介绍的三要素简明扼要,能使他人对你初步有所认识。一般的自我介绍大都需要将三者一气呵成地报出来。须强调的是初次见面时的自我介绍,本人姓名一定要报全称,否则随便一句"叫我小张好了",就明显地带有不愿进一步深谈,拒人千里之外的意思。如"我叫张小丽,在湖南湘潭迅达集团负责营销工作……"要是三要素无一遗漏,再加上辅以交换名片,对方恐怕就不会再忘了你了。

虽然自我介绍的内容由三个基本要素构成,但不一定每次都面面俱到,而应视交际需要来决定介绍的繁简。一般参加聚会、沙龙或演讲,发言前的自我介绍应简明扼要。有些社交场合,如果对方不一定有多大的兴趣去深入地了解你,这时只报出自己姓名的全称,为对方提供称呼自己的方便就足够了。而在另外一些情况下,例如自己很想认识对方,或者对方显然也有认识自己的愿望,或者对于公开招标过程中的投标者来说,自我介绍仅仅局限于三要素,恐怕就不够了。此时,还可以简略地介绍一下自己的籍贯、出生地、母校、专长、兴趣等等。

(四)自我评价要掌握分寸

自我介绍时措辞要注意适度。有些人唯恐别人不识眼前"君子",一开始便炫耀自己的身份、门第和博学多才,显得锋芒毕露,让人觉得夸夸其谈,华而不实;对自己所在的组织也不要大吹大擂,以免给人留下虚假、不诚实的印象,损害组织的声誉。也有些人正相反,喜欢做一番自我贬低式的介绍,以示谦虚和恭敬。比如"小人才疏学浅"之类的话,其实大可不必。因为那样对方会以为是客套话,言不由衷,或以为是故意摆摆噱头。而西方人则会信以为真,认为不屑一谈。只有实事求是,恰如其分地介绍自己,才会给人诚恳、坦率、可以信赖的印象。总之,自我介绍中,既要表现出友好、自信和善解人意,还应力戒虚伪和媚俗。介绍的语言既要简单明了,又要能使对方从介绍中找到继续谈谈下去的话题,既要使对方通过你的介绍对你有所了解,又不使对方觉得在自吹自擂。

除此以外,在作了自我介绍之后,对对方的自我介绍以及随后的交谈要表示出耐心与兴趣,尽量多谈一些对方感兴趣的事情。不要把对方当成一名听众,只顾自己侃侃而

谈。以礼待人的态度要始终如一。

三、名片的使用

(一)名片的用法

宾主用见,互换名片,早已成为人们在现代社会中互做介绍并建立联系的一个重要环节。在公关活动中,名片的使用也越来越频繁,越来越普遍。使用名片有两个比较大的好处,一是自我介绍方便,这是名片的一项最基本的功能。在口头自我介绍时,少不了需要字斟句酌,考虑时间的长短,留意对方的表情,然而即使做得再好,也不一定能够促使对方记忆清楚。也有许多人介绍时对自己的职务总是不好启齿,觉得一介绍,就有自吹自擂之嫌,特别是身兼数职时更是如此。例如,"我是张凯,××厂厂长,××协会理事,××研究会理事,××开发公司经理,××校顾问。"这样的介绍不仅对方感到有些烦,自己说也不是滋味,在公关活动中这些情况往往又有必要介绍给对方,只有使用名片方能处理好这个矛盾。因为名片上的"内容"既简明扼要,又一目了然。二是便于保持联系,且印象深刻。由于每天接触的人较多,如果只是口头介绍,常常会过一两天就忘记了对方的姓名、职务,使双方都感到尴尬。使用名片易于保存这些资料,这些资料都是日后与新结识的朋友深化友情保持联系的必不可缺的要素。经常看,就起了不断介绍的作用。因此把这些资料提供给对方,这件事一身就证明了对对方充满信任,并有进一步交往的愿望。也正因为如此,名片不宜广为散发,见谁给谁,谁要给谁。

使用名片,须注意以下几点:

1.交换名片(递名片)一是要事先将名片准备好,放在上衣口袋里或提包的专用名片夹里,在与人初识时,自我介绍之后或经他人介绍之后进行。否则忘记放在什么地方,左翻右找,显得不礼貌,又给人一种忙乱、猥琐的感觉,对进一步了解对方,给对方一个好印象不利。二是单方递名片时,要用双手恭恭敬敬地把自己的名片递过去;双方互递名片时要用右手递。在此须强调的是,国人交换名片一般是双手递、接,同外宾交换名片,要先留意一下对方用几只手递过来,然后再跟着摹仿。西方人、阿拉伯人和印度人习惯用一只手与人交换名片;日本人则喜欢在一只手接过他人名片的同时,用另一只手递上自己的名片。无论属哪种情况,都要求名片的正面向着对方。同时,应用诚挚的语调附上一句"××经理,这是我的名片,以后多多联系",给对方一种谦逊大方的感觉。

如果是事先约定好的面谈,或事先双方都有所了解,不一定忙着交换名片,可在交谈结束、临别之时取出名片递给对方,以加深印象,并表示愿保持联络的诚意。

2.接名片有许多人不重视接名片。对方递名片时,他却忙着拿烟倒水,一个劲地招呼对方"请坐、请坐",或随手往口袋一塞,然后又忙着接待。虽然表现很热情,但对方看到这样对待自己的名片,心里肯定不是滋味,可能还有反感。正确的做法是,对方递名片进来时,立即放下手中的事,双手接过来(如互递名片.要右手递,左引接),并点头致谢。不要立即收起来,也不要随便玩弄和摆放,而应该当着对方的面,用30秒以上的时间,仔仔细细认认真真地读一遍,有时还可以有意识地重复一下名片上所列对方的职务、学位以及其他尊贵的头衔,以示敬仰。有看不懂或理解不清的地方,可当即向对方讨教,然后再把名片慎重地收藏起来。这样做绝非有意做作,而是以一定的形式使对方感受到对他的尊重。如果接过他人名片后一眼不看,或是漫不经心地随手把它一扔,甚至掖进裤袋或裙兜里,是对人失敬的表现。万一需要暂时把他人刚递过来的名片放在桌上,记住不要在它的上面乱放东西。

值得注意的是,第一次见面后,应在名片背后记下会面认识的时间、地点、内容等资料,最好能简单记下对方的特征,如爱好、习惯、擅长等。待下次见面时,不仅能一下子说出姓名,还能随口以其爱好、擅长为话题,对方必然感到意外,感到高兴,有宾至如归的感觉。这样积累起来的名片就成了社交的档案,为再次会见或联络提供线索与话题。但要记住,如果对方情况有变,要及时掌握、更改,否则使自己被动。比如,初次见面时对方是副总经理,现已升任董事长了,而仍以原职务相称就不合适了。因为不能迅速掌握情况的变化对工作不利,也不够礼貌。

倘若一下子要与许多人交换名片,最好不要匆忙从事。应依一定顺序,如座次等等来互换名片,这样便于记住对方的姓名和其他特征,以免将名片与人"张冠李戴"。

在公共场合欲索取他人的名片,要想留下"退路",就不要直言相告,而应以婉转的口气相机行事。对长辈、嘉宾或地位、声望高于自己的人,可以说:"以后怎样才能向您请教?"对平辈和身份、地位相仿的人,可以问:"今后怎么和您保持联系?"这两种说法都带有"请留下一枚名片"之意,即使对方依然拒绝,双方也都好下台。

通常不论他人似何种方式索要名片都不宜拒绝,不过要是真的不想给对方,在措辞上一定要注意不伤害对方,如可以说:"不好意思,我忘了带名片。"或是说:"非常抱歉,我的名片用完了。"这样都比直言相告"不给",或盘问对方要高雅得多。

(二)名片的其他用途

名片除用于自我介绍、保持联络外,还有以下一些用途。

1.可用于替代便函。在人际交往中,有时必须对友人做出礼节性的表示,例如向其祝贺新年、恭贺新婚、庆祝升职、表示感谢或慰问病人等,但当时由于公务繁忙,没空写长信或是当面致意。此时在自己名片的左下角写上祝福的问候,然后寄给对方,一样可以表达自己浓浓的情意。在名片上写祝福或问候,宜短不宜长。可以是一个词,也可以是一短语。在涉外活动中以名片替代便函,一般应按国际惯例用铅笔在其左下方写上表示特定含义的法文缩写。常用的有:

p.r.表示谨谢

p.f.表示谨贺

p.f.n.a 表示贺年

p.p.c 表示辞行

n.b 表示请注意,意即提醒对方注意名片附言。

2.可用于为他人做介绍。如果介绍自己的友人或下属去见另一人,而自己又不能同行,可以取出一枚自己的名片,并在左上角向内摺角,在姓名的下方写几句相关的话语,或"敬介"字样。如用英文则注"TO PRESENT",或用铅笔写上法文缩写"p.p."(意为"谨介绍"），把它放在友人或下属的名片上面，用曲别针别上，然后装入信封，交由友人或下属面呈给要见的人，就好比当面将他们介绍给要见的人。这时，名片发挥着"介绍信"的作用。请他们替自己去见某人、同样可以请其带去一张自己的名片，作为介绍。

3.可用于通报和留言。拜访名人、长辈、职位高者或是其他地位高、不熟悉的人，为了避免拒见的难堪场面，可先请人代为递上一张自己的名片，作为通报和自我介绍。让对方考虑一下做出是否可以会见的决断，这样为双方都留下了余地，不至于伤和气。如拜访而不遇时，留下一张名片给被拜访者，比留张字条或托人转告显得正规。此时应将名片左上角内摺，以示亲访之意。

4.还可以用于替代礼单。人们以往向他人赠送礼品时，常附以写有送礼人姓名的大红纸作为礼单。其实在送礼时，也可以把自己的名片装入未封闭的信封，然后将其置于礼品的外包装上方，一并交与友人。这时，名片便扮演着礼单的角色。即使托人转交礼品，因有自己的名片到场，也等于自己亲自前往。在国外，人们大都这样为送出去的礼品署名。

除此之外，名片还可用于邀宴。在名片的左下角写上时间、地点、服装即可。

四、介绍中的称谓和姓名问题

（一）介绍中的称谓

称谓即如何称呼被介绍者。我国的称呼习惯通常是正式场合称呼"同志"（当然，现在称呼先生的场合越来越多了），一般场合称呼"老张""小李"等，这样可以显得既亲近又简单。其实，从礼仪角度讲，对一个人的称呼既表示了对他人的尊敬，同时也显示了自己的礼貌修养。特别是在涉外场合应照顾到国际惯例。从现在我国和国际上的通常情况看，称呼主要有这几种：一是职务称，如"李局长""张经理"等。二是姓名称，如"约翰先生""李华女士""黄小姐""摩尔太太"等。三是一般称，如"先生""夫人""同志"等。四是职业称，如"公关先生""空中小姐""解放军同志"等。五是代词称，如"您""你""他"等。六是亲属称，如"张叔叔""李阿姨"等。

在一般情况下，当彼此较生疏时，不论其年龄、性别、职业、地位如何，介绍时均可以"同志"相称。稍熟悉的，可在"同志"前加上姓氏。在商务往来时，一般将男士统称为"先生"，未婚女子统称为"小姐"，已婚女子称为"夫人"等，或是以职务作为称呼。对于德高望重的前辈或令人钦佩的师长，一般习惯上称"先生"。那些初识不久，年长于己且学有所长的可称其为"老师"。关系较为密切的称呼较为随便，但一定要注意场合。另外，介绍自己配偶和亲属时，应称"丈夫""先生""妻子""夫人"或"父亲""母亲"等。而不要用我们民间盛行的"爱人""爹""娘"等词语。更不能以"老张""小李"等称谓替代。

遇到外宾时，介绍、问候时的称呼应合乎礼仪，体现尊重与友好。在正式场合，可称其职务，或是对方引以为荣的头衔。这里须注意的是：对地位高的官方人士，按各国情况不同可称"阁下"、职衔或"先生"，如"主席阁下""总统先生阁下"等等。而美国、德国、墨西哥等国则没有称呼"阁下"的习惯，可统称为先生。在日本则只有对教师、医生、年长者、上级和有特殊才能的人才称先生。在君主专制国家,按习惯称国王、皇后为"陛下",称王子、公主、亲王为"殿下",只有对公、侯、伯、子、男等爵位的人士既可称爵位,也可称"阁下"或"先生"。此外,对医生、教授、法官、律师以及有博士学位的人士,既可单独以这类职业名称相称呼,也可以在其前面冠以被称呼者的姓氏,如"波恩教授""法官先生""基辛格博士"等。对军人则一般称军衔或军衔加"先生",也可加姓氏,如"上校先生""艾伦中尉""莫那中校先生"等。对高级军官,如将军、元帅等,还可称"阁下"。

在非正式场合,对男士可统称为"先生",对未婚女子称"小姐",对已婚女子称"夫人"。要是不了解其婚姻状况,应根据外国女士崇尚年少的特点称其为"小姐"。

欧美有些国家有直呼其名,朋友间直呼教名的习惯,这是一种亲切友好的表示。但我们与外国客人初识就直呼其名是冒昧无礼的。

称谓问题有时不是一下子就能搞清楚的,在介绍时,假如不能准确掌握某一方称呼时,不妨有礼貌地问一下:"请问我怎么称呼您?"千万不能凭自己的主观臆断而称呼之,使被介绍者处于尴尬的境地。例如,当介绍到某一位年纪较大而又没有结婚的女士时,介绍者仅凭自己的直觉,而将那位女士以"太太"相称,一定会令那位女士生气的。

总之,要做到称呼得体,必须注意以下几点:

(1)称呼必须符合对方的年龄、性别、身份、职业等具体情况,并应注意讲究礼貌。

(2)称呼要符合交往的场合与当地的风俗习惯。比如在正式场合对前来进行业务洽谈、开会的人都应以职务相称,以体现执行公务的严肃性,合法性;而在平时交往和在家庭中,则可较为随便。

(3)在被介绍给他人时,需与多人同时打招呼时,称呼要注意有序性。一般来说先长后幼,先上级后下级,先女后男,先疏后亲为宜。特别在涉外场合,称呼的次序更为重要。

(4)称呼要考虑与对方关系的亲疏远近,注意区别。

(二)介绍中的姓名

外国人的姓名与我国汉族人的姓名大不相同,除文字之外,姓名的组成、排列的顺序也都不一样,初次称呼时往往不易掌握,下面介绍几种情况。

我国汉族人的姓名组合比较简单,姓在前,名在后;有单姓和复姓,有单名和复名。称呼时,可根据场合的需要和关系的远近,既可连名带姓,也可直呼其名而不称姓。男女都一样,且无婚前婚后之别。当然,在正式场合,称呼时要么用姓名全称,要么以姓氏加称谓。然而在港澳地区,女性结婚后,除了原来自己的姓外,还要在前面加上丈夫的姓。如一女士在结婚前叫刘玉英,其丈夫姓李,那她婚后姓名全称为李刘玉英,我们一般称呼时,称其为"李太太"即可。

日本人的姓名顺序与我国相同,即姓在前名在后,但姓的字数常常比我国汉族人的姓要多,一般最常见的姓名由四个字组成,如福田纠夫、二阶堂进等。但姓和名的搭配并不是绝对固定的,如福田、二阶是姓,纠夫、堂进是名,往往不易区分。公关人员在接到名单时应设法了解清楚,以免误会。一般称呼只称姓,对男子也有加"君",如"福田君"。正式场合和社交场合才呼全名。按姓前名后顺序构成的,还有朝鲜、柬埔寨、越南等国。另外,匈牙利人的姓名和欧洲其他国家不同,也是姓在前,名在后。

欧美人的姓名排列是名在前,姓在后。

英美人的姓名,一般为名在前,姓在后,有时还加教名。如威廉·亨利·哈里森,则威廉是教名,亨利是本人名,哈里森是姓。另外,也有把母姓或与家庭关系密切者的姓作为第二个名字。在西方,还有人沿用父名或父辈名,在名后缀以小(Junior),或罗马数字以区别,如 William Harrison,Junior 译为小威廉·哈里森;William Harrisor.Ⅱ译为威廉·哈里森第二。妇女结婚后,则不得再用自己原木的姓,必须改用丈夫的姓。英美人姓名的书写常把名字缩写为一个字头,但姓不能缩写,如 W.S.Thomson,可译为 W.S.汤姆森。口头称呼时,一般只称姓,如汤姆森先生,怀特小姐等。除非是非常正式的场合才称呼姓名全称。以英语为本国文字的国家,姓名组成称呼大致如此。

法国人的姓名也是名在前,姓在后,一般由 2~5 节组成,但最后一节总是姓,其余全是名,多是教名或由长辈起的名字,如亨利·勒内·阿贝尔·居伊·德·莫泊桑,一般可简称为居伊·德·莫泊桑。法国妇女的姓名,口头称呼时与英语国家相同,婚后也改用丈夫的姓。

西班牙人的姓名常有三四节,前一二节为本人名字,倒数第二节为父姓,最后一节为母姓。已婚妇女常把母姓去掉加上丈夫的姓。口头称呼时常称父姓,或第一节名加父姓。

俄罗斯人姓名一般由三节组成。如伊万·伊万诺维奇·伊万诺夫,伊万为本人名字,伊万诺维奇为父名,伊万诺夫为姓。口头称呼时一般可只称姓或只称名,但为表示客气和尊重时也可称名字加父名。俄罗斯人姓名排列顺序通常是名字。父名,姓,但有时也可将姓置于最前面。名字和父名一般都可以缩写为一个字母,而姓不能缩写。妇女婚前用父亲的姓,婚后多用丈夫的姓,但本人名字和父名不变。

访送礼仪

一、拜访做客礼仪

前往亲朋好友居所拜访做客,是正常的人际交往中不可缺少的应酬。作为公关人员,除了要在办公室里接待别人,有时也要到其他单位或外国人的办公室或住所去拜访他人。在办公室等较正式的场合拜访他人时,许多人都比较重视自己的言行举止,小节之处也绝不忽视,而去居所拜访时,许多人则忽视了自己的身份。结果不仅未能联络双方感情,还影响了个人的形象,乃至组织的声誉。

那么,去他人住所拜访时怎样注意礼节,讲究礼节呢?

(一)拜访应有约在先

拜访他人应有约在先,这是做客之道的首要原则。当有必要去拜访他人时,首先要考虑的是主人是否方便,为此一定要提前口头告知对方或者写信、打电话给对方,比如可以说:"我想在您方便的时候去看看您,不知道是否合适?"须注意的是,如果是自己主动提出拜访他人请求时，千万不要措辞强硬，逼着对方同意，语气要和缓，并有意识地把决定权让给被拜访者。这样有约在先之后，拜访才能在宾主双方都方便的情况下进行。千万不能只凭自己的一厢情愿冒昧行事，因为现代社会是竞争的社会，每个人都有自己的日程安排，不约而至往往会打乱对方的计划，对其工作生活造成诸多不便，同时对拜访者本人来讲，事先未曾约定的访问也有可能劳而无功，对方不一定会待在家中恭候。在对外交往中，更要注意去外宾居所时不要充当不速之客，在外国人看来，此举是非常失礼的，而且是绝对不受欢迎的。当然，如果被拜访者表达了欢迎你前去做客的愿望，通常不宜拒绝。万一需要拒绝，也要摆出拒绝邀请的充分理由，使对方能够接受。

强调拜访者宜有约在先，主要是与被拜访者共同商定拜访做客的时间与地点，在这个问题上应该客随主便。一般来说，被拜访者乐于在家中接待关系较为密切的朋友，以示双方的友谊非同寻常，但如果居所过于窄小，恐怕就不方便了。做客时，一定要考虑到这些因素。另外，对于那些在企事业单位工作的人，最好不要为个人私事到对方办公地点去打扰，以免对方为难，因为很多单位规定不允许上班时间处理私事。当与外国朋友相商拜访地点时，他们有时会主动提出在酒吧、咖啡屋等地会面，而不邀请客人前往家中做客。他们这样做，并不是有其他特别的意思，只是不习惯在家中或单位接待客人。至于拜访时间，也一般以被拜访者感到方便为佳。如果被拜访者客气地让你提出适宜的拜访时间，则最好在被拜访者用过晚餐之后。一日三餐的吃饭时间、午休时间、凌晨与深夜都不宜拜访人。有些人喜欢在节假日拜访他人，如果是去探望父母长辈，亲人团聚，大家都很愉快。如果被拜访者是那些"上班族"，节假日对他们是难得轻松的时候，有时往往会有自己的活动安排，此时拜访就不适宜了。当然，如果被拜访者真诚地表示可以在这一时间接待，那么最好选在下午或晚上。

（二）拜访前要做好安排

一旦决定去拜访他人，必须作好充分准备。

首先为了向被拜访者表示敬重和对此次拜访的重视，在拜访做客前应"梳妆打扮"一番，服饰应根据被拜访者的身份，双方的关系及拜访的场所等进行选择。需注意的是，既不要穿得太正统，如男士西装革履，女士西式套裙；又不要过于随便，如着休闲装或牛仔装。前者多会给人公务在身、公事公办的感觉，后者又会使人感到漫不经心。所以最好选那些穿起来显得高雅、庄重而又不失亲切、随和的服装。务必注意，如果是夏天，男士忌穿背心、短裤和拖鞋，女士也不要穿过于薄透的服装。要注意整洁。女士可以化妆和佩戴首饰，但不宜化浓妆，首饰也不应佩带过多，否则会拉大与被拜访者及家人之间的距离。

其次要做到的是为被拜访者及其家人选择一份既有纪念意义又有实用价值的礼品。由于赠送礼品实际上是一种有来有往的双边互惠行为。因此，在挑选礼品时应有意识地避开价格过高或过低的东西，以使被拜访者感到承受不起或产生被轻视的感觉。此外，如果被拜访者是异性朋友，且他（她）和其家人同住，那么选择礼物时最好以其配偶、恋人、子女或父母为受礼对象。这样做，既让被拜访者感到高兴，也容易为其家人所接受。

还需指出的是，一般情况下，前去拜访做客的人数不宜过多。拜访同性的单身朋友时，可以只身前往。拜访已婚的朋友时，应与配偶或恋人一同前去。如带小孩做客，要事先教育小孩子懂礼貌,否则会妨碍宾主双方。如果有要事相商,最好不带小孩去。此外,未经约定,或未征得被拜访者的同意,最好不要带其他人,特别是被拜访者毫不熟悉的人前去做客,否则会被看作是对被拜访者的不礼貌、不尊重。

最后不要忘记的就是时间。一旦与被拜访者约好了会面的具体时间,就应如期而至,既不要随便变动双方约定的时间,打乱被拜访者的安排,也不能迟到或早退,当然也不要提前太多,因为早到与迟到一样都是失礼的。由于约定时间未到,被拜访者或在准备,或有其他安排,去的过早与未曾有约的后果是不相上下的。所以,按照双方约定的时间准时到达才最为得体。如做不到准时,"正负"不超过双方约定时间的两三分钟,原则上也是允许的。否则的话,就要向主人道歉。

(三)拜访者要彬彬有礼

按事先约定的时间来到被拜访者的居所后,如无人迎候,在进门之前应首先敲门或按门铃,以通报自己的到来。这里要说明一点的是,最好先观察一下,如发现有门铃,就不宜再敲门,否则是不礼貌的。敲门时声音不宜太大,也不要反复不止,轻轻用手指头在门上敲几声就可以了。同样,按响门铃的时间也不要太长,可先按三四秒钟,稍等片刻,若室内仍无反应,可再以同样长的时间再按一下,不要用手一直按着门铃直至主人开门才终止,这也是不礼貌的表现。一般情况下,若敲门或按响门铃几分钟后,房门仍未开启,就应该自觉离去,此时继续敲门或到其他住户门前徘徊,或通过窗户向内窥探,都是不礼貌的行为,除非确定室内有人且需要帮助。

敲门或按响门铃之后,如果未听到主人的邀请,或未经主人开门相让,即使房门虚掩也不可推门而入,否则可能导致双方尴尬,比如主人在卧床休息,或正在更衣等,所以要引起重视。

如果前来开门的是主人的家人或客人,自己不相识,当对方询问时,一定要如实相告,切不可表现出不耐烦的情绪。如果是主人亲自开门相迎,见面后应立即向其问好,如主人夫妇同时起身相迎,则应首先问候女主人。

经主人允许入室内后,不要过分谦让。有时尽管洽谈的事情所需时间很短,也应在室内谈,不宜在走廊或门口谈。

在某些特殊情况下,未经预约而前往他人居所作不速之客也是难免的,这时就应见机行事。要是被拜访者打开房门之后,只是站在门口与你说话,而未邀你入室,此时应开门见山地表明来意,简短而小声地告诉对方,谈完随即告辞,而不宜东拉西扯,久不入正题。如果觉察被访者正要休息或将要出门,应立即将话头打住,马上作别,并为打搅对方而向其表示歉意。

在接受主人邀请后,一些小节是必须注意的。进入室内之前,应在门垫上擦干鞋底,或发现主人家中铺满地毯和瓷砖,应在主人同意后,换上指定的拖鞋。进门后,在进入客厅之前,应脱下外套、帽子,并将其与随身携带的皮包等一同交给主人代为存放。如果主人忘记了,就将外套和帽子放在自己的双膝上,皮包放在右手下方的地板上,而不能乱扔、乱放,以引起主人的不满。

在主人逐一介绍其家人时,应与他们每个人都认真握手问好,无论是主人的长辈还是其子女都要平等对待,切不可厚此薄彼。如果遇到主人的其他客人,应主动上前打招呼,在主人介绍大家相互认识后,要适当寒暄几句,不必故作清高。遇到在坐定之后又来的客人直起身相迎。如果感到后来的客人与主人将有要事相商,且自己不宜在座旁听时,应主动提前告辞,方为有礼。

在主人家中时,要注意自己的仪态,站有站相,坐有坐姿,落落大方,彬彬有礼。当主人递上茶水或水果之类的东西时,应微微起身,双手接过,并致谢意。吃过之后,果皮、果核等要放在茶几上或专用的果皮盒内,不要弃之于地,弄得果皮遍地。

与主人交谈时,讲话的态度要诚恳,有礼貌。要始终注意自己说话的语气和内容,不要盛气凌人,也不要有意卖弄自己的优势,以致给人造成一种压抑感。不要对着主人的家人或其他客人的面去斥责主人,也不要随便谈起其不快、失误或短处。总之要注意自己的身份是客人,因为家庭交际是一种有主客之分的特殊交往活动,不管主人在社会上的地位、境遇如何,他都是主人,所以拜访者要自觉约束自己,增强自己是客人的“角色意识”,充分尊重主人的意见,听从主人的安排,尽力维护主人在其家人或客人面前的形象。

在与主人及其家人聊天时,应表现得成熟稳重,文质彬彬,对其中意欣赏的物品夸奖几句是完全必要的,但不能为讨人家欢心,而不厌其烦地夸个不停,这样就有索要之嫌了。一般来说,去居所拜访他人时,活动范围仅限于其客厅内,且要落座于主人相让之处。不经主人邀请或没有获得主人的同意,不得要求参观主人的住房。在主人的带领下可参观其住宅,但即使是在较熟悉的朋友处也不要去触动个人物品和室内陈设等物,书籍可以翻翻看看,花草可以闻一闻,以示仰慕和喜爱。

拜访做客的时间,如果无事要相商,不宜停留过长,一般以半小时左右为宜。辞行前,应向主人的家人和其他客人道别,并感谢主人的盛情相待。出门这时,应请主人就此留步。如有意请主人回访,可在同主人握别时提出邀请。

若应邀到外国人的住所拜访、做客时,应按主人提议或同意的时间抵达。进行外事拜访,一般安排在上午十时或下午四时左右为宜。西方习惯备有小吃或饮料作招待,客人不要拒绝,应品尝一下,当有几种饮料供选择时,应选择自己比较喜欢的一种,不要不好意思,只说一声“随便”,反给主人造成不便。

二、待客与送客礼仪

一般在接待客人时,都要主随客便,考虑周全,讲究礼仪,关怀备至,也就是要尽自己最大努力接待好人家,以使客人有宾至如归的感觉,从而促使宾主双方的关系得到进一步的发展。

(一)待客宜事先做好准备

前面讲到,拜访他人时宜有约在先,换句话说,在待客之前,宾主双方大多要约好会面的时间和地点。但按照社交惯例,这一问题最后要由主人决定,即何时待客,基本上是以主人自己方便为主。但识礼的主人一般不会忘记去征询客人的意见,待对方考虑之后,再共同把来访的时间确定下来。如果是客人首先表达了要来拜访的愿望时,一般不宜拒绝。当然如果提出的来访时间或地点不够现实，可首先欢迎其来访，再提出一些自己认为方便的时间或地点供方参考，并向其说明如此做的原因。比如有朋友想在上班时间去公司拜访，不妨这样说："您要来看我，我非常高兴，这样吧，周末晚上到我家吃顿便饭怎么样？好久不见了，我们可以好好谈一谈。办公室人多嘴杂，说话不大方便，而且我们有规定，上班期间办私事，当事人要受罚。实在不好意思呀。"如果是以主人的身份邀请他人来访，表明被邀请者在主人心目中居于很重要的位置，愿意保持并促进双方的正常来往，所以客人遇此不宜拒绝。

在时间、地点确定之后，作为主人要适当地做些准备工作。比如要搞好环境卫生，使房间尽量清洁；备好待客的简单用品，像香烟、茶叶、糖果、饮料之类，不管客人们是否要用；如果预先约好留客人吃饭，也要将饭菜等准备好。

男女主人虽不用着意打扮，但应仪容整洁、自然、大方。在此需要说明的是，作为主人，应当换上得体的服装。有些人以为在自己居所接待客人，不像出门做客那样正规，其实不然，要是随便把一身窝窝囊囊的衣服套在身上，穿得过分随便，甚至穿着睡衣去会见客人，不仅是对客人的不尊重不礼貌，还会破坏自己的形象。所以，女主人宜穿上与身份、地位、年龄相符的服装，既要显得端庄文雅，也不至显得"与众不同"。同样，男主人着装也不宜过于随便。只有重视此问题，才能表现出做主人的认真态度。如果事先未曾有约，客人来得突然，自己正穿着睡衣休息，即使来不及更衣，也不能以此形象展示给客人。遇上这种情况，可在睡衣外加披一件睡袍，先将客人迎进来，并就未来得及更衣一事向其道歉。随后请客人稍候，自己去内室更换服装，更衣时一定注意回避，不能一边寒暄，一边更衣。

最后要准备的是，如果家人或同事一起居住，要将客人来访之事告诉他们，并请求他们予以合作。

（二）礼貌迎客

如果客人是第一次来访，或者客人是长辈、师长，为表现对客人的尊重，应根据双方事先约好的时间去迎候客人。比如可以到火车、公共汽车、地铁等的下车地点迎候，也可在居所大门相迎，如果住在高楼里，则应在楼下迎接。在迎候客人时，如果双方事先约好了见面地点，作为主人必须要早到几分钟。正点或迟到，对客人来说都是失礼的。迎候客人时，一般应为主人亲自前往。必要时还可以请配偶或朋友同去。通常不要请他人代劳，特别是小孩子更不合适，会使客人有被怠慢的感觉，所以千万注意。对熟识的老朋友就不必拘泥于礼节了，相互之间都可以随便些，但即使不外出迎候，只要客人一敲门或按响门铃，就应立即起身开门迎接。

一般情况下，开门迎客时，最好能和配偶或朋友同往，以示对客人的礼貌、尊敬。开门后，主人要先向客人握手，并致问候，然后将客人介绍给配偶或朋友，尤其是初次来访的客人。双方互相握手寒暄行见面礼的时间通常有一分钟就够了。然后主人在前，客人在后，请客人进屋、落座。此时不要忘了，如果客人脱下外套、帽子等，或随身携带有包袋，主人一定要帮助代为存放。如果需要的话，还可请客人换上拖鞋之后再进入客厅，不过对此主人不必过分注重，以免使客人感到拘束。

有时会遇到个别客人不期而至，那么出于礼貌，不管自己正在作什么，都应把事情停下来，起身去接待对方。不要因事先未曾有约而怠慢客人，将客人拒之门外，或面露悻悻之色，使客人难堪。更不能"看人下菜"，对方身份高或对自己有用的人就让进来，身份低的或对自己暂时无用的就让家人出面将其打发走，这都是错误的作法。正确的做法是应尽快了解客人的来访之意，以便妥善处理。要知道，你保不准哪一天也会做个"不速之客"的，如果对方那样对待你，你会有何感受呢？有时还会遇到客人不请而入的，对此也应立即起身热情地与之握手问候，而不要冷眼相待。如果家人有事需要处理，比如需要更衣等，也可陪同客人在门厅小候，与对方聊一会儿，并致歉意。客人的无礼行为要表示体谅。如果客人来时你有重要的事情要办，可向客人说明情况，表示歉意并请家人帮助接待一下。如果客人来访的是你的朋友或家人时，而要找的人正巧不在，这时你应主动接待来客。客人告辞时，可请其留下便条，以便转交给他的朋友。

（三）周到待客

客人进入客厅后，主人要让客人在适当的位置就座。所谓适当，也就是既要考虑坐着舒适，又要使客人感觉受到尊重。客人进客厅后，如果遇到有家人或朋友也在，应请他们出来与客人见面，并逐一进行认真的介绍。当然有其他客人在场，也应照此办理。

遇客人确礼品相赠，只要没有贿赂之嫌，稍微谦让后就该收下，并当客人的面打开礼品包装，且表示对礼品的欣赏，但切忌做得过分，让客人感到主人的虚伪。

请人到居所作客，交谈是免不了的，且是待客的重头戏。所以在谈话内容方面应有考虑，不能毫无顾忌。假如来访的客人是年纪较大的，作为晚辈要懂礼貌，和老人谈话时态度要诚实、谦逊，多谈些老人关心的问题。对有特长的老人，可以向他们请教擅长的东西，打开老人的话匣子，使老人们高兴地谈下去，当然也可以谈些家常话，使气氛更融洽。对熟识的朋友，交谈的内容虽可以随便些，但也不宜当客人的面公开家庭内部的矛盾，更不能发生口角或因小孩子做了错事而大发雷霆。批评教育孩子最好不要在客人面前，当然这不是说因为有了客人就对小孩子放任自由。此外，随便评价他人或说不在场的朋友的坏话等等，都是有损于自己形象的。

在接待客人时，最好不要去做与待客毫不相干的事。比如一边与客人交谈，一边看电视等。这种漫不经心的做法只会让客人感到主人无礼。如果同一天来访的客人较多，要注意接待时要一视同仁，不要有亲疏、远近之别。即使来访者与你关系不一般，当着其他客人的面，也不要表现过分。要时刻考虑到客人的感受。

如果客人待的时间久了，也不要因此而显出厌倦或不耐烦的样子，不要长时间冷场，不要频繁地看表，不要打哈欠，以免对方误以为逐客。待客过程中，主人要请客人用糖果饮料等。到吃饭时间应挽留客人吃便饭。如客人留下了，家里的菜肴可视情况而定，应比平时丰盛些。但如果事先未做准备，则不必故作客气，否则，一旦客人决定留下，反倒让自己不知所措。

客人如果需要在家里寄宿，而家里的房子又较宽绰的话，最好让客人单住。房间宜收拾干净，准备好必需的用品。床上用品应尽可能舒适、干净、整齐。记住，对客人要热情、周到，但要恰到好处，"过分热心"，会使客人处于忙乱之中。

客人告辞时，主人应婉言相留。如客人执意要走，也要等客人起身告辞时，主人再站起来相送，不能客人刚说走，主人就先站起来相送，这是不太礼貌的。

（四）送客

如果是非常熟识的好友，要把客人送到门外、楼下，亲切道别，并邀请客人有时间再来。一般道别时，要待客人伸出手来握别时，方可以手相握，切不可在送客时抢先"出手"，免得有厌客之嫌。如果给远道的朋友送行时，要送到火车站、飞机场或轮船码头，并要为客人准备好一些旅行中吃的食品，如水果、糕点或其他方便食品。送人要等火车、飞机或轮船开动后再离开。如果有事不能等候很长时间，应向客人解释原因，以表示歉意。

总之，无论是招待客人还是送别好友，都要使对方感到主人热情、诚恳、有礼貌、有修养，使客人感到温暖、融洽，给客人留下良好印象。

除以上介绍的见面、介绍、送客礼仪外，在日常交往中，还要注意以下几个原则。

其一是守时守约。即遵守时间，说话算数，办事认真，在国际上，这是极重要的礼貌。尤其在现代生活中，人们的社交活动日趋频繁，这更需要有极强的恪守时间的观念。参加各种活动，应按约定时间到达。过早抵达，会使主人因未准备好而难堪，迟迟不到，则让主人和其他客人等候过久而失礼。因故迟到，要向主人和其他客人表示歉意。万一因故不能赴约，要有礼貌地尽早通知主人，并以适当的方式表示歉意。要记住，失约是很失礼的行为。

其二，尊重老人和妇女。因为，一方面老人历尽沧桑，有着丰富的人生和世事经验，值得年轻人学习；另一方面老年人生活节奏较为迟缓，不可能像年轻人那样充满弹性和活力。因此年轻人要尊重老人，照顾老人。尊重妇女，一方面这是一种风度和风范的显示，另一方面是对妇女摆脱家务负担，担当社会工作表示的钦佩、赞赏。在很多国家的社交场合，经常会看到这样的情景：上下楼梯、进出楼道、乘汽车都让老人、妇女先行，主动予以照顾。对同行的老人、妇女，男士帮忙提拿重物。进出大门主动帮老人、妇女开门、关门，帮助他们穿脱大衣外套。同桌用餐，两旁若是老人、妇女，男士应主动照顾、帮助他们入离座位等。中国是传统的礼仪之邦，同样应发扬这些美德，主动帮助、照顾老人和妇女，这是一种文明的道德风尚。

其三，参加社交活动举止要落落大方，端庄稳重，表情自然诚恳，语调平缓，举手投足自然等。同时要注意克服不良习惯，比如眨眼睛、抠耳朵、揉鼻子、跷二郎腿、踮脚踮腿等。社交场合一定要避免这些现象发生。

公关语言交谈礼仪

一、公关语言交谈礼仪

语言交谈是公关活动中传播信息的重要手段。它以语言为媒介，使公关人员与公众得以沟通，实施公关活动。语言交谈中是否注意礼节，语言运用是否恰当，直接关系到信息沟通的效果。所以公关语言要求以语言的"礼"吸引人，以语言的"美"说服人。

如何进行语言交谈，一直是古今中外人们谈论的一个重要话题。我国《论语》中说："言之不文，行之不远"。古希腊亚里士多德在他的名著《雄辩术》一书中指出，口头交谈有三个要素：谈话者、主题和听话者。要达到"施加影响的目的"，就必须注意这三个要素。在现代社会中，人们（包括公关人员）在语言交谈中首先必须掌握好的就是语言礼仪。

语言礼仪是指人们在交谈中所应该注意的礼节，仪态。

一般来说，它集中体现在礼貌语言的使用和谈话时的表情及声音上。

（一）礼貌语言的运用

在任何社交场合，诚实和热情都是交谈的基础，只有开诚布公的谈话才能使人感到亲切自然，气氛才会融洽。要知道，与任何人进行面对面的交谈，都是一种对等关系。以礼待人，才能显示出自身人格尊严，又可以满足对方的自尊需要。为此，交谈中要随时随地有意识地使用礼貌语言，这是文明人应当具备的基本素养，也是以敬人之心刻尊重的基本方式。比如，"请"字最能体现对人的敬意，有事相托时，不要忘记说"请"字，万一需要使用祈使句时，加上一个"请"字，也会使命令的口气缓和了许多；接受别人任何服务，感谢他人时，不要忘记说声"谢谢"；万不得已需暂时离去或打断对方，或自觉不周到处，应说"对不起"。有人总结说，"嘴边三句话，人间大道理"。在交往、交谈过程中礼貌用语常用、多用、勤用，日久天长，必见功效。

礼貌用语的作用是不可忽视的。人们见面时要互致问候与寒暄，如"你好！"、"早安""好久不见，近况如何？"、"能够认识你真是太高兴了"……等等，尽管这些问候与寒暄用语的本身并不表示特定的含义，但它却是交往中不可缺少的。既能传递出表示尊重，以示亲切，给予友情的信息，同时又显示出自己懂礼貌、有教养、有风度，从而形成一种和谐、亲切、友善、热情、尊敬的良好"人际气候"。

说到礼貌用语，美国人说话、写信、打电话都少不了"请（please）"字。"请坐""请转告""请您先走""请多费心""请及早复信"等等。打电报时，他们宁可多付电报费，也不省掉"请"字。因此，美国电信总局每年从这个"请"字上就可多收 1000 多万美元。

日本人说话离不开"谢谢"。据统计，一个在百货公司工作的日本职员，一天平均要说 571 次"谢谢"，否则就不是一个好的职员。经验表明，人们都愿意光顾洋溢着亲切和尊重人的气氛的商店。

英国人最常用的词汇是"对不起"。凡事稍有打扰,便先说一声"对不起"。警察对违章司机进行处理时,先要说声"对不起",两车相撞时,相互说声"对不起"。在这样的气氛中,双方的自尊心都得到了满足。

我们的祖先也给我们留下了许多的宝贵的敬语。如表示尊敬之意可用:请问、敢问、借问、动问、请教、指教、见教、求教、讨教、就教、赐教等等;打扰之时、可用:打扰、劳驾、相扰、劳神、费心、烦劳、麻烦、辛苦、费神、难为、偏劳等等。如果我们在语言交往、交流与交谈中恰当使用这些词汇,交谈一定能形成亲切友好的气氛。

(二)声音的讲究

交谈过程中,说话者的语速、音质和声调,也是传递信息的符号。同一句话,说时和缓或急促,柔声细语或高门大嗓,商量语气或颐指气使,面带笑容或板着面孔,效果大相径庭,要根据对象、场合进行调整。

说话是一种艺术,要想把话说得好,正确地表达自己的意思,首先就必须发音正确、清晰易懂,否则由于口齿不清,发音不准,就会影响内容的表达。清晰易懂的发音,可以依赖平时的练习,多注意别人的谈话,多朗读书报;交谈时克服紧张情绪,讲话不急不躁,就会做到这一点。其次说话的速度不宜太快,亦不宜太慢。说话太快会令人应接不暇,反应跟不上,而且自己也容易疲倦。有些人以为自己说话快些,可以节省时间,其实说话的目的,在使对方领悟你的意思。此外,不管是讲话的人,或者是听话的人,都必须运用思想。说话太慢,也会使人着急,既浪费时间,也会使听的人不耐烦,甚至失去谈下去的兴趣。因此,谈话中,只有使自己谈话的速度适中,即每分钟讲 120 个字左右,才最适宜。最后要注意的是语调。人们说话时常常要流露真情,语调就是流露这种真情的一个窗口。愉快,失望,坚定,犹豫;轻松,压抑;狂喜,悲哀等复杂的感情都会在语调的抑扬顿挫,轻重缓急中表现出来。语调同时还流露一个人的社交态度,那种心不在焉、和尚念经式的语调绝不会引起别人感情上的共鸣。语调虽重要,但在谈话中却往往被忽视,只注意辞令如何风趣,内容如何美妙,却忘了语调要如何动人,结果使思想的传递受到损失,效果受到影响。在社交场合,为使自己的谈话引人注目,谈吐得体,一定要在声音的大小、轻松、高低、快慢上有所用心,这样才能收到好的效果。比如:放低声调总比提高嗓门说话显得悦耳得多;委婉柔和的声调总比粗粝僵硬的声调显得动人;发音稍缓总比连珠炮式易于使人接受;抑扬顿挫总比单调平板易于使人产生兴趣……。但这一切都要追求自然,如果装腔作势,过分追求所谓的抑扬顿挫,也会给人华而不实在演戏的感觉。自然的音调也是美好动听的。

(三)不良习惯的克服

文雅的谈吐,固然在于辞令的修饰,但最基本的一条却是词能达意,通顺易懂,即说出的话让人觉得顺耳、动听,更要让人听得清楚,听得明白。让人听得费劲、不舒服的话影响谈话情趣,还会使人怀疑你的实际才能,甚至反感和恼怒。因此在选择词句时应以朴实自然为好,多使用一些明白晓畅的口语白话。这样,既合乎人们的习惯,易于被理解、接受,还不会给人以卖弄做作之感。

另外,有些人喜欢在交谈中插入少许外文或方言土语,其效果优劣恐难一概而论,这主要取决于双方的趣味,假如趣味相投,便不足为怪,否则恐难受欢迎。一般说来,在与两个或两个以上的人一同交谈时,以不用为佳。因为多数人不习惯这种"中外合璧"的谈话方式。当然,偶尔一两个外国字用得恰当的话,也可以为谈话增一分色彩,但要注意,引用的外语要以对方能心领神会为宜。否则不仅是隔靴搔痒,"对牛弹琴",还会无形中造成隔阂。如果的确有必要说,那就要用得恰当,并且要注意正确地发音。如果张冠李戴,不伦不类或语调蹩脚,则不免为识者所笑,所以必须谨慎。

同样,在社交场合,大家都应尽量讲普通话,换句话,即方言应尽量避免。但也要认识到,我国幅员辽阔,语言庞杂,方言的形成自有它地理上的因素,相互间的语言障碍一时还很难完全消除。所以对于别人的乡音,要有一种雅量。遇有不尽明了的言语,多问一声也可,切忌讥讽或揶揄。

还有一些人,在和熟人谈话时较为正常和自然,偏偏在遇到陌生人或新朋友时,为了给人一种特别的印象而堆砌辞藻,显得矫揉造作,结果却事与愿违。

有些人说话还有一种不好的习惯,常常不知不觉地在谈话中插入一些毫无意义的口头禅。有的口头禅不伤大雅,听得多了充其量不过使人有点别扭。可有的口头禅却会说者无心,听者有意,使自己的谈话对象产生错觉,或者被自己所伤害。比如:"知道不?""你懂吗? 你",教训人的口气十分明显,而且还会令人感到暗含轻视的意思。"没什么了不起,"对谁都这么说的人,是不是有点目空一切? "是吗?"这是典型的"怀疑一切"的态度,会使谈话对象的自尊深受伤害。以上这些口头禅最好是自觉地弃而不用。

二、交谈礼仪

(一) 正确认识自己

人人都可以成为一个善谈、健谈的人。但首先要消除胆怯心理,克服内向心态,打消顾虑,增强信心。

每个人在社会上都有一席之地,每个人在与人交往、交谈中都有要说的话。须知"言为心声",只要是发自内心,态度真诚的话,都会打动人心。有些性格内向的人往往以自我为中心,在交谈时先想到:人家会怎么看我,我是否会失态。这种心理状态不利于谈话的深入。最好的谈话心理应该以谈话内容为中心,打消顾虑,稳定情绪,自然地加入谈话。如果感到与人交谈缺乏内容,话题很少,语言枯燥,可以平时多看报纸、杂志、书籍、电视,关心时事、艺术、体育等等,随时留意周围所发生的事,同时多和他人谈话,谈的次数多了,就可以贮存知识以供将来谈话之用,日积月累,久而久之,一定会感到话题多了,内容充实了,词汇也丰富了。此外,在与人交谈时,应力争主动,尽可能先提出自己最得心应手的话题,放开来讲述,以表示有信心与人交谈,从而克服胆怯心理。

最后要注意的是,谈话的姿态也会反映出一个人的性格和心理。胆怯内向的人,谈话时往往双肩紧并、下垂,腰部弯曲,显示出一副紧张、卑屈的样子。因此,切忌采用这种姿态与人谈话。谈话分站、坐两种。如果站着与人交谈,说话时要挺胸、收腹,全身重量均匀地分配于两足,使重心稳定。这样,会感到自己的肩膀似乎宽了些,人也显得生气勃勃,泰然自若。如果是坐着谈话,要注意谈话距离宜保持在一臂之内。双脚要平放于地面,不宜交叠双腿,在身份高者面前,更不宜跷着二郎腿;坐时背部要紧靠椅背,肩膀平正,腰部挺直。相信,良好的姿态会使人增强信心的。

(二)交谈礼仪

交谈时除注意语言美、声音美之外,姿态美也很重要,也就是说在谈话中语气、语态、神色、动作、表情等都要专心致志,聚精会神,合乎规范,一心敬人。

1.谈话时要正面视人,交谈中,目光注视对方是一种起码的礼貌,以表示对谈话的兴趣和对对方的尊重,同时也可以为愉快和谐的谈话气氛创造条件。美国NBC的著名节目主持人芭芭拉·华特曾说:"对全神贯注和我谈话的人,我以为是可亲近的人","没有其他的事比这更重要了"。假如是个有心人,也一定会发现,交谈一方有时偶尔把目光随意转向一旁,会十分引起另一方的注意,可能会因此认为一方对谈话不感兴趣而关闭谈话的大门。当然,注视并不等于凝视,直勾勾地盯着对方,或目光在对方身上左右上下乱扫,甚至还跑到对方身后去,这只会使对方透不过气来或惶惑不安,有话也说不出来。一般来说,如果两个人在室内面对面交谈,目光距离最好在1米至2米之间,目光注视对方胸部以上、额头以下部位。有时可能会出现谈话双方目光对视的情况,此时不必躲闪,泰然自若地徐徐移开就可以了。

还需要指出的是,仅仅注视对方还远远不够,还要注意能够让对方感受到你对谈话的态度。任何有经验、有教养的人,在与人交谈时,都不会忽略应当引起谈话对象的谈话兴趣。称道对方,关怀对方,对对方所说的一切,表示出浓厚的兴趣,都可以提高对方的谈话兴趣。如果是许多朋友在一起交谈,讲话的人不能把注意力只集中在其中一两个熟悉的人身上,要照顾到在场的每一个人。同时,谈话过程中对对方的谈话应有所呼应,由此话题才可能谈得更广、更深,相互间的感染也就越多,甚至在心理上达到某种程度的默契。

所以,谈话时,首先要做到的是双方应互相正视、互相倾听。不要东张西望,左顾右盼,更不以看书看报,或者面带倦容,哈欠连天。也不要做一些不必要的小动作,如玩指甲,弄衣角,搔脑勺,压指甲等等,这些动作显得猥琐,不礼貌,也会使人感到你心不在焉,傲慢无理。

2.谈话要尊重别人,调和意见,交谈过程中要常常说话,但不要说的太长。社交场合,参加谈话是对众人的一种义务,如果对于所议论的某个主题可以提供若干意见,就该讲出来;如谈话的目的只是为了娱乐,当然也要尽一份本分。不能只静坐听别人的谈话,而自己却一直三缄其口,因此要常常说话。但谈话并不是独自,如果只顾自己发表意见,而不愿听别人说话,甚至不容别人插话,发表看法,交谈就变成了"一言堂"。"一言堂"的谈话方式,或许可以显示口才,但结果往往事与愿违,别人可能认为你自高自大,蔑视他人的存在。所以虽然常常发言可以加深别人的印象,但长篇大论地说下去,容易使人厌倦而不耐烦。为此,自己每次"发言"所用的时间从总体上讲,宜短不宜长,通常自己讲一

两分钟之后，就应相机把"讲坛"主动相让于他人。要是碰上别人"发言"过久，或是意欲发表个人见解，应耐心等候。他人讲话结束之前，千万不要打断别人讲话。一次生动活泼的谈话，要求每个交谈者注意不但自己说，也要让别人说。聪明的谈话者，往往不急于发表自己的意见，而设法让对方开口，谈他所关心的问题，吸引对方与自己交谈。

此外，为表示对交谈一方的尊重，交谈时要尽量让对方把话说完，不要轻易打断对方的谈话，要有耐心，这是一种基本修养。尤其是对方谈兴正浓时，突然打断对方，一是可能使对方思路中断，二是可能使对方被突如其来的"拒绝"弄得不知所措，下不了台。如果有紧急事件发生，或确实有必要打断对方，要在对方说话的间歇，以婉转的口气，很自然得体地将自己的话简短说出，如"你的看法的确有道理，不过能允许我打断一下吗？"，或"请让我提个问题好吗？"……这样就不会让人感到你轻视他或不耐烦了。恰当的插话，会引起对方的注意，停止自己的言谈，让你先说。但插话如果违背对方原意，未听明白就下结论，或插的不着边际，转移话题，或抢过话头，显示自己高明，则有不尊重或揶揄味道，闹不好还会引起争执，不欢而散。在参与多人交谈时，应不时地同其他人聊上几句，不要论远近亲疏，凭衣帽或印象取人，对有的人一见如故，谈个不休；而对另一些人则一言不发，不闻不问。这样既是对他人的不尊重，也会让其他人觉得自己没有教养。

交谈中还经常会遇到不同意对方某个观点，或某一明显错误的说法的情况，怎么办？在正式的社交场合，一般以表示疑问或商讨的语气提出为宜，以免伤害对方的自尊心。比如，若不同意对方的某个观点，可以说："我对这个问题倒也十分感兴趣，只不过好像我不这么认为"，"你刚才的某个观点好像很新，能否再详细地解释一下"等等。假如认为对方的某个观点和说法根本是错的，可以说："在我的记忆中，好像这个问题不是这样的"，或者说"我在某本书上看到的好像与你讲的不完全一样"……虽然语言非常婉转，但这足以使对方明白其中的意思。遇到别人真的犯了错误，又不肯接受劝告和批评时，别急于求成，往后退一步想想，把时间延长些，隔一两天或一两个星期再谈。否则，大家固执，这样不仅没有进展，反而伤害感情。记住，如果不是讨论性的交谈，一般不要与人争辩。如果对方反驳你的意见，大可不必急躁、恼怒，从容说出自己的道理便是。企图与别人争胜是拙劣的想法，有时越是想做到这点，越是想逞口舌之利，就越不能使对方成为朋友。总之，要学得谦虚些，随时考虑别人的意见，让大家都觉得你是可以谈话的人，这才是道理。

事实上，人们谈话时都有一个目的：想知道别人对某件事情的意见是否和自己相同。人们总是希望别人能和自己一样对何事物有同样看法。如果谈话时双方意见一致，就会感到一种安慰，但如果发现对方意见和自己略有出入，或大不相同时，会感到这是一种刺激。因此，想与对方做进一步探讨。所以，当听到别人意见和自己相同时，要立即表示赞同。不要以为这样做，会被人认为是随声附和。不出声，容易使人误以为不同意。同样，当昕到别人意见与你不一致时，也要立即表示什么地方不同意（当然要注意方式），不要迟疑。

3.谈话要看对象，交谈不是一味地发泄自己的感情和情绪，而是一种合作的程序，所以必须考虑交际对象。交际对象是最直接的对话语起制约作用的环境因素。说话人的言语行为总是围绕着听话对象进行的，以他们能接受为前提，而不能逾越他们的思想、感情、知识所能及的范围。不同的对象，因年龄、性别、职业、社会地位、人生阅历的不同，对同一句话会产生不同的反应，甚至会导致截然相反的反应。所以，在交谈过程中，所说的话要符合交际对象特定身份的要求，从称谓到措辞组句，从交谈话题、谈话语气到表达方式等都应尽量合乎交谈对象的特点，做到恰当得体。

交谈的第一道程序就是问候和寒暄。但问候和寒暄并不是随便可用的，必须考虑到交际对象的特点，否则不仅无礼，还可能使双方处于一种尴尬的局面。例如，中国人见面时喜欢问"吃饭了吗?"本是一句很普通的问候语，并没有准备请客吃饭的意思，但对不懂这一习惯用语的外国人来说，就完全可能理解为打算与他一同进餐。又比如，中国人见面时喜欢说"你气色真好，又白又胖"，"你发福了"来表示对对方的友好，对方也往往会以"你也一样"，"多谢"来表示谢意。但西方人恐怕就有不同的看法，他们怕被人说白、胖，因为往往身体黝黑是健壮的标志，而身体白胖则表明体弱，对他们而言，说胖就有一种贬低人的意思。同样，外国人见面时常说的"见到你十分荣幸"，"你今天打扮的格外迷人"，"你真是太漂亮了"之类的客套话，中国人并不习惯。所以，同样是问候，不同的对象，就要有不同的说法。

说到交谈话题、方式的选择，有这样一个故事:在一只游船上，来自各国的一些实业家边观光边交谈。突然，船出事了，并开始慢慢下沉。船长命令大副:"赶快通知那些先生，穿上救生衣，马上从甲板上跳海。"几分钟后，大副回来报告:"真急人，谁都不肯马上跳。"于是，船长亲自出马。说来也怪，没过多久，这些实业家都顺从地跳下海去。"你是怎样说服他们的呀?"大副请教船长，船长说，"我告诉英国人，跳海也是一项运动;对法国人，我说跳海是一种别出心裁的游戏;我同时警告德国人，跳海可不是闹着玩的;在俄国人面前，我就认真地表示:跳海是革命的壮举。""你又怎样说服那个美国人呢?""那还不容易，"船长得意地说，"我只说已经为他办了巨额保险"。这纯粹是笑话，然而笑话里包含了一个浅显的道理，即说话的内容和方式应尽可能地合乎对方的心理需要，这样才会取得令人愉快的效果。同样，交谈的方式也影响着交谈的气氛，对一般市民用抽象而又深刻的分析，枯燥而又严肃的逻辑推理方式与之交谈，会使对方感到不知所云，莫名其妙;而对知识层次较高的人用"海阔天空"式的聊天方式与之交谈，会使对方听而生厌，无所适从。这一切都说明正确选择话题和谈话的方式是重要的。当然，为了使谈话更富有创新和吸引力，还可以在已经拥有的话题中，挖掘、发现新的感兴趣的话题，使交谈双方始终在一种享受乐趣的气氛中继续他们的谈话。

关于交谈的话题与内容，有一些要求是必须注意的:

(1)为能创造一个愉悦和谐的谈话环境，在公共社交场合，应选择大家都可以介入又都方便发表意见的话题，即寻求共同的经验范围。如现场气氛、环境布置、天气、当日新闻、国际形势、文艺演出、体育比赛等，切忌只谈个别人知道或感兴趣的事，或只与个别人交谈而冷落其他人。

(2)不要涉及令人不愉快的内容，如疾病、死亡、荒诞、淫秽的事情。奇闻趣事，有助交谈的气氛，但不宜从头到尾用奇闻趣事消遣，更不要用笑话影射在座的人，否则很不通情理。最好交谈一些轻松愉快的问题，把快乐与人分享，把苦恼留给自己。这一做人的常识亦应在选择谈话内容时得到体现。

(3)话题不要涉及他人的隐私。如对女士不问年龄、婚否、服饰价格等;不用身体壮实、保养好等模糊用语来形容女士的身材。对男士不问钱财、收入、履历等;不随便谈论他人的宗教信仰和政治信仰,以免犯忌讳。同时不要随便散播和听信蜚语。

(4)遇到不便谈话的话题不要轻易表态,应当转移话题以缓和气氛。涉及对方反感的话题应及时表示歉意。一般不宜用批评的语气谈论在场者和其他相关人士,也不要讥笑他人,更不能出言不逊,恶语伤人。

(5)男士一般不参与女士圈内的话题议论,与女士谈话时要宽容、谦让、尊重,不随便开玩笑,也不可与女士无休止地攀谈,否则会引起对方的反感和旁人的侧目。

4.谈话要看准时机,留有余地"言贵精当,更贵适时"。不该说的时候说了,是操之过急;该说的时候没说,是坐失良机。把握住说话的适宜时机,是说话得体的重要因素。比如,在听话人心情比较平和的时候去反映情况或提出批评建议;在双方的感情和认识差距稍小了以后再开口劝说。高明的推销员从不直接向持拒绝态度的顾客推销商品,而是先迂回,套近乎,排除了对方的"武装"之后,再劝人家购买推销的商品。这样,往往会获得成功。

交谈过程中还要注意说话应留有余地。比如,在交谈中,遇有需要赞美对方时,应措辞得当,注意分寸,赞美的目的在于使对方感觉到你真的对他(或她)的钦佩,用空洞不切实际的溢美之词,反会使对方感到你缺乏诚意。若一名公关人员热情友好地接待了一位公众之后,得到了"你的接待真令人愉快,你的热情给我留下了深刻印象"的评价,显然比"你是一位全世界最热情的人"的赞誉会入耳得多。所以称赞要适度,过分地讨好、谄媚则近于肉麻。特别是对上级领导,在社交场合更不宜毕恭毕敬说些奉承话。对晚辈或地位比较低的人,也不要用轻视、冷淡的口吻说话。总之要注意分寸。

再比如,要使谈话得以继续,并且产生较好的效果,可适度地选用一些幽默风趣的语言,或讲一些笑话。幽默的语言,既有趣可笑,又寓意深长。如能在谈话中适当加以运用,不仅能够活跃气氛,而且能够启人心智,吸引听众,更好地与他人沟通和交流。但凡事要有个限度,使用幽默语言,讲笑话也要因人而异,要分时间、地点、场合,要有分寸。比如有的人喜欢嘲笑他人的生理缺陷和短处,特别是对男女之间的话题更是津津乐道。其实,这不但不能表现自己的风趣和幽默,反而说明了自己的轻薄与无聊。要知道,优雅的举止风度是以友善和为他人着想这两项原则为基础。这种揭短的"幽默"伤人太深,不但不道德,于己也未必有益。所以一定要注意把握好分寸,把话说得留有余地。

现实生活中,很难不求人,也很难不被人求,所以无论求别人办事,答应为别人办事,还是拒绝他人,都要注意把话说得留有余地。此外,表扬人,批评人,调解事端,解决冲突,应付尴尬局面,调息不满情绪,乃至布置任务,汇报工作等,都有个语言艺术问题,都可以留有余地。

5.其他注意事项在参与多人交谈时,应表现出对谈话内容兴趣很大,而不必介意其他无关大局的地方,比如对方有浓重的乡音,读错了字或记错了日期等,只要不妨碍交谈的进行,没有必要当面去指正。不要在对方谈兴正浓时,突然凑到某个人耳边窃窃私语,这容易引起别人的反感,有可能使谈话者产生误会:有什么事不好当着大家讲? 如果确有私事要说,不如请他到另一边再谈。撇开众人,只跟一小帮人交谈,也说明还不善于与大家打交道。

当遇到自己的熟人正在一起交谈时，如果打算加入，一定要事先征得同意，比如问一下"我能够有幸加入吗?"或"不打搅吧?"得到许可后，方可加入。不要以为是自己熟人，就可随便加入别人的谈话。加入之后，应甘当配角，不可自己一加入就口若悬河，滔滔不绝地唱起主角，以至影响交谈者的兴致。一旦发现自己加入后，原来的交谈者都缺少了兴致，应及早退回，不要因此让别人产生不好的印象。在碰到有人想加入自己的交谈时，通常应来者不拒。如果自己确有私事，不适宜外人介入，应及早婉言相告，比如可以说"对不起，我们有点私事想单独谈谈"，或者说"我们过一会儿再谈，好吗?"一旦有其他人加入自己的谈话，就不要有意冷场，或是使用隐语、暗示等，使他人无所适从。

此外，在交谈过程中要始终注意不要扮演喋喋不休，逢人诉苦，无事不晓或一言不发的角色，这些都不利于交谈的进行，更不利于在众人面前建立良好的形象。

交谈中的聆听礼仪

一、交谈中聆听的作用

一般人在交谈中，倾向于以自己的意见、观点、感情来影响别人，因而往往谈个不停，似乎非如此无法达到交谈的目的。实际上，与人交谈，光做一个好的演说者不一定成功，还须做一个好的听众。也就是说，在谈话中，任何人都不可能总是处于说的位置上。要使交谈的双方双向交流畅通无阻，就必须善于倾听他人的谈话。善于聆听的人，懂得"三人行，必有我师"的道理，能够利用一切机会博采众长，丰富自己，而且能够留给别人讲礼貌的良好印象。

外国曾有谚语"用十秒钟的时间讲，用十分钟的时间听"。社会学家兰金也早就指出，在人们日常的语言交往活动（听、说、读、写）中，听的时间占54%，说的时间占30%，读的时间占16%，写的时间占9%。这说明，听在人们交往中居于非常重要的地位。

在人们面对面的交谈中，讲与听是对立统一的，认真地去听，可以收到良好的谈话效果。听，可以满足对方的需要。认真聆听对方的谈话，是对讲话者的一种尊重，在一定程度上可以满足对方的需要，同时可以使人们的交往、交谈更有效，彼此之间的关系更融洽。聆听从消极的一面讲是一种礼貌，是对别人的尊重；积极地说是一种鼓励，是褒奖对方谈话的一种方式，有助于提高谈话者的兴致。因此，能够耐心地倾听对方的谈话，等于告诉对方"你是一个值得我倾听你讲话的人"，这样在无形中就能提高对方的自尊心，加深彼此的感情。反之，对方还没有把将要说的话说完，你就听不下去了，这最容易使对方自尊心受挫。

听，可以了解对方（现在讲话者）是否真正理解你（刚才讲话者）说话的含义。听，可以获得必要的信息，提供你最新的情报资料。注意聆听别人的讲话，从他说话的内容、声调、神态，可以从中了解对方的需要、态度、期望和性格，他们会自然地向你靠近，这样你就可以与很多人进行思想交流，建立较广泛的人际关系。

注意倾听别人讲话，还可以同时思考自己所要说的话，整理自己的思想，寻找恰当的词句，以完善地表达自己的意见，给人鲜明的印象。一般来讲，听比说快，听话者在听话过程中总有时间空着等待，在这些时间空隙里，应该回味讲话人的观点、定义、论据等，把讲话人的观点和自己的观点做比较，预想好自己要阐述观点的理由，设想可能有的其他观点等等。因此，从某种意见上说，在社交场合受大家欢迎的人，人人都爱与之交谈的人，并不仅仅在于他能说会道，而重要的是他会听。因为交谈中只有既讲又听才可以满足双方的需要，也只有如此，才能使交谈顺利进行。如果只顾自己讲，不想听对方说，则一定是交谈中的"自私者"，当然也是不受欢迎的。

二、交谈中的聆听礼仪

交谈中善于聆听的确有许多好处，但要真正做到洗耳恭听，仅仅对人抱有尊敬之心还不够。也就是说，听不光要用身，还要用心，用整个身心。但有些人做不到这一点。他们听时心不在焉，或左顾右盼，或处理他事，或摆弄东西，或不时走动。这种方式最易伤人自尊心，使说者不愿再讲，更不愿讲心里话。因此无法收到较好的效果，还会影响到双方的关系；也有的人，听时虽然很认真，但却挑其毛病，或者频加批判，或遽下判断，或发出争论，这种方式使人讲话时不得不十分小心，字斟句酌，同时也担惊受怕，不敢吐露真情，从而影响交谈正常而深入地进行。这两种听的方式都不利于交谈的进行。其实最好的听的方式，是要站在对方的立场去听，去反映，去认识，去理解，去记忆，因为这种听话的方式，既能使听者集中注意力全神贯注地听，又能较好地理解说话者的原意，使对方受到尊敬和鼓舞，愿意讲真话，说实话，并发展彼此友好的往来关系。

除了听的方式外，在聆听对方谈话时还要注意以下这些方面。首先宜选择一个安静的环境进行交谈，以减少外界噪音的干扰。如果交谈环境不理想，比如外界干扰、噪音太大，或者室温过高、过低，要尽力设法摆脱。同时保持冷静，不受个人情绪和当时气氛的影响。这样才能保证有效地倾听。其次要设法使交谈轻松自如，不要使对方感到拘束，同对消除心理上的障碍，不要预先存在想法，不可显示出不耐烦的样子，也不要过早地做出判断，因过早表态往往会使谈话夭折。要少讲多听，不要随意打断对方。还要注意听其内容，而不必过多地考虑对方的谈话技巧。

听时要注意谈话者的神态、表情等非语言传播手段，这些往往会透露出话外之意，不仅如此，还要多注意自己的"身体语言"。在他人讲话时，应尽可能地以柔和的目光注视着对方，以便与对方进行心灵上的交流与沟通，这样做，会使对方感受到无声的鼓励或赞许，可以赢得其好感。当然，善于聆听的人光会用眼神还远远不够，还要学会用声音、动作去呼应，也就是说要随着说话的人情绪的变化而伴以相应的表情。身体稍稍倾向于说话人，面带微笑。在说话者谈到要点，或是其观点需要得到理解和交代时，应适时适量地点点头，或是简洁地表明一下自己的态度。当然，只是在关键地方点点头就可以了，不必频频点头。同时，还可以通过一些简短的插话和提问，暗示对方对他的话确实感兴趣，或启发对方，以引起感兴趣的话题。当然，如果对对方的话题不感兴趣，且十分厌烦，那就应该设法巧妙地转变话题，但须注意方式。当有多人在一起交谈时，要学会用目光适当照应在场的其他人,很快地交换一下目光,以鼓励那些不爱开口的人说话。此外,要善于从别人的话语里找出他没有能明白表达出来的意思,避免产生误解,此时也可用一两个字暗示对方。或恰当地提出问题,以表明聆听得十分认真,并力求理解他讲的含义。要强调的是,最高明的"听众"是善于向别人请教的人。如与人交谈时,能向其请教一两个他擅长且不避讳的问题,一定会使其自尊心得到莫大的满足。但要注意向人请教绝不能避实就虚,强人所难。

最后需要强调指出的是,人们在交谈、交往中由于所处的不同社会角色地位,而形成的交谈双方的不同关系往往影响倾听。一般来说,在交谈双方社会地位相同时,双方相互间能以完全平等的态度进行交谈,在这种情况下,比较容易倾听对方的谈话。在交谈双方社会地位不相同时,往往有两种情况:一是听者的社会地位高于谈话者,比如上级对下级,师长对晚辈、学生等。在这种情况下,听者一定要特别注意听的诚意与态度。通常属下找领导谈话,一定有其原因,领导必须以关心、真诚的态度认真地听,即使对方发牢骚、抱怨,也不要冷淡待人,更不能责备。了解了对方的真实愿望、意见、想法后,可据此做出确切的判断,给予合情合理的答复。肯花时间认真倾听属下意见的上级,是真正关心他人、值得依赖的人。二是听者的社会地位低于谈话者。比如下级对上级,晚辈、学生对师长等。在这种情况下,一般人都会认真地听,有时可能还要在本上记几句。遇有不懂之处,可请对方做适当的重复与解释。切忌唯唯诺诺,点头哈腰,显出一副卑躬屈膝的样子。因为谈话双方无论社会地位上相差多么悬殊,在人格上是完全平等的。保持平等的态度才能使谈话得以顺利地进行,从而建立较好的关系。

一般而论,任何人都会对诚心诚意倾听自己谈话的人产生感激之情,从而开启心扉,倾吐真情实意的。所以,在交谈过程中,不仅要让自己的话说得更得体,还要注意用聆听来赢得对方。善于倾听,是谈话成功的一个要诀。

三、交谈中要善于提问

谈话过程中,不仅要注意倾听,还要善于提问。恰当的提问可从对方那里了解到自己不熟悉的情况,或将对方的思路引导到某个要点上,有时还可以打破冷场,避免僵局。

提问既然是为使交谈有效、深入地进行下去,就要注意内容,不要问对方难以应付的问题,如超乎对方知识水平的学问或技术问题等,也不应询问人们难以启齿的隐私,以及大家都忌讳的问题等等。有的人在交谈中就不注意这一点,不管什么事情都要打破砂锅问到底,这样做的结果是既不尊重对方,也不尊重自己,谈话只能不欢而散。提问的方式也不能忽视,查户口式的一问一答只能窒息友善的空气。为此,提问的人应对发问进行方式设计。比如接待一位东北客人,若这样问:"你是东北人吧?""你刚到北京吧?""东北比北京冷吧"等等,对方恐怕只好一次又一次地重复"是",这不能怪客人不健谈,而是这种笨拙的发问也至多能回答到这种程度。如果换一个问法:"这次到北京有什么新的感触?""东北现在建设得怎么样? 有什么新闻?"等。这样的问话,对方不但可以介绍一些你所不了解的事,还会使客人能充分叙述自己的感受而使空气自然融洽。所以设计巧妙的提问,不仅能起到投石问路的作用,还能使交谈沿着自己希望的轨道向深处展开,达到相互沟通的目的。有的人问话一出，便立即打开了对话的话匣子，双方相见恨晚，成了好朋友；有的人问话一出，却使双方无话可说，形成难堪的场面。可见提问是一种艺术，对接近起着很重要的作用。

如果提出的问题对方一时回答不上来，或不愿回答，不宜生硬地追问或跳跃式地乱问，要善于调整话题。如果对方往往是因为羞怯而不爱说话，那就应当问点无关的事，比如问问他工作或学习的情况，等紧张的空气缓和了，再把话题纳入正轨。

四、结束谈话

在社交活动中，无论是谋职，谈判还是结交朋友、处理业务，都要和人交谈，这就涉及怎样结束谈话。如果能做到恰到好处，就会给人回味无穷的感觉，如果处理不好就会把事情弄糟。所以，怎样结束谈话是有些技巧的。

一般来说，要避免分歧，再结束谈话。谈话在尚未获得结论或一致意见的情况下，突然结束谈话是不明智的，不利于解决问题和人际交往。分手时更不能讲使对方讨厌的话题，出现分歧时，应主动做出让步，比如可以转换一个话题，把有分歧的话题暂时放一放，谈一些别的，待气氛缓和了再把谈话告一段落，这样能增加双方的亲近感。有时，谈话的开头很好，双方谈得很投机，都处于兴奋状态，如果此时没有什么新的话题，就应该及时结束。有些人不大注意这一点，认为前边既然谈得好，后面一定会更好，殊不知交谈的内容已快枯竭了，如果再接着谈，只会变得枯燥无味。

除了在内容上注意外，还要注意掌握好谈话的时间，使谈话能顺其自然地结束。此时要注意观察，对结束谈话是否有个心理准备，可以预先留一点要结束交谈的时间，为结束谈话创造一定条件。否则，在没有思想准备的情况下，突然终止谈话，会给人粗鲁无礼的感觉。如果在特殊的情况下，只能作短促的交谈，此时宜事先声明，以便使对方有思想准备。在把握时间的同时，还可以多留意对方的表情。比如当对方因对谈话内容不感兴趣，或因别的事需要告退，又不好直说时，往往会做出某些暗示，像频频改变坐姿，心不在焉，东张西望，心神不安，摆弄自己带的东西，或不时看看自己的表，对说的话也不做出积极的反应等等，这时就该结束谈话了。如果置这些不顾再继续谈下去，就会使人感到反感了。

最后要注意的就是结束谈话后如何打招呼。一般分别时，双方都应主动打招呼，以增加感情。比如谈话结束了，主动谈话一方可以说："非常感谢您给了我许多教诲和帮助"，另一方则可以说："不必客气，以后有什么需要我帮忙的，尽管说。"还可以面带笑容地说"欢迎您再来"，使人感到轻松，自然，令双方都感到满意。

装扮、说话的基本礼仪

尽管"人不可貌相"，但人们往往还是以你的着装、举止来判断你是天使还是魔鬼。那么，你愿为天使还是魔鬼呢？

企业人是从装扮开始的·TPO 原则

在一般的社交场合中,一个人的服饰是很重要的。"云想衣裳花想容",美的仪表是美的心灵的体现,美的仪表是对社会和其他一切人的尊重。如果一个人的服饰不符合一定的场合所要求的服饰,是会引起误会的。国内一家效益很好的大型企业的厂长某日在车间里正参加劳动,忽闻某国一家公司的经理不期而至。这位精明强干的厂长为了表示友好之意,连满身油污的工作服都没顾得上去换,便驱车前往机场迎接。那位经理见到这位厂长上下打量了半天,非常不满意。他表示:一位连自己的衣着都"管理"不好的厂长,能够治理好一家大企业吗?后经解释,这个误会才得以消除。可见衣着在交际场合中的重要性。

在交际场合穿着大体上可以分为便服与礼服两大类。各式外衣、衬衣等日常穿着的服装均为便服,适合于一般场合、工作时穿着。而参加正式、隆重、严肃的典礼仪式,则应当穿着礼服或深色西装。

男士礼服一般有三种:白天参加仪式、婚礼,可穿晨礼服;晚间参加晚宴、音乐会可穿小礼服;极其郑重的场合则要求穿燕尾服这样的大礼服。目前,国际上正逐渐以黑色西装套服和灰色西装套服取代礼服,三件一套的黑色西装配以白色衬衫和黑色蝴蝶结,会给人以典雅高贵的印象,效果绝不亚于燕尾服。在正式场合穿西装,要精心选择衬衫和领带。白色衬衫将使男士精神焕发,领带最好选用丝质的,而且要注意使之与西装的颜色协调,除穿宝蓝色西服外,黑色领带几乎可同任何颜色的西装搭配。交际场合中男士的衣着不应有过多的颜色变化,大致不超过 3 色为首要原则。在不同的场合穿不同的服装。西装被认作男人的脸面,是公认的办公服装。其款式与颜色除讲究适合于个人情况外,还要注意工作环境、身份等因素。穿西装套服最好配上西服背心,因为让别人看到了自己衬衫与裤子的连接处是不应该的,也不雅观。有时不穿西装套服也可以,但西装上衣和西裤的颜色要一致,既不要看上去"头重脚轻",也不要上下身的颜色不般配。

我国男士参加涉外活动可穿西装,也可穿中山装或民族服装。通常以西装和同色同质的毛料中山装为礼服,而以各种式样的其他中式服装和夹克为便装,参加正式的外交活动应穿礼服,普通的参观游览活动则可穿便服,民族服装在涉外活动中可以作为礼服穿着。参加涉外活动,要尊重外宾习惯与东道主要求。如果我方人员接到的请柬上注明请穿礼服,则应当依照要求去做。

要想有助于商业谈判的成功,就请不要穿皱巴巴的劣质西装,否则无论如何也不会有助于谈判的成功。要注意上班服装与休闲服装的区别。在正式场合,穿着运动服、牛仔服或沙滩装是不允许的。业余时间里,穿夹克衫、运动服、牛仔服以及羊毛衫都是可以的。但不要过于随便或刻意追求式样的奇特与花哨。要注意自己的年龄与身份。

得体的衣着不但会有助于显现男士的气质与风度,而且会帮助他在事业上取得成功。

女士在社交场合中的着装应当体现出女士的职业特点、性格特征和女性的魅力,并且与具体的场景相协调。

女士衣着上选择的余地是极为广阔的,既可穿最能展现女性魅力的裙装、西装套裙,又可自由自在地选择西装、夹克衫、牛仔装、衬衫、长裤等等。

职业女性在公司、企业上班,一般要穿灰色或蓝色的西装套服,这样有助于提高自己的威信,选择色彩柔和一点的衣裙则显得平易近人一些,但是穿着显得过于散漫的运动服、牛仔装或野味十足的服装在社交、工作中则是不应该的。我国女士在涉外活动中,选择衣着的范围比较大,可以穿西装套裙、中式上衣配长裙或长裤、连衣裙、旗袍及其他异族服装。在比较正式的场合,我国的女士通常穿着西装套裙、连衣裙或旗袍作为礼服。旗袍是中国女性最佳礼服,它既能把中国女性柔美婀娜的身姿最大限度地表现出来,又能使女性显得端庄典雅,在社交场合中,女士穿旗袍参加往往会受到外宾由衷的赞美。

- 有头皮屑是不可以的,特别要注意肩膀、背部。
- 领带要配合西装的颜色和布料。V 字地带是展现你的见识的地方。
- 上衣左胸口的口袋,不要放进任何东西。
- 只要扣上第一颗钮扣便可。坐下时可以把它解开。
- 衬衫的袖子,可以比衣袖长 1 公分左右。
- 西装,原则上要穿着单排钮扣的。
- 不系皮带会显得散漫。采用黑色、深棕色不显眼的皮带。常识上,颜色要配合鞋子的颜色。
- 裤脚,长度刚刚接触到鞋子便可以。
- 袜子的颜色,要与西装的颜色属于同一系统的;白色的运动袜是不可以的。
- 鞋子要擦亮,避免穿用便鞋。

女士着装不但要干净、整洁、合身,而且要注意在不同的场合它所发挥的不同作用。参加宴会,要注意自己的衣着同宴会场所的色彩相和谐,而且要考虑同自己男伴的衣着相得益彰。参加婚礼时,不要穿同新娘的礼服同色的服装,本来是想去祝贺一对新人的,因为穿着不当很可能会引起别人的议论:你是想和新娘比一比高低。而参加丧礼时,宜穿黑色或颜色柔和的衣裙。作为女主人招待宾客的话,衣着应当比女宾的衣着朴素一点,这是体现自己作为主人对宾客的礼貌。不要企图在这方面去略胜一筹。

国外关于穿戴有所谓的"TPO 原则","T"代表时间,P 代表地点,O 代表目的,"TPO原则"要求穿戴必须与时间、地点、目的相适应。

在社交活动中,服饰不仅仅只是属于个人的事情了,它还关系到对他人的尊重与否。在社交活动中使自己的仪态大方,同时还要遵从有关的礼节。

服饰的整洁是头等大事,参加社交活动前要换上整洁的内衣和鞋袜,领口、袖口不允许有污垢,衣服鞋袜上不允许有污迹,浑身上下不允许发出汗味或其他气味。

穿西装时,衬衫的袖子要比西装的袖子长 1 至 2 厘米,并使衬衫的袖口露出来。西装上衣外面的口袋切忌让它成为"实用"的口袋,上衣的袖口和下衣的裤脚不能够在他人面前卷起来,西裤在穿着之前一定要熨出裤线,这一类常识必须恪守。在社交活动中,不要主动地把他人的注意力吸引到自己的服饰上面来。假如有人赞美你的服饰,应大大方方地说一声"谢谢!"但是不要在对方刚刚赞美你的服饰后,就马上去赞美他的服饰。

在涉外活动中,一旦进入室内,就应当脱去大衣、风衣和帽子,但西装上衣、夹克是不能随便脱的。有的公共场所没有衣帽间,可自行去存放衣帽。有的地方有专门的接待人员或秘书为客人拿走刚刚进门时脱下来的衣帽,对此不要拒绝,而应当接受其服务,并表示感谢。在他人办公室或居室内,不要乱放自己的衣帽,只有当主人允许自己这样做时,才可以规规矩矩地放好。

注意以上各方面的修养,使你的服饰在商业活动中尽情地显露出光彩,增添您无尽的触力。

鞋、帽与服装的搭配

帽子与鞋袜在男女的衣着之中,都占据着举足轻重的地位,在礼节上对于它们也是十分重视的。

美国有位服饰专家曾经说过:"对全世界的人来说,不论是男是女,帽子都是一种权力和地位的象征。"他的话是不无道理的。

一顶合适的帽子,能够恰如其分地衬托出戴帽者的社会地位、经济状况和风度修养。不论是礼帽、贝雷帽、鸭舌帽、军帽、学生帽,还是土耳其帽、棒球帽、旅游帽,选择时既要考虑实用性,又要考虑装饰性。

戴帽子要注意其式样、颜色与自己的装束、年龄、工作相和谐,并要按自己的脸型来选择。脸圆的适合戴宽边的帽子,脸窄的人适合戴窄边的帽子。一般而言,男士戴的帽子的颜色要求稍微深一些,暗一些,并且色彩要较为柔和。穿礼服时,必须戴黑色的帽子。

在涉外交际场合男士在室内不能戴帽子。与人握手,向人致意时,也应当把帽子脱下来。女士在这方面没有特殊要求。

女士戴帽颇为讲究。参加宴会、游园和婚礼活动,戴上一顶合适的帽子,的确可以使人增添风采。但这类活动中戴的帽子帽檐不能过宽,否则便会遮挡别人的视线。

在寒冷的冬天,女士戴上一顶手织的绒线帽,即使他人感到温暖,又让自己显得妩媚,但是记住要想使自己显得威严最好不要戴这种帽子,这种帽子只能让自己显得俏皮可爱。

小呢帽、宽边帽、中等宽边的帽子,这种有边沿的帽子会为女士增加风度和气派,地位较高的女士可以选择这种帽子戴。

不论男帽女帽,帽子的戴法都很有讲究。把帽子戴得端端正正,使人显得正派。若想使自己显得时髦,则将帽子稍微往前倾斜一些。帽子戴得稍稍歪斜一点,帽檐向下压,显得很俊俏。把帽子拉得很低,使人显得忧郁。若不想使自己显得有点呆头呆脑,就不要把帽子扣在后脑勺上。

所谓穿着,指的是上到头顶的帽子,下到脚上的鞋袜。不要小看这两个部位的穿着注意事项。除了帽子之外,我们参加社交活动之前,还必须注意鞋子和袜子这两种"腿部时装"和"脚部时装"的选择。

为了体现穿着的整体美,鞋袜的选择也要注意与整个装束相搭配,其颜色至少应当与皮带、表带保持一致。

从选择颜色来看,在一切正式场合,男士只有穿黑色或深咖啡色皮鞋。因为黑色的皮鞋可与黑色、灰色、藏青色西装相配,深咖啡色的皮鞋可与咖啡色西装相配。至于白色与灰色的皮鞋,只适合于游乐时穿,不适用于正式场合。有的场合对鞋子的颜色、样式有严格要求。如穿礼服参加婚丧喜庆仪式,不能够穿咖啡色皮鞋或无带皮鞋,只能穿黑色有带皮鞋,而且鞋面上不应当有装饰的外文字母、流苏或坠子。

男士穿皮鞋不管其新旧,保持鞋面的清洁是第一位的。参加交际活动前一定要擦皮鞋。这是对宾客的尊重。注意不要让过长的裤管给自己当鞋擦。一般而言裤管太长太短都不好,站立起来,裤脚前面能碰到鞋面,后面能垂直遮住1厘米的鞋帮就行了。穿布鞋则需要洗净。

我国的男士在正式场合如穿中山装为礼服,可以穿皮鞋,也可以穿布鞋。但穿西装配一双布鞋、旅游鞋、凉鞋则显得不伦不类,且不允许。男子一般还不宜穿鞋跟高并且钉掌的皮鞋,你想想,当你听见似高跟皮鞋的踩地声,循声望去,却见位男士飘然而至,该是什么想法。而且男士一般都不可以把皮靴穿到办公室里去。尽管有人认为穿皮靴可以强化男子汉的豪爽气概。

拖鞋仅适合于室内穿。如有客人来访,自己来不及换鞋,应立即道歉。待客人坐定后,应当去把拖鞋换掉,不要只管一口气谈下去,弄不好会让客人感到对他不尊重。

女士在社交场合除了凉鞋、拖鞋外,其他鞋子一般都可以穿。穿露着脚趾的凉鞋、拖鞋,跟光着脚没什么两样,在庄重、正式的交际场合坚决不能穿。赤脚穿凉鞋更不好。

女士在办公室里也不能穿皮靴,上班前、下班后则听任其便。穿皮靴要注意让裙摆盖住皮靴的统顶。

高跟鞋是很多女士都爱穿的,但不要穿鞋跟太高太细的高跟鞋,否则会使自己走起路来掌握不好平衡而东摇西晃,步履不稳,自己的风采也无影无踪了。有人偏爱穿高跟鞋配窄裙,走起路来学时装模特的台步。这样做,只能使自己显得做作而不自然,在社交场合和工作中都不会受到好评。

袜子的颜色以单一色调为佳,穿带图案的袜子不太合适。穿礼服与黑皮鞋最好配一双黑色的袜子,这样显示整体色调的和谐美。无论如何不要在涉外交际活动中穿一双白色运动袜。

男士穿袜子要注意长度、颜色和质地。长度要高及小腿上部,太短的袜子穿起来松松垮垮,坐下来稍不留意就会露出皮肉,是有失体统的。男袜不要太薄或太厚,以棉线袜最好。尼龙袜虽便宜但看起来土里土气,并且会发出怪味,最不宜穿。

女士穿裙应当配长筒丝袜或连裤袜,颜色以肉色、黑色最常用。修长的腿穿透明丝袜最合适。腿太细可穿浅线袜,腿较粗可穿深色的袜子,这样,显得腿在深色掩饰下变细点。太厚的袜子最好别穿。

女士的袜子一定要大小相宜,不要走了几步就往下掉,或者显得一高一低。即便是这样的话,也不要当众出丑整理自己的袜子。

女士穿袜子时,袜口不能够露在裙摆或裤脚外边。裙摆与袜口之间切不可露出一段腿部来。不论女士的腿部多么动人,都不要穿着挑丝、有洞或用线自己补过的袜子外出。应当在办公室或工作场所预备好一两双袜子,以备袜子被钩破时换用。而且外出工作时最好备用几双袜子,当和日本客人打交道时更应如此,因为在进他们的餐厅小间时,要脱去鞋子去穿拖鞋,若此时,袜子破洞或不整洁,会有多尴尬。

- 前发不要垂落在眉毛和眼睛上,长头发要束起来。
- 粉底霜要用天然色,保持健美。
- 不要故意解开纽扣。
- 不要故意地把袖子卷起来,并应该注意切勿弄脏。
- 要把手镯摘下来,可戴上正统派的普通手表。
- 穿着接近于皮肤颜色的长裙,要留意,切勿松弛、断线。
- 低跟鞋到中跟鞋,比较有利于动作。而且是没有皮带扣及缎带的朴素鞋子。

在日常生活中,手套不仅起着保暖御寒的作用,而且发挥着极其重要的装饰作用。在西方,手套被称作"手的时装"。一直到19世纪为止,它都是贵族、教士和军人的专用品。等级制筑起的高墙,使寻常百姓无缘就手套。而在今天,几乎每个人都有几副不同色泽、不同款式的手套,以备在不同的季节和不同的场合选戴。

选用手套一般要注意以下几点,才会适得其用。

首先,要同整体装束相一致。穿灰色或浅褐色大衣,可以戴褐色手套。穿深色的大衣,适合戴黑色手套。穿裘皮服装,应当选择与之色彩一致的手套。而近年来流行的彩色手套,最好去与色彩鲜艳的防寒服搭配。倘若穿着黑色皮大衣,戴着副白色手套,肯定不会很美观。

穿西装或运动服装,要选择与之色彩一致的手套或黑手套。女士们穿西服套装时或穿夏令时装时,则选戴薄纱手套、网眼手套。锦纶手套,无论如何也不能去同运动服装配套。

第二,要同个人气质相协调。既然手套是一种"手的时装",那么它就同其他的时装一样,选择时必须注意到每一个人年龄、性格与气质的差异。

年长而稳重的人,适合戴深色的手套。年轻而活泼的人,适合戴浅色或彩色手套。天真无邪的儿童,戴什么颜色的手套都可以。

身高臂长的人,戴上一副长手套,会显得英武豪放。身矮臂短的人,戴上一副短手套,会显得精明强干。如果把两者互相颠倒,那就不像个样子。小巧玲珑的女孩若偏偏喜欢戴上一副又肥又大的手套,走到哪里都引人注目。其实戴过大的手套不一定好看,还很不实用。要想把手伸进衣袋里去,非脱下它不可。

不管戴什么色彩、什么款式的手套,都一定要保持它的整洁。与其戴一副肮脏的手套来败坏自己的形象,还不如不戴。

第三,要知道一些戴手套的礼节。手套不只是夏可防晒,冬可防寒,它还会增添使用者的风度。在西方的社交场合中,女士大多戴着手套,并且认为只有如此才是讲礼貌的。她们讲究白天戴短手套,晚间戴长手套。夏季戴夏装手套,冬季戴冬装手套。

当人们握手寒暄时,男士如果戴着手套就会被认为是不礼貌的。一旦进入室内,他应当脱下手套。在这两种情况下,女士都不必脱下手套。这是礼节给予女士们的优待。

不过不论是男士还是女士,需要饮茶、吃东西或吸烟的话,均应提前脱下手套。此外女士戴着手套化妆,也是不许可的。女士们喜欢在舞会上戴长手套,如果与其他服饰搭配得当,会显得风度翩翩,但是不要把戒指、手镯、手表等物藏在手套外边。穿短袖无袖上衣参加舞会的话,一定不要戴短手套,不然是很难看的。

皮手套有稳重感,能够衬托出中年人的气派和青年人的潇洒,一般场合或正式场合都可以戴。绒线手套质地轻柔,在溜冰、滑雪等运动场合比较合适。单薄的纱手套能够显出手指柔美的线条,可在交际场合戴。女士参加舞会、宴会一般均选戴丝手套或网眼手套。这种场合戴上一双绒线手套,定会贻笑大方。

如果所戴的手套与衣袖相接,那么手套应当被衣袖盖在下面,而不是相反地把衣袖塞进手套里。

画龙点睛的配饰

服装的配件在人的整体装束中至关重要。一件用得好的配件,好似画龙点睛,可使您更加潇洒飘逸,而一件用得不好的配件,好比画蛇添足,只能够败坏您的形象。因为在交际场合中,对服装的配件应当给予必要的注意。

在正式场合穿礼服时,可配以黑色或白色领结。现在蝴蝶结在运动场上或比较轻松的场合大受欢迎。打上蝴蝶结参加社交活动,给人的感觉就不严肃了。

领带被称为西装的灵魂,选择上应当下一番功夫。里根总统成名以前,服饰专家发现他头显得小一些,便建议他穿上领子较为宽大的衬衫,系大结的斜条纹领带。当他如此这般地出现在众人面前时,这一缺点便没人看得出来了。你看,系领带能很好地弥补人的生理缺陷呢!系领带不能过长或过短,站立时其下端触及腰带为好。穿西装背心或毛衣时,领带要塞进背心或毛衣里。在正式场合不宜松开领带,而假日休闲时则不必打领带。一位男士应当多备上几条领带,以供不同场合使用。例如参加婚礼时所系的领带,就不应该比新郎的领带更鲜艳夺目。

现在使用领带夹的人很多。它实际上是领带类、领带棒、领带针和领带别针的统称,起着固定领带的作用。在欧洲一些国家里,使用领带夹被当成一种坏习惯。那里的人认为,男士在行走中听任领带在胸前轻轻飘动,正是系领带的妙处,而用领带夹把领带夹得紧绷绷的,样子并不好看。如果使用领带夹的话,也不要用粗劣的产品。领带夹的位置不能太靠上边了,以从上往下数衬衫的第4粒钮扣处为好。西装上衣系上扣子以后,领带夹应当是看不见的,它不能够用来夹在上衣的领子上。

男士的腰带有工作时使用和休闲时使用之分。在工作中使用的腰带以黑色或棕色皮革制品为佳,宽度一般不超过3厘米。而配休闲服装的腰带,多么漂亮都是可以的。中年人腰围较大,可以系稍宽一些的腰带,其颜色和式样都不宜太醒目。系腰带不是扎绳子,因而不能太长了,通常以不超过腰带扣10厘米的标准。

女士系腰带应考虑同服装相配套。除此之外,作为装饰用的女士腰带还要注意体型问题。如果自己柳腰纤细,那么系上一条宽腰带,会更加楚楚动人。如果腰围太粗,可系一条环扣粗大的腰带,外罩一件不系扣的外套或背心,使腰带的环扣成为他人瞩目的焦点。

许多大腹便便有身份的中年人喜欢使用吊裤带。吊裤带质地、颜色的种类很多,用哪一种是每个人自己的事情。但是在一切场合都不要让它露在外面,如果你觉得自己的吊裤带非常漂亮,那么只管自己去欣赏好了。

钮扣虽小,在服装上的作用却很大。女士服装上的钮扣式样可以千姿百态,变化叵测,而男士的钮扣则不应当追求新潮。西装上衣为双排扣的,穿着时一定要把扣子全系上。如果是单排扣的,还有2粒钮扣与3粒钮扣之分。前者应当系上面那一粒钮扣,后者应当系中间那一粒钮扣。把单排扣西装上衣的扣子全部系上显得土气。西装背心如果是6粒钮扣的,下面那粒不必系上;如果是5粒钮扣,则应全部系上。考究的西装上衣配上华贵的袖扣,如果选择得当,能使人显得稳重而有朝气。

穿西装套服者应当记住,在正式场合中,站立时应照规矩系上钮扣,坐下时才可以解开,而不是相反。在交际场合中穿中山装,扣子也要全部扣上,其中领扣、裤扣尤其马虎不得。

男士在办公室或比较正规的场合可以选用纯毛或开司米的棕色、灰色、海军蓝或深酱色围巾,而在亲友聚会或度假时,可选用白色围巾或带有流苏的围巾。进入室内,男士应将围巾连同外套一同脱下来。女士的围巾多种多样,不但可以围在脖子上御寒,而且可以扎在头发上和腰间作为装饰用。如果再以丝巾扣与丝巾配套,那就变化更多了。女士选用围巾的花色、式样要与身份和环境相适应。

手帕可以分为两种,一是为擦汗、擦手和擦嘴而随身携带的普通手帕,至少要带上两块,每天都要换。千万不可在人前使用弄脏的或皱巴巴的手帕。目前人们已开始使用香巾纸来取代普通手帕。

另一种手帕是装饰手帕。它是以各种单色手帕折叠而成的,式样很多。可在礼服或西装上衣的口袋里置放,并配合领带、衬衫的颜色进行变化。装饰的手帕不能被当作普通手帕使用,它使用得当,可为男士增添体面与斯文。

眼镜选戴得好,可使人显得优雅端庄。方脸的人要选大圆框、粗线条的镜框;圆脸的人宜选四方宽阔的镜框;而椭圆形的脸最适合选框型宽阔的眼镜。在交谈或行礼时,最好先把眼镜摘下来,过后再戴上。选戴太阳镜时,商标要揭下来,不要以商标向他人炫耀"此乃正宗之物"。

男士西装上衣和西裤的口袋是不适合放东西的,因此在公务活动中男士应携带一只公文包,它比那些小型或肩挎的手提包神气多了。选择公文包以深褐色或棕色皮革制的为上品,不要用灰色的,也不要用发光发亮、画满图案或广告的。手提箱只能带着去参加午餐约会。

女用手提包应套在手上,不要拎在手里摆来摆去。体态窈窕的女士不宜用大提包,而身材高大的女士则不能用小提包。用挂历制作的小姐包适合年青女士在日常生活中使用,在正式场合拎一只花花绿绿的小姐包就不像样子了。

手杖或阳伞是生活中的必需品。把手杖或阳伞扛在肩头或挂在臂弯里都是不对的。把它拿在手中不要乱甩乱晃,要么握住手柄,要么让它随手自然摆动。女士们用的花伞男士不宜使用,年轻人最好不要拄一根手杖去装样子。

钱夹以皮制为好。又长又大的皮夹子被视为男士的"口袋秘书",只能放在西装上衣内侧口袋里。其他类型的钱夹要注意不要塞得满满的。女士用的钱夹可随手携带,也可以放在坤包里。

金笔、手表、打火机被西方人一度看作男士三大配件，并被当作身份的象征。职业男性应携带至少一支钢笔和一支铅笔，可放在公文包里，也可放在西装上衣内侧的口袋里，但决不能插在西装上衣外侧的口袋里。有身份的男士在交际中最好带一支好一些的钢笔。

手表的佩戴因人而异，但不论男士还是女士，在涉外交往中最好要戴机械表，不要戴潜水表、太空表或卡通表。

打火机可以当作装饰品，也可以作为礼品。但在社交场合瘾君子一定要记住，不要只顾夸耀自己的名牌打火机而冷落了其他人。

在正式场合，人们携带钥匙应使用钥匙包，并把它放在西装上衣内侧的口袋或公文包里。不要使用钥匙坠、钥匙链或把钥匙别在腰带上，走起路来钥匙直响，有些不成体统。

个别男士把 BP 机也当作一种配件，有事没事都把它挂在西装上衣外侧的口袋上，这种想法和作法都是不应该的。

首饰的佩戴也有一套规矩，它是一种沉默的语言，既向他人暗示了某种含义，又显示了佩戴者的嗜好与修养。对此虽然不必完全遵从，但在交际场合也不可不慎。

小青正在外语学院读书，有次她遇到一位华侨问路，便热情相助。临别，那位华侨留下名片，并认真地说："谢谢。欢迎你和你的'那一位'去我的寓所做客。"小青一下愣住了，她根本没有男朋友的。可那位华侨也没有什么错，人家之所以这么讲，是因为看见小青左手的无名指上戴一枚戒指。

类似的事情还真不少。第十一届亚运会举行期间，一名外国记者挺纳闷地问中国同行："中国的女士们一只手上戴好几枚戒指，到底意味着什么？"中国记者急中生智地回答说："这意味着她们富有。"方才应付了过去。

戒指通常应戴在左手上，这大概是因为它较少地用于劳作，所以不会碰坏戒指。拇指是不戴戒指的。把戒指戴在食指上，表示无偶而求爱。戴在中指上，表示正处在恋爱之中。戴在无名指上，表示已订婚或结婚。而把戒指戴在小手指上，则暗示自己是一位独身者。在不少西方国家中，未婚女子的戒指戴在右手而不是左手上。修女的戒指则总是戴在右手无名指上的，这意味着她已经把爱献给了上帝。一般的情况下，一只手只戴一枚戒指，戴两枚或两枚以上的戒指是不适宜的。参加涉外活动，佩戴的戒指以古典式样为好，太时髦了反而不好。

佩戴手镯和手链的讲究差不多。如果在左臂或左右两臂同时佩戴，表明佩戴者已经结婚。如果仅在右臂佩戴，则表明佩戴者是自由而不受约束的。一只手上不能够同时戴两只或两只以上的手镯和手链，因为它们相互碰撞发出的声响并不好听。手部不太漂亮的人要知道，手上戴的东西太多了反倒容易暴露自己的短处，那些注意你手上首饰的人不可能不注意你的手。项链的佩戴因人而异。脖子细长的可选择细且长的项链，或者什么也不戴，这样才利于弥补自己的缺陷。选配项链上的挂件，要注意使之展示自己的性格。富于幻想者，可选配星形挂件。活泼好动者，可选配三角形挂件。成熟稳重者，可选配椭圆形挂件。追求事业者，可选配方形挂件。

佩戴耳环要使之同佩戴者的脸型相配合。脸圆的人不要选用又大又圆的耳环；而应选用链式耳环或耳坠。脸方的人不要选用过于宽大的耳环，而应选用小耳环或耳坠。脸长的人不要选用长且下垂的耳环，而应选用宽宽大大的耳环。在一切正式场合，都应当避免佩戴发光、发声的耳环。

胸饰的花色品种很多，选用时要兼顾年龄、装束、场合等因素，只要使人看起来不刺目就行了。

总而言之，佩戴首饰必须坚持以下几条原则。第一，应当遵从有关的传统和习惯，在社交场合中最好不要靠佩戴的首饰去标新立异。第二，不要使用粗制滥造的物品，在正式场合不戴首饰是可以的，戴就要戴质地、做工俱佳的。第三，佩戴首饰要注意场合，上班期间不戴或少戴首饰最好，运动或旅游时也不能够戴太多的首饰。准确地说，只有在交际应酬时佩戴首饰才最合适。第四，佩戴首饰必须考虑性别差异。在一般场合，女士们可以样样首饰都戴一戴，而男士佩戴最多的只有结婚戒指一种。场合越正规，男士戴的首饰就应当越少。假设一位男士戴的项链人人都可以看见，并且还配以一对大耳环，那会成什么样子呢？

此外，佩戴首饰还有些特殊的禁忌。例如女士参加丧礼时，只允许佩戴结婚戒指和珍珠项链。

浓妆淡抹总相宜——化妆的艺术

化妆是一门既复杂又有趣的艺术，通过恰到好处的化妆，可以更加充分地展示自己容貌上的优点。在参加交际活动之前，进行必要的化妆，首先是对来宾的尊重。当你容光焕发，神采奕奕地参加某个仪式的时候，谁能够说你认真的化妆不是对这一仪式的重视呢？

这里不研究化妆的具体技巧，而专门探讨一下化妆的礼节。

第一，化妆的浓淡要视时间、场合而定。必须记住：白天是人们工作的时间，即使自己的工作允许化妆，也只能够化淡妆。有的女士工作中喜欢在脸上涂上一层厚厚的粉底，嘴唇涂得鲜红，使人觉得她所关心的首先不是工作。还有的女士喜欢使用大量浓香型的香水和香粉，把自己搞得香气四溢，像一盘大蚊香一样。这种人在电梯和会议室等通风不良的地方非常容易触犯别人。化妆并没有错，但是只有夜晚才是公认的娱乐时间，届时夜色朦胧，不论浓妆还是淡妆，都是非常适宜的。

化妆的浓淡还应当考虑场合问题，人们在节假日大多是化妆的，但是如同身穿迷你裙、足蹬高跟鞋不适宜去游乐场玩一样，外出旅游或参加剧烈运动时，最好不要化浓妆。不然一出汗，你就会感到为难了。

第二，不能够在公共场所化妆。我们经常会遇见这样的女士，她们对自己的装束和形象十分在意，不论是工作、学习、上街、社交还是赴宴，一旦有了空闲，不管三七二十一，马上就会掏出自己的化妆盒来对镜修饰一番，旁若无人。君不知，在众目睽睽之下化妆是非常失礼的。这样你既可能有碍于人，也不尊重自己。如果真的有必要化妆或进行修饰的话，要在卧室或化妆间里去做，切莫当众表演。就是你的化妆术的确高人一等，也不一定非让众人知道。要是你经常在工作中如此这般的话，容易被他人当作不务正业的人。

第三，不允许在男士面前化妆。有些女孩子常常当着男同事的面化妆，你可能满不在乎，"大家都很熟嘛，随便一点好。"然而却不要忘了，古人云："女为悦己者容"，你大概不把这当作一回事，可要是男同事把它看成是你有意与他亲近呢？因此女士化妆一定要避开男士，就是男朋友或丈夫也不例外。这一段"距离"是必不可少的，要知道：从某种意义上来讲，"距离"就是美。

第四，不要非议他人的化妆。由于民族、肤色和个人文化修养的差异，每个人的化妆不可能都是一样的。就拿我国来说，北方的女士偏爱浓妆，南方的女士喜好淡妆。而外宾的化妆更是各具特色了，例如美国的一些老太太喜欢把脚指甲涂得鲜红，东南亚一些国家的女士喜欢嚼槟榔，从而把牙齿染成黑色。对此我们不要少见多怪，也不要以为自己的化妆才是最好的。对外宾的化妆尤其不要指指点点，也不要同外宾切磋化妆术。

第五，不去借用他人的化妆品。好朋友有了新的化妆品，一定会引起你的兴趣，使你跃跃欲试。你自己有时可能忘了带上化妆盒，却偏偏要用。在两种情况之下，除非主人心甘情愿为你提供方便，千万不要去借用人家的化妆品。因为这是极不卫生的，也很不礼貌。

目前，我国的男士们使用化妆品的越来越多了，化妆品已不再为女士所专用。在交际场合，男士稍事化妆是必要的。应当注意的是，男女有别，不要化妆以后真的让人家觉得你是"男扮女装"了。一般情况下，男士使用化妆品不宜过多，以免给人以拒人千里之外的感觉。

企业人的仪容仪态

店面开张，都要先装潢，整修门面，人要出门办事，也要注意自己的仪容。尤其不要忘记"三分人才，七分打扮"的道理。所谓打扮，并非仅指穿衣，还包括了仪态和容貌。一个人即使穿着整齐，哪怕是名贵礼服，如果他头发凌乱，或胡须未刮，或指甲未修，或鼻毛突出，或汗味浓厚，或态度粗犷，精神颓丧，弯腰驼背，斜视看人，精神散漫等，只要有一点缺失，也被人讥讽为不够水平，土包子，或俗不可耐。所以美丽的服饰，需要大方又高雅的仪容来搭配。

并不是每个人都是俊男善女，但只要自己仪容端庄，穿着整齐，谈吐有涵养，举止得宜，自然会散发一个人的魅力，而让人敬重和欣赏。

日常仪容

(1)头发

当我们看一个人的背影，还分不出他是谁，也不知他是俊男或美女的时候，会吸引你的莫过于他的头发、身材和衣着，即令正面相视，一个人的头发是否整洁美观，也会影响到一个人的形象。头发必须勤于洗，也要勤于修剪。发久未洗，亦将产生臭味，近身闻及，会让人却步。不论是男士或妇女，不要追求新奇或太醒目的发型。秃头的男士或喜爱变化的妇女,亦有戴假发者。假发的选择,也要适合自己的装扮,不要标新立异,严格而言,头发整齐、清洁,发型选配得宜就是美观。

• 发夹、缎带等头发装饰品,要力求不过分。

(2)脸容

同一张脸,可以变成面目可亲,也可以变成面目可憎。对一般人而言,要求俊俏脸蛋或花容月貌,常不可得,但只要注意修饰,注意展现自己的魅力,也可以被人喜欢。

(3)指甲

指甲若不常修,则缝内藏垢纳污。妇女的指甲,即使留长指甲,亦须常加修饰,指甲油的涂擦宜均匀,颜色的选配宜与自己的服饰或佩件配合,并非艳丽就是美观。

日常仪态

我们欣赏一个人的仪态,常赞美仪表堂堂,彬彬有礼,或仪态万千或笑容可掬。何以知之,这是一个人仪态展现的结果。一般日常仪态应注意如下:

身体的仪态

一个人的举止是否大方高雅,会直接给人留下不可磨灭的印象。翩翩君子,立于人潮,行走于街,或坐于庙堂,或出入公共场所,必须站有站相,坐有坐相。

1.徒步:徒步时,必须抬头、挺胸、闭口,两眼向前平视,表现出精力充沛,朝气蓬勃及有勇往直前的精神,同时切忌两手合抱于胸前,或交叉置于背后,或两手插于裤袋,或在冬天插于衣袖内。此外在行进中,不宜吸烟,不吃零食,不与同伴攀肩搭背,不哼歌,也不可吹口哨。

2.站立:站立时,不弯腰、驼背或垂头。双手宜自然放下,同时要精神抖擞,不要有萎靡不振或颓丧可怜的形象。对妇女而言,所谓亭亭玉立,可以想象一定是给人一种清新美丽、活泼可爱的感觉,绝不是像畏缩在冷风中,或一副哭丧着脸的模样。

3.坐:

(1)入座时,从座位的左边入(右边出)要走到座位前面再转身,转身后右脚向后退一步,然后轻稳地落座,注意动作要轻盈舒缓,从容自如。落座的声音要轻,不要猛地墩坐,如同与别人抢座位。特别是忽地坐下,腾地站起,如同赌气,造成紧张气氛。

(2)落座时要保持上身平直,不要耷拉肩膀、含胸驼背,前俯后仰,给人以萎靡不振的印象。半躺半坐、跷二郎腿,给人以放肆、无教养的感觉。两手交叉放在胸前或摊开放在桌上,将手里的东西不停地晃动,一会儿拉拉衣服、整整头发、抠抠鼻子、耳朵等,都会破坏坐姿。

(3)腿的摆法也是不容忽略的。两腿笔直向前、两膝分得太开、抖动腿脚、两脚并拢而两膝外展,或两脚放到座椅下等,这些都是非"礼"的动作,也会给人传递错误的知觉感觉,造成不必要的麻烦。

(4)在人际交往中,坐姿的选择要与不同的场合相适应。如坐宽大的椅子(沙发)时,要注意不要坐得太靠里面,可就座工作的服务员应坐椅子的三分之二,以便随时为宾客服务。如坐着与客人交谈,应目光注视对方,善于聆听。

(5)女子入座时,要用手将裙子往前拢一下,坐下后整理一下衣裙,并注意两膝不能分开,双脚要并拢。如果跷腿坐.注意不要跷得过高,不要把衬裙露出来,还应注意将上面的小腿向后收,脚尖向下,不然会有损风度和美观。起立时,右脚先向后收半步,然后站起。

(6)男子如有需要,可交叠双腿,但一般是右腿架在左腿上。在礼仪场合,绝不要首先使用这一姿势,因为会给人以显示自己地位和优势的不平衡的感觉。而4字形的叠腿方式和用手把叠起的腿扣住的方式则是绝对禁止的。叠腿且又晃动脚则更是显得目中无人和傲慢无礼。

4.与人交谈:应精神集中,两眼注视对方,聆听人家的谈话,同时表情要放松,多展现笑容。谈话时,声不高吭,手勿指指点点。同时切忌抓头、摸鼻子、挖耳朵、抓背、扣头皮、挖鼻孔、挑牙齿、挤眉、弄眼、叉腰、抓脚、整衣等令人恶心的动作。更不可当面打喷嚏、打嗝、咳嗽、呵欠,万一忍耐不住,应急时抽出手帕蒙住嘴,侧身为之,并道声对不起。此外不可当着人家面前放屁或吐痰。

5.笑:时现笑容,可获得人家的好印象,但对于笑,却应有分寸。见喜而笑或闻喜而笑,自可笑逐颜开,遇好听的笑话或滑稽的事,常令人开怀大笑,或会心的一笑,或大笑而特笑,这些都是自然地流露。但是笑也要因时、因地、因事制宜。在正式的场合如会议中、宴会、典礼,虽有滑稽可笑之事,只能会心的一笑,切忌笑声冲梁,引起人家的骇异。如遇人家遭遇不幸,其状虽可笑,但应有恻隐之心,切忌发笑。对自己痛恶之人,狞笑或奸笑也不必展露。自鸣得意而形于外,于己无益,于事无补。

其他仪态:

1、上下楼梯的动作

上楼梯时,身体自然向上挺直,胸要微挺,头肩平正,臂部要收,膝要弯曲,整个身体的重心要一起移动;下楼时最好走到楼梯前先停一停,片刻扫视楼梯后,运用感觉来掌握行的快慢高低,沿梯而下。

引导客人上下楼梯时,扶手那边应让给客人行走。交际场合,上楼时,尊者、女士在前;下楼时则相反。

2、上下轿车的动作

上车时要侧着身体进入车内,绝对不要头先进去。下车时,也应侧着身体,移着靠近车门,然后一只脚踏在地面上,眼睛看前方,再以手的支撑力移动另一只脚,头部自然伸出,起身立稳后,再缓步离开。

要主动为客人开启、关闭车门,并让宾客先上先下。

3、取低处物品的动作

拿取低处物品或拾起落在地上的东西时,不要只弯上身,翘臀部,要利用蹲和屈膝的动作,脚稍分开,腰伸直,站在要拿和捡的东西旁边,慢慢低下腰部拿取,以显文雅。

4、递物与接物是常用的一种动作,应当双手递物,双手接物(五指并拢)表现出恭敬与尊重的态度。注意两臂挟紧,自然地将两手伸出。

在接待工作中,所有东西、物品都要轻拿轻放,客人需要的东西要轻轻地用双手送上,不要随便扔过去,接物时应点头示意或道声谢谢。

递上剪刀、刀子或尖利的物品，应用手拿着尖头部位递给对方，让对方方便接取。同时，还要注意递笔时，笔尖不可以指向对方。递书、资料、文件、名片等，字体应正对接受者，要让对方马上容易看清楚。这些微小的动作能显示出你的聪明与教养。

5、进出公共场所及电梯的礼貌

在公共场所，如会议场所、电梯间、楼梯、门口等应先出后进。还应遵循下级礼让上级（或客人）；男士礼让女士（女士优先）；年轻人礼让年长者的原则，文明有序地进出公共场所。等电梯时，不要站在梯口的正面，进入后应往里走，靠边站立，不要在电梯里大声讲话、谈笑；眼睛不要东张西望，最好是不说话，眼光看着电梯的信号标志。乘自动扶梯，应靠电梯的右边站立，两人一起也应前后站立，左边空间应让给有急事的人上下。

听其言，观其行～说话的艺术

谈话是人们交流感情，增进了解的主要手段。在人际交往中，中国人讲究"听其言，观其行"，把谈话作为考察人品的一个重要标准。因此在社交活动中，谈话中说的一方和听的一方都理应好自为之。

一、尊重他人

谈话是一门艺术，谈话者的态度和语气极为重要。有人谈起话来滔滔不绝，容不得其他人插嘴，把别人都当成了自己的学生。有人为显示自己的伶牙俐齿，总是喜欢用夸张的语气来谈话，甚至不惜危言耸听。有人以自己为中心，完全不顾他人的喜怒哀乐，一天到晚谈的只有自己。这些人给人的只是傲慢、放肆、自私的印象。谈了半天话，倒不如不谈，因为他们不懂得尊重别人。

二、谈吐文明

谈话中一细小的地方，也应当体现对他人的尊重。谈话中不能使用粗话和黑话，有人认为一说出那些不洁的词语，便会缩小同他人的距离，他们把长得漂亮叫作"条挺""盘亮"，把 100 元、1000 元、10000 元分别叫作"一颗""一吨""一方"，殊不知这样做只会显示出自己的格调不高。

谈话中使用外语和方言，需要顾及谈话的对象以及在场的其他人。假如有人听不懂，那就最好别用。不然就会使他人感到是故意卖弄学问或有意不让他听懂。与许多人一起谈话，不要突然对其中的某一个人窃窃私语，凑到他耳边小声说话更不允许。如果确有必要提醒他注意脸上的饭粒或松开的裤扣，那就应该请他到一边去谈。

当谈话者超过三人时，应不时同其他所有的人都谈上几句话。不要搞"酒逢知己千杯少，话不投机半句多"而冷落了某个人。尤其需要注意的是，同女士们谈话要礼貌而谨慎，不要在许多人交谈时，同其中的某位女士一见如故，谈个不休。此刻张口闭口引经据典，子曰诗云，只会让人见笑。

三、温文尔雅

有人谈话得理不让人，天生喜欢抬杠，有人则专好打破砂锅问到底，没有什么是不敢谈、不敢问的。这样做都是失礼的。在谈话时要温文尔雅，不要恶语伤人，讽刺谩骂，高声辩论，纠缠不休。试问，在这种情况下即使占了上风，是得大还是失大呢？

四、话题适宜

谈话时要注意自己的气量，当你选择的话题过于专业，或不被众人感兴趣，或对自己的宠物阿猫、阿狗介绍得过多了的时候，听者如面露厌倦之意，应立即止住，而不宜我行我素。当有人出面反驳自己时，不要恼羞成怒，而应心平气和地与之讨论。发现对方有意寻衅滋事时，则可对之不予理睬。

不论生人熟人，如在一起相聚，都要尽可能谈上几句话。遇到有人想同自己谈话，可主动与之交谈。如谈话中一度冷场，应设法使谈话继续下去。在谈话过程中因故急需退场，应向在场者说明原因，并致歉意，不要一走了之。

谈话中的目光与体态是颇有门道的。谈话时目光应保持平视，仰视显得谦卑，俯视显得傲慢，均应当避免。谈话中应用眼睛轻松柔和地注视对方眼睛，但不要眼睛瞪得老大，或直愣愣地盯住别人不放。

以适当的动作加重谈话的语气是必要的，但某些不尊重别人的举动不应当出现。例如揉眼睛，伸懒腰，挖耳朵，摆弄手指，活动手腕，用手指向他人的鼻尖，双手插在衣袋里，看手表，玩弄钮扣，抱着膝盖摇晃，等等。这些举动都会使人感到心不在焉，傲慢无礼。

五、善于聆听

谈话中不可能总处在"说"的位置上，只有善于聆听，才能真正做到有效的双向交流。

听别人谈话要全神贯注，不可东张西望，或显出不耐烦的表情。应当表现出对他人谈话内容的兴趣，而不必介意其他无关大局的地方，例如对方浓重的乡音或读错的某字。

听别人谈话就要让别人把话讲完，不要在他讲得正起劲的时候，突然去打断他。假如打算对别人的谈话加以补充或发表意见，也要等到最后。有人在别人刚刚一张嘴的时候，就喜欢抢白和挑剔对方。人家说明天可能下雨，他偏说那也未必。人家谈起《红高粱》确实是部出色的影片，他却说这部影片糟糕透了。这种"常有理"的人实在太浅薄了。

在聆听中积极反馈是必要的，适时地点头、微笑或简单重复一下对方谈话的要点，是令双方都感到愉快的事情。适当地赞美也是需要的。

参加他人正在进行的谈话，应征得同意，不要悄悄地凑上前去旁听。有事要找正在谈话的人，也应立于一旁，当他谈完之后再去找他。若在场的人欢迎自己参加其谈话，则不必推辞。在谈话中不应当做永远的听众，一言不发与自吹自擂都同样走的是极端，同样会令众人扫兴。

六、以礼待人

谈话不必刻意追求"语不惊人死不休"的轰动效应，以礼待人，善解人意才是最重要的。一个人在谈话中,如果对待上级或下级、长辈或晚辈、女士或男士、外国人或中国人,都能够一视同仁,给予同样的尊重,他才是一个最有教养的人。

七、要有幽默感

一个有幽默感的人,碰到尴尬的场合,或者是僵持的局面。往往用一句幽默的话,便能化解困局,并赢得人家的好感。下面的例子,倒是很能说明这一点的。

一个细雨绵绵的早晨,国外一名贵妇人带着一条狗上了公共汽车,那条狗的脚很脏,贵妇人却很高傲地说:"售票员,假如我为这条狗付车费,你能为它准备一个像其他乘客一样的座位吗?"售票员微微一笑,说:"当然可以,不过和其他乘客一样,它不能把脚放在座位上。"一句话,说得周围的乘客会心地笑了,贵妇人自知理亏,也哑然了。这位售票员巧妙的语言,平息了一场可能发生的风波。

八、不要吝啬多给人家赞美

适当的赞美,必然会赢得人家的好感。无论小孩、大人乃至老人,都喜欢人家赞美,不过赞美必须得体,否则流于谄媚,不但会引起人家的反感,且会让人怀疑谄媚者的动机。而被赞美者,切不可喜形于色,须反应得体。如人家赞美你的衣服说"好漂亮",你切不可答以:"那是进口的,很贵哟",必须答以"多谢你的赞美"。因为喜形于色,刻意夸耀,说不定会给人难堪。

九、不要探人隐私,诸如下面的例子,是必须避免的

1.问人家的年龄。
2.问人家的薪水或探询财产。
3.责问式地问人家为何不结婚? 为何不生小孩?
4.好奇地问人家身体的残障或缺陷。
5.贸然地问及性的问题。
6.人家赠送礼品,冒失地问价钱多少?

访问、接待应有的礼仪

也许你不十分了解所谓的礼仪,但只要与人相处时,让对方自在、没有压迫感及受到尊重的感觉,就算得体了。

在工商社会,访问已成为推销产品,业务联系,乃至日常社交生活重要的一环。因此,熟悉拜访的礼节,不但有助于业务的发展,并且可结交朋友,给人留下良好的印象。

拜访的种类依其性质可分为四种:

1.业务拜访:基于业务上的需要而作的拜访。公职人员为公事拜访有关机关,外交人员抵任后拜访驻在国政府官员,工商机构人员主动访问有关机构或客户等,均为业务拜访。

2.朋友间的拜访：亲友间的拜访，无论是问候、聊天、慰问，或联络感情，或有事请托，均属此类。

3.礼貌拜访：即担任新职后拜访有关人员，迁入新居后拜访邻居等。

4.辞任拜访：交卸职务时向有关机构辞行拜访，远行前向亲友辞行，均属此类。下面着重谈一下业务拜访。

从容不迫访问顾客

你突然去访问顾客，可能会遇上"你这样突然来访，偏巧，我们现在开始要开会呢！"的麻烦来，因此，必须事先约好才可以。假如你能够在事先向对方说"是否可以给我几分钟的时间？"或"请给我们 15 分钟左右的时间，好吗？"这样的话，就非常方便了。事先约时间可以利用电话，但是如果对方是经理级的人，通过秘书或该项工作的人约时间，仍一般的礼貌。

对于忙碌的人，或身份地位较高的人，最好先用书面联系后，再用电话作确认比较好。

其次，要做的事是对所要访问的对方，做充分的调查，做一切的准备工作。只要你做好了准备工作，5 分钟的时间，也可以非常有效地运用了。

出发前，一定要对公司内的人，交代你的访问对象，预定行程回公司的时间。

"喂，你那样满身大汗，气都喘不过来。怎么可以呢？等你心神安定后再谈吧！"假如你被对方说成这样，你就还不是专业人员了。任何场合，在闯进敌阵之前，要做万全的准备，最好能够在约好的时间前 5 分钟到达，以从容不迫的心理进行商谈才好。

万一，可能会有迟到的情形时，要尽早把实际情况告知对方，不能浪费对方宝贵的时间，你要知道，没有时间观念的人，会被认定做起工作来，也比较马虎。

访问时应注意的细节

访问人时的步骤：

1.搜集所需文件及情报；2.约定时间时要把要旨、目的及面谈所需时间说清楚；3.在约定的时间前五分钟到达；4.要旨要按照顺序，说得简单明了；5.谈完勿忘道谢。

访问其他公司时的四不：

约好时间，不能迟到。
在对方还没有请你上坐之前，不能坐在客位。
在对方还没有请你抽烟、喝茶之前，不能用。
在对方还没有请你使用衣架之前，不能使用。

在顾客询问处的基本知识：

- 你要认定，你在询问处的态度，说话的措辞，都会整个的传到对方负责人那里的。
- 当你站在询问处的前面时，你的领带是否歪斜不正？上衣的钮扣有没有扣好？要把自己的仪容检视一下。外套要在进大门以前就脱下叠好挂在手腕上。
- 如有访客登记表，要用正楷的字体填写，让对方容易看得清楚。
- 询问处的人不在座位上时，可以向附近的职员告知你的来意，请他代为转达。
- 不可叼着香烟走进，不要把手扶在柜台上，也不要把皮包放在柜台上。

在询问处遇到下列情况可以如此处理：

你要访问的人不在时，如果你留一张名片（便条纸亦可），请传达的人交给本人，当可获得好的印象。

假如你不是一个人来访问时，就要采取下列的态度和做法比较适当。

首先，如果是部属想要把上司介绍给对方认识而访问对方时，应由部属代表向询问处说明来意，最好能够在询问处就告知人数道："我们一共三个人来访问。"

其次，如果是上司带你去访问时、在询问处只由上司一个人递上名片，等到与对方见面，经过上司介绍后，你才拿出名片。你不要任意地立刻自我介绍递送名片。

对方抽不出时间，而让你在询问处等候时，假如你有时间，不妨多等一些时候，如果会影响到你另一个约会时，你可以向对方说明一下，造成下次访问的机会。同时，假如你要先到别处办完事之后再来访问时，也可以把你的意思告诉对方再离去。

在会客室皮包和手提行李应该放在哪里？

当你访问顾客，被引导到会客室时，你的皮包及手提行李，应该放在什么地方才好呢？

皮包是不能放在沙发椅或桌子上的。

皮包及手提行李要放在自己的脚下或沙发的旁边。

样品之类的东西，要视实际需要抽出来放在桌子上。

外套要把里面折出来，叠起来，放在沙发椅的扶手边。即使有衣架，也要等到对方请你使用之后，才可以挂上。因为你不能随便使用人家公司的东西。

面谈时有失礼貌的五个姿势

在交谈中遇到没有话题时，可以谈谈。

对方有这些举动时，也就是你应该告辞的时候了。

尽管话讲得很投机，也不要超过预定的时间太多。假如你让对方认为你这个人来访是很愉快的，只是时间要拖长……，如此的话，则今后只有在他有从容的时间时，才会接见你了。

有人送上便条或他开始在看表了，这是给你"应该告辞"的信号了。

如果，对方临时有事时，你要临机应变，约好下次见面的时间，讲好日后再作联系，要做有弹性的应对。

等到你能够看出当场的气氛如何之时，你也就是已经够成熟了。

接待工作井然有序

公司是进行交易的场所，交易的双方对彼此须有这样的想法，那就是随时都要有感谢对方的心。做生意双方都要诚心诚意，才能合作长久。因此公司的接待礼仪是公司日常工作中的重要组成部分。

真诚的微笑，优雅地行礼

作为一个公司职员，要时时保持饱满的精神。不管是多么严肃的场合，随时都要面带微笑，持有关心别人的态度。

比如你作为一个客人在饭店的大厅，遇到西装笔挺的侍者的行礼，百货公司电梯间、服务台内，服装整齐、漂亮的小姐，面带微笑而且亲切的行礼，想必都令人感到舒服愉快吧！

行礼是一个人诚心的表现，所谓美丽的行礼，不但外形上要有规有矩，而且还要有诚心诚意的内涵。例如某公司一位很胜任的招待人员，每当客人来时，她都说"欢迎光临，我们经理正在等候大驾，请跟我来……"一见到她那种规矩的鞠躬和亲切的招待行为，来客不管是谁，都会对此产生很好的印象。

对客人存在有感谢并亲切地招呼的心态，对客人行礼自然地就能表现得得体合宜。在要说"欢迎光临"时，假如心里有一份"让您老远赶来""让您百忙中抽空而来"等感动时，行礼就会充满诚意的感觉。在外表上，一个规矩的行礼，必须是挺直背脊，然后从腰部做45度的弯身，此时双手要从两侧移向大腿侧旁。如果是女职员，则要把双手移向两腿的前方中央处，手掌并轻轻地重叠。虽然是简单的一个行礼，能否优雅美丽就得平时多加练习，才不至于生涩别扭。不会行礼的人，是很难讨人喜欢的。

谦和的语言，亲切的问候

谦和的话语、亲切的问候，对待客人要笑脸相迎，要亲切、热诚、动作要自然，不得做作。说话谦虚会给人留下好的印象。

公司的职员当知道公司有客人来时，首先要先去会客室检查一下应该准备的事情是否有所遗漏。如果客人在约定的时刻来到会议室时，看到桌上的烟灰缸里，还留有三四根尚未熄掉的香烟，或几杯未喝完的水，心里一定很不舒畅。在这种情况下，大概也不会有想要认真地谈生意的意愿吧。

接待人员对客人的招待，从行礼、询问到引进、奉茶等行为动作或其间的各项有关事项，都是不可掉以轻心的。领客人到待客室，为客人开门和招待的方法，似乎是各有巧妙不同。当然这是没有什么国际礼仪规范的，不过平时自己就要训练出一套适合自己、顺畅合理的方法。

例如某公司的王小姐就是一位很会招待客人的女职员。她总是很亲切地走在前面，把客人引领到接待室的门前。然后用左手轻轻地推转门右侧方的把手，推开门时她顺势先进入室内,同时换上右手握住门把。接着侧身向旁边说一句"请进",并且左手做引导客人进入室内的手势。王小姐的动作做来既流畅又大方,令人见了都很舒服。当然也给客人留下了深刻的印象。

不但如此,当确知客人会在约定的时刻到来时,王小姐一定会到门前恭恭敬敬地等候。客人一推开门就看到王小姐恭敬等候的情景,总是会惊喜万分。尤其是那些本来想来公司抱怨的客人,看到王小姐竟然这样诚心地等候自己,心中即使有再大的怨气,早就会云消雾散了。

有时会客室的布置,经常会有使来客不知该坐何处才好的感觉,因此引导座位的行动是有必要的。再则,即使座位很易辨认,接待人员不引导客人就坐便自行告退,难免会给人不礼貌的感觉。

同样的一种礼仪,可能因场合不同而必须要临时变更,最重要的是行礼的人要有站在对方立场、体谅对方的心。礼仪的基本是"心",唯有能将心比心的人才能表现出优雅感人的礼仪。

平等地对待,慎重地回答

公司是由各种具有各自性格的职员所组成的团体,公司期待的是各个职员都具有积极进取的个性,并把它表现在日常的工作上。但是,公司希望职员们在待客态度上要一致,仔细认真地去注意待客的礼仪。而且接待来公司的客人应该平等对待,不要有差别,因为差别地对待客人本身来说也是一种很不礼貌的行为。客人未去时不要谈论该客人的事,否则会成为得罪客人的原因。

商业活动是人与人相互交际往来,因此掌握人际关系的真相就能测知敌对团体的动向。而柜台往往就是掌握客人与公司往来情报的门户,所以往往成为客人打听情报的对象,因此对于客人的询问要慎重地处理,否则你已经泄露了情报却不知道。

所以,在我们平时接待客人时,说话要谨慎。在会谈中有来客,要用字条代替传话,一来避免打断会场气氛,二来可保守机密。

服务要周到,亲切不可少

无论何种客人到公司拜访、洽谈、参观,或联系有关事项,我们首先应热情接待,不能让人干等。

例如,某公司的王经理,每当客人来时,他一定会事先告诉服务台,"是服务台的陈小姐吧?下午 NCC 的朱经理会来,请你招待他到三楼会议室,同时马上和我联络……"这样会使服务台小姐事先有了心理准备,就能顺利地做好接待客人的事。当朱经理到来时,服务台的陈小姐首先招呼他进入电梯,并陪他到三楼。这时需要注意.要用手指示场所或方向。乘坐电梯时自己要先进入后再招呼客人。电梯到了三楼,门才一开,朱经理就看到王经理已在那里等候了。"欢迎!欢迎!朱经理,谢谢您大驾光临!"王经理亲切的招呼使朱经理感到十分地感动。

接待客人要周到而且亲切不可少,唯有如此才能建立见面时的好感,促使会谈顺利进行。

所以接待来客要清楚表示我们早就有恭候其到来的准备。周到而亲切地接待,就是感动来客的重要礼仪。

客人在约定时候来谈生意,自己公司的人迟迟不来,这已经很令人生气了,若再加上接待的人爱理不理的态度,生意不成是小事,这种事一旦传开来,公司的声誉可就扫地了。

宁可等客人,莫让客人等

约客人见面,应该提早到达约定的场所。宁可等候客人也不可让客人等。在邀约客人未到来之前,看一看报纸杂志或抽烟来打发时间,是很平常的。可是在客人到来时,如果茶几上书报杂乱、烟灰缸内有烟蒂、烟灰,这对客人来说是非常不礼貌的事。

每次都能提前去等客人,见面时客人就多少会有"不好意思"的感觉,并且有好感,这对谈生意是有好处的。

因此我们应注意到"出迎三步,身送七步"这应该是迎送客人最基本的礼仪。每一次的见面结束,都要以将"再次见面"的心理来恭送对方回去。

如果你在接待客人时没很好地注意及检讨,也会给公司名誉带来损害,严重的则会赶走客人,下面就有这么一个例子。

某公司的职员陈先生推开了会客室的门见有人坐在那里,就贸然问:"喂,你在等谁?""我是来找贵公司田主任谈生意的!"坐在会客室等候田主任的李先生对这唐突的闯入者感到心里有点不舒服……

连敲门都没有就砰然推进房门只探出一颗大头环视着房间,然后没头没脑地问问题,又莫名其妙把头缩回去,走了……约好来谈生意,谁知对方不但不守时,还会受到这种"待遇",这谁都会生气的吧!不用说,李先生的不舒服早已淹没了他想要谈生意的意愿了。今天的生意,甚至以后的约定都将不会很顺畅。

珍惜颜面,正确使用名片

每天我们都会同许多人会面交际,交换名片,因此交换名片的礼仪必须讲究注意。其中最重要的是慎重、诚心,并且要对对方存有感谢之意。

在做介绍及互交名片之前应该把名片检查好,免得造成不必要的笑话,下面就有这样一个例子:

"您好!我是大发公司的营业经理陈良海,这是我的名片,请多多指教!"陈经理恭敬地递出他的名片。

"您好,您好!欢迎光临,我是采购主任田明,请坐!"

田主任用两手接过陈先生的名片,仔细一看,名片上的字怎么是"日进贸易……副经理……刘广……",原来眼前这位陈先生把自己的名片弄错了。

对一个连自己的名片都会弄错、粗心大意的人,别人怎敢信任他,与他做交易呢?

因此要送人名片时,一定要把拿出来的名片正反两面都仔细地检查一下,确定是否是自己的名片,并且是否清洁干净。

事先检查自己的名片固然很重要,但递交名片时的礼仪也不能忽视。

递名片时要用右手,而且动作要慎重。名片的位置是正面朝上,并以能让对方顺着读出内容的方向送递。这是递名片的基本礼仪。

自己的名字如有难读或特别读法时。在递出名片时不妨由自己加以说明,同时顺便把自己"推销"一番,这会使人觉得有亲切感。相反地,接到别人的名片时,如果有不会读的字则应该当场请教。

接到别人的名片后一定要先确认公司名称、部门、头衔、姓名。不知怎么念的字,要向对方请教说"很抱歉,不知应该怎么念才对。"若是随便扔在桌上只顾谈话,这是很失礼的。名片是个人身份的代表,应对它像对主人一样尊重和爱惜。接收名片时要用双手,由名片的下方接过来,这才合乎礼仪。

名片不但能推销自己,也能很快地助你与对方熟悉,名片就像是你的颜面,我们不但要很好地珍惜,而且要很好地去运用其作用。使用名片应注意以下几个问题。

首先,我们要有的放矢地使用名片,不要乱发,请看以下例子:

"对不起,请恕我打扰一下! 这是我的名片,我想拜会贵公司老板,是否请您为我传达一下……"高明远是一位业绩良好的推销员,活泼、开朗、干劲十足,可是唯一的缺点就是喜欢乱散发自己的名片,给人很不爱惜自己名片的感觉。

"对不起! 您是否给我一张您的名片呢? 谢谢!"对别人,这位高先生就像在收集名片一样,逢人就要。因此他的名片簿里,各行各业的人的名片应有尽有。不可否认,这位高明远先生的行动力之大是可想而知的。可是,过分地热衷于名片的交换,反而有失礼仪,使人敬而远之,甚至遭人鄙视。

名片最好放在专门收藏名片的皮夹内。把它放在钱包或车票夹内的做法,都是应该避免的。因为在递出名片时还要把钱包、车票等都拿出来对别人亮一番相,这是很不雅观而又失礼的。

另外就是收放名片的夹子,一定不可以放在臀部的口袋内。名片就好比是人的颜面一样,大概没人愿意自己的脸被别人用屁股压住吧! 同样道理,也不会有人喜欢别人用屁股压住自己的名片。名片是颜面的代表,应该给以相当的尊重,好好地收藏。另外,也不要当着对方的面在其名片上做谈话笔记。

握手增诚意,笑脸添亲密

虽然有人说"礼多人不怪",可是只是多礼却不能让人感到礼中有诚意,最后反会被认为是"笑面虎""口蜜腹剑"的小人。因此,礼仪最基本的还是要发自内心的诚意,才能让对方感动。

笑面迎客,能得到来访者的好感,而且会使来客感到亲切,如果再加上很有礼貌地与之握手,更能增进彼此间的亲密感。下面有一个例子。

某公司的林老板迎接远从新加坡来的李专员。因为是大交易的关系,所以林老板格外地高兴,并热情地招待李专员参观工厂。

"啊……李专员。欢迎您大驾光临! 知道您今天要来,昨晚我就高兴得睡不着觉……"

林老板很高兴地上前与李专员握手,后来竟用两手握住李专员的手,上下挥动。

"林老板，您怎么用两只手握呢?"李专员问。

林老板便用充满自信、清晰的声音回答说:"人与人之间,表达诚意的方法各式各样,但我认为用两手紧紧地和对方握手,是传达诚意的最好方法……"

虽然握手是一件举手之劳的易事,但是要做到恰如其分,使人对你诚意的理解,绝不是绷着脸孔来握手能做到的。我们必须要注意握手上的礼节。

(一)握手的常用方式:

握手既然是一种常用的交际礼节,那么,标准握手方式又是怎样的呢? 一般为双方相距约一步,上身身应稍向前伸出右手,四指并拢与大拇指分开,两人的手掌与地面成直线相握,并轻轻摇动,一般以二三秒为宜。

除此之外,还有下列几种握手方式,分别表示不同的含意,一般情况下不宜采用。

傲视法。握手时手心向下,显得傲慢,表示本人高人一等,这是一种应控制使用的握手方式。

乞讨式。握手时掌心向上,意为乞讨,表示谦卑与过分的恭敬,一般不宜采用。

手套式。双手紧紧握住对方的右手,并用力稍大,时间稍长,称为"手套式"。这表示与被握者的关系十分亲密,更为友好,更加激动。有时表示有求于人。但多数用在故友多年未遇,此次相逢很难得之时。有时向对方表示一种慰问,以长时间相握表示亲密。

死鱼式。握手时漫不经心,过于无力,时间过短,给人一种十分冷淡的感觉,表示彼此之间的情谊毫无生命力。称之为"死鱼式"握手。

粗鲁式。握手时用力过猛,时间过长,幅度过大,使对方感到有欠文明,甚至疼痛难忍。称之为"粗鲁式"握手。

抓指尖式。握手时仅轻轻抓了一下对方的手指,即将手缩了回来,给人一种很勉强,很无奈的样子,表示对被握者很不礼貌。这是我们所摒弃的。

总之,不同的握手方式,其含意是不同的,给人的礼遇也是不尽相同的。因此,我们应本着友好、亲善的原则采用正确的握手方式,即标准的握手方式,给对方一种平等待人、感情亲切、友好无隙的感情。

(二)握手时应注意的几个问题。

握手时,通常应注意以下几个问题:

1.注意握手的次序

握手时应讲究先后的次序。先后次序的确定是根据握手人双方年龄、社会地位、身份、性别及其他条件来确定的。一般来说,握手的先后次序基本是:长者在先、上级在先、主人在先、女性在先;年轻人、下级客人、男性一般应先问候,待对方伸出手后,再伸出自己的手与之相握。当见到长者、上级首长、女士或小姐时不宜贸然伸手。

若一个人与很多人握手,最有礼貌的先后次序是:先长辈、后晚辈,先上级、后下级,先主人、后客人,先女士、后男士。

2.握手的时间与力度

握手的时间通常掌握在二三秒至四五秒之间为宜。如果是故友重逢或与嘉宾相见时,握手时间可稍长,但也不能过长。握手的力度要适当,不宜用力过猛或毫无力度。一般说来,与女士握手时,时间应稍短,力度应稍轻。那种长时间地、用力过猛地握着女士的手不放,是十分"失礼"的行为。

3.其他

在握手时,目光要注视对方并带有笑容,千万不能目光旁视或根本不看对方。因为这也是不尊重对方的表现。还有那种面部冷漠,或毫无表情,如同木偶一般,也是不足取的。

在一般情况下,不要戴手套与他人握手。如原先戴着手套,应尽快把手套摘下来,然后再与人握手。如果确有不便要向人说明情况,请求对方原谅。如正在干活、手不干净时,就说明原委,取得他人谅解。

不能用左手与别人握手:如与多人相握时,应分先后次序,不可交叉握手。

总之,握手礼虽然手势简单,却贯穿在商业活动整个过程中。其中各种握手方式,握手时应注意的问题及礼节等,又都反映出每一位企业从业人员应有的礼遇和态度,也表现出本人的礼貌修养。因此,上述种种是不宜忽视的。

介绍是日常接待工作中必不可少的一个环节,是业务活动中相互了解的基本方式。通过介绍,可以缩短人们之间的距离,以便更好地交往,更多的沟通和更深入地合作。

(一)介绍的类型

根据场合、对象的不同,介绍可分为以下几种类型:

1.按业务活动场合的不同,可分为正式介绍和非正式介绍。

2.按照被介绍者的人数来划分,可分为集体介绍和个人介绍。集体介绍多见于会议之上或宴会上;个人介绍指在所有场合上个人之间的介绍。

3.按照介绍者所处的位置的不同划分,可分为自我介绍、他人介绍或为他人介绍。

(二)介绍时一般注意事项:

1.正式介绍应严格遵守介绍的次序。一般先贵宾,后一般客人。如会议上的介绍,应先介绍职务高的,依次往后介绍。在主客安排上,先客人,后主人,以示对客人的尊重。

2.为他人介绍时的顺序一般是:

(1)把男士介绍给女士,如:"张小姐,这位是我的朋友王先生"。

(2)把年轻的介绍给年长的,如:"赵老先生,这位是我大学的同学小吴同志。"

(3)把职务低的介绍给职务高的,如:"刘处长,这位是我们公司的业务科王××科长"。

(4)把未婚的介绍给已婚的,如:"张夫人这位是我单位刚分配来的大学生丰灵小姐"等等。

3.同级、同龄、同性人之间的个人介绍,一般比较自由,以轻松、自然、愉快为宜,如过于拘谨,反而会破坏友好气氛的建立。

4.如果你想认识某人,而又不便直接找他"自报家门"时,可请一位既认识你又认识他的人去为你做介绍。

5.当别人介绍自己时,如在会议上一般应起立欠身,并点头微笑致意,如在非会议的其他场合,应上前主动与对方打招呼。

6.不论是何种介绍,都要注意突出被介绍的人与事的主要特点,体现个性特征。如在介绍别人时,不仅要对被介绍者的基本情况作客观陈述,而且要突出被介绍者的特征,有时应说明其籍贯、爱好等。这样能找到彼此之间的共同点，有利于今后的双方交往。如在介绍本企业和旅游景点时，要突出本企业的经营特色和景点特色，使听者有较深刻的印象。但也要注意不要言过其实，过分渲染，使人听后产生夸耀之感。

介绍时，要尽量注意简练，但也要繁简得当，做到该简的简，该繁的繁，一切服务于介绍者的主旨。如有时只要讲明姓名身份即可，有时则应说明被介绍者的经历、学历、资格、经验、能力、专长，以至性格、兴趣爱好等等。

诚意加热忱，体谅客人心

在人际关系中，拜访接待、交流是经常的事，偶尔也会出现等候的场面，因此，对于在等待的客人，我们应很好体谅并要以加倍的热情接待。

要认识到应该体谅别人，站在别人的立场上考虑事情。这种尊重别人的诚心和努力，就是获得别人信赖感的基础。下面是一则很生动的会客例子。

客人在约定的时刻来公司谈生意，可是负责人却还未回来，这的确很令人着急。

"王经理马上就回来，请您稍等一下……这是刚刚到的商业周刊，书中对目前商场情势有很详尽精彩的报道，你看一看吧……"

由于负责人的耽误，客人王先生反而有机会读到商场的最新情报消息，不但不会抱怨，而且还会心存感激。做生意讲求分秒必争的，由此让客人不至于平白无故浪费时间又能有所收获，这才是待客之道。

胡小姐在这方面是全办公室中最用心的，所以很得上司的信赖。她除了会招呼等候的客人外，每当知道有客人来时，就先把会客室整理清洁。

"胡小姐，四点有客人要来，麻烦你准备一下。"经理对胡小姐说。

"好！"她回答。

"大约有五个客人来。等一下就先泡茶出来，然后再换咖啡。"

"是的。"

假如我们就是客人，相信我们也会很高兴，很感动别人这样认真为我们准备接待工作的。

另外在洽谈事情中，如奉茶招待，最好顺便为之备好餐巾或餐巾纸。奉茶的时机，应是在客人就座后，未开始谈正事前的时候。如果大家已开始谈正事才端茶上来，这时免不了要打断谈话或为了放茶而移动桌上的文件，妨碍协议的进行，这是很失礼的。奉茶的顺序要由最年长的客人开始，等给每位客人都上了茶之后，再为自己公司的人上茶。奉茶完毕后退出时要恭敬地行礼，然后静静地离开。

这一切虽然是很简单的礼仪作法，但可以看出一个人的文化教养。这些都是机器无法代替的，是只有人才能胜任的事。所以人们应该努力做好它。

宴会餐饮礼仪

没有一个人说自己不会吃、不会喝。但是要做到吃得文明，喝得礼貌，却不是一件容易的事情。餐饮礼仪所要介绍的,就是这些问题。

宴请礼仪

以宴请的方式来款待宾客,是对外交往中的一项经常的活动。它不是一般的吃吃喝喝,而是人际交往的一种重要形式,故此礼节在宴请中占据着举足轻重的地位。

当前国际上宴请的方式一般有4种,即宴会、招待会、茶会和工作进餐。现简述如下:

宴会是较为隆重的正餐,可分别在早上、中午、晚上举行,而其中以晚宴最为隆重。宴会又分为3种。其一,国宴。它是为国家庆典或欢迎外国元首、政府首脑而举行的规格最高的宴会。宴会厅里要悬挂国旗,并由军乐队演奏国歌和席间乐。其二,正式宴会。除不挂国旗,不奏国歌和出席者不同而外,其他方面与国宴相似。它对于来宾与服务员的服饰,以及餐具、酒水和菜肴的道数,均有一定的要求。其三,便宴。即非正式宴会。家宴是便宴的一种形式,往往由主妇亲自掌勺,家人共同待客,显得亲切而自然。

招待会是只备一些食品和饮料、不备正餐,不安排座次的一种较为自由的宴请方式。常见的有冷餐会与鸡尾酒会两种。冷餐会又称自助餐。它可在室内外举行,参加者可坐可立,并可自由活动。菜肴以冷食为主,酒和菜均可自取,亦可请服务员端送。鸡尾酒会简称酒会。它以酒水招待为主,并略备小吃。参加者可在其间任何时候入席或退席,并可自由走动,自由交往。

茶会是一种更为简便的招待方式。它一般在客厅举行,不排座次,而请客人一边品茶,一边交谈。工作进餐是现代生活中一种经常采用的非正式宴请的形式,它不请配偶以及其他与工作无关的人员。有的工作进餐需要参加者各自付费。在进餐过程中,大家可边吃边谈,不必过分拘束。

举行何等规格的宴请为佳,主要取决于当地的习惯。通常正式宴会规格高,但人数不宜过多。冷餐会与鸡尾酒会则形式简便,人数不限。而女士的聚会多采用茶会这种形式。

宴请之前,要首先确定要请的目的、名义、参加者以及时间地点等一系列问题。考虑这些问题时,必须兼顾政治气候、文化传统、民族习惯等因素的影响。

正式的宴请大都需要发出请柬,事先口头约定的也要补发,这是礼节上的要求。邀请卡应选用纸张高级的卡片(7″×9″或更小),亲笔书写或正式印刷,配上有欢乐气氛的邮票及同级信封,邀请卡或信封绝不能用打字机打字——即使是商业性邀请都不行。也不要用已付邮资的方式,连邮票都不贴就寄出去。正式的邀请卡,通常都应附上"请回复"的小卡片,如果有,要让客人们填上自己的姓名,或干脆替他们填好,而且附上回邮信封。

你越是能引起受邀者的注意,他们参加的可能性就越大。请注意以下原则:

- 如果有人必须从外地来赴约,提早二~四个月寄出邀请卡。
- 例行的商业午餐会,也应于三天前(最好一个礼拜前)发出邀请卡。
- 办餐会或鸡尾酒会,二~四周前寄出邀请卡。

宾客邀请妥后,必须安排客人的席次。目前国内多以中餐圆桌款宴,有中式及西式

两种席次的安排。两种方式不一但基本原则相同。一般而言,必须注意下列原则:

1.以右为尊,左为卑。故如男女主人并座,则男左女右,以右为大。如席设两桌,男女主人分开主持,则以右桌为大。宾客席次的安排亦然,即以男女主人之右侧为大,左侧为小。

2.职位或地位高者为尊,高者坐上席,依职位高低,即官阶高低定位,不能逾越。

3.职位或地位相同,则必须依官职之伦理定位。

4.女士以夫为贵,其排名的顺序,与其丈夫相同。但如邀请对象是女宾,而她是主宾排在第一位,此时她的丈夫并不一定排在第二位,如果同席的还有其他重要官员,而这位先生官位不显,譬如是某大公司的董事长,则必须排在重要官员之后,夫不见得与妻同贵。

5.与宴宾客有政府官员、社会团体领袖及社会贤达参加的场合,则依政府官员、社会团体领袖、社会贤达为序,这是原则。

6.欧美人士视宴会为社交最佳场合,故席位采分座之原则:即

男女分座,排位时男女互为间隔。

夫妇、父女、母子、兄妹等必须分开。

如有外宾在座,则华人与外宾杂坐。

7.遵守社会伦理,长幼有序,师生有别,在非正式的宴会场合,尤应恪遵。如某君已为部长,而某教授为其恩师,在非正式场合,不能将某教授排在某部长之下,贵为部长的某君,在此种场合,亦不敢逾越。

8.座位的末座,不能安排女宾。

9.如男女主人的宴会,邀请了他的顶头上司,如经理邀请了其董事长,则男女主人必须谦让其应坐的尊位,改座次位,不要僭越。

宴会开始之前,主人应在门口迎候来宾。有时还可有少数其他主要人员陪同主人列队欢迎客人,客人抵达后,宾主相互握手问候,随即由工作人员将客人引领至休息厅内小憩。在休息厅内应由相应身份者照应客人,并以饮料待客。若无休息厅,可请客人直接进入宴会厅,但不可马上落座。

主宾到达后,主人应陪同他进入休息厅与其他客人会面。当主人陪同主宾进入宴会厅后,全体人员方可入座,此时宴会即可开始。

如安排正式讲话,应在热菜之后、甜食之前进行,主人先讲,主宾后讲。亦可入席即讲。吃完水果后,主人与主宾离座,宴会即告结束。有正式讲稿的话,双方应提前交换,并安排好译员。

西方宾客抵达宴会厅时,有专人负责唱名。而在宴会上以女主人为第一主人,人们入座、用餐、离座,均应以女主人的行动为准,不得抢先。

客人们离去时,主人应送至门口,热情话别。在比较正式的场合,在门口列队欢迎客人的人们,此时还应当列队于门口,与客人们一一握手话别,表示欢送之意。

赴宴礼仪

回复邀请：

虽然你会宁愿参加经理或某位非常重要大客户举办的活动,而较不愿意参加同事或供应商的活动,你的决定不应该影响你回复邀请,时间和合于礼节对任何一方都应兼顾。

有礼貌的邀请卡最重要的几个字是"请速回复"（RSVP）。"请速回复"并不是"让我们知道你是否会来",而是"来或不来都让我们知道"。未适时回复邀请会被认为犯了大错（除非你已针对邀请稍做金钱上的贡献）。当然如果邀请卡上只有"不可前来时请告知"的字样时,你若要参加就不必回复,但无法前往时则一定要让主人知道。

非正式和口头上的邀请可用非正式的方式处理。但如在街上碰到主人仍须说:"嗨,非常感激你的邀请,我们会出席!"而不需要用 RSVP。回应不正式的邀请时,可直接打电话给主人或写封私人短笺。

当你要回复一项正式邀请,不论参不参加都请使用正式信笺来回复——除非邀请函内已附有 RSVP 的卡片。

引用邀请卡里的字词,并清楚地陈述你参加或不参加,但不必详细解释你不参加的理由。务必贴上邮票（有纪念性尤佳）,而不要用邮资已付的方式回信。你的回函可采一对一或一对对一对的方式。如果你另外邀请别人,应把他的名字也写上去,并说明彼此间的关系。

接受邀请示例
李明起夫妇很荣幸接受您在 11 月 5 日星期六下午 8 点的晚餐邀请。
无法参加的示例
李明起夫妇因事先有其他约会,很抱歉无法参加您 11 月 5 日星期六下午 8 点的晚餐。

回复他人的邀请——不管正式或不正式——可能的话请在 24 小时内答复（最多 3 天）。主人投入相当的金钱和时间精细规划这个盛会,假使你不确定是否能出席,也应立刻让主人知道,并让他或她知道你何时能确定答案。确定你再回复的日期不会干扰餐会的安排。

除非遇到突发事件,否则不要取消原先答应参加的邀请会。除非不得已一定要取消,最好亲自打电话或写个纸条给主人,而不要请别人代打。随便找个人顶替你的位置,或带未被邀请的客人出席,都是不礼貌的行为。

假使被邀请的人外出无法及时回复 RSVP 卡片时,他的秘书（助理、家人等）可以先打电话或寄回 RSVP 卡通知主人。如果被邀者和主人很熟,秘书应在 RSVP 卡上稍加说明上司将缺席的原因:"杜副总无法亲自回复,因她出差洽公,在您的会期后才会回来。她要求我代为感谢您热诚的邀请!"

一如 RSVP,"谢谢"也是个奇妙的字眼。感谢信的内容不必太长,但必须确实送达给主人。时间耽搁超过 48 小时都是不可原谅的错误。

当然如果是一般办公室的活动,如夏日野餐或假日舞会,则不需要附 RSVP 卡。你会去吗? 可能,你将喝酒吗? 也许不会。你应停留很久吗? 未必。只需前去参加,尽情享乐,并让每个人看到你。

不可空手赴会

假使你应邀参加某人的婚礼、周年纪念或毕业舞会等,礼物是绝对必要的,即使你人无法出席,礼物也该到。礼物的价值不受出席与否影响。如果你在 90 天内未接到任何感谢卡,打个电话给对方,查看是否确实收到礼物。假使仪式取消,你应该取回你的礼物。另外,如果这些活动是为你举行,在舞会开始前应送鲜花给女主人。

如果参加在家举行的聚餐或类似场合,尤其在假日里,大家已习惯送家庭用品。这些东西不必很昂贵,如一袋好咖啡。但必须要在到达时亲手交给主人或女主人。不要要求主人或女主人当场拆封,除非是当场用得到的东西,如果你想分享他们拆礼的乐趣,妥善包装,并在上面打个快乐的蝴蝶结或把礼物放在缀满装饰的容器里。

你也可以利用邮寄或快递来投送礼物,最好直接送到受礼者家里(特别是酒)。这种私人投送虽令人倍觉温馨,但并不适合用于送商业性的礼物,除非你是应邀参加特定聚会。

随礼附上你亲手写的贺卡(非名片),并放在信封里。

假使你无法出席就不一定要送礼,但假使你在这天或前一天差人送来鲜花或香槟,主人将会认为你既得体又善解人意。随礼附上短笺,写道"祝福你和在场所有客人都有个愉快的夜晚"。短笺上无须提及你的缺席。值得考虑的高沿礼物:

- 金、银笔。
- 鲜花或盆栽(是的! 女人可以送花给男人)。
- 细致漂亮的记事簿或日历。
- 雕刻锁匙圈。
- 精美书签。
- 一篮精美咖啡、茶、乳酪或水果。
- 一瓶香槟、最喜欢的酒。
- 送些网球给打网球的人。
- 钓钩、索具箱或齿轮给喜爱钓鱼的人。
- 特殊的锁匙圈或计时器给慢跑者。
- 护目镜、手套或帽子给滑雪者。
- 里程表或手套给自行车骑士。

不该给的礼物

- 任何过于昂贵的东西。
- 猥亵、讽刺、有关性的,或极为私人性的物品。
- 动物。
- 酒给禁酒者,糖给减肥者等。
- 衣服(皮夹或手提袋可被接受)。

● 过大或易碎的东西给须搭乘飞机的人。

● 香水或古龙水,除非你知道对方喜欢的香味品牌。

● 任何低品质的东西。

出席宴会时应注意:

(1)出席宴会前,最好稍做梳洗打扮,至少穿上一套合时令的干净衣服。每个人都容光焕发地赴宴,会使整个宴会有一种比较隆重的气氛,这时会使主人感到高兴的。最忌穿着工作服,带着倦容赴宴,这会使主人感到未受尊重。

(2)按请柬上注明的时间准时赴宴。既不要迟到,也不要提前15分钟以上。在外国,提前赴宴的人会被人笑话:太急于进餐了!

(3)到达时先向主人问候致意,再向其他客人问好。

(4)事先准备好名片。被介绍给他人时,要用双手捧着名片相赠,切不要随便丢到桌子上,让别人去捡。接别人名片时,也应用双手接。接到手后就应认真看一下,有时可有意识地重复一下对方的姓名和职务,以示尊敬和仰慕,不要漫不经心地随手塞进口袋。

(5)进餐前应自由地与其他客人交谈,勿静坐。交谈面可宽一些、不要只找"老相识",要多交新朋友。有的人出席一次宴会,从头至尾只和一两个人谈话,似乎对其他人全然不感兴趣,这是很不礼貌的。宴会是交际场合,不是专说工作的地方。如果只顾谈工作,主人也会感到不快。

(6)进餐时要举止文雅。服务员送上的第一道温毛巾主要是用来擦手的(吃过饭后再用别的毛巾揩脸),有的人一上来就抹脸,甚至连脑袋也抹一遍、是很不雅观的。

咀嚼食物要把嘴闭起来,喝汤或羹都不要啜,总之,不要发出声音。如汤、菜太热,可稍待凉后再吃,切勿用嘴吹。嘴内的鱼刺、骨头不要直接吐在桌面上。应用餐巾掩嘴,用筷子(如吃西餐可用手)取出,放在菜盘里。

不能一面咀嚼一面说话。剔牙时,应用手或餐巾遮口。咳嗽、吐痰应离开餐桌。

(7)喝茶或咖啡时,送上的小茶匙是专为你加牛奶和白糖用的,加了牛奶或糖以后可以用它搅拌一下,然后就应将茶匙放回茶碟上,千万不要用它来啜咖啡。喝时右手拿杯把,左手端小碟。

(8)吃水果如梨和苹果都不要整个拿着咬,应先去皮,切开几块,然后用手拿着吃。

(9)祝酒一般由主人和主宾先碰杯,再由主人和其他人一一碰杯,人多的话,也可同时举标示意,不一定一个个碰。注意在碰杯时不要交叉碰,在主人或主宾致辞、祝酒时,应暂停进餐,停止交谈,注意倾听,也不要借此机会抽烟。

(10)喝酒应控制在本人酒量1/3以内。喝酒过量容易失言,甚至失态,影响整个宴会气氛。

(11)宴会进行中,不能当众解开钮扣,脱下衣服。必须这样做时,可去盥洗室。

(12)宴会进行中,如因不慎发生异常情况,如餐具掉落地上,或酒杯碰翻等,应沉着应付。可以轻轻向邻座(或主人)说一声"对不起"。餐具掉落可由服务员再送一副。酒水打翻,溅到邻座身上,应表示歉意,协助擦干;如对方是妇女只要把干净餐巾或手帕递过去,请她自己擦干即可。

(13)如有事要早退,应事先向主人说明,到时再告别悄悄离去,不必惊动太多客人,

——握手等,这会使整个气氛受影响。

(14)最后应向主人致谢,称赞宴会组织得好,菜肴丰盛精美。

中餐礼仪

同食共餐这是增进友情的捷径,而吃中国菜就是这条捷径。一道菜大家吃,我为你盛菜,你劝我喝酒,大家其乐融融。

吃中国菜,看主人为客盛菜、劝食……您将不难感受到那平和融乐的气氛。请初次见面的客人吃中国菜,一餐下来,彼此的友谊就可达到亲密无间的程度。大家一起吃同样的东西,汲取彼此关照对方的心意,培养亲密的感情,这或许是最高明的交际手腕吧。

中国饭菜不仅是中国传统文化的一个重要组成部分,而且受到外国朋友的喜爱。在涉外交往中,请外宾吃中餐是常有的事。下面我们就仔细谈一下吃中餐的礼节。

如举行正式的宴会,一定要提前发出请柬,并注明"敬请准时入席"。有的人赴宴以迟到为荣,其实是很不尊重他人的。如欲宴请外宾,则宴会时间的选定应避开外宾的忌讳。例如,宴请西方人,要回避13日,尤其是13日与星期五同一天。在斋月宴请穆斯林,宜在日落之后进行。此外,菜肴的选择应兼顾外宾的饮食特点,如不上海参和动物内脏。

有位中国经理在家里宴请西方一家跨国公司的董事长,他给外宾炒了4个素菜,烧了一碗榨菜肉丝汤,最后给每人1小碗担担面。那位号称"吃遍天下"的外国大老板真心诚意地说:这是他吃过的最美的一顿饭菜。可见中餐要突出中餐的特色,未必非上山珍海味不可。

在赴宴之前,应梳洗打扮一番,不要衣冠不整,蓬头垢面地去破坏别人的食欲。作为宴会的主人,更应注意自己的仪表,要使他人感觉到:主人是精心打扮了的。

较大规模的中式宴会的桌次是有讲究的。台下最前列的一两桌一般都是主人或贵宾的,赴宴者不要贸然入座。尽管中式宴会大都使用圆桌,但每桌通常要有一位主人或招待人员负责照应。其两侧的座位是留给本桌上宾的,除非受到邀请,也不宜去坐。最好的办法是主人提前在各桌上标明来宾应坐的位子,使大家能够对号入座。正式的宴会,还应为每位客人准备一份菜单。

中餐的餐具主要有杯、盘、碗、碟、筷、匙几种。在正式的宴会上,水杯放在菜盘左上方,酒杯放在右上方。筷子与汤匙可放在专用的座子上,或放在纸套中。公用的筷子和汤匙最好放在专用的座子上。酱油、醋和辣油等佐料应一桌数份,并要备好牙签和烟灰缸。宴请外宾时,还应备好刀叉,供不会使用筷子者使用。

上菜应按下列顺序:先上冷盘,后上热菜,最后上甜食和水果。宴会上桌数再多,各桌也要同时上菜。上菜的方式大体有以下几种:一是把大盘菜端上,由各人自取。二是由招待员托着菜盘逐一放入每个人的食盘中。三是用小碟盛放,每人一份。

用餐时要注意文明礼貌。对外宾不要反复劝菜,可向对方介绍中国菜的特点,吃不吃由他。有人喜欢向他人劝菜,甚至为对方夹菜。外宾没有这个习惯,你要是一再客气,没准人家会反感:"说过不吃了,你非逼我干什么?"依此类推,参加外宾举行的宴会,也不要指望主人会反复给你让菜。你要是等别人给自己拨菜,那就只好饿肚子了。

在世界各种料理充斥我们日常生活的今天，我们中国菜的享受，是和乐一团，充满大家一起来的融洽气氛，起到同伴互相关怀的乐趣，是倍受赞誉和欢迎的。可是有些外宾对吃中国菜不如想象中那么得心应手。例如有一次做贸易的张先生招待一位日本人去吃北京菜。菜桌上端上一盘热气腾腾的烤鸭，"来来来，请用，请用，这是有名的北京烤鸭！"张先生热情地招呼着日本客人。或许有人就和这位日本客人一样，不知该如何吃北京烤鸭吧，于是张先生便乘势亲切地做示范。他首先拿一张面粉皮，然后放上烤鸭的脆皮和葱条或黄瓜条，再加一些佐料酱，最后把皮包卷起来，用手拿着吃。这样一来，日本客人也就跟着开始动手了。

中国菜有中国菜的特色，一道菜装盛在一个盘子或容器内大家一起吃。它不同于西方那种一人一份，各自为政的吃法，它会使在一起聚餐的人自然产生和气融洽的气氛。

一道中国菜端上桌，你可以用取所需，也可以借机会盛取料理到同伴的碗盘上，也就是我们所说的劝菜、让菜，这种积极的关怀也正是吃中国菜的乐趣所在。

个人用的小碟子如果满了，就要更换，以免味道混杂，有损食物原有的风味。吃东西应把嘴闭上，喝汤不要"咕咕"作响。不要把筷子和汤匙整个往嘴里塞。夹菜时不要用筷子在盘中乱搅，也不要专挑好的吃。汤如果太烫，可过一会儿再喝，不要用嘴去吹。不要一边吃东西，一边找人聊天。嘴里的骨头和鱼刺不要吐在桌子上，可用餐巾掩口，用筷子取出来放在碟子里。掉在桌子上的菜，不要再吃。进餐过程中不要玩弄碗筷，或用筷子指向别人。不要用手去嘴里乱抠。用牙签剔牙时，应用手或餐布掩住嘴。不要让餐具发出任何声响，使用汤匙时食指在上，按住匙柄而拇指和中指在下支撑。汤溜的食物要用小匙羹盛装。另外，筷子是中餐中最常用的餐具，下面谈一下筷子的用法以及由它所体现的风度和教养。用筷子吃饭这是东方人，尤其是中国人的"传统"，也是东方人的一种教养。或许正因为它太普遍，而有时为大家所疏忽。今天真正能把筷子拿得好的人，似乎不多。使用筷子的礼仪主要有：筷子不要在菜肴上乱挥动；不要用筷子穿刺菜肴；筷子不要含在口中；筷子夹菜时不要让菜汤滴下来；不要用筷子去搅菜；筷子不要放在碗上。

下面举个例子。有一天，两位女性在一家中国餐厅用餐。一位是外宾名叫玛丽，另一位是中国人林小姐。"玛丽，你会用筷子吗？我还是帮你要一支叉子吧！"林小姐有点神气地说着。"不用啦！谢谢你的关心，我练习过筷子的用法，一定会用得很好的"。玛丽微笑了一下，满怀自信地回答。然后就伸手去拿放在桌上圆筒内的卫生筷。或许外国人用筷子吃饭是一种新鲜事吧！连餐厅的老板都在注意玛丽。玛丽谨慎地撕开包装纸，用右手拿起筷子夹菜吃饭了。但见她不但握筷子的手势优美，而且运用自如，也没出现用筷子翻菜肴的情形。总之，玛丽真的"很会用筷子"，连老板都很钦佩似的频频点头。反观林小姐这边，不是夹菜时夹得不顺，就是让含在菜里的汤汁，跟着滴在桌上，一样是使用筷子，没想到出洋相的却不是外国人。

有人甚至认为筷子拿得不好，就证明那人的家教有问题。要做一个标准的公司职员或者对外交往方面的工作者，至少筷子的正确拿法、用法都要先学会吧！

请客人吃一餐，也是种接待礼仪，在这里，我们要特别留意一点，就是请客时首先要迎合客人喜欢的菜。

西餐礼仪

目前,中国人不论在国内还是国外,不论是参加正式的宴会还是自己去餐厅,吃西餐是常有的事情。在对外交往中,要求吃西餐时必须使席座的排列、餐具的使用和用餐方法符合规范。在这种场合独树一帜而不循常规,是毫无道理的。

如男女两人去餐厅用餐,男士应请女士坐在自己的右方,千万不可让她坐在人来人往的路边。如果只有一个靠墙的位置,应请女士坐在那里,男士应坐在她的对面。如系两对夫妇就餐,夫人应靠墙而坐,先生则应面对他们各自的妻子。若两位男士陪伴一位女士进餐,女士应坐在男士们的中间。若两位同性进餐,则靠墙的位子应留给其中的长者。每个人入座或离座,均应从座椅左侧走为宜。

西餐礼仪

举行正式宴会的宴会排列,有国际惯例可以依照:桌次的高低依距离主桌位置的远近而定,右高左低。桌数较多时,应摆上桌次牌。吃西餐均使用长桌。同一桌上席位的高低以距离主人座位的远近面定。西俗是男女交叉安排,以女主人的座位为准,主宾坐在女主人的右上方,主宾夫人坐在男主人右上方。我国安排席位照例按各人的职务排列,以方便各自交谈。如夫人一同出席宴会,则安排女士们坐在一起。即主宾坐在男主人右上方,主宾夫人坐在女主人右上方。举行两桌以上的宴会,各桌均应有第一主人,其位置应与主桌主人的位置同向。

吃西餐使用的餐具有刀、叉、匙、盘、杯等。一般讲究吃不同的菜要用不同的刀叉,饮不同的酒也要用不同的酒杯,因此不懂不要装懂,跟着主人去做不会有错。西餐具的摆法是:正面放着汤盘,左手放叉,右手放刀。汤盘上方放着匙,再上方放着酒杯。餐巾放在汤盘上或插在水杯里,面包奶油盘摆在左上方。

普通西餐的上菜顺序是:面包、汤、各类菜肴、布丁、咖啡或红茶。在正式宴会上,内容可能会更加丰富。就餐者应熟悉一下菜单,不要一上来就吃饱,接下来便无力他顾了。

入座后摊开餐巾或离座前收起餐巾,均应以主人为先。餐巾可以叠做两层,铺放在腿上。完全摊开,塞在胸前,披在腰带上,都是不对的。有事暂时离席,餐巾应放在椅子上而不是桌子上,放在桌子上就意味着不想再吃了。餐巾内侧可以擦嘴,故不能用来擦桌子。

右手持刀,用食指压住刀背;左手持叉,亦用食指压住叉背。两臂向内稍贴紧,避免碰撞邻座。此种姿势最优美。

牛排切割后,用叉子叉着缓缓送入口,身体稍前倾,头不能太沉,牛肉到口处再张口。

以右手持刀,左手持叉,切割牛排后,右手将刀放置盘子,改用右手持叉进食。

1.以右手持刀,左手执叉,叉齿向下,用叉固定牛排,用刀切割,然后用叉将食物送入口中。食物宜切一块吃一块，每块不宜过大，这就是所谓欧洲式的吃法。而美国式的吃法，是将食物切割后，将刀放下，右手改持叉，用右手将食物送入口，甚至叉齿向上，将食物铲着送入口，此种方式，并非高雅，因为需要变化左右手，因此并不被一般国际礼仪学者所鼓励，使用的方式，还是以欧洲式为宜。

2.盘中的食物如需推移，以用刀推移为宜，必要时，刀叉可以易位，即用右手叉，左手持刀，切忌转动盘子，转变食物堆放的方位。

3.桌面上的食物，除面包、长条的生菜如芹菜等，可用手取食外，所有食物，一律用叉子取食。切忌用刀子叉肉进食。

4.食物如用叉子可以分割者，宜尽量用叉子切割，并不一定非用刀不可。

吃正餐时，刀、叉的数目与上菜的道数是相等的，并按照上菜的顺序由外至内排列，刀口向内。取用刀、叉时，应按照由外向内的顺序，吃一道菜换一套刀、叉。暂时离开时，刀、叉应交叉摆放或摆成人字，以示尚未吃完。若将刀、叉并拢放在盘子上，刀右叉左，叉面向上，就表示不再想吃了。

面包应在上汤之后吃，可用手撕下一块，用刀涂上奶油或果酱。把整块面包托在手上吃，用叉子叉着面包吃或把面包浸在汤中捞出来再吃，都是不合适的。

吃鱼应以刀切开，用叉取食。吃肉的时候，应在靠近自己之处，割下一小块，吃完了再去割第二块。吃鸡肉时，应先切下一片，再用叉取食。直接用手去撕扯，是失礼的。若欲吐出鱼刺或骨头，可用左手掩口而吐在叉子上，然后放在碟子里，用手直接去取，或吐在桌子上，均应避免。

吃豆子时，可用叉面就食，不要一颗颗地叉着吃。吃面条可用汤匙辅助叉子，亦可只用叉子，但不能用刀把面条切断再吃。吃点心必须用叉子，并且可用叉面铲起来吃。千万不要用手给他人拿点心。需要为他人取点心，可以刀叉托住送过去。

在进餐过程中，不宜紧靠椅背，或紧贴餐桌。把胳膊放在桌子上，是很不文明的。不要随意脱下上衣，松开领带，或把袖子挽了又挽。也不要吃得太快，好似狼吞虎咽一般。喝酒不要一饮而尽，站起来取菜也不合适。不要边抽烟，边进餐。手弄脏了，不要乱擦，也不要用嘴去吸吮。

进餐的一举一动，在涉外的场合均可谓"此时无声胜有声"。只要我们在平日多加留意，方可维护好自己的良好形象。对于东方人来说，用刀叉吃饭是极其别扭的事，可是正因为如此，应该趁早把各种动作要领学习好。

吃西餐全餐时，刀叉位置的排列是吃西餐的基本礼仪。

当你嘴里吃东西时，不要说话。手里拿着刀子在别人面前舞动，也是不礼貌的行为。尤其是吃西餐，从餐具的使用到吃东西的方法都有其基本礼节，应该事先学好以免临场出洋相。吃饭时，口中有食物绝不可说话。

吃西餐时有一点要记住的是，绝不可把食用的餐具乱放，否则会引起误会的场面产生。例如，有一次王先生到西餐厅去吃饭，"对不起，您不用餐了吗？"侍者从王先生的背后这样说。可是王先生的餐盘上，牛排不是还有一半没吃完吗？原来，这时王先生是把刀叉一起并排在餐盘上。对餐厅的服务员来说，客人要是把刀叉一起并排在餐盘上时，就等于是要告诉他"请把这盘牛排收走"。于是王先生急忙用手按住餐盘："不、不，我还要吃，我是最喜欢牛排的。"服务员只好做了一个注目礼，然后退开而去。

像这样，服务员实在是很难办的。因为客人再怎么喜欢牛排，只要刀叉并排放在餐盘上，不管餐盘是否还有菜看，就等于是在要求服务员收走该盘菜的意思。吃中国菜时，我们尽管一道又一道地吃到最后杯盘狼藉，也没关系，可是吃西餐就不同了。

依照客人所点餐别的不同（如 A 餐、B 餐），服务员也要一次接一次地过来做不同的服务，所以对于吃西餐的动作规则，事先应牢记好。如果你是主人，应请客人先点菜，而你是最后点菜、最后上菜的一位。允许客人慢慢研究菜单，并只有在客人要求时才提出建议。如果你是客人，你可以点任何你想吃的东西，只要不是菜单上最昂贵的项目。同样的食物，绝对不可点第二份——包括饮料，因为未经他人允许多花别人钱是很不礼貌的行为。（如果有这种情形发生时，做主人的有权利拒绝无礼者……通常以时间为借口。）记住，你仍可以在大家都点完东西后换东西，或取消先前点的东西，而不致被视为无礼。

食物将从你的右边上菜——服务生将会从肩膀上方送食。你只需身体稍稍向左倾即可。

喝汤时，拿汤勺的那只手要按在汤匙柄的上方，另一只手则将盛放着汤碗的盘子，往身体这边稍微提高。汤匙的动作是由靠近身体这边，斜斜地沉入汤碗，从内向外地将汤掏起，然后移放到口中。其间要注意的是不要让汤水滴下来。至于有人是用两手捧着汤碗，唧唧地有声喝汤者，其做法是很要不得的。喝汤时绝不可发出声音，这是一种用餐的礼貌。

在餐厅用餐，政治和宗教的话题应该避免。因为人各有自己的立场，所以谈论一些诙谐趣事，博大家一笑，这或许是最符合精神卫生的。谈论一些大家都能插一嘴的话题，这也是一个重要的用餐礼仪。

在吃西餐的方法中，要抱着谦虚而不粗鲁的态度去学习，才不会失其礼仪。现在我们介绍西餐中鱼的吃法。

通常西餐的鱼大都是烹调而很少烘烤的，所以只要知道刀叉的使用方法，吃起来并不会很费事。

一盘鱼上桌后，右手拿刀左手拿叉。首先将鱼块两端或侧旁的小刺等用刀子割开，并推向一旁，整齐地排好。接着用刀子将鱼身的一边轻轻地切割，再用叉子叉起被分割的鱼块来吃。一边吃完了以后，用叉子把鱼的主刺从左侧挑起放在盘子的边缘。然后再用同样的方法吃另外一半。

有些人吃鱼的方法是吃一边后，并不把鱼骨挑开就直接把鱼块整个倒过来吃。这种方法很不雅观，最好少做为妙。吃鱼的关键就是在如何处理鱼骨头的问题上，有的人甚至就此来作为判断对方做事是否谨慎细心的根据。因此即使是经验丰富的人，也不可因此就有故意炫耀的态度，或不以为然地做出粗鲁的动作，因为它不但不能证明什么，而且还会被认为是轻浮的表现。尤其是吃鱼的时候，一不小心把鱼骨头弄断了，那可就难堪了。

吃牛排对现在的人来说并不是一件很稀罕的事，可是对于吃的方法，可就不一定是人尽皆知的了。现举一则例子。宋先生是留美回来的，他很喜欢吃牛排，而且都是吃血淋淋的三分熟牛排。每次只要牛排一上桌,他就免不了向邻座的人炫耀一番说:"不见血水的牛排,怎么能算是牛排呢?"然后会豪放地舞起刀叉,一口气把整块牛排切成五六小块,再一块块地放入口中夸张地咀嚼。大概老宋留美时,学的是美国牛仔的礼仪吧,怎么如此不文明呢?

在西餐中吃牛排,一次只切一小块放入口中细细咀嚼,这才是合乎礼仪。一开始就把整块肉切得细碎,似乎有点不雅,甚至有"杂乱"的感觉。所以我们在吃西餐时应注意凡事要谦虚为怀,以配合别人的立场为优先。傲慢、自夸的表现,经常是造成失败的根源。

到餐厅用餐,吃完后,通常都会有一道甜点或水果。一般说来吃西餐时,最后会有一杯咖啡或红茶或一小块蛋糕之类的点心,通常客人高兴怎么吃都没关系的。不过,吃小蛋糕确实有其原则。吃三角形的小蛋糕,要从其顶点方面开始,直接用叉子把蛋糕切成可入口的小块来吃即可。同时吃蛋糕的时候注意不要让奶油或蛋糕屑沾在嘴巴外面。吃蛋糕方法的注意要点是:吃西餐店的甜点要文雅;吃三角形蛋糕要从顶点那边开始吃;吃香蕉先用刀子将皮割开一条线,再用刀叉把皮撑开切成小块;喝咖啡或红茶时用单手端茶杯;喝完饮料的杯子要把沾有唇印的地方擦拭一下。下面有一则例子。

"请问您要咖啡,还是要喝红茶呢?"每次王小姐到西餐厅用餐时,听到侍者这样问时,她都会考虑好久好久。这并不是她不知喝什么才好,而是她老是拘泥不知该回答说"请给我……"或"我要……"哪一句才好的问题。或许王小姐只是在考虑她应不应该对侍者表示客气的问题吧!"请给我……"和"我要……"两句话的语气确实有那么一点不同,但以一个客人的立场说,用哪一句话来作答,似乎都是恰当的。再说只为这么一句话而让侍者在一旁等了老半天,这才是真正的失礼呢!

礼仪的事,"知之为知之,不知为不知",而且要"不耻下问",才是最重要的。

饮茶、酒、咖啡礼仪

茶是中国人最喜爱的饮料,亦为外宾所乐于接受。在家里、办公室里接待来访者,茶水是必备的。有时还可专门举行茶会招待来宾。茶水虽然物美价廉,但饮茶却是一种文化。

饮茶须知

有客来访,待之以茶。此事虽小,却不得马虎大意。为客人沏茶之前,要首先洗手,并洗净茶杯或茶碗。要特别注意茶杯或茶碗有无破损或裂纹,残破的茶杯或茶碗是不能用来待客的。还要注意茶杯或茶碗里面有无茶锈,有的话,一定要清洗掉。茶具以陶瓷制品为佳。

不能用旧茶或剩茶待客,必须沏新茶。至于客人喜欢绿茶、红茶还是花茶,可以事先征求其意见。就接待外宾而言,美国人爱喝袋泡茶,欧洲人爱喝红茶,日本人则爱喝乌龙茶。

茶水不要沏得太浓或太淡,每一杯茶斟得七成满就可以了。正规的饮茶,讲究把茶杯放在茶托上,一同敬给客人。杯把要放在左边。要是饮用红茶,可准备好方糖,请客人自取。茶水可以多准备上一两杯,因为可能还会有后到的客人。喝茶时,不允许用茶匙舀着喝,茶匙应取出来。

上茶时,可由主人向客人献茶,或由招待员给客人上茶。主人给客人献茶时,应起立,并用双手把茶杯递给客人,然后说一声"请"。客人亦应起立,以双手接过茶杯,道以"谢谢"。添水时亦应如此。

由招待员上茶时,要先给客人上茶,而不允许先给自己的主人上茶。若客人较多,应先给主宾上茶。上茶的具体步骤是:先把茶盘放在茶几上,从客人右侧递过茶杯,右手拿着茶托,左手附在茶托旁边。要是茶盘无处可放,应以左手拿着茶盘,用右手递茶。注意不要把手指搭在茶杯边上,也不要让茶杯撞在客人手上,或洒了客人一身,妨碍了客人的工作或交谈的话,要说一声"对不起"。客人应对招待员的服务表示感谢。若无专门的招待员,可由秘书临时充任。

如果用茶水和点心一同招待客人,应先上点心。点心应给每个人上一小盘,或几个人上一大盘。点心盘应用右手从客人的右侧送上。待其用毕,即可从右侧撤下。

不论主人还是客人,都不应大口吞咽茶水,或喝得咕咚咕咚直响。应当慢慢地一小口一小口地仔细品尝。遇到飘浮在水面上的茶叶,可用杯盖拂去,或轻轻吹开。切不可以用手从杯里捞出来扔在地上,也不要吃茶叶。

西方常以茶会作为招待宾客的一种形式。茶会通常在下午4时左右开始,设在客厅之内。准备好座椅和茶几就行了,不安排座次。茶会上除饮茶之外,还可以上一些点心或风味小吃。国内有时也以茶会招待外宾。

我国旧时有以再三请茶作为提醒客人,应当告辞了的做法,因此在招待老年人或海外华人时要注意,不要一而再、再而三地劝其饮茶。

尽管不少国家有饮茶的习惯,但饮茶的讲究却是千奇百怪的。日本人崇尚茶道,作为陶冶人的灵性的一种艺术。以茶道招待客人,则重在渲染一种气氛,至于茶则每人小小的一碗,或全体参加者轮流饮用一碗,不能喝了一碗又一碗的。

到中国茶馆里去寻访民俗的外宾,越来越多了。在茶馆里遇上外宾同桌饮茶,应以礼相待。既不要过分冷淡,也不要过分热情,做到不卑不亢就行了。

饮酒礼仪

饮酒是各种宴会中不可缺少的一个项目,尽管人们饮用的酒的品种有所不同,但是对基本的有关饮酒礼节还是共同遵守的。

虽然古来就有"酒逢知己千杯少"和"一醉方休"的说法,但对于确实不会喝酒的人,是不宜劝其饮酒的。在宴会上不会喝酒或不打算喝酒的人,可以有礼貌地阻止他人敬酒,但不要什么都一概拒绝。至少要喝上一点汽水、果汁或其他饮料,使举座尽欢。

拒绝他人敬酒通常有3种方法。第一种方法是主动要一些非酒类的饮料,并说明自己不饮酒的原因。第二种方法是让对方在自己面前的杯子里稍许斟一些酒,然后以手轻轻推开酒瓶。按照礼节,杯子里的酒是可以不喝的。第三种方法是当敬酒者向自己的酒杯中斟酒时,用手轻轻敲击酒杯的边缘,这种做法的含义就是"我不喝酒,谢谢"。当主人或朋友们向自己热情地敬酒时,不要东躲西藏,更不要把酒杯翻过来放,或将他人所敬的酒悄悄倒在地上。

敬酒要适可而止,意思到了就行了。不要成心把别人灌醉,更不要偷偷地在他人的软饮料里倒上烈性酒。对于虔诚的穆斯林不允许敬酒,甚至不能上酒。因为穆斯林饮酒是违反教规的。不应当在餐桌上摆放一大堆酒瓶。

在正式宴会上,服务员打开酒瓶后,先要倒上一点给主人品尝。主人应先饮一小口仔细品尝,然后再尝一口,感到所上的酒完全合乎要求时,再向服务员示意:可以给客人们斟酒了。斟酒的顺序是:先主宾,随后才是其他客人。斟酒时,酒杯应放在餐桌上,酒瓶不要碰到杯口。

会喝酒的人饮酒前,应有礼貌地品一下酒。可以先欣赏一下酒的色彩,闻一闻酒香。继而轻啜一口,慢慢品味。不要为显示自己的海量,举起酒杯看也不看,便一饮而尽,使酒顺着嘴角往下流。也不必矫揉造作地在举杯时翘起小手指,以显示自己的优雅举止。不宜一边饮酒,一边吸烟。

鉴于酒后容易失言和失礼,故在涉外活动中饮酒的酒量要控制在自己平日酒量的一半以下。不要一看到对方的盛情或美酒佳肴,便忘乎所以了。有教养的饮酒者饮酒时是不会让他人听到自己吞咽之声的,斟酒只宜八成满。

正式宴会中主人皆有敬酒之举,会饮酒的人应当回敬一杯。敬酒时,上身挺直,双腿站稳,以双手举起酒杯,待对方饮酒;而每一桌可派遣一位代表到主人的餐桌上去回敬一杯。

参加外方宴请,应事先了解对方饮酒习俗和祝酒的讲究。在宾主双方致辞祝酒时,应停止饮酒和交谈。奏国歌时更不能饮酒。

需要同外宾干杯时,应按礼宾顺序由主人与主宾首先干杯。遇人敬酒或干杯时,应起立举杯,并目视对方。在场的人较多时,可同时举杯示意,不必一一碰杯,让对方干等。干杯不要乱挤,也要避免与其他人交叉碰杯,此乃大忌。

如果在家里设宴款待外宾,要注意酒具的清洁,不要使用破旧不洁的酒杯。西方人士一般饮用的是低度酒,他们往往对我国的烈性酒缺乏感性认识,因此要以适当的方式提醒对方不要饮酒过量,不宜为其连连斟酒。饮不同的酒,要用不同的酒杯。

有些国家饮酒习俗与我国完全不同,接待外宾之前,应有所了解。例如日本人讲究开怀畅饮,对于酒后不检点的言行是不以为怪的。他们敬酒时不碰杯,而是敬酒者跪在被敬酒者面前,手提酒瓶,不停地为对方斟酒。

有的国家讲究拿酒杯应以整个手掌握住,如系高脚杯,则应以手指捏住杯脚。喝啤酒不碰杯,但可互祝健康。

在国外正式宴会上,通常应由男主人首先举杯,并请客人们共同举杯。若是他要为在座的女士的健康而干杯,就不应忘掉任何一位女士。客人、晚辈、女士一般不宜首先提出为主人、长辈、男士的健康而干杯。

女士接受他人祝酒时,不一定要举起自己的酒杯,以微笑表示感谢即可,自然稍微喝上一点更好。

当为尊贵的人物的健康而干杯时,酒杯中的酒最好一饮而尽。知道自己酒量不行的话,事先应只斟少许酒。

与家人一起饮酒时,猜拳行令以助酒兴。但是,在外交场合切忌这么做。

如何体验咖啡"味道好极了"的感觉:

一曲《走过咖啡屋》使饮咖啡染上了浪漫的色彩,去咖啡屋体验那种"味道好极了"的感觉的人越来越多了。但是个别人在咖啡屋里举止粗俗,饮咖啡如同喝大碗茶一样,显得有点不伦不类。其实,喝咖啡是蛮有讲究的。

咖啡可以自己磨好咖啡豆以后用咖啡壶煮制,也可以用开水冲饮速溶的。国外一般认为自制的咖啡档次较高,而速溶的咖啡不过是节省时间罢了。

饮用咖啡时可以加入牛奶和糖,称为牛奶咖啡。也可以不加牛奶和糖,称为清咖啡。有人还喜欢兑入啤酒后饮用。

加入咖啡的糖通常都用方糖,它被放在专门的器皿里。一旦饮用者需要加入方糖时,可用方糖夹或咖啡匙取用。

咖啡匙是专门用来搅咖啡的,饮用咖啡时应当把它取出来。有人用咖啡匙舀着咖啡一匙一匙地慢慢喝,是不合规矩的。不要用咖啡匙用力去捣碎杯中的方糖。

如果嫌刚刚煮好的咖啡太热了,可以用咖啡匙在咖啡杯中轻轻搅拌使之冷却,或者等待其自然冷却,然后再饮用。用嘴试图去把咖啡吹凉,是很不协调的动作。

盛放咖啡的杯碟都是特制的。它们应当放在饮用者的正面或者右侧,杯耳应指向右方。饮咖啡时,可以用右手拿着咖啡的杯耳,左手轻轻托着咖啡碟,慢慢地移向嘴边轻嚼。不宜满把握杯、大口吞咽,也不宜俯首去就咖啡杯。喝咖啡时,切记不要发出声响来。

当然,有时也会遇上一些特殊情况。例如,坐在远离桌子的沙发中,不便用双手端着咖啡饮用,此时可以做一些变通。可用左手将咖啡碟置于齐胸的位置,用右手端着咖啡饮用。饮毕,应立即将咖啡置于咖啡碟中,不要让二者分家。

添加咖啡时,不要把咖啡杯从咖啡碟中拿起来。

有时饮咖啡可以吃一些点心。但不要一手端着咖啡杯,一手拿着点心,吃一口喝一口地交替进行。饮咖啡时应当放下点心,吃点心时则应放下咖啡杯。

在咖啡屋里,举止要文明,不要盯视他人。交谈的声音越轻越好,千万不要不顾场合而高谈阔论。

饮咖啡是一种文化,只有讲究礼节,才能体味它的温馨。

吃水果礼仪

在家庭中和宴会上,一般都要请客人吃水果。在非正式场合,怎样吃水果并不很重要。然而在正式场合,吃水果就要同礼节联系在一起了。

请客人们吃水果。通常应预备一种以上,这样使客人们有一个选择的余地。水果应洗净后装入水果盘内端到桌子上。不要主动为客人削、剥水果,这样做不卫生。拿着削好、剥好的水果硬逼着客人吃,也不太礼貌。

在正式的场合，端上水果的同时，应备好水果刀或成套的小果餐具。不论是水果刀还是成套的水果餐具，都要求绝对清洁。

在涉外的活动中，禁止直接用手拿着水果吃。吃苹果和梨，应用水果刀将其切成4至8瓣，去掉皮、核后，再用叉取食。还有一种吃法，是先将苹果或梨竖放在盘中，沿着纵向切下一角，先去掉核，再用叉子叉住，再去皮，切成小块食用。

吃李子，可先用手将其掰开，去核后再吃。杏、桃一类的水果以水果刀去皮核后，应分为适当的小块食用。香蕉可先剥皮，用刀切成小块吃。也可先用刀切除两端，将皮剥去后，再切成片或段食用。橘子、荔枝可用手去皮后吃。橙子可用刀去皮后切成块吃。

吃葡萄不可整串拿着吃，而应用手一颗一颗揪下来吃。吃这类带核的水果，要用手遮着嘴吃，以便把果核吐在手中或匙中，放在果皮盘里。

请人吃哈密瓜、西瓜、香瓜和菠萝，事先应去皮切块，装入盘中。吃时可用水果刀切成小块，再用叉取食。有时在家中请人吃西瓜、哈密瓜，直接切块递上未尝不可，不过至少要准备一只小果盘，使客人把切块后的瓜果放在盘中端着食用，这样做可防止水果汁流到客人身上或地上，也可使果皮、瓜有个着落。擦手的毛巾应提前准备好。

吃核桃一类果壳坚硬的坚果，绝不能直接用牙去咬。比较讲究的吃法是，先用专用的核桃锤把果壳敲开，再以专用的夹子取食。

在社交场合吃水果之前，手应洗净。不论是见到多么稀罕、多么好吃的水果，也不允许悄悄装入口袋拿走。吃水果时不宜一下把嘴塞满，而应当一小口一小口地吃。不要边吃边谈，更不允许把果皮、果核乱吐、乱扔。

馈赠礼仪

送礼将为商务活动打开方便之门。

生意场上的人际关系并非纯粹的利润关系，它实际上融入了十分复杂微妙的人情世故。

尽管人类社会存在着互不相通的语言文化，但是有一样东西却可以沟通联络所有人的感情，那就是礼物。

为共同谋利而走在一起的生意人，同样需要礼物沟通联络感情。生意场上的送礼既有纯商业性的，也有联络个人感情的。但不论是哪一种，都会有效地加强人与人的关系。

不恰当的商业送礼通常会带来不良的效果，每一个商场中人都应当充分重视、自觉遵守商业送礼的国际惯例。

防止商业送礼演变为商业贿赂

商业送礼的价值如果超出了国际惯例，通常会被视为商业贿赂。商业贿赂大则会触犯法律，小则违反规章制度，至少会给受礼人造成心理压力。

不论受礼人是否愿意接受这样的礼物，送礼的本义这时已经尽失，也就是说再也起不到联络感情的作用。因为受礼人心里明白,你送礼的目的不是联络感情,而是引诱他为你付出更大的代价。

为了防止商业送礼演变为商业贿赂,国际间很多公司都制订了送礼受礼的规章制度。

※有些公司规定雇员只能收受小礼物,不能收受大礼物,但是对于大与小的界定却没有具体的标准。

※有些公司规定了禁收礼物的具体细则,甚至罗列出具体的品名。

※有些公司要求新雇员签订一份严格遵守送礼受礼制度的协议书。

※有些公司不允许雇员接受客商的宴请,包括简单的午、晚饭在内。其理论依据是,"吃了别人的嘴软",接受客商宴请的公司业务员,通常会在交易中给对方提供优惠,损害公司利益。

中国的生意人通常把商业送礼的概念混同于亲戚朋友以及其他社交关系的送礼,不但要表现出热情大方,还常常追求体面,送价值较高的礼物给生意伙伴,或慷慨解囊请生意伙伴上高级饭店,以显示自己的财力,令对方对自己有信心。

诸如此类的商业方式绝对不能用于国际商贸活动,因为你的热情好客很可能被外商视为商业贿赂。

中国生意人慷慨体面乃至奢侈的交际方式在国内生意场亦可休矣。因为国家工商总局发布了《关于禁止商业贿赂行为的暂行规定》,这是《反不正当竞争法》的一部配套规章。

这部规章规定,洽谈生意时给生意伙伴提供好处,将被视为商业贿赂。

提供好处的方式是多种多样的。例如,经营者为销售或购买商品,采用付给财物或提供国内外各种名义的旅游、考察等其他手段的,都可构成商业贿赂。

生意人给生意伙伴送礼,包括宴请和提供娱乐等商业招待,如果超出了国家规定的财政支出,或超出了公司的预算,便有可能被视为商业贿赂。

你可以采用下列问题来决定是否收礼:

• 礼物是否超出价值?

• 礼物送达时间是否在非传统或不同于平时的时刻?

• 是否违反公司规定?

• 它是否会让你觉得有义务去参加宴会?

• 最近三个月左右,是否曾带给送礼者生意上的往来及利润?

• 是否有未定案的商业交易?

• 送礼者是否有"收买"人的名声?

上述问题只有一个答案是"是",最好婉谢礼物。辞谢一个有问题的礼物总比错收来得好。

如果你打算辞谢别人的礼物,最好在收礼后24小时内行动。没有实际行动即会被认为已被接受。退回礼物时须附上亲笔写的短笺,明白表示你无法接受。不必写出特定原因,在短笺上注明日期并讲清楚你已接到但无法接受。请简短,但不要责备、侮辱或表达不屑的意思给对方。假使公司程序上规定,你必须为此行为提出报告,基于保护自己的原则,在报告上附上你谢绝短笺的复印本。

基于公司政策,必须拒绝礼物的示例

李先生:非常感谢您前日所送的礼物。我非常诚恳地感谢你的情意,但碍于公司的规定,我今天将用快递将礼物退回给你。

基于个人因素拒绝礼物的示例

李先生:感谢您某日所送的礼,我诚挚地感谢你的情意,但实在是这个礼物并不适合接受,因此今天我会用快递退回这个礼物。

你不必在退回礼物前先电话通知送礼者,或事后旧事重提,假使送礼者事后又提起这件事,可重复你在拒绝卡片上的说辞,或巧妙地转换话题。

假使送礼者向你道歉,接受他的道歉并从此不再提这件事。

接收礼物时,尽早表达感激之意。很多人以为打电话最能表达谢意,可能是,但绝不是最有礼数。简短、温馨如下所示的手写短笺,最能适时有效地表达谢意。

张明:

非常感谢你细心帮我挑选了这只水晶猫。我所有的收集品都比不上这一只。每当我看着它时,便会想起你的友善和我们的友谊。

祝福你!

丽倩

短笺须选用合适的纸张或感谢卡,而不是拿商业书信末端空白的部分随便涂鸦。假使所要感谢的不止一人,则请收文者代为传达。即使你不知道对方姓名也要提及:"请告诉你的同事,我很感谢他们所送的可爱礼物。"

广告性送礼

商业送礼像所有的送礼一样,通常是生意场上个人与个人之间的交往,因而牵涉到个人的感情或利益。公司防止商业贿赂,实质上是防止员工的个人感情或利益被利用,使公司蒙受损失。

有一种商业送礼是面对公众的,不涉及个人感情或利润的,那就是宣传形象和产品的广告性送礼。这种送礼包括向顾客和潜在顾客分发公司的非卖产品,以及赠送印有公司标识的用品等。

广告性送礼不仅是宣传公司形象和产品的一种商品手段,而且是公司在市场上发展良好的公共关系、争取公众好感的一种心理战略。

广告性送礼因此必须保证一流的质量,任何一份次品赝品都会损毁公司的形象。这类礼品造价虽低,但几乎所有公司都会投入一流的技术去设计和制造。

广告性送礼在礼品种类、造价、产量和财政支出等方面都已形成国际惯例,如果不符合国际惯例,也会被视为不恰当的商业行为。

公司分发给公众的非卖品,只允许小批量试产,一批产品通常为 5000 份左右。一般认为，不到 5000 份不能收到广而告之的宣传效果；超过 5000 份则会超预算，引起股东的不满。

公司赠送公众的印有公司标识的用品，以下面罗列的在国际上最流行：

玻璃酒杯	号码锁	公路应急箱	棒球衣
梳子	妇女饰物	沙滩毛巾	化妆盒
钥匙链	带扣	信用卡盒	修指甲箱
书籍	盒子或篮子	缝纫箱	刷子
文件夹	地图盒	日记本	备忘录小笔记簿
直尺	商业名片盒	电子地址簿	软尺
钮扣	支出账簿	有柄大杯	日历
急救药箱	领带	计算器	手电筒
纸餐巾	热量计	高尔夫球	镇纸
照相机	高尔夫球衣	钢笔	帽子
手帕	成套铅笔	削笔刀	塑料雨帽
自动粘拍纸簿	测智玩具	收音机	雨披
球拍套	剪刀	围巾	鞋袋
擦鞋箱	粘贴别针	T恤	记秒表
袖珍字典	伞	滑雪帽	汗带
画框	温度计	（衬衫袖口的）链扣	网球
领带夹	保温瓶	钱夹	运动衫
扑克牌	气球	网球帽	网球巾
小刀	工作裙（围裙）		

公司向公众赠送用品，目的是宣传公司的形象。但是，如果这些用品上印的标识太大太显眼，往往不容易被公众接受。国际上流行的这类公司赠品，通常都没有显眼的公司标识。例如日记本，不少公司把标识印在扉页或封底，而不印在封面。

其余的用品如钱夹，公司标识是藏在里面的，丝围巾，标识缝在一角；钟，标识刻在背面；领带夹，标识缕在背面；……所有这些标识都是很细小的。标识越细小隐蔽的赠品，越多的人愿意接受和使用。人们通常只愿意使用一种带有显眼大标识的赠品，那就是伞。

在商业竞争日益激烈的今天，众公司不遗余力地宣传自己的形象，争相推出自己的广告性礼物，让人目不暇接。有时候，广告性礼品泛滥了，人们就会像躲避洪水猛兽般躲避它，免得办公室和家里增加垃圾。

为此，宣传要有节制，切忌不惜工本地讨好顾客，那会适得其反。

福利性送礼

公司对员工的吸引力和凝聚力，不仅仅在于可观的工资，还在于优厚的福利。后者通常令员工产生更大的归属感。

公司福利的内容和方式是多种多样的,其中送礼是不可或缺的福利手段。因为送礼行为富于人情味,它在一定程度上淡化了雇主和雇员之间的商业关系。

有学者做过调查,发现那些工资高福利差的公司的员工,工作热情比不上那些工资不高但福利待遇较好的公司的员工。

诚然,这里说的公司福利,并不等同于一般的社会福利。社会福利是扶贫济困为主要目的的,公司福利则是以员工对公司的贡献为基础的奖励、关心、慰问和帮助。

公司在节假日送礼给每一个员工、组织全体员工在国内乃至出境旅游观光、请员工吃饭或参加文娱体育活动等做法,属于对全体员工一视同仁的奖励和慰问,也表示公司对员工的感谢。这类活动不但能增加员工对公司的归属感,还能加强员工之间的团结合作精神。

有的公司对员工的特别日子也会表示关心,尤其对各级管理人员。遇上员工生日、结婚、生孩子、结婚周年纪念、乔迁新居、升职或在工作学习中取得好成绩,公司都会送上礼物表示祝贺;遇上员工生病、家有不幸,公司会送上礼物和慰问金表示慰问并给予帮助;对于退休的员工,公司会根据其服务时间和职务级别送上相应的礼物,感谢他对公司的贡献。

公司对员工的关心还需要通过各级管理人员对下属的关心来实施。一个好的商业主管不会忘记下属的特别日子,并且懂得恰如其分地给下属送礼。

无论是公司给员工送礼,还是主管给下属送礼,都可以看作公司的福利性送礼。什么情况下由公司付款送礼,什么情况下由主管付款送礼,各公司的做法不尽相同。

像圣诞节这样的西方重大节日,国际间很多公司都给全体员工送礼。诚然,各公司送礼的方式也不尽相同。

以下是一些公司员工送圣诞礼物的情况:

※分给每位员工一包食物,一台收音机,一只圣诞火鸡。

※给员工提供一份礼物单,让每一位员工选择自己喜欢的礼物,或者是相当于一份礼物价钱的现金,通常是25美元。

※组织一次圣诞聚会或聚餐。

※由高级主管亲笔签名,送给每位员工一张圣诞卡。

※送礼物和现金给需要帮助的员工,而不是人均一份。

专家认为,公司给员工送节日礼物是很有意义的,送礼的方式也是很值得考究。应该说,送礼越富于人情味越好。至于礼物的价值,则应该视公司的经营状况而定。如果公司处于困难时期,一张贺卡也算得上很珍贵的礼物;如果公司生意兴隆,员工为此经常加班工作,节日礼物就应该丰厚一些。

国际间很多公司都比较重视员工的服务周年纪念。在这些公司里,任何一个员工服务到第五年,都会收到公司赠送的礼物。此后每增加五年或十年又会收到公司的礼物。

商业主管与客户的礼尚往来

公司与客户的业务关系主要靠各级主管来维系。但是由于很多公司都有严格的送礼受礼制度,商业主管常常无法从公司取得足够的交际经费。因此,实际情况往往是,公司与客户的交往变成了商业主管之间的私人交往。

很多商业主管都视公司为自己的产业,因为公司的兴衰与他们的切身利益息息相关,而他们自己的地位和薪酬则是通过业务成绩来巩固和提高的。因此,为了取得业务成绩,商业主管不会计较个人得失,宁愿自掏腰包与客户建立密切的私人关系。

利字当头的生意场其实时时处处都被人的情感牵引控制着,生意关系无不渗透了人情世故。无论文化习俗也好,国际惯例也好,都是人情世故。

生意场上的高手,通常都是人情练达、世事洞明的交际家。他们在生意场上畅通无阻,主要因为他们交际广、守信用,常常不是靠金钱,而是靠朋友。

为了互利或因为互利而走到一起,共同合作的人们,都可以成为朋友。从这个意义上说,生意人最需要朋友,也理所当然地比其他行业的人们拥有更多的朋友。

很多公司都备有商业送礼的电脑软件。在商业主管的送礼软件中,有不少是记录生意朋友的礼尚往来的。因为这类关系太多,不做送礼记录难免出错。

商业主管的送礼软件应该详尽清晰地罗列出节假日送礼和特别送礼的客户姓名、支出金额和所购物品名称,还应该说明是由公司付款还是主管私人付款。

商业主管的关系户发生情况变化时,其送礼软件则应随时做出修改。例如关系户中有人事变动、人员死亡或退休,以及改组公司等;生意朋友中有人离婚或再婚等,都应予以记载。

某公司的总经理在飞机失事中丧生,董事会很快任命了一位新的总经理,并已登报声明。然而,每逢重大节日,这家公司仍然收到好几个客户送给已故原总经理的礼物和贺卡,甚至还有送给他的生日礼物和生日贺卡。

这种情形令新任总经理十分不愉快。直到这家公司中止了和那几个客户的业务关系,他们才发现了问题。原来是这些公司的总经理和秘书按照原送礼软件记录的客户姓名送礼,而总经理本人却不加关注。倘若总经理们在客户宣布人事变动时当即修改送礼软件,也就不至在后来的忙碌中造成遗忘和差错。

另一名马大哈主管送给一位生意朋友的生日礼物是一套纪念邮票。他只记得这位朋友是个集邮爱好者,却忘却了上次送给他的生日礼物正是这一套邮票。

重复赠送同样的纪念性礼品会给人一种漫不经心的感觉,这会使送礼的诚意大打折扣。

如果主管的送礼软件记录了上一次购买的礼物名称,也就不会出现赠送重复礼物的差错。

更常出现的送礼差错是后一次礼物的价格比前一次的低,这种差错给受礼人带来的误解是可想而知的。送礼软件上的礼品价格纪录有助于避免此类差错。

商业主管送礼应该有计划有预算,无论是公司付款还是主管个人付款购买礼物,都不应超出计划和预算。

※不一定要还礼给所有送礼给你的人。

如果送礼给你的人不在你原定的送礼计划内,最好不还礼。这种人通常和你没有业务关系,你弄不清他送礼给你的原因,也许是你忘记了你曾帮助过他,他送礼感谢你来了。如果是这样，你还礼给他，反而不近人情，因为你令他无法实现感谢你的心愿。

国际间很多生意人送礼都习惯在礼物内附一张礼物卡，并且在卡片上写清楚送礼的原因。如果是节日，便写上节日祝词，如果是受礼人的喜庆日子，便写上喜庆贺语；如果是为感谢受礼人等特别原因而送礼，则写上感谢的语句。

下面这张礼物卡的写法，不仅清楚他说明了送礼的原因，而且真诚地表达了对受礼人的感谢之情：

"这份小小的节日礼物谨表我的心迹：我永远忘不了今年春天，我们工厂在那场大风暴中遭受到惨重的破坏，是你帮助我们走出了困境。"

※如果你的公司经营不佳，或者公司规模缩小，则应该减少送礼的开支。

碰上生意不好的年头，公司或主管个人都不必勉为其难送礼给客户。但是，当节日来临之际，你很有必要给那些习惯了收你的礼物的人们寄节日贺卡，并且亲笔写上诚恳的语句，解释今年破例不送礼的原因。

随着经济的发展，中国人送礼的消费越来越高，尤其是生意人、关系多，送礼必须平衡所有的关系，不能厚此薄彼、顾此失彼。碰上不景气的年头，生意人要应付这么多礼尚往来的送礼可不容易。

生意人为此大伤脑筋。不送礼则不近人情，送礼又力不从心。于是只好降低送礼的档次，尽量节省开支。其实这样做的效果并不好。试想你的客户或朋友去年中秋收到你送的名店名牌月饼，今年收到的是大众化的月饼，你会怎么想呢？

学学西方人，送张节日贺卡，委婉地说明自己无能力送礼。这种坦然洒脱的作风比"打肿脸充胖子"或降低送礼档次去应付各方面的人际关系更容易被理解和接受，因为它表现出你待人的真诚，没有虚饰，因而没有被人怀疑以假乱真、以劣充优去骗取人情的危险。

其实，礼尚往来的人们，并不都是冲着礼物本身而来的，大都是借物传情而已。如果你实在送不起礼物，也得有别的传情表示，例如打个电话，送张贺卡之类。

以调侃的语言暗示自己无能力送礼比直截了当他说明要好得多，首先是不会令对方尴尬，其次是表现出自己的乐观通达，不乏幽默情调。

商业主管与客户的礼尚往来，根据国际间的习惯是有金额限制的。一般认为，初级主管和中级管理人员送礼给客户，开支在40美元左右为宜；中级以上管理人员可开支45~60美元；高级主管送礼给客户的高级主管和生意场上关系密切的朋友，可以开支50~150美元。根据国际惯例，生意人之间的礼尚往来开支极少超过150美元，这个数目可被视为商业送礼的上限。

国际间生意人互赠礼物的礼仪

对于中国生意人来说，送礼的国际惯例常常是一些新概念，这里一一做些探讨。

送礼给来访的外国生意人，首先要避免携带的麻烦。在国际间奔走的生意人，喜欢轻装行动。如果你送的礼物给人增添麻烦，成为别人的累赘，也许会违背你送礼的初衷。

如果你认为很有必要给客人送某种笨重的礼物，你最好先让受礼人拆开包装看一看,然后自己收回去,由公司负责运送到客人的公司或家中。

生意人送礼给外国生意伙伴,一定要了解清楚对方国家的送礼习俗。如果你没有把握,应该请教熟悉这方面习俗的人士,或有关咨询机构。一份礼物,从选购、包装到携带方便与否都需要你亲自考虑和督办,不可完全依赖你的手下。

送礼要想投其所好,有一个办法通常是可行的,那就是通过和受礼人的秘书或助手交谈去了解其爱好;如果对方爱集邮,你能送些受欢迎的邮票给他当然很好;如果对方收集瓷器,你则可以送瓷器给他。

如果你实在无法弄清受礼人的送礼习俗和个人爱好,那也不要紧。实际上,很多懒得在送礼方面花脑筋的生意人,都宁愿送那些在国际间广为接受的礼物,那就是酒(穆斯林国家除外)、唱片和办公室用品。后者通常是钢笔、铅笔和信笺。

也许中国的生意人认为送这些物品太小气了,但这些却往往是最稳妥最合适的生意场礼品。中国的生意人在送礼的观念方面需要与国际接轨,须知生意人的礼尚往来不可与亲戚朋友的感情交流同日而语。

国际间生意人互赠礼物切忌奢侈,否则会被认为有意行贿。

在国际生意场上,送礼给自己不熟悉的人要多加小心,甚至宁可不送。两个生意人第一次交往,原则上不送礼第一次会面尤其不应带礼物去,否则对方会认为你迫不及待要靠拢他,这样会给他造成心理压力,弄不好他会避开你。

国际间生意人送礼,通常要送自己国家的产品,并且要在国内市场购买。生意人出境,带上本国的产品虽然诸多不便,却又不能免。如果你怕麻烦,在出访国购物送礼,受礼人便认为你待人缺乏诚意,此乃生意人合作的大忌。

以上是国际生意场上送礼的一般原则。下面介绍一些特殊的情况:

女生意人送礼的国际惯例

在国际生意场上,女生意人和男生意人交往应持谨慎态度。无论是西方文化还是其他文化,都把女性置于社交活动的被动位置上。在社交活动中,尤其是生意人交际场合,男士向女士献殷勤往往被视为绅士风度,而女士向男士献殷勤就"掉价"了。

因此,女生意人一般不宜主动送礼给男生意人,尤其是外国男生意人。但是,女生意人收到其他生意人的礼物后,一定要回赠礼物。如果女生意人作为贵宾出席男生意人的宴会或派对,则应该带礼物去。

女生意人欲与男生意人建立交情,最好通过他的妻子。只要你与他的妻子有过一面之缘,每次你到他的国家去做生意,都不妨带点礼物送给他的妻子。男生意人代自己的妻子接受一个女人的礼物,总是十分坦然爽快的。

女生意人送给男生意人妻子的最好礼物,莫过于化妆品、香水和华丽而不贵重的首饰。至于女生意人和女生意人之间,即使是第一次见面也可以互送礼物,通常送旅行箱、提包和雨伞等。

女生意人和自己十分熟悉的外国男生意人见面。主动送点礼物也无妨,但是送礼的品种和方式得十分注意,以免造成误会。

一般说来,女士送衣物给男士是不合适的,尤其不能送睡衣之类的寝室用品。送办公室用品是再恰当不过的了。如果你送的礼物可长时间摆放在受礼人的办公桌上,则更具纪念意义。

女生意人送礼可以充分体现自己的家庭观念,唤起男生意人的家庭意识。

有个女生意人给她的外国生意伙伴公司的每一个管理人员都送一个精美的小相框,而且特意附上一张礼物卡,上书"温馨的家庭"字样,结果所有收到相框的人都用它装上自己的家庭合照,摆在办公桌上。如此送礼可谓十分成功。

女生意人给生意场的伙伴或同事送点食品作礼物,在国际间广为接受。提供食品本是家庭主妇的天职,送食品礼物多少能给女生意人增添一点女性的魅力。其作用是淡化生意场上男性对女性的抗拒意识,有利于营造和谐的合作氛围。

国际间送礼的忌讳

中国有些省份和地区是忌讳送钟作礼物的,因为"送钟"与"送终"谐音。有趣的是,世界上其他很多国家的生意人都喜欢送钟作办公室礼物,他们通常会把别人送的钟摆在办公桌上,用以加强自己的时间观念。

尽管如此,中国人也不宜送钟给外国人,因为很多国家的不少生意人都了解中国人忌讳送钟的习俗。如果你送钟给他们,恐怕他们会怀疑你送礼的用心,甚至可能认为你诅咒其公司倒闭。

中国的生意人送礼给外国生意人,既要考虑自己的忌讳,又要考虑受礼人的忌讳。

我们中国人自称为龙的传人,自古崇拜龙,以龙为造型的艺术品处处可见。以龙的艺术品作礼物,在国人中间广受欢迎。然而,中国的生意人千万不可以龙的艺术品作礼物送给英美生意人。在英美文化里,龙(dragon)是凶残暴戾的象征,是魔鬼,与中国文化中的龙相去甚远。

中国有些地区如穗、港、澳和珠江三角洲等忌讳"四"这个数字,因为它与"死"字谐音。所以送礼决不送 4 件。中国生意人送礼给外国生意人,当然也不该送"4",因为不少外国生意人也了解这个习俗。

与中国人的这一习俗相映成趣的是西方人对"13"这个数字的忌讳,这是以基督教为文化背景的一种谜信心理,认为"13"是个不吉利的数字。西方人送礼不送 13 件,中国生意人送礼给西方生意人,切忌送"13"。

有个中国生意人送给美国生意人一支"白翎"(White Feather)牌钢笔,令受礼人很难接受。

这个美国生意人为什么不能接受这支钢笔呢? 因为钢笔上刻有 WhiteFeather 英文字样。WhiteFeather 是英美人用以比喻懦夫的贬义词,实际上是骂人用语。如果这个美国生意人把这支钢笔带回美国去,一定会让他的同胞笑话,你想他怎么能接受这份礼物呢?

有学者做过调查,发现好些中国产品的牌子译成英文后不受西方人欢迎,原因是这些英文的含义不好。除了"白翎"(White Feather)牌钢笔之外,还有"白象"(White Elephant)牌电池和"雄鸡"(Cock)牌闹钟等等,因为是出口产品,于是望文生义地将中国牌子直译成英文,以致引发文化习俗的冲撞。

不懂英文的中国生意人固然不会了解,Whiteelephant 是指花钱买的废物,不久就成为累赘的东西;更不会明白为什么英美人望着闹钟上的"Cock"发笑,因为"Cock"在俚语里是"阳具"。即使是懂英文的中国人,也不一定了解某些英文词语的特别含义,因为这涉及纷繁复杂的文化习俗,要求学英语的外国人一一了解,谈何容易。

那么,怎样才能避免送礼引发文化习俗的冲撞呢?

最好的办法当然是请教熟悉受礼人文化习俗的人了。

如果你找不到这方面的老师,则不妨采取"以我为主"的态度。那就是说,送给外国人完全中国化的礼物、没有写上任何外国文字的礼物。

你送给外国人这样的礼物,意思是"我是主人,你是客人。我按我的中国文化习俗送礼给你,完全出于好意;你可不要按你的英美或其他文化习俗去曲解我的好意。"客随主便也是国际交往的惯例之一。

外国人收到中国人送的中国产品,通常不会特意把牌子翻译过来了解其义,因为他们觉得没有这种必要。同理可推,我们中国人也不必死抠外国文字的含义去翻译其产品的牌子。

国际间生意人互赠礼物,原则上送本国本土的产品,不带外文牌子的产品更加本族化,这本族化就是一种诚意,这是国际生意场上的共识。有些中国生意人不懂这一点,送礼给外国生意人总要挑有洋文字的,结果事与愿违,反而冲淡了送礼的诚意。

送本族化的礼物给外国人,最好附上一张用英文或对象国文字写的简短的礼物卡,从本国的文化习俗说明你送这份礼物的良好用意。这种解释有助于受礼人了解送礼人的文化习俗,万一发生文化冲撞,也可以得到受礼人的理解。

怎样送礼给应邀讲话的外国客人

按照国际生意场的习惯,邀请外国客人在商务会议、新闻发布会或者别的任何集会上讲话,都应该送给讲话人一份有纪念意义的礼物。

国际间的做法通常是这样的,如果应邀讲话的外国客人不收取酬金,应该送给他一份有相当价值的礼物,例如本国制造的优质皮箱或公事包一只,或者别的经久耐用的名牌国货。如果讲话者收取酬金,则可以送给他一份薄礼,例如书和文具等。中国的文房四宝送给西方人,比现代任何高级文具都更有纪念意义。

无论你送什么礼物给应邀讲话的外国客人,都应该附上你的生意名片或通信名片,并且用英文或对象国文字写一张礼物卡:

"你的讲话受到与会者一致好评,既实际又生动,我们大家都感谢你。"

送鲜花在世界各地都很流行,但各国有不同的送花习俗和忌讳。送花给外国人,一定要先了解其习俗和忌讳。如果你在国外,只要请教当地鲜花店店主就行。

当今国际社会,鲜花是既方便赠送又快捷收到的礼物。在全世界范围内,都可通过电话或电报订购鲜花送礼。鲜花象征问候、祝贺和感谢,这是全人类共通的文化习俗。

作为生意人,不管你走到哪个国度,都可以送鲜花为礼。尤其是应邀到别人家中吃饭,鲜花这种高雅美好的礼物是不可或缺的。

西方社会十分流行送鲜花为礼。按照传统习俗,鲜花通常以夫妇的名义送上,或者是一个女人送给另一个女人,或者是一个男人送给一个女人,却没有女人给男人送花的

习惯。

然而,当今的西方社会已经改变了女人不能给男人送花的习俗,这体现了男女在社会活动中的平等地位。女士可以因任何理由送花给男士,尤其在生意场上,女生意人送花给男生意人更是司空见惯的交际方式。

生意场上送鲜花的习惯通常是这样的

如果一名女生意人为了感激一名男生意人在生意上对她的帮助或提供的方便,或是为了祝贺一名男生意人生意上的成功,她应该送鲜花到他的办公室去。

如果女生意人应邀到男生意人家中吃饭,她应该送鲜花到他府上。

应邀参加家庭晚会的客人,最好在白天提前送花或在第二天补送。不要在晚会开始时拿着鲜花出现在主人家门口,因为这时候主人正忙着招待客人,一时间很难找到合适的花瓶和地方来安置你送的鲜花。这未免会弄得主人有点儿狼狈。

送鲜花给生意朋友,还有一个好办法,那就是先寄张礼物卡到他的办公室,然后送鲜花到他府上。

很多人喜欢送花给病人。如今很多医院都忙不过来,无人手照料住院病人的鲜花。送鲜花最好在病人出院回家之后。

有一点需要特别注意,送鲜花前必须落实主人一定在家,尤其是委托鲜花店送花。送花人叫不开门,通常会把鲜花摆在门口。当主人外出回家时,看见门口摆着枯死的鲜花,一定会十分沮丧。

商业书信礼仪

我们用文字来表达感情的同时也影响他人。通过文字,任何人皆可带给其他人极大的快乐或极大的沮丧。

当今国际上很多生意人都对书信倾注了极大的热情。他们爱写爱读。倘若在百忙中收到一封措辞优雅含蓄且热情洋溢的来信,不论是商讨业务的还是表达友情谢意的,他们会为之感动和振奋。事实上,不光老板能用动情的书信感动员工,生意人之间动情的书信往来也能产生你意想不到的生意效果。

商业书信往来礼仪

国际生意场上对于使用印有公司名称的信笺和信封持谨慎态度。一般说来,公司信笺只用于生意业务往来,不用于个人交往。高级商业主管写信筹集资金可用公司信笺,但也必须征得最高管理层成员的同意。

公司其他人员更应谨慎使用公司信笺,尤其不应用公司信笺做以下的事情:

1.政治或慈善基金筹款,尤其是容易使人误会公司在背后支持的活动。

2.写信给传播媒介发表见解。

3.个人的赢利活动。

4.与公司无关的诉讼。

5.纯粹个人事情,例如写情书、吊唁信等。

商业主管集体负责一项业务时,常有一些书信往来。任何一个参与者收到或发出与这项业务有关的重要书信,都应该送给其他成员每人一份复印件。

商业书信不应使用涂改液,更不该把删去部分内容的信寄出,以免引起收信人的疑虑。

不要用公司信笺两面打字或手写书信。

可用普通信笺两面打字或手写书信,但纸张必须厚实。如果纸张过薄,字迹透过背面,两面书写造成字迹不清,则被视为不礼貌,会引起收信人反感。

手写书信比打字书信更能显示热情和诚意,无论用公司信笺还是普通信笺。尤其是感谢信、祝贺信、慰问信和吊唁信等富于人情味的书信,无论以主管个人名义还是以公司名义,都以手写为上乘。

公司的初级管理人员切忌把自己写的商业书信擅自送出。任何商业书信都应呈交顶头上司过目,有些重要的业务报告则应复印呈交顶头上司保存。管理人员越级向上司报告业务,尤其是带有个人见解的业务报告,必然会引起顶头上司的不满,造成上、下级关系紧张,给自己带来极大的麻烦,甚至会毁掉自己在公司的事业和前途。

初级商业主管不应擅自向公司外的有身份有地位的人发送重要报告、书信或商业便函,所有这些书信都必须经由高级主管审阅并签名后,才能发出。

初级主管与公司外同等身份地位的人的书信往来,由他们自己签发,不必经由公司高层审阅签名。

公司的打字公函除了要加盖公章外,还应有具体负责人的签名才能发出。

商业书信开头对收信人的称呼必须恰当:

1.如果你在生意活动中认识了一个与你身份地位同等的人,经过接触变得相互熟悉了,分手时已经直呼双方的名字,以后写信给他便可直呼其名。

2.如果你是个年轻的商业主管,你认识了一位比你年长位高的主管,绝对不能在书信中直呼其名,而应该只称其姓,并在姓氏前面冠以“先生”之类的尊称。

商业书信结尾应写上表示敬意的话语。

当今国际生意场流行商业书信个人化。生意人之间时兴以朋友相待、以朋友相称;时兴把商业通信称为朋友通信,不失时机、见缝插针地利用商业通信联络感情。

久而久之,商业书信个人化也形成了一定的礼仪和规范:

1.力求语言精练、优雅、含蓄。

2.要情真意切,打动人心。

3.通常在商业书信开头的称呼下写一两句个人的话语,用以联络个人感情。例如:

……真高兴昨天在赛场上邂逅你。你看上去真棒,这使我想起我答应过给你的东西还没寄去……

或者在业务信件的后面加写一段个人的祝愿语,例如:

……愿你和孩子们过一个快乐的星期天。

4.如果你有重要的话要对收信人说,但又不想公开它,你可以另加一张纸写个人信件。这样做将不至影响商业书信在公司内传阅。

5.附加的个人话语要幽默,要赞扬和鼓励人,不写负面的话语。

6.不能喧宾夺主地多写与业务无关的话,以免影响收信人对商业书信主要内容的理解。

7.为了保证业务信函条理清晰,应在写信前拟一提纲。

例如:

△先赞扬收信人最近表现出的高尔夫球艺。

△介绍你的公司一系列的新产品,说明这些产品对他很有好处。

△提及你的产品专卖权。

△说明他什么时候可以收到货物,并说明交货方式。

△提及价格。

△向他介绍一些老同学的近况。

△签名。

8.不可为说服对方接受你的产品而夸大其词,这会有损你的信誉。但是,良好的祝愿尽可夸张浪漫地表达。

商业文书的撰制礼仪

商业场合要十分注意礼节,一旦失礼或施礼不当,往往会导致不良后果。因此,用于这种交往的文书,必须注意把握事物的联系与区别,分清是纵向联系还是横向联系,长幼有序,上下级有别,亲疏不同,有"礼"有"节"。

商业文书的撰制虽说不如行政公文那样要求严格,但也有其约定俗成的格式和特定的语言文字表达要求。以语言为例,有的趋于典雅,有的崇尚朴实,撰写时要按照特定的格式与要求行文,不宜随意标"新"。

商业文书的种类很多,常用的有如下几种:

一是用于邀约、聘用的,如请柬、聘书等。

二是用于喜庆祝贺的,如贺信、贺电、祝词等。

三是用于慰问的,如慰问信、慰问电等。

四是用于迎送、答谢的,如欢迎词、欢送词、答谢词等。

五是用于哀丧吊唁的,如悼词、唁电等。

请柬与聘书

一、请柬

请柬又称请帖,是为请客而发出的一种凭证。

机关单位举行的比较隆重的庆典,企业开张以及其他重要活动、私人的婚宴、寿庆等喜事,往往使用请柬而不用一般的信函。请柬的内容虽然比较简单,但它比普通信函更具有庄重的特点。

请柬在外观形式上和文字表述上都有特定的要求。

外观要求美观、悦目。封面写"请柬"或"请帖"二字,加上图案装饰,烫金,给人以隆重、喜庆之感。

表述要求准确、清晰。正文写明事由、时间、地点(有的需写明席位)、人名等。最后写"恭候光临"或"顺致敬意"之类的祝愿语,落款写明主办单位或个人名称、发出请柬的时间。

请柬的语气要在准确的基础上求典雅、得体。例如不能把"敬备茶点"写成"有茶点招待";不能把"恭候光临"写成"请您出席"等等。

此外,制发请柬还要注意掌握发送时间。太早,可能被遗忘;太晚,贻误时机。

二、聘书

聘书,又称聘请书,是用人单位签发给受聘者的证件或证明书。

聘书一旦签发和被接受,对双方都有行政约束力,双方都要信守聘书上写明的任务和待遇,不能随意失约、违约。

聘书的封面或标题要写明"聘书"或"聘请书"字样,字用美术体或仿宋体,给人以鲜明、醒目之感。

正文以极概括的语言,写明聘用目的、被聘请人的姓名、聘用职务(有的要写明具体任务)、聘用时间、待遇等。要注意防止出现职责或待遇不明的现象,以免引起不必要的争端。

文尾通常用"此聘"二字收束,有的写表示敬意的话。

落款用全称,注明发聘书时间,加盖公章,有的还写上主管领导的姓名,以示郑重。

欢迎词、欢送词与答谢词

欢迎词是在迎接宾客的仪式上或在会议开始时,主人对宾客或会议代表的到来,表示热烈欢迎的讲话稿。

欢送词是在送别宾客的仪式或会议结束时,主人对宾客或会议代表的离去表示热情欢送的讲话稿。

答谢词是宾客对主人的热情接待表示感谢的讲话稿。

欢迎词、欢送词和答谢词,在公共礼仪交往中起着重要的作用。它们的主要作用,在于制造和谐的气氛,交流主客之间的感情,以达到相互尊重,友好相处,以诚相待的目的。

欢迎词、欢送词和答谢词的共同特点,一是称谓使用敬辞。如人名要全称,国际友人常在姓名之前冠以"尊敬的""亲爱的"词语,或加"先生""女士"称呼;国内一般用"同志"。在整篇讲话稿中都应该体现礼貌待人,相互尊重的气氛,切忌运用不礼貌的粗俗语言。二是有真情实感,不能虚情假意。三是坚持原则,委婉表态。在欢送词或答谢词中常常遇到有原则分歧的问题,这时既要坚持原则,又不能伤害友人,只能就有分歧的问题运用合适的词语委婉的表态。四是篇幅要简短,语言要精练、明快、热情、友好。切忌篇幅冗长,语言拖沓。

欢迎词、欢送词和答谢词的内容与友好往来的意义、作用、目的相一致。其篇章结构一般由标题、正文组成。

标题。一般有两种表达形式：一是只写"欢迎词""欢送词"或"答谢词"；二是由致词人姓名、职务和会议名称组成。如《广东省省长×××在中国会计学会、香港会计师公会联合举办的"投资问题研讨会"上的欢迎词》。

正文。由称谓、开头、主体、结语四部分组成。称谓，根据不同的对象，运用不同的称呼。开头主要写致词人以什么身份，代表谁，对谁（什么人）表示欢迎或欢送或感谢之类的话语，以表达致词人的感情。主体部分写致辞的中心内容。或写意义、作用；或写对友好往来的回顾；或写过去合作的成就以及对此活动的希望等等。结语一般写祝愿之类的话。要注意的是不要讲对方忌讳的内容，以免引起不快。

贺词、贺电与贺信

贺词（祝词）、贺电、贺信是对喜庆之事、喜庆之日进行庆贺的应用文文种。所谓喜庆之事，主要指在财经工作中取得成绩，科研中取得重大突破，生产经营中传来捷报等等可喜可庆之事。所谓喜庆之日主要是指重要领导人、先进人物的寿辰、重大节日等可喜可庆之时日。当面庆贺为之贺词（祝词）；如果距离较远，则用贺信；为了快速和表示庄重，则用贺电。

贺词、贺电、贺信可用于私人之间，也可用于单位之间，还可用于国家之间或政党与政党之间；国内单位的上下级之间、平行单位之间都可以运用贺词、贺电、贺信表示相互祝贺。

贺词、贺电、贺信的共同特点，一是表示庆贺，并有较为强烈的感情色彩。也就是说在文章之中要感情饱满、充沛、热情、真挚，给人以鼓舞、希望、褒扬之感。当然，在颂扬对方的事迹或评价功绩时，应恰如其分，否则将使对方感到不安。其二是语言简练，篇幅不宜过长。

贺词（祝词）、贺电、贺信的内容一般要写清祝贺的理由，即向谁祝贺、祝贺什么、为什么要祝贺等内容。如果对节日或重大纪念活动的祝贺，往往还要向被祝贺者提出新的希望和要求。

结构一般由标题、正文两部分组成。

标题。有的只写谁的贺词、贺电、贺信，如《中共中央、国务院贺电》；有的则用谁致谁的贺信、贺电、贺词形式表示，如《国务委员王丙乾致全国财政法制工作会议的贺信》；还有的标题用"什么会议的召开谁的贺电"的形式表示。

正文。一般由称谓、开头、主体和结尾几部分组成。称谓，则是写接受祝贺的单位或个人的称呼。开头，即用简练的词语写出祝贺的理由，并表示祝贺。主体部分主要写祝贺的内容，如对成绩的赞扬，对功绩的歌颂以及对取得成就的评价等。结尾，主要写祝愿、鼓励、希望和要求方面的内容。

慰问信与慰问电

慰问信、慰问电是指以组织或个人的名义，向有关集体或个人表示抚慰、问候和鼓励的书信或电报。

慰问信、慰问电的种类较多，常用的大致有3种：

（一）重大节日、纪念日，组织上给本单位职工、劳动模范或离退休干部的慰问信电。

（二）给做出重要贡献的集体或个人的慰问信电。

（三）给遭遇意外灾祸，蒙受损失、造成困难的集体或个人的慰问信电。

慰问信通过邮政传递，篇幅较长，慰问电更加讲求时效，要通过电报拍发，文字精练，篇幅更为简短。这是二者的不同点。如属于以组织名义发出的信电，内容又带有公开性，还可以登报、广播。这是二者的共同点。此外，它们的篇幅结构形式也大体相同。

1.标题。通常写"慰问信"或"慰问电"三字；有的写《×××致×××的慰问信》，如《云南省人民政府致云南前线三军的慰问信》；有的标题揭示内容，如《给春节期间坚守生产岗位的职工及其家属的慰问信》。

2.开头。说明致信、致电的原因或背景，随之表示诚恳、亲切的问候。如 1981 年 9 月 10 日中共中央、国务院《给陕西灾区人民的慰问电》："你省继 7 月中旬汉中地区遭受洪水灾害后，最近 20 多天来，汉中、关中以及陕南的一些地区又连降暴雨，引起山洪暴发，山坡滑塌，江河泛滥成灾……国家和人民财产遭受很大损失。党中央、国务院对此深为关切，特向你们表示亲切慰问。"

3.主体。要注意因人因事而异，防止模式化。有的重在颂扬先进事迹、先进思想，如上述给职工的慰问信，着重表扬他们放弃春节团聚机会，"为我国一项重点建设工程赶制成套优质设备"而"紧张战斗在生产第一线"的动人事迹；并称赞他们的家属"还把饺子送到车间并帮助工厂做些力所能及的事"。

4.结尾。写精神上、物质上给予支持的决心和行动，鼓舞受信受电人再接再厉，继续前进。如上述给灾区人民的慰问电结尾说："党中央、国务院时刻关怀着你们，并决定尽可能从资金、物资上给以支援。"希望你们"继续发扬自力更生、艰苦奋斗、英勇顽强的革命精神"，"夺取抗灾斗争的更大胜利"。

写好慰问信电固然要依据一定的格式，但更重要的是要了解、熟悉对方的处境与心情，力求把话说到人家的心坎上。建国前夕，民主人士柳亚子先生心里有些想法，他呈请毛主席："安得南征施捷报，分湖便是子陵滩"，说是等南下大军解放浙江分湖的捷报传来之后，他想回老家定居。毛主席看出他心里有些牢骚，便写了一首《七律》赠给他。诗中回顾相互之间的交往和情谊。其中后 4 句是："牢骚太盛防肠断，风物长宜放眼量。莫道昆明池水浅，观鱼胜过富春江。"劝慰他要放眼未来，留在北京共商国是比回老家要好。这使柳先生深受感动，表示"昌言吾拜心肝赤""躬耕原不恋吴江"。

怎样处理商业意见书

生意场上，公司与公司之间，公司与顾客之间，常有关于业务合作、产品销售问题的意见书信往来。恰如其分地、艺术地处理好这些意见书信，对于公司的形象和生意会产生正面的影响；处理得不妥善则会带来负面的影响。

商业主管答复赞扬信：

如果有人写信给你或你的公司，称赞你、你的公司、公司的产品或服务，复信必须在收到信两星期内寄出，并且必须由你或公司的高级主管亲笔签名。

答复这类来信通常可用这样的语句：

"我已将你的来信交给李小姐。她读到你对她的称赞之词，十分高兴。"

或者"我已通过公司的通信部门上传下达你的来信，公司每一个人都感谢你的称赞。"

作为你个人对此类来信的答复，以下一句话是中肯、礼貌而不失热情的：

"在我那一大堆严肃的商业书信中，偶尔出现像你的来信那样轻松愉快的东西，实在是一桩美事。你的来信大大地鼓励了我的工作热情。"

对合作伙伴表示不满的信

如果你想表示对伙伴的不满，但又不想破坏你们的合作关系，写信当然比口头表达要方便得多。

写这类信十分考人，除了措辞构句需要斟酌之外，还要有良好的心理素质和思想修养。当你的不满情绪影响你的思维之际，不可立即写信给合作伙伴。

信写好后，不可立即发出。搁置一天后，再从头到尾认真读一遍。这时候，你应该以第三者的心情去读自己写的信，以极其冷静的态度去审查推敲每一个词语和句子，坚决删除情绪化用语。你应该清楚地知道，你的作品将会呈现在很多人面前，切勿让你的情绪化文字破坏你优雅的形象。

事实上，用冷静的理性的语言文字表达自己对别人的不满，比歇斯底里的情绪发泄更快获得对方的反应，而且往往是良性的反应。

请读下面的样板信：

鲁先生：

贵公司印制的请柬收讫，比预约的时间整整迟了两个星期。

我们让贵公司承接印制公司成立 50 周年庆祝宴会请柬的业务。我们十分重视这些请柬。关于请柬的规格和样式，我们已向你们提供了大量的资料。我们的公关部经理张先生向我提交了一份备忘录，详细地罗列出这批请柬在印刷、设计和色彩间隔方面的大量错误。这批请柬与我们公司的形象不符，我们实在无法接受。

这一切令我们陷入困境。由于我们不能将这批请柬寄出，又不能等待新请柬印出，我们被迫要采取开支很大但又不可避免的做法了。

我建议我们尽快见面，商讨寻求双方都能够接受、并且一定要采取的办法，力求在解决你们的账单和你们给我们带来的高花费的问题上达成协议。我知道，贵公司在这一带已是老牌公司，我们的公司也一样，因此我相信，我们能够公平地解决这个问题。

致礼！

副总经理周明宽

复写副本　送荣立

答复表示不满的来信

商业主管不但要学会写上乘的意见书，还要学会写上乘的复信。据说，这些上乘之作通常会为公司保住数百万元的利益。

据统计，有些公司一年之内可收到数千封表示不满的意见书，答复如此大量的来信需要靠电脑才应付得来。电脑制造的书信通常是程式化的，千篇一律的。这样的复信让人感觉不好。

现在有些公司设计了灵活多变的电脑复信程序，制造出来的复信个个有别，很有针对性，竟能以假乱真，使收信人认为是专门为他设计的复信。

诚然，电脑设计的复信只适宜应付一般性的意见书。至于那些事关公司重大利益的意见，像上面那封对合作伙伴表示不满的来信，则需要公司的高级主管亲自答复。

答复这类生意合作的纠纷和意见，需要十分细心。既要礼貌客气，又要尊重事实，据理力争，保护自己的利益，因为你所写的，将会为你和合作者的谈判作，有利于你的铺垫或不利于你的铺垫。

请读下面的样板复信。

周先生：

您的来信刚刚送到我的手中，我感到应该立即作答。

我同意您说今天收到的请柬迟了两个星期。但是，您在信中并没有提到，您的下属在我们提交了请柬的设计样板8天后，才把获准签发的样板交回给我们。您也没有提及，你们的公关部经理张先生，在我们提交了印刷校样10天后才交回。鉴于上述情况，我们实在不应对这些请柬的延误交货负责。

我指派负责监制这批请柬的人已经一一回答了您根据张先生的备忘录提出的指责。我想您将会发现，这些回答一个个都是清晰的。

我有急事需要外出一趟，一个钟头后就要离开这座城市。不过，两天后我就会返回，届时我会在约定的时间到您的办公室去，与您讨论整个事件。

很遗憾你们不能使用我们承印的这批请柬。不过我觉得，公正地研究过事情的前因后果之后，将证明我们不该对您的不满负全部责任。我盼望亲自与您讨论此事。

致礼！

印刷服务公司
副总经理鲁格

办公室礼仪

如果你要快乐一小时，小睡片刻；

如果你要快乐一整天，去钓鱼；

如果你要快乐一个月，去结婚；

如果你要快乐一整年，去继承遗产；

如果你要快乐一生，去热爱你的工作。

不管是初出茅庐的新人或是暂栖一枝的上班族，你都已成为各族群中的一员，而别人将密切地注意你。处理同事们初期对你的好奇心并不难，而你也必须在此时，在工作职位上表现出专业的风范。

工作的基本原则

主动打招呼，迅速作应答

当你作为商业公司中的一员开始新的一天的工作，精神饱满地踏入公司大门时，你若面带微笑地主动与同事、上司打招呼，别人也含笑回答，你此时的自信心定会增加好几倍。

进入办公室，首先在别人未看到自己时主动地与同事打招呼，问候一声"您早！"如果遇到自己的晚辈、下属，则不妨与其多寒暄几句，体现自己对他们的关心之意。譬如："怎么样？精神不错呀！你处理的那份业务进展很顺利吧？预定的事就请多费心了！"

早晨的打招呼是一天工作情绪和干劲的发端。要"先发制人"地给予对方以明朗的招呼，打招呼是你自己赋予自己的一方精神良药，把自己焕发的精神传达、感染于周围的人。如果一大早起来就无精打采，以这副样子回报别人对你的问候，只能引起对方的误解甚至于上司的不满，以为你这一天的工作不会是高效率的了。一天之计在于晨，早上的问候礼节是公司员工上班时的头等礼节，切莫忽视它哟！

打招呼是构成人际关系的重要内容。一对能正视对方的坦诚的眼睛，一副面带微笑的面容，声音明朗地向人打招呼，是一个成功的职员应具备的素质。一个连招呼都不打的人如何能在员工之间建立友好关系，在对外交际上展开业务呢？这是不可能的事情。

上班时间要本本分分。

朝九晚五并不是要你早上九点钟进办公室下午五点离开，而是说明你的工作时间是从九点到五点，在这段时间内你必须认真工作。不要倒个茶就在热水器旁与人闲聊，或在办公桌上吃早餐，这些都不是上班时间工作时应有的行为。然而，在电梯间里道晚安似乎也不好。虽然五分钟对你来说并不是件大事，但对你的上司或老板来说，却可能是一种偷时间的行为，尤其在小公司或非常忙碌的公司里。再者，10分钟的私人电话虽只占每天工作八小时的一小部分，但是每天10分钟，一个礼拜50分钟——就有将近一小时的时间不事生产。

如果你在4时45分就一切收拾妥当准备离开，4时59分大步踏出办公室，你会给人留下不够专业、苦等下班的印象。如果你为了下班急急忙忙挂掉客户电话，可能因此丧失一笔大买卖。如果因为天气不太好就不上班，你将会知道自己永远不能成为公司里呼风唤雨、举足轻重的人。

迟到不仅是不懂礼貌的表现，同时也是缺乏工作热忱，不尊重你的上司、你的公司及自己工作的行为，似乎明白告诉别人说："我只是在这里工作，但是我的心不在这儿！"如果开会迟到即代表"我的时间比你宝贵，对我来说，你们并不是很重要！"反之，如果你经常做满八小时甚或更多（加班），经理们不会不注意到你的。这些加班出来的工作时数代表你的耐心，那将大大影响你的晋升或加薪。诚实地反省一下，你一天真正工作的时间到底有多长？

在公司里忙完一天的业务后，可以大大方方地告退（当然这种工作制不是通常的计时工作制）。记住离开公司时要向各位同事大声地打招呼。"对不起！我要先走了，各位明天见！"千万不要不吭一声，默默地离开。一个被认为充满朝气、干劲十足的人，一定是一个懂得随时对人打招呼的人。

作为一名职员，当你工作时，若听到同事呼唤时，应该迅速地答应，并迅速地站起来。

日常对别人呼唤的应答，是积累别人对你的好印象的要素之一，所以不得稍有迟缓。但也有不少人正在做事、写字时，听到同事呼唤他而默不作声，要不就是回答："请等一下，我现在正忙……"像这种人，除非真的有事，否则谁也不愿意招呼他。对这种人的评价自然也不会好到哪里去了。要是换了你，你应该迅速地回答你的同事，并站起来到他的身边询问有什么事。如果你现在忙得确实脱不开身，可以向对方解释一下，求得谅解。这样给同事的印象是你是很乐于助人的人。多增加一份别人对你的好感，那就迅速地回答对方的呼应，何乐而不为。

关心别人的行动，体谅别人的立场

人际关系从口开始，亲切有礼的打招呼才是开拓人际关系重要的一步。尤其是重要的是在办公室中，要时时不忘体谅别人的立场，关心别人的行动。

同处一个办公室的同事，每天都是进进出出地忙里忙外，有些人对同事的外出视若无睹。当然外出的同事是不会有所在意的，可是若大家都这样默不作声，公司的气氛岂不是就太沉闷了吗？虽然只不过是一句关怀的问候，但是这对外出者来说，则是无上温暖的关怀，公司的气氛也变得温暖起来。一句关心的话有使公司同事团结的作用。

当同事外出回来时，也不要忘了打招呼致意，"辛苦了！欢迎回来！"它也会令人感到被关怀的舒畅。送给对方一份友情和鼓励，能为日常的工作增添一份默契。

这里提一下当公司有客人来访时，应重视接待礼节。起码一点是要做到对客人热情、周到的接待，若态度上对待客人就冷冰冰的，对别人不理不睬，不但失礼，给人一个坏印象，而且生意再怎么也难扩大。

公司是一个有组织的工作场所，组织中的个人即使再怎么优秀，也只是公司中的一个成员，如果在公司中，各个成员各行其是，充其量也只是散沙一般。唯有大家将自己的个性能力综合运用，在有组织的领导之下，人与人之间通力合作，不因对方的贫富贵贱而献媚或轻视对方。公司的事要在许多人分工合作之下，取人之长，补己之短，以培养自我的平衡感。关心同事的行动，能提高全体的工作效率，以达到辉煌的成果。

事先打招呼，后做交代公司职员

有事要外出，一定要注意与同办公室的同事或别的办公室与你协作搞一份业务的同事讲一声，交代外出地点以及联络的地点。公司的业务大都是要靠集体同心协力地运作，才能获得成功的果实。办公人员如果未打一声招呼就任意地离开公司的情形不但容易被认为是旷班、不尽职守的行为，而且很容易破坏团体互助合作的进程。因此即使是要外出洽商业务，也应该向同事打声招呼，告知将要前去的地方或联络电话。另外就是要在预定的时间内返回公司，如有变动，就要随时与公司联络，告知领导或同事变动的具体情况。

如果遇到处理重要的业务，一时回不来，也要设法打通电话向主管报告一下事情进展的情况，也好让主管了解你所办理的业务的大致情况，以便有所准备，能够接受更上一层领导的查询。

人的交流有时确实是相当的困难。明明这样做就会结果圆满，但偏偏中间某个环节出了问题，有了变化而结不了果。于是要消除这些不良因素的影响，就有赖于自己的临时机动。比如当你在外地要与公司里预先约定的某位同事联络事宜时，电话却无法联络，那就请他的同伴代为传达也是一个好办法。

虚心当学生，发奋图自强

商业活动必须靠团体同心协作，不要因个人的行动而妨碍到团体的协调正常业务。要珍惜和同事之间的关系，有了突发事件你才会得到同事们的帮助。这就要从平时做起。比如说，参加会议时，不要喧宾夺主，只顾发表自己所谓的高论，应该多注意别人的发言，倾听别人的发言并做摘要记录，事后再重新研究考虑。这既是对别人意见的尊重，显示自己的礼貌，又可以从别人的意见中多吸取一些好的经验，为我所用。如果一味地发表自己的看法，给人留下一种夸夸其谈的印象，别人会对你产生一种厌恶的感觉，你讲到一些比较中肯的意见也可能被别人所忽视，别人也不愿吸取你的经验，也不愿对你的讲话提出某些修改的意见。这样你岂不错过了学习、总结工作经验的机会了吗？

会议上自己是挨批评的目标时，更是要"拉下面子"，诚心诚意地、专注地接受领导、同事对你的批评。千万不要摆出一副玩世不恭、淡而化之、无所谓的态度去对待别人的批评。这种态度很容易使你忽视工作中失误的地方，别人中肯的意见听不进去，你将来在工作中不是很容易犯类似的错误吗？而且又将加深你留给同事、领导们的坏印象。

在商业社会中，我们应积极地面对现实，首先就是要积极、主动，多了解事物的本质，对待工作要不厌其烦，坚韧不拔，专心不二的态度。如某大学企业管理系毕业的小张，刚到某商业公司，非常激动，踌躇满志地等待公司安排他一份比较得意的工作，哪知被安排去先捆货打包商品的事，小张不情愿地接受了这份差事，最终熬不过两个月就辞职了。对一个无工作的人来说，别说是让他干捆包发送的工作，就是打扫卫生的工作，都会令他欣喜若狂的。但是小张却没有这份欣喜感，熬不过两个月，无可厚非，人是各有其想法的。小张的态度，是他自己的抉择。他觉得自己的知识结构与这份工作是多么地不协调，多让自己"掉价"。可是他忽视了公司对他的培养，公司总不会是单纯地请一个高学历的人来做这么单纯的事吧！公司可能是有意地把他从基层训练起，以作为管理级的得力工作人员。或许是公司要他研究包发送业务的合理化而故意这样安排的。所以，作为一名职员应该踏踏实实地从小事做起，从基层锻炼开始。

工作就是工作，好坏的区分那是个人的想法问题。一个对工作具有研究、创造的人，将会化腐朽为神奇，使看似单调无聊的工作趣味横生。有的人对工作感到厌烦，事实上是缺乏对工作的热情，没有研究、创造精神所引起的。

商业的社会是现实的，竞争的。尤其商业公司更是在竞争激烈的商场中力求发展与壮大。而作为商业公司中的一员，也应该具有现代意识、竞争与进取意识，只有不断进取，向前冲。沉溺于一时的成功，不思进取，没有敏捷、善变的思维，这种状态在竞争激烈的商业社会中是有害的。有高学历的人更需要虚心，遇有不会的事不应该维持自己的虚荣心而不去积极地请教别人，应该"不耻下问"。你的高学历是你在过去的学习中获得的，现在从事具体的工作，应完全从头开始，做个虚心的学生。试图以过去来掩饰现在，无异是不思进取。在具体工作中应多问、多听、多看。在办公室里，不能过于抬高自己的身价，而要努力学习，随时充实自己这才是正确的工作方法。

我们应该体会到，只依赖经验、学历来行事的人是难望有大进步的。要想成为有创造力，拥有完善人格的人，还要不断地钻研学问，开发自己智慧的天地。

无论是谁，凡进入公司工作，就应树立敬业精神，及自信与自竞的精神。对于工作要采取积极进取的态度，尽可能学习和自己及上司工作有关的项目，并观察上司们如何配合公司的组织结构及发掘别部门的工作情形。详细阅读和公司及专业有关的贸易刊物，有任何问题，随时请教他人，努力在这行业成为人人赞许的专家。

服从但不盲从，尊重而不庸俗

这里谈谈下级对上级的关系。下级服从上级，这是一条组织纪律。作为下级，应该遵守这条纪律。坚持贯彻这条准则，是每一个社会组织、社会机构得以存在、发展的必要条件。但下级对上级的服从绝不是盲从。正确的态度是，在一项决策尚未出台以前发表意见，在决策执行过程中及时指出问题，在上级有明显失误时严肃地提出意见、建议，以及在上级没有意识到自己的失误时据理力争，这既是下级的权利，又是下级的义务，是对整体利益以及上级个人负责的态度的表现。作为下级，可能会因敢于直言而遭受不公正的待遇，但是必须坚持真理。

下级对上级关系还要有尊重而不庸俗的态度。一方面，下级对上级要采取尊重爱护的态度，对上级的繁忙要予以体谅；另一方面，又不能对上级阿谀奉承，投其所好，更不能搞请客送礼，打"小报告"等小动作。凡此种种，都是把与上级的关系庸俗化的表现。

下级在上级面前，言谈举止应该庄重文雅，不能过于随便或轻浮。但在上级面前也不能过于拘谨，说话办事缺乏个性，处处谨小慎微。作为下级，要想与上级建立良好的关系，应该依靠自己认真、积极、有创造性的工作，并且不断为实现组织目标做出自己的贡献。

公司即为家，凡事要认真

身为公司的职员就应该有以公司为家的工作态度，有为工作献身的使命感，正视现实环境，凡事都要积极地对待，以公司的工作优先，并激发创造改进的精神。

有的职员更利用工作时间想尽自己的事，对公司的事漠不关心，做一天和尚敲一天钟，得过且过。这种人特别关心自己的职称评定、房子、工资报酬等问题，经常为此事和领导吵架，搞得双方都很疲倦，见面如同见了仇敌，关系很不融洽。也许在这次评上你，下次就轮不到你了。例如一位职员是位家庭至上的职员，太太也是一位职业女性，他经常利用上班时间给太太打电话，讨论如何为孩子做晚餐的问题，而对工作一点也不放在心上，没有一点儿事业心。因此他在公司将近 20 年也没有什么成就。虽然他也没有犯什么大错误，但是这种在夹缝中求生存，没有魄力的作风，终究是成不了大器的。公司是工作的地方,唯有在这个大前提下,才能使一切行为合乎节度。当然,连休息吃饭时间也在忙着公司事,这也是过分了的。既影响了吃饭休息,又会让人误解你的工作效率低。

忍耐再忍耐,怒火自熄灭

工作必须做到忍耐和努力的境界。忍耐和努力是完成工作使命的两大要素,也是创造幸福人生的基本。特别是作为公司的公关人员更应该培养自己的自控、应变能力。比如,在谈判桌上,对方提出了出乎意外的苛刻条件时;有顾客前来投诉,态度暴躁,而且实属"吹毛求疵"时;竞争对手不择手段,为了压倒他人,在宣传中竟然有意诋毁本公司时。在这种情况下,作为公司中的一名职员,你能忍住逼近心头的这把利刃吗?然而,如若不忍,关系立即就会呈现紧张状态。也许,为了这次谈判的进行,为了改善本公司在顾客心目中的形象,为了与兄弟单位建立友谊合作,大家已经花费了很多精力,如今因在某个环节上沉不住气,就前功尽弃,这又是否值得?

作为一名涉交场合的职员如公关人员最苦恼的还在于常常被别人当"出气筒"。一位酒店公关经理说,他有时接到的电话简直是一个"炸药包"。

"喂,公关部吗?我请你们报告公安局来调查这里失窃的事!"一个充满爆破力的声音。"您什么东西失窃了?"只能耐心地问明白。

"浴巾!"一条浴巾要生这么大的气?

"您这条浴巾是什么时候丢失的?"

"不是我的浴巾,是您老兄的浴巾!"愈发使人糊涂了,怎么变成我的浴巾了?

"一条浴巾还不够?难道我还把你们的床也搬走?"看来,每句话都会造成火上加油的效果。靠通电话无济于事了,只能实地调查了。

后来,才弄明白,原来是服务员打扫卫生时,发现少了一条浴巾,他未加思索就去问客人,语气生硬了一点,客人的自尊心受到了侮辱,立即火冒三丈!"你以为我付了几百元来这里住,为的是来偷你的浴巾?"

不能说他的生气全无理由。服务员的提问确实有欠考虑。然而,引起客人这样大的火,也是他始料不及的,他感到委屈。因此,公关经理不能再指责服务员了,只能让客人的怒火往自己身上发泄。不管怎样,他得沉住气,有礼貌地向客人道歉,为这个服务员作些解释。

这虽然举的是酒店的例子,商业公司面临顾客的投诉并不比这少,而且更多,更复杂,就需更应具有自控能力,否则气跑了顾客,只会给公司的生意带来损失。

自控也是一种涵养。给你介绍一些国外谈判专家为悉心研究谈判对手的心理而进行的某些研究,也许会有助于你认识自控是多么必要。

许多商场谈判专家都从实践中认识到,为了准确地把握谈判,单从对方的讲话去揣摩他的心理已经不够用了,还必须借助观察人的姿势、脸部表情、动作等形体语言来测定对方的意向,从而做出足以制胜的决策。

为了对以上的几种无声语言做出分析和归纳,专家们从谈判现场上拍摄了大量录像资料,然后对这些资料加以细致的观察和分析。

比如,他们观察到,在平常状态下,人坐着的时候脚尖是静止、安定而着地的。但一到心情紧张的时刻,脚跟的肌肉便变得僵直,脚尖也自然地抬高了。

这就是说,今后只要看一看谈判对方的脚尖是着地还是抬高,就可以判断他的心理是平静还是紧张的了。

再比如,他们又观察到,在正常情况下,吸烟人熄灭烟蒂大都保留一定的长度,甚至连熄烟蒂的方向都很一致,可是,一到非常情况,放下的烟蒂就可能很长。

他们由此推论,如果你发现对方手上的烟蒂还很长,却已放下拧熄,你就要有准备:他打算告辞了。

不妨这样设想一下:在你面前的正是这么一些厉害的观察家、心理家,他们正在力图用各种方式来刺激你,然后着力揣摩你的心境,以制订出下一步征服你的策略。那么,你能不能竭尽你的自控能力,不让自己的情绪跃至"面"上或"手"上"脚"上,让人了如指掌呢?

听话要听清,听完再作声

听人讲话是一大本领。至于,听人讲会叫自己难受的话,而且要从头听到尾,就是对自控能力的严峻考验。许多过来人告诉我们,发生在讨论、争辩中的冲突,并不一定由双方意见不一致而产生,往往倒是由于一方或双方没有仔细听清对方讲的话而造成的。

原来,每个正常人在一分钟之内都有听取 600 个字的能力,但是说起话来,一分钟快不过 120 个字。所以,当一方滔滔不绝地讲话时,另一方在聆听之外,还有充分余力可以让自己的思绪迂回到别的事情上去。这个客观存在的速度上差异使人心不在焉地听人说话成为一种极普遍的现象,而要聚精会神,就非要自己约束自己不可。

这方面的专家因此提出了很具体的建议:为专心致志,不妨养成侧耳倾听的习惯,这种姿势不仅有助于听者凝神,也会使说者感到自己受尊重,有信心不受其他干扰继续把话说完。

有的人在听到别人说话时,除了思想不集中以外,还往往有"各取所需"的毛病,记住人家的结论而忽视或甩掉人家的前提;或者抓住人家的一个小漏洞(诸如用词不当这一类毛病)就马上展开反击;有时还会有意以因为果,乱加引申等等,这都是不正确的。专家建议,我们应学会抑制自己随便插话的冲动,努力做到并且创造条件让人把话说完。可以采取的方法是:在听话时适当地点头或做一些手势动作,表示自己在注意听;多与对方交流目光;通过一些恰当的极其简短的插话或提问,表示自己对话题感兴趣;如果发现对方还有些未曾明白表达出来的意思,可以适当补问一下,以免产生误会。总之,绝不要在未听完之前就做解释,或急于表态,下结论。

如果能做到这几点,那么对方若是来投诉的,他的气也可消了一半;若是来交涉,谈判的,他也该掂到了你的分量。而你呢,既然弄清楚了对方的全部来意,自然也就为做出正确判断创造了条件。

设身处地,冲突可免

有时交涉双方各执一词弄得面红耳赤,看来争端实难解决,但是,如果对方能在某一方面站到对方立场上去思考一下问题,矛盾也就可以缓和了。

有一个顾客在喝酸牛奶时,从吸管里吸出一小块玻璃碎片,于是怒气冲冲地到牛奶公司去投诉。

不用说,他的措辞是激烈的,情绪是愤怒的,一路上,他已打好腹稿,搜罗了许多尖锐的词句。他还感到自己不是为了个人,而是为了千千万万的孩子,为全市人民去责成这个单位负起社会责任来的。他还想到,如果牛奶公司不服,就要把这件事向报界揭发,或者告到消费委员会去……

一开口,他的言词就十分激烈:"你们难道只顾赚钱,把别人的健康置之不顾"。"你们考虑过这玻璃足以致命没有?"

可是,接待他的人员并没有因为这些刺人的话而恼怒于色,表情是十分关切的,听完陈诉,第一句就问:"那玻璃碎片可伤着您没有? 舌头、喉咙有没有事?"当知道顾客幸未受伤害后,他才转忧为喜:"那真是不幸中的万幸,要是老人,特别是小孩子吃到这瓶酸奶,那真是不堪设想啊! 太对不起您啦!"这一句设身处地为顾客说的话,一下子把气氛缓和了。顾客的怒气消了一半。接下去,他继续给牛奶公司提建议,该如何采取措施保证不出这类事故等,愈谈愈融洽,彼此发现原来大家想的都很一致,竟是站在一个立场上!

广东玻璃厂有一次发生了一场办公室风波:厂长在一份报表上签字发给某个科室,该科的科长认为报表有错误,厂长签字是不负责任,为此竟冲到厂长室大发其火,当着厂长的面把报表撕成两半。那时在场的人很多,局势一触即发。厂长却弯下身子去把报表拾起来,微微一笑说:"发脾气比不发好。你们这些科长应当把好关,否则,我将来犯错误也不知是如何犯的呀?"一句话,顿时把火药味冲淡了。事后人们问厂长:为何当时不以眼还眼,以牙还牙。厂长说:"科长也有科长的难处,当家人是不好当的,他发脾气也不是对我个人,是为了工作。我们应当体谅部下,还应当给部下一个发泄的机会,必要时,把我当出气包也可以嘛!"这一番话传出后,中层干部都很感动。

平时,在洽谈商业业务时,双方都毫无疑义要朝着自己的目标去奋斗,也都想到获得利益占据优势,要哪一方轻易妥协或让步都是不可能的。但是,在考虑各种方案时如能设身处地为对方想一想,也同样会有助于双方目标的实现。

错误虽难免,责任不可推

在工作中谁都会有错失的时候,问题是在出现错失的时候要坦诚地担当起责任,绝不能试图掩藏私了,并且要对错失的处理状况要详细地做报告。

生意场上变化多端,难免顾此失彼,以致影响了公司的利益。对个人来说,一个无法完成交代任务的人,将永远不被重用。诚然,对工作很难期望事事都能如期完成,但是一个有责任感的职员应随时注意自己的工作进展情况与预定计划是否相符,并在确定工作无法如期达成之前,应尽早向领导报告。一来领导可根据你的工作实际情况做临时调整,二来也不至于因事出突然而出现措手不及的窘境。

商业活动是必须靠团体的齐心协力,才能顺利地推展。因此,团体中的个人一旦有了错失,就会造成牵一发而动全身的影响,公司内部起了一系列连锁反应。若你不及时地向领导公诸出来,而是自己偷偷地设法解决,只能是愈弥愈彰。自己不靠领导妥善安排而私了,非但可能解决不了过失,反而可能对公司造成更大影响,自己也会受到领导的批评。

例如把商品的买主弄错了。甲客户接到了不是自己订购的东西,乙客户那里却是终日苦等着来货,当然甲乙双方都会向出货的公司查询。这时候负责出货的人如果能坦诚地站出来,大家便能迅速地做出适当的处理。相反地若负责出货的职员推诿责任或刻意地掩饰过失,不但容易造成业务的混乱而且让客户因换货的延误而对该公司产生恶劣的印象。

遇事分缓急,报告要明晰

公司职员不但要积极参加会议,详细记录领导的命令和指示,而且在处理工作时要有缓急之分,工作完成后一定要向领导报告。如果公司要求我们在中午以前把合同书写好,千万别大意认为时间充裕得很,就把合同书的草案搁在一旁,先做其他的事。否则,万一客户在 12 点来,那该怎么办呢?

如果等时间迫近才来赶工,这是很不明智的。因赶时间而匆匆做的工作效果肯定不好,何不及早从容地处理一些业务。就是因为自己的事而分身时,也要报告,取得领导的了解与体谅。

职员向领导报告,报告的主题要明确,领导可能询问的问题事先就讲明。最好先从结果谈起。例如某业务员一看到领导走进办公室,便急忙地迎上身去,汇报问题:"科长,有关这次包装盒设计的问题……"

又如某主任碰到一名业务员,这位业务员询问他负责销售的旧商品碰到的问题,而主任满脑子尽是想看新产品的问题。现在这位业务员一听主任开口闭口都是新产品的事,一时之间,自己也支吾起来。"呀,其实是……"到底说什么呢? 现在大家都忙得很,可没有时间蘑菇呀!

当要找人商量或想做报告,一开始就要明确地说出主题,听者才能忖度事情的确切性,而明白地表达意思。而且向领导说后,要简明扼要,切勿拖泥带水,使领导听得不耐烦。

公司事务忙,要做多面手

现在商业社会不断发展,公司中的公文、文件、情报、报告、计划书、书信……等等均显得特别重要,公司里的职员更应该具备此方面的技能。

例如你为公司业务去外地考察或办理业务,回来后就得写份报告书。

写报告书时,最好在报告书中的最前面写上结论,这样使领导阅览报告书能够一目了然,效果更好。

近年来业务范围的扩大,信息需求量增多,即使是小小的一家 10 人公司,少说会积存上千的文件。文件要归类分档,以便查阅。不管这种工作做得如何精细,如果文件本身写得条理不清,阅读起来还是令人烦躁的。因此文件的制作,应首先以精简明了为原则。最好的方法是在文件或报告书的一开头,就把所要述说的事由、目的写出,让阅读的人能在最短的时间内了解文件的要旨。然后再叙述事由的内容经过。

内容这部分,通常都是比较琐杂冗长的。为了使阅读者看得清楚明了,最好的方法就是采取系列要点的方式来论述。不管写报告书或一般文件,只要使用"主旨、要点、说明"的公文格式来书写,就能使文件达到精简明了的要求。

对职员书写公文的另一个要求,就是书写格式要规范,字体要端正清晰。你的领导总是喜欢看精简明了,字体端正、优美的公文,从你的公文中,他能够了解你工作勤劳肯干,善于钻研的一面。你若呈交领导一份字体潦草的公文,领导看时不免要皱皱眉了,即使你的公文很精彩,但由于字体太糟,也失去它应有的光彩了。所以若想给领导留个好印象,就要把公文写得端正、清晰。

公司文件的重要性,不但是企业成功的关键,还是互相传递商业信息的工具,所以公司文件作为你公司的代表,其文字千万不能草率,书写不能龙飞凤舞,力求文字正确、工整,才会使人好感。

书写公司文件时应注意:文字要力求工整,即使是写工作日志也要工整;经常身边要有一本字典,遇到疑惑的字,就要对它"不耻下问"了,写报告时切忌有错别字;写报告首先要记住书写格式,一张报告最好在500个字以内完成;主述语的关系要清楚,专有名词要特别注意;书写人名要正确;文件写好后,一定要用信纸袋装好。作为公司一员,要随时处在工作意愿高亢的情境里,并愿意担负新的任务,做得比别人所期望的更多。不要以达成别人交付的责任而志得意满,面对额外的工作也不可以"这不是我的工作"为借口来推托搪塞,应该尽量去做,不断扩展工作领域,进而增加个人存在的价值。自愿参与公司的新计划而不退缩。那些永远等着别人告诉他下一步该做什么的人,他们的价值将永远不会增加。

温柔而机敏,处事尤谨慎

在公司里,女职员是公司的门面和颜面,所以在工作时应当自觉、温柔而机敏。她不但会帮助公司带来好的影响,也可以给公司带来损失。下面有两个例子,就反映出两种不同的效果:

一位中年男子边看着家电器具橱窗,边走近电器公司的服务台,向坐在那里的服务小姐客气地询问:"请问,摆在那儿的×型烤箱,在烤鱼时,是否会烤煳呢?"不巧,坐在那儿的两位小姐正在热烈地谈论时装的事,对中年男子爱答不理地撇了一个冰冷的眼光,"你等一下,我们正在谈要事儿呢?"说完,两人又投入到她们的时装世界中去了。中年男士"嗯?"了一声,便不满地走了。很明显的,这家公司将注定少了一位客人了。

公司的女职员是否有礼貌,往往直接影响到公司的声誉。有一次办公室电话响了:"喂!喂!徐科长,你们公司的商品………我是三大组的小陈呀?"不巧徐科长刚好不在,于是由女职员叶小姐代接电话。"是小陈吗?徐科长现在刚好到外面办事,等科长回来,我再请他拨电话给您好吗?"听到叶小姐亲切温柔的声音,小陈也镇静了许多"啊!是叶小姐吧!不好意思又要麻烦你了,请多包涵。"温柔亲切这就是叶小姐的魅力,所以有很多客户都因为欣赏她而肯主动到公司谈生意。

这不但为公司带来了生意,也增加了公司的声誉。

下面有一个例子,虽然是小事,但是恰恰给公司的声誉造成不良的影响:

有一天公司女职员小林要去复印室复印文件，碰到了另两名职员小王、小高。"嗨！小王、小高，要去复印吗？唉！我也是呀！每天都做好几次，真是烦透了。"三个女职员就这样边埋怨边说，一下子，话题就转到化妆品的事上去了。"××美容实习班，最近引进了一套新颖的美容化妆法，效果确实不错，很值得一学。""小林，难怪你最近变得这么漂亮，前天在电梯口看到你的时候，差点就认不出你……"

本来只是去复印文件，结果三人却挤在一起聊上化妆的事，而且还聊个没完。这种情形要是落在外人的眼里，很容易使人觉得这是一个没有效率的公司。

不管是复印文件或做其他事，一接到命令就要迅速地做好。迅速、扎实的工作态度，是一个女职员明朗、优美的表现。特别是办公室里大家围成一堆聊天，既有碍观瞻又妨碍工作效率，是办公人员最忌讳的事。

团结又友爱，合作加竞争

公司职员要团结友爱。建立和发展良好的同事关系，最根本的是，必须对同事关系的性质，有一个正确的认识。同事关系既有互助合作的一面，又有互相竞争的一面。

①敢于"冒尖"。俗话说：人往高处走，水往低处流。上进之心人皆有之。时代要求我们在处理同事关系的观念上，要抛去那些不合时代潮流的成分，敢于"冒尖"，通过不断提高自己的才干，多为集体、社会做贡献，来赢得同事的尊敬和喜爱。

②正确对待他人的成绩。同事之间各有所长，其他同事必然会在某些方面超过自己。我们应该欢迎同事超过自己，勇于承认差距，虚心学习别人的长处，并以此为动力，激励自己赶上并超过他们。害怕别人超过自己，害怕同事之间的积极竞争，既不利于个人进步，又不利于企业发展。

③加强交流。信息交流是时代的特点，同事之间应当经常进行信息交流，就工作问题交换意见，开展批评与自我批评，互相帮助、互相促进。还应当有感情交流，诸如逢年过节互相拜访，一道参加单位里的文娱活动等等，都是增进友谊，增进团结较为有效的方式。

④要妥善处理矛盾。同事相处，难免会因种种原因而产生这样或那样的矛盾。当矛盾出现时，每个人都应当冷静分析，然后根据矛盾性质的不同而采取不同的解决办法，我们要发扬严于律己、宽以待人的美德。

⑤互相帮助。满腔热情地从各方面帮助同事，是良好的同事关系的重要内容。在工作上，当看到同事忙不过来时，应当尽自己所能为其做些辅助性工作；当看到同事的工作难以获得进展时，应当主动地为其出主意，想办法；当看到同事正在或将要犯过错时，应当及时地指出；当看到同事因受挫折而产生思想波动时，应当真诚地帮助其解除思想负担，振奋精神。在生活上，当同事患病或发生家庭困难时，应该热情地表示关心，从精神上和物质上给予力所能及的帮助，为其分忧解难。

⑥谦虚也是很重要的。换句话说，就是必须使自己变成大家都欣赏的人。

在公司中，每个男女职员都是有一种协助公司达成交易的意念，这就更需要大家共同努力。对任何身份的客人都应热情地打招呼，千万不可疏忽。在商场上，对客户的亲切是再怎么也不嫌多的。发自内心的笑容，心存感谢的礼仪态度才能制造明朗而富有人情味的生意气氛,这一点,办公室的每一位职员都必须做到。

⑦保留个人隐私。撇开朋友情分不谈,千万不要让你的私生活演变成办公室的肥皂剧。当有人向你问候"近来好吗?",可别像倒垃圾般把日常生活琐事倾囊而出,否则搞不好会有人拿这些事来攻击你。如果无法控制自己的心情及嘴巴,就保持沉默吧!少管别人闲事,也不要在办公室里和同事讨论薪水或个人隐私。

⑧乐于助人。如果事与愿违,不要沮丧,换个角度用正面的态度重新看事情及周围的人,你将惊讶地发现一切事情都会改观,一切噩运都远离了。信任你的同事并在公开场合支持他们。当你的经理有所决定时,全心全意支持他,至少在大家面前必须这样做。尤其当经理需要你去和他协商、向他请教时,你要表现得既积极又全力以赴。

团队精神意义大,公关人员勤努力

商业公司的职员在社交场合中,有时不知不觉地在为企业做公关宣传。尽管他不是公关人员,而只是一名普通员工。但唯其如此,其影响才比广告、海报及新闻报道等来得更为直接、更令人信服。

一个企业公关工作开展得怎么样,主要看其每个员工是不是都能在亲朋好友面前通过自己的言行来为企业树立良好的形象。但这里有个前提,即必须使员工有归属感或团队精神。当然,这种精神不会是无缘无故地产生,而要靠企业公关人员的长期培养。

深圳有家商场,为在剧烈的商业竞争中取得有利地位,不久前做出了"售出服装如不合意可酌情予以退换"的内部规定,以供营业员自己掌握。谁知一个新招进来的女营业员竟把此规定透露给她的亲朋好友,于是,这些人纷纷前去该店购买平时买不起或根本不打算买的各种豪华时髦的衣裙,并穿着在各类约会、宴会、舞会上炫耀,等出足了风头后再去退换。

很显然,就这个营业员来说,她缺乏起码的职业道德,但从这个事例中还可以看出,该商场的公关人员没有尽到职责,忽略了对员工进行归属感的培养。只要那位营业员对商场还有一点忠诚与合作,把商场看成是自己的家,把商品看成是自己的财产,那就不会出现这种损公利己的事了。

员工的归属感并不是很容易就能培养起来的,它要靠企业公关人员的不懈努力,并处处从小处做起。除了制定尽可能完善合理的人事制度和奖惩制度,让员工觉得升迁有望,奖惩得法以外,还得注意以下几点:

(1)企业应通过广告、捐赠等形式,多参加一些社会活动,如国际国内的重大体育比赛、慈善福利与救灾活动等,以提高企业在社会上的知名度和良好声誉,激发员工的自豪感。

(2)经常召开员工会议,简要介绍企业的近况,并听取员工的建议,让普通员工也参与企业的重大决策,从而使他们对企业产生一种主人翁态度。

(3)设立员工沟通信箱,让员工畅其"怨"言!对这些怨言必须一一予以解释,至少要做到有"问"必答。并保证把员工的抱怨(譬如对上级的看法或不满)作为公司的最高机密予以保密,以避免泄露出去后员工容易受到打击报复。

(4)逢年过节,尤其是遇到企业的周年庆典,应该举办全体员工聚会、展览会、成果报告会等,以报告公司近年来发展成就,同时感谢员工的支持和合作,以鼓舞士气。

（5）经常举办舞会、郊游、体育比赛等各种文娱活动,以联络和协调员工之间的感情与关系。

（6）定期邀请员工眷属来企业参观访问,向他们介绍企业的历史和成就及他们家属在企业中的地位和所起的重要作用,感谢他们以往的支持,以取得今后更大的合作。

（7）在员工的工作环境、健康保健及食堂伙食等方面,要经常予以必要的重视和关心。

（8）企业应该有自己的口号、歌曲、徽章及制服等。这种形式上的统一,可以增强员工心理上、精神上的归属感。

言而有信,知人善用

公司领导要通过自己的行动对下级产生较大的影响力,密切同下级的关系。

一要甘做公仆。上级要树立"领导就是服务"的思想,主动关心下级的疾苦,经常倾听下级的呼声,积极帮助下级解决各方面的困难,热忱地为他们的工作、生活创造有利条件。

二要实事求是。作为公司的上级要敢于公开承认自己的短处,假若工作没搞好,责任在自己就应当承担,有错误就应该检讨并努力克服,遇到自己所不知或不能做的事情,要敢于真心地说"我不懂"或"我不行"。上级这样做,能够使员工感到自己的上级是一个实实在在的人,乐于同上级接近、交往,上下级关系自然会随之融洽。

三要言而有信。上级领导对员工许下的诺言或答应解决的问题,只要是正确并且条件允许的,就必须加以兑现。假若一时无法办到,则应当诚恳地说明原因,不要不了了之或干脆丢到脑后忘记了。为了做到言而有信,许诺要符合实际,要经常看兑现以后的情况,要积极为实现诺言而做出具体努力。

四要知人善任。上级知人善任,对下级员工进行合理分工,可以使下级心情舒畅,充分发挥积极性和创造性。

最后要一视同仁。上级不能对下级员工抱有成见,也不能凭自己的感情而对下级员工有亲有疏。对于那些犯过错误,当面顶撞过自己或反对过自己又反对错了的下级员工,上级决不能嫌弃或记恨他们。对于每一个下级员工,无论其是否经常主动与自己接近,都应当一样对待。如果只愿意接近那些总是说自己好话,为自己办事,依顺自己的人,那将助长阿谀奉承的不正之风,并容易被少数人利用,导致与更多的下级员工关系恶化。归根到底,上级要搞好与下级的关系,必须依靠正确的指导思想,采取合理的方式,从多方面去努力。

服装举止礼仪

在工作场所,除了必须尊重办公室的规定、办公室的伦理,在服装举止方面,还必须注意哪些礼节?是不是穿制服?做一个职业人(男性或妇女)到底该穿什么样的服饰,仪容如何修饰等都是我们需要探讨的问题。

服饰应和实际生活配合：

符合便利、舒适及经济实用的价值,尤应注意年龄、身份(职阶)的不同而有所选择。

式样、质料及颜色的选择：

服装的效果可使上司及同事判断你的工作能力,或让客户对你产生好感,使生意做成功。因此上班族对服饰的式样、质料及颜色均必须有所选择。注意设计,考虑性别、工作单位(场所),是否耐洗、质地会不会太差,颜色适不适合你的个性及肤色等等,都应该考虑在内。鲜明的颜色常代表活泼、生气、热情;深色则代表高贵、稳健。

"以最少的服装来发挥最大的效果"：

职业妇女常有"穿什么衣服好呢?"的烦恼。在有限的薪水范围内要买所需的衣服,必须知道如果配合本身的体型、场合,搭配得宜,充分表现"穿衣的艺术",那么你一定可以穿出品味,穿出个性来。有人建议:"端庄美丽的职业妇女,基本的服装是西装式上衣再配上合适的裙子、轻衫、简单饰品。"

服饰检查要点：

1.随时保持个人服装、仪容整洁。

2.帽子:清洁、戴正。

3.头发:不宜过长,并应梳洗整洁,发型宜配合脸型,上班族以容易梳理为原则。

4.脸:男士胡须要刮干净、鼻毛常修剪。

5.领子:应保持干净。

6.领带:花纹和颜色宜调配,避免过于鲜艳,并应保持干净平整。

7.纽扣:注意有否扣好。掉了就应马上缝好,尤其是女性。

8.拉链:注意有否拉好。坏了就立即换掉。

9.袖口:和领子同等重要,应保持干净。并检查有否磨破。

10.手(指):指甲要剪短,并应常保干净。办公室女职员视需要可选用淡色指甲油。(某些公司规定:不可留长指甲及擦指甲油。)

11.鞋、袜:应时常保持干净;皮鞋应擦亮。

12.手提箱(袋、包):形状、花色宜适合。亮丽手提包白天上班不宜。

13.西服:应笔挺,口袋忌放太多物品,西装裤尤应烫直。

14.仪容装扮:可选用适合皮肤保养霜或古龙水。女性需淡妆,除手表、戒指外,不必佩戴贵重饰物,以策安全。装扮以高雅、大方为宜。

举止礼仪：

1.机关员工在规定工作时间内,应遵守"有所为"和"有所不为"的义务。一般均以法令规章明定之,以便遵循。

有所为的义务,主要有下列四项:

（1）执行职务：应忠心努力，力求切实。并遵守誓言，除法令规定或经上司许可外，不得擅自委由他人代理。

（2）服从命令：上司的命令（在其职权内）有服从的义务。如有意见，应随时向上司陈述理由。但如上司不接受，仍有服从的义务。

（3）保守机密：公务或商务主管事项，或虽不属主管事项，但因参与或获悉之机密应保守，（公务员不但在职期间应严守机密，离职后亦同）。

（4）保持清誉：诚实清廉、谨慎勤勉，并重视协调和互助合作以保持清誉。

有所不为的义务，主要有五种：

（1）不因循苟且：不畏难规避、推诿或无故稽延。

（2）不图谋利益：不假借权力以图利本身或他人。

（3）不接受招待馈赠：尤其是公务人员，不得利用视察之机会接受招待或馈赠。对有隶属关系者无论涉及服务与否，均不得赠送财物，对所经办事项，不得收受任何馈赠。

（4）不滥用公款公物：非因规定，不得动用公款，或公物。对职务所保管的文书财物，应尽责保管好。

（5）不徇私不滥发言论：未得上司允许，不得以私人或代表机关名义，任意发表有关职务的谈话。

2.员工应按规定上下班，如穿制服员工，于上下班时在指定地点换穿制服。

3.员工除在指定地点外，一律严禁吸烟。

4.在上班时间内，不得吃零食、看书报杂志、睡觉或聊天。

5.应随时保持办公场所的整洁。

6.对于顾客、同事应注意礼貌及亲切的态度。

7.服务顾客应保持适当距离，不宜过分亲昵或攀谈。

8.办公室内不得穿着拖鞋或奇装异服，亦不宜浓妆艳抹，或勾肩搭背、拥抱之动作。

求职和离职的礼仪

求职的一般礼仪：

（一）求职乃推销自己，必须妥为准备介绍自己的资料。其中不能缺少的为履历表，列有姓名、年龄、籍贯、学历、通讯处、曾任职务等，应工整的填写，并贴上相片。

其次为自传，一般必须包括身世、出生地点、家庭状况、求学经过、服务经过、兴趣、专长、宗教、信仰、将来之抱负等。至公务机关必须填写公务人员履历表。而外国机关则常要求外文撰写的自传。由于履历表和自传将作为评估你的基本资料，因此务必让人觉得你是进取乐观并有抱负，文笔流畅，内容生动，常可让人有好感，对求职的成功，大有帮助。

（二）面谈前，对自己所应征的工作应先进行了解。不要面谈时，一无所知，或难以对答。

（三）赴约面谈对自己的仪容必须注意，包括：

男士以着西装打领带,至少着衬衫打领带,女士以穿裙子、高跟鞋为宜;服装不可太华丽,以整齐大方为主。头发必须梳洗干净,发型以自然大方为宜。

女士不可刻意化妆,淡妆为佳,首饰不要戴太多。

指甲必须修剪。

洁身以赴,要不存有体臭。

(四)由于面谈关系着录用与否,因此出发前不能大意,宜提早出发,最好提早10分钟到达;抵达后勿忘整衣,注意鞋子是否干净。

(五)出发前必须检查应携带证件,是否有遗漏。

(六)等候面谈时,应冷静镇定,不必与人寒暄聊天,宜思索自己应对之方法。

(七)面谈时,应注意下列原则。

态度要从容大方,不要过分谦卑;

对任何问题,必须诚实回答;

不必隐瞒自己的身世,须知英雄不论出身低;

注意聆听面谈者提出的问题,抓住重点回答;

谈话不要太快,音调也不要太高或太低,不可借机大谈自己的抱负,以坦诚交谈,从容应对,较易留下诚实稳重的感觉。

提醒自己,坐姿要端正,讲话时不要比画,眼睛必须注视对方。

(八)面谈毕被暗示可离开时,勿忘起身,放好座椅,以立正姿势,鞠躬并说声"多谢您给我面试的机会"。如面试者伸手,有意握手道别,应伸手相握,并勿忘说"谢谢"。

(九)离开时,必须从容,开门、关门宜轻,对招呼你的秘书小姐应表示谢意。

离职时应注意的礼仪:

(一)离职不论是被解雇,或自行离职,必须留意公司所规定预告的时间,不得我行我素,从事抗争。

(二)离职时,必须向人事单位办理离职手续。

(三)如负相当职务者,应就职务范围内经管之财务、财产、物品、印信、卷宗、书籍等,列具清单,以供移交。

(四)办理移交时,必须在人事或业务单位监交人监视下,逐项当面点清,签名为凭,勿忘索取副本一份留存备查。

(五)如所从事的业务单据,并无所谓移交,亦应在人事或业务单位监视下移交,如制服、识别证、钥匙等,应缴交。

(六)如自动离职,可请公司核发服务证明及离职证明。如与雇主关系良好,而离职原因具善意者,亦可洽请雇主酌发介绍函,以任新职时所需。

(七)凡事有始有终,即令离职,亦应有礼貌,同事间之送别意思表示如便餐或宴会,公司的意思表示如主管的约见送别,均应善解人意,加以接受,事后勿忘申谢。

(八)离职时,切勿携走公物,或公司机密,清清白白地来,也要清清白白地去。

外交礼仪须知

外交礼仪是指在对外交往活动中向外宾表示尊重、友好的各种惯用交际礼宾形式及各种礼节、仪式和习惯的规范。在改革开放的时代，掌握好外交工作的原则、礼宾工作的基本要求，明确和熟悉外交礼仪中的迎送、会见与会谈、宴请、馈赠、参观游览、文艺晚会与涉外舞会及日常涉外交际礼仪等环节和方面的常规做法与具体工作，都将对我国开展对外交往、发展相互关系、增进友谊产生积极作用与深远影响。

外事工作的礼仪与原则

外事工作礼仪及其特点：

外事工作主要是根据本国的对外方针政策，组织安排对外交往的有关活动。所谓外事工作礼仪，就是指在对外交往中所涉及的礼仪活动、各种礼节、仪式的规范化做法。在我国改革开放国策实施以来，来华进行经贸洽谈、文化交流、观光游览的来宾及各地华侨、港澳台同胞不断增多，外事礼仪也就日显重要。一方面，涉外人员必须掌握外事礼仪常识，遵守涉外工作准则和外事纪律，对外宾既要彬彬有礼，又要维护国家尊严。另一方面，要把握外事礼仪的特点。外事礼仪具有较高的政治性，礼宾工作要为我国的对外政策和国家利益服务；外事礼仪具有固定性与变通性，国际交往中的许多礼宾活动都有固定的仪式、礼节和国际惯例，同时各国又都有各自的风俗习惯、礼仪礼节，如遇到特殊情况，可作相应的变通和灵活的处理。

外事工作的基本原则：

国家之间一律平等的原则。外事工作是我国对外政策的具体推行与实践体现，我国的外交政策强调国家不分大小、强弱、穷富等，相互之间是一律平等的交往关系。因而，任何单位、任何部门、任何个人在外事交往活动中必须贯彻平等原则，要热情友好，落落大方，彼此尊重，不卑不亢，坚决反对大国主义。

尊重国格、尊重人格的原则。在涉外交往中既要维护本国的利益、尊严，又要尊重他国的利益和尊严，国家不分贫富大小，人不分种族信仰，不分民族、宗教、风俗习惯，一律平等以礼相待，不能厚此薄彼，不能做任何有损国体、有辱国格的事。而且，在与外宾交往中，既要坦诚、谦恭、热情、周到，又不能低声下气、卑躬屈膝、失去自我，要自尊自爱。

遵守外事纪律的原则。在外事接待工作中要坚持维护国家主权和民族尊严，自觉遵守外事纪律，不得失密泄密；不利用工作之便营私牟利、索要礼品；不背着组织与外国机构及个人私自交往；不私自主张或答应外国客人提出的不合理要求；参加外事活动，要严格按规章制度办事。

注重礼仪与礼节要求的原则。我国对外政策也要求交际礼仪与之相适应，做到礼仪周到而不烦琐,热情接待而不铺张,活动内容丰富而不累赘。接待外宾的人员应仪容整洁,仪表大方,表情亲切、自然,熟悉各国各民族的风俗习惯,陪同外宾时要注意自己的身份和所站的位置,言行举止要符合礼仪要求,坐立姿势应端庄,对外宾的穿着不评头品足,以使来宾真有"宾至如归"之感。

外事礼仪的总体要求:

友好相处,互惠互利。对外交往要以宽阔的胸怀和精神相处,双方在互利互惠的原则下进行相互合作与交流,即使由于条件所限而难以达成互利协议之时,也不应采取欺诈、强制手段来谋取自身的利益。

遵守时间,不得失约。这是国际交往中非常重要的礼貌。参加各种外事活动,都要按时抵达。过早抵达,会使主人因准备未毕而难堪;过迟到达,会使主人与客人空等过久而失礼。如确因故迟到时,应诚恳向主人和客人致歉并说明原因。万一因故不能应邀赴约,要礼貌地告知主人,并表示歉意。

尊重老人与妇女。尊重老人与妇女,既是我国的传统美德,也是涉外交往中的必备品质。在上下楼梯,进出电梯、车辆时,都应礼让老人与妇女,让其先行,必要时给予适当帮助;对同行的老人、妇女,男子应帮助提较重物品;进出大门,要主动帮助他们开门、关门;进出屋时也可帮助他们穿、脱大衣外套;同桌用餐时,男子也应主动帮助他们入座、离席。

尊重各国的风俗习惯。不同的国家、民族,由于不同的历史、文化、宗教等因素,各有其特殊的风俗习惯和礼节,在外事交往中均应予以重视。如新到一个国家或初次参加活动,应多了解,多留意,多观察,不懂或不会做的事,可仿效别人。

注意个人卫生与举止言谈。国际交往中要注意个人卫生,衣着要整齐美观,衣领袖口要干净,皮鞋要上油擦亮,穿西装要打好领带,穿中山装要扣好领扣、领钩,梳理好头发,刮净胡子,修剪好指甲。

举止要落落大方,端庄稳重,表现自然,和蔼可亲,站有站相,坐有坐相。另外,参加活动前不能吃葱、蒜等带有刺激味的食物,注意吸烟的场所及烟量。

言谈的态度要诚恳、自然、大方,语气要和蔼可亲,表达要得体,谈话内容要事先有所准备,应开门见山地说明来意后就进入正题,要留给别人说话的机会,言谈中手势不要过大,讲求倾听的艺术,不要询问妇女的年龄、婚否、工资收入等私人生活方面的问题,不要随意谈论当事国的内政、外交、宗教等问题。

礼宾次序及要求

礼宾次序的内涵及排列依据:

所谓礼宾次序,是指国际交往中对出席活动的国家、团体、人士的位次按某些规则和惯例进行排列的先后次序。它体现东道主(东道国)对宾客所给予的礼遇。礼宾次序在国际性集会上还体现各国的平等地位。

礼宾次序的排列主要依据如下:

按宾客的身份与职务高低来排列。社交、国际交往活动中,礼宾次序主要按宾客的身份与职务的高低来依次排列。

按姓氏顺序排列。多边活动中,礼宾次序可按宾客的姓氏顺序来排列。

按字母顺序排列。有的多边活动对来宾的礼宾次序的排列,可以参加国的国名字母(一般以英文字母为准)为排列顺序。

按通知代表团组成的日期先后排列。按通知代表团组成的日期先后排列礼宾次序,也是常用的礼宾次序排列方法之一。

第一,东道国对同等身份的外国代表团,按派遣国通知东道国该国代表团组成的日期排列。

第二,按派遣国决定应邀派遣代表团参加该活动的答复时间先后排列。

第三,按各国代表团抵达活动地点的时间先后排列。

当然,采用何种排列方法,东道国在致各国的邀请信中均应加以注明。礼宾次序的排列往往不能用一种方法,可几种方法交叉,考虑包括国家之间的关系、活动性质与内容、对活动所做的贡献及参加活动者的资历、威望等因素。

礼宾次序的排列要求

1.社交场合的一般要求

在一般社交场合,约定俗成的做法是:凡涉及位次顺序时,国际上都讲究右贵左贱。即一般以右为大、为长、为尊;以左为小、为次、为偏。行走时,应请外宾走在内侧即右侧,而我方人士则走在外侧即左侧;进餐时,主人应请客人坐在自己的右边。

2.不同场合的特殊要求

同行时,两人同行,以前者、右者为尊;三人行,并行以中者为尊,前后行,以前者为尊。

进门、上车时,应让尊者先行。下车时,低位者应让尊者由右边下车,然后再从车后绕到左边上车。坐轿车时,以后排中间为大位,右边次之,左边又次之,前排最小。

迎宾引路时,迎宾,主人走在前;送客,主人走在后。

上楼时,尊者、妇女在前;下楼时则相反,位低者在前,尊者、妇女在后。

在室内,以朝南或对门的座位为尊位。

重大宴会上的礼宾次序,按礼宾次序规则,主要体现在桌次、席位的安排上。国际上的一般习惯,桌次高低以离主桌位置远近而定,主宾或主宾夫人坐在主人右侧。我国习惯按客人职务、社会地位来排次序;外国习惯男女插安排,以女主人为准,主宾在女主人右上方,主宾夫人在男主人右上方。如果是两桌以上的宴会,其他各桌第一主人的位置可以跟主桌主的位置同向,亦可面对主桌的位置为主位。

影响礼宾次序排列的其他因素:

政治因素。在多边活动中,礼宾次序的排列需要尽可能考虑客人之间的政治关系。若双方政见分歧大,两国关系紧张,就要尽量避免安排在一起。

身份、语言、专业的因素。席位安排主要依据礼宾次序来排,在排席位前,要将经落实能出席的主、宾双方名单分别按礼宾次序开列出来,并考虑语言习惯、专业对口等因素,以便于在宴席上交谈与沟通。

礼宾次序排列中其他应注意的问题:

在实际操作时,礼宾次序是一个政策性较强、较敏感的问题,若礼宾次序不符合国际惯例及安排不当,就会引起不必要的误解,甚至损害到两国之间的关系。

席位安排的忌讳。安排宴会的席位时,有些国家忌讳以背向人,特别是安排长桌席位时,主宾席背向群众的一边和正面第一排桌背后主宾的座位,均不宜安排坐人。许多国家,陪同、译员一般不上席,为便于交谈,译员坐在主人和主宾的背后。

外事、礼宾部门的指导。为了做到礼宾次序排列的准确无误,重大的、涉外的礼宾次序一定要在外事、礼宾部门的指导下,慎重地、细致地加以安排。

选择礼宾次序的最佳方案。礼宾次序的安排应慎之又慎,我们在安排时应尽量避免因礼宾次序安排不周而产生矛盾,这就要求多拟出几种方案,从中选择最佳或最满意的方案。

努力做好善后工作。由于安排、考虑不周或其他原因而引起礼宾礼序上的风波,组织单位、部门和主管人员对这种已出现的波折要努力做好善后工作,主人应做解释,尽量缓解"一人向隅,举桌不欢"的气氛,并使这种情形的影响减少到最小的范围和最低的程度。

总之,在外事交往工作中,外事接待人员和其他有关成员必须了解礼仪、礼宾方面的基本知识与社交规范、礼节及仪式,遵循外事工作基本原则,掌握和学会礼宾次序的基本要求,才能更好地为对外交往做出努力与贡献。

外事迎送礼仪

迎客和送客是外事接待工作的两个重要环节,在整个涉外活动中,占有极其重要的位置。一个精心安排的欢迎仪式,能使来宾一踏上被访国就会产生良好的第一印象;一个周到圆满的欢送仪式,会给来宾留下美好而难忘的回忆。因此,热情迎送,善始善终,使来宾高兴而来,满意而归,就显得尤为重要。在国际交往中,对外国来访的客人,常常有视其身份、访问性质和目的以及两国之间的关系等因素,安排相应的迎送活动。

迎送的安排:

正式迎送来访者之前,首先要有一个对迎送活动的周密安排。一般说来,迎送活动分两种档次:

隆重迎送。这主要适用于各国对外国国家元首、政府首脑的正式访问,往往都举行隆重的迎送仪式。对军方领导人的访问,也举行一定的欢迎仪式。

一般迎送。这适用于一般人员的访问,对一般代表团和人员的访问,一般不举行迎送仪式。

当然，对应邀前来的访问者，不管是官方人士、专业代表团，抑或是民间团体、知名人士，在他们抵离时，均应安排相应身份的人员前往迎送。对长期在本国工作的外国人士、外交使节或专家，当他们到任或离任时，各国有关方面亦应安排相应人员迎送。

确定迎送规格：

对来宾的迎送规格，各国的做法不完全一样。通常，确定迎送规格，主要是依据来访者的身份，访问性质和目的，适当考虑两国关系，同时要注意国际惯例。

确定迎送规格，主要是确定哪一级人员出面迎送，是接待来宾的一个礼遇规格，应根据主管部门接待要求来办。主要迎送人通常都要同来宾的身份相当，以便综合平衡；但由于各种原因不可能完全对等时，可灵活变通，由职位相当的人士或由副职出面。总之，主人身份与客人的身份不能相差太大，以同客人对口、对等为宜，以示对客人的尊重。当事人不能出面时，无论作何种处理，应从礼貌出发，向对方做出解释。在特殊情况下，为了两国的外交关系或政治需要，可打破常规，安排较大的迎送场面，给予较高的礼遇。但要避免产生不必要的误会，以免造成厚此薄彼的印象。

掌握抵达和离开的时间：

为顺利迎送客人，迎送人员必须准确掌握来宾乘坐的飞机（火车、船舶）的抵离时间。如有变化，应及时告知。由于天气变化等意外原因，飞机、火车、船舶可能不准时，迎送人员应在客人抵达之前到机场、车站或码头，不能出现让客人等候的现象。送行人员应在客人启程之前到达，如有迎送仪式，应在欢送仪式之前到达，并直到客人乘坐的交通工具看不见时再离去。

献花：

献花适用于礼遇较高的外宾，迎接普通外宾，一般不需献花。献花须用鲜花或由鲜花扎成的花束，花束要整洁、鲜艳，忌用菊花、杜鹃花、石竹花和黄颜色花朵。贵宾献花，通常由儿童或女青年在参加迎送的主要领导人与客人握手之后，将花献上，并向来宾行礼。有的国家由女主人向女宾献花。

互相介绍：

客人与迎接人员见面时，应互相介绍。通常先将主人介绍给来宾，职位从高至低，可由礼宾交际工作人员、接待翻译或迎接人员中职位最高者介绍。有时也可做自我介绍。客人初来乍到，一般较为拘谨，作为主人应主动与客人寒暄。

迎送中的陪车：

迎送车辆都应事先安排好，不可临阵调遣，给人以仓促之感。客人抵达或迎送仪式结束后，从抵达地到住处，以及访问结束后，由住地前往机场、车站、码头，一般都应安排迎送人员陪同乘车。陪车时，应请宾客坐在主人右侧。上车时，客人要从右侧门上车，主人从左侧门上车。如果客人已先上车并坐在了主人位置上，则不宜再请客人挪换座位。

其他迎送中的事项：

迎送贵宾时，应事先在机场（车站、码头）安排好贵宾休息，准备好饮料。

客人的住处、膳食应事先订好。如有条件，在客人到达之前，就应将住房地点、用膳方式、日程安排、联络方式、联络人等事宜通知到具体客人。如做不到，可将上列事项打印好，在客人到达时分发给每个客人，这样可避免混乱，使客人心中有数，主动配合。指派专人协助办理入出境手续及机票（车船票）和行李提取或托运手续等事宜。客人到达住处后，应给客人安排休息的时间，再开展其他活动。

整个迎送活动应安排得热情、周到，有条不紊，使客人有"宾至如归"的感觉，不能出现冷淡、粗心或怠慢客人的情形。

金融理财

金，金子；融，融通；金融——金子的融会贯通。古今中外，黄金，因其不可毁灭性、高度可塑性、相对稀缺性、无限可分性、同质性及色泽明亮等特性特点，成为经济价值最理想的代表、储存物、稳定器和交换媒介之一，并因此成为世人喜爱和追逐的对象。

黄金曾一度成为国际贸易中唯一的媒介。在易货经济时代，商人只能进行对口的交易，以物易物，因此，人类的经济活动受到巨大制约。在金本位经济时代，价值与财富是以实物资产——黄金为依据和标准，这种客观的物理方法非常有利于全球经济的平稳发展。然而，作为价值流通的载体，黄金不利的一面如搬运、携带、转换等不便的物理条件限制，使它又让位于更为灵活的纸币（货币）。如今，货币经济不仅早已取代了原始的易货经济，而且覆盖了金本位经济。货币经济在给人类带来空前经济自由的同时，也给人类带来了诸多麻烦和问题，如世界贸易不平衡、价值不统一、通货膨胀、货币贬值、经济发展大起大落等等。引发当场这场席卷全球的金融危机的重要宏观因素之一，就是全球贸易失衡，尤其是巨大的美国贸易赤字。

脱离金本位的初衷是想实现经济自由和稳定发展，然而，今天却适得其反。在货币多样化的今天，现代金融中的含"金"量越来越少，但其内涵、作用及风险却越来越广，越来越大，并已渗透到社会的每个角落和每个人的生活中。

综上所述，金融就是价值的流通。离开了价值流通，金融就成为"一潭死水"，价值就无法转换。价值无法转换，经济就无法运转。经济无法运转，新的价值也无法产生。新的价值无法产生，人类社会就无法发展。因此，金融危机发展到一定程度就会演变为经济危机，经济危机发展到一定程度就会演变为社会危机。世界大战的深层原因都是经济问题。

我国银行简介

中国人民银行。是国务院领导的管理我国金融事业的国家机关。由原解放区的华北银行、北海银行、西北农民银行以及后来加入的东北银行、内蒙古人民银行等合并组成。1948 年 12 月 1 日成立。总行设在北京，现有分支机构 1100 多个。1979 年各专业银行和各种金融机构相继成立或恢复后，1983 年 9 月经国务院批准，中国人民银行专门行使中央银行职能，不再兼办工商信贷和储蓄存款等业务。

中国工商银行。我国办理工商信贷和城镇储蓄业务的专业银行。国务院直属局级经济实体。1984 年 1 月 1 日成立，总行设在北京，现有分支机构和储蓄网点 2 万多个。

中国人民银行

中国农业银行。我国办理农村金融业务的专业银行。国务院直属局级经济实体。于1949年接收国民党的中国农民银行和中央合作金库后改组成立。新中国成立后先后经历了4次组建和撤并。1979年2月重新恢复。总行设在北京,按行政区划设置分支机构。

中国银行。我国经营外汇业务的专业银行。1979年3月批准为国务院直属局级经济实体。前身为清代户部银行,创立于1905年(清光绪三十一年),总行设在北京,系官商合办性质。1908年改为大清银行。1912年2月改组为中国银行。辛亥革命后,于1928年为国民党政府指定为特许的国际汇兑银行。1949年5月由人民政府接管。1953年10月政务院颁布《中国银行条例》,1966年9月成为全民所有制企业。在国内外汇业务量大的口岸和城市设置分支机构,在海外金融中心设分行,其他国家、地区设代表处。

中国人民建设银行。我国办理固定资产投资的专业银行。国务院直属局级经济实体,受财政部和中国人民银行双重领导。1954年10月1日成立,总行设在北京,下设分行、支行、办事处,按行政区划并在基建集中地和重点工程所在地设置。具有财政、银行的双重职能。

中国投资银行。我国政府指定向国外筹集建设资金、办理投资信贷的专业银行,是中间金融机构。1981年12月23日成立,总行设在北京,在国内外适当地区设置分支机构或代理机构。

交通银行。我国新中国成立后第一家以全民所有制为主体的股份制综合性金融企业。1986年7月国务院决定重新组建,1987年3月总管处迁沪。

农村信用合作社。农村群众性的合作金融组织,农民的"小银行"。新中国成立后于1951年试办,1955年普及。属人民银行委托农业银行领导和管理。按乡设置信用社,经济较集中区设分社、储蓄所,按村设置信用代办站。其性质是独立核算,民主管理,自负盈亏;其经营宗旨是为社员的生产和生活服务。

中国人民银行行名的来历

1947 年春,解放战争进展迅猛,原晋冀鲁豫、晋察冀等边区已形成大片解放区。中央指示由晋冀鲁豫中央局主持召开了包括华东、西北在内四个解放区参加的财经会议,成立了以当时中央主持财经工作的董必武同志为主任的华北财经办事处。它的任务之一是"筹建中央财政及银行"。同年 10 月 2 日,以董老的名义致电中央建议"组建中央银行,发行统一货币"。董老高瞻远瞩,预料到建立新中国的进程要加快,指示新创建的全解放区银行的名字要和将来人民共和国联结起来考虑,使其成为国家的中央银行。用中国人民银行这个名字,既表示是我们的,是人民的,也不失作为将来新中国国家的中央银行的格局。1947 年 10 月 8 日,中国人民银行这个名字被中央批准了。第二年 12 月 1 日,根据华北政府训令,中国人民银行总行发行了人民币。从此,中国人民银行和它发行的人民币即长存于世。

中国的第一家银行

1897 年 5 月 27 日,中国通商银行在上海成立。这是中国的第一家银行,它的创办人是盛宣怀。

盛宣怀的父亲与李鸿章关系深厚。1870 年盛宣怀充当李的幕僚,后成为李举办洋务的得力助手。

1896 年,盛获得了督办铁路总公司的权力,负责经办芦汉铁路和东南地区的其他铁路。在办铁路的过程中,他提出开设银行,认为外国公司招股,无不由银行经手,现在办铁路招股配债,若无银行,势必棘手。他看到外国在华银行独霸中国金融市场,在政治和经济两方面获取利益。认为如不先自设一银行,中国的利益权势将被外国一网打尽。办铁路和办银行要同时并举才有把握。盛先向湖广总督张之洞和直隶总督王文韶陈词,接着又向清政府上奏,请求开设银行。不久即获得户部批准。户部特准中国通商银行发行银圆券和银两券两种钞票。银圆券分 1 元、5 元、10 元、50 元、100 元 5 种;银两券也分 1 两、5 两、10 两、50 两、100 两 5 种。这些票券是中国最早的银行券,一面印英文,一面印中文。英文一面有英籍经理美德伦的签字,以示负责。中文一面印有"中国通商银行钞票永远通用"和"只认票不认人"等字样。户部还在通商银行存款白银 100 万两,以示支持。

中国通商银行是官督商办的银行。其股本银定为 500 万两,但实际上只收到一半。盛宣怀任总办的招商局和电报局分别投资 80 万两和 20 万两,占实收资本的 40%,以盛宣怀名义包括他本人和代其他大官僚如李鸿章等的投资达 70 万两,以上两项占实收资本的 2/3 强。初创的通商银行股东绝大部分属于封建官僚和买办。盛独揽大权。

除了在上海设总行外,通商银行又陆续在天津、汉口、广州、汕头、烟台、镇江等口岸开设分行,积极开展业务,先后与 30 多家外国洋行发生过借贷关系。通商银行依照学习英国汇丰银行的规章制度,并在总行和重要口岸分行聘用外国人为大班,掌握业务经营实权。为了取得"外滩银行"的地位,通商银行还加入了外商银行的同业公会。

通商银行的存款主要来自三方面:清政府存款 100 万两白银;官督商办企业;各地关道地拨交款。

通商银行成立初期,上海开设了 5 家民族资本的棉纺厂,其中 3 家与通商银行发生过借贷关系。

香港金融界"巨人"——汇丰银行

汇丰银行是由英国商人筹组并于 1865 年在香港注册成立的。翌年它在港、沪两地同时开业,随后在中国沿海及内地与海外遍设分支机构。在相当长的一个时期里,汇丰银行执远东金融市场之牛耳。1949 年新中国成立后,汇丰银行结束了在中国内地的业务,只保留了上海分行,而以香港为大本营继续发展,并逐渐将业务扩展到大洋洲、南亚、中东与欧美地区。

汇丰银行在香港起着准中央银行的作用,是香港金融业的主要控制者。1885 年,汇

汇丰银行

丰银行成为香港两家被授权发钞的银行之一,并是唯一一家不受公司条例约束的银行。它能够影响货币流通,并对决定利率结构和水平拥有发言权。1983 年,港英政府实行联系汇率制定之后,又规定只有发行通货的银行才能以 7.8 港元兑 1 美元的汇率向外汇储备套汇,汇丰银行由此可以享有随时用官价向政府套取美元的特权。以这种经济上的特权为基础,汇丰银行董事长可以直接进入港英政府的最高决策机构行政局。汇丰银行在香港拥有的经济和政治方面的特权成为其发展的基础,而香港地区所具有的特殊的地理及经济环境则成为汇丰发展的条件。1991 年,汇丰银行的存款占全香港银行存款的 40%

左右,总盈利中近 60% 来自香港市场。

尽管如此,汇丰银行作为商业性银行,长期以来一直努力走国际化道路。1959 年,汇丰收购在英国注册的有利银行;1960 年收购中东银行;1978 年收购美国海丰银行 51% 股权(以后又陆续购入剩余股权,使海丰成为汇丰的全资附属公司);1981 年成立加拿大汇丰银行;1986 年在澳大利亚设立汇丰银行的分支机构;1987 年收购英国米特兰银行14.9% 股权,并在新西兰开设银行;1990 年在英国成立汇丰控股有限公司;1991 年 3 月 17日宣布将与英国四大结算银行之一的米特兰银行合并,合并计划提交英格兰银行待审议。这项合并若成功,以汇丰银行 1991 年的 857.86 亿英镑的资产总额加上米特兰银行594.08 亿英镑资产总额,那么新的银行集团将跻身世界十大银行之列。

不过,汇丰银行在加紧国际化的同时,也采取了一系列香港准中央银行地位的措施。1989 年 10 月,汇丰银行曾修改了其奉行 123 年之久的章程,进一步向普通商业银行转变。按照英国有关金融管理条例规定,汇丰与米特兰合并后的银行总部必须设在英国,那么,香港的汇丰银行将降格为新的银行集团的一个海外分支机构,其在香港的特权和非商业性义务将逐渐淡化甚至消失,例如,其发钞行的地位有可能不复存在。如何有效地填补汇丰淡出后的"真空",将对香港过渡时期的稳定产生重要的影响。

港币的"雅称"

在香港,港币是法定的货币。港币的最高面值是 1000 元,最小的是 10 元,中间还有500 元、100 元、50 元、20 元等共 6 种。港币有自己的正式名称,但广东珠海的人们说到港币时,则多数不说票值而采用借代的"雅称"来表达,颇具幽默情趣。

据有关史料考证,港币的"雅称"由来已久。1845 年前后,香港当时发行流通红色的100 元和绿色的 10 元纸钞。而这种钞票的票面图案均是水产品,红色的 100 元是一条"红衫鱼",绿色的 10 元是一只"青蟹",这样,人们就借代这两种木产品来"雅称"这两种港币了。后来为了更简便,人们索性叫它们为"红底"(100 元)"绿底"(10 元)了。

到 20 世纪 60 年代,香港又发行流通 500 元钞票,港人又别出心裁称其为"牛仔纸"。这一雅称的由来,据说是按照当年人们购物的价值,500 元港币能买到一头牛牯仔,于是,"牛仔纸"的雅称便叫开了。可是时到今日,"牛仔纸"便又要改名换姓为"老鼠斑"了。这个"老鼠斑"何物也? 乃著名海中珍品"石斑鱼"便是。今日买一尾石斑,最低价也需500 元港币,由此,"老鼠斑"也就取代"牛仔纸"了。不过,一般习惯性的呼叫是"大牛"。

进入 80 年代,香港经济迅猛发展,大踏步跨入亚洲"四小龙"之列,金黄色的 1000 元港币也发行流通了。好事的港人当即为其取雅号为"金牛"。"金牛"之称,据行内人说与股市术语大有渊源,取其蒸蒸日上兴旺发达的吉祥之意。除此之外,港币的"雅称"有些还从市场买卖的俗语而来。如叫 100 元为"一斤",百多元则为"斤几嚼"(粤语);1 元为"一蚊";彼此叫惯,约定俗成。然而,财大气粗的港人现在竟也把 1 万元也戏称为"一蚊"的,也真是"湿湿碎"罢了。

10 元以下是硬币,分 5 元、2 元、1 元、5 角、2 角、1 角及 5 仙等 7 种。其中 5 仙即 5

分。实际上5仙已罕见。香港人通用粤语，因此"元"叫作"蚊"（语音是汉语"满"）。5元叫5蚊，北方人听起来好像是"万"，往往吓一跳，以为是5万！角称"毫"或"毫子"，但是元和角合起来时，香港人口语中就略去毫字，而元字却又叫"个"，例如4元8角，就叫"4个8"，如"6个4"（6元4角），"5个3"（5元3角）等。港币除面额不同外，还有发行银行的不同，香港有三家银行可以发行纸币，即汇丰、渣打、有利三家。只要你稍加留意，可以看出差别。这些都是法定通用货币，但最常见的还是汇丰银行发行的。1994年5月2日，我国中国银行在香港首次发行港币，面值有1000、500、100、50、20元等5种。这对香港的平稳过渡将起到积极的作用。

汇票：一票在手，腰缠万贯

汇票是汇款人先把款项存进当地银行，由银行签发给收款人带着，前往异地办理转账结算或支取现金的票据。

到外地做生意时，往往需要携带足额现金，即不方便，更不安全。如果到银行签发一张汇票，无论有多大数目的款项，都可以填在一纸汇票里，带上它，即可到你原定的地方做生意，办理结算或支付。因而，汇票是个体户"腰缠万贯"到外地做生意时理想的信用支付工具。除此之外，汇票还有以下特点：

①票随人到，持票即可视同持币，有利于你用款急需和支付及时。

②使用灵活，持票人既可以持汇票一次性背书转让给销货单位或个体工商户，也可以通过银行办理分次支付或转汇其他地区。

③兑现性强，对填明"现金"字样的汇票可以到兑付银行取现，银行保证支付，收款人能及时获得款项。

④凭票购货，余款可以自动退回，可防止不合理的预付货款和交易尾欠的发生。

因此，尽管日益盛行的信用卡也能使你一卡在手，腰缠万贯，但银行汇票仍有一些信用卡不能代替的功能。

正确填写票据凭证

通过银行办理资金结算业务，既及时、方便，又安全、可靠。但若不能正确填写票据或有关结算凭证，则将影响资金结算的准确性，给银行工作带来不便，给单位和个人造成一定的损失。一般说来，银行票据和结算凭证上的内容有收付款人、开户银行名称、日期、账号、大小写金额、收付款地点和用途等。在填写时，这些要素一定要填写齐全、内容真实、数字正确、字迹清楚。具体要求有以下几点：

1.大写金额数字一律要用正楷字或行书书写。如壹、贰、叁、肆、伍、陆、柒、捌、玖、拾、佰、仟、万、亿、圆（元）、角、分、零、整（正）等字样，但不得用一、二（两）、三、四、五、六、七、八、九、毛、另（或0）等字样代替，不得自造简化字。如果少数单位书写中有繁体字的也应受理。

2.汉字大写金额数字到"元"为止的,在"元"之后应写整(或正)字,在"角"之后可以不写"整"(或正)字。大写金额数字有"分"的,"分"后面不写"整"(或正)字。

3.汉字大写金额数字前应标明"人民币"字样,大写金额数字前,没有印好"人民币"字样的,应加填"人民币"三字。但不得在票据和银行结算凭证大写金额栏内预印固定的"仟、佰、拾、万、仟、佰、拾、元、角、分"字样。

4.票据和银行结算凭证上的阿拉伯金额数字要一个一个地写,不要连写的分辨不清。如遇阿拉伯数字中有"0"时,汉字大写应按照汉语语言规律,金额数字构成和防止涂改的要求进行书写。现举例说明如下:

阿拉伯数字中间有"0"时,汉字大写金额要写"零"字。如￥1409.50,应写成人民币壹仟肆佰零玖元伍角。如果写成人民币壹仟肆佰零玖元伍角正亦可。

阿拉伯数字中间连续有几个"0"时,汉字大写金额中间可以只写一个"零"字。如￥6007.14,汉字大写金额应写成人民币陆仟零柒元壹角肆分。

阿拉伯金额数字元位是"0",或者数字中间连续有几个"0",元位也是"0"但角位不是"0"时,汉字大写金额中可以只写一个"零",也可以不写"零"字。如￥1680.32,汉字大写金额应写成人民币壹仟陆佰捌拾元零叁角贰分,又如￥197000.53,汉字大写金额应写成人民币壹拾玖万柒仟元零伍角叁分,或者写成人民币壹拾玖万柒仟元伍角叁分。

阿拉伯金额数字角位是"0",而分位不是"0"时,汉字大写金额"元"后面应写"零"字。如￥16409.02,汉字大写金额应写成人民币壹万陆仟肆佰零玖元零贰分;又如￥325.04,汉字大写金额应写成人民币叁佰贰拾伍元零肆分。

各种票据和结算凭证上的阿拉伯金额数字前面,均应填写人民币符号"￥"。这样,既可表明货币种类,还可能防止阿拉伯金额数字前面加填数字,堵塞漏洞。

支票使用须知

当你收到付款人交来的转账支票时,应着重审查下列内容:

1.支票收款人是否本人。

2.支票是否在规定的付款期内(支票的付款期为五天。从签发的次日算起,到期日遇到假日顺延)。

3.大小写金额是否相符。

4.是否用墨汁或碳素墨水填写,且清晰可辨。

5.背书转让的支票,其背书是否连续。

6.其他内容是否齐全、正确。

审查时,如发现上述内容中任何一项不符合要求,应坚决拒收。经审查无误后,对所受理的支票分两种情况处理:第一,在银行开立账户的,应填写一式两联"进账单",连同支票一并送开户银行进账。第二,未在银行开立存款账户的,可根据开户的有关规定,选择一家银行开立存款账户,填列"进账单"后进帐。如果受理的是现金支票,应在现金支

支票

票背面签章后,连同本人的身份证件一并送交银行,以便银行审核后付给现金。

当你不慎遗失了空白支票后,可按以下情况处理:

①如果遗失了已经签发的现金支票,可以向开户银行申请挂失止付。申请挂失时,应出具有关证件并加盖预留银行印鉴,交开户银行。经银行审查同意后,方可办理挂失手续。

②如果遗失了已签发的转账支票,开户行不受理挂失,但可以请求开户银行及销货单位协助防范。

③如果遗失了可以背书转让的转账支票或空白转账支票,银行不受理挂失,也不协助防范。

日趋风靡的信用卡

在当代,出现了这样的趋势:钞票和支票将逐渐被货物价值的非物质单位,即信用卡所替代。

最早的信用卡。世界上第一批信用卡出现于 20 世纪初。当时,仅仅是在欧美一些国家的某些百货公司、石油公司、旅馆内使用。

在使用时,公司的店员或服务员只要把顾客出示的信用卡放入手按压印机内,在领货单或凭证上就会压印出持卡人的姓名和卡的编号,此后,顾客就可取到货物了。结算时,信用卡公司不是以现款结算的方式发给顾客领货单的,而是在每月终寄发一份该月赊购货物的总账单。信用卡持有者只要根据总账单向信用卡公司邮寄出支票,由他的存款银行按支票付清就可以了。这样,信用卡持有者就不必每天忙于支付现金,只要定期结算一次就行了。

电子信用卡。电子技术的迅猛发展,使信用结算走上了自动化。目前,在一些工业发达的国家内,都在推广信用卡结算自动化系统,相继采用电子信用卡进行结算,而不再使用现金或支票。

信用卡

使用这种电子信用卡时,商店出纳员既无须结算货物价钱,也不用清点和保管现金,他只需在专门的键盘上揿按出唯有顾客本人才知道的一组由字母和数字组成的暗码就行了。顾客选购完所需的物品结算时,只要将本人那张如同身份证大小的信用卡插入收款控制机的插孔中,出纳员的电脑显示屏上就会显示出询问暗码,它是一组由任意字母和数字组成的代码。例如,显示出来的询问暗码是 ACH53,此时,信用卡的合法持有者就需立即做出应答。如果购物日期是 1991 年 10 月 27 日星期日,他只需将询问暗码中的第一个字母同第三个字母对调,中间的字母改成当天星期几的数字,并将最后的两个数字相加后,再加上当天的日期数,就可得出当天的应答暗码是 H7A35。此时,如果有个小偷站在信用卡合法持有者的背后,窃取了这个代码,那也无关紧要,因为小偷未必了解信用卡主人选定的暗码回答方式,同时,商店在另一次对这张信用卡显示的询问暗码假定是 TK747,小偷也未必能猜出正确的应答信号是 77T38。因此,即使窃贼窃取到手的信用卡也不能为他所用。

信用卡的合法持有者可以根据自己的兴趣来选择只有自己能识别的暗码和回答方式。回答方式可以非常简单,且能经常加以变换,只要事先将此"通知"微型电脑便可以了。

这种电子信用卡上装有磁铁层的编码磁道,磁道上存有各种各样的数据和信息,这些数据和信息的计算与变动,只能借助自动收款电子装置来操纵。否则,就不能使用或取出这些存入的数据和信息。

当顾客使用这种信用卡购物时,所需支付的货款或服务费就能直接从自己的账户中自动转拨到商业企业的账户内。那么,这种自动化支付的过程是如何实施的呢?

原来,当电子信用卡插入终端装置的插孔中,终端装置就会先核算磁道上持卡人的个人数据,以及他的偿付能力等信息;然后,这些数据连同由键盘输入的唯有持卡者能识别的代码一并送入中心计算机中,将这些数据同存储器中的原始数据进行对照比较,并经有关遗失或被窃信用卡的专门信息处理机检查;检查无误后,终端装置控制台上准备就绪的信号灯就会发亮,此时,出纳员只要在键盘上掀出应付的金额和服务费用,就完成了款项的支付和转拨程序。

目前,信用卡结算自动化系统已在美国和一些西欧国家广泛使用。1988 年,英国已在三个城市建立了 3 万台终端自动机,每天能处理 3 千万次货币的自动转拨业务。在国外,由于电话购货在正常的销售业务中占有很大的比重,因此,人们设法使电话渠道同终端自动机和中心计算机建立了可靠的联系,这就使信用卡结算自动化系统的运用得到了开拓。

前景诱人。不久前,法国在原来的基础上发展了一种智能信用卡。在这种信用卡上,装置有一个世界上最小的计算机,在它的存储器内,可以存储信用卡合法持有者的各种各样的数据和信息。取用这些数据和信息时,需用持卡者选定的识别暗码输入,否则,这种信用卡就不起作用,只像一张普通卡片一样。这就完全杜绝冒用之忧。这种信用卡不仅可以购物和支付电话费、停车费、加油费等,还能去医院挂号就诊。

随着科学技术的发展,信用卡的功能正在不断增多。信用卡能把合法持卡者的指纹和手形特征转换成数字信号存储在信用卡的存储器里。如将信用卡插入识别机时,存储器内的指纹和手形特征的数据便会与识别机原来存储的指纹和手形特征数据进行对照比较,根据识别的结果,可以杜绝冒用。此时,这种信用卡就能作为出入机要场所的通行证。

科学技术的迅猛发展,使信用卡的功能也越来越齐全,而且它的服务结构也日益趋于完美合理,它将成为人们生活中不可缺少的工具。

货币史话

在中国社会历史中,出现过许多不同形制的货币。

贝:是商代货币。到了商朝末期,始用铜币取代真贝。

金币:起源于东周后期,楚国制的金币称为"郢爰"秦朝称黄金为上币,每个重一镒(20 两)。汉武帝时,曾造白金龟龙币,有上中下三等,分别铸有龙、马、龟纹。后来才有金砖、金条、小宝等形式。

铜币:从春秋战国时广泛使用。当时有四种,都取象于实物:楚国的方币;燕、齐的刀币;晋国的钱币(古人称耕具为"钱");周、秦的圜法(圆形、中间方孔,状似环形石斧)。后来的铜币,都取圜法的形态,并统称为"钱"。铜币一直流通到清朝。

铁币:起源于安史之乱,藩镇割据,铜不能贩运,改用铁铸钱。

银币:始于唐宣宗年间。唐朝以后,广泛流通,宋、金称为"银锭",至元朝改称元宝。

钞票:即纸币,起源唐朝,称为"飞钱"。宋、金、元时,呈现钞为主、钱为辅的形势。1900 年以后,外商银行在我国发行外国钞票,中国银行也开始发行本国钞票。1948 年 8

月,国民党反动政府发行"金圆券",物价比抗战前上涨五百万倍。新中国成立后发行了"人民币"。这是世界上公认的稳定货币。

我国流通的纪念币

1984 年 10 月 1 日为庆祝中华人民共和国成立 35 周年,我国首次发行建国 35 周年流通纪念币一套三枚。正面图案均为国徽、天安门广场及礼花等。背面图案分别为:一枚有毛泽东等国家领导同志在天安门广场上举行开国大典的情景;另一枚有华表、松树、山鹤和长城等图案,象征祖国万岁;第三枚有汉、蒙、藏、维和高山族等人物形象,象征各民族人民大团结。面值均为 1 元。

为庆祝西藏自治区成立 20 周年,1985 年 9 月 1 日发行了流通纪念币一套一种,正面图案为国徽、国旗和年号,背面图案为布达拉宫,面值为 1 元。主要在西藏自治区内发行。

为庆祝新疆维吾尔自治区成立 30 周年,1985 年 10 月 1 日发行了流通纪念币一套一种,正面图案为国名、新建的新疆人民大会堂楼景和年号;背面图案为表现新疆欣欣向荣、繁荣昌盛的《丰收图》,面值为 1 元。

为纪念国际和平年,1986 年 9 月 20 日发行了国际和平年流通纪念币一套一种,正面图案为国名、国徽和年号,背面图案为胡耀邦同志访日时赠送给日本人物的礼物～和平雕塑像图案,左方有胡耀邦同志亲笔题写的"和平"两字,面值为 1 元。

为庆祝内蒙古自治区成立 40 周年,1987 年 7 月 30 日发行了流通纪念币一套一种,正面图案为国名、内蒙古自治区人大常委办公楼景和年号;背面图案为《放牧图》,面值为 1 元。

为庆祝中华人民共和国第六届运动会的胜利召开,1987 年 11 月 20 日发行了铜锌合金流通纪念币一套三种,正面图案均为国名、第六届全运会会徽,下方是"第六届运动会"字样;背面图案分别为足球、排球、体操运动员形象,面值 1 角,这套运动会纪念币主要在广州、北京、上海、天津等城市发行。

为庆祝宁夏回族自治区成立 30 周年,1988 年 9 月发行了流通纪念币一套一种,正面图案为国名、同心清真寺和年号;背面图案为两位妇女正在笑逐颜开地忙碌着采摘枸杞,面值为 1 元。

为庆祝广西壮族自治区成立 30 周年,1988 年 12 月 1 日发行了流通纪念币一套一种,正面图案为国名和"桂林山水",背面图案为壮族的对歌和壮、瑶、苗等民族歌舞场面,面值 1 元。

为庆祝中国人民银行成立 40 周年,1988 年 12 月 1 日发行了流通纪念币一套一种,正面图案为国徽、国名和年号,并配有象征吉祥的花纹,背面图案为新建的中国人民银行金融中心大楼及行徽。行徽为三个古钱币(布币)组合在一起,组合后中间呈一"人"字,古钱币代表货币,"人"字代表人民银行。面值 1 元。

为庆祝中华人民共和国成立 40 周年,1989 年 10 月 1 日发行了流通纪念币一套一种,正面图案由国徽、人民大会堂、礼花组成,背面图案为"中华人民共和国成立 40 周年"

字样,并用醒目的美术字"四十"组合五星红旗、和平鸽、五线谱国歌装饰,画面清新,富有时代气息,象征社会主义朝气蓬勃。

为庆祝第 11 届亚运会在北京召开,1990 年 8 月 22 日发行了流通纪念币一套两种,正面图案为国名、亚运会会标和亚运会主会场——北京工人体育场全景,下方是第 11 届亚洲运动会和年号等字样;背面图案:一枚为武术项目中的男运动员舞剑形象,另一枚为女运动员射箭形象;图案中还有吉祥物"熊猫"形象。面值 1 元。

以上各种流通纪念币的币材多为铜镍合金铸成,直径 30 毫米,唯独发行的第 11 届亚纪会纪念币是我国首次选用钢芯镀镍的材质。镍包钢是目前国际采用的较新铸币形式,具有成本低,耐磨性强和不易变色等优点。

洗货币与洗钱

洗货币与洗钱完全是风马牛不相及的两码事。洗涤货币,就是对货币进行清洗。因为货币在流通过程中和各种各样的人物接触,污垢不堪,通过洗涤,使它洁净。最初提出洗涤货币的是在 20 世纪初,美国旧金山的圣芳漳酒店。当时美国社会的女士流行戴雪白的长手套,结账时找零的硬币常常弄脏她们时髦的白手套。该店老板灵机一动,别出心裁地推出一项洗涤硬币服务,受到了女士们的普遍欢迎,生意也就格外兴隆起来。

美国政府还尝试过洗纸币,这主要是不少货币只要洗涤后仍可流通,而不必销毁。第一次世界大战前,美国财政部就研制了这种机器,它一天可以洗涤、烘干和熨平 4 万张钞票。但后来由于战争爆发,造美钞的原料由亚麻改用棉花,钞票的强度和韧性下降了,这种钞票经不住洗涤。战后财政部一度想恢复洗钞业务,但联邦经济情报局持反对态度,他们指出,洗涤的钞票破坏了原有的质地,影响了对钞票真伪的识别。此后,无法流通的钞票就直接切碎、回炉销毁。

科技的发达,改变了洗涤必须用液体的概念。卫生部门通过检验,发现钞票上带有沙门氏菌、绿脓杆菌、大肠菌群、金黄色葡萄球菌和乙型肝炎病毒等,因此提出银行要加强对流通货币消毒,这种消毒即用微波对货币进行洗涤,500 克的货币放在 500 瓦的微波炉内,只需 2~3 分钟,便可将绝大部分的病菌和病毒杀灭。

至于洗钱,就不能望文生义地也理解为货币的洗涤。它是一个专用名词,意思是黑社会等非法组织将非法获利的资金通过一个复杂的操作过程,逃避政府的盘查,将"黑钱"转入非法组织的账户。据有关方面统计,在美国,仅贩毒集团贩毒每年的利润就高达1000 亿美元。这些巨款不经"洗净",是无法落入毒枭的腰包的。因为美国政府规定,现金存款超过 1 万美元,银行就必须提出联邦现金登账报告,以备存查。为此,毒枭便化整为零,派人在数间银行开户,每次存款不超过 1 万美元,或多次购买数张面额不足 1 万美元的旅行支票、银行本票,然后集零为整,汇回美国入账。或者制造一组市内地产、黄金交易,当中有真有假,掩盖大笔现金存入所需账户。如此这般,资金每调动一次,黑钱就被清洗一次,披上合法的外衣。近年来有些国家根据黑社会的这一动向,把打击洗钱活动,掐断毒枭的经济命脉作为扫毒的一项有力措施,取得较好的效果。

白钱·灰钱·黑钱

在近 50 年内,瑞士从一个贫瘠的小山国跃升为一个巨大的"钱泵",成为地球上仅次于阿联酋的最富裕之国。瑞士的暴富归功于银行利用他国财富大发横财。1934 年末,为了对付纳粹盖世太保追查犹太人存于苏黎世和巴塞尔银行的资产,瑞士实施了独树一帜的"银行保密"政策,法律规定银行不得泄露存款人的姓名和存款情况。从此,瑞士 4000 多家银行几乎都有国际业务往来,经营方式极端自由,任何资金随意大进大出,不必交代来龙去脉。

在这些资金中,既有来自正常合法渠道的"白钱",也有来自法西斯暴政国家或实行军事统治的独裁者的"灰钱"和来自黑社会从非法贩卖毒品、军火中所赚来的巨额"黑钱"。"灰钱"和"黑钱"在瑞士的银行中经过洗"白"后成为可以再投资的"白钱",而银行则在"洗白"过程中牟取暴利。

对一项存款进行"案例调查"时,银行系统可以在瑞士法律的保护伞下对该项存款进行"保护"。法官要求调查储户身份时,银行第一个给储户通风报信,以便储户能尽快寻求法律保护并有充裕时间将资金转移。

瑞士政界和金融界的一些人互相串通并收受贿赂。据传媒揭露,前瑞士联邦最高检察官鲁道夫·格伯,因有意搁置检察官们"用掉脑袋的代价"所做的调查报告,使案例最后以"证据不足"而被撤销。一些坚持正义、不畏权势的检察官员莫名其妙地被降职,导致不少案例"搁浅"。

一些已被通缉的毒王,瑞士竟不予引渡,使他们依然在瑞士的豪华别墅中过着无忧无虑的奢侈生活。

可以作为外汇的十八种钞票

一般来说,必须是能换成其他国家货币的那种外国钞票,才能作为外汇。外国钞票作为外汇必须具备两个条件:一是充分的流动性,即有普遍的国际可接受性;二是各国金融当局可以无条件地获得这种资产。如果一种货币无法自由兑换成其他货币,或其他国家没法无条件获取这种货币,那么,这种货币就不能作为外汇。一种货币即可在外汇市场上无条件获得,又可自由兑换成其他任何一种货币,才有资格作为外汇。

目前,中国银行收兑的世界上可以自由流通的十八种外钞是:美元、日元、英镑、德国马克、港元、澳大利亚元、奥地利先令、比利时法郎、加拿大元、丹麦克朗、挪威克朗、瑞典克朗、法国法郎、瑞士法郎、意大利里拉、荷兰盾、新加坡元、马来西亚林吉特。

在我国目前可以作为外汇的钞票只有以上十八种。其他外国货币目前还不能作为外汇,这是我国家庭在对外经济交往中必须注意的,并不是所有的外国钞票都可以作为外汇。

美元

银行贷款

银行贷款的概念

银行贷款,又称银行放款,指银行或其他隶属银行的信用机构,按照偿还性原则,以收取利息为条件,贷出货币资金的一种信用活动。广义的放款或贷款,还包括贴现、透支、押汇以及银行之间拆借头寸等信用活动。

银行贷款的种类

银行贷款种类繁多,依区别标准的不同,分类结果也不一样,从大的方面看,有一般分类和特殊分类两种。

贷款的种类从信贷主体分,可分为中央银行对专业银行的贷款和专业银行对国内客户的贷款。

中央银行各分支机构,一般根据计划对地方各专业银行发放贷款,专业银行再按照各单位的实际需要进行放贷。专业银行的贷款比较具体,其种类从一般角度划分,可分为:

（1）按使用货币不同,可分为人民币贷款和外汇贷款。

（2）按贷款主体不同,可分为中央银行贷款和专业银行贷款。

（3）根据发放贷款和具体贷款用途可分为:

①贷款,包括工商企业流动资金贷款,结算贷款和大修理贷款。

②农业贷款。

③固定资金贷款。

④外汇贷款。

⑤中短期设备贷款和专项贷款。

特殊分类根据银行放贷业务和法律性质所做的分类。

1.依资金实际贷出与否,分为资金贷出和信用贷出

(1)资金贷出,即银行账面上有实际资金作为贷款支出,其具体又分为:

①一般贷款,指银行通常发放的典型性贷款,即银行将资金贷款给借贷人,约定到期偿还或在约定期限内陆续偿还或分期偿还。

②透支,指银行按照事先与借款人签订的契约或借贷合同,准许借款人在其银行设立的账户中,支取超过其存款额的资金,然后按约定期限归还银行的一种信用制度。

③贴现,即银行对远期汇票或本票,以折扣的方式预收利息而购入本金的方式。

④外销贷款,指出口厂商接到国外订货单或信用证后,就必须购买原料的所需资金,可凭订单或信用证向办理外汇的银行即中国银行申请外销贷款。

⑤出口押汇,即办理押汇银行在出口企业提示单据时,如认为一切符合信用证的规定,可先让购汇票,再转送单据至出具信用状的银行请求付款。

(2)信用贷出,指银行账面上并无实际资金出贷,仅对外保证如约付款,其形式有下列几种:

①保证,即对支付贷款或债务以及承担履约责任的保证。内分分期付款保证、契约履行保证和发行公司之债的保证。

②票据承兑,即买卖关系中买方所签订的汇票或支票,经由银行到期付款的承诺,由银行支付买卖关系中买方支票所列的资金给卖方者。

③开发国外信用状,指进口商向银行申请开发国外即期或远期信用状,第一次结汇金额以信用状金额的15%,但开发银行却必须对出口商做出百分之百的付款承诺。

2.依有无担保物,分为担保贷款和信用贷款

(1)担保贷款,为确保银行贷款不受损失,银行贷放资金时要求借款人提供相当价值的担保物,以备不能清偿贷款时,银行可拍卖清偿债务,实现债权。

(2)信用贷款,即借款人不必提供担保物就可以从银行提取贷款。

3.按照有无贷款还款定期日划分,又分为定期贷款和活期贷款

(1)定期贷款,即按照银行与借款人约定,放款到期一次偿还或者定期分次分期偿还。

(2)活期贷款,即按照借款人与银行的约定,放款未定偿还期限,银行可随时通知收回的贷款。

4.根据贷款期限的长短,贷款还可分为短期贷款、中期贷款和长期贷款

短期贷款期间为一年,一般不得超期还款。中期贷款期间为三年或五年,还款期限不准超过五年。长期贷款期间是在五年以上十五年以内。短期贷款多为周转资金贷款,长期和中期贷款则多系生产设备资金或基本建设投资的放贷。

5.从贷款主体区分,贷款又可分为单独贷款和联合贷款

（1）单独贷款，是指由一家银行单独对借款人进行的放款。

（2）联合贷款，是因为放款数额过大，一家银行单独难以承受，故联合两家及两家以上银行共同予以借贷人融资，其债权人为两个或两个以上的主体。

6.依贷款用途，贷款还可分为投资贷款、周转金贷款、消费贷款、助学贷款、购物贷款等

（1）投资贷款，指银行将资金贷给借款人，用于扩大再生产。

（2）周转金贷款，指工商农牧等企业为生产和流通而向银行贷借的周转资金的贷款。

（3）消费贷款，即指为满足人们生活需要发放的贷款。

（4）助学贷款，指为了帮助学生完成学业，或者为留学生提供资金而放贷的资金。

（5）购屋贷款，指我国实行住房改革后，为方便居民购屋而提供的有偿性贷款，分为购置贷款和建造贷款。

7.依金额一次或分次贷放，贷款又可分个别贷款、限度贷款和极度贷款

（1）个别贷款，指银行将约定放贷的金额，在签订合同后一次贷给借款人。

（2）限度贷款是银行在同借款方签订契约或合同后，按照合同约定将贷款分数次贷给借款人。

（3）极度贷款，即银行与借款人在借贷合同中约定借款最高金额，借款人据此在约定期限内可随时还款，随时再贷。再贷时金额不得超过原约定的最高数额。

银行贷款的操作程序

企业单位提出贷款申请

凡经县以上工商行政管理部门依法登记注册，持有经营执照，实行独立核算，有一定的自有流动资金，建立流动资金补充制度，在银行开立账户的企业，均可向银行申请建立借贷关系。申请时，提交《工交企业建立信贷关系申请审批书》或《商业企业建立信贷关系审批书》，一式两份。已建立借贷关系的企业，在生产经营过程中的合理流动资金需要，可向银行申请流动资金贷款。申请时，必须提交《工交生产企业借款申请审批书》和《商业企业借款申请审批书》。

银行审查和审批

银行接到企业的借贷申请后，首先由信贷员进行审查，审查的内容包括：申请书填写的内容是否齐全，数字是否真实、准确，印鉴与预留银行印鉴是否相符；审查贷款的真实用途是否合理；贷款发生的主客观原因以及企业的信誉状况；审查企业近期经营状况、企业挖潜计划、流动资金周转加速计划以及流动资金补充计划的执行情况；审查企业的发展前景以及企业的负债能力等。

信贷员审查后,报上级领导审批。流动资金贷款原则上实行三级审批制度,即信贷员审查,信贷科(股)长审核,行长(主任)审批。凡参与审查、核批的人员,都应按前面所列内容,认真审查、审核,并在申请审批书上签字。

贷款的发放

贷款经批准后,银行与企业单位签订借款合同。根据《借款合同条例》,银行在与借贷单位签订借款合同过程中,必须审查借款方的主体资格,如有担保人的,还应认真审查保证人的资格。按民法原理和银行贷款合同实际,通常在订立银行借贷合同时,应明确下列条款:

(1)债权人及债务人对货币借贷的意思表示。

(2)债权人对债务人贷放金额。

(3)借贷期间。

(4)本金偿还办法。

(5)利率及利息的支付办法。

(6)债务不履行时应负的迟延责任或违约金。

(7)借贷的用途。

(8)期限利益丧失的后果。

(9)担保权的设定及担保物出现瑕疵和危险的法律责任。

(10)担保人的保险约定以及债权人对保险受益人的约。

(11)债务人届时不偿还贷款时,有关担保物处分的条款。

(12)对债务人在银行存款抵销债务的约定。

(13)债务抵充的顺序。

(14)保证人应负的责任。

(15)与外国客户发生借贷时,依约确定发生争议纠纷时适用的准据法。

(16)发生履行合同纠纷涉外诉讼时,双方合意确定的管辖法院。

(17)债务履行地。

(18)合同的效力所涉及的人的范围。

(19)债权人的名称。

(20)借贷人及保证人的姓名地址。

(21)签订合同日期。

(22)合同生效日期。

借款合同一式两份,合同双方各执一份。办理担保手续的借款合同一式三份。借、贷、保三方各执一份。经公证后的借款合同,公证机关还执一份。同时填好《借款借据》,银行经办人员认真审核《借款借据》的各项内容是否无误,是否与《借款合同》相符。《借款借据》审查无误后,由科(股)长或行长(主任)签字,送会计部门办理贷款过户手续。

贷款的检查

贷款发放后 7~10 天,要对贷款用途、贷款的物资保证情况、企业还款能力和来源以及商业企业的库存情况等进行跟踪检查,并根据检查结果填写《贷款跟踪检查表》。

对未按借款合同规定使用贷款要提出处理意见,经科(股)长同意后执行。对问题突出、性质严重的,要及时报告行长采取紧急措施。经检查按借款合同的有关规定使用贷款的,信贷员签署意见后交内勤保管,不再报科(股)长或行长。除跟踪检查外,在贷款未收回前还要进行定期检查,发现问题,及时解决。

贷款的回收

贷款到期,一般由借款单位主动开出结算凭证,归还贷款本息或由银行从其存款账户中扣收贷款本息。企业在贷款到期时无资金还款,借贷部门不同意展期的,由会计部门于贷款到期次日转入逾期贷款户,按规定加收利息。办理担保的企业,信贷部门通知企业借款担保单位,督促担保单位归还。

企业因客观原因借款不能按期归还时,应提前 5 天向银行提交书面申请,填写《借款展期申请审批书》(见表 1),说明展期理由,申请展期金额及展期到期日,由信贷人员审查核实后,按审批权限报送有关领导审批。企业一笔贷款只能展期一次,展期最长时间不能超过原贷款期限。

对于违反《借款合同》的借贷者,国家计划委员会、财政部、中国人民建设银行联合发布的《关于国家预算内基本建设投资全部由拨款改为贷款的暂行规定》规定:"贷款在合同期限内尚未还清的,贷款银行有权追回贷款,或者商请借款单位的其他开户银行代为扣款清偿,并对逾期部分按原定利率加息 20%";"借款单位不按合同的规定的用途用款,贷款银行有权收回部分贷款,并对违约使用部分按原定利率罚息 50%"。银行对逾期未归还贷款者,可采取强制收回贷款,或通过督促程序收回银行贷款,在银行贷款通过银行自身无法收回的时候,银行可通过司法途径收回贷款。

表 1:借款展期协议书

一、本协议为原 No ＿＿＿＿＿＿＿＿＿＿＿＿＿＿＿号借款合同(下称原合同)的借款延期协议书。

二、展期理由:

三、原借款金额人民币(大写)＿＿＿＿＿ ¥ ＿＿＿＿＿元。

四、展期借款金额人民币(大写)＿＿＿＿＿ ¥ ＿＿＿＿＿元。

五、利率月息%。在协议履行中,如国家调整利率,按调整利率执行。

六、原借款期限:自＿＿＿＿年＿＿月＿＿日至＿＿月＿＿日止。现展至＿＿＿＿年＿＿月＿＿日止。

七、在展期内,借款方应主动归还借款。到期不还,不再重新展期,按逾期贷款处理。

八、原合同为保证借款合同时,保证人必须提供认可证明。

借款方：（公章）　　　　　　贷款方：　　　　　　保证方：（公章）
　　　　　　　　　　　　　（公章或借款合同专用章）

法人代表：　　　　　　　　法人代表：　　　　　　法人代表：
（签字盖章）　　　　　　　（签字盖章）　　　　　　（签字盖章）
　　　　　　　　　　年　月　日　　　年　月　日　　　年　月　日

说明：1.本协议一式四份，借款方一份，贷款方二份（会计、信贷各一份）保证方一份。
2.本协议书作原合同附件，其中条款要齐全，数据、日期要认真填写，不得涂改。
3.抵押贷款、期限优惠利率贷款不展期。

临时贷款

临时贷款按季掌握，实行逐笔申请、逐笔核贷，企业必须按季编报借款计划，并在用款前三天向银行提出申请，填写临时贷款申请表。

银行接到申请后，信贷员进行贷前调查，填写银行贷前调查资料表。

临时贷款也实行三级审贷，其中信贷员审查工作主要有：

1.审查贷款原因是否属实

根据企业近期购销计划完成情况和各项财务指标执行情况，弄清企业资金不足使用的主客观原因。

2.审查贷款用途

查验购进商品有无交易合同，是否适销对路；拟进商品加现有库存商品是否超过市场需求，货源是否可靠，进货渠道是否正当。

3.审定贷不贷

根据调查和审查的材料，以及平常掌握的企业有关资料，结合信用评估等级和企业分类排队状况，确定贷还是不贷。

4.确定贷款额度

临时贷款额度受可贷款指标和可作物资保证数的双重制约。

在可贷指标和可作物资保证数这两个因素中，按就低不就高的原则掌握临时贷款额度。在具体执行的过程中，可贷指标高于可作物资保证数，按可作物资保证数发放贷款；当可作物资保证数大于可贷指标时，只要商品适销对路，季末贷款能够压缩到指标以内，银行也给予支持。

5.核定归还期限

临时贷款的还款时间按不同商品销售时间来确定，一般有两种计算方法。第一种，

按单项商品销售收入计算还款期,公式是:

$$归还期限(天数) = \frac{本次临时贷款额}{本次贷款所购商品日平均销售额}$$

这种方法适用于用贷款一次购进大量单项紧俏商品的情况。第二种,按综合商品销售收入计算还款期,公式是:

$$归还期限(天数) = \frac{未到期临时贷款额 + 本次临时贷款额}{商品日平均销售额}$$

这种方式适用于一次混合购进多种商品的情况。无论用何种方法确定归还期限,要注意的是,临时贷款还款期一般控制在三个月以内,最长不得超过半年。

临时贷款经银行审批同意,发放出去后,信贷员要建立分户台账,逐笔登记,并进行跟踪检查。临时贷款到期时应督促企业尽快归还本息。

农业贷款

就现阶段我国农业经济发展的实际情况看,贷款对象包括以下几种:

1.国有农业企业

包括农垦、农业、林业、畜牧、水产、水利、华侨、劳改、农机、气象、解放军原总后勤部、国防科工委以及其他系统所属的国有农林牧渔场;国有农办工业、商业、物资供销、服务业、交通运输业、建筑业、采矿业、农机修造业等企业;各种农业的企业集团、租赁企业、股份企业、中外合资企业以及实行企业化经营的全民所有制事业单位。

2.农业生产集体经济组织

包括农村从事农、林、牧、副、渔业及为农业产前、产中、产后服务的集体经济组织。

3.农村生产合作经济组织

包括各种形式,各种规模的经济联合体。

4.农户

包括农业承包户,自营户和从事农、林、牧、副、渔、工商业经营的农村居民。

5.农村信用合作社

农业贷款对象虽然具有范围广和对象众多的特点,但并不是漫无边际的。只有具备下列条件的才能向银行和信用社申请贷款:

(1)借款单位应是经济实体,具有法人资格。借款个人应具有合法身份的证明文件。

(2)借款单位从事的生产经营项目,要符合国家的法令、政策及农业区域规划;物资、能源、交通等条件落实,具有相应的管理水平;产品符合社会需要,预测经济效益好,能按期归还贷款本息。

（3）借款单位是自主经营、自负盈亏、独立核算的经济组织，有健全的财务会计制度，有合理的收益分配办法，能独立自主承担对外债权债务关系。

（4）借款单位和个人应有符合规定比例的自有资金，大额贷款还要有相应的经济实体担保，或有足够清偿贷款的财产作抵押。

（5）借款单位要在农业银行和信用社开立账户，恪守信用，接受银行和信用社的监督和检查，并按规定向银行和信用社提交有关生产经营活动的财务会计报表及其他经济资料。

农业贷款的基本程序

（1）受理借款申请。借款人按照贷款规定的要求，向所在地开户银行提出书面借款申请，并附有关资料。如有担保人的，包括担保人的有关资料。

（2）贷款审查。开户银行受理贷款申请后，对借款进行可行性全面审查，包括填列借款户基本情况登记簿，或个人贷款基本情况登记簿和借款户财务统计分析表等所列项目。

（3）贷款审批。对经过审查评估符合贷款条件的借款申请，按照贷款审批权限规定进行贷款决策，并办理贷款审批手续。

（4）签订借款合同。对经审查批准的贷款，借款双方按照《借款合同条例》和有关规定签订书面借款合同。

（5）贷款发放。根据借贷双方签订的借款合同和生产经营、建设的合理资金需要，办理借贷手续。

（6）建立贷款登记簿。

（7）建立贷款档案。按借款人分别设立，档案上要记载借款人的基本情况、生产经营情况、贷款发放、信用制裁、贷款检查及经济活动分析等情况。

（8）贷款监督检查。贷款放出后，对借款人在贷款政策和借款合同的执行情况进行监督检查，对违反政策和违约行为要及时纠正处理。

（9）按期收回贷款。要坚持按照借款双方商定的贷款期限收回贷款。贷款到期前，书面通知借款人准备归还借款本息的资金。借款人因正当理由不能按期偿还的贷款，可以在到期前申请延期归还，经银行审查同意后，按约定的期限收回。

（10）非正常占用贷款的处理。既要进行监测考核，又要采取相应有效措施，区别不同情况予以处理。

外汇贷款

由于外汇贷款是银行利用吸收的外汇资金发放的贷款，要求使用外汇贷款的单位具有偿还外汇能力，因此，外汇贷款的基本对象是能直接或间接创造外汇收入并具备还款条件的单位。

申请外汇贷款的单位，除了要符合上述基本要求外，还必须具备以下条件，才能取得

外汇贷款:

(1)贷款项目必须经过批准并纳入计划。

(2)国内配套要落实。

(3)使用贷款项目的经济效益必须良好。

(4)还款确有保证。

对于外商投资企业,申请外汇贷款还必须具备下到条件:

(1)企业取得工商行政管理机关发给的营业执照,并在贷款银行开立账户。

(2)企业注册资本如期按数交纳,并经中国注册会计师事务所验资,申请流动资金贷款需具有一定比例的自有流动资金。

(3)企业董事会做出借款协议并出具借款授权书。

(4)企业固定资产投资项目,已由计划部门批准。

(5)企业有偿还贷款的能力,并提供可靠的还本付息保证。银行和非银行金融机构认为需要担保的,必须提供经认可的担保。

对于下列情况,外汇金融机构不予发放外汇贷款:经营管理不善,发生亏损,短期内不能扭亏为盈的企业不予贷款;对贷款逾期不还的企业一般不予发放新贷款;经济效益差,没有还款能力的不予贷款;还款期限长的项目一般不予贷款;未经批准,没有纳入固定资产投资计划的项目不予贷款;未列入国家基建计划和贷款计划的基本建设项目不予贷款;对于个体户不发放外汇贷款。

外汇贷款的种类

目前,中国银行及其他外汇金融机构开办的外汇贷款如图。

外汇贷款种类
- 现汇贷款
  - 浮动利率贷款
  - 优惠利率贷款
  - 特优利率贷款
  - 贴息贷款
  - 外商投资企业贷款
    - 固定资产贷款
    - 流动资金贷款
    - 现汇抵押贷款
    - 备用贷款
- 买方信贷
  - 进口买方信贷
  - 出口买方信贷
- 政府混合贷款
- 国际银团贷款
- 商业贷款
- 信托贷款
  - 信托流动资金贷款
  - 信托固定资产贷款
  - 国际融资租赁贷款

外汇贷款的操作方法

1.外汇贷款的申请

企业使用外汇贷款,需要向银行提供下列材料:

(1)由借款企业提交正式书面申请并填写贷款申请表。

(2)经有关部门批准的项目建议书、可行性研究报告(或设计任务书)、初步设计(或扩初设计)和总概算,同时一并提供有关部门的正式批准文件。

(3)经过落实的各项资金来源的证明文件。

(4)使用银行贷款的项目,企业自筹资金一般要占总投资的30%以上。

(5)借款企业与有关部门签订的主要原材料、辅料、燃料供应合同或其他依据材料,有关部门提供的承诺文件及落实国内配套设施的合同或协议副本。

(6)产品销售预测和贷款项目经济效益预测有关原始资料。

(7)经有关部门同意的偿还外汇额度计划。

(8)归还外汇资金来源和具体的还款计划。必要时应有财税部门确认的综合还贷或用项目新增利,税还贷的证明文件。

(9)担保单位出具的银行认可的不可撤销的担保函(或抵押担保书)。

(10)两家以上金融机构共同贷款的项目,要提供由几家金融机构与企业共同签订的保证各方权益的还款协议书。

(11)提供项目投产的有关专业银行或非银行金融机构承担流动资金贷款的证明。

(12)贷款人需要的其他有关文件的资料。

2.外汇贷款的审批

一般地说,外汇贷款的审批程序可以分为贷前调查、项目评估、民主决策、签订合同四个阶段。

(1)贷前调查。

贷前调查是对现有企业和拟建项目的全面情况以及企业提供的有关资料和数据进行深入调查和核实,掌握第一手材料,为正确地进行项目评估提供可靠依据。

贷前调查大致可以分为三个步骤:第一步,信贷员直接参与项目的可行性研究,要对影响批准项目的各项因素进行全面调查,掌握第一手资料,写出贷款的评估报告。第二步,确定贷款的方式、贷款金额、贷款期限和贷款利率。第三步,要写好贷款审查报告,信贷员在进行上述工作之后,必须填写项目调查表并写出详细的审查报告,审查报告一定要情况属实,数字准确,意见具体。

(2)项目评估。

在调查研究的基础上,根据贷款办法和有关要求对贷款项目进行技术、经济评估,写出详细的评估报告,为贷款的审批提供决策依据。项目评估的内容主要包括:

①项目的基本情况是否符合国家的建设方针和长远规划,是否和国家及地方的产业

政策要点相吻合；

②项目的产品是否符合国际、国内市场需要，是否是短线产品，能否创汇；

③项目建设地点和建设条件是否合适，有无重复建设和重复引进现象；

④引进项目技术分析；

⑤投资总额和资金的筹集；

⑥配套设施及其工程的实施方案；

⑦项目的财务收益与社会综合经济效益的预测；

⑧最终评估结论，阐明对建设项目的总评价，确定是否提供贷款，贷款的额度、种类、期限和利率等。

（3）民主决策。

在外汇审批阶段，民主决策包含以下三层含义：一是集体会审；二是实行审贷分离；三是严格地按审批权限分级核批。未经正式批准的贷款，不得以任何形式对外表示承诺，不能办理对外开放证、付汇手续。

（4）签订合同。

贷款批准后，银行要根据国务院颁发的《借款合同条例》及时与企业签订贷款合同。按中国银行规定，经银行通知 30 天内贷款人不到银行签订借款合同，或从批准贷款三个月内提不出订贷卡片或从提出订贷卡片 3 日起 5 个月内不对外签订订货合同，又未提出正当展期理由，银行有权进行主动撤销贷款处理。

3.贷款的发放和管理

外汇贷款的发放可分为五个阶段：

（1）审查订货卡片，签订贷款合同后，借款单位即按照批准的贷款额度和进口物资的品种、规格、型号、数量到办理进口手续的外贸部门填写进口订货卡片，送银行审核。银行审核无误后盖章，由借款单位送请有关外贸部门办理进口手续。

（2）调拨外汇贷款额度，借款单位利用贷款进口的物资，需要委托其他口岸进口公司或进口总公司向外订货时，需按银行规定的外汇额度调拨办法，填写"外汇额度调拨单"，经银行审核后，划转给有关口岸分行或总行营业部，凭立办理对外开证、用汇。

（3）办理开证，用汇。

（4）编制用款计划，贷款金额在 500 万美元以上的项目，借款单位要提出年度分季或季度的用款计划。

（5）追加和注销贷款额度，借款单位由于事先估价不准或国外涨价的原因发生批准的贷款额度不足时，需向银行申请追加贷款额度，经银行审查同意，并办妥追加手续后，方可对外订货，进口项目对外付汇时，由于外币汇价变动的原因，而发生贷款额度不足，可先对外付汇，然后补办追加手续。在批准的进口物资全部到货并付汇完毕后，银行要将结余的贷款额度予以注销。

外汇贷款发放后，除了建立项目档案和计收利息费用外，贷款人要经常检查项目的进展情况。检查中发现问题，应及时向借款单位，主管部门和有关部门反映，协助借款单位解决或改进存在的问题。对违反国家政策法令，不按借款合同办事，浪费外汇资金，情节严重造成较大损失的,银行要追究经济责任,并采取必要的信贷制裁手段,直到向法院起诉。

4.外汇贷款的收回

(1)制定回收计划。

银行通过贷后检查,根据贷款合同确定的还款计划及企业生产、出口、经济效益的情况,进行分析测算,制定出比较切实可行的企业的年度与季度还款计划,并依照计划要求积极催收,督促企业按时还本付息。

(2)按期催收贷款。

(3)办理还款手续。

根据国务院批准的《中国银行短期外汇贷款办法》及其他有关文件的规定,企业归还外汇贷款的任何外汇来源,都应按外汇管理政策由信贷部门办理结汇还款手续,如以现汇还款,也应通过外汇管理部门或委托的管理部门审核后方能办理还款转账。

(4)贷款展期处理。

(5)贷款逾期处理。

贷款人从贷款到期次日起,加收逾期罚息。罚息率外汇贷款为 20~50%,配套人民币贷款为 30~50%,对逾期贷款,贷款人要加紧催收工作,防止变成呆账。

银行转账结算

通过银行账户划转存款而结清货币收付的信用行为,称为转账结算。这里的"帐",指的是各单位在银行开定的存款账户。银行接受客户委托代收代付,即从付款单位存款账户划出款项,转入收款单位存款账户,以此完成经济单位之间债权债务的清算或资金的调拨。由于转账结算不动用现金,所以又称为非现金结算。

银行转账结算原则

每一笔转账结算业务都牵涉到付款户、收款户及其各自的开户银行,关系到这双重经济关系中四方当事人各自的责、权、利相结合的问题。为了妥善处理各方面的经济利益关系,必须根据客观经济规律的要求,制定统一的结算原则,以便共同遵守,互相协作和监督。

我国过去长期实行的转账结算"三原则"是:钱货两清;维护收付双方正常权益;银行不垫款。党的十一届三中全会以后,我国市场经济迅速发展,特别是近几年来,市场调节的范围逐渐扩大,商品交易、劳务供求、资金调拨的方式发生了很大变化,过去的结算原则已经不能适应经济体制改革的变化和商品经济发展的要求,因此,银行于 1989 年全面改革了结算制度。现行转账结算"三原则"是:

1.恪守信用,钱货两清

恪守信用,履约付款是指购销双方进行商品交易时,除实行当即交款发货的情况以外,双方事先约定的预付货款或分期支付,延期支付的货款,必须按交易合同规定,到期结清。不得随意破坏协议,拖欠货款。

2.谁的钱进谁的账,由谁支配

谁的钱进谁的账,由谁支配是指银行必须正确处理收、付双方的经济关系,迅速、及时地办理资金清算,是谁收入的钱记入谁的账户,保证安全完整,并确保户主对本账户存款的自主支配权。

3.银行不垫款

银行办理转账结算时,只负责把资金从付款单位账户转入收款单位账户,不承担垫付资金责任,不出任何信用担保人,也不允许客户套取银行信贷资金。

银行转账结算纪律

1.客户应遵守的纪律

(1)不准出租出借账户。
(2)不准签发空头支票和远期支票。
(3)不准套取银行信用。

2.银行应遵守的纪律

(1)迅速处理当天受理的结算业务。
(2)不准延误,积压结算凭证。
(3)不准挪用、截留客户和他行结算资金。
(4)未收妥款项,不准签发银行汇票、本票。
(5)不准向外签发未办汇款的汇款回单。
(6)不准拒绝受理客户和他行的正常结算业务。

银行转账结算责任

1.客户的结算责任

(1)为保证结算工作质量和安全,单位和个人必须使用银行统一规定的票据和结算凭证,要按照规定填写,字迹清楚,印章齐全。票据、凭证、印章要妥善保管。
(2)单位和个人违反结算原则和纪律,银行按有关规定予以经济处罚,情节严重的,应停止其使用有关的结算办法,因此造成的后果,由其自行负责。

(3)结算办法允许背书转让的票据,因不获付款而遭退票时,持票人可以对出票人、背书人和其他债务人行使追索权。票据的各债务人对持票人负连带责任。

2.银行的结算责任

(1)银行办理结算因工作差错,发生延误,影响客户和他行资金使用的,应按存(贷)款的利率计付赔偿金。

(2)银行因违反结算纪律规定,发生延压、挪用、截留结算资金,影响客户和他行资金使用的,按结算金额每天万分之三计付赔偿金。

(3)因错付或被冒领的,应及时查处,如造成客户资金损失,要负赔偿责任。

3.邮电部门的结算责任

邮电部门在传递银行结算凭证和拍发电报中,因工作差错而发生积压、丢失、错投、错拍、漏拍、重拍等,造成结算延误,影响单位、个人和银行资金使用或造成资金损失的,由邮电部门承担责任。

主要银行转账结算方式

转账结算方式是货币收付的程序和方法,即办理结算业务的具体组织形式。

转账结算方式的主要内容包括:货款、费用收付或资金周转调拨的时间、地点和条件;票据、结算凭证的格式及其操作程序。我国目前的结算以汇票、支票、本票为主体,增强了结算方式的通用性、灵活性、安全性。现行的结算种类如下。

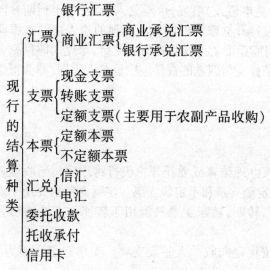

现行的结算种类
- 汇票
  - 银行汇票
  - 商业汇票
    - 商业承兑汇票
    - 银行承兑汇票
- 支票
  - 现金支票
  - 转账支票
  - 定额支票(主要用于农副产品收购)
- 本票
  - 定额本票
  - 不定额本票
- 汇兑
  - 信汇
  - 电汇
- 委托收款
- 托收承付
- 信用卡

银行汇票

银行汇票是汇款人将款项交存当地银行后由银行签发给汇款人持经异地办理转账结算或支取现金的票据。银行汇票适用范围广，单位、个体经济户和个人向异地支付各种款项都可以使用。

这种汇票，票随人走，有利于单位和个人的急需用款；方便灵活，可以通过银行办理分次支付或转汇；兑现性强，个体经济户和个人可以持填明"现金"字样的汇票到兑付银行取现；凭票发货，余款自动退回，可以钱货两清。

银行汇票的签发一律记名。银行汇票金额起点 500 元；银行汇票的付款期为一个月（按次月对日计算，到期遇节假日顺延）；逾期的汇票兑付银行不予受理；银行汇票只限个人转让给单位或个体经营户，并且在付款期内可转让一次。

单位申请办理银行汇票时，应向开户银行提交"银行汇票委托书"详细填明兑付地点、收款人名称、用途等内容，汇出银行受理并收妥款项后签发汇票和汇票解讫通知交给汇票单位。持票人必须将汇票和汇票解讫同时提交汇入行，二者缺一均无效。汇票单位可以持票直接向汇票指定的收款单位办理结算。收款单位接到汇票审核无误后，可以在汇款金额内，根据实际的需要办理结算，并将实际结算金额和多余金额准确、清晰地填入汇票和汇票解讫通知的有关栏内，在汇票背面加盖单位业务专用章，连同进账单送交开户银行办理转账。

商业汇票

商业汇票是收款人或付款人（或承兑申请人）签发，由承兑人承兑，并于到期日向收款人或被背书人支付款项的票据。在银行开立账户的同城和异地的法人之间根据购销合同，进行合法的商品交易，都可以使用商业汇票。商业汇票承兑后，承兑人即付款人负有到期（承兑期最长不超过 9 个月）无条件支付票款的责任。按承兑人不同，商业汇票分为商业承兑汇票和银行承兑汇票。

支票

支票是银行的存款人签发给收款人办理结算或委托开户银行将款项付给收款人的票据。支票分为现金支票和转账支票，定额支票和不定额支票。定额支票主要用于农副产品收购。现金支票可以兑现，也可以转账，转账支票只能用于转账。支票的结算程序是：

（1）存款人在银行存款户余额内按规定向收款人签发支票。支票起点金额为 100 元，付款期为 5 天。

（2）收款人将受理的转账支票连同填制的进账单送交开户银行。收款人凭现金支票支取现金，须在支票背面背书，持票到签发人的开户银行支取现金，并按照规定交验证件。

（3）收款人和签发人在同一银行开户的，即可内部转账；收款人和签发人不在同一银行开户的，通过票据交换，收妥后入账。

不准签发空头支票和远期支票。现金支票如有丢失，可以向银行申请挂失；挂失前已被支付的，银行不予负责。

本票和信用卡

1.本票

本票是签发人本身付款的票据。银行本票是申请人将款项交存银行后，由银行签发给申请人凭以办理转账或支取现金的票据。银行本票有定额和不定额两种。定额本票面额为 500 元、1000 元、5000 元和 10000 元，不定额本票的金额起点为 100 元。结算程序是：

（1）单应，个体经济户或个人将款项交存银行，同时填写银行本票申请书。

（2）银行在收妥款项并收取一定手续费用后，据以签发银行本票。银行本票付款期限为 1 个月。个体经济户和个人需支取现金的，在银行本票上划去"转账"字样。加盖印章后，将银行本票交给申请人。

（3）申请人持银行本票在同城范围内向填明的收款单位或个体经济户办理结算。

2.信用卡

信用卡是申请人将款项交存银行，在银行开立存款账户，由银行凭以发行的一种赋予信用的证书。持卡人凭卡到指定的商店或交通、旅游部门购买商品或支付劳务费用时，只要在发票和其他有关单证上签字，不必支付现金。接受信用卡单位，凭持卡人签过字的发票和单证向发行信用卡的银行收款。银行定期与持卡人进行结算。

信用卡在我国是一项新的业务，目前开办的有中国工商银行的牡丹信用卡，中国农业银行的金穗卡，中国银行发行的长城信用卡等，都还在试行中。

托收承付结算方式

托收承付是指根据经济合同由收款单位发货后，委托银行向异地付款单位收款，由付款单位向银行承认付款的结算方式。

承付手续的办理：付款单位收到银行转来的异地托收承付凭证及其附件后，交供应部门等核对验收。承付货款有验单付款和验货付款两种方式，由收付方选用，并在合同中规定。验单付款的付款期为 3 天（银行发出承付通知次日算起），验货付款的为 10 天（运输部门向付款单位发出提货通知的次日算起）。付款单位应在付款期内决定是否承付，其中如要拒付，必须填制拒付理由书于承付期内送交开户银行，否则银行自动向收款单位付款。

托收承付的具体办理是：销货单位发出货物后，应当及时委托银行收取货款。收款单位需向银行提供商品交易单及货运证明等。收款单位在办理托收结算手续时，可采取邮划和电划形式。

委托收款结算方式

委托收款是收款人向银行提供收款依据，委托银行向付款人收取款项的结算方式。委托收款分邮寄和电报划回两种。其结算程序是：

（1）收款人向开户银行填写委托收款凭证，并提供收款依据。

（2）收款人开户银行将收款凭证传递给付款人开户银行。

（3）付款人开户银行收到寄来的委托收款凭证，经审查无误，及时通知付款人。

（4）付款人接到通知和有关附件，在规定的3天付款期内付款。

（5）付款人开户银行将款项划转收款人开户银行。

（6）收款人开户银行通知收款人款已收妥入账。

汇兑结算方式

汇兑是汇款人委托银行将款项汇给异地收款人的结算方式。汇兑按寄递方式不同，分为信汇和电汇两种。信汇是银行通过邮寄凭证划转款项，结算时间稍长；电汇是使用电报划转款项，结算时间较短。汇兑的结算程序比较简单，分三个步骤：

（1）付款人把款项交给开户银行，填写汇兑凭证，委托汇款；

（2）付款人开户银行将款项划转给收款人开户银行；

（3）收款人开户银行把款项转入收款人存款账户，或交给指定的收款人。

融资租赁

租赁的概念

租赁是一种信用方式，是拥有物件的人（出租人）将物件出租给需要物件的人（承租人），由承租人在一定的时期内使用并获取收益的一种特定的经济行为。现代租赁业务按其性质可分为：融资性租赁、经营性租赁和服务性租赁三大类。其共同的特点是租赁物件的所有权和使用权分离。

（1）融资性租赁，即金融租赁。它是出租人购买承租人选定的设备，并将它出租给承租人在一定期限内有偿使用的一种资金融通方式。承租人在租期结束后，向出租人支付一定的产权转让费，租赁设备即归其所有。

（2）经营性租赁，又称管理租赁。这种形式的租赁是承租人只为了在一定期间内获得某种物件的使用权；租期结束后，租赁物件仍要退回出租人，这类租赁物品通常为通用设备。

（3）服务性租赁。兼有融资性租赁和经营性租赁两种性质，即融资性租赁再加上技术及维修的租赁业务。

租赁的特征

租赁业以一种独立的信用方式在促进市场商品经济发展中发挥着重要的作用，现代租赁本身具有以下特点。

1.所有权和使用权分离

租赁作为一种信用方式，同样具有信用活动的特征，也体现了所有权与使用权的分离。在整个租赁合同期间，其设备的所有权属于出租人，承租人在租期内以租金为代价，只获得设备用品的使用权。

2.融资和融物相结合

租赁是以融物代融资，并把融资与融物结合起来。它不同于先向银行取得贷款再去购置设备；承租者首先得到的是物，而不是货币资金。租赁信用把借钱与借物融合在一起，更具有资金运动和物资运动相结合的特征。出租人在将租赁物品出租的同时，相应地解决了承租人增置生产设备或办公用品的资金需求，具有信用和贸易两重性。所以，租赁不仅不同于一般借贷行为，而是把借钱、借物结合起来，并以借物还钱的形式，实现了其全过程。因此，以商品形态和货币形态相结合提供信用方式，是租赁的主要特征。

3.以分期偿还租金的形式偿付本息

承租人采用融资租赁的方式，预先只支付一小部分资金，就能得到他所需要的生产设备或其他用品；在设备投产以后，以及用品进行使用的过程中，以其新创造的价值分期偿付租金，并可借以获得相当的收益；租赁为承租人节省了资金，并提高了资金的使用效益。

4.租赁双方是以合同为基础的经济关系

租赁合同不仅内容复杂，而且必须受法律严格保护，不得违反。否则，势必造成混乱。这是由于租赁业务涉及融物的具体要求；同时，租赁业务是由租赁合同和购物合同两个合同构成的，这两个合同相互联系、不可分割，是租赁业务能够成立，并能正常进行的法律性文件依据。

5.租赁合同的不可解除性

由于融资租赁业务本身的特点，租赁合同一旦签订，出租人与承租人之间就建立了一种刚性的连接关系,租赁各方由于这种关系的存在而必须严格履行,不能随便变动,中途解约。不管在租赁期内发生任何情况,承租人都要按期向出租人支付租金。在租期以内,即使承租人的租赁物件已经失去了创造价值的作用,完全得不到其预定的经济效益,承租人仍须按期偿付租金。

《融资租赁管理暂行办法》所规定的租赁的定义

该办法对融资租赁的定义规定如下:

"本办法所指融资租赁交易是指一方(出租人)根据另一方(承租人)提出的租赁财产的规格及所同意的条款,或承租人直接参与订立的条款,与第二方(供货人)订立供货合同,并与承租人订立租赁合同,以支付租金为条件,使承租方取得所需工厂、资本货物及其他设备的一种交易方式"。

该办法还指出了这一定义所反映的融资租赁交易的特点:

(1)融资租赁交易具有融资融物的双重职能,并涉及三方(出租人、承租人、供货人)的关系;

(2)租赁期内,出租人对租赁设备享有所有权,承租人对租赁设备享有使用权;

(3)租赁财产是按承租人的规定(或经其同意)而购买,并由其选择供货人的;

(4)供货人已知所出售的设备、工厂或资本货物列入出租人与承租人订立的租赁合同内。

融资租赁信用与其他形式信用的区别

融资租赁信用与其他信用形式都作为信用方式,具有许多共同特征:

(1)融资租赁信用与资金借贷一样,都体现了所有权与使用权的分离,只不过资金借贷是货币形态上的分离,而租赁信用则是实物形态上的分离。

(2)融资租赁信用与其他信用形式一样,都以解决资金问题为直接目的。

(3)融资租赁信用与其他信用形式一样,资金都是分期归流,其他信用形式以归还贷款或货款的方式归流,而租赁信用中资金则是以租金形式归流。

然而,融资租赁信用作为一独立的信用形式,与其他信用形式又有很大区别。

融资租赁信用与银行信用的区别

1.实现信用的过程不同

在融资租赁信用中,承租人在租入设备获得使用权的同时,相应解决了添置设备所需要的资金,资金的借贷与设备的添置两个过程同时进行。企业通过银行贷款购买设备,就必须先借入资金,然后再自行购买,使资金的需求与设备的需求是通过"借"与

"买"先后两个过程来实现。

2.信用的对象不同,所有权与使用权的组合方式也不同

融资租赁信用是出租人向承租人提供设备达到融资目的的信用关系,租赁合同的标的物是物。在融资租赁业务成立后,承租人租入设备只取得了设备的使用权,出租人拥有设备的所有权。承租人依靠对设备的使用获得收益,出租人则依靠对设备的所有权获得收益。

固定资产贷款在贷款人与借款人之间是融资的信用关系,借款合同的目的物是资金,借款人借入资金再去购买设备,贷款人并不介入购买行为,供货人与贷款人也不直接发生关系。借款人在借入设备贷款时,只取得了资金的使用权。借款人用借款购得设备,既拥有了设备的使用权,也拥有了设备的所有权。

3.信用关系人不同

租赁业务是由融资租赁合同和供货合同构成的,融资租赁业务的当事人包括出租人、承租人和供货人三方。两个合同中的三方当事人的任何一方对合同条款的变动都会影响到整个租赁业务的继续;而银行借贷信用中只涉及贷款人与借款人之间的双方关系,只需签订一个借款合同。

融资租赁信用与商业信用的区别

商业信用是企业之间以商品形式相互提供的、与商品交换直接联系的信用方式。包括企业之间以赊销、分期付款、预付定金以及预付货款等形式提供的信用。而租赁信用从融通物资的形式上看,虽然与商业信用类似以商品形态提供的信用,并分期交付租金,但是两者之间存在着根本的区别。

1.业务关系不同

融资租赁信用的业务关系涉及出租人、承租人、供货人三个方面,租赁公司不是中介人,而是当事人、融资人。商业信用则只是双边关系,只是在供货人与购货人之间发生的业务关系。

2.转移的权利不同

商业信用实质上是一笔现金交易,商品的供需双方对设备买卖通过购销方式转移了所有权;即或由于购货单位资金一时不足,而由销货方允许购货单位在购入设备后分期付款,并收取延期利息,所签订的也只是购货单位与供货单位之间的购货合同,设备的所有权与使用权都属于购货人。而融资租赁信用中的租赁购货合同,则是出租人根据承租单位指定的设备及其条件与供货单位签订的,是三方合同的当事人,设备的所有权和使用权分属于出租单位和承租单位。

3.会计处理方式不同

采用商业信用形式购入生产设备,由于所有权已属于购货单位,购货单位应记入企业的固定资产账目,并据此按规定提取折旧。在租赁业务中,尤其是所有权不发生转移的租赁业务,承租人不必将租入设备列入固定资产账目,也不提取折旧。我国目前在实际情况中,租赁设备大多数在租赁期结束时作留购处理,设备的所有权转移给承租人,所以财政部颁发的《企业会计准则》规定在账务上做融资租入固定资产入账,并相应提取折旧,作交付租金的来源。

融资租赁信用与信托信用的区别

融资租赁信用与信托信用同是以信用为基础的金融业务,其共同点是,租赁机构与信托机构在信用活动中都起着中介的作用。但是,这两种信用方式也有其不同之处。

1.信用的内涵不同

融资租赁信用是租赁单构通过接受客户(承租人)的要求,用自己的资金购买并出租给客户设备,以达到融通资金的目的;而金融信托信用是信托机构接受委托人的多种信用委托,通过委托和代理等方式,为客户办理资金运用、财产处理及财务管理,或代办一定的经济事务,并为客户取得经济利益或达到某种目的。这种委托代理关系本身又可以表现为多种信用方式,比租赁信用的内容要复杂得多。

2.资金的流向不同

融资租赁信用是租赁机构应客户的要求,为其垫付资金购买其选定的设备,然后出租给客户使用。这种租赁信用的资金只能是由租赁机构向客户一个方向流动。而在信托信用中,金融信托机构一方面可以接受需要资金的企业的委托代为在社会上筹措资金;另一方面,也可以接受拥有资金、财产的企业,或者个人的委托,代为运用、管理其资金或财产,以取得更好的收益。这种信用中的资金,既可以由金融信托机构流向客户,又可以由客户流向金融信托机构,其资金流向是双向的。

3.服务对象不同

融资租赁信用主要是为需要添置固定设备,特别是进行技术改造采用先进设备的生产企业服务;而金融信托信用则是为拥有长期闲置资金或财产的单位和个人服务,例如运用信托资金进行信托贷款或投资等。

金融信托

信托的含义

信托即信用委托的意思,是人们在相互信任的基础上,以委托形式建立起来的一种信用关系。具体地说,是信用托付机构凭借自己的信用,接受他人的委托,代为经营管理财产或办理一定的事务,为指定人谋利益的一种行为。

信托行为的成立,一般应有三方面的当事人,即委托者、受托者和受益者。委托者是指拥有信托财产的人,他们将自己的资产委托给他人管理和处理,并提出自己的意愿和要求;受托者是接受委托的中间人(即信托机构),它根据委托者的要求,按合同规定对信托财产进行管理和处理;受益者则是指享受信托利益的人。通过信托活动所产生的收益可能是属于委托者自己,也可能是归第三者,通常我们称前者为自益信托,后者为他益信托。委托者、受托者、受益者三方之间围绕着信托财产而产生的经济关系,称为信托关系。

信托按其具体对象不同,可划分为商业信托和金融信托两大类。所谓金融信托是指金融信托机构凭借自己的信用,接受拥有资金或财产的单位或个人的委托,代为经营管理,为指定人谋取利益的一种经济行为。它是以信用为业务基础,以货币资金和财产为经营内容,它既是一种信用方式,又是一种财产管理制度。

金融信托的实质和特征

金融信托其经济实质是委托者、受托者、受益者等各方关系人之间的一种经济关系,或称作财产关系,这种经济关系包含着各方关系人应有的权利和义务。

金融信托,作为一种独立的信用方式,其具有的特点是:

(1)财产权是信托行为成立的前提。信托财产的委托人必须是该项财产的所有者或支配者,受托人才能接受这项信托,信托行为才能成立,否则不能成立。

(2)信任是信托的基础。金融信托是建立在委托人对受托人充分信任的基础上。财产的所有者,相信金融信托机构有能力去运用其财产和有保全其财产的信用,才会去委托;受托人不为委托人所信任,信托行为就不可能产生。

(3)信托是为了受益人的利益。信托的目的是为了使受益人享受信托的利益。受托人按照委托人的意愿为了受益人的利益而管理和处理其信托财产,而不是为了受托人本身的利益。为了保证受益人充分享有信托利益,受托人必须信守信托合同、公正地履行其职责。

(4)按经营的实际效果计算信托收益,信托机构不承担损失风险。信托机构按照委托人的意愿和要求,对信托财产进行管理和处理,就经营管理的实际状况做出核算,得到的收益归受益人享受。如果有亏损由受益人或委托人负担,信托机构在本身没有过失的情况下不承担损失风险,并可向受益人或委托人索取处理信托事务所发生的费用,以及补偿非因受托人的过失而出现的损失。

(5)信托是多边的经济关系。一项信托行为的发生,一般涉及三方面的关系人,即:委托人、受托人和受益人。有时委托人本身就是受益人,有时候受益人不止一个。信托机构作为受托人,与委托人和受益人多方发生多边经济关系。

金融信托与银行信贷的区别

(1)信托机构是作为受托人代替委托人充当直接筹资或融资的主体,起直接金融的作用;银行信贷的主体~银行本身并不需用资金,而是充当信用中介,把社会闲置的资金或暂时不用的资金集中起来,转交给需用者,起间接金融的作用。

(2)信托业务经营的对象包括有形和无形财产,除货币资金外,还有动产、不动产、有价证券和债权等,形式多样;银行信贷经营的对象为货币,形态单一。

(3)信托有财务管理、金融和信用服务等多种职能;银行信贷只有信用中介的金融职能。

(4)信托是多边经济关系,信贷是双边经济关系。

(5)信托的经营收益归信托的受益人享有;银行信贷的经营收益归银行本身享有。

(6)信托的受托人(金融信托机构)不承担经营风险;银行信贷银行自身要承担经营风险。

信托与银行信贷也有相似的地方:

(1)信托存款与银行定期存款在方式上虽有差别,但根据期限的长短以利率计算收益则相似。

(2)信托资金运用上的信用贷款投放与银行贷款并无大的区别。

信托存款

信托存款,是在特定的资金来源范围内,由金融信托机构办理的存款。信托存款的资金来源范围、期限档次和利率,均由中国人民银行规定、公布和调整。

信托存款对象和范围

我国信托机构吸收的信托存款一般属于企事业、机关团体、科研、文教等单位和上级主管部门的各种预算外资金等,根据1986年中国人民银行颁布的《金融信托投资机构管理暂行规定》,信托机构办理的信托存款的范围只限于以下五个方面:

(1)财政部门委托投资或贷款的信托资金;

(2)企事业主管部门委托投资或贷款的信托资金;

（3）劳动保险机构的劳保基金；

（4）各种学会、基金会的基金；

（5）科研单位的科研基金。

在上述规定中，其第一项，是指财政部门的可有偿使用的预算外资金。第二项，是指各行业企业主管部门可自主支配和有偿使用的资金，如经费结余、"拨改贷"资金、统筹的各种专用基金等。第三项，是用于职工病、退休、待业、伤残等情况下支付各项费用的准备金。第四项，是指各种社会学术团体、群众团体、福利机构为了进行学术活动，兴办福利事业及其他有益于社会的活动而接受的政府资助、社会赞助和捐赠形成的基金。第五项是指科研单位在科技开发创收中用于科技发展的基金及科研事业费的节余部分。

信托存款的办理手续

（1）客户提出存款要求，并说明存入金额（信托存款的起点金额一般为1万元）和期限（通常存期为1年以上），经金融信托机构经办人员审查，其资金来源确属规定范围后，向领导汇报。

（2）由金融信托机构的法人代表或授权代表与存户签订《信托存款协议书》。

（3）存户在金融信托机构开立信托存款账户，并决定是否凭印鉴支取；如凭印鉴支取，须预留印签。

（4）存户将款项划入金融信托机构账户，或提交转账支票通过银行划款。

（5）存款入账后，金融信托机构向存户开出定期信托存款证书，即存单，从款项入账当日开始计息。

（6）存户到期提取存款时，交回存单（如凭印签支取，应凭原印鉴核对无误），由原收受存款的金融机构将款项划回原账户，或向存户开出转账支票。存款于转出当日止息，存款协议同时终止。

（7）存款到期，如存户要续存，可办理续存手续。具体做法是，将原存单交回，由金融信托机构根据存户重新确定的存期开出新的存单，并从续存日起按新的存款期限档次的利率计付利息。

（8）在存款定期内，信托存款的存单不能流通、转让，同时存款也不得提前支取。如遇存户急需用款，可以办理提前支取，利率按银行活期存款计付；也可将存单作为抵押，向金融信托机构申请临时贷款。

信托贷款

信托贷款，是金融信托机构运用吸收的信托存款、自有资金和筹集的其他资金发放的贷款。

信托贷款的对象和条件

金融信托机构信托贷款选择对象可不受专业银行分工范围的限制,比较广泛,这是由机构本身特点决定的。凡工业、商业、交通、物资、建筑、外贸行业的企业、服务性企业、科研单位、三资企业,以及乡镇企业等,确有急需、用途合理、符合国家产业政策方向,均可作为信托贷款支持的对象。

信托贷款对象应具备的条件如下:

(1)具有法人资格和合法经营手续;

(2)内部管理制度和财会制度健全;

(3)拥有一定的自有资金,具有一定承担经营风险的能力;

(4)生产经营正常,具备还款能力;

(5)在银行开立有账户。

信托贷款的基本形式

信托贷款按其资金性质划分,分为临时周转信托贷款和固定资产信托贷款两种。

1.临时周转信托贷款

主要包括:企业为适应市场变化临时增加的短期周转资金贷款和企事业单位其他用途正当、还款有保证的临时垫款。如:原材料和辅料价格适宜的集中进货;企业生产任务不饱满情况下临时承接的大宗订货;季节性原因集中收购;合作单位承诺的投资或主管部门应拨付的生产经营性资金一时未到所需的垫款;已落实购销合同的临时性大宗商品交易;已被订购并缴付30%以上订金的科技新产品的研制试验费用;大中型企业临时资金短缺;存款户临时用款的短期资金融通和企事业单位各种专项基金临时不敷支出所需的垫款等等。

上述各种资金需要,经单位提出申请,金融信托机构审查确认还款来源可靠,各项供销合同齐全,并具备法律效力,担保落实,可发放临时周转信托贷款。

临时周转信托贷款的期限一般在半年以内,最长不超过一年。贷款利率按中国人民银行有关规定执行。临时周转信托贷款的审查工作、贷放手续及管理回收工作的一般做法,可比照银行流动资金贷款进行。

2.固定资产信托贷款

主要用以支持以技术改造为主的固定资产项目。这些项目必须属国家产业政策重点扶持的部门和行业,或属市场急需的短线产品项目及有较好出口创汇前景的行业。项目应具备的基本条件是:

(1)经有权批准的部门正式批准,并已纳入当年技术改造或基本建设计划;

(2)经过详细的可行性论证,可行性报告已经专业管理部门批准,其投资概算准确,不留缺口；

（3）完成了初步设计，有科学的建设施工方案，并据以制定有切合实际的建设进度计划和用款计划：

（4）建设条件具备；征地、主要设备、建筑材料、原材料供应、交通运输、燃动力等均已落实；

（5）项目的自筹资金及其他资金来源落实，流动资金供应有保证；

（6）对国内或国际市场预测有据，销售前景好；

（7）经济效益高，还款计划落实，还款来源有保证。

符合上述条件的项目，在银行暂不够贷款的情况下，可发放固定资产信托贷款，贷款期一般为 3 至 5 年，最长不超过 7 年。贷款的利率，按照中国人民银行统一规定执行。固定资产信托贷款的选项、调查、评估审查、贷放手续及贷后管理工作，可比照银行技术改造贷款办法办理。

信托贷款办理手续和代理

1.办理信托贷款的程序

（1）由企业向金融信托机构提出书面申请，并按要求提供企业的基本情况、生产经营情况、贷款用途、贷款条件、还款能力及还款来源等有关情况。

（2）由金融信托机构的经办人员对企业的申请内容和资料进行审查和分析，并提出自己的分析结论和意见逐级上报。

（3）由主管部门经理根据经办人员上报的初审材料进行综合分析，排出拟贷款企业的顺序，并组织调查。

（4）由经办人员根据需要调查的内容列出提纲，经主管经理审批同意后，进行调查，并写出调查报告。

（5）主管经理根据调查情况和有关资料进行审核，并最终做出决定：贷与不贷、贷款金额和期限。

（6）经批准同意贷款的企业.应向金融信托机构出具借据，并经确实具有代偿能力的经济法人出具担保手续；然后，借贷双方签订借款合同。

（7）金融信托部门根据合同及借据规定的时间，将款项汇划入借款单位的账户。

（8）贷款发放后，应定期和不定期检查贷款使用情况，监督借款方按合同规定用途使用贷款，并及时处理出现的问题，防止风险损失。

（9）贷款到期时，应及时催收，按期收回贷款本息。借款单位如因暂时困难不能还款，应在到期前提出展期申请，说明原因，调整还款计划，提出保证还款的措施，并经原担保单位承诺续保，由金融信托机构审查同意后，可办理一次展期，展期期限最长不超过半年。

（10）固定资产信托贷款结束时，经办人员还应写出结束报告，存档备查。

2.信托贷款的代理

资金实力大,贷款分布区域广的金融信托机构,在向异地的借款单位发放信托贷款时,可委托当地金融信托机构或银行代理其部分业务。具体做法是,在经初审拟贷后,将企业的有关情况和调查要求及代理协议寄往当地代理机构,经代理机构同意,签订代理协议,并在完成调查工作后将调查报告和所需各项资料寄送委托方。委托方根据代理方调查结果决定是否贷款。同意发放的,即由代理方与借款单位签订办理贷款手续,并将款项汇到代理方账户,由代理方立即划转借款单位;也可应代理方要求,将款项直接汇到借款单位账户。

款项贷出后,由代理方完成管理和回收工作。如需展期,应由代理方提出审查意见,经委托方同意。

作为委托方的金融信托机构应就上述代理工作向代理机构支付劳务费,劳务费的数额或支付比例双方应在签订代理协议时商定,并在代理机构向委托机构划回贷款本息时扣收,或由委托方返还代理机构。

信托投资

信托投资是金融信托投资机构用自有资金及组织的资金进行的投资。以投资者身份直接参与对企业的投资是目前我国信托投资公司的一项主要业务,这种信托投资与我们将要在后一章中提到的委托投资业务有两点不同。

第一、信托投资的资金来源是信托投资公司的自有资金及稳定的长期信托资金,而委托投资的资金来源是与之相对应的委托人提供的投资保证金。

第二、信托投资过程中,信托投资公司直接参与投资企业经营成果的分配,并承担相应的风险,而对委托投资,信托公司则不参与投资企业的收益分配,只收取手续费,对投资效益也不承担经济责任。

信托投资的分类和方式

1.信托投资的分类

按照投资与生产的关系来划分,信托投资一般分为以下两类:

(1)直接投资,即生产建设投资,就是投资者把资金投给农、工、商等企业,进行基本建设,或者进行技术改造。

(2)间接投资,即证券投资。指金融信托机构用货币资金购买股票、国库券、公司债券等有价证券,借以获取收益的行为。

另外,信托投资还可以按照信托投资的主体划分为国家信托投资、地方信托投资、企业和单位信托投资、个人信托投资四类;按照信托投资的期限划分为长期投资和短期投

2.信托投资的方式

信托投资的方式可分为两种:一种是参与经营的方式,称为股权式投资,即由信托投资机构委派代表参与对投资企业的领导和经营管理,并以投资比例作为分取利润或承担亏损责任的依据。另一种方式是合作方式,称为契约式投资,即仅作资金投入,不参与经营管理。这种方式的投资,信托投资机构投资后按商定的固定比例,在一定年限内分取投资收益,到期后或继续投资,或出让股权并收回所投资金。金融信托投资机构在对生产企业投资,以及在对金融性公司投资时常用以下几种方式:

(1)长期合作投资。投资者在投资时,不需事先与合作者商定投资回收的日期,而作为投资企业的长期合作者,只要投资的企业生产经营正常,投资合作关系就一直存在。

(2)定期合作投资。定期合作投资是投资者投资时事先商定投资期限,在合作投资期间,投资者按照投资比例分享经营收益、承担经营风险。

(3)固定分红投资。投资者在投资时,事先商定在一定的时间内固定的利润分成数额。

(4)保息分红投资。保息分红投资是投资者在投资时,事先商定由合资企业在投资期间,按照信托投资公司所投资金额定期支付利息。

信托投资的条件

信托投资一般具有投资数额大、期限长、技术性强和风险性大的特点。因此在办理信托投资业务时,应严格掌握项目具备的投资条件。

1.有批准的立项文件

按照我国目前现行投资管理体制,凡是新建、扩建和技术改造项目都必须按照项目审批程序和审批权限,根据项目投资规模,报经中央或省、市计经委及主管部门等审批。

2.有落实的投资资金,不留缺口

信托投资项目的投资概算要正确、全部投资要落实。这是防止半拉子工程形成,使投资项目按期竣工、按期投产,实现预期效益的保证。一般可采取下列几种方式投入:其一,以人民币、外币现金投资;其二是以动产或不动产实物投资;其三是以专项技术、专利、版权等无形资产投资等。

3.要有广阔的产品销售市场

生产性的投资项目,其产品必须有广阔的销售市场,若产品没有销路,说明其项目产品不是社会所需,投资效益就不能实现。只有投资项目的销售条件广阔,销售渠道畅通,项目产品才能成为社会产品、实现预期经济效益。

4.有良好的供应条件

投资项目的供应条件是否良好,主要是指原材料和能源供应是否有保证。供应条件不理想,往往会造成投资项目开工不足或生产不正常,从而影响投资效益。

5.工艺技术设备先进

先进适用的工艺技术设备是投资项目产品质量好、生产效率高、生产成本低以及产品销路通畅的决定性因素。在社会化大生产的条件下,先进的工艺技术设备在某种程度上决定了投资项目的成败。

6.有较高的企业素质

企业素质的高低,决定投资效益的高低。企业素质高,各种生产要素能够有机的组合,产供销三环节相互衔接,企业经济效益就高;企业素质低,各生产要素不能有机组合,供产销相互脱节,即使技术设备再先进,企业经济效益也不会高。

信托投资的程序

金融信托机构办理信托投资的业务程序依次为项目的筛选、评估、谈判、确立、执行和终止六个阶段。

1.项目的筛选

项目的筛选就是信托投资公司从计划部门、企业主管部门等通过一定渠道在现有项目中进行初步的筛选。信托公司经过调查研究,并进行认真的分析,把符合上述信托投资条件的项目筛选出来,对于不符合信托投资条件的则予以及时排除。信托公司对于符合信托投资条件、择优筛选出来的项目,根据信托投资计划和自身财力,再作下一步的评估。

2.项目的评估

在初步筛选的基础上,信托投资公司根据可行性研究报告,对项目寿命期内的必备条件进行定量和定性的分析,对投资项目的必要性和可行性进行科学的评议、估算和预测,为投资决策提供依据,这个过程就是项目评估。

在项目评估中要采用宏观和微观、定性和定量、技术和经济、重点和一般、调查和预测相结合的办法,对投资项目进行全面的系统的经济技术论证,取得大量数据资料,进行多方面的计算和比较。信托投资项目的评估,主要包括以下几个内容:

(1)投资环境评估。项目的投资环境包括项目所处的地理环境、自然环境、经济环境和社会环境等。地理环境要求投资项目的地理位置优越,铁路、公路、港口、机场等交通条件便利等;自然环境主要指地下水资源丰富,气候适宜于投资项目生产;经济环境主要指项目所在地处于经济发展中心,经济发达、工业基础好、技术力量雄厚、资金来源渠道畅通等;社会环境主要指文化教育水平高,邮政,电讯业发达,国家对该地区发展有优厚条件政策,环境保护设施完备等内容。

(2)产品市场评估。首先要预测项目寿命期内市场供求情况;其次从宏观方面预测产品销售情况;最后从微观方面预测产品销售,分析项目投产后,产品质量、性能、款式等方面有无较强的竞争能力,分析产品成本是否降低。

(3)供应情况评估。第一步要对原材料的名称、品种、规格、需要量及其供应来源、供应方式和运输条件调查清楚。第二步是对投资项目的能源供应、如水、电、煤、气等进行分析。若能源供应无保证,就必须了解其原因和可能采取的措施,包括是否采取节能措施、能源供应部门对能源可能供应情况以及分析项目投产后能源供应保证程度。

(4)工艺技术设备评估。对投资项目的工艺技术设备的评估着重对其先进适用性进行分析。生产工艺的先进适用,是指项目的生产工艺成熟可靠、与项目的生产条件、销售条件相适应,特别是项目的技术水平和管理水平跟得上,并且能节省投资、节约能源,还要有处理污染的工艺设施;机器设备的先进适用是指机器设备和生产工艺相配套、关键设备和辅助设备相配套、工人技能熟练。

(5)财务效益评估。财务评估是以可行性研究报告为依据,用管理会计等方面的方法,从企业角度分析项目的财务效益,从而判断项目在财务上是否可行。财务效益评价,首先看项目投产后正常年度能产生的利润占总资的比例有多大,即通过投资收益率来考核投资的盈利能力;其次看投资回收期的长短;最后还要分析利润净现值和内部收益率。上述四个指标的计算在这里不再赘述。

综合以上各方面的评估结果,金融信托机构的经办人员对投资项目的必要性及在技术上、财务上和经济上的可行性做出结论,肯定一种最优方案,写出投资项目的评估报告。

3.项目的谈判

项目的谈判工作是在评估报告中提出的项目可行性意见的基础上进行。通过投资各方的协商谈判,不仅为签订合同做准备,而且还为投资公司的业务开展,投资各方相互了解,进行长期合作起到影响。项目谈判的主要内容有:

第一,投资的方式、金额和期限。

第二,利润的分配方法。

第三,投资企业的组织形式和管理方式。

金融信托公司与其他投资方进行谈判时,要坚持平等互利、友好协商的原则。同时也要注意原则性与灵活性的适当结合。

4.项目的确立

项目的确立主要指签订合同。投资合同一经签订,就具有法律效力,投资各方必须依照执行。根据国家的策法令和经济合同法规,投资合同的内容应包括以下十三点要点:

(1)投资项目的名称、法定地址;

(2)投资项目的注册资本和投资总额;

中华传世藏书

中国大百科

社会百科

三八四

(3)投资项目的经营内容、规模和方式；

(4)投资各方的投资方式、投资额度、提供的合作条件、服务方式、投资构成和期限；

(5)投资各方投资交付期限，逾期不交、欠交、转让的条款；

(6)投资企业的组织形式及法人代表，董事会或联合机构的组成；

(7)投资企业的经营管理方式、管理机构设置、经营管理制度；

(8)投资各方收益的分配方法；

(9)投资各方对债务、亏损承担的责任和履行职责的方式；

(10)投资企业的财务会计制度、劳动工资、劳动管理和劳动保险等事项；

(11)合同中止的条件、中止后债务清算和资产的处理；

(12)合同终止时的债务清算的财产处理；

(13)违反合同的责任、争议的解决方式及其他应该写明的事项。（表3是某信托投资公司的签订的投资合同样本）。

表3：投资合同

合同编号：

_____（简称甲方）

××信托投资公司（简称乙方）

为了发展商品经济，促进横向联合，本着自愿互利的精神，甲乙双方经过协商，并经各方主管部门同意，共同建立生产××产品的合资企业，特订立本投资合同，共同遵守：

1.合资企业名称：

厂址：

2.生产经营范围：

注册资本：

3.建设规模：该厂设计生产能力为年产××产品××万件，产值××万元，主要生产设备采用××厂生产的××先进设备。

该厂的具体筹备工作由甲方负责并确保该厂于×年×月正式投产。

4.投资资金。投资总额为人民币××万元。其中甲方投资××万元；乙方投资××万元。根据工程建设进度，双方投资应在×年×月同时拨付。

5.组织领导。由甲乙双方委派××组成董事会，董事会是该企业的最高权力机构，决定企业生产，人员安置、利润分配等重大问题。董事会设董事长一人，副董事长×人，董事×人，董事长由甲（乙）方委派。董事会人员更选需由甲乙双方商定。董事会决定重大问题，须经三分之二以上的董事同意。

合资企业的生产经营活动，由董事会任命的厂长负责，厂长须定期向董事会报告企业的生产经营情况。

6.生产经营活动。合资企业必须在国家计划指导下，按质按量按时完成生产任务。原材料供应和产品销售等生产经营活动，由甲方统一管理并由甲方负责。生产性临时资金需要由乙方负责筹集解决。

7.利润分配。合资企业为具有法人资格的独立核算单位。双方商定投资企业实现利润采取比例分成办法，甲方分取利润的百分之×，乙方分取利润的百分之×。企业利润半年预分,年终决算,按年结清。合资企业如果发生了亏损,甲乙双方按利润分成比例分担亏损金额。

8.本协议须经合资企业所在地的计委、投资双方主管部门、财政税务部门和工商行政管理局认可。如有未尽事宜,由双方共同协商补充修订。

9.本合同经双方签字盖章后正式生效。执行过程中,如有一方违反合同规定给另一方造成经济损失的,必须负责赔偿。

10.本协议一式×份,甲乙双方各执正本一份,副本送主管部门备查。

甲方:(签章)　　　　　　　代表人:(签章)

乙方:(签章)　　　　　　　代表人:(签章)

签约地点:　　　　　　　　签约日期:×年×月×日

5.项目的执行

在投资项目确立后,投资各方都应按合同规定,将认交的投资交足。金融信托投资公司除协议拨足投资资金外,还要对资金使用情况和项目进展程度进行监督;项目一经投产,要共同支持其生产经营活动,加强财务监督,使其尽快产生效益。如发生亏损,按规定承担损失。

6.项目的终止

投资项目在以下情况下可实行终止:

(1)投资期限届满,双方无意延长期限,可撤出投资;

(2)如经营亏损或一方不履行责任,或因不可抗拒等因素,使经营不能正常进行,可进行解散清理;

(3)如合同规定允许投资股权转让,信托投资公司可根据情况,决定是否转让股权。

除投资期限届满情况外,投资项目出现其他解散情况时,应由合资企业董事会提出解散申请书,报审批该企业设立时的审批机构批准后,方能解散。投资项目宣布解散时,董事会等有关管理机构应提交出企业的清算程序、原则和清算委员会的人选,报政府主管部门审核并监督清算。

清算委员会的人选由投资各方选派或各方共同聘请、其任务是对投资项目的财产、债权、债务进行全面的清查。在这基础上,编制投资项目的资产负债表和财产目录,提出企业的财产作价和计算依据,从而制定清算方案,报董事会讨论通过后执行。

财产信托

财产信托及其主要方式

财产信托是相对于货币资金信托而言的,财产信托的对象是非货币形态的财产物资,比如机器、设备、厂房、土地等。委托者以其闲置不用的机器设备等财产物资,委托信托机构向其指定或不指定的单位出租或转让,就称作财产信托。

财产信托按各类财产的不同性质分为动产信托、不动产信托和耐用消费品信托。

1.动产信托

凡委托者将其自有的机器、设备、交通运输工具等可以移动的财产,委托信托部门代理转让、出售时,叫作动产信托。

2.不动产信托

凡委托者将闲置的厂房、仓库、土地等不动产委托给金融信托机构代为转让出租的业务活动,叫不动产信托。

3.耐用消费品信托

是指企业单位在办理耐用消费品赊销的过程中,金融信托部门给予销货方或购货方以资金融通的一种业务活动。

我国现行的动产和不动产信托的方式主要有:

第一种,在卖方需要销售自己的动产和不动产,而需要方暂时无力支付价款,卖方又对需要方信用情况不清楚的情况下,卖方将所售财产所有权转移给金融信托机构,由金融信托机构为买方提供信用担保,然后将动产和不动产交付买方,并由金融信托机构督促买方按期清偿动产和不动产价款或代收欠款,代收的款项用于偿还卖方的贷款。如卖方急需资金,可由金融信托机构给予融通。

第二种,买方选定其所需的动产和不动产后,暂时无力付清款项,而且其信用情况不为卖方所了解,于是双方约定将购入财产的所有权转移给金融信托机构,并由金融信托机构提供融资或信用担保,然后买方得以不动产动产进行使用或处理,并从获得的收益中清偿售出方的价款或金融信托机构的贷款。

第三种,金融信托机构为了帮助本地区各部门、行业、企业单位之间实现闲置物资设备和其他财产的相互调剂,主动组织互通有无,充当信用中介。金融信托机构采取的信托方式可以是第一种,也可以是第二种。

财产信托与财产抵押的区别

1.目的不同

财产抵押的目的是为了向接受抵押方取得相应的资金或信用担保;财产信托的目的是为了实现财产的买卖,受托方提供融资或信用也只是手段。

2.产权转移方式不同

财产抵押到期后,接受抵押一方才能取得财产所有权;而信托关系一经成立,受托方就取得了信托财产所有权。

3.财产管理方式不同

抵押财产在抵押期间必须保证其原有形态和价值不变;而信托财产在信托期内则只需保持其原有价值,不一定要求保持其原有形态。例如买方可以加工和销售信托财产,但是必须严格按照信托协议上进行。

4.财产范围不同

抵押财产可以是物质财产,也可以是有价证券,而财产信托的财产只能是物质财产。

财产信托过程中各方责权

财产信托业务的一般做法是:先由供需双方签订供货合同,然后向信托机构申请财产信托,订立财产信托协议,办理财产信托手续,并支付财产信托手续费,最后移交信托财产。在此业务过程中,信托三方当事人必须严格履行自己的职责,并享有一定的权利,保证财产信托业务的顺利进行。

1.受托金融信托机构的主要责权

(1)审查信托财产的估价要准,应有专业部门估价的文件;必要时,须经法律部门的公证,以作为提供融资或担保的可靠依据。

(2)须按照固定资产或临时周转信托贷款的审查方式,严格审查买方的还款能力,落实担保或反担保,以减少融资或担保的风险。

(3)应监督买方按协议规定使用或处理信托财产,否则金融信托机构有权收回财产,并进行处理。

(4)督促买方按期偿还债务。

(5)对买方到期不能偿还债务的处理。买方到期不能偿还债务,信托机构可即时收回信托财产。对信托期间已形成的损失,应要求买方补偿。如买方出现还债风险或无正当理由不清偿债务,则应采取追索措施,直至提起法律诉讼。

(6)信托财产应由买方办理投保手续。如发生保险事故,保险赔偿金归受托方所有。如保险赔偿金高于或低于受托方向买方提供的融资或担保金额。由双方协商退、补事项。

(7)信托机构为买方提供融资的利率,可根据具体情况分别按固定资产信托贷款或临时周转贷款利率掌握。

(8)动产、不动产信托中,受托金融信托机构向买方提供的担保费率,可由金融信托机构比照其他金融业务的担保费率制定。手续费可由金融信托机构比照其他信托业务的收取标准来确定。

2.买方责权

（1）买方应向金融信托机构提供证明自己偿债能力的文件资料。

（2）买方有根据协议使用、处理和妥善保管信托财产的权利和责任。

（3）如果信托财产的型号、规格或质量与协议规定不同，买方有权要求退换，如因此而造成的损失，有权要求卖出方索赔。

（4）金融信托机构提供的融资或担保到期，买方应主动偿还债务。

（5）在信托期间，买方应定期向金融信托机构报告信托财产的使用、处理和收益情况。

3.卖方责权

（1）卖方应根据协议的规定按期提供信托财产；如果因拖延造成买方损失，应负责赔偿。

（2）卖方应对提供的信托财产的质量负责，如果提供的财产不符合协议的要求，应负责调换；对因此而造成买方损失，应予赔偿。

（3）卖方提供的财产应无所有权争议，在信托过程中，如果因其提供的财产的产权争议给金融信托机构或买方造成损失，卖方应全部承担责任并赔偿。

（4）卖方在金融信托机构对其提供的信托财产担保到期后，如果买方不能偿还价款，有权要求金融信托机构履行担保责任。

资金信托

资金信托概述

1.资金信托的概念和种类

资金信托业务，是金融信托机构接受委托人的委托，对其货币资金进行自主经营，并向委托人指定的收益人支付营运收益或约定款项，吸取一定劳务费的业务。资金信托的资金必须是单位可自主支配的资金或归单位和个人所有的资金。

我国目前开展的资金信托业务种类有：单位资金信托，公益基金信托，劳保基金信托，个人特约信托。

2.资金信托与信托存款的区别

（1）信托关系不同。信托存款是存户与金融信托机构之间的信用关系，即存户凭金融信托机构的信用而存入款项，金融信托机构以其信用实力保证存款的提取和支付利息。资金信托形成的是一种信托关系，委托方出于一定的目的委托金融信托机构代为营运资金,金融信托机构除了凭自己的信用之外,主要通过向委托人提供管理和营运资金的服务,来实现委托人的目的。

(2)收益来源不同。信托存款,金融信托机构是按国家规定利率向存户支付利息,收益来源于存贷利差。资金信托过程中,金融信托机构只收取一定的劳务费为收益。

(3)信托资金所有权关系不同。信托存款关系从产生到终止,存款的所有权是存户,转移给金融信托机构的仅是使用权。而资金信托关系从开始起委托方不再对信托资金拥有所有权,其所有权名义上归受托方,信托关系结束,所有权转移给受益人。

3.资金信托与委托贷款的区别

(1)委托贷款的主要目的是向指定的对象发放贷款,委托贷款的对象、用途,金额、期限及利率均由委托方指定。资金信托则是通过受托人营运资金使受益人得到收益,受托人自己决定信托资金如何营运。

(2)委托贷款的经营风险由委托方承担;而资金信托的经营风险由受托方承担。

下面就资金信托业务中的几个主要业务分别加以介绍。

单位资金信托

单位资金信托是单位或主管部门,将长期不用的各种基金、利润留成、税后积累等,通过委托金融信托机构代为经营管理,以取得收益的业务,也称为自益信托。其主要做法是:

1.协议

委托方与金融信托机构双方经洽谈,同意办理资金信托后,以书面协议,或由委托方出具授权证书经金融信托机构以书面确认受理的方式。协议书或授权和确认书的内容应写明:信托金额、起止日期、收益率、收益方式、受托方的劳务费及其收取方式,双方的责权与违约责任等。

2.开户

委托方在与金融信托机构达成协议后,应在金融信托机构开立"单位资金信托"账户,并预留印鉴。

3.划款和落实款项用途

开户后,委托方即将款项划入金融信托机构账户;金融信托机构收账后,应向委托方开出"单位资金信托受益凭证"。金融信托机构同时应立即落实款项用途,是贷款、投资,还是拆借、购买有价证券等,并且从产生收益之日起为委托方计算其应得收益。金融信托机构也可以与委托方协商此落实用途工作时间,一般不应超过7天。

4.收益和劳务的计算与支付

金融信托机构向委托方支付的平均收益率,略高于同期银行存款利率。收益率加劳务费率,应与营运资金获得收入基本相等。劳务费多少,可由双方自行商定。目前我国金融管理部门尚无统一规定。支付方式可按月、季、年度支付,也可到期后一次归还资金及收益。

5.单位资金信托不允许提前支取

如果委托方临时急需用款,可以凭"单位资金信托收益凭证"向受托的金融信托机构办理抵押贷款。待委托方还清抵押贷款后,将"受益凭证"归还委托方。

6.单位资金信托的期限一般在一年以上

期满后,委托方收回原信托资金的手续是:将"受益凭证"及预留印鉴交受托金融信托机构,经核对无误,金融信托机构将原信托资金及其应得收益划回委托者的银行账户。委托方也可以重新约定期限,由双方签订"延期协议"作为原协议的补充等方式继续信托。

公益基金信托

公益基金,是指由政府、社会团体、单位或个人资助、赞助、捐赠的,用于社会进步和社会福利等社会公益事业的基金。金融信托机构接受公益基金的筹集和管理机构的委托,对各项公益基金进行营运,并将所得收益或约定的款项转移给指定的公益项目或受益人的业务,称公益基金信托。

公益基金信托是一种他益信托,其业务做法是:

(1)办理公益基金信托时要注意审查委托机构、资金来源的合法性及指定用途和受益人是否符合有关规定等。

(2)开户。公益基金信托的开户方式有两种:

第一种是,由委托方在金融信托机构开立代理收付账户和公益基金信托账户,并将金融信托机构的账号向捐赠、赞助和资助者公布,由他们直接向受托的金融信托机构汇款,金融信托机构将它收入委托方的代理账户;当款项积聚到商定的额度时,转入其公益基金账户,并开始计付收益。

这种做法适用于资助、赞助或捐赠者都是单位,时间比较集中,而且是有组织地筹集资金的情况。

第二种做法是,委托方将筹集的资金集中起来,委托金融机构进行营运,其做法与单位资金信托相同。这种做法适用于日常、不定期的,而且比较零散的资助、赞助和捐赠款项的筹集。

(3)营运资金的要求。如公益基金信托向受益人支付的仅是营运收益,基金本身长期不用,则受托金融信托机构选定资金用途时,主要要求经济效益高、承担能力强、安全稳妥即可,期限可相对长一些。假如除收益外,还要支付基金本身,则应按协议约定的期限保证到期收回,支付的收益则可相对低一些。

(4)支付方式。公益基金信托在支付时,可以由金融信托机构先从公益基金账户划到代收付账户,然后付给委托方指定的用款单位或受益人;也可以将款项划回委托方的银行账户,由委托方直接支付。

劳保基金信托

劳保基金信托的劳保基金,除劳动部门和实行劳保基金统筹的行业或部门的劳保基金外,还包括所有独立提留并管理劳保基金的国营、集体企、事业单位以及其他合法经济组织。

劳动保险基金具有资金稳定、独立性强、财产可转移及保值要求的特点,金融信托机构可利用融资和服务功能,既可帮助委托方形成独立的基金,又能起到保值作用。其做法如下:

(1)根据委托方劳保基金的提留和积累制度,享受劳保基金的职工人数和金额,与委托方商定劳保基金信托的管理方法,并签订信托协议。在管理办法和协议中,应明确规定:委托方各期劳保基金的交付时间、交付金额、交付办法、收益率;受托方向受益人支付劳保金的金额、年限、方式等;受托方支付给受益人的金额总数,应不高于委托方交付给受托方的劳保基金总额加收益。

(2)委托方在受托金融信托机构开设劳保基金账户,并按协议规定将款项划交给受托方;劳动保险基金信托的统筹部门也可在受托方开立代理收付账户,由受托方代理收款。

(3)受托的金融信托机构应根据协议中委托方交付款项的金额和时间,安排好运用计划,确保资金得到安全高效的营运,实现预期的收益。

(4)接协议规定的收益率和结转期限,将其应得收益转入基金。

(5)受托方根据协议规定的支付年限、支付方式和支付金额,向指定的受益人支付各项劳保金。

(6)在营运和支付过程中,受托方定期向委托方提供劳保基金支付和积存情况。

个人特约信托

这是金融信托机构受个人委托,代为管理、经营或处理其财产,以实现其指定目的的业务。根据委托人不同的目的划分,个人特约信托大致有六种:

第一种是监护信托。金融信托机构受托对未成年人、或失去生活自理能力的人的财产进行管理和处理的信托。

第二种是遗嘱执行信托。这是金融信托机构根据委托人遗嘱的指定、或经死者遗产关系人商定,或由法院的委托,对死者遗产进行的管理和处理的业务。

第三种是赡养信托。指受赡养人的委托,管理和按指定用途支付赡养金的业务。

第四种是抚恤信托。金融信托机构接受提供抚恤金的单位和个人的委托,并按照其指定的方式为受抚恤人管理和支付抚恤金的业务。

第五种是捐赠与资助信托。指接受个人委托对其捐赠或资助的财产进行管理或处理,最后实现对受益人的捐赠或资助的业务。

另外,金融信托机构根据委托方的要求和自身的业务范围和职能,可以接受的其他个人特约业务。

办理个人特约信托的主要做法:

(1)由委托人向金融信托机构提出委托申请及申请依据。委托申请应说明:委托金额、财产形态、委托目的、委托事项、受益人姓名、受益条件、信托财产使用范围或具体用途,以及财产管理与处理的要求。申请依据包括:有关遗嘱或法律部门公证,裁定、判决及其他有效法律文件,与信托财产有关人员或代理人的议定文件,与信托财产有关的单位的证明文件等。

(2)金融信托机构对委托人的申请进行审查,同意受理时,与委托人签订个人特约信托协议书。协议书除应列明同意受理事项和要求外,并应规定双方责权,受托费用、违约责任等有关事项。如果受理事项中包括执行债权债务清理及有价证券管理,则应该特别列明授权内容。

(3)协议生效后,受托金融信托机构接受信托财产并分别进行处理。

(4)在信托期内,如果受益人死亡或不再具备受益条件,受托方可以与委托方具体商定中止信托。

证券市场

证券市场就是买卖各种可流通的有价证券,以筹集和融通资金的市场。公债、股票、公司债券是主要的交易对象。

根据不同的标准,证券市场可划分为多种类型。例如,按证券种类划分,有债券市场和股票市场;按证券发行和流通的地理范围分,有国内证券市场和国际证券市场;按证券买卖交割时间划分,有证券现货市场和证券期货市场,等等。一般情况下,人们较习惯于从证券发行和流通的角度,将证券市场划分为发行市场和流通市场。

投资人

活跃在千变万化的证券市场上的主角是谁? 当然是投资人。投资人又分为法人和自然人两种。法人是指一些机构投资者,它们拥有雄厚的资金实力,买进卖出的金额相当大。公司企业、各种基金组织都属于机构投资者。

一般来讲,以法人形式存在的投资者实力较强,它们有专门的从事证券交易的人才,对市场信息的把握比较准确,操作技术也相对娴熟。

因此,它们是证券市场上最有影响的投资人。自然人指的是个人投资者。相对法人投资者来说,个人投资者的投资金额较小,各方面的力量也比较单薄。然而决不能因此低估他们的能量。因为虽然作为单一的个人投资者的力量不大,但汇集起来的个人投资者的影响是"排山倒海"般的。

投资者众生相

投资证券的目的只有一个——赚钱。然而钱怎么个赚法?采取何种战略战术才能赚到?在这个问题上,投资者的心态是不尽相同的,因而也就表现出了种种不同的特征。

保守的投资人。这类投资人对投资的安全性比较看重,对投资风险往往采取回避的态度,只想追求一种长期而又相对稳定的收益,对收益的数额没有太高的要求。一般来说,这种投资人属于长期投资者,为了获取公司股息、红利和增值收益,买进证券后长期持有。保守的投资人往往看重证券的品质。只要证券品质好,即使行市有短期波动也会保持信心,他们多依据行市的长期趋势做出投资决策。

激进的投资人。这类投资人对投资的收益期望值非常大,具有冒险心理和勇气,也有相当的资金实力做保证。他们主要选择那些股价波动大的股票作为投资对象。他们多属于中期和短期投资者,以获取买卖差价为目标,很看重证券的买卖时机。换言之,他们参与证券市场的目的就是为了低价买进,高价卖出。因而,他们对股市行情非常关心和敏感。当然,市场对这类投资者的素质要求也较高,因为如果时机把握不好他们就很可能吃大亏。

稳健的投资人。兼有以上两种投资者特性者,就成了第三种投资人。这类投资者非常讲究证券投资的组合式管理。在购买证券前,他们也很看重证券的品质,也想获取长期的、相对稳定且有一定数额的收益。但当行情看涨时,他们就会不失时机地出售自己持有的证券,以获取买卖差收益;若行情下跌时,他们也会考虑低价买进而待以后涨时再卖出。

实际生活中,稳健的投资人占有较大的数量,绝对保守的投资者和绝对激进的投资者都是不多见的。

证券经纪人

所谓经纪人,作为经济学名词是指那些在市场上充当中介促成交易以赚取佣金的中间商人,证券经纪人(分交易所经纪人和非交易所经纪人,这里主要指前者)是指按《交易所法》规定的,具有一定资格,并向证券交易所缴纳保证金,代理客户进行证券买卖,为交易双方充当媒介并从中取得佣金的证券商。证券经纪人是证券交易市场的主要参加者,其特点是本身并不经营证券,只根据其委托人的委托以最低的成本购进证券或以最好价格出售证券。在交易中,证券经纪人不承担市场风险。

具体来说,经纪人根据客户所授予的委托单(也称订单),所指定的证券种类、数量、价格等照买照卖。除此之外,他还为客户提供有关证券交易的资料和信息,并应客户的委托,为他们进行调查研究,以帮助他们制订比较稳妥周密的投资决策。目前,国外有些经纪人还提供较高层次的服务,如为客户进行经济预测的调查研究,并提供其预测数据。但必须注意的是,经纪人不能代投资者决定买进或卖出基本种证券,投资决策权属于投资者,决策是投资者自己的事。

证券交易所中的经纪人大体分为以下三种类型:

佣金经纪人。他们是交易所最重要的成员。他们接受客户的委托,在证券交易所内代理客户买卖证券,并按一定比例收取佣金。佣金比例主要取决于交易额。交易额大,佣金比例就低,交易额小,佣金比例就高。在美国,佣金经纪人往往代表某一证券经纪公司。证券经纪公司专门接受顾客的委托,代理他们进行交易,收取一定的佣金。

场上经纪人。他们是专门接受佣金经纪人的委托,代理买卖证券的经纪人。当佣金经纪人手上委托单太多,自己一时处理不过来或者他们需要人帮忙执行大批已接受的委托单时,他们便将一些业务委托给场上经纪人代为买卖,并支付佣金,由于美国过去这类经纪人代为买卖100股股票,收取佣金2美元,故又称为"2元经纪人"。

特种经纪人。他们在证券交易所内具有特殊身份,固定从事特定种类证券的交易。在美、英等国,他们负有为他们所专门经营的股票建立一个公平的、有秩序的和连续的竞争市场的责任。当某种股票被大量抛出,供过于求,有可能引起该股票价格大幅下跌时,他们就有责任买进该股票,以保持价格稳定。反之,则出售自己保存的股票,以缓和市场供求矛盾。

由于证券经纪人具有十分重要的作用。各国为了保证证券交易的顺利进行,都重视对他们的管理。例如,要求经纪人除具有一定的学历、经验和资产担保外,还必须诚实可靠,热情周到,不得有取巧的作弊行为。同时,经纪人也不准在一笔交易中私自抬高卖价,暗中获利。

证券业行话

1.码子:即钱的意思。

2.有货:即有卖的。

3.可销:即有买的。

4.做长货:买进远期证券或借款买近期证券,以期行市上涨后卖出获利,谓之做长货,或叫作多头。

5.做空货:借了证券售出,或出售远期证券,以期行市下落后获利补进,谓之做空货,亦叫空头。

6.亏长:亏即卖空,长即做长货。

7.冲账轧平:先买进后卖出,或先卖后买,谓之冲账轧平。

8.交割:买进证券后,把钱交证券所,取出证券,谓之交割;卖出证券后,将证券交与证

9.拆息:即借款一天的利息,如拆息为 5 元,即借款每 1000 元每天利息为 5 元。若按一年计算,利息就达 1800 余元。

10.划价:如市场发生风潮,价格暴涨或暴跌,以致无法交割,证券所即采取划价办法;划价者,即按隔夜收盘之价或按次日最高最低之平均价交割或冲账。

11.妥交:即成交,就是做成了一笔生意。

12.远期交易:买卖证券向例于次日交割,但远期交易则言明于指定之日期交割,有 3天、5 天、7 天,甚至一个月者。

13.爬桅:妥交后,对方忽然不认账,谓之爬桅。

14.套息:买进近期,同时卖出远期,而获得近远期之差价利润,谓之套息。例如按100 元买进,次日交割,而按 110 元卖出,10 天后交割。

15.摸行市:即探听行市。

16.抢帽子:在行情有利时,一边买进,一边卖出。

17.停板:即停止交易。

18.涨停与跌停:在交易所未成立前,证券行彼此交易,行市无限制。交易所则有规章,如一种证券隔夜收盘行市上涨 20%后,即宣告停板,谓之涨停;如隔夜收盘行市落20%,亦即停板,谓之跌停。

19.推:即将有落价趋势之股票抢先售出。

20.灌:如甲经纪人正在买货之时,乙经纪人尽量卖给他,直至甲不买为止,谓之灌。

股票 ABC

股票:

股票是由股份企业(公司)申请,经银行批准发行的,由企业(公司)发给股东证明其所入股的一种凭证,是有权获得股息和红利的有价证券。它可作为买卖对象和抵押品,成为资金市场主要的长期信用工具之一。

股票的特征:

A、决策性。普通股票持有者有权参加股东大会,选举董事会,参与企业(公司)经营管理的决策,其权力大小,取决于占有股票的多少。

B、变现性。作为一种有价证券,股票可以随时转让,进行市场交易,换成现钞。

C、投机性。股票作为交易对象,如同其他商品一样,有着自己的价格。但这种价格除了受制于企业(公司)的经营状况之外,还受经济的、社会的、政治的诸多因素的影响,而处于不断变化的状态中,大起大落的现象也时有发生。因此,股票的价格与票面价格往往差别很大。正是这种差别导致了股票交易的投机性。

D、风险性。股票一经购买,就不能退还本金。股票投资者能否获得预期报酬,完全取决于企业（公司）的盈利状况，利大多分，利少少分，无利不分，亏损承担责任，破产可能连本金难以保住。

股票的种类：

一个企业可以按照不同需要，发行股票，股票种类不同，决定了持有人对企业权益的不同。股票可分为两大类：

普通股：是股票最普遍的一种形式，拥有普通股的股东是企业的所有者，有权选举董事。董事会选定管理人员，由管理人员实际控制公司的营业。普通股股东每持有一股便有一股的投票权。如果股东不能参加每年一次的股东大会，可以委托代理人行使投票权。

普通股的股东往往具有优先认股权。在优先认股权制度下，现有的股东有权保持对企业所有权的现有百分比，如果企业增发普通股票，现有股东有权优先购买新发行的股票，以维持其在企业的权益比例。

具有优先认股权的股东有 3 种选择。（1）可以行使认股权，认购新发行的股票；（2）可以出售认股权，因为认股权是可以转让的；（3）可以不认购新股，听任优先认股权过期失效（认股权的有效期一般最多为 3 个月）。如果股东想购买新股而认股权数不够，也可向其他股东购买认股权。

优先股：优先股的优先体现在：（1）优先股通常有固定的股息，在普通股持有者得到股息之前支付；（2）当公司破产清算时，优先股的索偿权位于债券持有者之后，但位于普通股持有人之前。在一般情况下，优先股持有人不能参与公司的经营管理，没有普通股持有人那样的投票权。同时，由于其股息是固定的，所以当企业经营旺盛时，一般不能像普通股那样获得高额盈利；（3）优先股有累积性的，也有非累积性的。对于累积性的优先股，任何一年未支付的股息可以累积下来，在以后年度一起支付。公司只有将积欠的这些优先股的股息支付以后，才能支付普通股的股息。如果优先股是非积累性的，那么股息就不能累积到下一年，公司不论以前的优先股的股息是否付清，都可以发放普通股股息。

有的优先股具有参与分享剩余盈利的性质，这就是所谓"参与优先股"。这种优先股在得到固定比例的股息后，有权分享同普通股一样的盈利余额。有的优先股还具有可赎回的性质，发行这种股票的企业，在股票发行的一定年数后，可以一定的赎买价格将其赎回。

股票市场和股票上市：

股票市场是进行各种股票买卖交易的场所。按交易方式的不同，股票市场可分为有组织的市场和无组织的市场两种。前者市场是指经过有关部门批准的以正式股票交易所为固定地点，集中进行交易的场所；后者是指由经纪人或买卖股票双方的当事人，集聚于一个临时地点进行直接交易的场所，即俗称的"黑市"。凡符合规定并经证券交易委员会审批的公司股票，才能在证券交易所挂牌自由买卖，这叫股票上市。未经核准上市的股票只能在交易所以外的市场上交易。

股票价格:

买卖股票实际上就是购买或转让领取股息收入的凭证。股票的价值可分为以下几种:

票面价值:是企业发行的股票上所标明的金额,票面价值的大小,除了企业从其资产和投资前景来考虑外,有时还受税收影响,如果是按票面价值的大小征税,企业就会减少其票面价值。股票在市场上发行时,有的售价等于票面价值,有的大于或小于票面价值。

账面价值:是证券分析家和其他人所使用的一个会计概念,要计算普通股的账面价值,只要将一个公司的净值减去流通在外的优先股的总面额,再以流通在外的普通股股数来除其余额。

清算价值:是企业清算时,每个股份所代表的实际价值。在大多数情况下,每股的清算价值小于账面,因为大多数资产只有压低价格才能出售,也有个别公司的清算价值高于账面价值。

内在价值:是一种理论价值,是分析家所认为股票所真正代表的价值。不同的分析家和投资者,可能对同一个公司得出不同的结论。正因为这样,证券的市场价格与内在价值更多的是不一致,投资者设法去寻找那些内在价值大于市场价格的股票。

市场价格:股票市场是一个波动的市场,其价格在不断变化之中。人们往往注意如下几种价格:开市价、收市价、最高价、最低价。其中收市价是最重要的,是人们分析股市以及制作行情图表采用的基本数据。

股票的交割:

股票买卖的双方成交后,一方需付出款项收到股票,另一方需交出股票收到款项,这种成交后的收交活动,便叫交割。

按照成交后至交割时的时间长短划分,通常有以下几种交割方式:

当日交割:买卖双方在成交日内办完交割手续。一般规定,在午后两点钟以前成交的买卖,要在当日午后 2 点 30 分以前办完手续。在午后两点钟以后成交的买卖,在 30 分钟以内就要办完手续。

次日交割:即在成交后的下一个营业日正午之前办完交割手续,如果下一营业日是休假日,可以顺延。

例行交割:从成交日算起,在第五个营业日以内办完交割手续,如果买卖双方在成交时没有特别说明,一般应看作是这种交易方式。

在股票交易所中,实际的交割过程并不是逐笔地发生,而是通过清算制度,将当事者的买卖数额相互抵销,然后对其净差额进行交割,这种抵销买卖额而支付其净差额的过程叫作清算。

当股票从一个持有人转到另一个持有人手中,收到股票的持有人必须到发行股票的公司去办理变更持有人名单的手续,这种过程叫作过户。

股票划分为记名式股票与无记名式股票。

无记名式股票办理过户手续,只需改变公司所设账户名单即可,记名式股票的过户,除了改变公司所设账户名单外,还得由出让人或卖者在股票上签章转让才能办理过户手续。

股市风险:

股市风险大体可分为系统性风险与非系统性风险两种。

系统性风险即由于某种因素导致股票市场整体下跌,所有的证券都有受损失的可能性。一般说,社会政治、军事等种种因素都会导致股市发生震荡、恐慌,西方新闻界喻称为"股市大地震""华尔街大流血"。例如1929年10月的纽约股市大地震,纽约证券交易所上市的股票价值从897亿美元下跌到156亿美元,其中741亿美元的股票成为废纸,致使无数人破产,流离失所。非系统性风险即指某些因素对单个股票造成损失的可能性,它来源于四个方面:

经营风险,即由发行公司的经营能力的变动所带来的股息变动,从而产生风险。

利率风险,利率是股价的克星,金融市场上利率变动不是股票发行公司所能决定的,因而利率变动会使股价产生变动。

市场风险,证券市场瞬息万变,直接影响股价;购买力风险即由于物价上涨,通货贬值所带来的风险。

股市有风险,也有避免风险的办法。一般讲,无数股东的经验教训得出的结论,大体上是这样几句话:

何时买股票比买卖股票更为重要。如果在1929年、1970年、1982年整个股票市场下跌的时候,买任何公司的股票都会下跌,此时就不宜买股票。

不要跟着大家走。历史证明,大众的趋向往往以错误导向为主。例如1974年纽约股市跌到12年来最低潮,如果有人在此时买进,到了1976年股市又重新反弹坚挺时则可获得可观的利润。

买到股票就储存起来。例如1972年有人购买100股价值1200美元的休斯敦石油公司股票,到1977年就会变成1900股,总价值红10万美元,同时还有几千美元的股息。当然这要看得准才行。

赔钱时要么耐心等待,要么一有损失立即忍痛了结。

另外不要将自己的全部资本都投向一种股票,这样会把风险集中,这也是买股票的经验之谈。

股票常用术语

牛市。有人说因为牛的眼睛永远向上望,而且跑起来强劲有力,因此牛市是指股票市场前景看好,行情看涨,交易活跃。

熊市。有人说熊的眼睛经常向下望,而且身型笨重,跑起来比较迟钝,因此熊市是指股票市场前景看淡,行情见落,交易沉闷。

溢价。亦称高水,指股票的出售金额超出票面金额的差价。

　　股票分割。亦称股票拆细,即将证券市场上发行面值较大的股票,分割成较小面值发行,以促进股票的发行和流通。如将一张200元的股票分割成4段,其面值就变成了50元的4张股票。

　　停板。即交易所停止所有买卖。为什么叫停板呢?在股市发展早期,证券交易还未采用电脑的时候,所有的交易都是在一块大白板上进行的。每家上市公司都在板上占有一个位置,当这家公司的股票有买卖的时候,买入价、卖出价就会记录在板上。在停板的时候,每家公司的股票都停止买卖,大白板上就不会再有买入价、卖出价的记录,空白一片的大白板,就好像"停"了一样,所以叫停板。

　　实行停板的办法,主要是防止股市上涨过猛或泻落过快。深圳股市在1990年5月实行停板以来,到1990年12月已先后4次调整停板幅度,由开始的±10%调整到口刀的5%。

　　多头、空头。"多头"是指证券投资者对某种股票价格看涨,于是向经纪人买进这种股票,但暂不付款。日后,该股票价格上升,即以较高价格卖出,从中获利。"空头"是指证券投资者对某种股票价格下落,即以较低价格买进,还给经纪人,从中获利。有人将买卖气氛浓厚,成交量多,股价持续上扬的股市称为"多头市场",反之称为"空头市场"。

　　停牌。即某上市公司的股票暂时停止在交易所买入或卖出。停牌原因主要是传出该上市公司一些消息(如财务状况不利等)或该上市公司进行某些活动(合并、收购等)有可能导致该公司股票价格大幅度涨落时所采用相应的对策。

　　认股权证。即指由公司直接发行股票时,允许此权证的持有者在待定期限之前以特定价格购买其证券的凭证。

　　开盘、收盘。指股票行情表上所列的开盘或收盘价格。开盘指每天每种股票第一笔成交的价格,收盘是指每天每种股票最后一笔成交的价格。

　　涨跌。指股票行情表中的涨跌,它是以当天的收盘价与前一天的收盘价格相比较的结果。

国家公债

　　国家公债简称国债、公债,是国家举借的各项债务的统称,是国家根据信用原则、以按期还本付息为条件筹集财政资金的形式。

　　据说中国早在2000多年前的东周末期周赧王时,就曾向商人借债。公元前四世纪的希腊和罗马也已举借了国债。但国债的真正发展还是在封建社会末期以后。随着文明时代的向前发展,国家职能不断扩大,政府公共支出迅速膨胀,税收已经不敷需要,大量举借国债势在必行;同时,随着商品经济的发展,信用制度的发达,社会上有了充裕的闲置资金可用于融通调剂,公债的规模和形式不断得到扩大和完备。

　　现今的公债有很多种类。比如按资金来源可分为内债和外债,按偿还期限可分为长、中、短期公债,按公债内涵可分为实物公债(如谷物公债、黄金公债等)和货币公债,按付息方法可分为有息公债、无息有奖公债,按发行要求可分为强制分配公债和自愿认购公债,按债券能否自由买卖可分为上市公债和不上市公债,等等。

内债是在国内举借的债务。它使国家在不增加社会总需求的前提下,通过调整社会资金流向和流量,合理引导投资和消费,加速经济建设,优化产业结构。它还是缓解国家财政困难的重要手段。公债一般并不用于安排预算支出,但它对财政资金的调度,保证当年财政支出的及时拨付,弥补上年财政赤字具有重要意义。公债发行还可回笼货币,吸收社会闲散资金,在一定程度上缓和市场供给和社会需求的矛盾,有利于稳定物价、稳定经济。

在国内举借债务,筹集资金,是国际上通行的做法。中国举借内债始于清朝,1894 年为敷甲午战争之出,清政府举办了"息借商款",随后于 1898 年又发行了昭信股票。1912 ~ 1926 年,北洋军阀时期,发行国内公债达 27 种。中华民国时期发行公债达 140 余亿元。

新中国发行的国内公债主要用于国家经济建设,满足人民日益增长的物质文化需要,具有取之于民、用之于民的特征。新中国成立后至 1989 年,国家共发行(包括即将发行)公债五种:

第一种,1950 年 1 月发行了"人民胜利折实公债"。建国初期,处于经济恢复时期,物价波动,币值不稳,为保证债券购买者的利益,规定公债的还本付息以实物折算。公债的单位为"分",每分的值按上海、天津、汉口、西安、广州、重庆六大城市的大米 6 市斤(天津为小米)、面粉 1.5 公斤、白细布 4 市尺、煤炭 16 市斤的平均批发价格的总和计算,由中国人民银行每旬公布一次,发行对象主要是城市工商业者,另外还包括工人、公教人员和一般自由职业者。总发行额为 3 亿元(折合成新币),年利 5%,偿还期为 5 年,于 1956 年 11 月 30 日全部清偿完毕。

第二种,国家经济建设公债。1954 ~ 1968 年先后发行 5 次,发行对象是机关、企业、团体、学校的职工,部队干部,其他城市居民和农民等,采取自愿认购、分期付款的方法。原计划每年发行 6 亿元,实际上每年均超额完成发行计划,合计完成 35.69 亿元。国家经济建设公债主要用于筹集"一五"时期建设资金,一般用于周期长的生产建设项目,因而偿还期较长,1954 年发行的债券偿还期为 8 年,以后发行的均为 10 年,于 1968 年全部清偿完毕。

第三种,国库券。从 1981 年开始发行,至今已发行 9 次。政府对国库券的发行政策、措施有所变化,呈现出一些不同的特点。发行对象:1981 ~ 1988 年主要是地方政府、国营企业、集体企业和企业主管部门、机关、团体、部队、事业单位,还包括城乡居民,1989 年发行对象是公民个人和个体工商户。采取三种方法发行:对地方政府、国营企业、集体企业及企业主管部门"分配发行",机关、团体和事业单位"适当认购",城乡居民则"自愿认购"。每年发行额:1981 ~ 1984 年分别为 40 亿元,1985 ~ 1987 年分别为 60 亿元,1988 年 90 亿元,1989 年 55 亿元。利率:各年不同,1981 年为 4%;1982、1983 和 1984 年,地方政府、企业和团体购买的,仍为 4%,个人购买的为 8%;1985 年分别改为 5% 和 9%;1986 年、1987 年、1988 年分别改为 6% 和 10%;1989 年为 14%,偿还期:1981 ~ 1984 年分别为 10 年,1985 ~ 1987 年分别为 5 年,1988、1989 年分别为 3 年。交易:按规定 1985 年、1986 年发行的国库券,在国家指定的场所可以转让,其他年份发行的,眼下还不能自由买卖。兑换:1981、1982、1983、1984 年发行的国库券现在已按抽签方式全部抽出号码,中签者可以按中签年份兑现。

第四种,1989年特种国债。发行对象为经济条件较好的全民所有制集体所有制企业和私营企业、金融机构、企业主管部门、事业单位和社会团体、全民所有制企业职工退休养老基金管理机构、待业保险基金管理机构、交通部车辆购置附加费管理机构等,总发行额50亿元,偿还期5年,年利15%。

第五种,保值公债。原定1989年7月1日发行,实际发行时间有所推迟。1989年保值公债发行对象为城乡职工、城镇居民、个体工商户、各种基金会组织、保险公司及有条件的某些公司,还包括有条件并愿意购买的工矿企业、乡镇企业和农村居民。发行总额为120亿元,采取自愿购买原则。这次发行的保值公债偿还期为3年,得率随人民银行规定的3年定期储蓄存款利率浮动,加保值贴补率,外加一个百分点,从实际购买日起计息,3年期满时一次付清。保值公债可进入国家指定的场所转让。

外债是国家向国外举借的债务,是国家按照信用原则从外国筹集财政资金的形式。包括国家在国外发行或推销的公债以及借自一国政府、经济组织和个人的债款。外债不同于内债,借款时增加了本国当年可使用的国民收入总额,还款时减少了本国当年可使用的国民收入总额,因此,外债的使用,经济效果好的有利于经济社会的发展,反之,则会成为经济发展的不利因素。

外债主要有三个来源:

第一,政府资金,包括国家资金、官方资金。又分为双边贷款或援助和多边贷款或援助两种形式。前者,由贷款国直接向借款国贷款。后者一般由三个国际金融机构发放贷款:即国际货币基金组织,主要提供用于解决短期性国际收支不平衡用于贸易和非贸易的经营项目的支付为目的的贷款;世界银行,主要向发展中国家提供发展经济的特定项目的贷款;国际开发协会,主要向最不发达国家提供无息的贷款援助。政府资金有年息低、偿还期长的特点。

第二,出口信贷,又称卖方信贷。特点是只向购买该国商品贷款,实际上是为奖励商品输出而设置的专门信贷。

第三,私人银行贷款,分为直接贷款和认购外国发行的债券两种形式。其特点是利息高。

借外债必须适度,使之限制在能按期还本付息的数额内。世界银行曾提出一个外债负担比率,即一个国家在一个年度内,外债的还本付息额不得超过当年商品和劳务出口收入外汇的20%。中华人民共和国除了向一些发展中国家提供贷款以援助其经济建设外,也向一些政府、银行以及世界性货币金融组织借款,还首次于1982年对外发行债券,至1989年1月,中国的金融机构已在伦敦、东京、香港、新加坡、法兰克福等资本市场发行各种债券42.5亿美元,为国家建设筹集了大量资金。

国际融资租赁业务

国际融资租赁是一种以银行、贸易、工业三者相结合,以租赁物品的所有权与使用权相分离为特征的新型信贷方式。

在这种国际信贷活动中,出租人从设备供应厂商购进或租入承租人所需的设备,供承租人在商定的期限内使用,或承租人把拥有的设备卖给出租人以取得融资,再租回原设备继续使用。在租赁期内,设备的所有权属于出租人,设备的使用权属于承租人,承租人分期向出租人支付一定的租赁费,租赁期满后,承租人对租赁设备可作退租、续租或留租的选择。

股市之最

中国第一张股票。1898 年,清政府发行了中国历史上第一张股票——昭信股票。

中国最早的证券交易所。1891 年,外国资本在上海创设"西商上海股份公司",这是中国最早出现的证券交易所。

面值最高的股票。单股面值最高的股票,当属 1976 年在瑞士发行的罗彻公司股票,每股面值高达 38486 美元。

股票发行之最。1971 年 6 月 2 日,美国电话电报公司一天就抛售出 2750 万张股票,总面值达 13.75 亿美元。

新中国股市之最。1980 年 8 月,中国工商银行抚顺支行代理企业发行了新中国第一张股票。

1986 年 8 月 5 日,沈阳成立了中国第一家证券交易市场。

1986 年 9 月 26 日,中国工商银行上海信托投资公司静安证券业务部挂牌买卖股票,这是中国改革开放后首次进行的股票活动。1990 年 12 月 19 日,新中国第一家证券交易所——上海证券交易所在沪江饭店开业。

1991 年 8 月 28 日,中国证券业协会在北京成立。

股票的种类

股票可以从不同的角度进行分类。

1.按股东的权利可以分为普通股和优先股。

普通股。普通股是股份公司股权的证书,代表了持股人在公司中的财产或所有权,购买普通股实际上是购买股份公司的一部分。购买的股份越多,占有公司的份额就越大,对公司的控制程度就越深。普通股股东完全与公司共荣辱,从公司可获得较多的利益,也要为公司分担较多的风险。普通股具有四个特点:①有参与经营权,即在股东大会上选举董事、发表意见、投票表决等;②在收益分配上股息不固定,股息多少取决于公司的财务状况,而且股息的分配在优先股之后;③具有优先认股权,即普通股股东有权优先认购公司所发行的新股票,当公司发行新股票时,他具有原有百分比的优先认股权,优先认股权也可以转让;④资产分配权落后于优先股,在公司解散或清算时要先清偿其他债权人的债务,其次才轮到优先股股东享有剩余资产的分配,再有剩余才最后由普通股股东分配剩余财产。

优先股。优先股具有优先于普通股取得股息和当公司破产倒闭时优先于普通股得到清偿的权利。主要特点:①优先股一般预告定明股息收益率,一般不随公司财务状况而增减,一般也不参加公司的分红;②权利范围较小,一般没有选举权和被选举权,对公司重大经营无投票权;③优先股有优先索偿权,即优先股的索偿权优先于普通股,次于债权人。

优先股又可以分成多种:①按股息是否可以积累,分为累积优先股和非累积优先股,前者指在公司经营状况欠佳时,可以把未发或未发足的股息积起来,等公司经营状况好转时再补发,这种优先股较常见;②按优先股是否可转换成普通股来划分,可以分为可转换优先股和非转换优先股;③按股东是否可以参与公司盈利分配来划分,可分参与优先股和非参与优先股,前者指除获得固定股息外,在公司利润增多时,还可以和普通股一样参与公司分红;④按股息率是否可以调整来划分,可以分为可调整优先股和非调整优先股。

2.按股票票面形态划分为记名股票、无记名股票、面额股票、无面额股票。

记名股票。股票票面上记载股票持有者姓名和名称的股票。记名股票在每一个所有权转移时都必须到股票的上市公司办理过户手续,即原股东将股票过户给新股东,并变更记名。

无记名股票。即票面上无须记载股东(持有者)姓名或名称的股票,持有人转让股票,只要将股票支付给接收者即可。

面额股票。即在股票票面上标明一定金额的股票。股票的票面金额即股票的票面价值,面额可大可小,但就某一股份公司而言,面额应一致。法律上一般也允许发行溢价股票,即按高于面额的价格发行股票。

无面额股票。无面额股票是一种份额股,它是一种在股票票面上不载明具体金额,而以股票发行公司财产价值的一定比例为其划分标准的股票。无面额股票没有票面价值,但有账面价值,反映在发行公司的账面上。

3.按股票持有主体划分为国家股、单位股和个人股三种。

4.按股票的市场属性,可以分为实力股、蓝筹股、投机股或冷门股、成长股。

实力股。业绩成长一向稳定的大型股,这类股票,通常是稳健投资人的投资对象,即使外部经济环境不好,投资者也不易吃亏。

蓝筹股。成交量大,买者卖者均多,投入的散户多,较不稳定。

投机股或冷门股。完全看股票市场供需求决定,与公司业绩关系不大的一类股票,银行股多属此列。

成长股。即公司有潜力,但现在规模不大,投资人如有眼光,可先期购入这类公司股票,等候时日,可坐享股价大幅度上升。

股票的四大特征

股票具有无期性、权责性、流通性、风险性四大特征。

1.无期性。即对投资者来说,股票是不确定期限的长期性投资。一旦投资者买入某公司股票,他就不能在中途要求向股份公司退股,以抽回资金。但可以通过股票市场卖出股票以收回资金。

2.权责性。即参与股份公司盈利分配和承担有限责任的权利和义务。股东责权大小,完全取决于股东所掌握的股票在公司股本中所占的比例。一般来说,要完全控制一个公司,须有股份公司51%以上的股份。掌握20%左右的股份公司股份,就基本上可以控制股份公司。

3.流通性。即股票具有可随时在股票市场上转让买卖的特性,它可以在股票市场上转让和交易买卖,也可以作为抵押品。所以股票持有者可以随时将股票换成现金。

4.风险性。股票投资一般应具有较高的投资收益率,但收益率必然伴随高风险。股票投资者至少面临两方面的风险:股票发行公司的经营亏损,特别是公司破产的风险;股票市场价格变动而造成损失的风险。

股票收益的三种形式:升值、股息、分红

1.股票升值。股票升值是企业经营状况趋好而带来的股票价格上升的收益。股票升值的根本原因是发行该股票的企业效益好,较大利润。从短期来看,股票升值可能由于股票供求及投机因素引起。

2.股息。股息是指股份公司按照股票份额一定比例支付给股票持有者的收入,通常以股票面额的%来表示,对于无面额股票,则按每股多少元来表示。一般而言,优先股按固定股息率优先取得股息,它是固定的,不以企业利润多少而变化。普通股股息在支付了优先股股息之后,根据剩下利润支付,不固定息率。

公司一般每年向股东发放一次股息,发放的形式有三种:①以现金形式支付;②以股票形式支付;③以公司的其他债券、商品等财产形式分派股息。

在股息分配的程序上,一般有4个日期:①股息宣布日,即公司董事会决定并宣布分配股息的日期。②除息日。投资者在此日后购买的股票不能参加最近一次股息分配,股息仍为前股东所有。③股权登记日。即指股份公司规定股东的股权登记日期,凡此日在公司股东名册上有名字的人,可以分享最近一次股息。④股息发放日。即公司向股东发放股息的日期。

3.分红。分红是股份公司在盈利中每年按股票份额的一定比例支付给股票持有者的红利。普通股可享受分红,而优先股一般不享受分红。公司只有在获得利润时才能分

红,不得以财产作为红利分派给股东。分红主要有两种形式:现金支付红利、以本公司股票作为分红。

此外股份公司资产增值,也可以视为股票投资收益范围。来源于企业历年分配后的利润积累和因物价上涨形成的企业资产实际价值上升部分,它提高了股票的内在价值。

股票收益率——投资获利的尺度

股票收益率是在一定时期内投资于股票的得的收益与投资总金额的比率。在股票投资中,有些股票投资者以长期保有股权为目的,以分享股息、红利为主,不参与市场买卖,因而无交易差价收益;有些股票投资者以赚取交易差价收益为目的,频繁地买进、卖出股票,不一定能获得股息、红利收益;还有一些投资者可能偶尔参与买卖,较长时期持有某种股票,从而两种有形收入均可兼得。所以衡量股票收益率的高低,需计算多个指标。

1.本期股利收益率。即以现行价格购买股票的预期收益率,用公式表示:

$$本期股利收益率=\frac{年现金股利(即股息+分红)}{本期股票购入价格}\times100\%$$

例如:一公司上年每股股利是 10 元,现行市价每股 150 元,则本期每股预期收益率为:

$$\frac{10}{150}\times100\%=6.7\%$$

2.持有期收益率。股票买进日至卖出日是股票的持有期,股票持有期有长有短,一般应折算为年收益率。计算公式为:

$$持有期效益率=\frac{持有期收益\div持有年数}{股入股价}\times100\%$$

式中持有期收益分为买卖差价收益和股利(股息+分红)。

3.股票资产增值收益的计算。股票的资产增值收益是指股份公司的纯资产值超过股票面额的部分。例如某股份公司现有纯资产 1000 万元,实发股票为 100 万股,每股面额 10 元,则每股生产额与股票面额相同。假定公司年终从净收益中提取公积金 50 万元,此时公司有实有纯资产额为 1050 万元,则每股所代表的公司资产为 10.5 元,产生了每股 0.5 元的资产增值收益。由于股票的资产增值收益是一种无形收益,所以衡量资产增值收益的方法是计算股票的资产增值幅度,以此作为衡量股票的内在价值和进行投资决策的依据。公式为:

$$每股生产增值幅度=(\frac{企业实有纯资产额}{实发股数}\div每股面额-1)\times100\%$$

如上例,每股资产增值幅度为:$(\frac{1050}{100}\div10-1)\times100\%=5\%$

股票交易的主要过程

股票交易的主要过程如下：

1.开设账户。顾客要买卖某种股票，首先要找证券公司开立委托买卖账户。因为证券买卖，尤其是股票买卖是在证券营业大厅中进行。投资者本人不得进入大厅进行交易，必须委托在场内有经纪人的证券公司代为进行。证券公司为了确定投资者的信用，要求投资者到证券公司开立账户，填写买卖契约，写明投资者的真实姓名、地址、职业、单位、电话号码等，如果证券公司对顾客的信用情况不清，它可能要求顾客交押金或找银行担保，目的是确保顾客的信用安全可靠。

2.委托。委托的方式，一般有：当面委托、电话委托、电报委托、传真委托、信函委托。最常用的是前两种。当面委托，即委托人亲至证券商处，当面办理委托证券买卖的执行事项。这是一般投资者最常用的方式。电话委托即委托人通过电话向证券商发出委托买卖指令，证券商接收电话并自动录音。投资者委托买卖的价格有：市价委托、限价委托、指定价格委托。对委托的有效期也有规定。上海证券交易所委托买卖的委托有效期限，分当日有效和5日有效两种。若有效期内未成交，委托自然失效。

3.竞价成交。证券交易所证券交易的价格，不是交易所或是由某个人规定的，而是通过买卖双方——买者与卖者之间，买者与买者之间，卖者之间竞争形成的。经纪人之间进行交易，是通过"双边拍卖"相互竞争，从而形成竞争价格，按"时间优先、价格优先、市价优先"的原则完成交易的。

4.清算交割。在证券交易成交后，实际证券的交割不是逐笔进行，而是通过清算制度，将买卖双方的买卖数额相互抵销，然后对其净差额进行交割。交割是指买卖股票成交后，买主付出现金取得股票、卖主交出股票取得现金的手续。交割一般在交割日进行。有当日交割、次日交割、例行日交割、特约日交割和发行日交割5种。世界上大多数证券交易所，都把例行日交割作为主要形式。

5.过户。交割完毕后，新股东应立即到他所持有股票的发行公司办理过户手续，即在该公司的股东名册上登记他自己的名字，持有股份数等，即成为该公司的正式股东。这笔交易才算最终完成。

股票价格的影响因素

影响股票价格的因素很多，其中最基本的因素是股息和利率。在一般情况下，股息高于存款利率，股票价格上涨；反之，则下降。但股市行情千变万化，在很大程度上受到供求关系驱遣，某种股票买主多时，价格上扬；反之，就下跌。影响股票价的因素主要有4个：

1.政治因素，如动乱、战争、领导人的更换、经济政策和经济法规的重大变化等等，都会对股价产生影响。

2.经济因素,包括企业经营状况、经济周期、财政及金融政策、企业组合兼并影响、国际经济因素影响等等。

3.心理因素,即股民的市场心理。在股票市场情况看好或暴跌时,就会造成抢购或抛售,从而人为地助长股市的波动。而引起投资者心理变化的因素是较多的,甚至有些传闻或谣言也会造成投资者抢购或抛售某种股票。

4.人为因素,即人为地操纵股票价格。在本世纪前半叶,一些金融巨头利用手中财势,翻云覆雨,推波助澜,驱使某些股票的价格时而猛涨,时而暴跌,在这些股价的波动中,他们大发横财,一些中小投资者都大为倒霉,甚至倾家荡产。随着股票市场法规的完善,人为因素明显减少,现在证券市场形成初期,十分突出。

股票的无纸化运作

股票的无纸化运作,实际上是把股票的买卖委托、买卖盘的传送、成交、清算交割、登记过户等整个过程交由电脑网络系统完成。其具体运作过程由下面几部分组成:

1.开户。初次进入股票市场的投资者,必须凭有效证明文件到证券登记公司开户,填写股东名卡。操作员将投资者资料输入电脑,由电脑自动生成电脑代码,并向投资者发出股东磁卡。磁卡上的磁条,记录股东姓名、股东电脑代码和股东密码。磁卡作为每个股民买卖股票必须出示的身份证明文件。同时,登记公司向股东发出相应的股票记录卡(一种股票一只记录卡)。记录卡记载股东的股票实际拥有量,同时也作为股东每笔买卖交割或存入股份数额的记录文件。每发生一笔交易,投资者在进行交收时,由证券商柜台电脑打印机在股票记录卡更新一条成交记录。需要股票实物现券作抵押、担保、赠送、遗产分配等以及其他用途的股东,可凭磁卡到证券登记公司领出相应的实物股票,同时在相应的记录卡上打印出扣除后的股份余额。

2.委托买卖。投资者买卖股票,可在任何一家证券交易机构办理委托。委托买卖时,需首先在交易柜台填写委托凭单,和股东磁卡、身份证一并交营业员,柜台业务人员是通过磁条阅读器读出该股东有关资料,同时将委托买卖证券资料输入电脑。投资者在柜台上的小键盘上输入自己的密码后,电脑系统会自动查询该股东资料,检验该股东的合法性、买卖的有效性(如是否卖空、挂失或被冻结等)。买卖委托如属合法,电脑打印出委托买卖合同和缴款凭单。投资者到出纳专柜交足预付金额后,经投资者在合同上签字确认,合同方可生效。

3.买卖盘的传输。证券机构经确认的买卖盘,通过电脑网络系统自动传送给证券交易所。

4.买卖盘的撮合成交。传送到证券交易所的买卖盘,经证券商本部出市代表确认后,直接进入交易所自动撮合系统。自动撮合(对盘)成交系统根据"时间优先、价格优先、客户委托优先"交易原则和预先约定的交易法则进行自动撮合成交,交易所将交易行情及时送给各证券商营业处对外公布行情。

5.清算与交割。于每天闭市后,证券交易所根据成交情况通过电脑网络系统向各证券商发出股票收付通知,证券商根据回报资料与对方证券商进行对账,对完账后即通过电脑自动在证券登记公司划账,增加应收方证券量,减少应付方证券量。最后产生买卖报告书。对未成交委托,如委托期未过,则自动进入第二天的委托,如委托期已过,则打印出退还预付金凭单,并向证券登记公司发出撤销委托指令。

6.交割与过户。每天成交的资料,证券交易所直接向登记公司传送,对于预付金缴足的投资者,一般于成交后次一营业日上午前由证券商向登记公司发出过户指令,登记公司经校验后,直接进行过户,更改股东记录。

股票市场的"行话"

前场:上午的交易。

后场:下午的交易。

天花板:股价达最高峰。

抢搭车:稍微上涨时赶快买进。

摊平:使亏损平均化来减少损失的买卖。

踩高:信用卖出的人明知道剧损以高价再买回来。

吃利:结算而获取利益。

过户:投资人买进股票后,应向该股票上市公司办理过户手续以取得股权,成为其正式股东。

多头:看好股市远景,先买进,待涨价后卖出,以赚取涨价利益的投资人。

空头:判断股市远景不佳,先卖出(采用"融券"方式借来股票),待股价下跌,低价补进,以赚取差额利益的投资人。多头市场:股价呈长期涨升之情势,利于多操作的投市。

空头市场:股市长期趋势看跌之市场,利于空头操作。

套牢:通常系指"多头"原预期股价上扬,因而买进,但结果反而下挫,在不愿承受重大损失的情况下,只有抱住股票,等待机会翻身。不过,如属公司经营失利,股值低于票面,无人承接,则只有自认倒霉。

空手:抽资人之脱尽所持股票,等待有机会再行买卖者,又称"平头"。

回挡:在股市上,股价呈不断上升趋势终因股价上涨速度过快而反转跌回到某一价位的调整现象。

反弹:空头市场,股价呈快速下跌一段时日之后回升,谓之"反弹",但反弹幅度不及下跌幅度,通常反弹至上次下跌幅度的三分之一左右,将复下跌。

本益比:股价/税后纯益。

本利比:股价/股利。

挂进:买进的意思。

挂出:卖出的意思。

挂牌:已经委托买进(卖出),等着成交,叫挂牌。

柜台委托:投资人亲自到证券商柜台填写买卖委托书,请求营业员代为买卖。

电话委托:打电话请求营业员代为买卖。

限价委托:指定价格,非此价格不买不卖。

市价委托:委托买卖时,不限定买卖价格,全依市场当时交易价格决定。

成交量:指某日某个别股之成交股数。

成交总值:交易所某日成交之总额。

开盘:在证券交易所开盘是指某个别股在一天交易活动开始后的第一笔交易。

开盘价:指某个别股在某交易日当天第一笔成交价格。

收盘:在证券交易所开盘是指某个别股在一天交易活动开始后的最后一笔交易。

收盘价:指某个别股在某交易日当天最后一笔价格。

最高价:指某个别股在该交易日内最高的成交价格。

最低价:指某个别股在该交易日最低的成交价格。

升降单位:交易所所定的股票涨跌单位。市价 5 元以下者,以 0.01 元为单位。5 元至 15 元以下者,以 0.05 元为单位。15 元至 50 元以下者,以 0.1 元为单位。50 元至 150 元以下者,以 0.5 元为单位。150 元以上者,以 1 元为单位。通常升降单位,也称为档。

盘整:股价经过一段快速上升或下跌后,遭遇"阻力"(阻止股价上升之力)或"支撑"(支持股价不再下跌之力)而呈小幅涨跌变动,做换手整理。

盘坚:股价缓慢盘旋上升。

盘软:股价缓慢盘旋下跌。

跳空:股价开盘时比前日收盘价高出数档称跳空而上,反之称跳空而下。

补空:出现跳空时,这一时间将没有交易的空价位补回。

涨停板(跌停板):交易所规定,股价一天涨跌幅度最多为前日收盘之 5%,不能逾越此限,涨跌达最大幅度者称涨(跌)停板。**涨停板**,股价前冠以+;跌停板,股价前冠以-。但新上市股票或除权股票可以涨两个停板,但必须是开盘价即涨停,那么可以再涨一个停板。

散户:一般小额投资大众。

中户:投资额较大的投资人。

大户:进出金额庞大,如财团,投资公司,上市公司董监事。

实户:投资额大,但不以炒作为业,买进中长期持有,以待获利者。

主力:炒作股票为业的大、中户,俗又称为"做手"。

被轧:空头卖出股票后,股价一路上涨,不得不以更高价,才能回补。

轧空:轧空头的意思(拉高股价,使空头不得不以更高的股价才能补回)。

轧空行情:因轧空而造成的股价上涨。

震荡:股价一天之内忽高忽低大幅度变化。

哄抬:用非常手法,将股价大幅度往上拉抬。

质压:用非常手法,使股价大幅下挫。

坐轿:在股市上,坐轿是一种哄抬操纵股价的投机行为。预计利多或利空的信息公布后,股价将会大涨大落,于是投机者立即买进或卖出股票。等到信息出现后,人们大量抢买或抢卖,使股票价呈大涨大跌的局面。这时投机者再卖出买进手中的股票以期获得厚利。前者称坐多头轿子,后者称坐空头轿子。

抬轿:抬轿是指利多或利空的信息公布后,预计股价会大涨大跌,立即抢买或抢卖股票的人。抢利多消息买进的人称抬多头轿子,抢利空消息卖出的人称抬空头轿子。

业内:从事证券经纪行业的,即证券经纪商之从业人员。

丙种:从事非法证券垫股、垫款的地下行业。

融资:投资人按规定在金融公司立户头,垫股卖出股票。

断头:投资者做多头,买进股票后股价当天并未见上涨,反而是下跌趋势,于是多头这种情况称断头,只好忍痛将手中持有的股票低赔本卖出。这种情况称为断头。

红盘:国庆元旦假期后第一个交易日及农历春节后第一个交易日均称为开红盘。

平盘:开盘价与前一日的收盘价相同者称开平盘。

拔档:做多头时,若遇股价下跌,并预计股价还会继续下跌时,马上将其持有的股票卖出,等股票跌落一段差距之后再买进,以减少多头在股价下跌这一段的损失。

转账:在同一时间内,以同一价格,将同种股票由甲卖给乙,须经由证券商办理。

天价:常指个股从多头市场转入空头市场的那个最高价格。

买空、卖空:买空指投资者预测股价会上涨,但由于受自身资金所限,拿不出更多的钱大量买进股票,于是以交纳保证金的方式通过证券公司向银行融资以买进股票,等股价果然上涨到一理想价位时再卖出,以获取差价收益。卖空指投资者预测股价将下跌,于是以抵押金方式设法先借入股票卖出,待股价下降到某一理想价位时再买进股票,然后归还出借者,从中获取差价收益。

证券经纪商:系以代客买卖证券为业证券行号,一般人称为"号子"。

反转:股价从多头转空头,或空头转多头,均称反转。

多翻空:当投资者做多头时,预计股价已涨到顶峰,于是全部买进放空股票而成的多头现象。

空翻多:当投资者做空头时,预计股价已跌至谷底,全部买进放空股票而成的多头现象。

牛市:股市行情由于股票供求变化总在不断波动、股市行情看涨称为牛市。牛在华尔街表示乐观主义者。

熊市:股市行情看跌称为熊市,熊在华尔街表示悲观主义者。

放空:把股票卖出,期等低价。

抢帽子:抢帽子是一种在当天就赚取差价收益的短期投机行为。指的是在同一天先低价买进预计价格要上涨的股票,待股价涨到某一个价就在当天卖出刚刚买进的那些股票;或者是先高价卖出预计价格要下跌的股票,待股价果然跌至某一价位时,就在当天买进刚刚卖出的相同种类,相同数量的股票。

期货和期货合同

所谓期货,是指买卖成交后,约定期限交付的货物。期货的范围,随着期货市场的发展,由最初的农产品逐步扩展至金属、林产品、纤维品、食品、能源产品等。本世纪70年代初,美国又首先推出金融期货,包括利率期货、货币期货和指数期货;1983 年又推出期权期货。目前,按美国商品期货交易委员会(CFTC)最新的划分标准,期货商品共有 10 大类,上百个品种。然而,现代实际意义上的期货,一般不是指实物,而是一纸在预先规定的将来时间进行实物交割的商品买卖合同书,即"标准合同"。

期货合同也称期货合约。它是由最初的口头协议,非标准化合约逐步演变而来的。期货合同是指买卖双方签署的,约定在将来特定时间,按特定品质规格买进或卖出特定数量的商品的合同。为便于交易,期货合同都是标准化的。每种商品的期货合同对该商品的等级、数量、交货期、交货地点,都有统一规定,只有商品的价格是买卖双方协定的。目前,在一些经济发达国家和地区,期货交易已经发展到不需要签订合同,买卖双方只要向经纪行下指令,或通过计算机系统与交易所的计算机中心系统联网就可以进行了。

套期保值

套期保值是通过期货合约买卖交易来抵消现货市场价格变动带来的风险。也就是避险者通过在期货市场上同时做与现货交易相反的买卖,来对现货进行保值。期货市场上的交易者对价格走势的预测总是有两种完全相反的结论,有的看跌,有的看涨。看跌者卖期货,使自己处于"空头"的位置;看涨者买期货,使自己处于"多头"的位置,按照套期保值者在期货市场上所占的位置,可把套期保值的类型分为两大类:卖出套期保值和买入套期保值。

卖出套期保值是指经营者在买进一批以后交货的实物时,就在期货市场预售同样数量、同一交货期的期货合同,以防止以后交货时实物价格下跌而遭受损失;买入套期保值是指经营者在卖出一批以后交货的实物时,在期货市场上买进同样数量、同一交货期的期货合同,以防止以后交货时实物价格上涨而遭受损失。

法律知识

　　法，也称法律（就广义而言），是由国家按照统治阶级的利益和意志制定或认可、并由国家强制力保证其实施的行为规范的总和。它包括宪法、法律（就狭义而言）、法令、行政法规、条例、规章、习惯法等各种成文法和不成文法。法属于上层建筑范畴，由一定的经济基础所决定，并为一定的经济基础服务。法是统治阶级实现其统治的一项重要工具，它以规定人权利和义务的方式来调整人们的行为，其目的在于维护有利于统治阶级的社会关系和社会秩序。法是阶级社会中特有的社会现象，它伴随着阶级、阶级斗争的产生和发展而产生和发展，也会随着阶级、阶级斗争的消亡而自行消亡。

　　古代原始公社制度的解体和法的产生是同时进行的，法是阶级矛盾不可调和的产物。据我国第一部字典《说文解字》解释："法，刑也，平之如水，从水。法，所以触不直者去之，从去。"从水，取其平，即法平如水，也就是公平的意思。在西方不少民族的语言中，"法"的词义，也都兼有"公平""正义"的含义。然而，在阶级社会里，不同的阶级有不同的公平、正义观，法所体现的只能是不同统治阶级的公平、正义观。社会主义的法，是从具有阶级性的社会规范向反映社会全体成员共同意志、维护全社会共同利益的社会规范过渡的法。它除了具有调整敌我矛盾和人民内部矛盾两类不同性质关系的功能外，还对社会主义的物质文明和精神文明的建设有着重要的促进作用。

法的体系

　　法的体系，通常是指一个国家的全部现行法律规范分类组合为不同的法律部门而形成的有机联系的统一整体。任何一个国家的法律，不论其表现形式如何，都有其一定的体系，它归根结底由一定的经济关系所决定。在统一的法的体系中，各种法律规范，因其所调整的社会关系的性质不同，而划分为不同的法的部门，如宪法、行政法、刑法、刑事诉讼法、民法、经济法、婚姻法、民事诉讼法等等。在各个法的部门内部或几个法的部门之间，又包括各种法律制度，如所有权制度、合同制度、公开审理制度、辩护制度等。制度与制度之间、部门与部门之间，既存在差别，又相互联系，因此形成了一个内在一致的统一整体。

　　在我国，社会主义法的体系随着社会主义现代化事业的发展已逐步形成和发展起来，并且日趋完善。我国的法律部门大致有：宪法、行政法、刑法、民法、经济法、劳动法、婚姻法、刑事诉讼法、民事诉讼法、组织法等。

法律意识

法律意识是人们对于法（特别是现行法）和有关法律现象的观点和态度的总称。它表现为探讨法律现象的各种法律学说，对现行法律的解释和评价，人们的法律要求，对自己权利、义务的认识，对法、法律制度了解、掌握和运用的程度（法律知识），以及对行为是否合法的评价等。

法律意识是社会意识的一种，它同人们的世界观和伦理道德观等有密切联系。不同阶级的法律意识各不相同。统治阶级的法律意识在社会上居于统治地位，起支配作用。为统治阶级利益服务的法律制度，保护统治阶级利益的法律、法规等，都是在统治阶级的法律意识指导下确立和制定的。

无产阶级的法律意识是无产阶级意识的组成部分。在夺取政权以前，无产阶级法律意识的基本内容是反对和废除资本主义的法律制度。在无产阶级取得政权之后，无产阶级法律意识上升到统治地位，在社会主义社会中，它成为社会主义的上层建筑和社会主义精神文明的一个组成部分。它的基本内容是要求建立社会主义的法的体系，制定社会主义的法律、法规，维护社会主义法制的尊严。

法　　制

"法制"这个词，在古今中外的用法不尽一致，通常在两种意义上使用：一、泛指国家的法律和制度。法律包括以规范性文件形式出现的成文法和经国家机关认可的不成文法；制度指依法建立起来的政治、经济、文化等方面的各种制度。二、特指统治阶级按照民主原则把国家事务制度化、法律化，并严格依法进行管理的一种方式。这种意义上的法律与民主政治联系密切；民主是法制的前提，法制是民主的体现和保证。只有使民主制度化、法律化，并严格依法办事，以确立一种正常的法律秩序的国家，才是真正的法制国家。第二种意义上的法制，与17、18世纪资产阶级的启蒙思想家所倡导的"法治"的内涵是一致的。

我国古书中有"法制"一词，但我国古代的所谓"法制"，虽然与依法治理联系在一起，但还不是与民主政治联系在一起的法制，说到底还只是一种"王制"。

资本主义法制，是资产阶级国家所确立的依法治理的统治方式，它确认和保障了资产阶级的民主、自由，巩固了同封建制斗争的成果。然而，从本质上来说，资本主义法制是保证资产阶级民主，维护资本主义制度，对劳动人民实行剥削和压迫的合法手段，是资产阶级专政的工具。

与资本主义法制不同，社会主义法制是社会主义民主的制度化、法律化，并严格地进行管理的一种方式。在社会主义国家里，可能而且必须把社会主义民主制度以法律形式确定下来，并使这种制度和法律具有稳定性、连续性和极大的权威性，确实保证公民在法律面前一律平等,不允许任何组织和个人有凌驾于法律之上的特权。社会主义法律代表广大人民的意志,依法办事符合人民群众的利益和愿望,人民群众不但有义务自觉遵守法律和制度,而且有权利监督国家机关及其工作人员遵守法律,与各种违法失职行为做斗争。

宪　法

宪法是国家的根本大法,是具有最高法律效力的法。它是据以制定其他法的法律基础。

宪法是阶级斗争的产物,是由在阶级斗争中取得胜利、掌握国家权力的阶级所制定的,用以维护和巩固本阶级的政权。

从阶级实质来看,现代宪法基本上分为资产阶级宪法和社会主义宪法两大类型。

宪法是民主制度的法律化。资产阶级宪法体现资产阶级民主,社会主义宪法体现社会主义民主。

作为国家的根本大法,宪法在根本上同普通法律相一致,但又有所不同,具有它自身的特殊属性。其特殊性表现为:宪法在内容、效力、制定与修改程序等方面与普通法明显有别。宪法规定国家的根本制度、国家生活的基本原则。因此,有的国家把宪法称为"根本法"或"基本法"。由于宪法所规定的是国家生活中最根本、最重要的原则和制度,它就成了立法机关进行日常法律活动的法律基础。因而宪法也被称为"母法""最高法",普通法律则被称为"子法"。当然,宪法只能规定立法原则,而不能代替普通立法。宪法具有最高法律效力。它的法律地位高于普通法,是制定普通法的依据。普通法律的内容都必须符合宪法的规定。宪法的制定、修改一般都有特别程序。宪法在内容、效力两方面的特性,决定了它需要比普通法律具有更大的稳定性。所以,许多国家对宪法的制定和修改,都规定了比普通法律更加严格的程序,如设立专门机构起草,并须经最高国家权力机关或制宪会议全体成员的 2/3 或 3/4 的多数通过,才能生效。例如,我国 1954 年宪法是由 1953 年成立的宪法起草委员会负责起草的;这部宪法明确规定,宪法的修改由全国人民代表大会以全体代表的 2/3 的多数通过,而其他法律或议案,则只需由全国人民代表大会全体代表过半数通过即可。此外,宪法的解释、对宪法实行监督、违宪审查等,也都有特别的规定。

《中华人民共和国宪法》是由我国最高国家权力机关制定和颁布的国家根本大法。从 1954 年起,我国先后制定、颁布过 4 部宪法,即 1954 年、1975 年、1978 年和 1982 年的《中华人民共和国宪法》。1982 年宪法,是我国新的历史时期治国安邦的总章程。它适应社会主义现代化建设的需要,以坚持四项基本原则为指导思想,充分总结了我国社会主义发展的丰富经验,反映了全国各族人民的共同意志和根本利益。这部宪法除序言外,有总纲,公民的基本权利和义务,国家机构和国旗、国徽、首都等四章。它的基本精神是:努力建设社会主义的物质文明和精神文明;发展社会主义民主,健全社会主义法制;维护国家统一,加强民族团结;发展统一战线,坚持独立自主的外交政策。

法　律

　　"法律"一词有广狭二义,广义的法律与法同义,狭义的法律为法的渊源之一。法律是由拥有立法权的国家机关依照一定的立法程序制定和颁布的规范性文件。在我国,只有全国人民代表大会及其常设机构才有权制定法律。在社会主义国家中,除宪法外,法律居于主导地位。

　　法律通常规定社会政治、经济以及其他社会生活中最基本的社会关系和行为准则。一般地说,其效力仅低于宪法,其他一切行政法规和地方性法规都不得与法律相抵触。

人民法院

　　人民法院是代表国家行使审判权的司法机关。其任务是审判刑事案件和民事案件,惩办一切犯罪分子,解决民事纠纷。此外,它还执行法制教育的职能,通过自己的全部活动,教育公民忠于社会主义祖国,自觉地遵守宪法和法律。

　　人民法院的体系包括最高人民法院、地方各级人民法院和军事法院等专门人民法院。地方各级人民法院分为高级人民法院、中级人民法院和基层人民法院。

　　最高人民法院和地方各级人民法院均分设刑事审判庭、民事审判庭和经济审判庭,并可根据需要设立其他审判庭。各庭设庭长、副庭长。

　　最高人民法院院长由全国人民代表大会选举产生,向全国人民代表大会负责并报告工作,任期每届5年。地方各级人民法院院长由地方各级人民代表大会选举产生,向各该级人民代表大会负责并报告工作。

最高人民法院

人民检察院

　　人民检察院是负责行使检察权以维护法制的法律监督机关。

　　按宪法和人民检察院组织法规定,我国设立最高人民检察院、地方各级人民检察院和军事检察院等专门人民检察院。

　　各级人民检察院均由检察长、副检察长和若干名检察员组成,并设立检察委员会。

检察委员会是人民检察院讨论决定重大案件和其他重大问题的内部组织,是实行集体领导的一种组织形式。最高人民检察院根据需要,设置若干检察厅和其他业务机构。地方各级人民检察院和专门检察院可以分别设立相应的检察处、科和其他业务机构。

最高人民检察院院长由全国人民代表大会选举和罢免,每届任期5年。省、自治区、直辖市人民检察院检察长由省、自治区、直辖市人民代表大会选举和罢免,其任免须报最高人民检察院检察长提请全国人民代表大会常务委员会批准;自治州、省辖市、县、市、市辖区人民检察院检察长由同级人民代表大会选举和罢免,其任免须报上一级检察院检察长提请该级人民代表大会常务委员会批准。

人民检察院的任务是:通过行使检察权,镇压一切叛国的、分裂国家的和其他的反革命活动,打击反革命分子和其他犯罪分子。人民检察院通过检察活动,教育公民忠于社会主义祖国,自觉遵守宪法和法律,积极同违法行为做斗争。

根据法律规定的职权,各级人民检察院进行下列法律监督工作:法纪监督、侦察监督、提起公诉和审判监督,对刑事判决、裁定的执行和监管改造工作的监督。

司法行政机关

我国的司法行政机关是指国务院所属的司法部以及地方各级人民政府中的司法厅、局、科等机关。

司法部的具体职责是:管理对罪犯的劳动改造工作和对违法分子的劳动教养工作;领导和管理人民法院、检察院、司法行政部门的在职领导人员和律师、公证处负责人员的工作;领导直属政法院校并指导大专院校法律系和各类学校的法学教育;领导和管理法制宣传教育工作,管理法律报刊和书籍的出版工作;领导和管理律师工作;领导和管理国家公证和涉外公证工作;领导和管理司法助理员的工作;领导人民调解委员会的组织建设和业务建设;管理司法方面的外事工作;调查研究司法行政工作的政策、理论问题;指导下级司法机关的工作等。

地方各级人民政府中的司法行政机关,受上级司法行政机关和同级人民政府的双重领导。

中国公民的基本权利

中国公民的基本权利,是指我国宪法赋予公民的人身、政治、经济和文化等各方面的权利和自由。

我国宪法规定的公民的基本权利,主要有以下内容:

一、人身和个人的权利和自由。包括:人身自由,人格尊严,通信自由和通信秘密,宗教信仰自由,批评、建议、申诉、控告或检举以及取得赔偿的权利。

二、政治权利和自由。包括:选举权和被选举权,言论、出版、集会、结社、游行、示威的自由。

三、社会经济权利。包括：劳动的权利和义务，劳动者的休息权、生活保障、物质帮助权(退休人员的生活受到国家和社会的保障；公民在年老、疾病或者丧失劳动能力的情况下，有从国家和社会获得物质帮助的权利)。

四、受教育的权利和文化活动自由。包括：受教育的权利和义务，进行科学研究、文学艺术创作和其他文化活动的自由。

中国公民的基本权利具有广泛性、真实性和权利与义务一致性、平等性等特点。所有中国公民，都平等地享有宪法赋予的基本权利。只是为了保卫国家安全，维护社会秩序，保障社会主义制度和公民的基本权利，才依法剥夺极少数反革命分子和其他严重刑事犯罪分子的政治权利。

中国公民的基本义务

中国公民的基本义务，是指我国宪法规定的公民对国家和社会必须履行的责任。

社会主义国家公民的权利和义务是一致的。我国宪法在确认公民基本权利的同时，规定了公民应尽的基本义务。宪法规定的我国公民的基本义务，主要有如下各项：遵守宪法和法律；维护国家统一和全国各民族的团结；保守国家秘密，爱护公共财产，遵守劳动纪律，遵守公共秩序，尊重社会公德；维护祖国的安全、荣誉和利益；依照法律服兵役和参加民兵组织；依法纳税。

宪法还规定，公民的劳动和受教育两种权利，同时也是公民的义务。此外，公民的基本义务还包括：父母有抚养、教育未成年子女的义务，成年子女有赡养扶助父母的义务。

违　法

违法，是指国家机关及其工作人员、企业事业单位、公民和社会团体，违反法律(包括其他法规)的规定，从而给社会造成某种危害的有过错的行为。

违法的构成要素包括：1.违法是一种危害社会的行为。单纯的思想意识活动不能构成违法。2.违法必须有被侵犯的客体，即侵犯了法律所保护的社会关系与社会秩序，对社会造成了一定的危害。3.违法必须是行为者有故意或过失的行为，即行为人有主观方面的过错的行为。4.违法的主体必须是达到法定责任年龄和具有责任能力的自然人和依法设置的法人。

违法按其性质和危害程度的不同，可分为刑事违法、民事违法和行政违法等。刑事违法即犯罪，它是指触犯刑事法规依法应受刑罚处罚的行为。犯罪对社会危害较大，因此它是违法中最严重的一种。民事违法是指违反民事法规(包括民法、劳动法等部门法规)的行为：如没有正当理由而不履行民事义务或违反民事义务造成对方的某种损失等。行政违法是指违反行政管理法规的行为。具体说，它包括两种情况：一是公民和法人违反行政管理法规的行为；一是国家工作人员执行职务时的轻微违法行为或违反纪律的行为。民事违法和行政违法因其危害较小，通常称为一般违法。

"违法"一词可以做广义和狭义两种解释。广义的违法，包括刑事违法（犯罪）、民事违法和行政违法等；狭义的违法则指犯罪以外的一般违法。

犯　　罪

犯罪，是阶级社会特有的一种现象，一般地说，它是指危害统治阶级的阶级利益和统治秩序，依据法律规定应处以刑罚的行为。犯罪的概念问题是刑法的一个根本性问题，刑法中的许多问题都和犯罪概念密切相关。我国的刑法对什么是犯罪做了科学的表述。刑法第10条规定："一切危害国家主权和领土完整，危害无产阶级专政制度，破坏社会主义革命和社会主义建设，破坏社会秩序，侵犯公民所有的财产或者劳动群众集体所有的财产，侵犯公民私人所有的合法财产，侵犯公民的人身权利、民主权利和其他权利，以及其他危害社会的行为，依照法律应当受刑罚处罚的行为，都是犯罪；但是情节显著轻微危害不大的，不认为是犯罪。"这一规定表明，犯罪具有下列三个特征：第一，犯罪是危害社会的行为。某一行为是否具有社会危害性以及危害性的大小，是区别罪与非罪的主要标准。没有社会危害性的行为，或者情节显著轻微危害不大的，不能认为是犯罪；第二，犯罪是违反刑法的行为。危害社会的行为必须同时是违反刑法的行为才能认为是犯罪；第三，犯罪是应受刑罚处罚的行为。此外，犯罪还有一个不容忽视的特征，即犯罪是有故意或过失的行为。社会危害性和违法性是犯罪的客观属性，要使行为被认定为犯罪，还必须具备主观属性，即实施行为的故意或过失。我国刑法第13条规定："行为在客观上虽然造成了损害结果，但不是出于故意或者过失，而是由于不能抗拒或者不能预见的原因所引起的，不认为是犯罪。"

刑　　罚

刑罚，是统治阶级以国家的名义对犯罪分子实行惩罚的一种手段。刑罚和民事处分不同，也不同于行政处分和纪律处分。它是专门针对犯罪人采用的一种国家强制处分，其特征是使犯罪人遭受一定的痛苦（被剥夺生命、自由、权利或财产等）。

刑罚的目的，是保卫社会经济基础和与之相适应的上层建筑。在社会主义中国，刑罚的打击锋芒，主要是针对极少数反革命分子和各种严重犯罪分子。《中华人民共和国刑法》第2条规定："中华人民共和国刑法的任务，是用刑罚同一切反革命和其他刑事犯罪行为做斗争，以保卫无产阶级专政制度，保卫社会主义的全民所有的财产和劳动群众集体所有的财产，保护公民私人所有的合法财产，保护公民的人身权利、民主权利和其他权利，维护社会秩序、生产秩序、工作秩序、教学科研秩序和人民群众生活秩序，保障社会主义革命和社会主义建设事业的顺利进行。"我国的刑罚分为主刑和附加刑两类。主刑包括：管制、拘役、有期徒刑、无期徒刑和死刑；附加刑包括：罚金、剥夺政治权利和没收财产等。

有期徒刑

有期徒刑，是在一定期限内将犯罪分子加以监管、剥夺其自由并实行劳动改造的一种刑罚。各国规定的有期徒刑期限不尽相同。我国刑法规定，有期徒刑的最高期限为15年，最低期限为6个月。在数罪并罚和死刑缓期执行减为有期徒刑时，有期徒刑可以延长到20年。被判处有期徒刑的犯罪分子，在监狱或者其他劳动改造场所执行；凡有劳动能力的，实施劳动改造。罪犯在服刑期间，确有真诚悔改或立功表现的，可以减刑或假释。刑期由判决执行之日起计算，此前先行羁押的，羁押一日折抵刑期一日。

无期徒刑

无期徒刑，是剥夺犯罪分子终身自由、实行监禁、强迫劳动改造的一种刑罚。各国法学家对无期徒刑的存废持有不同意见，有的主张废除，有的认为应该保留。中国刑法中规定有无期徒刑。无期徒刑适用于那些罪行严重，但不够判死刑，判处有期徒刑又嫌轻的犯罪分子。被判处无期徒刑的犯罪分子，在监狱或者其他劳动改造场所执行；凡有劳动能力的，实行劳动改造。根据刑法的规定，在服刑期间，确有真诚悔改或立功表现的，可以减为有期徒刑，具备一定条件的可以假释。

死　刑

死刑，是剥夺犯罪分子生命的刑罚。

死刑，是刑罚中最严厉的一种。世界上有少数国家废除了死刑，大多数国家没有废除。我国在刑事立法中保留了死刑，但死刑只适用于罪大恶极的犯罪分子。我国刑法对死刑的适用范围做了严格的控制性规定：所有死刑案件一概由最高人民法院判决或者核准。刑法还规定，犯罪的时候不满18岁的人和审判的时候怀孕的妇女，不适用死刑。

我国刑法还规定了"死缓"制度。死缓，即判处死刑同时宣告缓期2年执行，实行劳动改造，以观后效的简称。此刑罚适用于应该判处死刑，但又不是必须立即执行的犯罪分子。对于被判死缓的罪犯，缓期2年以后，分别不同情况予以处理：对于确有悔改表现的，减为无期徒刑；对于确有悔改并有立功表现的，减为15年以上20年以下有期徒刑；对于抗拒改造、情节恶劣、查证属实的，由最高人民法院裁定或核准，执行死刑。"死缓"制度是我国在刑法制度方面的一项重大创举。

低碳生活

常识篇

温室效应

温室效应的定义

温室效应（Greenhouse Effect），是大气保温效应的俗称。太阳以电磁波（主要是可见光）的形式向地球辐射能量，其中一部分在到达地球表面之前即被反射回宇宙太空，一部分被大气层吸收，一部分则穿过大气层到达地面。地球在接受了这部分辐射能量后，又以长波的形式向外辐射，其中一部分能量被大气层吸收，一部分辐射到宇宙太空，另一部分则返回地表。正是由于大气层中存在水汽、二氧化碳等强烈吸收红外线的气体成分，才使得地表温度保持相对稳定。大气层起到的这种类似"温室"的作用，被称为温室效应。

温室气体

1.温室气体的定义与种类

温室气体指大气中能够吸收和重新释放出红外辐射的自然的、人为的气态成分。大气温室效应的强弱与温室气体的浓度有关。

大气中的温室气体包括水汽、二氧化碳（CO_2）、甲烷（CH_4）、氧化亚氮（N_2O）、臭氧（O_3）、氟利昂或氯氟烃类化合物（CFCs）、氢代氯氟烃类化合物（HCFCs）、氢氟烃（HFCs）、全氟化碳（PFCs）、六氟化硫（SF_6）等。《京都议定书》中规定减排的温室气体主要是其中六种，即 CO_2、CH_4、N_2O、HFCs、PFCs 和 SF_6。

2.温室气体的"源"与"汇"

在《联合国气候变化框架公约》中，"源"是指向大气排放温室气体、气溶胶或温室气体前体的任何过程或活动；"汇"是指从大气中清除温室气体、气溶胶或温室气体前体的任何过程、活动或机制。

更具体地理解,温室气体的"源"是指温室气体成分从地球表面进入大气(如地面燃烧过程向大气中排放二氧化碳),或者在大气中由其他物质经化学过程转化为某种气体成分(如大气中的一氧化碳被氧化成二氧化碳,对于二氧化碳来说也叫"源")。温室气体的"汇"则是指一种温室气体移出大气到达地面或逃逸到外部空间(如二氧化碳被地表植物光合作用吸收),或者是在大气中经化学过程不可逆转地转化为其他物质成分(如 N_2O 在大气中发生光化学反应转化为 NOx,对 N_2O 就构成了"汇")。

温室气体的"源"有自然源和人为源之分。与人为活动有关的温室气体排放"源"包括:

• 化石能源燃烧(主要排放二氧化碳),如煤(含碳量最高)、石油、天然气(含碳量较低)的燃烧;

• 化石能源开采过程的排放和泄漏(排放二氧化碳和甲烷),如煤炭瓦斯、天然气泄漏;

• 工业生产工艺过程(排放二氧化碳和其他温室气体),如水泥、石灰、钢铁、化工等的生产;

• 农业生产,如水稻田排放甲烷;

• 畜牧业,如反刍动物(牛、羊)消化过程排放甲烷;

• 土地利用变化(减少对二氧化碳的吸收),如森林砍伐,房屋、工程用地导致植被减少,农牧过度利用及土壤沙化等;

• 废弃物处理(排放甲烷)。

全球变暖

1. 全球变暖的事实

全球正在经历以气候变暖为突出标志的气候变化,其中 20 世纪 80 年代以来的变暖过程尤为显著。近百年来(1906~2005 年),全球地表平均气温升高了 0.74℃,而近 50 年(1956~2005 年)的升温速率(每 10 年升高 0.13℃)几乎是近 100 年(1906~2005 年)的两倍。近百年来,我国经历了与全球一致的变暖过程,而且变暖幅度更大。1908~2007 年,我国地表平均气温升高了 1.1℃,高于全球平均升温幅度。

2. 全球变暖的原因

当大气中的温室气体浓度增加时,大气的温室效应就会加剧,引起地球表面和大气层下部的温度升高。自工业革命以来,由于工业的发展和人口的剧增,人类社会消耗的化石燃料急剧增加,燃烧产生大量的二氧化碳进入大气,使大气中的二氧化碳浓度增加。同时,森林毁坏使得被植物吸收利用的二氧化碳减少,造成二氧化碳的消耗速度降低,同样造成大气中二氧化碳浓度升高。二氧化碳以外的温室气体也由于频繁的人类活动在不同程度地增加着。

因此,联合国政府间气候变化专门委员会(IPCC)于 2007 年发布的第四次评估报告指出,20 世纪中期以来观测到的全球平均气温的升高,有 90% 的可能是由人类活动大量排放的温室气体的增温效应造成的。

3.全球变暖的影响

气候变暖已经并将继续对全球自然和社会系统产生重大影响,极端气候事件和灾害发生频率及强度有增强的趋势。大范围的冰川积雪融化、海平面上升、动植物物候的改变等诸多自然变化,都是对全球变暖的响应。气候变化还将对人类社会系统造成许多负面影响,如带来人类居住环境、生产和生活方式的变化,并有可能危及人类健康。

低碳经济与低碳生活

1.低碳经济

低碳经济是在低能耗、低污染、低排放的理念指导下组织各类经济活动,追求以最少的温室气体排放获取最大的经济产出,实现从传统发展方式向低碳的生产、贸易和消费体系转型。其实质是依靠提高能源效率和转向清洁能源结构,实现碳排放总量的减少。其核心是能源技术创新、结构创新、制度创新和生活方式创新。

在全球变暖的背景下,低碳经济日益受到世界各国的关注并取得越来越多国家的共识。欧盟委员会于 2007 年 12 月制定了欧盟战略能源技术计划,该计划旨在促进低碳技术的研发,包括多个行动方案,如联合风能、太阳能、生物能、核能等能源行业,设立欧洲能源研发联盟,成立欧洲战略能源技术社会督导小组等。英国提出到 2010 年使可再生能源发电占其电力的 10%,2020 年在 2010 年的基础上翻一番,并于 2050 年建成低碳社会。日本政府制定了多项激励措施,鼓励和推动节能降耗,停止或限制高能耗产业发展,并投入巨资开发利用太阳能、风能、光能、氢能、燃料电池等替代能源和可再生能源。美国虽然尚未签署《京都议定书》,但美国政府积极推动清洁能源和低碳经济发展,包括通过吸引风险投资和私人资本、减免税收等方式促进可再生能源的开发和利用。

总的来说,低碳经济已引起世界主要国家的普遍重视,预示着低碳经济的时代已经来临。2009 年 9 月 22 日,国家主席胡锦涛在出席联合国气候变化峰会开幕式时表示,中国将积极发展低碳经济。

2.低碳生活

生活方式的转变,是发展低碳经济的重要方面,也是减少温室气体排放、应对全球变暖,直至实现全人类可持续发展的重要手段。因此,伴随着"低碳经济"一词的出现,低碳生活方式应运而生。

在推行低碳经济的过程中,世界各国不约而同地将降低日常生活中的碳排放作为重要抓手。例如,英国、瑞典、美国、韩国等国家通过建立"温室气体标记制度",提醒消费者尽可能地少使用生产和消费过程中排放大量温室气体的产品。所谓"温室气体标记制度",就是规定有关企业按照统一的温室气体排放量计算方法,将其产品从原材料采购、生产、使用到废弃全过程产生的温室气体排放量在该产品上标记出来。温室气体排放量较低的产品经过有关部门的认证，可以获得"低碳商品"的称号。韩国从 2008 年下半年开始，在家电和生活用品范围内试点实行该项制度，并配合实行"分数累计制"激励消费者。如果消费者购买了"低碳商品"就可得到一定的累计分数，并可根据分数享受相应的降价优惠。

2009 年 11 月 25 日，国务院总理温家宝主持召开国务院常务会议，研究部署应对气候变化工作时，要求增强全社会应对气候变化的意识，加快形成低碳、绿色的生活方式和消费模式。

衣物篇

与衣物有关的碳排放

由于原料生产、成衣加工等都需要消耗能源，因此衣物在生产环节中造成二氧化碳排放。进入消费环节后，日常生活中与衣物有关的碳排放主要源于衣物的清洗和干燥，一件衣服从被买回来到被丢弃，共排放约 4 千克二氧化碳，其中 60% 发生在洗衣与烘衣过程中。

1.生产衣物的碳排放

衣物生产过程中的碳排放包括从原料到成衣的整个生产周期，计算了从纱线、布料到成衣的生产过程以及每个工厂的能源消耗量。生产一件衣服平均排放约 6.1 千克二氧化碳。

2.衣物洗涤过程的碳排放

洗衣机清洗衣物不仅耗水，而且费电。洗衣机每标准洗衣周期要比手洗多耗水一半多，由此增加排放 0.04 千克二氧化碳。而以全自动涡轮洗衣机洗一次衣服需要 45 分钟估算，每洗一次衣服大约排放 0.2~0.3 千克二氧化碳。以工作功率约 1200 瓦的干衣机干洗 5 千克衣物一般耗时 40 分钟估算，干洗一次衣物大约会排放 0.8 千克二氧化碳，远远高于洗衣机的碳排放量。

衣物洗涤过程的碳排放还包括洗衣粉的使用，其碳排放不仅与洗衣粉的含碳成分有关，而且还体现在生产洗衣粉产生的能耗上。生产 1 千克洗衣粉大约排放 0.7 千克二氧化碳。

3.烘干衣物的碳排放

某些材质的衣物不仅要用烘干机烘干，而且还需要熨烫。烘干一件衣服要比自然晾干多排放 2.3 千克二氧化碳。以使用功率为 800 瓦的电熨斗熨一次衣服需要 30 分钟估

4.不同材质衣物的碳排放

衣物的材质不同,在生产、烘干等阶段排放的二氧化碳都不尽相同。化学合成纤维的衣服在制造过程中要比天然纤维材质的衣服消耗更多的能源,排放到大气中更多的二氧化碳。比较而言,生产原棉纤维只消耗 10%的能源,制造纯棉材质的 T 恤消耗 12%的能源,制造聚酯材质的 T 恤消耗略高的能源。而在烘干阶段,棉质衣物要比聚酯衣物烘干时间长,多消耗能源;普通纯材质的衣物要比混合材质的衣物消耗更多的能源。

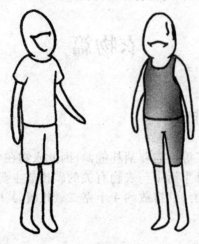

低碳生活指南衣物

1.选择棉、麻等自然质地的衣料

穿自然质地的棉、麻衣物,可减少工业加工或染色过程中的碳排放,同时有益于身体健康。

2.穿着"节能装"

夏天穿便装,男士不打领带,秋冬两季加穿毛衣,寒冷季节女性改穿裙子为穿裤子,都可以减少能源消耗和碳排放。例如,仅夏天空调温度调高 2℃一项,办公室就可节能 17%。

3.少买不必要的衣服

新潮时尚的衣服使用周期非常短,而衣服及其原料的生产过程会产生碳排放。因此,应减少购买一些不必要的"一次性"衣服。

4.尽量手洗衣物

使用洗衣机洗涤衣物,比手洗增加了电能的消耗,导致排放更多的二氧化碳。因此,如果需要洗涤的衣物不多,应尽量选择手洗方式。并且,在洗衣前浸泡衣物可以缩短洗衣时间,从而减少二氧化碳排放。

5.机洗注意节水节电

使用洗衣机清洗衣物时,选择一些节水节电的小窍门,可以减少碳排放。

(1)选择节能洗衣机。节能洗衣机比普通洗衣机节电 50%、节水 60%,每使用一次平均减排 0.15 千克二氧化碳。

(2)先用少量水加洗衣粉将衣物充分浸泡一段时间,再手洗去除比较严重的污渍,最后用机洗,能够减少更多碳排放。

(3)选择合理的洗衣模式。同样长的洗涤时间,"轻柔"模式比"标准"模式叶轮换向次数多,电机会增加反复启动的次数,因此"轻柔"模式更费电。

(4)洗衣后脱水 2 分钟即可。洗衣机在转速为 1680 转/分的情况下脱水 1 分钟,衣物的脱水率就可达 55%,延长脱水时间对提高脱水率作用很小。

(5)漂洗用水再利用。漂洗后的水,可以作为下次洗衣的洗涤用水,或用来擦地、冲厕所等。

6.适量使用洗衣粉

洗衣时添加洗衣粉应适量,并且应尽量选择无磷洗衣粉,以减少含磷清洁剂造成的污染。少用 1 千克洗衣粉,可减少约 0.7 千克的二氧化碳排放。

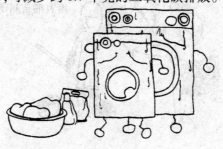

7.降低洗衣频率

把衣服攒在一起洗,降低洗衣机的使用频率,这样既可以省电、省水,还可节省洗涤时间和洗涤剂(洗衣粉)用量。

8.选择自然晾干

用晾衣绳自然晾干衣物,不用烘干,每次可以减少 2 千克以上的二氧化碳排放量。

9.减少衣物干洗次数

尽量少买需要干洗的衣服,并减少衣物干洗的次数。干洗过程不仅耗电,而且使用的化学溶剂对身体和环境有害。

10.使用电熨斗注意节电

(1)合理选择电熨斗。选择功率为 500 瓦或 700 瓦,并且可以自动断电的调温电熨斗,不仅节约电能,还能保证熨烫衣服的质量。

(2)分时熨烫衣物。在通电初始阶段先熨耐温较低的衣物,待温度升高后再熨耐温较高的,断电后用余热再熨一部分耐温较低的衣物。

11.旧衣服再利用

不能穿的衣服,袖子可以做袖套,裤腿可以做护腿、护膝,剩下的大块布可做布垫,小块布可做抹布,布条可做墩布。

食物篇

与食物有关的碳排放

食物在生产过程中会产生大量的二氧化碳,食物种类不同,生产它们产生的碳排放量也不同。其次,食物在运输、包装、储存、烹饪等各个环节都会排放二氧化碳。有资料显示:一个成年人平均每年大概要吃掉88公斤肉,相当于排放3212千克二氧化碳;113公斤鸡蛋,相当于排放678千克二氧化碳;270公斤奶制品,相当于排放253.8千克二氧化碳;90公斤面粉和谷物,相当于排放72千克二氧化碳;以及320公斤水果和蔬菜,相当于排放1312千克二氧化碳。把这些食物加到一起,一个成年人一年要吃掉近881千克食物,大约排放5527.8千克二氧化碳。目前全球人口已突破65亿,如果按照5000亿吨二氧化碳可让地球升温1℃计算,大约不到14年就可使全球升温1℃!

1.生产食物的碳排放

目前城市居民食用的食物通常是在农场或养殖场中集中培育的,动植物的生长和发育需要适度的温度和光照,因此农场或养殖场必须使用燃料或电力来维持其运行。例如,英国每年维持农场运行需排放550万吨以上的二氧化碳。

肥料的生产与运输、植物耕作、动物自身排放、饲料被动物食用等都会释放不同数量的二氧化碳。例如,每千克肥料对应了6.7千克二氧化碳排放,这其中包括了肥料生产和肥料运输的碳排放。

食物种类不同,生产它们产生的碳排放量也不同。饲养的动物经常食用植物,由于植物养料转化为动物身体组织过程中有能量的损失,因此生产动物食品往往比生产植物食品消耗更多的能量、排放更多的二氧化碳。例如,生产1千克猪肉要排放1.4千克二氧化碳,而生产1千克水果或蔬菜排放的二氧化碳量仅为0.7千克左右。

2.运输食物的碳排放

居民食用的食物中,很大部分并不来自本地,而是通过不同的方式从外地运输来的。运输方式因使用火车、汽车、飞机等的不同而产生不同的二氧化碳排放量,相同里程的飞机运输所排放的二氧化碳是汽车运输的3倍左右。因此,从国外或地区外空运食品将会排放更多的二氧化碳。

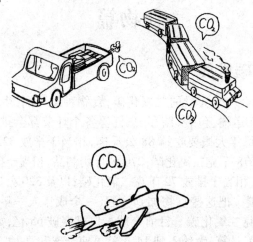

3.包装和储存食物的碳排放

在超市中购买的食品绝大多数都有外包装,包装材料包括塑料、纸、铝制品等。在这些包装材料中,铝制材料是生产过程中排放二氧化碳最多的,每生产 1 千克铝材料需要排放 24.7 千克二氧化碳。

每生产 1 个塑料袋也会排放 0.1 克二氧化碳。虽然生产单个塑料袋的碳排放量很小,但塑料袋使用量极大,积少成多,总的碳排放量也不可小看。而且塑料不易分解,大量使用会造成严重的环境污染。

食品生产商为了吸引顾客,往往追求过度包装。每使用 1 千克的过度包装纸,将排放 3.5 千克二氧化碳。据统计,仅北京市每年产生的近 300 万吨垃圾中,各种商品的包装物就有约 83 万吨,其中 60 万吨为可减少的过度包装物。

在食物的储存方面,冷冻食品通常保存在冰柜里,需要耗费大量的电能。每用 1 度电,排放到大气中约 1 千克二氧化碳。因此,过多购买和食用冷冻食品,间接消耗了大量的能源,排放了更多的二氧化碳。

4.烹饪食物的碳排放

烹饪食物使用的能源种类不同,其排放的二氧化碳量也有所不同。使用 1 度电(火力发电)烹饪食物要排放约 1 千克二氧化碳,但如果改用天然气,获得相同的热量却能减少 0.8 千克的二氧化碳排放。

不良的烹饪方式,也会导致更多的二氧化碳排放。例如,烧烤是一种碳排放量较大的烹饪方式,烧烤一次排放 4 千克左右的二氧化碳。

5.不良饮食习惯增加的碳排放

现代社会,工作与生活节奏加快,人们感受到的各方面压力增大,因此许多人将精神寄托于烟酒,甚至发展到烟酒不离身,不但损害身体健康,还造成对气候的破坏。多喝一瓶啤酒将增加 0.2 千克二氧化碳排放,多喝一两白酒将增加 0.1 千克二氧化碳排放,而每天多抽一支烟,每人每年将因此增加二氧化碳排放约 0.4 千克。

6.浪费食物增加的碳排放

每浪费 0.5 千克粮食(以水稻为例),将增加二氧化碳排放量约 0.5 千克。而浪费畜产品要比浪费粮食造成更多的二氧化碳排放,例如,每浪费 0.5 千克的猪肉,将增加二氧化碳排放量 0.7 千克。这些被浪费的食物在掩埋后,有可能继续排放大量的二氧化碳和甲烷等温室气体。

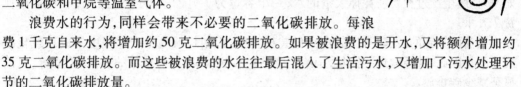

浪费水的行为,同样会带来不必要的二氧化碳排放。每浪费 1 千克自来水,将增加约 50 克二氧化碳排放。如果被浪费的是开水,又将额外增加约 35 克二氧化碳排放。而这些被浪费的水往往最后混入了生活污水,又增加了污水处理环节的二氧化碳排放量。

低碳生活指南食物

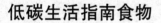

1.选择本地食品

尽量选择本地生产的食品,以减少食品运输中排放的二氧化碳。有条件的话,可以选择自己种植水果和蔬菜。例如,生产 1 千克本地水果相应排放的二氧化碳为 0.7 千克左右,而如果选择来自热带的水果则会排放二氧化碳 3.3 千克左右,相当于本地水果碳排放量的 4~5 倍。

2.减少肉类消费,多吃水果和蔬菜

在肉类食物中,以生产牛肉、羊肉所排放的二氧化碳最多,其次是猪肉和鱼肉,而水果和蔬菜都在二氧化碳排放量最少的食物之列,并且其生长周期相比肉类来说短很多。

一个人如果一周内少吃 1 千克猪肉,转而食用蔬菜,将减少 0.7 千克二氧化碳排放,一年减少二氧化碳排放量将达到 36.4 千克。此外,水果可以直接食用,而蔬菜相对于肉类来说,烹饪方式简单、烹饪时间较短,也因此减少了一部分二氧化碳排放。

3.选择当季水果和蔬菜

过季水果和蔬菜一部分在温室中种植,另一部分从其他地区引进。温室种植往往需要消耗更多的能源,会排放大量的二氧化碳,从其他地区引进则会在运输过程中产生碳排放。例如,生产 1 千克当季蔬菜只排放 0.7 千克左右的二氧化碳,而生产 1 千克温室蔬菜的二氧化碳排放量约为 6.6 千克,大大超过了当季蔬菜。

4.少喝瓶装水,选择软包装饮料

瓶装水从取水、加工、包装、运输、销售到空瓶回收,都要消耗大量的资源和能源。例如,塑料瓶生产过程要消耗掉大量的水,一个容量为 1 升的塑料瓶在生产过程中需要耗费 7 升水。

如前面提到的,在较常见的食品包装材料中,铝制材料是生产过程中排放二氧化碳最多的。因此,选择软包装饮料,拒绝铝制品包装的饮料,如易拉罐的可乐、啤酒等,可以显著减少碳排放。

5.减少一次性餐具的使用

使用一次性餐具的目的是保证卫生,却在不经意间增加了碳排放。例如,一次性吸管一般用塑料制成,一次性筷子和纸杯的主要原料是木材,生产这些产品都直接或间接地排放了二氧化碳。因此,外出就餐时,不妨自带餐具。

6.合理使用冰箱

(1)选择节能冰箱。一台节能冰箱可比普通冰箱每年节省约 100 度电,相应减少二氧化碳排放约 100 千克。

(2)减少冰箱开门时间。多开一次冰箱门,冰箱内冷气往外发散,使压缩机要多运转数分钟,才能恢复冷藏温度。研究发现,每天减少一分钟冰箱开门时间,一年可省下约 30 度电,相应减少二氧化碳排放约 30 千克。

(3)及时给冰箱除霜。每年可因此节电约 180 度,相应减少二氧化碳排放约 180 千克。对水果、蔬菜等水分较多的食品,先洗净沥干,用容器放好,

再放入冰箱中,可避免霜层加厚,也节约了电能。

(4)冰箱存放食物要适量。冰箱中的食物不要过多过紧,以免影响冰箱内的空气对流,妨碍食物散热,增加压缩机的工作时间和电能消耗。对于大体积的食物,可根据家庭每次食用的量分开包装,每次只取出一次食用的量,避免由于反复取放导致的反复冷冻而浪费电能。

7.选择简单的烹饪方式

烹饪方式有蒸、煲、炒、煎、凉拌等,其中煲汤、煮粥等都要花费几个小时,相当费电。而凉拌食品不仅爽脆可口,准备时间短,操作简单,而且几乎不消耗烹饪能源。因此,在每次用餐时,如果已经有了其他方式烹饪的菜,不妨多准备几个凉菜,既可以品尝不同的味道,又可以减少能源的浪费,还减少了二氧化碳排放量。

由于烧烤的碳排放量比其他烹饪方式高出许多,因此应尽量减少烧烤次数。实在不能避免,则应尽量拼桌和结伴烧烤,以减少人均消耗。

8.选择低碳烹饪用具

(1)优先选用微波炉。微波炉的能源利用率普遍高于一般电饭煲,使用 900 瓦的电饭煲烹饪食品 20 分钟,要排放 0.3 千克二氧化碳,而使用 700 瓦的微波炉仅需 7 分钟左右,二氧化碳排放量少于 0.1 千克。

(2)选用节能电饭煲。如果偏好使用电饭煲煮饭,则可选择节能电饭煲。对同等重量的食品进行加热,节能电饭煲比普通电饭煲省电约 20%,每台每年省电约 9 度,相应减排二氧化碳约 9 千克。

9.养成低碳的烹饪习惯

(1)做饭时应先将食物放在锅上再点火,避免烧空灶,浪费燃气。

(2)煮饭时,提前淘米并浸泡 10 分钟左右,然后再用电饭煲煮,可大大缩短烹饪时间。每户家庭每年可因此减排二氧化碳达到 4-3 千克。

(3)用电饭煲煮好饭后应及时拔掉电源,利用余热来加热米饭。

(4)不要使用电饭煲烧水。同样功率的电饭煲和电水壶烧一瓶开水,电水壶仅需要 5~6 分钟,而电饭煲却需要 20 分钟左右,白白浪费能源。

(5)用微波炉加热食品时,在碗外面套上专用的保鲜膜,可以缩短加热时间,达到省电效果,而且食物水分不会散失,味道更加鲜美。

(6)烹饪食物多用中火,而不是大火,可节省燃气。

(7)保持厨房良好的通风环境,防止燃气燃烧缺少充足的氧气,增加耗气量。

(8)合理安排抽油烟机的使用时间,避免空转耗能。如果每台抽油烟机每天少空转 10 分钟,一年可减少二氧化碳排放 11.7 千克。

10.利用太阳能烧水

冬天天气寒冷,家庭一般使用热水洗菜、洗碗。烧水方式包括电力烧水、天然气烧水和太阳能烧水等。太阳能热水器节能、环保,而且使用寿命长。一平方米的太阳能热水器一年可减少二氧化碳排放 308 千克。

11.少抽或不抽烟

吸烟危害身体健康,生产香烟还向大气中排放二氧化碳。如果我国的烟民都能每天少抽一支烟,那么每年可减排二氧化碳 13 万吨。

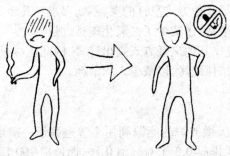

12.适量饮酒

啤酒和白酒都要以粮食为原料酿造,间接排放了二氧化碳。而酿酒过程需要消耗能源,同样需要排放二氧化碳。因此,提倡适量饮酒,既减少碳排放,又有益身体健康。

13."吃不了兜着走"

外出就餐时,应根据人员情况点菜,做到适可而止。用餐结束后,将吃不完的饭菜打包回家,避免食物浪费。例如,少浪费 0.5 千克粮食,可减排二氧化碳 0.5 千克;少浪费 0.5 千克猪肉,可减排二氧化碳 0.7 千克。

14.适量烧开水

很多家庭为了保证开水的使用,每天一次性烧很多壶开水,没有用完的开水第二天就被倒掉,造成水资源与能源的浪费。应按照每天的饮用情况,适量烧开水,第二天没用完的开水用来煮饭或者洗漱。每天节约 1 千克开水,每户家庭每年可减排约 31 千克二氧化碳。

15.节约厨房用水

厨房废水的处理过程会耗费大量的能源,导致二氧化碳的排放。因此,节约厨房用水可有效减少二氧化碳排放。

(1)将水果和蔬菜放在盆里洗。用盆接水洗菜代替直接冲洗,每户家庭每年可以节约用水 1.6 吨,相应减排二氧化碳约 0.7 千克。

(2)控制水龙头流量,改洗菜时不间断冲洗的方式为间断冲洗方式。有条件的家庭可以用感应水龙头替换普通水龙头。使用感应水龙头比普通水龙头节水 30% 左右,每户每年可因此减少二氧化碳排放 24.8 千克。

(3)淘米水可用来洗碗,去污能力强,也可以用来浸泡干菜。

(4)清洗蔬菜时,按照肮脏程度安排清洗顺序。例如先洗有根有皮的蔬菜,再洗叶类蔬菜,最后洗茎类蔬菜。

(5)用陈玉米面洗碗,不伤手,而且容易去油,既可以减少洗涤剂用量,又可以节约用水。

(6)炊具、餐具上的油污,先用纸擦除,再用水洗涤,可减少洗涤用水量。

居住篇

与居住有关的碳排放

我国城乡居民生活逐渐从温饱型向舒适型转变,对居住面积、住宅室内环境、舒适度等的要求逐渐提高。而建筑材料、装修材料等在生产、运输过程中会造成大量碳排放,另外室内取暖制冷、使用家用电器等也会排放大量二氧化碳。因此。树立良好的居住理念,养成良好的低碳生活习惯是非常重要的。

1.生产住宅建筑材料的碳排放

建造住宅的主要建筑材料包括钢材、水泥、木材、砌体、中粗砂和商品砼等,将生产这些材料的碳排放量综合起来,每生产建造 1 平方米的住宅所消耗的建筑材料需要排放 330~370 千克的二氧化碳,其中,钢材消耗产生的碳排放量为 64.2~142.8 千克(因住宅结构和楼层高度而异),水泥消耗产生的碳排放量为 99.2~118.0 千克,木材及其他建材消耗产生的碳排放量为 127.4~167.4 千克。而且,高层住宅(9~14 层,建筑面积为 6000~10000 平方米)单位面积消耗建材的碳排放量最少(见下表),而超高层住宅(15 层以上,

建筑面积 10000 平方米以上）单位面积消耗建材的碳排放量最多，大约为高层住宅的 112%。

建造 1 平方米不同类型住宅主要建材消耗所产生的碳排放量

单位：平方米/千克

类型	层数	建筑面积	碳排放量
低层及多层住宅	6 层以下	<3000	349.6
小高层住宅	7~8 层	3000~6000	340.2
高层住宅	9~14 层	6000~10000	329.7
超高层住宅	15 层以上	>10000	369.4

2.生产住宅装修材料的碳排放

装修住宅的材料多种多样，但主要包括地面用砖、顶棚用板、包门材料、壁纸、地板用材、贴墙材料、涂料等，将生产这些材料的碳排放量综合起来，每装修 1 平方米的住宅需要排放 420~1600 千克二氧化碳（因装修材料不同而差异较大）。按全国城镇住宅面积 10.79 亿平方米计算，仅家庭装修一项带来的碳排放量就接近 17.31 亿吨。

3.住宅取暖制冷的碳排放

目前,夏季住宅制冷主要通过空调实现。如果使用空调为 100 平方米的住宅制冷,那么夏季 3 个月(6~8 月)将因此排放约 4400 千克二氧化碳。由于我国南方地区冬季(12~2 月)的住宅取暖也主要通过空调实现,因此对应的二氧化碳排放量与此相当。

我国北方城市的冬季住宅取暖主要通过集中供热系统结合空调实现。以 100 平方米的住宅为例,冬季 4 个月取暖排放的二氧化碳为 7000~8000 千克。按全国城镇住宅面积 10.79 亿平方米计算,仅取暖制冷一项带来的每年二氧化碳排放量就超过 7000 万吨。

4.使用家用电器的碳排放

家用电器种类繁多,但终归要依靠电力运转,而每使用 1 度电(火力发电),排放的二氧化碳约为 1 千克。资料显示,2006 年城乡居民生活用电量为 3240 亿千瓦时(1 千瓦时等于 1 度),对应一年二氧化碳排放量超过 3.2 亿吨,按照人口总数 13 亿计算,则每人每年用电排放的二氧化碳大约为 260 千克。

低碳生活指南居住

1.选择面积适宜的住宅

住宅面积越大,建筑材料和装修材料的使用量越大,取暖制冷的能耗也越大,二氧化碳排放量随之增长。因此,选择面积适宜的住宅,具有明显的二氧化碳减排效果。同时,超高层住宅单位面积消耗建材的碳排放大约为高层住宅的 112%,因此,根据需要合理选择非超高层住宅也有助于减少建材消耗带来的碳排放。

2.选择节能砖建造住宅

如果地面用砖为实心砌体,则 100 平方米住宅地面用砖对应排放的二氧化碳约 5460 千克。而选择空心节能砖,不仅可以起到更好的保暖作用,还可以降低二氧化碳排放量。例如,使用节能砖建造 1 座农村住宅,可减排二氧化碳 14.8 吨。

3.减少装修铝材使用量

铝的生产企业是耗能大户,也是排碳大户。每使用 1 千克装修用铝材,对应排放二氧化碳约 24.7 千克。如果包门材料使用铝材,装修 1 平方米住宅的二氧化碳排放量将高达 1600 千克,但如果改用其他材料,排放量可最低降至 420 千克。

4.减少装修木材使用量

木材是住宅装修中使用量较大的建材,这不但使得大量木材原有的固碳功能丧失,还在其生产、运输过程中额外增加了二氧化碳排放。综合起来,少使用 0.1 立方米木材,可相应减排二氧化碳 64.3 千克。

5.合理使用空调

通过改变衣着适应冬季和夏季的温度环境,来适当减少使用空调的时间。这样一来,既降低了家庭能耗,又减少了二氧化碳的排放。

在无人在家的情况下,将空调、电暖气等高耗能电器关闭,或者在出门前提前几分钟关闭空调,都可以起到碳减排的作用。

目前,国家提倡夏季室温不低于 26℃。如果在此基础上再调高 1℃,全国每年将减少二氧化碳排放约 317 万吨。

选用节能空调,保守估计每个家庭每年可以减少二氧化碳排放 23 千克。

6.合理采暖

无论是采用空调取暖、集中供热取暖,还是电暖器取暖,都因为能源消耗较大而不可避免地产生较多的二氧化碳排放。在提倡调整供暖时间、强度以及采取分室供暖等措施的同时,采用新能源(太阳能、地热能等)取暖也是新型的低碳取暖方式。如果我国农村每年有 10% 的新建房屋使用被动式太阳能供暖,全国可以减少二氧化碳排放大约 310 万吨。

另外,进行家庭装修时,在门腔、吊顶和地板内适量填充玻璃棉或矿棉等防火保温材料,可以提高住宅的保温性能,减少取暖所需的能耗和造成的碳排放。

7.家庭节约用电

家庭节约用电的方法多种多样,在细节处经常会有新的发现。采用节能灯代替白炽灯、随手关灯、尽量利用自然采光等方法已不稀奇,关键还是要在日常生活中养成这种节约用电的习惯。如果我国每个家庭都能做到随手关灯,那么每年可减少排放二氧化碳约 188 万吨。

出行篇

与出行有关的碳排放

日常出行产生的碳排放。主要来自交通工具的使用,特别是含碳化石燃料燃烧产生的碳排放,比如汽油、柴油、液化石油气(LPG)、液化天然气(LNG)等。每升车用汽油和柴油燃烧分别要排放 2.4 千克和 2.8 千克左右二氧化碳,每升液化石油气和液化天然气燃烧产生的碳排放量分别为 3.3 千克和 2.3 千克左右。

1.乘坐公共汽车的碳排放

公共汽车是城市居民出行的主要代步工具。资料显示,北京公交车的平均耗油量为 4 公里/升,平均每辆车 30 人。如果每天上下班都乘坐公共汽车,以每天上下班乘坐公交车的里程为 30 公里估算,那么每人每天因此产生约 0.6 千克二氧化碳排放。

2.乘坐地铁的碳排放

2008 年 3 月 6 日,北京市地铁客流量突破 430 万人次,达到 434.57 万人次,成为北京市民不可或缺的公共交通选择方案之一。如果每天上下班都乘坐地铁,假设地铁每节车厢平均有 100 人,则每人每站将消耗 0.125 度电。以每人每天乘坐地铁上下班总共 18 站估算,那么每人每天因此产生约 2.3 千克二氧化碳排放。

3.乘坐轿车的碳排放

随着经济的快速发展,私人轿车已经逐渐进入到寻常百姓家,尤其是我国部分超大城市,轿车保有量一直在持续增加。北京市交管局资料显示,截至 2008 年底,北京市机动车保有量超过 350 万辆,其中大约有 250 万辆为私人汽车。如果每天上下班都乘坐轿车(包括出租车和私家车),以每天上下班驾驶汽车或乘坐出租车的里程为 30 公里计算,平均油耗为 12 公里/升,那么每人每天因此产生约 5.9 千克二氧化碳排放。

4.骑摩托车的碳排放

我国部分城市,尤其是南方山区城市,摩托车也是人们出行的重要代步工具。如果每天上下班都骑摩托车,同样来回 30 公里的路程,以平均油耗为 40 公里/升估算,那么每人每天因此产生约 1.8 千克二氧化碳排放。

低碳生活指南出行

1.尽量选择步行或骑自行车

步行和骑自行车的出行方式不需要消耗化石能源,是真正的低碳出行方式。在路途不是很远的情况下,尽量选择这两种出行方式,可明显减少燃油交通工具的碳排放。

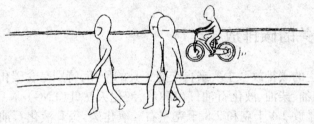

2.搭乘公共交通工具

将公共汽车和轨道交通(地铁)作为日常上下班的交通工具,是节约能源、减少碳排放的好方法。例如,如果去 10 公里以外的地方,乘坐轨道交通可比开私家车减少 2.1 千克的二氧化碳排放。

3.选择低碳汽车

汽车的碳排放主要来自燃料的消耗,因此选择低碳燃料可以显著降低碳排放量。例如,选择电动汽车,直接碳排放量可降为零;选择混合动力汽车,每年也可减排二氧化碳830千克。

除了燃料的燃烧,汽车的大小、外形、内饰等也会影响碳排放量的多少。一般来说,家用中小型汽车比运动型汽车和跑车都省油,大型SUV汽车和豪华汽车的二氧化碳排放量则比其要高出一倍以上;在外形上,选择造型圆润流畅的车型,车身风阻系数小,油耗会显著下降;选择较浅的车身颜色和内装饰颜色,可以减少车内热量的吸收,降低空调负荷,从而降低油耗和二氧化碳排放量。

4.注意保养汽车

使用黏度较低的综合性润滑油,能提高汽车性能,减少约5%的二氧化碳排放量。给燃油回路加装节油器,可以使燃料的燃烧效率更高,节省5%~10%的燃油。另外,定期检查轮胎气压和更换机油,经常保持冷却水箱的清洁,使用汽油清净剂,定期保养发动机和空滤器,定期检查火花塞等,都是保养汽车的好方法,也能有效降低汽车的碳排放。

5.养成低碳驾车习惯

由于各种车辆的耗油量不相同,因此碳排放量也会有差异。但即使是同一辆车,也会因为司机驾驶习惯的不同,导致耗油量不同和碳排放量不同。开车族如果做到以下几点,将会让驾驶变得更加"绿色"。

(1)避免冷车启动和突然加速。驾车时匀速行驶,避免急踩刹车和猛踩油门等,都可以减少油耗,降低碳排放。

(2)减少怠速时间,避免过分使用空调。汽车怠速空转、空调过分使用都会增加油耗和碳排放。交通堵塞时,停车即熄火,可减排约40克二氧化碳;夏天刚上车时先开窗让车内热空气散去,再关窗开启空调,并尽可能将车停放在阴凉处。

(3)选择合适的车速与档位。市区行驶时速40~50公里、高速公路行驶时速90公里最省油(高速行驶时,90公里时速较110公里时速省油20%左右)。上下坡时应考虑汽车的负重和路面的斜度,避免一次耗油过多。下坡时选择低速挡辅以制动,可以减低对制动的损耗。

(4)高速行驶时不要开窗。高速行驶时关上车窗,可以减少风阻,节省汽油。

(5)避免车辆超载。超过汽车额定载重量,每增加1千克的负荷,每公里将增加0.01

升的油耗。

6.每周少开一天车

在时间和精力允许的情况下,尽量选择走路。每周少开一天车,平均一辆车一年可减排约 430 千克二氧化碳。

特别提示:

本书在编写过程中,参阅和使用了一些报刊、著述和图片。由于联系上的困难,和部分作品的作者(或译者)未能取得联系,对此谨致深深的歉意。敬请原作者(或译者)见到本书后,及时与本书编者联系,以便我们按照国家有关规定支付稿酬并赠送样书。

联系电话:010-80776121　联系人:马老师